BASTEI
LÜBBE

Thomas Powers

CIA

Aus dem Amerikanischen
übersetzt von Hans Jürgen von Koskull

BASTEI
LÜBBE

BASTEI-LÜBBE-TASCHENBUCH
Band 60 077

Die Originalausgabe erschien unter dem Titel
THE MAN WHO KEPT THE SECRETS RICHARD HELMS AND THE CIA
im Verlag Alfred A. Knopf

1. Auflage Febr. 1983
2. Auflage Juli 1983

Lizenzausgabe: Gustav Lübbe Verlag GmbH,
Bergisch Gladbach
Printed in Western Germany 1983
Einbandgestaltung: Roberto Patelli
Titelbild: Image-Bank
Gesamtherstellung: Ebner Ulm
ISBN 3-404-60077-0

Einführung

Ein Bericht über den amerikanischen Nachrichtendienst Central Intelligence Agency (CIA) und die Rolle, die Richard Helms dort spielte, kann nicht unparteiisch sein. Während ich an diesem Buch arbeitete, wurde ich immer wieder nach meinem eigenen Standpunkt gefragt: Wollte ich als Ankläger oder als Verteidiger auftreten? Man verlangte eine kurze und eindeutige Stellungnahme von mir. Ich fühlte mich durch diese Frage verunsichert, denn sie setzte voraus, daß ich mich von Anfang an für eine Seite entschieden hatte, und das wollte ich natürlich nur ungern zugeben. Die Fragesteller sagten damit außerdem, bei einem Buch über Helms und die CIA käme es nur darauf an, für wen es Partei ergriffe. Die Frage war mit unangenehm, und deshalb habe ich es immer wieder zu vermeiden gewußt, mich festzulegen. Aber das Buch nimmt Stellung zu den geschilderten Ereignissen, es hat eine gewisse Tendenz, und der Leser hat das Recht, meinen Standpunkt zu erfahren, bevor er sich an die Lektüre macht.

Helms und die CIA sind in den letzten Jahren beschuldigt worden, bestimmte Fehler, ja sogar Verbrechen begangen zu haben. Diese Fälle sind aus den Schlagzeilen der Zeitungen bekannt. Selbstverständlich werden sie auch im folgenden behandelt, manchmal sogar in allen Einzelheiten. Ich habe aber doch versucht, nicht als Ankläger aufzutreten, weil das zu einer juristischen Beurteilung führen und dem Thema nicht gerecht werden würde. Will man die Arbeit eines Nachrichtendienstes oder die Rolle eines Mannes, der ihn geleitet hat, schildern, dann muß man begriffen haben, welche Aufgaben dieser Nachrichtendienst hat. Ein Geheimdienst wie die CIA arbeitet auf drei Hauptgebieten. Er muß Nachrichten sammeln und analysieren, er muß seine eigene Integrität schützen (mit der Spionageabwehr), und er befaßt sich mit politischen Interventionen. Diese drei

Funktionen werden von einer Behörde wahrgenommen, die unter der Leitung eines Mannes steht, und jede dieser Funktionen hat ihren eigenen Zweck und dementsprechend ihre eigenen Methoden. Die CIA und Helms sind auf jedem dieser Gebiete kritisiert worden. CIA-Angehörige sind durchaus bereit, Fehler in der Vergangenheit ebenso zuzugeben, wie die Tatsache, daß sie häufig die Grenzen ihrer Befugnisse überschritten haben. Sie stehen dennoch auf dem Standpunkt, der Nachrichtendienst habe zwar manch häßliche Seite, sei aber unbedingt notwendig und ließe sich aus der modernen Gesellschaft nicht mehr fortdenken. Dem Laien wird dieses Argument nicht gefallen. Es erinnert zu sehr an die Art, wie Erwachsene einem Kind die angeblichen Realitäten des Lebens zu erklären suchen. Darüber hinaus hat dieses Argument noch eine weitere Schwäche: Es verlangt von uns, die Arbeit der CIA nur als Einheit zu sehen und zu beurteilen, das heißt, diese Institution so zu akzeptieren, wie sie ist, oder sie abzulehnen.

Nachrichtendienste existieren nicht im luftleeren Raum. Ein Staat, der weder ein Heer noch Feinde hat, braucht auch keine Spione. Wenn es aber beides gibt, dann muß es auch einen Nachrichtendienst geben. Die Entwicklung der Fernlenkwaffen nach dem Bau der deutschen V-Waffen im Zweiten Weltkrieg zeigt uns besonders deutlich, daß es zwischen den Streitkräften und dem Nachrichtendienst eine fast unvermeidliche Symbiose gibt. Auf die ersten unter Schallgeschwindigkeit fliegenden und mit konventionellen Sprengköpfen ausgerüsteten Flugkörper folgten technisch immer ausgefeiltere Systeme. Der Höhepunkt dieser Entwicklung war zunächst mit dem mit nuklearen Mehrfachsprengköpfen ausgestatteten Interkontinentalflugkörper MIRV erreicht, einem Fernlenkgeschoß, das mittels äußerst komplizierter elektronischer Einrichtungen mit fast unvorstellbarer Genauigkeit ins Ziel trifft. Seine Sprengkraft entspricht der aller im Zweiten Weltkrieg abgeworfenen Bomben zusammengenommen. Die Entwicklung dieser apokalyptischen Wunderwaffe entspringt nicht etwa einer entarteten Liebe zu perfektem Mordwerkzeug. Vielmehr ist sie Ergebnis eines Umstandes, dessen sich die meisten Menschen gar nicht bewußt sind: der Fähigkeit der Sowjetunion und der Vereinigten Staaten, ihre waffentechnologische Entwicklung gegenseitig genauestens zu überwachen.

Die Rüstungskapazität eines potentiellen Gegners richtig einzuschätzen ist eine der beiden Hauptfunktionen des traditionellen Nachrichtendienstes; die zweite besteht darin, die Absichten des Gegners auszukundschaften. Da Spione[1]* nur selten eindeutige Angaben machen können, muß jeder Nachrichtendienst die Wahrheit aus einer Vielzahl zunächst nebensächlich erscheinender Informationen herausfiltern. Diese Informationen werden zu einem gewissen Teil über geheime Kanäle gesammelt. Theoretisch ist die CIA neutral und niemandes Feind, und deshalb ist sie in den Schlußfolgerungen, die sie aus den gesammelten Nachrichten zieht, objektiv. Wenn die amerikanischen Luftstreitkräfte zum Beispiel dazu neigen, die Stärke der sowjetischen Bomberflotte zu übertreiben, weil sie ihr eigenes Budget erhöhen wollen (wie das Anfang der 50er Jahre geschehen ist), hat die CIA die Aufgabe, nüchterne Tatsachen festzustellen und dem Präsidenten zutreffende Unterlagen für seine Entscheidung zu beschaffen, wie stark die Bomberflotte der Vereinigten Staaten wirklich sein muß.

In vielen Fällen ist dieses System durchaus anwendbar und bringt die gewünschten Ergebnisse. Seine Schwäche – und wir werden im folgenden manche Beispiele dafür bringen – liegt nur darin, daß sich gewisse Schätzungen niemals verifizieren lassen (war beispielsweise die Wahl Allendes wirklich der erste Schritt in Richtung auf ein stalinistisches Regime in Chile?) und daß alle sich daraus ergebenden Maßnahmen politische Konsequenzen haben. Grundsatzfragen (können die Vereinigten Staaten Hanoi militärisch besiegen?) treten an die Stelle von spezifischen Problemen (welchen Prozentsatz der nordvietnamesischen Ölreserven kann man mit dem Einsatz eines Bomberverbandes von der Stärke X vernichten?). Man könnte meinen, hier werde das eigentliche Problem ungewollt verfälscht, weil man den Wald vor Bäumen nicht mehr gesehen habe. Aber nicht alle Verfälschungen waren unschuldiger Natur. Oft hat die CIA einem Druck von außen nachgeben müssen, dem sie nicht mehr widerstehen konnte.

* Dieses Buch enthält zahlreiche Fußnoten. Das sind zum Teil einfache Quellenangaben, zum Teil aber auch ausführliche Textergänzungen. Wenn der Leser sie jetzt durchblättert, wird er feststellen, ob er sie bei der weiteren Lektüre systematisch verfolgen will. Sie stehen am Schluß des Buches, weil die Übersichtlichkeit des Textes darunter gelitten hätte, wenn wir sie jeweils an den Schluß der Seite gestellt hätten.

Dabei darf man nicht vergessen, daß dieser Druck fast immer von oben und so gut wie nie von unten ausgeübt wird.

Hier geht es darum, daß eine militärische Konfrontation zwischen Großmächten, wie sie zwischen den Vereinigten Staaten und der Sowjetunion besteht, traditionelle Nachrichtendienste unverzichtbar macht. Man könnte die CIA-Beamten zum Teufel jagen – Präsident Kennedy hat nach der Katastrophe in der Schweinebucht gedroht, das zu tun, aber sofort würde eine andere Behörde mit einer anderen Bezeichnung dieselbe Aufgabe übernehmen. Darin haben Helms und andere Fürsprecher der CIA recht; der Nachrichtendienst gehört zu den unausweichlichen Realitäten der modernen Politik.

Auch ein anderes Argument führender CIA-Beamter läßt sich nicht von der Hand weisen: Wenn man sich entschließt, einen Nachrichtendienst einzurichten, dann muß man sich auch damit abfinden, ein Spionageabwehrsystem zu schaffen. Der Nachrichtendienst ist wie ein zweischneidiges Schwert. Er verfehlt seinen Zweck, wenn die Politiker an seiner Ehrlichkeit zweifeln und seinen Beurteilungen mißtrauen. Wenn sie dem Nachrichtendienst jedoch blindlings vertrauen, geraten sie in die Gefahr, sich zu kompromittieren. Ein Nachrichtendienst vereinfacht den Entscheidungsprozeß. Der Mann an der Spitze hat es nicht mehr mit einer Kakophonie von vierzig verschiedenen Beurteilungen desselben Problems zu tun, sondern die Regierung entscheidet sich auf der Grundlage einer einzigen.[2] Das vereinfacht zwar die Lage, erleichtert aber auch dem Gegner seine Aufgabe, denn nun hat er nur noch ein einziges Ziel für seine Unterwanderungs- und Täuschungsmanöver. Ein Nachrichtendienst läßt sich mit einer Fernlenkwaffe vergleichen, deren Leitsystem nur mit einem Knopf bedient werden kann. Wenn der Gegner Zugang zu diesem Knopf hat, kann er das ganze System ausschalten.

Es liegt im Wesen der Spionageabwehr, daß man nie genau weiß, wie erfolgreich sie sein wird. Mancher Bürger fordert, man sollte ganz und gar auf die oft melodramatisch anmutenden Intrigen des geheimdienstlichen Geschäfts verzichten; aber selbst wenn man alle Spione davonjagte und alle Außenstellen auflöste, brauchte man die Spionageabwehr, denn ein verwundbarer Nachrichtendienst ist schlechter als gar keiner. Wer das einsieht, muß auch alle anderen geheimdienstlichen Aktivitäten zulassen, denn man schützt den eigenen Nachrichtendienst am besten dadurch, daß man den des Feindes unterwandert. Dieser Zwang besteht keineswegs nur in Spionageromanen.

Es bleibt noch ein drittes, ein recht diffuses Tätigkeitsfeld für die CIA, das irgendwo zwischen diplomatischen Protestnoten und dem Einsatz von Marineinfanterie liegt. Denn der amerikanische Nachrichtendienst ist das Werkzeug, mit dem der Präsident überall auf der Welt versucht, seinen Willen durchzusetzen. Sobald der Präsident einer ausländischen Macht etwas demonstrieren wollte, und das ist in den vergangenen dreißig Jahren oft geschehen, hat die CIA ihm ermöglicht, dies insgeheim zu tun. Kann man auf Interventionen verzichten? Brauchen die Vereinigten Staaten einen besonderen Apparat für die Überweisung geheimer Geldmittel, für Waffenlieferungen, für die Verbreitung von Propagandamaterial, für die Ausbildung der Nachrichtendienste verbündeter Staaten und all die anderen Mittel und Methoden, mit denen man den Gegner im Ausland unter Druck setzt und seinen Freunden den Rücken stärkt? Wenn sich die CIA für das, was sie im internationalen Rahmen unternimmt, damit rechtfertigt, daß sie nur auf Anweisung des Präsidenten handelt, dann hat sie zwar recht, aber damit ist die Diskussion noch nicht abgeschlossen, weil nicht geklärt ist, ob das einzelne Unternehmen klug oder nützlich ist.

Das Ringen um die Vorherrschaft in Westeuropa am Ende des Zweiten Weltkrieges war eine ernste Angelegenheit. Hier ging es um eine sehr große Zahl von Menschen und eine gewaltige Industriekapazität, gar nicht zu reden von dem intellektuellen und kulturellen Erbe des Westens. Man könnte behaupten, die sowjetische Bedrohung sei geringer und weniger ernst gemeint gewesen, als es damals den Anschein hatte, oder daß man den Kampf mit anderen Mitteln hätte führen können; aber es ging in der Tat um etwas sehr Großes, etwas sehr Bedeutendes. Das ist nicht immer der Fall gewesen. In Tibet, in Angola, im Kongo, in Indonesien, Guatemala, Chile und Vietnam wurde um wesentlich kleinere Einsätze gespielt. Ob und wie weit amerikanische Interessen auf dem Spiel standen, ist Ansichtssache und wird es immer bleiben.

Es fällt nicht schwer, eine lange Liste der Verbrechen und Fehler der CIA aufzustellen. In einer Biographie des Richard

Helms müssen die meisten dieser Verbrechen erörtert werden. Seine berufliche Laufbahn ist hervorragend geeignet, uns durch die vergangenen dreißig Jahre der CIA-Geschichte zu führen. Aber aus der Rolle, die Helms als Meisterspion und Kalter Krieger gespielt hat, kann man mehr lernen als aus den Verbrechen, die man ihm vorwirft. Die Verstöße der CIA gegen allgemein geltendes Rechtsempfinden sind ebenso unbestritten wie bedauerlich, aber sie erscheinen nicht ganz so verwerflich, wenn wir sie mit den durchaus üblichen Aktivitäten einiger anderer Geheimdienste vergleichen. Das ist in den vergangenen Jahren zwar nicht immer die Auffassung der Öffentlichkeit gewesen; es stimmt aber dennoch. In diesem Buch wollen wir nicht beklagen, daß es in der CIA Übeltäter gibt, die ihrer gerechten Bestrafung entgangen sind. Dagegen wollen wir den Dingen auf den Grund gehen und kritisch beleuchten, welche Rolle die Vereinigten Staaten in der Welt spielen wollten und daß diese Rolle von der CIA wesentlich unterstützt und mit ihrer Hilfe aufrecht erhalten worden ist. Ich halte vor allem vier Aspekte dieses Problems für wichtig, und da wir in diesem Buch immer wieder darauf zurückkommen werden, ist es vielleicht angezeigt, sie dem Leser jetzt deutlich vor Augen zu führen.

1. Eine amerikanische Intervention im Ausland bedeutet für die betroffene Nation immer mehr als für die Vereinigten Staaten. Und doch wird diese Entscheidung sehr oft in erschreckend leichtfertiger Art getroffen. Als Nixon beschloß, Salvador Allende an der Amtsübernahme in Chile zu hindern, oder als Lyndon Johnson entschied, es sollten Marinesoldaten in die Dominikanische Republik geschickt werden, war deutlich zu erkennen, daß dies ganz impulsiv geschah und die Sicherheit der Vereinigten Staaten davon kaum betroffen war. Der Versuch Kissingers, den Bürgerkrieg in Angola zu verlängern, war durch nichts zu rechtfertigen als durch das Bemühen zu beweisen, daß der amerikanische Tiger noch Zähne hatte. Sogar der Entschluß der Vereinigten Staaten, in Vietnam zu intervenieren, das Ergebnis jahrelanger Arbeit und ungezählter offizieller Planungspapiere, hatte mit Vietnam selbst vergleichsweise wenig zu tun. Er gründete sich auf nichts Konkreteres als das Bestreben, den amerikanischen „Willen" zu demonstrieren und alle diejenigen zu „entmutigen", die einen nationalen Befreiungskrieg führen woll-

ten. Das Unternehmen endete mit einem erschütternden Debakel für die Vereinigten Staaten und unaussprechlichen Leiden für Indochina.

Es ist schwer genug für die Amerikaner, ihr eigenes Land demokratisch und rechtschaffen zu regieren. Wenn sie glauben, sie könnten das für andere tun, dann ist das eine Anmaßung. Die CIA bietet sich für ein so anmaßendes Vorgehen an, indem sie den Entscheidungsprozeß vereinfacht, in der verworrenen Lage an Ort und Stelle mit äußerster Sorgfalt den roten Faden der amerikanischen Interessen verfolgt und damit die Bedeutung des Schicksals ganzer Völker auf den Inhalt von Optionspapieren reduziert. Die CIA sagt nicht, welche Maßnahmen diesem Interesse dienen; wenn das aber entsprechend der jeweiligen Stimmung und den Vorurteilen des Präsidenten und seiner Berater festgestellt worden ist, dann sorgt die CIA dafür, daß das so definierte amerikanische Interesse in den Mittelpunkt jedes Lageberichts gestellt wird. Der Entscheidungsapparat für die amerikanische Außenpolitik ist zu gut organisiert. Präsident Carter hat gesagt, seine Aufgabe gleiche der eines Examenskandidaten, dem für die Beantwortung seiner Examensfragen mehrere Möglichkeiten gegeben werden. Wenn es zu den Optionen X, Y und Z jeweils ein ausführliches Schriftstück gibt – es hat Präsidenten gegeben, die nie mehr gelesen haben als die auf einer Seite geschriebene Zusammenfassung –, dann darf es uns nicht überraschen, daß solche Entscheidungen oft zwischen Frühstück und Mittagessen getroffen werden, ohne daß die Verantwortlichen wirklich verstanden haben, was ihr Handeln für die Betroffenen bedeutet. Mit Recht fürchtet man die CIA überall auf der Welt und lehnt sie ab, und zwar nicht, weil sie immer auf der falschen Seite stünde – das tut sie nicht –, sondern weil sie stets dem amerikanischen Interesse das Vorrecht einräumt, das sie jedoch nur oberflächlich begriffen hat, aber dennoch rücksichtslos verfolgt.

2. Der amerikanische Einfluß in anderen Ländern ist stärker als er sein dürfte, und deshalb beeinflussen die dort arbeitenden Angehörigen der CIA die Entwicklung an Ort und Stelle in viel zu großem Umfang. Wenn chilenische Offiziere glauben, Allende bedeute für ihr Land eine so große Bedrohung, daß ein Putsch gerechtfertigt sei, dann ist das ihre Sache, denn sie sind Chilenen.

Sie haben ihr Leben damit zugebracht, an die Macht zu kommen, und der Machtkampf hat sie zu dem gemacht, was sie sind. Vielleicht haben sie nicht gelernt, politisch besonnen zu handeln, sie begreifen aber wenigstens, worum es geht, ihre Anhänger kennen sie und vertrauen ihnen, und sie müssen die Folgen dessen tragen, was sie unternommen haben. Die Angehörigen der CIA andererseits mögen die Verhältnisse im Lande noch so gut kennen, das ändert jedoch nichts an der Tatsache, daß sie Außenseiter sind und daß sie ihre Machtbefugnisse Außenseitern, nicht aber einem normalen innenpolitischen Machtkampf zu verdanken haben.

Graham Greene hätte seine brillante Darstellung innenpolitischer Manipulationen in *The Quiet American* ebensogut über Kuba, Chile, Angola oder Vietnam schreiben können. Die Beamten der CIA fühlen sich den Ländern, in denen sie arbeiten, oft sehr verbunden; häufig sprechen sie die Landessprache und sind gute Kenner der jeweiligen Nationalliteratur. Aber schließlich sind sie doch nur Beamte einer fremden Macht. Sobald sich die Vereinigten Staaten zum Eingreifen entschlossen haben, findet sich auch jemand unter den örtlichen Politikern, der sich ihnen als Werkzeug zur Verfügung stellt. Wenn der erste dafür vorgesehene Mann sich weigert, findet man einen zweiten gefügigeren Verbündeten.[3] So wird eine in Washington ohne die erforderliche Sorgfalt entwickelte politische Linie an Ort und Stelle in die Tat umgesetzt von wurzellosen, fremden und wahrscheinlich unbekannten Agenten der CIA, die, wenn der Versuch fehlgeschlagen ist, dem Trümmerhaufen unbeschadet den Rücken kehren.

Die CIA hat die Verantwortung für das, was unsere Verbündeten mit unserer Hilfe unternehmen, allzu schnell abgewälzt, und andere hohe Beamte in Washington haben das zu bedenkenlos zugelassen. Die CIA hat sich an der Ausbildung der Geheimpolizei in Vietnam, im Iran, in Argentinien, der Dominikanischen Republik, in Chile und vielen anderen Ländern beteiligt und dann nicht mehr hingesehen, wenn ihre früheren Schüler ihre politischen Gegner willkürlich verhaftet, gefoltert und ermordet haben. Das Phönix-Programm und die „Tigerkäfige" auf der Insel Con Son in Vietnam, in denen politische Gefangene oft gestorben oder zu Krüppeln geworden sind, zeigen in erschütternder Weise die

Neigung der CIA, sich von Verbrechen zu distanzieren, die sie faktisch ermöglicht, aber nicht selbst begangen hat.

Die Vereinigten Staaten sollen und können die Länder nicht regieren, die sie unterstützen wollen. Aber wenn sie einmal eingegriffen haben, ist dies nur eine unzureichende Rechtfertigung all dessen, was auf eine Intervention folgt und in diesem Zusammenhang von uns verantwortet werden muß. Das ist jedoch nicht nur ein amerikanisches Problem. China hat sich zum Beispiel entschlossen, das Pol-Pot-Regime in Kambodscha zu unterstützen, wie auch Libyen sich in Uganda hinter Idi Amin gestellt hat; in beiden Fällen handelt es sich um Regime, deren Unterstützung nicht zu rechtfertigen ist. Es ist schwer zu sagen, wo hier die genaue Grenze zu ziehen ist, aber die Vereinigten Staaten und die CIA haben diese Grenze zweifellos oft überschritten. Ein besonders krasses Beispiel dafür, wie weit Washington manchmal über das Vertretbare hinausgegangen ist, war Haiti unter der alptraumhaften Herrschaft von François »Papa Doc« Duvalier.

4. Der beunruhigendste Auftrag der CIA läßt sich vielleicht am schwersten erklären, weil unser Nachrichtendienst auf diesem Gebiet sowohl seine größten Erfolge zu verzeichnen hatte als auch passiv lebensgefährliche Risiken auf sich genommen hat. Die CIA fühlt sich ebenso wie die Regierung, der sie dient, einem internationalen System verpflichtet, das zur Aufrechterhaltung seiner Stabilität ein Gleichgewicht der Kräfte braucht. Das bedeutet nichts anderes, als daß ein Krieg gegen die Sowjetunion am besten durch eine Kombination von abschreckender militärischer Stärke mit einem professionellen Krisenmanagement vermieden werden kann. Die Aufgabe der CIA bei dieser augenscheinlich ständig bestehenden Konfrontation liegt darin, Nachrichten in unverfälschter Form zu beschaffen – Informationen über den gegenwärtigen Stand der militärischen Kapazität und der Absichten des potentiellen Gegners.

Hier sind zwar Fehler gemacht worden, aber im großen und ganzen scheint die CIA ihre Aufgabe zufriedenstellend erfüllt zu haben, insbesondere wenn es darum ging, Recherchen über die Rüstungskapazität der Sowjetunion anzustellen und diese genau auszuwerten. Es gab keine großen Überraschungen, keine plötzlichen Entdeckungen neuer Entwicklungen in der sowjetischen Militärtechnologie, durch die die Vereinigten Staaten in dramatischer Weise ins Hintertreffen geraten wären. Sogar die kühnste sowjetische Initiative in der Nachkriegszeit – der Entschluß Chruschtschows, Raketen mit Nuklearsprengköpfen auf Kuba zu stationieren – wurde so rechtzeitig entdeckt, daß Kennedy die Möglichkeit hatte, darauf zu reagieren. Wir brauchen nicht ausdrücklich darauf hinzuweisen, daß der russische Nachrichtendienst mindestens ebenso tüchtig gewesen ist, und zwar mit dem Erfolg, daß das Element, das für das Gleichgewicht der politischen Kräfte entscheidend notwendig ist – das reale Gleichgewicht – erhalten blieb. Beide Seiten haben fast immer gewußt, was die jeweils andere beabsichtigte, und zwar auch in Krisenzeiten, in denen Verwirrung oder Mißverständnisse katastrophale Folgen hätten haben können. Man kann die sowjetisch-amerikanischen Beziehungen seit 1945 sorgfältig prüfen und findet dennoch nichts, was den blinden Vermutungen oder Fehlspekulationen entspräche, die dem Ersten Weltkrieg vorangingen, geschweige denn den fürchterlichen Fehlleistungen und falschen Informationen, die dem Krimkrieg oder dem spanisch-amerikanischen Krieg vorausgegangen sind.[4]

Man könnte sagen, dieser relative Erfolg sei Grund genug, uns zu beglückwünschen. Die CIA ist dadurch aber auch veranlaßt worden, wie ein Jongleur auf die eigene Geschicklichkeit zu vertrauen: Obwohl kein Angehöriger der Nachrichtendienste das direkt zugeben wird, haben sie sich doch alle daran gewöhnt, mit der Bombe zu leben. Das Schlimme an der Tatsache, daß wir gezwungen sind, uns auf unsere militärische Rüstung und ein professionelles Krisenmanagement zu verlassen, liegt darin, daß das so erreichte Gleichgewicht auf die Dauer erhalten bleiben muß. Die Beamten der CIA lassen sich von dem Wort »Dauer« nicht beeindrucken, denn sie verwenden es nicht; sie sprechen von »voraussehbarer Zukunft«. Doch wenn ihnen auch der Erfolg in der voraussehbaren Zukunft genügen mag, uns genügt er nicht unbedingt. Die CIA-Angehörigen behandeln die Gefahr eines Kernwaffenkrieges, weil sie so erzogen sind, nüchtern und professionell, manchmal gar mit einer geradezu kindlich wirkenden naiven Vertrauensseligkeit. Die CIA ist ein integrierender Teil dessen, was der Sozialkritiker Randolph Bourne einmal »das Kriegssystem« genannt hat, und die Tatsache, daß wir nicht wissen, wie wir dieses System überwinden können, darf uns nicht blind gegenüber der durchaus realen Möglichkeit machen, daß es in der Zukunft das bringen wird, was es in der Vergangenheit stets gebracht hat – Krieg.

Über das Verfahren

Ein Buch über den Nachrichtendienst verlangt Aufklärung über Quellen und Methoden. Ich war etwas überrascht, als ich feststellte, daß die Angehörigen der CIA ohne weiteres bereit waren, mit mir über ihre Arbeit zu sprechen. Allerdings sind 1973 viele Beamte in den Ruhestand getreten; sensationelle Schlagzeilen, öffentliche Kritik und Zeit, über das Vergangene nachzudenken, haben sie gesprächiger gemacht. Die meisten Beamten der CIA glauben an das, was sie getan haben, und es schmerzt sie, von der Öffentlichkeit – wie sie meinen – mißverstanden zu werden. Die Gewohnheit, ihr Wissen geheim zu halten, zieht sie in eine Richtung; der Wunsch, die Dinge zu erklären, in die andere. Die letztere Tendenz scheint die Oberhand zu gewinnen. Von allen ehemaligen CIA-Angehörigen, mit denen ich mich in zwei Jahren in Verbindung gesetzt habe, weigerten sich von mehr als vierzig nur drei, mit mir zu sprechen.[5] Alle anderen erklärten sich sofort dazu bereit, und zwar vom einfachen Agenten bis hinauf zu Richard Helms selbst, der vier lange Vormittage dafür geopfert hat,[6] mir bei der Abfassung eines Buches zu helfen, von dem er wahrscheinlich wünschte, daß niemand es schreiben werde.

Von etwa einem halben Dutzend abgesehen, standen alle ehemaligen CIA-Beamten, mit denen ich gesprochen habe, ihrer Behörde immer noch loyal gegenüber und hatten nur den Wunsch, falsche Vorstellungen auszuräumen. Die meisten zählten mir zuerst auf, was sie nicht aussagen könnten; die Namen von Agenten und Mitarbeitern der CIA, Einzelheiten über Operationen, die in der Presse noch nicht dargestellt worden waren usw. Doch während unserer Gespräche schienen sie diese guten Vorsätze allmählich aufzugeben. Ein einmal genannter Name wurde im folgenden Gespräch zum Hebel. Wenn ein ehemaliger CIA-Beamter ein bestimmtes Unternehmen erwähnt hatte, dann erläuterte ein zweiter es schon etwas genauer, ein dritter korrigierte die Darstellung, ein vierter ergänzte sie, und schließlich gab der erste eine umfassende Übersicht, denn inzwischen wußte ich ohnedies schon fast alles. Wenn man unbeirrt weiterfragt, ergeben die Antworten im Lauf der Zeit ein geschlossenes Bild.

Das Rohmaterial zu diesem Buch stammt etwa zur Hälfte aus öffentlich zugänglichen Quellen, zur anderen aus Interviews. Im ersteren Fall habe ich wie üblich Quellenangaben für alle direkten Zitate gemacht, ebenso für Berichte, auf die sich meine Darstellung stützt. Mit Ausnahme weniger Fälle, bei denen es um rein technische Fragen ging, hat mir keiner meiner Gesprächspartner Vorschriften gemacht, wie ich den Inhalt der Interviews zu verwenden hätte, aber fast alle wollten nicht namentlich genannt werden. Der Grund war manchmal, daß der Betreffende nicht als Quelle einer bestimmten Information erkannt sein wollte. Niemand hat wirklich irgendwelche Geheimnisse preisgegeben, aber es ging um Dinge, an deren Geheimhaltung meine Gesprächspartner gewöhnt waren. Vor allem aber wollte jeder seine Anonymität wahren, um eine Konfrontation mit alten Freunden oder Gegnern zu vermeiden. Wie bei allen Behörden kommt es auch beim Nachrichtendienst leicht zu persönlichen Differenzen, und die ehemaligen Angehörigen der CIA waren zwar durchaus bereit, über Meinungsverschiedenheiten und persönliche Gegensätze aus der Vergangenheit zu sprechen, aber sie wollten die alten Streitigkeiten nicht noch einmal austragen. Dafür hatte ich Verständnis. Deshalb habe ich es im allgemeinen vermieden zu sagen, wer mir was mitgeteilt hat, es sei denn, daß meine Informationsquelle für ein Zitat oder eine These wichtig war.

Hier stellt sich natürlich die Frage, ob ich mich nicht habe täuschen lassen. Die CIA und die Nachrichtendienste im allgemeinen stehen nicht gerade in dem Ruf, immer ehrlich zu sein, und der Leser wird sich vielleicht fragen, ob ich nicht Opfer eines gut ausgeklügelten Täuschungsmanövers geworden sei. Ich habe selbst darüber nachgedacht, als ich mit der Arbeit an diesem Buch begann, und versucht festzustellen, ob sich irgendwo eine solche Tendenz entdecken ließe. Es dauerte nicht lange, bis mir das gelang. Mit wenigen Ausnahmen glauben die Mitarbeiter der CIA, daß die Vereinigten Staaten viele große und kleine Feinde haben, daß sie einen möglichst tüchtigen Nachrichtendienst brauchen, daß dieser Nachrichtendienst es sich nicht leisten kann, im Ausland dieselben von der Verfassung gesteckten Grenzen einzuhalten wie zu Hause, daß die Angehörigen der CIA bestimmte Verhaltensweisen strenger beachten und humaner sind als die Mitglieder anderer Nachrichtendienste und daß man der CIA unrecht tut, wenn man ihr deshalb Vorwürfe macht, weil sie Anweisungen befolgt. Die Beamten dieser Behörde halten es für ungerecht, wenn behauptet wird, die CIA habe sich an innenpolitischen Intrigen beteiligt. Sie sind wegen des Rufs, den sie in der Öffentlichkeit genießen, nicht böse, sondern eher gekränkt, verwundert, verwirrt oder besorgt. Sie halten ihre Behörde für eine hervorragende Organisation, und von dieser Auffassung kann man sie weder durch Andeutungen noch durch massive Vorwürfe abbringen. Die Geschlossenheit dieser Organisation ist beeindruckend, gerade auch angesichts der Tatsache, daß nur wenige ehemalige CIA-Beamte wie Victor Marchetti, Frank Snepp, John Stockwell und einige andere diese Haltung aufgegeben und den Wert dieser Behörde in Frage gestellt haben.

Wenn es jedoch um die Details einzelner Operationen geht, liegt die Sache etwas anders. Hier bemüht man sich noch sehr um Geheimhaltung. Das liegt zum Teil daran, daß noch nicht alles, was an CIA-Affären an die Öffentlichkeit drang, restlos geklärt ist, und daß die Öffentlichkeit so den Eindruck gewonnen hat, hier seien finstere Verbrechen begangen worden, und die CIA habe oft jämmerlich versagt. Aber diese Verschwiegenheit hat darüber hinaus noch tiefer liegende Ursachen. Die Nachrichtendienste haben für ihre Zurückhaltung drei Gründe: Man weiß nie, was dem Gegner nützen könnte; wenn man etwas zugibt, reizt man die andere Seite, weiter nachzuforschen; und im geheimen getroffene politische Maßnahmen führen, wenn sie entdeckt werden, in den meisten Fällen zu Peinlichkeiten. (Wir werden an anderer Stelle auf dieses Problem zurückkommen.) Meine Gesprächspartner von der CIA wollten mir begreiflich machen, vor welchen Schwierigkeiten ihre Behörde während all dieser Jahre gestanden hat; sie mußte den Präsidenten in seiner Außenpolitik unterstützen, ohne mehr von ihrer Arbeit zu verraten, als unbedingt erforderlich war. Manches Mal war Tauziehen ein Kinderspiel gegen meine Bemühungen. Aber mit einer einzigen Ausnahme habe ich niemals einen CIA-Beamten bei einer Lüge ertappt.

Oft stellten mir die Leute vom Nachrichtendienst Dinge auf eine Weise dar, die ich für unrichtig hielt. Aber fast immer handelte es sich dabei um Angelegenheiten, über die man geteilter Meinung sein konnte. War das Phönix-Programm ein Attentatsplan? Hat die CIA eine besondere Vorliebe für politisch rechts stehende Diktatoren gehabt? Haben die Planer des Unternehmens in der Schweinebucht damit gerechnet, Kennedy am Schluß zum Eingreifen zwingen zu können? Stellte Allende in erster Linie eine Bedrohung der chilenischen Demokratie oder der amerikanischen Geschäftsinteressen dar? Hat die CIA 1958 versucht, Sukarno zu stürzen, oder hat sie nur gelinden Druck ausgeübt? Hat die CIA die Nachrichtenanalysen unter innenpolitischem Druck verfälscht oder nur eingeräumt, es gäbe keine klaren Beweise, und eine andere Auffassung könnte ebenso richtig sein. Aus der Geschichte der CIA ergeben sich viele vergleichbare Fragen. Ob man die Antworten für richtig oder falsch hält, unterliegt der Interpretation des Betrachters. Wenn ich sage, ich hätte nur einen Beamten der CIA bei einer Lüge ertappt, dann meine ich etwas ganz anderes – eine wissentlich unwahre Behauptung. Bei dieser Ausnahme ging es um eine Bagatelle, um die Behauptung, die CIA irre sich bei ihren Nachforschungen x-mal, während der Mann, mit dem ich sprach, genau wußte, der Faktor sei 3 x. Er hatte mich also belogen. Er tat es bezeichnenderweise, weil er nicht zugeben wollte, daß die Militärs in diesem Fall recht gehabt hatten. Während sich die CIA bei der Schätzung der Menge militärischen Nachschubs, den die Nordvietnamesen über den kambodschanischen Hafen Sihanoukville gehen ließen, geirrt hatte.

Manchmal wichen die Informanten meinen Fragen aus oder schützten mangelndes Erinnerungsvermögen vor. Gelegentlich versuchten sie auch, die Dinge in einem etwas günstigeren Licht darzustellen. Es handelte sich aber immer um eine Auslegung der Tatsachen, über die wir verschiedener Meinung waren, nur selten um die Tatsachen selbst. Diese Männer hätten oft die Möglichkeit gehabt, mich mit falschen Aussagen in die Irre zu führen, und oft wäre es mir schwergefallen, ihnen das Gegenteil zu beweisen. Ein gutes Beispiel wäre die Frage, wer den Attentatsversuch gegen Castro befohlen hatte. Eisenhower, beide Brüder Kennedy, Allen Dulles und andere hohe Staatsbeamte sind nicht mehr am Leben.

Mitarbeiter der CIA, denen diese Episode sehr peinlich ist, hätten beweisen können, daß der Befehl von oben kam, oder sie hätten die Schuld einigen wenigen Beamten zuschieben können, die angeblich ihre Zuständigkeit überschritten hatten. Sie haben derartiges nie versucht, sondern vielmehr offen zugegeben, daß es sich hier um eine schmutzige Angelegenheit gehandelt habe. Sie überließen es mir, meine Schlüsse zu ziehen.

Das war typisch für ihre Art, schwierige Fragen zu behandeln. Nie wurde ich mit einander widersprechenden Behauptungen konfrontiert, aber alle Antworten litten geradezu chronisch unter Unvollständigkeit, irgendwo geriet ich immer in eine Sackgasse. Kurz gesagt, ich stand nicht vor irgendeinem großen Mysterium, etwa vor dem Verdacht, daß die CIA von irgendeiner Mafia beherrscht wurde, sondern vor vielen kleinen Mysterien.

Von dem fertigen Manuskript zu diesem Buch schickte ich Durchschläge an Helms und mehrere andere ehemalige CIA-Beamte. Sie stellten einige sachliche Irrtümer richtig – die Schreibweise von Namen, unkorrekte Daten, Dienstbezeichnungen usw. – und nahmen in vielen Fällen zu besonderen Ereignissen Stellung. Außerdem diskutierten wir noch strittige Probleme. Zum Teil konnten die CIA-Leute mich überzeugen, in anderen Fällen nicht. Ich weiß nicht, ob meine Informanten ihre Mitarbeit heute bedauern; aber eins steht fest: Die meisten glauben, ich sei mit Helms zu rücksichtslos umgegangen, hätte mich zu sehr auf die »Verbrechen« der CIA konzentriert, wäre im Hinblick auf die Risiken der modernen Realpolitik zu naiv. Auch hätte ich mich nicht eindeutig genug für die energische Verteidigung der amerikanischen Interessen eingesetzt, sei nicht immer bereit gewesen, die Leistungen der CIA, die Bedeutung der Geheimhaltung oder die Schwächen der demokratisch regierten Staaten in Fragen der Außenpolitik anzuerkennen. Nach ihrer Meinung hatte ich einfach nicht begriffen, daß selbst noch so kluge Männer keine bessere Organisationsform für einen Nachrichtendienst finden konnten als die bestehende. Aber trotz häufiger Meinungsverschiedenheiten haben mir die Menschen, mit denen ich sprechen konnte, großzügig ihre Zeit zur Verfügung gestellt. Sie waren felsenfest davon überzeugt, daß sie von einem um Fairneß bemühten Historiker nichts zu befürchten hätten, und sie haben sich darum bemüht, mir die Gründe für ihr Verhalten begreiflich zu machen. Ich bin ihnen dankbar, daß sie mir ihre Zeit geopfert und freimütig und vertrauensvoll mit mir gesprochen haben. Sie haben einen wesentlichen Beitrag zu diesem Buch geleistet, für die darin enthaltenen Fehler und Schlußfolgerungen bin ich allein verantwortlich. Den folgenden Persönlichkeiten, die mir geholfen haben, die notwendigen Informationen zu sammeln, möchte ich an dieser Stelle meinen Dank aussprechen: Sam Adams, John Ansell, Mary Bancroft, Richard Bissell, Tom Braden, John Bross, George Carver, Ray Cline, William Colby, John Ehrlichman, John Gardner, Morton Halperin, Sam Halpern, Dennis Helms, Richard Helms, Gerald Hickey, Roger Hilsman, Lawrence Houston, John Huizenga, Norvale Jones, Thomas Karamessines, Robert Kiley, Lyman Kirkpatrick, Edward Korry, George Lawton, Jerry Levinson, Frank Lindsay, Victor Marchetti, Carl Marcy, Andrew Marshall, John Maury, Steven McClintic, Tom McCoy, Robert S. McNamara, Armin Meyer, Richard Moose, Frederick Oechsner, Thomas Parrott, David Philipps, Sylvia Press, Henry Rothblatt, F. A. O. Schwarz jr., Gerard C. Smith, Maxwell Taylor, DeForrest van Slyck, William Watt, John Wilbur und Robert Wood. Andere wollten ungenannt bleiben, aber auch ihnen habe ich zu danken.

Auch viele Menschen außerhalb der CIA haben mich großzügig unterstützt. Zu ihnen gehören Abby Brett, Gordon und Holly Chaplin und Robert und Hannah Kaiser, die mich bei meinen Reisen nach Washington freundlich aufgenommen haben. Fred Childs, Tom Ferris, Tom Lewis, meine Schwester Susan Urstadt und mein Vater Joshua Powers haben das Manuskript gelesen oder sich ausführlich mit mir darüber unterhalten. Carrie Maynard hat meine Gespräche mit Richard Helms protokolliert, und Ian Love hat ein unentbehrliches Verzeichnis von Berichten aus der *Los Angeles Times* angefertigt. Marianne Partridge hat dieses Projekt dadurch angeregt, daß sie mich aufforderte, für die Zeitschrift *Rolling Stone* einen Artikel über Helms zu schreiben. Und schließlich haben mich meine Frau Candace und unsere Kinder Amanda, Susan und Cassandra mit ihrer Freundlichkeit und guter Laune unterstützt, während ich an diesem Buch arbeitete. Als es fertig war, sagte Susan, sie hoffe, das nächste werde kürzer sein, »um etwa einen halben Monat«, damit wir zusammen zum Schlittschuhlaufen gehen könnten.

16. Februar 1979 Thomas Powers

1. Kapitel

Im Frühjahr 1977 war Richard Helms fast vollständig isoliert. Nicht etwa, daß es ihm nach fast dreißigjähriger Tätigkeit für den Nachrichtendienst an Freunden und Verbündeten gefehlt hätte. Die Leute, mit denen er umging, schätzten und achteten ihn durchaus; er galt als ehrlicher und pflichtbewußter Mann, der nun, nachdem er sich aus kleinen Anfängen bis an die Spitze der Central Intelligence Agency hinaufgearbeitet hatte, in den wohlverdienten Ruhestand trat. Nicht viele wußten wirklich, was Helms in der CIA getan hatte, aber diejenigen, die seine Arbeit kannten, gehörten einem Kreis außergewöhnlich einflußreicher Persönlichkeiten an: ehemalige Präsidenten, Minister und andere hohe Beamte, Kongreßabgeordnete und nahmhafte Journalisten. Obwohl Helms im Frühjahr 1977 in Schwierigkeiten war, hatten sich wenigstens die Männer, die ihn am besten kannten, nicht gegen ihn gestellt. Doch so sehr ihn das auch persönlich befriedigen mochte, die Zusammensetzung dieser Gruppe zeigte, wie sehr dieser Personenkreis die gesellschaftliche Wirklichkeit verbannte: Außerhalb Washingtons hatte der Begriff »Nachrichtendienst« eine neue und irgendwie bedrohliche Bedeutung bekommen: Vier Jahre offizieller Untersuchungen hatten die CIA in der öffentlichen Meinung ins Zwielicht gerückt, und der Name Richard Helms war in zahlreichen peinlichen Dokumenten über den Watergate-Skandal, Attentatsversuche, Drogentests an hilflosen Opfern und Putschversuche in demokratischen Ländern erwähnt worden. Die Personengruppe in Washington, die diese Vorkommnisse damit rechtfertigte, daß sie zum prosaischen Alltagsgeschäft der internationalen Politik gehörten, war ausgesprochen klein, und Helms sah sich innerhalb dieses Kreises gefangen und von der Außenwelt isoliert. Er konnte nicht begreifen, wie das geschehen war. Er kannte die Geschichte der jüngsten politischen Entwicklungen besser als die meisten anderen; er hatte beobachtet, wie die Watergate-Affäre zu einer peinlichen Überprüfung der CIA durch einen Sonderausschuß des Senats geführt hatte, und er hatte sich den schrittweisen Enthüllungen energisch widersetzt. Denn er fürchtete, daß die noch immer fortdauernde Preisgabe von Geheimnissen zwei äußerst unangenehme Folgen haben werde; die Demoralisierung der CIA, die es nicht gewohnt war, daß ihre Praktiken im Licht der Öffentlichkeit diskutiert wurden, und eine unvergleichliche Gelegenheit für gegnerische Nachrichtendienste, die umfangreichen Berichte des Senatsausschusses auszuwerten. Helms war überzeugt, daß diese beiden von ihm vorausgesagten Konsequenzen bereits eingetreten seien. Er glaubte nicht an den Nutzen einer so vollzogenen Selbstreinigung. Er ließ sich allerdings nicht aus der Fassung bringen und glaubte auch nicht, etwas bereuen zu müssen. Männer, die die großen Zusammenhänge kannten, wußten, daß das Geschäft der Geheimdienste über die bloße Spionage und Gegenspionage weit hinausgeht.

Helms konnte nicht verstehen, daß gewisse Liberale im Senat ebensowenig wie die Presse aufhörten, die »Verbrechen« der CIA öffentlich breitzutreten. Natürlich las Helms die Zeitungen; er wußte, daß viele Amerikaner die Methoden seiner Behörde ablehnten, denn sie sahen die CIA als geheimes Machtinstrument der amerikanischen Präsidenten an, das auch für deren Fehler verantwortlich war, wenn sie versuchten, ihre politischen Interessen in der Welt rücksichtslos durchzusetzen. Der Trümmerhaufen, den wir in Vietnam zurückgelassen hatten, bewies nur allzu deutlich, daß irgend etwas in erschreckender Weise versagt hatte. Aber nach Helms' Auffassung waren die Feindseligkeiten, die sich gegen die CIA und indirekt auch gegen ihn richteten, das Ergebnis der fast bewußten Weigerung, sich mit der Realität eines anarchischen internationalen Systems abzufinden, innerhalb dessen Wachsamkeit, Macht und Willensstärke die beste, ja die einzige Verteidigung für die Nation waren. Wenn man die CIA durch Enthüllungen und Beschuldigungen vernichtete, dann zerstörte man eine der wirksamsten amerikanischen Abwehrwaffen. Die Meinungen über den Wert der CIA gingen weit auseinander, es war aber bezeichnend für Helms, daß er von seiner Auffassung auch nicht um ein Jota abweichen wollte.

Jetzt, da Helms zum erstenmal seit dreißig Jahren kein Amt mehr bekleidete, war er so verwirrt und verärgert, wie er es bis dahin noch nie gewesen war. Aber er wollte das nicht zugeben, nicht einmal gegenüber seinen Freunden, mit denen er in der Stadt zu Mittag aß oder mit denen er sich am Telefon unterhielt. Jetzt hatte er plötzlich zuviel Zeit, und nach so vielen Jahren rastloser Tätigkeit in leitender Stellung beunruhigte ihn diese Tatsache. Aber ihm blieb keine andere Wahl. Sein Anwalt hatte ihm gesagt, er solle möglichst nicht in der Öffentlichkeit in Erscheinung treten. Aber das paßte ihm nicht. Er war seit Jahren an regelmäßige Arbeit gewöhnt, und das entsprach auch seinem Temperament: Um acht Uhr morgens im Amt, den ganzen Tag Besprechungen, ein endloser Schriftverkehr, und wenn der Dienst um 18.30 Uhr zu Ende war, hatte er immer einen aufgeräumten Schreibtisch im Büro zurückgelassen. Seine Mitarbeiter erzählten Geschichten aus der großen Zeit dieser Behörde und über die abenteuerlustigen Männer, die an ihren Unternehmen beteiligt waren, bevor alles auseinanderfiel. Über Helms erzählten sie keine Anekdoten, denn es gab keine. Man erinnert sich an ihn als Verwaltungsbeamten, der ungeduldig wurde, wenn etwas sich verzögerte, der keine Ausreden gelten ließ, der peinlich genau seine Pflichten erfüllte und in dessen Büros eine stickige Atmosphäre herrschte. Als ich drei seiner alten Freunde nach einer für Helms typischen Äußerung fragte, wiederholten sie alle denselben Satz: »Lassen Sie uns das erledigen.« Er wurde für eine bestimmte Arbeit bezahlt, er tat heute, was heute getan werden mußte, und am Abend war sein Schreibtisch aufgeräumt.

Natürlich mußte bei der CIA zum Feierabend jeder Schreibtisch aufgeräumt sein. Die Sicherheitsbeamten überprüften das ganze Gebäude nach Dienstschluß und meldeten jeden, der seinen Panzerschrank nicht abgeschlossen hatte, dessen Papierkorb nicht ausgeleert worden war und in dessen Schreibtischschubladen noch geheime Dokumente lagen. Auch ein Mann wie Richard Bissell, der sich später gezwungen sah, seinen Dienst zu quittieren, weil er mit seinem Plan für eine Invasion auf Kuba in der Schweinebucht gescheitert und in Ungnade gefallen war, mußte abends vor Dienstschluß seinen Schreibtisch leerräumen. Man kann sich kaum zwei so verschiedene Menschen vorstellen wie Richard Helms und Richard Bissell. Helms war nicht gerade glücklich, als

Bissell den Posten erhielt, den er selbst 1958 angestrebt hatte. Das war aber nur eine ganz persönliche Enttäuschung. Bissell war gesprächig, voller Ideen, aufgeschlossen und unkompliziert. Er beschäftigte sich intensiv mit jedem Vorschlag und beurteilte ihn ausschließlich nach seinem praktischen Wert. Ob es sich um einen Plan für eine Invasion auf Kuba oder ein vergiftetes Taschentuch für einen arabischen General handelte – er war bereit, sich damit zu beschäftigen. Aber Bissells Logik war für den Dienst nicht immer von Vorteil. Gelegentlich beurteilte er andere Menschen völlig falsch. Er arbeitete bestimmte Methoden aus und verstieß dann gegen die von ihm selbst aufgestellten Regeln. Auf seinem Schreibtisch sah es chaotisch aus. Wenn man einen Blick darauf warf, hätte man das Schicksal unseres Landes für bedroht halten können. Doch auch der Schreibtisch von Richard Bissell wurde abends von der Sekretärin aufgeräumt und war über Nacht leer.

Es gab keine andere amerikanische Regierungsbehörde, bei der nachts eine so penible Ordnung herrschte wie im weitläufigen Hauptquartier der CIA im Wald von Langley, Virginia. Allen Dulles hatte das Gebäude von seinem alten Freund und Klienten Edward Durrell Stone entwerfen lassen. Der Kongreß bewilligte 65 Millionen Dollar, und Dulles richtete sich im siebenten Stock ein Büro und ein privates Speisezimmer ein. Aber er hat diese Räume nie bezogen; denn als Bissell sein Amt verlor, mußte auch Dulles gehen. Nur einmal hat er Präsident Kennedy durch das Gebäude geführt. Das blieb seine einzige Amtshandlung in dieser Anlage, die die größte ihrer Art in der Welt war, viel größer und moderner als das Hauptquartier des Komitees für Staatssicherheit (KGB) in Moskau. Nachts überprüfte der Sicherheitsdienst alle Schreibtische und Türen, und ein Offizier vom Dienst hielt sich mit einem kleinen Stab bereit, um den Direktor bei besonderen Vorkommnissen zu alarmieren. In der Nachrichtenzentrale wurden die Funksprüche entschlüsselt, die von den vielen hundert Außenstellen der CIA überall in der Welt eintrafen. Um 3.00 Uhr morgens begann eine kleine Gruppe von Leuten den Tagesbericht für den Präsidenten zusammenzustellen – ein Dokument, dessen Bezeichnung und Stil sich mit den Jahren oft geändert haben, um sich den Gewohnheiten des Mannes anzupassen, für den es in erster Linie bestimmt war. Aber davon abgesehen war das Gebäude der CIA nachts nicht besetzt. Alle Panzerschränke und

Zimmertüren waren geschlossen, und jeder Schreibtisch war so sauber wie an dem Tag, an dem er von der Materialverwaltung geliefert worden war. Alle geheimen Informationen befanden sich am dafür vorgeschriebenen Platz. Wenn jemand den Sicherheitsbeamten, die das Gebäude überprüften, bei ihrem Rundgang gefolgt wäre, hätte er sicher den Eindruck gewonnen, unser Land befände sich in hervorragender Ordnung, jeder kenne seine Aufgabe, befolge die Grundregeln und wisse, welche große Bedeutung seine Arbeit habe. Doch das war eine Illusion, wie Richard Bissell im April 1961 plötzlich feststellen mußte.

Helms war nicht überrascht, als er von dem Fehlschlag erfuhr, den Bissell hatte erleben müssen. Er wird sich aber, als er zu Bissells Nachfolger ernannt wurde und dessen Scherbenhaufen aufsammeln mußte, kaum vorgestellt haben, daß nicht einmal seine Begabung als Administrator, seine langjährige Erfahrung bei der Leitung geheimer Unternehmen, seine Sorgfalt bei der Geheimhaltung, seine Vorsicht und seine Fähigkeit, die jeweilige Lage objektiv zu beurteilen, ausreichen würden, sein Amt von Skandalen freizuhalten. Ja, noch bevor die Regierung auf seine Dienste verzichtet hatte, sollte Helms gute Gründe haben, Bissell darum zu beneiden, daß er in aller Stille und ohne viel Aufsehen zu erregen hatte gehen dürfen. Das Problem war nicht die Art und Weise, wie er oder Bissell oder sonst jemand in der CIA ihre jeweiligen Aufgaben erfüllt hatten, sondern es war die Arbeit selbst, und darüber nachzudenken würde Helms im Frühjahr 1977 genügend Zeit haben, wenn solche Überlegungen auch nicht seinem Temperament entsprachen. Die mit peinlicher Sorgfalt eingehaltene Routine, die genaue Aufgabenverteilung, die erprobten Methoden der Zusammenarbeit mit anderen Regierungsbehörden, die Verfahren für die Überprüfung der inneren und äußeren Sicherheit, der augenscheinliche Konsens im offiziellen Washington hinsichtlich der Bedeutung der Arbeit der CIA – das hatte sich jetzt als illusorische Vorsichtsmaßnahme erwiesen. Die CIA stand auf schwachen Füßen. Nur ein sehr kleiner Personenkreis in Washington war sich wirklich einig.

Die Organisation hatte sich über viele Jahre so gut bewährt, daß man kaum erkennen konnte, wie anfällig sie war. Das außenpolitische Establishment in Washington vertraute der CIA (und es vertraut ihr noch heute); aber außerhalb der Regierungskreise hatten die Funktionen der CIA keine konkretere Basis als die allgemeine Faszination für Spionage und die Überzeugung, daß wir Amerikaner immer im Recht sind. Mit anderen Worten, die amerikanische Öffentlichkeit war mit einer recht naiven Vorstellung von weltpolitischen Zusammenhängen abgespeist worden: Die unangenehmen und häßlichen Seiten der amerikanischen Rolle auf der internationalen Bühne wurden von der Regierung sorgfältig ausgespart. Deshalb galten in der Öffentlichkeit noch fast viktorianische Vorstellungen von politischer Moral. Die Präsidenten, die führenden Kongreßabgeordneten, das Pentagon und das Außenministerium hielten es für richtig, die Öffentlichkeit in dem Glauben zu lassen, nur die andere Seite verstieße gegen diese Moral. Amerikaner bestachen keine ausländischen Politiker. Wir versuchten nicht, andere Regierungen zu korrumpieren. Wir schickten nicht etwa heimlich Armeen in fremde Länder. Wir verbreiteten keine Lügen, stellten keine medizinischen Versuche mit unschuldigen Opfern an, sperrten niemanden jahrelang in Isolierzellen, stellten keine giftigen Kampfstoffe her und legten keine Lager davon an, sabotierten keine Fabriken, vergifteten keine Lebensmittel und versorgten niemanden mit Maschinengewehren, der sie auf seine politische Führung richten wollte. Aber vor allem hatten wir nie geplant, irgend jemanden ermorden zu lassen, nur weil seine Politik Washington mißfiel. Natürlich ist es verwirrend und eine große Enttäuschung, plötzlich feststellen zu müssen, daß man sich solche Illusionen gemacht hatte. Eine tiefgreifende Wandlung des öffentlichen Bewußtseins und eine allgemeine Unsicherheit in Washington waren die Folge. Jetzt bemühte man sich darum, die Moral wieder herzustellen, zu leugnen, daß es jemals ernste Verstöße gegen die ethischen Grundregeln gegeben hätte. Man versuchte auch, die CIA wieder funktionsfähig zu machen. Helms selbst hat nie daran gezweifelt, welches die Aufgaben der CIA sind und für wen sie ihre Arbeit tut. Er hielt auch nicht viel davon, nun Veränderungen vorzunehmen, denn nach seiner Meinung hatte die CIA keine groben Fehler begangen. Eines hatte ihn im Frühjahr 1977 besonders geärgert – wenn es auch nicht das einzige war – und zwar die Vorstellung, die CIA habe sich verabscheuungswürdiger Verbrechen schuldig gemacht. Welche Verbrechen waren das? In drei großen Untersuchungsverfahren[1] war die CIA gründlich durchleuchtet worden, und in den dreißig Jahren ihrer Geschichte ließ sich nichts Schlimmeres nachweisen als gewisse Versäumnisse, Indiskretionen, technische Pannen, Übereifer bei der Verfolgung von Spionen, übergroße Willfährigkeit gegenüber den Wünschen eines der letzten Präsidenten, falsche Lagebeurteilung in bestimmten Fällen und andere vermeidbare Fehler. Wenn man das mit der Tätigkeit anderer Geheimdienste verglich, und zwar nicht nur der kommunistischen, dann war das keine allzu negative Bilanz. Helms brauchte sich seiner Amtsführung nicht zu schämen.

Was also waren die Gründe für den Abscheu und das Entsetzen in der Öffentlichkeit? Eine Empörung, die nicht nur die Mehrheit der amerikanischen Bürger, die nur wußten, was das Fernsehen ihnen gezeigt hatte, sondern auch gut informierte Persönlichkeiten in Washington teilten. Niemand hatte bis dahin im Ernst daran gedacht, die Methoden und Strukturen der CIA wesentlich zu ändern. Wenn man die Empfehlungen der drei Untersuchungsausschüsse von allem Nebensächlichen befreite, dann blieb nichts anderes übrig als kleine Strukturveränderungen innerhalb des Gesamtapparats der Behörde, und das war nach Helms' Meinung nur Effekthascherei. Das galt zum Beispiel für das Verlangen, daß alle geheimen Unternehmungen schriftlich genehmigt werden müßten – und zwar regelrecht genehmigt, nicht nur formal aktenkundig gemacht. Helms konnte die Leute, die das vorschlugen, nicht wirklich ernst nehmen. Er kannte die harte Wirklichkeit zu gut. Die Tatsache, daß es von gewissen Plänen nur sehr lückenhafte schriftliche Unterlagen gab, lag nicht etwa an der Sorglosigkeit oder Oberflächlichkeit seiner Behörde.

Wenn sich Helms und andere Beamte der CIA in ihren Zeugenaussagen zur Urheberschaft bestimmter Operationen, beispielsweise zu den Vorschlägen, Patrice Lumumba und Fidel Castro ermorden zu lassen, nur sehr vage äußerten, lag das nicht daran, daß sie nicht wußten, wer solche Aufträge zu welchem Zweck und an wen mit welchen Worten erteilt hatte, sondern daß sie sich eidlich verpflichtet hatten, das Geheimnis zu wahren, und daran, daß es kein Stück Papier gab, auf das sich jemand hätte berufen können, der die Kühnheit besaß, die Wahrheit zu sagen.

Freunde von Kennedy wie Robert McNamara, Maxwell Taylor, Richard Goodwin, Theodore Sorensen und McGeorge Bundy hüllten sich in Schweigen. Angehörige der CIA stocherten wie an Gedächtnisschwund leidende Psychopathen in der Vergangenheit herum, als sie gefragt wurden, wer den Befehl für das Attentat auf Castro gegeben hatte. Der Untersuchungsausschuß des Senats unter der Leitung von Frank Church war zu dem Schluß gekommen, daß sich die Verantwortlichkeit für diesen Auftrag nicht mehr eindeutig feststellen ließ. Konnte sich vielleicht irgend jemand vorstellen, daß Kennedys Freunde nur auf ihren Bleistiften gekaut und ungläubig den Kopf geschüttelt hätten, wenn die CIA von sich aus gegen Castro vorgegangen wäre? In diesem Fall hätten sie doch einen gewaltigen Krach veranstalten können. Und war es denkbar, daß sich die CIA als Behörde mehr als unbedingt notwendig darum gekümmert hätte, wer auf Kuba regierte? Konnte irgend jemand an der Reaktion der Freunde Kennedys oder des Senatsausschusses zweifeln, wenn irgendein Beamter der CIA das Risiko eingegangen wäre, gerade das Papier spurlos verschwinden zu lassen, das seine Aussage hätte stützen können, und darüber hinaus erklärt hätte: »Nun, wer hat nach Ihrer Ansicht das Attentat auf Castro angeordnet, der Laufbursche in unserem Büro? *Es waren John F. Kennedy und sein Bruder Bobby.*« Hätte Helms das gesagt (und nach meiner Ansicht hätte er es sagen können), dann hätte er nicht nur mit einer äußerst scharfen Erwiderung rechnen müssen, sondern von diesem Tage an hätte sich niemand mehr in seiner Gesellschaft sehen lassen.

Man kann verstehen, daß der Church-Ausschuß der Frage nach der Verantwortlichkeit auf die einzig mögliche Weise begegnete: mit den Worten »Das läßt sich nicht nachweisen.« Dennoch war nach Helms' Auffassung die Empfehlung, alle geheimen Vorhaben müßten künftig schriftlich genehmigt werden, unredlich. Und das ist noch sehr milde ausgedrückt. Church war Realist und wußte genau, daß Präsidenten keine Attentatsbefehle unterschreiben. Nur ein Schwachkopf, der glaubt, sich auf diese Weise nützen zu können, könnte auf einen solchen Gedanken kommen. Hätte sich Churchs Ehrgeiz in dieser Richtung erfüllt – und kein einziger Beamter der CIA zweifelte daran, daß er sich vom Rücken der CIA ins Weiße Haus katapultieren lassen wollte –, dann wäre er in dieser Angelegenheit ebenso verfahren wie seine Vorgänger. »Jungs, ihr kennt meine Wünsche. Richtet euch danach. *Aber nichts Schriftliches!*« Ein klassischer Fall von

Pharisäertum. *Auf diese Weise werden solche Dinge nicht erledigt.*

Aber die Empfehlungen bezogen sich trotzdem nur auf kleine Umstellungen innerhalb des Apparats der CIA, und das waren unwesentliche Äußerlichkeiten. Man denke an die Kritik des Rockefeller-Ausschusses an Helms, weil er Richard Nixon gewisse vertrauliche Akten der CIA zugänglich gemacht hatte.[2] Der Ausschuß vertrat die Auffassung, Helms hätte wissen müssen, daß Nixon diese Akten für innenpolitische Zwecke mißbrauchen wollte, und kam zu dem Schluß, der Direktor der Central Intelligence sollte sich außerhalb seines eigentlichen Dienstbereiches auch eine innenpolitische Basis schaffen, um sich gegen solche illegitimen Ansinnen wehren zu können.

Zwei Jahre nach dem Bericht des Rockefeller-Ausschusses im Frühjahr 1977 war Helms immer noch verbittert, weil er diesen Angriff auf seine Person als ungerecht empfand. Der Ausschuß hatte behauptet, Nixon habe Helms zu sich bestellt und abgekanzelt, nachdem John Ehrlichman die Akten angefordert hatte. In Wirklichkeit war es Helms gewesen, der dieses Gespräch verlangt hatte, und nicht Nixon; und der Ausschuß wußte das auch. Helms verlangte, der Ausschuß sollte sich das Tonband anhören, das während des Gesprächs aufgenommen worden war. Er wußte, daß dieses Tonband existierte, denn der Washingtoner Journalist Walter Pincus hatte in einem Zeitungsartikel daraus zitiert.[3] Aber der Ausschuß war von Ford eingesetzt worden und sollte es vermeiden, Nixons Vergangenheit zu durchleuchten. Es war viel leichter, Helms der Nachgiebigkeit zu beschuldigen. Das gefiel Helms nicht; es gefiel ihm ebensowenig, wenn seine alten Freunde behaupteten, er habe nie eigenes Geld besessen – anders als manche frühere Angehörige der CIA – und deshalb sei er nie völlig unabhängig gewesen.

Helms glaubte nicht, Nixon gegenüber jemals zu unterwürfig gewesen zu sein. Wie hätte er sich anders verhalten sollen? Nixon war immerhin Präsident gewesen, so sehr das manche Leute auch im Nachhinein bedauern mochten. Der Direktor der CIA arbeitete nur für den amtierenden Präsidenten. Er konnte dem Präsidenten nicht sagen, er dürfte ihm irgendwelche Dokumente seiner eigenen Regierung nicht anvertrauen. Wie hätte denn der ewige Präsidentschaftskandidat Nelson Rockefeller reagiert, wenn er sein Ziel erreicht und ein CIA-Direktor – *sein* Direktor –

ihm die Aushändigung eines Aktenstücks verweigert hätte? Rockefeller hätte darauf bestanden, es *in diesem Augenblick* vorgelegt zu bekommen. Auch diese Kritik an Helms war also reines Pharisäertum.

Es fiel Helms schwer zu erkennen, daß sich im Frühjahr 1977 viel geändert hatte. Niemand war auf den Gedanken gekommen, die CIA aufzulösen. Niemand hatte ernsthaft daran gedacht, daß man auf alle geheimen Operationen verzichten könnte, oder damit gerechnet, daß man derartigen Empfehlungen folgen würde. Alle Vorschläge betrafen vielmehr unwesentliche Veränderungen innerhalb des Geheimdienstapparates. So sollte etwa das Direktionsbüro der Central Intelligence in die Stadtmitte verlegt werden und die direkte Verantwortung für alle geheimdienstlichen Vorhaben tragen (seit 1947 hatten die Männer auf diesem Posten solche Vollmachten nicht gehabt). Es sollten auch neue Formulare für Geheimberichte eingeführt und der Verteilerschlüssel geändert werden usw. usw. Die angeblichen Ausschreitungen der CIA hatten einen solchen Schock ausgelöst, daß verschiedene Reformvorschläge gemacht wurden. So sollte das Directorate for Plans (Planungsdirektorium) in Directorate for Operations (Operationsleitung) umbenannt werden. Damit war die Tätigkeit dieses Amtes vielleicht zutreffender bezeichnet, aber in der Praxis änderte sich nichts. Im selben Sinne war aus dem Vierziger-Ausschuß, der die geheimen Vorhaben zu genehmigen hatte, die Operations Advisory Group (Amt für Operationsberatung) geworden. Einige bisher bestehende Arbeitsgruppen waren aufgelöst worden, so zum Beispiel der Beratungsausschuß des Präsidenten für die Nachrichtenbeschaffung im Ausland und der Ausschuß der CIA für innenpolitische Fragen. An ihrer Stelle entstanden neue Arbeitsgruppen. Die wichtigste Neuerung war vielleicht der Senatsausschuß für die Überwachung der Nachrichtendienste. Er besaß einen eigenen Arbeitsstab und eine eigene Aktensammlung. In den Jahren 1955 und 1966 unternommene Versuche, eine ähnliche Behörde einzurichten, waren am Widerstand der CIA und der jeweiligen Präsidenten gescheitert.

Doch trotz all dieser unwesentlichen Neuerungen wurde der Apparat als solcher kaum verändert. Die CIA arbeitete auch weiterhin für den Präsidenten, beobachtete mit wachsamen Augen die politische Entwicklung überall in der Welt, um die amerikanische Regierung vor unangenehmen Überraschungen zu bewahren, und sie blieb in erster Linie das geheime Werkzeug der amerikanischen Außenpolitik. Der Präsident brauchte für seine Entscheidungen Optionen, die ihm einen weiteren Spielraum gewährten als die Wahl zwischen einer Protestnote und dem Einsatz der Marineinfanterie. Als Jimmy Carter ins Weiße Haus einzog und sofort nach Möglichkeiten suchte, Staatsgeheimnisse zu schützen, meinte Senator Daniel Patrick Moynihan trocken: »Er hat eben entdeckt, daß es *seine* CIA ist.«

Aber zu glauben, es habe sich nichts verändert und die amerikanische Regierung sei unfähig, das Tätigkeitsfeld und die Arbeitsmethoden der CIA grundlegend zu ändern, war ebenso eine Illusion. Helms und seine Freunde mochten sich darin einig sein, daß der Dienst nicht anders arbeiten konnte, aber die Öffentlichkeit wollte sich davon nicht so ohne weiteres überzeugen lassen. Zwischen dem wirklichen Zustand der CIA und der Vorstellung, die sich die Öffentlichkeit von ihr gemacht hatte, war eine tiefe Kluft aufgerissen. Im Frühjahr 1977 stand Helms auf der einen Seite am äußersten Rand dieser Kluft. Er war in gewisser Weise gescheitert, vernichtet von den gleichen Umständen, die vor fünfzehn Jahren die Laufbahn seines alten Rivalen Richard Bissell beendet hatten. Beide scheiterten an der entschiedenen Ablehnung eines Volkes, das man dazu erzogen hatte, das politische Weltgeschehen mit den Augen eines Kindes zu betrachten.

Gescheitert? Vernichtet? Hier mußte sich Helms mit der Leidenschaft eines Mannes wehren, der weiß, daß er (auch wenn er nicht in jedem Fall die Einzelheiten nennen darf) niemals etwas getan hat, wozu er nicht von der zuständigen Stelle ermächtigt worden war – weder während des Zweiten Weltkriegs im Büro für strategische Angelegenheiten (OSS) noch als Beamter im Geheimdienst der CIA, als Direktor dieser Unterabteilung oder Direktor der gesamten CIA und auch nicht als amerikanischer Botschafter im Iran. Wollte man sich mit ihm über den Wert dieser oder jener Entscheidung streiten, dann würde er vielleicht zugeben, gelegentlich einen Fehler begangen zu haben; aber wer konnte schon von sich behaupten, immer nur Erfolg gehabt zu haben. Aber wie hätte er als ehrlicher Staatsdiener »scheitern« oder »vernichtet« werden können, solange er unter der Leitung der verfassungsmäßig gewählten und ernannten Vertreter seines Landes arbeitete, und zwar in einem Aufgabenbereich, der zwar von irgendwelchen Nichtskönnern verächtlich gemacht wurde, in dem er jedoch von allen amerikanischen Regierungsbehörden unterstützt worden war?

Doch gewisse Tatsachen widersprechen dieser Auffassung. Die tiefe Kluft war eine Realität. Er hatte jetzt Zeit für Telefongespräche, konnte sich mit seinen Freunden zum Mittagessen verabreden, Tennis spielen, abends ausgehen, seinen Rasen mähen oder in seinem Garten Unkraut jäten, weil er sich nach keiner anderen Arbeit umsehen durfte. Er hatte mit dem Gedanken gespielt, seine Memoiren zu schreiben und gewisse Dinge richtigzustellen, aber sein eigener Verstand und sein Anwalt hatten ihm geraten, damit noch zu warten. Wenn das Buch zur Hälfte fertig wäre, dann würde das Justizministerium das Manuskript wahrscheinlich mit allen dazugehörigen Unterlagen beschlagnahmen.

Helms gehörte zu den Leuten, die einen Besucher an einem sonnigen Vormittag um 9.00 Uhr an der Haustür begrüßen, schlank und frisch wie ein Langstreckenläufer, aber korrekt gekleidet im Straßenanzug und mit Krawatte. Er hätte sich auch nicht anders angezogen, wenn er zu einer Aufsichtsratssitzung hätte gehen müssen, aber er hatte nicht vor, irgendwo hinzugehen. Er verhielt sich nicht so, weil er beabsichtigte, endlich die Romane von Balzac zu lesen, zu Hause zu bleiben und seine Briefmarkensammlung zu ordnen, oder weil er endlich Zeit hatte, alle Baseballspiele der Saison am Fernsehschirm mitzuerleben. Der Grund für sein Verhalten war, daß sein ganzes berufliches Leben davon abhing, ob die Geschworenen in einem Sondergericht des Distrikts von Columbia sich entscheiden würden, ihn wegen gewisser Handlungen schuldig zu sprechen, die er nach seinem Ausscheiden aus dem Amt des Direktors der Central Intelligence begangen hatte.

Was konnte man ihm vorwerfen? Das würde Helms – wenn auch nicht in so simpler und frivoler Form – zu seiner Rechtfertigung fragen. Doch er konnte die Gründe für dieses Vorgehen gegen ihn nicht begreifen. *Was konnte man ihm vorwerfen?*

Er wußte es ganz genau, aber er wollte den Eindruck erwecken, als sei er selbst davon überzeugt, niemals etwas getan zu haben, wozu man ihn nicht aufgefordert hatte, was ihm nicht befohlen worden war, was man nicht von ihm erwartet hatte und was nicht innerhalb seines Aufgabenbereichs lag. Insbesondere durfte der Direktor der Central Intelligence auch vor einem Untersuchungsausschuß nicht jede beliebige Frage beantworten. Nach dem Gesetz zur Wahrung der nationalen Sicherheit von 1947 war es seine Pflicht, die Nachrichtenquellen und die Methoden der Nachrichtenbeschaffung der CIA nicht preiszugeben. Niemand hat je genau definieren können, welche Vollmachten der Direktor der Central Intelligence besitzt. Das FBI unter J. Edgar Hoover, das versucht hatte, das Entstehen der CIA von Anfang an zu verhindern und aus Rivalitätsdenken sogar die Beziehungen zu dieser neuen Behörde abgebrochen hatte, erwies sich nicht als besonders hilfsbereit, wenn es darum ging, Geheimnisse zu schützen. Hoover weigerte sich, ohne schriftlichen Befehl des Justizministers nach undichten Stellen zu suchen. Bei anderen Gelegenheiten mußte man fast darum betteln, daß er das Telefon in irgendeiner Botschaft in Washington anzapfte oder dort Abhörvorrichtungen anbringen ließ. Helms mußte die Geheimnisse der CIA mit eigenen Mitteln schützen. Das war seine Aufgabe, und diese Aufgabe hatte er erfüllt. *Was* konnte man ihm also vorwerfen?

Die Antwort auf diese Frage war einfach: Er hatte sich bei seinen Aussagen vor dem außenpolitischen Senatsausschuß am 7. Februar 1973 des Meineides schuldig gemacht. Damals beantwortete Helms die Frage des Senators Stuart Symington, »haben Sie mit der Central Intelligence Agency versucht, die Regierung in Chile zu stürzen?« mit einem klaren »Nein, Sir«.

»Haben Sie den Gegnern Allendes Geld zur Verfügung gestellt?«

»Nein, Sir.«

»Also sind die Berichte, nach denen Sie an diesem Krieg beteiligt gewesen sind, falsch?«

»Ja, Sir.«[4]

Nach seiner Zeugenaussage an diesem Tag bat Helms während der Anhörungen über seine Ernennung zum Botschafter im Iran den Rechtsberater der CIA, Lawrence Houston, zu überprüfen, was er gesagt hatte – ein ganz normaler Vorgang. Houston tat es und sagte Helms, alles schiene ihm in Ordnung zu sein – mit einer Ausnahme, und die Ausnahme war Chile. Hier müßte Helms unter Umständen mit Schwierigkeiten rechnen. Helms konnte sich das nicht vorstellen und sagte das auch. Er blieb bei seiner Aussage.

Das war kein leichtsinniger Optimismus. Es war ihm durchaus bekannt, daß die CIA im September 1970 versucht hatte, in Chile einen Militärputsch zu organisieren, um zu verhindern, daß sich der Sieg Salvador Allendes bei den chilenischen Präsidentschaftswahlen bestätigte. Aber die sieben Senatoren, die an Helms' Vernehmung am 7. Februar teilgenommen hatten, waren nicht ermächtigt, die geheimen Vorhaben der CIA zu überprüfen, jedenfalls nicht vor diesem Forum. Sie durften auch nicht auf die dreißigjährige Geschichte der CIA eingehen, ganz zu schweigen von der dreitausendjährigen Geschichte der Geheimdienste, bei denen schon immer der Grundsatz gegolten hatte, daß Geheimnisse nicht leichtfertig preisgegeben werden dürfen. Der Versuch, 1970 die chilenische Regierung zu stürzen, war ein solches Geheimnis. Diese Angelegenheit war so geheim, daß nicht einmal der damalige amerikanische Botschafter in Chile etwas davon wußte. Präsident Nixon hatte sich allein die Entscheidung vorbehalten. Wenn Helms nun glaubte, er werde wegen seiner Aussagen über Chile keine Schwierigkeiten bekommen, dann tat er das, weil er sich genauso verhalten hatte, wie es die vorgesetzten Stellen von ihm erwarteten, denen er als Direktor der Central Intelligence unterstand. Die Mitglieder des außenpolitischen Senatsausschusses gehörten aber ebensowenig dazu wie die Mitglieder des Unterausschusses für multinationale Unternehmen, die am 6. März 1973 dieselben Fragen an ihn stellten und von ihm dieselben Antworten erhielten.

Aber Chile wurde dennoch ein Problem für Helms. Er mochte ungehalten und böse auf den Vorwurf reagiert haben, daß er sich schuldig gemacht habe, aber das Justizministerium bearbeitete den Fall schon seit Dezember 1974; ein Geschworenengericht hatte sich Beweismaterial vorlegen lassen, Helms war offiziell von dem gegen ihn angestrengten Verfahren unterrichtet worden. Er hatte sich einen Anwalt genommen (Edward Bennett Williams, einen jener Verteidiger, die sich nur Leute nahmen, die wirklich in Schwierigkeiten waren). Darüber hinaus hatte der neue Präsident Jimmy Carter öffentlich erklärt, daß die Anklage gegen Helms sich jetzt in den Händen des Justizministers Griffin Bell befände.

Mehrere von Helms' Freunden, unter ihnen auch Larry Houston, waren deshalb zu ihrem Bedauern zu dem Schluß gekommen, daß ein Verfahren gegen Helms nun wahrscheinlich nicht mehr zu vermeiden war. Houston wußte, daß die CIA unter Druck gesetzt wurde, Dokumente als Beweismittel vorzulegen, und daß das Geschworenengericht nach Protokollen suchte, in denen Gespräche zwischen Helms, John McCone, einem früheren Direktor der CIA und gegenwärtigen Mitglied des Aufsichtsrats der International Telephone and Telegraph (ITT) und dem Präsidenten der ITT, Harold Geneen, aufgezeichnet waren. Jetzt fürchtete man, daß es zu einer Anklage wegen verschwörerischer Umtriebe kommen könne.

Einige von Helms' Freunden behaupteten, er werde sich energisch verteidigen und niemanden schonen, so daß auch Henry Kissinger und Nixon in die Affäre hineingezogen würden. Es bestand also die Gefahr, daß sich aus den Schwierigkeiten, in denen sich Helms jetzt befand, ein solcher Skandal entwickelte, wie man ihn sich noch vor wenigen Jahren nicht hätte vorstellen können. Aber die Spekulation über die möglichen Folgen des Skandals hatten den Lauf der Untersuchungen noch nicht aufhalten können, obwohl angesehene Persönlichkeiten in Washington, die glaubten, Helms werde zu rücksichtslos behandelt, versucht hatten, das Justizministerium zu beschwichtigen. Aus all diesen Umständen läßt sich erkennen, weshalb Helms, der normalerweise ohne weiteres einen neuen Posten hätte bekommen können, jetzt keine neue Anstellung annehmen, ja nicht einmal seine Memoiren schreiben konnte. Ihm blieb nichts anderes übrig als Tennis zu spielen, mit Freunden zum Essen zu gehen und darauf zu warten, daß sein Anwalt die Angelegenheit wieder in Ordnung brachte.

In der Nähe von Richard Helms' Haus in Washington wohnte ein anderer ehemaliger Direktor der CIA, William Colby. Die berufliche Laufbahn der beiden Männer war in mancher Hinsicht vergleichbar. Beide hatten während des Krieges dem OSS angehört, schon in den ersten Jahren für die CIA gearbeitet[5] und sich über das Planungsdirektorium in ihre Position hinaufgearbeitet. Colby verstand es noch besser als Helms, seine Gefühle hinter der ausdruckslosen Maske eines Pokerspielers zu verbergen. Vielen pensionierten CIA-Beamten fiel es schwer, sich nicht durch ihren Gesichtsausdruck zu verraten. Vielleicht liegt das daran, daß sie es bis in die jüngste Zeit kaum mit Journalisten zu tun gehabt haben, und wenn, dann nach ihren eigenen Spielregeln. Sie können einem nicht – wie etwa ein normaler Kongreßabgeordneter – gerade in die Augen sehen und, ohne mit der Wimper zu zucken, behaupten, sie interessierten sich nur deshalb für die Ausbeutung von Ölquellen, weil das im Interesse der USA läge. Übung macht den Meister. Beamte des Geheimdienstes sind leidenschaftliche Anhänger einer absolut zuverlässigen Anonymität (Allen Dulles hielt sie für die conditio sine qua non eines jeden Geheimdienstlers, nur für seine eigene Person ließ er diesen Grundsatz nicht gelten). Beamte der CIA haben keine Übung darin, aus Gründen des Selbstschutzes zu heucheln, eine Fähigkeit, die jeder Kongreßabgeordnete beherrschen muß. Manche Beamte reagieren auf die unvermittelte Frage, wer den Befehl gab, Castro zu ermorden, mit allen Anzeichen einer psychologischen Traumatisierung.

Helms und Colby, zu deren Aufgaben es unter anderem auch gehörte, mit dem offiziellen Washington umzugehen, litten nicht unter solchen Hemmungen. Wenn sie etwas geheimhalten wollten, schwiegen sie entweder oder erfanden irgendeine Ausrede. Beide verfügten über eine ungewöhnliche Selbstbeherrschung. Sie gaben ihre Gefühle und Gedanken niemals preis. Die Vorstellung, wie eine Begegnung zwischen diesen beiden Männern verlaufen würde, war deshalb nicht uninteressant.

Helms und Colby waren einander persönlich niemals nahegekommen. Helms ließ sich bei seinen Personalentscheidungen nie von persönlichen Rücksichten leiten. 1962 hatte er sogar einen langjährigen Tennispartner im Rahmen einer allgemeinen Personalreduzierung nur deshalb entlassen, weil dieser Mann ihn gebeten hatte, ihn aufgrund ihrer privaten Beziehung in seinem Amt zu behalten. Es waren Colbys berufliche Fähigkeiten, die Helms veranlaßten, ihn mit einer Reihe von Aufgaben zu betrauen und schließlich in die dritthöchste Position innerhalb der CIA aufrücken zu lassen. In dieser Stellung gewann Colby das Vertrauen von Helms' Nachfolger, James Schlesinger, den er nur wenige Monate nach Helms' Ernennung zum Botschafter im Iran ablöste.

Helms kannte die Beziehungen der hohen Regierungsbeamten

zueinander genau, aber persönliche Loyalität bedeutete ihm viel. Mehr als einmal hat er in seinen Aussagen vor dem Senatsausschuß für die Geheimdienste davon gesprochen, wie sehr er sich John McCone verpflichtet fühle, dem er seine Stellung verdankte. Unter anderem hatte McCones Assistent Walter Elder vor dem Ausschuß erklärt, er habe Helms ausdrücklich davon unterrichtet, daß McCone als guter Katholik grundsätzlich jedes Attentat ablehne. (McCone hatte in einem Telefongespräch mit Robert McNamara sogar angedeutet, daß er exkommuniziert werden könne, wenn die Attentatspläne der Regierung gegen Castro bekannt würden.) Elders Aussage war für Helms sehr peinlich. Er behauptete, sich an diese Episode nicht erinnern zu können. Er hätte sich deutlicher äußern können, um das Mißtrauen des Ausschusses nicht auch noch zu erhöhen, aber er blieb bei seiner Zurückhaltung. »Wie ich schon gesagt habe – und ich möchte das wiederholen –, hat Mr. McCone mich an meinen Posten gesetzt, er hat mich befördert, ich hatte enge persönliche Beziehungen zu ihm, ich fühlte mich ihm verpflichtet, und ich hätte unter keinen Umständen gegen eine mir von ihm erteilte Anweisung gehandelt.«[6] Mit anderen Worten, Walter Elder hatte ihm angeblich nie etwas Derartiges gesagt.

Helms hatte Colby diesen Posten gegeben, und nach seiner Auffassung hatte Colby es an der erforderlichen Loyalität fehlen lassen. Im Mai 1973 hatte der damalige Direktor der Central Intelligence, James Schlesinger, einer Anordnung Colbys zugestimmt, nach der alle Mitarbeiter der CIA jeden Verstoß gegen die Gesetze oder die Charta der CIA dem Büro des Generalinspekteurs William Broe melden mußten. Ein Bericht, der gründlich von drei Beauftragten Broes geprüft worden war, betraf Helms' mutmaßlichen Meineid in seiner Aussage über Chile. Im September 1970 war Broe Chef der Abteilung des DDP für die westliche Hemisphäre. Zu dieser Zeit suchte die CIA in Chile um jeden Preis eine Möglichkeit, Allendes offiziellen Wahlsieg zu verhindern. Einer der Männer, zu denen die CIA deshalb Kontakt aufnahm, war General Arturo Marshall, ein rechtsradikaler Fanatiker. Als die CIA feststellte, daß Marshall für einige Bombenanschläge in Santiago verantwortlich war und sogar mit dem Gedanken spielte, Allende zu ermorden, ließ sie ihn sofort fallen.

Broe war ein hervorragender Chile-Kenner und wußte genau, daß Helms die Unwahrheit sagte, wenn er eine Beteiligung der CIA bestritt. Aber das war eine juristische Frage. Ein Meineid läßt sich sehr schwer nachweisen.

Larry Houston und andere Beamte der CIA beschwerten sich über das Verfahren und erklärten, die Untersuchungsbeamten des Generalinspekteurs seien keine Juristen, interpretierten das Meineid-Gesetz falsch und verdächtigten Helms eines Verbrechens, das er nicht begangen habe. Deshalb versuchten sie, Colby auszureden, den Bericht vorzulegen. Colby weigerte sich mit dem Argument, er sei vom Justizminister ausdrücklich angewiesen worden, jeden Verdacht auf Mißachtung und Übertretung der Gesetze zu melden. Diese Instruktion müsse er befolgen. Im Dezember 1974 übergab Colby die vom Generalinspekteur vorgebrachten Beschuldigungen gegen Helms dem Justizministerium. Dieses Schriftstück begründete unmittelbar den Verdacht, daß Helms mit dem Gesetz in Konflikt geraten war. Helms hätte sich darauf beschränken können, Colbys Handlungsweise öffentlich zu verurteilen, aber er hatte wohl das Gefühl, Colby habe sich rücksichtslos, ja sogar illoyal und rachsüchtig benommen.

Das war schon schlimm genug. Aber noch schlimmer war Colbys Taktik gegenüber dem Senatsausschuß – wenn man das überhaupt als Taktik bezeichnen konnte. Helms und seine Freunde betrachteten dieses Verhalten als regelrechte Kapitulation des Geheimdienstes vor der Regierung. Er lieferte dem Ausschuß einfach alles, was immer auch verlangt wurde – Niederschriften von Operationsberichten, Berichte des Generalinspekteurs, Telegramme der CIA an die Außenstellen, interne Schriftstücke und Entwürfe. Das war ein solcher Aktenberg, daß man eine ganze Armee gebraucht hätte, um ihn aus dem Hauptquartier der CIA herauszuholen und fortzuschaffen. Helms sagte einem Freund: »Colby hat nicht nur alles gesagt, er hat mehr als alles gesagt.«

Colbys Freunde verteidigten ihn, so gut sie konnten, aber innerhalb der CIA kämpften sie gegen Windmühlenflügel. Sie erklärten, er hätte gar nicht anders handeln können. Präsident Ford hatte sich zurückgezogen; der Senat stand geschlossen hinter dem Ausschuß zur Überprüfung der Nachrichtendienste, und ein weiterer Skandal hätte genügt, um die CIA endgültig zu dezentralisieren, wie John F. Kennedy das schon vor fünfzehn Jahren hatte tun wollen. Colby versuchte, die »guten Geheimnisse« über Nachrichtenquellen und Methoden zu wahren, das konnte er aber nur tun, wenn er die »bösen Geheimnisse« ein für allemal preisgab und den Verdacht ausräumte, daß weitere skandalöse Vorkommnisse noch ihrer Entdeckung harrten. Helms ließ sich von dieser Strategie nicht überzeugen. Nach seiner Ansicht fügte Colby der CIA schweren Schaden zu.

Seine Freunde gingen zum Teil noch weiter. James Angleton, den Colby im Dezember 1974 als Leiter der Abteilung für Spionageabwehr entlassen hatte, sagte seinen Freunden, daß Colby nicht einmal dann größeren Schaden hätte anrichten können, wenn er auf der anderen Seite gearbeitet hätte. Eine solche Behauptung war keine Kleinigkeit. Andere Mitarbeiter der Abteilung für Spionageabwehr, die zur selben Zeit wie Angleton ausgeschieden waren, behaupteten sogar, Colby sei für den Dienst gefährlicher als irgendein »Maulwurf« – ein feindlicher Geheimagent, der sich in den eigenen Nachrichtendienst eingeschlichen hat. Er hatte Frank Church nicht nur umfangreiches Material überlassen, sondern die Gegenspionage praktisch lahmgelegt. Henry Knoche, unter George Bush stellvertretender Direktor, verkündete gegenüber alten Freunden: »Es gibt keine Spionageabwehr mehr.« Für einen Geheimdienstbeamten hieß das, alle Türen geöffnet und die Schlüssel fortgeworfen zu haben. Angleton und einige seiner ehemaligen Mitarbeiter waren so verärgert, daß sie Colby sogar verdächtigten, russischer Spion zu sein. Ein ehemaliger Geheimdienstler vermutete, Colby sei vom KGB in Rom angeworben worden, als er Ende der 50er Jahre dort gearbeitet hatte. Man könnte fast sagen, daß der innere Druck in der CIA nach Helms' Ausscheiden so stark geworden war, daß er das innere Gefüge des Dienstes gefährlich ins Wanken brachte.

Bei einer Gelegenheit unterbrach sich Helms plötzlich mitten in einer Äußerung über einen ehemaligen Direktor und sagte: »Es hat keinen Sinn über kleinliche Animositäten ein Buch zu schreiben.« Ich glaube, er hat das ehrlich gemeint. Ich habe während meiner Arbeit an diesem Buch manche unfreundliche private Randbemerkung gehört, aber nur sehr selten von Helms. Er hatte sein Leben der praktischen Arbeit für den Nachrichtendienst gewidmet, weil er glaubte, damit seinem Lande zu dienen, und obwohl er – wie jeder normale Mensch – ehrgeizig war und stolz auf seine beruflichen Erfolge, kam es ihm doch in erster Linie auf die Erfüllung seiner Pflichten an. Er war bekümmert und verärgert über seine persönlichen Schwierigkeiten, aber eben nicht mehr als über die Unsicherheiten und Katastrophen im öffentlichen Leben, deren Symptome seine eigenen Probleme waren. Die Beschuldigungen und Gegenbeschuldigungen im Zusammenhang mit Watergate, die Betrugsmanöver im Rahmen einer Regierung, die gegen sich selbst Untersuchungsverfahren durchführen ließ, die unwürdigen Versuche von Beamten, ihre Haut zu retten, und die Tatsache, daß eine ganze Generation von Staatsdienern mit Vorwürfen und bequemen Lügen unglaubwürdig gemacht wurde, sowie all die unnötigen kleinlichen Streitereien waren für Helms eine schmerzliche Erfahrung. Das alles ließ die Arbeit von dreißig Jahren unbedeutend, trivial, häßlich und selbstsüchtig erscheinen.

Was noch schlimmer war, das Vertrauen, der Mut und die Initiative des Nachrichtendienstes, den er aufgebaut hatte, drohten erschüttert zu werden. Für eine Generation, die den Schock von Pearl Harbor erlebt hatte – und das war ein klassisches Beispiel für das Versagen der Nachrichtendienste gewesen –, und die meinte, sich nur durch Wachsamkeit vor der Gefahr eines Krieges schützen zu können, war die Demoralisierung des Wächters keine Bagatelle. Helms und seine Leute waren wirklich davon überzeugt, daß die gegenseitigen Beschuldigungen und Verdächtigungen im Rahmen des Watergate-Skandals und die darauf folgenden Überprüfungen der CIA die Sicherheit der Vereinigten Staaten ganz erheblich gefährdeten. Sie glaubten nicht an eine tiefe Kluft zwischen Vergangenheit und Zukunft. Sie sahen kaum eine Möglichkeit, gewisse Ziele der amerikanischen Politik anders zu verwirklichen – und sie waren es leid, sich Vorwürfe machen zu lassen, weil sie etwas getan hatten, was amerikanische Präsidenten von ihnen verlangten.

Helms war verärgert, und aus seiner Sicht hatte er mehr als genug Gründe für diesen Unmut: die moralische Entrüstung der Öffentlichkeit, die aus ihm einen Schurken machen wollte; die Treulosigkeit von William Colby, der nicht hätte tun dürfen, was er getan hatte; diese Kreaturen aus der Nixon-Regierung, Charles Colson und H. R. Haldeman, die immer noch »damit rechneten«, daß die CIA irgendwie hinter Watergate gestanden habe; das Justizministerium, das ihn behandelte wie einen Fisch am Angelhaken und ihn mit einer Gefängnisstrafe, dem Verlust seiner Ehre und seiner Pension bedrohte. Ganz zu schweigen von John Ehrlichman; der sein Doppelkinn jetzt hinter einem Bart versteckt hatte, aber nach wie vor den Kopf hochtrug und wie eh und je den rechtschaffenen, selbstsicheren Tugendbold spielte, der verächtlich auf andere hinabsehen durfte. Helms hielt nichts von Verleumdungen, aber in einer Stadt wie Washington waren sie der Fluch des täglichen Lebens, weil es hier zu viele aufgeblasene Egozentriker gab. Und dann John Ehrlichman . . . Wenn dieser Name fiel, verlor Helms fast die Beherrschung.

John Ehrlichman hatte einen Roman mit dem Titel *The Company* geschrieben. Es war ein nur oberflächlich getarnter Schlüsselroman. Man brauchte kein gründliches Aktenstudium, um Richard Nixon, die Einbrecher im Watergate-Hotel, die Berater des Präsidenten (zu denen natürlich auch der untadelige und hochherzige John Ehrlichman gehörte) oder Richard Helms unter den handelnden Personen wiederzuerkennen. Helms hatte *The Company* nicht gelesen und hatte auch nicht vor, das zu tun. Aber er kannte den Inhalt. Es gab darin auch eine Szene, in der die Person, die Richard Nixon verkörpern sollte, von der Person in die Enge getrieben wurde, hinter der sich Richard Helms selbst erkannte . . .

Nixon schätzte die CIA nicht sonderlich und wurde mit Richard Helms nie richtig warm. Er mißtraute Helms; zeitweilig weigerte er sich sogar, ihn zu empfangen. Dann konnte Helms dem Präsidenten nur während der Sitzungen des Nationalen Sicherheitsrats kurze Notizen vorlegen. Er kam schon vor Beginn zu diesen Sitzungen. An jedem Platz lagen ein gelber Notizblock und ein gespitzter Bleistift. Helms ging dann zu Nixons Platz am Kopfende des Tisches, schrieb ein paar Worte auf den gelben Block und bat den Präsidenten um ein persönliches Gespräch. Helms bemühte sich darum, dem Präsidenten zu dienen; aber da gab es diesen John Ehrlichman, von dem manche Einfaltspinsel glaubten, er kenne alle Geheimnisse in Washington, und dieser Mann deutete hinterhältig an, Richard Helms habe seinen Präsidenten zu erpressen versucht und mit Enthüllungen gedroht, wenn der Präsident ihm keinen Botschafterposten geben wolle.

Die Kritiker stürzten sich auf Ehrlichmans Buch; wollte er damit etwas Bestimmtes sagen?

Helms stand schon seit dreißig Jahren im Solde der Regierung in Washington. Damals waren die Gehälter, die die Regierung zahlte, so niedrig, daß man fähige Männer fast zwingen mußte, ihrem Land zu dienen. Helms hatte sich ehrlich darum bemüht, gute Arbeit zu leisten; er hatte die Achtung der wenigen Männer erworben, die etwas von seiner Arbeit verstanden, er hatte getan, was man von ihm verlangte, und er hatte sich im Dienst für sein Land ein paarmal persönlich in Gefahr begeben. Und wie wurde er jetzt dafür belohnt? Nun drohte man ihm mit einer Gefängnisstrafe, und ein verdammter Lügner wie John Ehrlichman spielte die Begleitmusik dazu. Man kann wohl davon ausgehen, daß Richard Helms im Frühjahr 1977 weder Reue empfand noch glaubte, sich entschuldigen zu müssen. Aber er konnte protestieren soviel er wollte, es gab offensichtlich Leute, die diese Affäre anders beurteilten: Sie sagten, daß die Vereinigten Staaten nach dem Kriege von ihrer Macht nicht immer so human und so vernünftig Gebrauch gemacht und sie eben auch nicht nur dort eingesetzt hatten, wo es unbedingt notwendig war. Die Angehörigen der CIA versuchten vergeblich, den Nörglern diese Argumente auszureden. Helms' gegenwärtige Isolierung war die Folge eines Umstandes, mit dem er nie gerechnet hatte; Geheimnisse waren durchgesickert und wurden allgemein diskutiert. Zum ersten Mal in seinem Leben mußte sich Helms einer Öffentlichkeit stellen, die von Vorgängen in seinem geheimen Amtsbereich erfahren hatte.

2. Kapitel

Um 9.30 Uhr an einem stillen, freundlichen Morgen im Frühsommer 1947 klopfte ein Mann im schlichten Straßenanzug an die Tür eines Hauses an der Bradley Lane, ganz in der Nähe des Chevy Chase Clubs in Maryland. Ein zehnjähriger Junge mit Namen John Ansell öffnete.

»Ist deine Mutter zu Hause?« fragte der Mann. »Ich komme vom FBI.« Er zeigte seine Dienstmarke.

John nickte, der Mann folgte ihm ins Haus, und der Junge lief nach oben, um die Mutter zu rufen. Der Mann setzte sich auf das Sofa im Wohnzimmer und sah dem Jungen nach.

»Mom, hier ist ein Mann, der dich sprechen will.«

Die Mutter rief ihm zu, sie werde sofort kommen; John solle dem Fremden sagen, er möge seinen Wagen um den Block fahren, dort parken und dann zurückkommen. John gab die Botschaft weiter; aber der Mann vom FBI ging nicht hinaus, um seinen Wagen anderswo zu parken, sondern fragte den Jungen nach seinem Namen.

»Kennst du die Leute nebenan?« wollte er wissen.

John bestätigte es.

»Kennst du Mister Helms?«

»Ja.«

»Was hältst du von ihm?«

Der Mann mit dem ausdruckslosen Gesicht sah John erwartungsvoll an.

»Er ist immer sehr ernst, und er ist streng zu seinen Kindern«, sagte John.

»Bist du schon einmal in seinem Haus gewesen?« fragte der Mann.

Nachdem John auch das bejaht hatte, stellte der Mann vom FBI ihm noch eine ganze Reihe weiterer Fragen. Wie sieht es in dem

Haus aus? Womit beschäftigen sich diese Leute? Kommen Mister Helms und seine Frau gut miteinander aus? Trinkt Mister Helms? Ist dir etwas Besonderes an Mister Helms aufgefallen?

»Meinen Sie . . . etwas Komisches?«

»Ja.«

Das könnte man schon sagen. Der Mann vom FBI richtete sich bei diesen Worten ein wenig auf, und sein sonst so ausdrucksloses Gesicht belebte sich.

John platzte heraus: »Er hat keine Haare auf der Brust . . . ich glaube, sie ist *eingewachst.*«

Im ersten Augenblick ließ sich der FBI-Agent nichts anmerken, aber dann öffnete er erstaunt den Mund.

Das Gespräch war beendet, aber der zehnjährige John Ansell hatte noch nicht alles gesagt, was er über Richard Helms erfahren hatte, seit er im Frühjahr 1946 mit seiner Familie in das Nachbarhaus eingezogen war. John hatte sich sehr gefreut, denn das Ehepaar Helms hatte auch zwei Kinder, den damals dreijährigen Dennis und Helms' mit John gleichaltrige Stieftochter Judy. Schon nach wenigen Tagen bat Helms seine neuen Nachbarn zu einem Drink zu sich. Man begrüßte sich freundlich, und Johns Vater, Burr Ansell, begann das bei solchen Gelegenheiten übliche Gespräch, während sich die Frauen über ihre Interessen unterhielten.

HELMS: Was machen Sie beruflich, Burr?

ANSELL: Ich bin Anwalt und habe eine Privatpraxis. Manchmal habe ich auch mit den Behörden zu tun. Und was tun Sie, Dick?

HELMS: Wollen Sie noch etwas trinken?

Aber Burr Ansell wollte sich mit dieser ausweichenden Antwort nicht zufrieden geben. Er hakte nach, aber erst auf die dritte Frage bequemte sich Helms zu sagen, daß er »für die Regierung« arbeite. Als John später hörte, wie seine Eltern sich darüber unterhielten, wurde er neugierig. Eines Sonntags fragte John auf einer gemeinsamen Autofahrt Helms' Stieftochter: »Judy, was ist eigentlich dein Vater?« Judy sah ihn groß an und sagte: »Das kann ich dir nicht sagen.« Jetzt wurde John natürlich noch neugieriger, und zwei Wochen später versuchte er erneut sein Glück.

»John«, sagte sie diesmal, »eigentlich darf ich es dir nicht sagen, aber . . . mein Vater ist ein Spion.«

Von diesem Tage an hatte John Ansell über fast fünfzehn Jahre Richard Helms genau beobachtet, ihm Fragen gestellt und versucht herauszubekommen, was Helms wirklich tat. Aber Helms war ein wortkarger und zurückhaltender Mann. Man sah ihn meist nur kommen und wieder abfahren, oder er ging in seinem weißen Tennisdreß zum Chevy Chase Club hinüber. Bis sein Sohn Dennis alt genug war, diese Pflicht zu übernehmen, mähte er auch regelmäßig seinen Rasen – immer sauber angezogen im makellos weißen Hemd und in Leinenhosen. Nachts hörte John Ansell manchmal, wie Helms bis zehn oder elf Uhr in seinem Zimmer im ersten Stock über der Veranda Schreibmaschine schrieb. Auf der Veranda hing ein vom Wind bewegtes kleines Glockenspiel, dessen helles Klingen das Klappern der Schreibmaschine bis tief in die Nacht begleitete.

Mrs. Helms war eine Frau, die ihre Nachbarn in mancher Hinsicht beeindruckte. Sie war sechs Jahre älter als Helms, arbeitete als Bildhauerin und restaurierte alte Karussellpferdchen. Im Gegensatz zu ihrem zurückhaltenden Mann war sie freundlich und offen. Helms Kleidung und sein Verhalten sagten kaum etwas über ihn aus. Er fuhr nur alte, konservative, unauffällige Autos. Ein dumpferes Schwarz als das des Plymouth, mit dem Helms in den 50er Jahren zum Dienst fuhr, ist kaum vorstellbar. Es wäre schwierig, einen solchen Wagen im dichten Verkehr zu verfolgen oder ihn gar auf einem Parkplatz wiederzufinden. 1958 oder 1959 erbte Helms von seinem Vater einen grauen Cadillac, Baujahr 52. Damit wurde es jedoch keineswegs leichter, dem Richard Helms auf den Spuren zu bleiben. Der Cadillac war ebenso unauffällig wie der Plymouth, ein Wagen wie jeder andere, Ausdruck seiner Anonymität. Auch nicht die kleinste Äußerlichkeit im Leben von Richard Helms gab Aufschluß über seinen Beruf. Wenn er pünktlich um 8.00 Uhr morgens zur Arbeit fuhr, bog er nicht nach rechts auf die Connecticut Avenue ein, um auf direktem Weg in die Stadtmitte von Washington sein Büro zu erreichen. Er überquerte vielmehr die Connecticut Avenue und machte den Umweg über die Brookville Road, damit niemand, der ihn beobachtete, das Fahrtziel hätte erraten können.

Zwei- oder dreimal in jedem Sommer gaben Helms und seine Frau eine Abendgesellschaft im Freien. Dazu wurde der Garten hinter dem Haus mit Lampions beleuchtet. Das waren fast vornehme Veranstaltungen, bei denen man die Gäste gesittet über den Rasen gehen sah und das zarte Klingen der Weingläser hörte. Man blieb bis etwa 1.00 Uhr nachts zusammen. Manchmal kamen auch vier oder fünf befreundete Ehepaare abends zu Besuch, und man setzte sich auf die Veranda. Nur bei solchen Gelegenheiten hatte John Ansell Helms manchmal lachen hören. Das war ihm deshalb besonders aufgefallen, weil Helms laut und mit dröhnender Stimme lachen konnte – ho-ho-ho –, und das klang ganz anders als die ruhige, gedämpfte Stimme, mit der er gewöhnlich sprach.

Auch in gefährlichen Situationen und unter Streß blieb Helms immer beherrscht, und es kam nur ganz selten vor, daß er irgendwelche Emotionen zeigte. Im Mai 1952 nahmen viele Nachbarn zum ersten Mal bewußt von ihm Notiz. Ein heftiges Unwetter ging über Chevy Chase hinweg. Es regnete in Strömen, und der Sturm entwurzelte vierzig bis fünfzig große Bäume in der Nachbarschaft der Bradley Lane. Lichtmasten stürzten um, und die noch unter Strom stehenden Leitungen fielen auf die Straße; sobald sie den Boden oder die Regenpfützen berührten, tanzten sie wie wild umher, und die Funken sprühten. Als der Wind sich legte, kamen die Menschen aus den Häusern und näherten sich den Drähten, weil sie die Gefahr nicht erkannten. Burr Ansell war auch unter ihnen, und es überraschte ihn zu sehen, wie Helms die Lage meisterte und die Menschen mit wenigen energischen Worten in die Häuser zurückschickte. Als der Strom abgestellt und die Gefahr vorüber war, verschwand Helms wieder in seinem Haus. Burr schrieb damals an John, der gerade verreist war: »Man hatte den Eindruck, er hätte das irgendwo gelernt.«

Es war kein Zufall, daß Helms an der Bradley Lane so zurückgezogen lebte. Sein Lebensstil war ebenso unauffällig wie die Autos, die er fuhr. Wenn jemand fragte, was ist Richard Helms für ein Mensch, wofür interessiert er sich, was schätzt er und was lehnt er ab, dann ließe sich das nicht mit wenigen Worten erklären. Für seine Nachbarn war er ein Mann ohne Eigenschaften. Der inzwischen sechzehn Jahre alte John Ansell fragte Mrs. Helms 1952, für welchen Präsidentschaftskandidaten sie sei. »Ich bin für Stevenson.«

»Und für wen ist Mr. Helms?«

»Über so etwas sprechen wir nicht«, sagte Mrs. Helms. »In seiner Stellung darf er nicht Partei nehmen.«

Im Lauf von fünfzehn Jahren, von 1946 bis 1961, als Helms mit seiner Familie von Bradley Lane fortzog, hatte John Ansell vergeblich versucht, genaueres über Richard Helms und seine Arbeit zu erfahren; er wußte nur, daß Helms ein »Spion« war, wie Judy es ihm damals erzählt hatte. Helms verstand nicht nur, seine Arbeit zu tarnen, sondern er verbarg auch sich selbst hinter einer Maske. Während dieser ganzen Zeit hatte es John nur ein einziges Mal erlebt, daß Helms die Beherrschung verlor. Das war im Mai 1947. John saß zu Hause an seinen Schularbeiten und schrieb einen Hausaufsatz über Südamerika, als Judy an der Haustür schellte. Sie war entsetzlich aufgeregt und weinte. Was wirklich geschehen war, ließ sich nicht aus ihr herausbekommen, aber am Schluß erfuhr John, daß sie allein im Haus gewesen war und krank zu Bett gelegen hatte, als ein junger Mann kam, um die Fenster zu putzen, und sie dabei erschreckte. Was sonst passiert war, ließ sich nicht mehr feststellen, aber John konnte nie mehr das böse Gesicht von Helms vergessen, als dieser nach Hause kam. Er war wütend, hatte den Mund zusammengekniffen, seine Augen blickten starr und böse geradeaus, und als er sprach, entblößte er die Zähne. John Ansell hat diesen Gesichtsausdruck bei Helms nur ein einziges Mal wiedergesehen, und zwar im August 1973, als der Geheimdienstmann vor den Fernsehkameras vom Watergate-Ausschuß des Senats ins Kreuzverhör genommen wurde.

Als Richard Helms im Frühjahr 1946 nach Washington zurückkehrte, hatte er ursprüngliche Berufsambitionen aufgegeben, um gegen den Rat seiner Freunde einen Dienst zu tun, in dem er anonym bleiben mußte und es schwer haben würde, vorwärtszukommen. Man hatte ihm gesagt, der Krieg sei vorüber, und man könne jetzt auf die geheimdienstliche Tätigkeit verzichten, für die Helms ausgebildet worden war. Eigentlich hatte Helms eine eigene Zeitung herausgeben wollen. Nach seinem Abschlußexamen auf dem Williams College im Jahr 1935, das er als Bester seiner Klasse und daher mit guten Aussichten auf beruflichen Erfolg bestanden hatte, bat er den Präsidenten der United Press, Hugh Baillie, um einen Posten in Europa. Er war dort zwei Jahre lang zur Schule gegangen, in Le Rosey in der Schweiz und in Freiburg ins Realgymnasium. Die meisten Presseagenturen stellen nur erfahrene Journalisten als Auslandskorrespondenten ein, aber die United Press mußte als Telegraphenagentur die Kosten möglichst gering halten und beschäftigte auch junge Männer, die bereit waren, die Reisespesen selbst zu übernehmen und auf jede andere, branchenübliche Extrazuwendung zu verzichten. Helms wollte Erfahrungen sammeln, nahm Baillies Angebot an und reiste auf eigene Kosten nach London, wo er nur kurze Zeit arbeitete. Dann wechselte er in das Berliner Büro der United Press über.

Der dortige Bürochef war Fred Oechsner, der später ins amerikanische Außenministerium wechselte. Er fand Gefallen an dem jungen Helms, und da er recht gut deutsch sprach, mußte er gelegentlich Aufträge übernehmen, um die ihn erfahrenere Reporter beneidet hätten. Im September 1936 schickte Oechsner ihn auf den nationalsozialistischen Parteitag nach Nürnberg. Dort erlebte er, wie Hitler – von seiner eigenen Rede euphorisiert – die Massen aufputschte, ein Eindruck, den er nie vergessen sollte. Nach einer dieser Massenveranstaltungen folgten die Journalisten Hitler in einem Pressewagen zur Burg, wo sie zu ihrem Erstaunen dem »Führer« persönlich vorgestellt wurden. Zunächst hatte Helms den Eindruck gehabt, Hitler sei ein kleiner, unscheinbarer Mann, aber sobald er zu sprechen begann, spürte Helms, daß er es mit einem selbstsicheren, intelligenten und zielstrebigen Menschen zu tun hatte. »Ein von einer Kulturnation geführtes Europa können wir uns vorstellen«, sagte Hitler den Reportern, die sich auf dem Burghof um ihn versammelt hatten. »Aber daß ausgerechnet Moskau Europa beherrschen will – das werden wir Deutschen niemals hinnehmen. In Deutschland fürchten wir den Bolschewismus natürlich nicht mehr. Aber wir haben eine ganz andere Befürchtung – das sage ich ganz offen –, daß die Länder um uns her, in die sich dieses Gift allmählich einschleicht, mit der Zeit dem Bolschewismus zum Opfer fallen werden. Das können wir nicht tatenlos mit ansehen, denn schließlich sind wir eine europäische Nation. Natürlich könnten wir passiv zusehen und sagen, ›sollen sie doch ihre Offiziere, ihre Priester und ihre Intellektuellen abschlachten; uns geht das nichts an‹. Aber eine solche Haltung wäre kindisch.«[1]

Helms verfaßte für die United Press einen Bericht über sein Zusammentreffen mit Hitler. Achtzehn Monate später nach dem

Einmarsch Hitlers in Österreich am 11. März 1938 beschäftigte sich Helms in einem weiteren Artikel über Hitler mit der Frage, welches wohl die Absichten des deutschen Diktators seien. Er persönlich hatte den Eindruck, der Mann sei zwischen dem Größenwahn, der in seinen Reden zum Ausdruck kam, und einer kühlen, berechnenden und ausgewogenen Intelligenz, wie er sie im privaten Gespräch zeigte, hin- und hergerissen. In seinem letzten Aufsatz zu diesem Thema, der in der *Indianapolis Times* erschien, zog Helms falsche Schlüsse. Er glaubte, Hitler sei nach dem Fehlschlagen des Münchner Putsches von 1923 vorsichtiger geworden und werde sich alle weiteren Schritte besser überlegen.

Doch Helms hatte inzwischen die Beschäftigung mit der großen Politik aufgegeben. Nach einem zweijährigen Aufenthalt als Berichterstatter in Europa hatte er Erfahrungen gesammelt und auch die anstrengende Arbeit bei einer Presseagentur kennengelernt. Vor allem aber wußte er jetzt, daß er bei diesem aufreibenden Leben seine Gesundheit ruinieren würde und seinem Ziel, in eigener Verantwortung eine Zeitung herauszugeben, nicht näher käme. Seine Freunde sagten ihm, dazu brauche er geschäftliche Erfahrungen. So verließ er 1937 die United Press, reiste nach Amerika zurück und fand eine Stellung in der Verwaltung der *Indianapolis Times.* Als die Vereinigten Staaten im Dezember 1941 in den Krieg eintraten, war Helms zum Leiter der Anzeigenredaktion dieser Zeitung aufgestiegen. Nun meldete er sich freiwillig bei der amerikanischen Kriegsmarine, bewarb sich um ein Offizierspatent und wurde nach den üblichen bürokratischen Verzögerungen im Juli 1942 zu einer sechzig Tage dauernden Ausbildung nach Harvard geschickt. (Seine Personalakte war einige Monate lang nicht aufzufinden, weil sie unter einem falschen Anfangsbuchstaben abgelegt worden war.) Im September wurde er in New York dem Stab des Befehlshabers an der Ostküste zugeteilt, wo er ein Jahr in der Operationsabteilung an der Überwachung deutscher U-Boote im Nordatlantik teilnahm.

Noch im selben Jahr setzte sich der ehemalige Chef des Berliner Büros der United Press, Fred Oechsner, in New York mit Helms in Verbindung. Oechsner arbeitete jetzt im *Morale Operations Department* des erst kürzlich geschaffenen Office of Strategic Services (OSS). Das war der erste in der Geschichte der

Vereinigten Staaten in Washington beheimatete Feindnachrichtendienst. Mit Unterstützung des britischen geheimen Nachrichtendienstes (Secret Intelligence Service SIS oder MI6) versuchte der an der Wall Street praktizierende Rechtsanwalt William Donovan, der am Ersten Weltkrieg teilgenommen hatte und mit Präsident Roosevelt bekannt war, über Nacht eine Organisation zu schaffen, die zu entwickeln die Briten Jahrhunderte gebraucht hatten. Dieser ungewöhnlich energische, vorurteilsfreie und phantasiebegabte Mann, dessen Einfluß den amerikanischen Geheimdienst bis zum Unternehmen in der Schweinebucht entscheidend geprägt hat, stellte nun alle möglichen Männer in seinen Dienst, die er für geeignet hielt. Er holte sie von der Wall Street, aus den großen Industrieunternehmen, aus den Akademikerkreisen der sogenannten Efeu-Liga und gewann ihre Mitarbeit durch die Vermittlung von Freunden. Fred Oechsner hielt Helms für einen Mann, den das OSS brauchen könne: Er war intelligent, beherrschte einige Fremdsprachen und kannte Europa. Oechsner rief Helms an und bat ihn, nach Washington zu kommen und sich zur Verfügung zu stellen.

Helms weigerte sich zunächst, und Oechsner sah in dieser Weigerung die natürliche Vorsicht eines ehrgeizigen jungen Mannes, der sich fragte, ob der Dienst beim OSS seiner Karriere nicht schädlich sein könne. Helms hatte eine recht gute Stellung und beste Aussichten, sich beruflich zu profilieren. Er wußte, was er wollte und wie er seinen Willen durchsetzen konnte – eine Eigenschaft, die Oechsner sehr wohl zu schätzen wußte. Deshalb war er von Helms Absage zwar nicht überrascht, aber doch enttäuscht.

Später jedoch wurde Helms von der amerikanischen Kriegsmarine zum OSS versetzt. Das OSS hatte einen Mann angefordert, der die deutsche Sprache beherrschte und gewisse Erfahrungen als Journalist hatte. In den Personalakten fanden sich die Namen von Helms und zwei anderen Männern, die diesen Anforderungen entsprachen. Die beiden anderen waren unabkömmlich, und im August 1943 meldete sich Helms bei einer Außenstelle des OSS in Maryland zu einem weiteren Lehrgang – diesmal für den Einsatz beim Geheimdienst.

Hier absolvierte er das Standardprogramm; er lernte den Gebrauch von Feuerwaffen, die geheime Nachrichtenübermittlung, das Handwerk der Spionage und wurde auch im Nahkampf ausgebildet. Die Nahkampfausbildung wurde von einem britischen Oberst geleitet; einem ehemaligen Polizeichef von Schanghai, der Erfahrung darin hatte, wie man seinen Gegner im Kampf Mann gegen Mann verletzen oder töten kann. Helms hat das, was er bei diesem Offizier lernte, weder im Krieg noch später praktisch anwenden müssen, aber ein derartiges Training hatte seinen besonderen Sinn. Es versetzte einen in die richtige geistige Verfassung, es gab einem Selbstvertrauen, und man wurde auf seine Arbeit im Geheimdienst vorbereitet: Büroroutine einerseits, Verrat, Betrug und Gewalt andererseits.

Nach Beendigung seiner kurzen Lehrzeit für den Krieg im Untergrund arbeitete Helms eine Zeitlang beim Planungsstab unter Kennett Hanks. Dort mußte er sich mit John Gardner[2] ein Büro teilen, bevor er in eine andere Abteilung, diesmal unter der Leitung von Edward Meyer, versetzt wurde. Hier beschäftigte er sich mit den Standardaufgaben des geheimen Nachrichtendienstes, die er während seiner ganzen Dienstzeit gegen so verführerisch anmutende Aktivitäten wie die geheime politische Intervention, den paramilitärischen Einsatz oder andere Methoden der unmittelbaren Einflußnahme zu geheimen Zwecken verteidigen sollte. Für den Außenseiter mögen Spionage und geheime Aktionen zusammengehören, aber in der Praxis gehen sie von ganz verschiedenen Voraussetzungen aus. Paramilitärische Verbände oder im Untergrund arbeitende politische Gruppen erregen die Aufmerksamkeit derer, die sie unterstützen. Auch wenn die Hintermänner gewisser Aktionen diese Aufmerksamkeit gar nicht wünschen. Sie wirken eben nicht in der Stille, sondern stürzen sich oft direkt und äußerst spektakulär in das Ringen um die Macht. Nur wer seine Ziele in einen Mantel von Anonymität hüllen kann, hat die Chance, als Drahtzieher unerkannt zu bleiben. Die fachmännische, handwerkliche Spionagearbeit bleibt im Verborgenen. »Gestohlene« Informationen bleiben dort, wo sie hingehören; der »Spion« ist ein vertrauenswürdiger Diener seines Landes. Der Meisterspion läßt sich nicht anmerken, daß er mehr weiß als andere, und sogar diejenigen, die die von ihm beschafften Nachrichten als Grundlage für ihre Entschlüsse brauchen, wissen unter Umständen nicht, aus welchen Quellen diese Nachrichten stammen. Bei seiner Arbeit im OSS – zunächst arbeitete er von

Skandinavien (1954), später von London und Kontinentaleuropa aus gegen Deutschland, lernte er das von der Pike auf erdiente Spionagehandwerk der Fachleute zu schätzen. Er wußte jetzt, welchen Nutzen im geheimen gewonnene Erkenntnisse bringen, und welche Bedeutung der Geheimhaltung zukommt.

Die Geheimhaltung ist ein so wichtiger Faktor, daß dafür kaum genug getan werden kann. Im Grunde handelt es sich dabei um die einfache Tatsache, daß geheime Nachrichten nur so lange etwas nützen, wie der Weg geheim bleibt, auf dem sie beschafft wurden. Sobald der Gegner erfährt, daß man etwas weiß, nützt dieses Wissen entweder gar nichts mehr – wie im Falle eines entschlüsselten Codesystems –, oder solche Informationen verlieren zumindest einen großen Teil ihres ursprünglichen Werts. Noch schlimmer ist es, wenn der Gegner insgeheim erfährt, was genau man im einzelnen weiß, denn nun ist er in der Lage, seine Kenntnis gegen einen zu verwenden. Irrtümlich anzunehmen, der Gegner sei an einem bestimmten Ort, ist gefährlicher als reine Unkenntnis. Die größte Gefahr jedoch droht, wenn der Feind die Möglichkeit hat, den eigenen Nachrichtenapparat zu unterwandern. Denn dann kann er die eigene Seite mit falschen Informationen versorgen. Laien kalkulieren derartige Komplikationen im allgemeinen nicht ein; aber in der Praxis ist die Angst vor Doppelagenten groß – und das aus gutem Grund.

Neben der Gefahr, daß gewonnene Erkenntnisse nicht geheim bleiben, muß der Geheimdienstler auch noch fürchten, daß seine Informations*quellen* preisgegeben werden. Das können gewöhnliche Spione oder Agenten sein oder die Möglichkeit, diplomatische Kurierpost zu sichten. Vielleicht ist es ein guter Beobachtungsposten, von dem aus man bestimmte Objekte fotografieren kann, eine Abhörvorrichtung oder auch nur der Papierkorb eines Geheimnisträgers. Es gibt unzählige Möglichkeiten, und für sie alle gilt derselbe Grundsatz, daß nämlich der Feind nur den Verdacht zu haben braucht, dies sei eine Nachrichtenquelle, um sie ausschalten zu können. Die Nachrichtendienste halten sich nicht an die gemeinhin übliche Regel, wonach ein Verdacht durch Beweis erhärtet werden muß. Der Nachweis, daß geheime Informationen durchgesickert sind, gilt als Schuldbeweis. Aus diesem Grunde kann man nie vorsichtig genug sein. Da niemand weiß, durch welchen Umstand eine geheime Operation bekanntwerden könnte, ist bei allen Nachrichtendiensten Verschwiegenheit in jeder Hinsicht das oberste Gesetz. Jedem Nachrichtenoffizier wird die Verschwiegenheit und damit auch das Mißtrauen gegenüber jeder Frage zur zweiten Natur. So erging es auch Richard Helms, der deshalb schon sehr bald als undurchsichtige Person galt. Selbst seine besten Freunde und Bekannten konnten ihn kaum charakterisieren. Wer ihn nur aus der Entfernung erlebt hatte, konnte so gut wie gar nichts über ihn aussagen. Typisch für den zwangsläufig farblosen Eindruck, den er hinterließ, ist sicher das Urteil einer Frau, die während des Krieges bei der Spionageabwehr in Washington arbeitete und Helms oft auf den Korridoren begegnet ist, sich aber dennoch nur an seine hochgewachsene Gestalt und die tadellos sitzende Marineuniform dieses Mannes erinnern konnte: Kühle und Diskretion waren bereits zu den hervorstechendsten Eigenschaften seiner Persönlichkeit geworden.

Im Jahre 1945 blieb Helms nur kurze Zeit in London. Auch sein anschließender Europaaufenthalt währte nicht lang, aber was er in kurzer Zeit auf dem alten Kontinent lernte, prägte ihn für alle Zukunft. Seine Freunde meinen, er habe von hier zwei bleibende Eindrücke mitgenommen; daß die geheime Beschaffung von Nachrichten eine weit wichtigere Sache sei als paramilitärische Abenteuer. Bei Kriegsbeginn hatte Churchill eine paramilitärische Organisation geschaffen, die sogenannte Special Operations Executive (SOE), deren Aufgabe es war, Europa mit Sabotage, Mordanschlägen und Partisanenkrieg »in Brand zu stecken«. Wohl haben die Leute von der SOE hin und wieder einen Munitionszug oder eine Starkstromleitung gesprengt, die deutschen Besatzungstruppen in ganz Europa zum Teil an ihren Standorten festgehalten und so dazu beigetragen, daß die Spannungen zwischen der Bevölkerung und den deutschen Besatzern zunahmen. Sie haben auch die Enttäuschung unserer Verbündeten verringern helfen, die ungeduldig auf die Invasion warteten. Aber das beeindruckte Helms nicht. Nach seiner Meinung waren die Erfolge im Verhältnis zu der Mühe, die man aufwenden mußte, gering. Geheime Informationen, die man beschaffen konnte, wenn man die militärische und politische Führung in Deutschland unterwanderte, kosteten weniger und waren mehr wert.

Von London ging Helms nach Paris und Luxemburg. Als Deutschland am 8. Mai 1945 kapitulierte, war Helms zusammen mit General Walter Bedell Smith und Allen Dulles, dem Missionschef des OSS in Bern, in Eisenhowers Hauptquartier in Reims. Dulles war schon für seine Leistungen in Bern bekannt, insbesondere wegen seiner Kontakte mit deutschen Offizieren, die sich an der Verschwörung gegen Hitler beteiligt hatten. Helms hatte keine vergleichbar großen Unternehmungen geleitet, und Smith war sogar nur Soldat. Dennoch hatten beide Männer mit Dulles manches gemein. Sie alle sollten später die Leitung der Central Intelligence übernehmen, und sie waren schon damals davon überzeugt, daß die Sowjetunion eine ebenso große Bedrohung für den Weltfrieden darstellen werde wie Hitler, dessen Asche in Berlin noch nicht einmal erkaltet war.

Der kalte Krieg begann eben schon lange bevor man ihm diesen Namen gab. Im April 1945 beauftragte Dulles den OSS-Offizier Frank Wisner, mit Reinhard Gehlen, dem ehemaligen deutschen Chef der Abteilung Fremde Heere Ost, einer gegen Rußland gerichteten Organisation des Nachrichtendienstes, Gespräche zu führen. Gehlen hatte seine Akten gerettet und war mit der festen Überzeugung in den Westen geflohen, daß die Amerikaner seine Dienste brauchen würden. Nicht zu unrecht: Die sowjetisch-amerikanischen Beziehungen hatten sich bereits rapide verschlechtert.

Sehr bald nach Einstellung der Kampfhandlungen flog Donovan mit John Bross, einem jungen Offizier des OSS, dem die paramilitärischen, gegen die Deutschen eingesetzten Verbände *Jedburgh* unterstanden hatten, nach Kopenhagen. Kaum war das Flugzeug in der Luft, wendete sich Donovan an den Piloten der kleinen Maschine und sagte: »Mein Junge, Sie fliegen nach Westen. Wir wollen nach Norden fliegen.«

Der Pilot erklärte, das Gebiet um Berlin sei von den Russen besetzt, den alliierten Flugzeugen das Überfliegen dieses Raumes nur innerhalb eines genau vermessenen Ost-West-Korridors zwischen Berlin und den von den Westmächten besetzten Zonen erlaubten. Donovan war sehr autoritär. Er wußte nichts von diesem Korridor und wollte auch nichts davon wissen. Er befahl dem Piloten deshalb, sofort Kurs nach Norden zu nehmen. Aber der junge Mann weigerte sich; er blieb höflich, aber er bestand darauf, sich an seine Befehle zu halten. Die Russen hatten jede andere Route für alliierte Flugzeuge verboten, und dieses Verbot werde er auch strikt befolgen.

Die lange Debatte über die Ursprünge des Kalten Krieges wird ehemaligen Angehörigen des OSS wahrscheinlich recht töricht vorkommen. Für sie war der Kalte Krieg von Anfang an eine natürliche Folge des mit militärischen Mitteln ausgefochtenen Zweiten Weltkriegs. Zwischen den linken und rechten vom OSS unterstützten Widerstandsbewegungen in Frankreich, Italien, Griechenland, Jugoslawien und anderswo gab es entschiedene Gegensätze. Die kommunistischen Partisanen Titos in Jugoslawien haben ebenso leidenschaftlich gegen die Tschetniks gekämpft wie gegen die Deutschen, und bei Kriegsende hatte Tito die Oberhand gewonnen. In Paris wäre die kommunistische Widerstandsbewegung fast an die Macht gekommen und hätte eine *de facto*-Regierung gebildet, bevor Charles de Gaulle in das Herz Frankreichs einmarschierte. Das unsichere Schicksal Polens erwarteten die Russen mit Geduld: Nachdem die deutsche Wehrmacht die von der polnischen Exilregierung in England unterstützte Widerstandsarmee vernichtet hatte, baute Moskau mit den ehemaligen Exilkommunisten die Volksrepublik Polen auf und gewann damit die Kontrolle über das Land. Sogar innerhalb des OSS gab es eine gewisse Spaltung zwischen rechten und linken Kräften, und eine Gruppe innerhalb dieser Organisation lehnte die »Linken« ab, die Donovan angeworben hatte oder mit denen er in Europa zusammenarbeiten wollte. In der Geschichte des OSS[3], die sich von der Geschichte der Geheimpolitik während des Krieges nicht trennen läßt, zeigt sich eine Voreingenommenheit gegenüber den Kommunisten, die fast ebenso stark war, wie der Wille, Deutschland zu besiegen. Eine Mitarbeiterin von Dulles in Bern glaubt, seine Gedanken hätten sich nach Stalingrad mehr mit der Bedrohung durch die Sowjetunion als mit dem deutschen Faschismus beschäftigt. Mit Gedanken dieser Art sei er abends eingeschlafen und morgens aufgewacht. Für das OSS und auch für Helms war die sowjetisch-amerikanische Rivalität bereits während des Krieges eine Tatsache. Nach dem Zusammenbruch der letzten Reste des nationalsozialistischen Widerstandes widmeten sich Dulles und Wisner ganz dem Problem des sowjetischen Kommunismus.

Berlin war damals ein einziges Ruinenfeld, eine aus Trümmern bestehende Mondlandschaft, bewohnt von halb verhungerten Zivilisten, die niemand vergessen kann, der sie gesehen hat. Hier standen sich Ost und West unmittelbar gegenüber; hier mußte sich die Einigkeit der Verbündeten bewähren. Aber die offizielle Aufteilung der Stadt in vier Sektoren verschleierte das in ganz Berlin herrschende Chaos. Die Straßen, an denen die Sektorengrenzen verliefen, waren manchmal völlig verschüttet und deshalb nicht mehr aufzufinden. So stießen denn die Streitkräfte der vier Siegermächte des öfteren unvermutet aufeinander. Die amerikanischen Truppen hatten den Auftrag, die Ordnung in ihrem Sektor wieder herzustellen. Es war aber oft unmöglich, den jeweils dafür Verantwortlichen auszumachen oder gar eine Verwaltungsstruktur aufzubauen, wenn man nicht wußte, wo die Verbände der anderen Besatzungsarmeen stationiert waren. Die Russen weigerten sich, Auskunft zu geben. Die amerikanische Militärregierung bat nun das OSS, ihr die Informationen zu beschaffen, die sie von den Russen nicht erhielt. So mußte Helms nun Stärke und Standorte der russischen Truppen und die kommunalpolitische Struktur in dem von den Russen besetzten Teil Berlins auskundschaften; das war praktisch die gleiche Aufklärungsarbeit, die er noch vor wenigen Wochen gegen die Deutschen hatte leisten müssen, auch diesmal wieder mit Hilfe von Agenten. Wohl bezeichnete noch niemand die Sowjetunion als *Gegner*, sie wurde jedoch wie ein Feind behandelt.

Im Herbst 1945 fuhr Helms eines Tages mit einem Freund im Jeep in den russischen Sektor Berlins, vorbei an mißtrauischen Wachtposten, die bereit waren, jeden Augenblick zum Gewehr zu greifen. Als er zur schwer beschädigten Reichskanzlei, dem ehemaligen Regierungssitz Hitlers, kam, betrat er das Gebäude – ein Monument gescheiterten Größenwahns. Überall lagen zerbrochene Möbel herum, der Stuck war von den Decken gestürzt, kurz, es bot sich ihm ein Bild restloser Verwüstung. Unter den auf dem Boden herumliegenden Büchern und Papieren fand Helms eine Liste von Personen, die in England hätten festgenommen werden sollen, wären die Deutschen dort jemals siegreich gelandet. Die Amerikaner besaßen eine ähnliche Liste mit deutschen Namen, Personen, die verhaftet werden sollten. Viele davon saßen schon in Haft, einige wurden vor Gericht gestellt, für manche endete der

Prozeß mit dem Todesurteil. Der Sieger traf die Auswahl. Auch die Russen hatten ihre Listen, auf denen nicht nur Deutsche, sondern auch Polen, Tschechen, Ungarn, Bulgaren, Rumänen, Letten und Esten standen. Einer kleinen Zahl dieser Leute wurde der Prozeß gemacht; die meisten verschwanden ganz einfach.

Bei seinem Gang durch die Reichskanzlei fand Helms auch Porzellan und Briefpapier mit den Initialen Hitlers; einiges davon nahm er als Andenken mit. Auf einem Briefbogen der Reichskanzlei schrieb er an seinen dreijährigen Sohn Dennis. Der Brief existiert wohl nicht mehr. Aber Dennis hat ihn in späteren Jahren noch einmal gelesen. Er erinnert sich, daß es eine kurze, ja lakonische Verdammung eines jeden Totalitarismus war.

Noch vor Kriegsende war Donovan zu der Überzeugung gelangt, daß Amerika seine selbst gewählte Isolation aufgeben müsse. Die Vereinigten Staaten durften die übrige Welt nicht mehr ignorieren. Sie brauchten einen Nachrichtendienst, der die Feinde des Friedens und der demokratischen Ordnung aufmerksam beobachtete. Im November 1944 schickte Donovan Präsident Roosevelt ein ausführliches Schreiben über die nach seiner Auffassung erforderliche nachrichtendienstliche Organisation. Sie sollte nach seinen Vorstellungen ganz ähnlich aufgebaut sein wie das OSS, und an ihrer Spitze sollte ein Mann stehen wie Donovan. Roosevelt war einverstanden. Vielleicht zeigte dieses Einverständnis, daß er glaubte, sich im Umgang mit Stalin nicht allein auf seinen Charme verlassen zu können. Jedenfalls entwarf er eine Anweisung zur Einrichtung eines »allgemeinen Nachrichtendienstes«.[4]

Aber es gab auch Leute, die sich dem Plan von Donovan widersetzten. Der einflußreichste von ihnen war der Direktor des FBI, J. Edgar Hoover. Er war gegen die Zusammenarbeit mit britischen Nachrichtenoffizieren gewesen, die bei der Ausbildung des Personals des OSS mitgewirkt hatten, und er hatte auch weiterhin ein Nachrichtennetz des FBI in Lateinamerika unterhalten. Anfang 1945 übergab er Kopien des Schreibens von Donovan und des Entwurfs von Roosevelt persönlich dem Berichterstatter der *Chicago Tribune*, Walter J. Trohan. Die *Tribune* veröffentlichte am 9. Februar 1945 den Bericht von Trohan und löste damit in Washington eine Kontroverse über eine »amerikanische Gestapo« aus, an der Donovans Initiative scheiterte.

Nach Roosevelts Tod im April konnte Donovan zu Truman kein vergleichbares Vertrauensverhältnis herstellen. Am 1. Oktober 1945 löste der neue Präsident – Helms und Dulles waren noch in Berlin – das OSS auf und verteilte die einzelnen Abteilungen auf andere Behörden. Das geschah auch auf Empfehlung von Harold D. Smith, des Budgetdirektors, dem Donovans unkonventionelle Art mißfallen hatte. Die Abteilung für Forschung und Analyse wurde vom Außenministerium übernommen. Andere Arbeitsgruppen wie die X-2 (Gegenspionage) und SI (der geheime Nachrichtendienst *Secret Intelligence*), für den Helms arbeitete, wurden dem Kriegsministerium zugeteilt. Dort erhielten sie die neue Bezeichnung Strategic Services Unit (Einheit für strategische Dienste, SSU) und wurden General John Magruder unterstellt.

Mit dieser Anordnung Trumans begann eine Periode verwirrender Umgruppierungen, in deren Verlauf Dienstbezeichnungen, Abkürzungen, Hierarchien und Strukturen häufig wechselten, während sich die Regierung auf Friedensverhältnisse umstellte und versuchte festzustellen, ob sie noch einen Geheimdienst brauchte, und wenn ja, wie diese Behörde aussehen sollte. Das Entstehen der CIA war durch eine für das Nachkriegs-Washington charakteristische Unsicherheit gekennzeichnet; es war ein Nebenprodukt des Versuchs, die zwischen den Teilstreitkräften bestehende Rivalität beizulegen.

Im Juni 1945 bat der damalige Marineminister James Forrestal, dessen Name zu Beginn des Kalten Krieges oft genannt wurde,[5] den New Yorker Anwalt Ferdinand Eberstadt, in einer Studie Vorschläge für eine Zusammenfassung aller Streitkräfte zu machen. Dabei sollte die Selbständigkeit der Flotte gewahrt werden, und während Eberstadt anstelle einer regelrechten Vereinigung der Streitkräfte unter einem Kommando eine bessere Koordinierung empfahl, ging das von ihm Mitte September vorgelegte Papier noch weiter und sprach von einer »vollständigen Umgliederung der Organisationen unserer Regierung, die der nationalen Sicherheit dienen . . .« Er sagte darin, die Vereinigten Staaten brauchten »einen wachsamen, ohne Behinderung und wirkungsvoll arbeitenden Apparat« mit der Aufgabe, »für die Erhaltung des Friedens zu arbeiten und für den Kriegsfall einsatzbereit zu sein«.[6] Mit dem Gesetz zur Wahrung der nationalen Sicherheit vom Juli 1947 wurde auch der Vorschlag von Eberstadt zur Einrichtung eines Nachrichtendienstes mit geringen Änderungen angenommen. Zu den Einrichtungen, die hier geschaffen wurden, gehörten der Nationale Sicherheitsrat, die selbständigen Teilstreitkräfte Heer, Flotte und Luftstreitkräfte, deren Einsatz von den Joint Chiefs of Staff koordiniert wurde, die ihrerseits dem Verteidigungsministerium unterstanden, und ein Nachrichtendienst.

Der Zentrale Nachrichtendienst (Central Intelligence Group CIG), den Truman am 22. Januar 1946 aufstellte, war ein schwächliches Gebilde. Zwei Tage nachdem Truman diese Behörde ins Leben gerufen hatte, gab er für ihren ersten Direktor, Admiral Sidney Souers, eine Party. Dabei überreichte der Präsident den Ehrengästen schwarze Hüte, schwarze Umhänge und hölzerne Dolche. Das war eine ironische Geste, denn die CIG verfügte damals über keinen einzigen Spion und sollte sich nach dem Willen des Präsidenten solcher Methoden auch nicht bedienen. Ihre Aufgabe war es lediglich, Informationen zu sammeln und auszuwerten. Admiral Souers blieb nicht lange auf diesem Posten.[7] Er wurde sehr bald von Generalleutnant Hoyt Vandenberg abgelöst, einem Neffen des einflußreichen republikanischen Senators Arthur Vandenberg. Der General hatte ehrgeizige Pläne, wollte der CIG nur den Weg ebnen, sich möglichst bald befördern lassen und dann Chef des Generalstabs der Luftstreitkräfte werden. All dies ist ihm auch gelungen.

Als Vandenberg zum zweiten Direktor der CIG ernannt wurde, hatte er etwa hundert Mitarbeiter. Bis zum Jahresende stellte er weitere dreihundert ein und sagte: »Wenn ich nicht alle Lücken stopfe, die ich kenne, dann könnte ich sie vergessen.«[8] Vom FBI übernahm er das Recht, Nachrichten in Lateinamerika zu sammeln, nicht aber dessen Agenten oder Akten. So ärgerte sich Hoover natürlich, als einige seiner Leute zur CIG und später zur CIA versetzt wurden und anschließend ihre alten Freunde für die neue Behörde anwarben. Aber Vandenbergs wichtigste Erwerbung war die Strategic Services Unit, die er im August 1946 vom Verteidigungsministerium übernahm und in Office of Special Operations[9] umbenannte. Das SSU-OSO bestand aus tausend Mitarbeitern; sechshundert davon hielten sieben Außenposten in Übersee besetzt. Damit war Richard Helms zum zweiten Mal so etwas wie ein Adoptivkind geworden. Ursprünglich hatte er dem OSS, dann der SSU und schließlich der CIG angehört und Ende 1945 war er nur einen Monat für den Staatsdienst ausgefallen, um kurze Zeit für die *Indianapolis Times* zu arbeiten. Dort erkannte er bald, daß sich sein alter Plan nicht mehr verwirklichen ließ: Es fehlte ihm das Geld, eine Zeitung zu kaufen. Aber obwohl das OSS aus dem Zweiten Weltkrieg sich jetzt in das OSO im Rahmen der Central Intelligence Group verwandelt hatte, arbeitete Helms hier immer noch für denselben Chef, denn an der Spitze der Gesamtorganisation stand wie immer der Präsident der Vereinigten Staaten. Auch das Arbeitsgebiet und die Arbeitsmethoden waren dieselben geblieben, nur der Name des Gegners hatte sich geändert. Als Chef der FDM (Auslandsabteilung M) war Helms für den Einsatz des OSO in Deutschland, Österreich und der Schweiz verantwortlich. Seine Aufgaben waren der klassische Nachrichtendienst und die Spionageabwehr. Dafür war eine gute Zusammenarbeit mit den ausländischen Nachrichtendiensten von entscheidender Bedeutung. Angeblich gefiel es Helms gar nicht, daß die Briten auf diesem Gebiet den Vorrang beanspruchten, alle Spione und Agenten zu stellen, während die Amerikaner deren Einsatz finanzieren sollten. Zunächst jedoch konnte Helms kaum etwas daran ändern, und bis in die 60er Jahre kamen siebzig Prozent aller Berichte durch diese ungeliebte Art der Zusammenarbeit zustande.

Doch im Spätsommer 1946 verfügten die Vereinigten Staaten wieder über den Nachrichtendienst, den Truman vor einem Jahr aufgelöst hatte. Allerdings hatte die CIG weder die Vollmacht noch die Möglichkeit, geheime Operationen durchzuführen. Dieser Mangel machte sich sehr bald bemerkbar. Im Herbst desselben Jahres hielt der Rußlandexperte George Kennan einen Vortrag über ein Problem, das keineswegs mehr akademischer Natur war, sondern schon recht greifbare Formen angenommen hatte: die Aufteilung Europas zwischen Ost und West. Die Sowjetunion hatte den Osten bereits fest in der Hand, während der Westen sich nach der Demobilmachung der Briten und Amerikaner noch immer nicht hatte einigen können. Als Kennan seinen Vortrag beendet hatte, fragte einer seiner Zuhörer, weshalb das so sein müsse; und ob es denn keine Möglichkeit gäbe, Rußland im Osten herauszufordern.

»Es tut mir leid«, sagte Kennan, »aber wir sind in der Tat in Osteuropa so ohnmächtig, daß wir nichts anderes tun können als reden. Sie verstehen, was ich meine. Mir scheint das eine rein theoretische Frage zu sein. Wir können faktisch nur noch unseren Standpunkt erläutern.«[10]

Nicht alle Mitglieder der amerikanischen Regierung teilten diese Meinung. Offensichtlich waren die Vereinigten Staaten weder in der Lage noch hatten sie die Absicht, die sowjetischen Besatzungsarmeen herauszufordern, aber die Erfahrungen des OSS im Zweiten Weltkrieg hatten gezeigt, daß es vielleicht eine unauffälligere und billigere Methode gäbe, das zu tun. Der sehr energische und begeisterungsfähige Nelson Rockefeller hatte während des Krieges in Lateinamerika einen großen Propagandafeldzug geführt und war dabei zu der Überzeugung gekommen, daß man auf dem Gebiet der psychologischen Kriegführung viel erreichen könne. Ende 1946 besprach der damalige Kriegsminister Robert Patterson diese Frage mit Forrestal. Patterson schlug vor, eine Studie über die psychologische Kriegführung in Europa anzufertigen, und noch vor Ende Dezember 1946 entwarf ein Gremium des Koordinationsausschusses für die Zusammenarbeit zwischen Außen-, Kriegs- und Marineministerium (SWNCC) Richtlinien für genau jene Methoden, die später zur Grundlage geheimer Operationen werden sollten.[11]

Während des folgenden Jahres gingen die Gespräche über die Möglichkeit derartiger Geheimoperationen auf höchster Ebene und unter Wahrung strengster Geheimhaltung weiter. Im April 1947 begann ein Untersuchungsausschuß des SWNCC mit der Planung solcher Unternehmungen. Im Juni erhielt die dafür vorgesehene Arbeitsgruppe die besondere Bezeichnung Special Studies and Evaluation Subcommittee (Unterausschuß für Sonderstudien und Auswertung); man gewährte diesem Unterausschuß eine gewisse Selbständigkeit. Lange und ausführlich wurde über die schwerwiegende Frage debattiert, wer die Verantwortung für solche Operationen übernehmen sollte. Der Vorschlag, das Außenministerium mit der Überwachung der geheimen Operationen zu beauftragen, wurde im November 1947 von Außenminister George Marshall abgelehnt, und zwar mit der Begründung, das Bekanntwerden solcher Unternehmungen würde die amerikanische Außenpolitik so sehr diskreditieren, daß sich der Schaden nicht wieder gutmachen ließe. Marshall war nicht etwa grundsätzlich gegen geheime Operationen. Er hielt sie sogar für notwendig und meinte, der Außenminister müsse bei der Planung ein Mitspracherecht haben, die Verantwortung solle jedoch ein anderer übernehmen.

Wer das sein sollte, war Ende 1947 keine rein akademische Frage mehr. Die führenden amerikanischen Politiker fürchteten für die im folgenden April in Italien anstehenden Wahlen einen Sieg der Kommunistischen Partei. Diese Sorge war so groß, daß Forrestal und Allen Dulles, die nach ihrem Ausscheiden aus dem Staatsdienst wieder als Anwälte an der Wall Street praktizierten, unabhängig voneinander größere Geldsummen aufbrachten, um den Parteien der Mitte in Italien mit Finanzspritzen zu helfen. Truman und Marshall wollten ein übriges tun, und da ihnen keine andere Organisation zur Verfügung stand, die ihre Pläne unterstützt hätte, wandten sie sich an die CIA.

Helms arbeitete nun schon seit achtzehn Monaten im Büro für besondere Operationen (OSO). Nach dem im Juli 1947 erlassenen Gesetz zur Wahrung der nationalen Sicherheit war die CIG im Rahmen der Umgliederung der amerikanischen Gesamtstreitkräfte in Central Intelligence Agency (CIA) umbenannt worden. Das Ringen um Europa war in vollem Gange, und der Nationale Sicherheitsrat beschloß auf seiner ersten Sitzung am 19. Dezember 1947, die CIA als wirksame Waffe im Kalten Krieg einzusetzen. Diese Behörde schien nach der Weigerung Marshalls, geheime Operationen durch das Außenministerium leiten zu lassen, das geeignete Instrument dafür zu sein. Mit der Direktive NSC 4/A, die auf der ersten Sitzung des Nationalen Sicherheitsrats beschlossen worden war, erhielt Admiral Roscoe Hillenkoetter, Nachfolger Vandenbergs als Direktor der Central Intelligence, den Auftrag, einen kommunistischen Wahlsieg in Italien zu verhindern. Hillenkoetter fragte den Rechtsberater der CIA, Lawrence Houston, ob er glaube, das Gesetz zur Wahrung der nationalen Sicherheit gäbe der CIA die Vollmacht, solche Unternehmen einzuleiten. Houston verneinte. Dennoch setzte sich Hillenkoetter über Houstons Rechtsgutachten hinweg. Er gab den Auftrag an das OSO weiter, das am 22. Dezember 1947 eine Special Procedures Group (SPG) aufstellte, die die Ausführung übernehmen sollte.

An diesem Unternehmen beteiligte sich unter anderen ein ehemaliger Angehöriger des OSS, der während des Krieges in Italien gearbeitet hatte, ein hochgewachsener, hagerer, schweigsamer Mann. Er hieß James Jesus Angleton. Er hatte als Student in Yale das literarische Magazin *Furioso* herausgegeben, das auch Gedichte von Ezra Pound[12] veröffentlichte. Angletons eigentliche Begabung aber lag auf dem Gebiet des geheimen Nachrichtendienstes, insbesondere bei der Gegenspionage, einer in mancher Hinsicht ausgefallenen Disziplin, die er so praktizierte wie andere Schach spielen. Doch in Italien erforderte seine Aufgabe ein eher direktes Vorgehen, und seine Erfolge sicherten ihm eine angesehene Stellung innerhalb der CIA. Er gehörte später zu den wenigen Männern (wie auch Helms, den er 1947 kennenlernte), die diese Behörde fünfundzwanzig Jahre lang geprägt haben.

Die amerikanische Intervention in Italien erfolgte auf breiter Basis und war sorgfältig vorbereitet. Es war die Arbeit eines »leistungsfähigen Apparats«, der den Vorstellungen von Eberstadt entsprach. Die Vereinigten Staaten lieferten Weizen und andere Verbrauchsgüter, um die Lebensmittelknappheit zu lindern; Amerikaner italienischer Abstammung beteiligten sich an einer umfangreichen Briefkampagne und schrieben an ihre Verwandten in der alten Heimat; Kongreßabgeordnete und Geschäftsleute hielten Reden auf Massenversammlungen; Truman drohte, die finanzielle Unterstützung für jede italienische Regierung zu streichen, der Kommunisten angehörten, und die Special Procedures Group des OSO stellte den Parteien der Mitte in Italien Geldbeträge aus ihrem Geheimfonds zur Verfügung. Als der Wahltermin näherrückte, versuchte man mit allen Mitteln, Krisenstimmung zu erzeugen, und im März 1948 telegrafierte George Kennan, der Leiter des politischen Planungsstabes im Außenministerium, an die amerikanischen Geschäftsträger in Europa: »Was Europa betrifft, so nimmt Italien offensichtlich eine Schlüsselstellung ein. Wenn die Kommunisten dort die Wahlen gewinnen sollten, dann untergrübe das wahrscheinlich unsere ganze Stellung im Mittelmeerraum und vielleicht auch in Europa.«[13] Kennan hielt die Lage für so ernst, daß er sogar eine militärische Intervention Amerikas für den Fall eines kommunistischen Wahlsiegs empfahl. Die Lieferung von Waffen und Nachschub und die technische Beratung der italienischen Streitkräfte durch die Vereinigten Staaten wiesen deutlich darauf hin,[14] daß Truman und die italienische Regierung eine Wahlniederlage nicht hinnehmen wollten, und es gibt zahlreiche Hinweise darauf, daß einer solchen Niederlage ein gegen die Kommunisten gerichteter Staatsstreich gefolgt wäre.

Derartige Drohungen sind eine recht plumpe Form der psychologischen Kriegführung. Angleton und die SPG bedienten sich eleganterer Methoden. Zum Teil waren es die schon bekannten Formen politischer Propaganda – Plakate, Flugschriften, Zeitungsartikel und ähnliches –, das aber war nicht alles. Die SPG setzte auch das Mittel der gefälschten Informationen ein, fälschte Dokumente und Briefe, die angeblich von der Kommunistischen Partei kamen. In anonymen Veröffentlichungen wurde die Brutalität der russischen Besatzungsarmee in Deutschland mit ihren Plünderungen und Vergewaltigungen geschildert. Auch wies man auf das Schicksal Polens und der Tschechoslowakei hin. Erst vor wenigen Wochen hatten die Kommunisten die Macht in der Tschechoslowakei übernommen, und so stützte sich der Propagandafeldzug in Italien zum großen Teil auf den Versuch, bei der Bevölkerung die Kommunistenfurcht zu schüren. Die nicht kommunistischen Italiener fürchteten sich natürlich auch ohne jede Propaganda der CIA schon genug, und die Vorgänge in Polen und der Tschechoslowakei hätten als Warnung an sich schon genügen sollen. Doch die Vereinigten Staaten hegten dieselben Befürchtungen wie die gemäßigten Italiener: Sie glaubten, es ginge hier um einen hohen Einsatz, und deshalb müsse auch mit allen Mitteln gekämpft werden. Sie verwendeten daher die CIA als Propagandainstrument und machten die Erfahrung, daß diese gezielten Anstrengungen Erfolg hatten. Jedenfalls versagten die amerikanischen Bemühungen nicht, auch wenn sie nicht allein den Erfolg herbeigeführt hatten.

Angesichts dieser Entwicklungen nahm die Begeisterung der Amerikaner für geheime Operationen zu, die sie jetzt als geeignete Waffe für das im Untergrund geführte Ringen des Kalten Krieges betrachteten. In Berlin und Wien lieferten sich die Spione beider Seiten einen regelrechten Krieg, denn hier gab es nach dem von den vier Siegermächten anerkannten Besatzungsstatut offene Verbindungswege zwischen Ost und West. Im übrigen Europa führten die politischen Kräfte zur selben Zeit einen Kampf in viel größeren Dimensionen. Die kommunistischen Parteien und Tarnorganisationen bemühten sich darum, die Gewerkschaften unter ihre Kontrolle zu bringen und unterwanderten die Zeitungsverlage, die Frauenorganisationen, die Studenten- und Berufsverbände und ähnliches. Die Zukunftsaussichten wurden in ganz Europa pessimistisch beurteilt,[15] denn die hohen und blutigen Verluste und materiellen Schäden, die im Krieg entstanden waren, das Gespenst der Arbeitslosigkeit, das zerschlagene Wirtschaftsgefüge und die sehr schlechte Ernährungslage hatten die noch vorhandenen Kräfte restlos erschöpft. Der Einsatz von Armeen konnte unter solchen Voraussetzungen kaum etwas bewirken, und außerdem gab es keine solche Armee mehr. An ihrer Stelle wurden insgeheim die politischen Kräfte mobilgemacht.

Im Mai 1948 empfahl Kennan eine ständige Organisation zu schaffen, die überall in der Welt jene Aufgaben übernehmen sollte, die die SPG im Auftrag des Nationalen Sicherheitsrats in Italien wahrgenommen hatte. Am 18. Juni 1948, nur sechs Tage vor Beginn der russischen Blockade von Berlin, ersetzte der Nationale Sicherheitsrat die Anweisung NSC 4/A durch die neue Direktive NSC 10/2. Diese Direktive ordnete eine Organisation zur Durchführung geheimer Unternehmungen an, die den typischerweise recht euphemistischen Namen Amt für politische Koordination (OPC) erhielt. Die Direktive sprach von den »bösartigen geheimen Operationen der UdSSR, ihrer Satellitenstaaten und kommunistischer Gruppen, deren Absicht es ist, die Ziele und Aktivitäten der Vereinigten Staaten und anderer Westmächte zu diskreditieren«. Darin wurden die gegen die Russen gerichteten Maßnahmen des OPC nur insofern eingeschränkt, daß sie »so geplant und ausgeführt werden sollen, daß nicht autorisierte Personen die Verantwortlichkeit der amerikanischen Regierung nicht erkennen können und daß die amerikanische Regierung für den Fall, daß solche Aktivitäten bekannt werden, jede Beteiligung dementieren kann.« Nach der Direktive NSC 10/2 waren geheime Operationen Unternehmungen, bei denen es um »Propaganda, wirtschaftliche Kriegführung, direkte Präventivmaßnahmen wie Sabotage, Sabotageabwehr, Demontage und Evakuierungsmaßnahmen, gegen Feindstaaten gerichtete Subversion, Unterstützung von im Untergrund arbeitenden

Widerstandsgruppen und antikommunistischen Elementen in den bedrohten Ländern der freien Welt« ging.

Dem OPC wurde nicht nur ein so umfangreiches Tätigkeitsfeld zugewiesen, sondern es erhielt auch eine höchst ungewöhnliche Gliederung. Der Direktor wurde vom Außenminister ernannt, war aber sowohl dem Außen- als auch dem Verteidigungsminister unterstellt, während die ihm zur Verfügung stehenden Mittel von der CIA kamen. Im Mai 1948 hatte sich Allen Dulles, der Mann mit den längsten Erfahrungen im Geheimdienst, entschieden gegen dieses plumpe Verfahren ausgesprochen. Truman hatte Dulles, den späteren stellvertretenden Direktor der Central Intelligence, William H. Jackson, und den New Yorker Anwalt Mathias F. Corea beauftragt, eine Studie über die CIA anzufertigen. Da Dulles glaubte, daß Thomas E. Dewey bei den Präsidentschaftswahlen im November Truman schlagen und sein Bruder, John Foster Dulles, unter Dewey Außenminister werden würde, benutzte er die günstige Gelegenheit, ein Bild von der CIA zu entwerfen, das seinen Vorstellungen als Direktor dieser Behörde entsprach. Dazu gehörte natürlich kein selbständiges OPC, das überall in der Welt geheime Operationen durchführte. Unter Berufung auf die Erfahrungen der Briten im Zweiten Weltkrieg, als die Special Operations Executive und das SIS einander häufig ins Gehege gekommen waren, sprachen sich Dulles und die anderen Experten dafür aus, daß das schon zur CIA gehörende OSO alle geheimen Unternehmungen durchführen sollte. Aber die Vorschläge von Dulles wurden nicht beachtet. Marshall verlangte die Einrichtung einer besonderen Organisation, die mindestens zum Teil unter seiner Aufsicht stehen sollte, und setzte sich mit seiner Forderung durch.

Doch mit der Anfang September 1948 bekanntgegebenen Wahl des OPC-Direktors hatte Dulles mehr Glück. Der Posten wurde Frank Wisner angeboten, der dem OSS in Osteuropa angehörte und bei Kriegsende in Wiesbaden dasselbe Haus bewohnt hatte wie Dulles und Helms. Wisner war für kurze Zeit in seine Anwaltspraxis zurückgekehrt und hatte dann dem Außenministerium als stellvertretender Assistent des Außenministers für die besetzten Gebiete angehört, wo er sich für die Anerkennung der Teilung Deutschlands ausgesprochen hatte. Wisner war ein wohlhabender Südstaatler, ein intelligenter und umgänglicher

Mann, der sich lebhaft für die Weltpolitik interessierte. Der britische Überläufer Kim Philby, der 1951 in Washington fast jeden, der in der CIA eine Rolle spielte, schon auf irgendwelchen Cocktailpartys kennengelernt hatte, schilderte Wisner recht unfreundlich als »aufgeblasen« – Philby steht mit dieser Meinung keineswegs allein, es gibt kaum freundliche Personenbeschreibungen von Wisner. Offenbar fühlte sich Philby durch Wisners etwas großsprecherische Art irritiert. Er zitiert, wie Wisner sich zum Thema der Unterstützung von Agentenringen durch die CIA mit geheimen Geldmitteln geäußert hat: »Man muß die geheime Mitwirkung von Leuten gewinnen, die den Eindruck erwecken, über beträchtliche eigene Mittel zu verfügen.«[16]

Doch alle, die ihn kannten, stimmen darin überein, daß Wisner hart arbeitete, sich durch Lesen zu bilden suchte, alle wichtigen Persönlichkeiten kannte, über jede beliebige Frage zu diskutieren wußte, sich in jedes politische Gespräch einmischte und sich deshalb ausgezeichnet für den Posten eines OPC-Direktors eignete. Als William H. Jackson erfuhr, man habe Wisner den Posten des OPC-Direktors angeboten, vertraute er einem Freund seine Hoffnung darauf an, daß Wisner das Angebot ablehnen werde. Jackson hatte während des Krieges im Nachrichtendienst der Armee gearbeitet, er hatte Dulles geholfen, für Truman eine Studie über die CIA zu verfassen, und er kannte Frank Wisner. Jackson behauptete, Wisner wäre verrückt, wenn er diese Aufgabe übernähme; er werde daran zugrunde gehen.

Aber Wisner war voller Tatendrang. Ihn faszinierte der Gedanke, mit ein wenig Phantasie und Fleiß sehr viel erreichen zu können. Er nahm die Stelle an und ging mit großem Eifer an die Arbeit. Dabei hielt er sich genau an die geltenden Vorschriften. Wenn ein Angehöriger des OPC die Direktive NSC 10/2 lesen wollte, dann mußte er vorher ein Dokument unterzeichnen, das ihn zum Schweigen verpflichtete. Dann wurde ihm eine der zwei oder drei Kopien der Direktive ausgehändigt, die Wisner in seinem Panzerschrank verwahrte.

Einer von Wisners Mitarbeitern aus dieser ersten Zeit hat nie verstanden, warum sein Chef die Direktive NSC 10/2 mit dem Schleier des Geheimnisses umgab. Nach seiner Meinung hätte das Dokument veröffentlicht werden können. Es soll gelautet haben: ». . . *sie* tun es, und deshalb müssen *wir* es auch tun.«

3. Kapitel

Die sechs Jahre als Direktor der Central Intelligence waren für Richard Helms der Höhepunkt seiner beruflichen Laufbahn. Nach Jahren der Anonymität, als er im zweiten und dritten Glied seinen Dienst tun mußte, hatte Helms zum erstenmal in seinem Leben einen wirklich bedeutenden Posten inne. Die Wochenenden verbrachte er mit den Mellons in Pittsburgh, besuchte den Sommersitz des Waffenhändlers Gerard Smith in Southampton, aß mit hohen Regierungsbamten, Senatoren und führenden Journalisten zu Mittag. Im Gegensatz zu Allen Dulles hatte Helms nicht den geringsten politischen Ehrgeiz. Während seiner Arbeit als Direktor der Central Intelligence hat er nur eine öffentliche Rede gehalten, wurde nur sehr selten im Index der *New York Times* genannt und kaum in den Nachrichtenmagazinen *Time* und *Newsweek*[1] erwähnt, deren Reportern es schwer gemacht wurde, bis zu Helms vorzudringen. Was er jedoch in diesem Amt gewann, hatte größere Bedeutung für ihn; die Kongreßausschüsse unterstützten ihn, wo es notwendig war, er leitete seine Behörde nach eigenem Gutdünken, war mit den meisten Persönlichkeiten bekannt, auf die es ankam. Darüber hinaus hatte er Sitz und Stimme in den wichtigsten Beratungsgremien der Regierung. Auch wenn er sich im Hintergrund hielt, war er ein einflußreicher Mann. Seine Gesprächspartner vergaßen ihn nicht; sie freuten sich, wenn er ihnen vertraute. Man nahm von seiner Gegenwart bei offiziellen und diplomatischen Veranstaltungen Kenntnis, bewahrte seine Briefe auf, und seine Äußerungen werden in den Tagebüchern wichtiger Leute zitiert. Zu den Persönlichkeiten, die sich oft mit Helms zum Lunch trafen, gehörte der Leitartikler der *Times,* Cyrus Sulzberger, dessen Terminkalender als *Who is Who* der Washingtoner Gesellschaft gelten kann. Im März 1972 äußerte Helms beim Mittagessen mit dem Journalisten vertrauensvoll: »Wissen Sie, Ihnen erzähle ich fast alles.«[2] Sulzberger fühlte sich geschmeichelt. Er trug diese Bemerkung wörtlich in sein Tagebuch ein und erwähnte sie später in einem Artikel. Er war stolz darauf, das Vertrauen des CIA-Direktors zu besitzen.

In den Jahren 1966 bis 1972 muß es für einen Beamten in den Vereinigten Staaten schwer gewesen sein, Karriere zu machen. Insbesondere aber für einen Mann, dessen Stellung es mit sich brachte, zwei Präsidenten zu eröffnen, daß sie einen Krieg verlieren würden. Lyndon Johnson reagierte oft äußerst gereizt auf Nachrichten, die Helms ihm über den Vietnamkrieg vorlegte, und auch Nixon war unzufrieden und drohte mit schärfsten Maßnahmen, sobald er den leisesten Verdacht hatte, hintergangen worden zu sein. Dennoch blieb Helms länger im Amt als irgendein anderer CIA-Direktor mit Ausnahme von Allen Dulles, der diese Stelle eigentlich erst geschaffen hatte. Es gelang Helms, Walt Rostow und Henry Kissinger zu besänftigen, die sich beide darüber beklagten, daß die CIA ihnen die faire Mitarbeit verweigere; und er hatte in Washington auch noch zu einer Zeit den Ruf, ein ehrlicher Mann zu sein, als der Kongreß und die Presse bereits zugaben, daß sie manipuliert, getäuscht, ja hinsichtlich des Krieges in Vietnam sogar offen belogen würden.

Auf dem Höhepunkt seiner beruflichen Laufbahn, als der Name Helms in Washington bereits ein fester Begriff war, erweckte er den Eindruck, wegen seines Fleißes, seiner Disziplin und seiner Tüchtigkeit unersetzlich zu sein. In Wirklichkeit jedoch war ihm der Zufall in vielfältiger Weise dabei behilflich gewesen, diesen Posten zu erlangen. Gleich drei Bewerber mit ähnlich guten Voraussetzungen, aber darüber hinaus mit besseren Beziehungen – die sie nach Kräften nützten –, hatten sich um den Posten des CIA-Direktors bemüht. Helms war auch in anderer Beziehung im Nachteil. Er galt als tüchtiger Verwaltungsbeamter, aber das war eine etwas farblose Tugend. Sie bedeutete den Männern, die in den ersten Jahren der CIA Ideenreichtum und Phantasie für die wichtigsten Qualifikationen hielten, nichts. Allen Dulles, für den das Spiel um hohe Einsätze die große Leidenschaft seines Lebens war, konnte Helms nur mit Mühe treffend charakterisieren. Endlich sagte er, Helms sei »nützlich« und könne »den Mund halten«. Als Dulles eines Tages die Zustimmung des Postministers brauchte, illegal Briefe zu öffnen, bat er Helms, ihn zu dieser

Besprechung zu begleiten. Helms hatte Freunde aus seiner Zeit beim OSS, SSO und OSO. Ein langjähriger Bekannter vergleicht Helms und seine Bewunderer mit einem von seinen Bischöfen umgebenen Kardinal. Die neuen Männer jedoch, die nach 1948 in Frank Wisners Office of Policy Coordination eintraten, waren Leute eines ganz anderen Schlages. Sie lehnten Helms in mancher Hinsicht ab. Sie hielten seinen Erfolg für das Ergebnis einer gewissen aalglatten Geschmeidigkeit, mit der es ihm gelang, Krisensituationen zu vermeiden, die einen Fehlschlag und damit das Ende seiner beruflichen Laufbahn hätten bedeuten können. Auch mißfiel ihnen seine Skepsis gegenüber geheimen Unternehmungen. Helms bevorzugte die traditionellen Methoden der Nachrichtenbeschaffung und glaubte an den hohen Wert zuverlässiger Agentenberichte, vorausgesetzt, die Agenten waren richtig eingesetzt worden. Dagegen war nichts einzuwenden, aber die Leute vom OPC ärgerte die Überheblichkeit des OSO, das so tat, als sei es der einzige wirklich professionelle Geheimdienst. Das OPC erkannte den Wert des Spions zwar an, aber über wieviele Spione verfügte das OSO? Helms reagierte auf solche Fragen nur mit einem geheimnisvollen Lächeln.

Diese schon sehr früh entstandenen Spannungen sollten nicht als normale bürokratische Rangeleien abgetan werden. Die Differenzen hatten tiefere Gründe und erklären unter anderem die erbitterten Rivalitäten, die manchmal auch in der öffentlichen Debatte zum Ausdruck kamen. Seit Gründung des OPC 1948 hat es in der CIA drei verschiedene Aufgabenbereiche gegeben; den Einsatz von Spionen, die Auswertung der gewonnenen Erkenntnisse und die politische Leitung. Meist waren die Beziehungen zwischen den drei Abteilungen innerhalb der von der Höflichkeit gebotenen Grenzen kühl und skeptisch. Gelegentlich aber kam es zu Spannungen, die Differenzen verschärften sich, und es entstand ein handfester Familienkrieg. So lassen sich auch gewisse zunächst überraschende Vorwürfe erklären – beispielsweise, daß das Attentat auf Castro das Werk ungeschickter Anfänger im FBI gewesen sei, oder daß ein bekannter hoher Beamter der CIA allem Anschein nach als Agent für den sowjetischen Geheimdienst KGB gearbeitet habe. So unfair solche Vorwürfe auch sein mögen, sie sind Ausdruck tiefsitzender, nagender Eifersüchteleien zwischen den drei erwähnten Personengruppen.

Richard Helms war die klassische Verkörperung der ersten Kategorie; ein Mann mit der Diskretion, Zurückhaltung und Gewissenhaftigkeit, die den Beamten des Geheimdienstes seit jeher ausgezeichnet haben, der einerseits Geheimnisse aufdecken und sie andererseits wahren muß, der aber im Idealfall selbst im Hintergrund bleibt. Kleinstadtbankiers und Anwälte sind im Vergleich zu diesen Leuten geradezu laut und geschwätzig. Helms erweckte den Eindruck eines leicht zugänglichen und sympathischen Mannes, der in seinem Bekanntenkreis geschätzt wird, aber seine Reserviertheit fiel selbst seinen ältesten Freunden auf. Außerdem verfügte er über einen erstaunlichen Klarblick, der bezeichnend ist für Leute, die Spione einsetzen müssen, denn sie erreichen nichts, wenn sie das jeweilige Aufklärungsziel nicht genau definieren können.[3]

Doch das Spionagegeschäft ist oft mit großen Enttäuschungen verbunden. Die Mißerfolge überwiegen die Erfolge bei weitem, insbesondere heute, da der Geheimnisschutz technisch derart vervollkommnet worden ist. Das gilt gerade für die Amerikaner, deren wichtigstes Aufklärungsziel eine Nation ist, in deren langer Geschichte die eigene Gesellschaft immer unter strenger Aufsicht gestanden und in der die Bespitzelung Tradition hat. Dieser Staat verfügt heute über den leistungsfähigsten Sicherheitsdient, den die Welt je gesehen hat. Die Angehörigen der CIA sprechen mit Hochachtung vom KGB und bedauern achselzuckend die Tatsache, daß die offene Gesellschaft, die durchlässigen Grenzen und die vertrauensselige Bevölkerung in den Vereinigten Staaten die Arbeit fremder Geheimdienste so erleichtern. Agenten der CIA ist es nur selten gelungen, russische Geheimnisse auszuspionieren. Dann haben die Analytiker die Lücken füllen müssen, deren Aufgabe zum Teil darin besteht, aus Indizien abzuleiten, was die Spione nicht erfahren konnten.

Der ideale Analytiker, der seine Aufgabe nicht nur als Routinearbeit ansieht, hat geradezu einen Heißhunger auf Papier: Er verschlingt Zeitungen und Zeitschriften, Statistiken über die Stahlproduktion, Gästelisten für offizielle Empfänge, Landkarten, Tabellen für den Funkverkehr, den Text von Tischreden bei offiziellen Diners, Eisenbahnfahrpläne, Luftaufnahmen von Verschiebebahnhöfen, Verladelisten, die Namen neuer Ortschaften, die Berichte von Agenten, Telefonbücher und alles, was sich niederschreiben, auf einem Schreibtisch stapeln und lesen läßt.

Während sich Spione darum bemühen, Informationslücken zu schließen, beschäftigen sich Analytiker mit Strukturen. Der Spion (und der Spezialist für Gegenspionage, der die Mentalität eines hochkarätigen Spions haben muß) wird ständig von der Sorge verfolgt, die eine Möglichkeit übersehen zu haben, die alles erklärt. Der Analytiker ist davon überzeugt, daß sich aus der Gesamtstruktur der Zusammenhänge die noch bestehende Lücke erkennen und schließen läßt. Er geht von zwei Grundvoraussetzungen aus; daß der beste Schlüssel für ein künftiges Verhalten das Verhalten in der Vergangenheit sei und daß keine Nation ein Risiko eingehen wird, ohne eine konkrete Chance für einen entsprechenden Erfolg zu haben. Kurz gesagt, Analytiker glauben, führende Staatsmänner handelten folgerichtig und verstandesgemäß. So ist das besondere Kennzeichen der Analytiker im Nachrichtendienst ihr unersättlicher Hunger nach Papier verbunden mit der Überzeugung, daraus weiterführende Schlüsse ziehen zu können, auch wenn die bürokratische Vorsicht sie veranlaßt, ihre Folgerungen mit den notwendigen Vorbehalten auszusprechen.

Die dritte Personengruppe in der CIA, die sich dieser Behörde zuletzt angeschlossen hat, ist die der im geheimen arbeitenden *politischen* Agenten. Viele Namen lassen sich als Beispiele anführen: Frank Wisner, Desmond Fitzgerald, Richard Bissell, Mike Burke, Tracy Barnes, Kim Roosevelt. Sie alle waren gesellige Menschen, phantasiebegabt, aktiv, hatten ständig neue Ideen, waren optimistisch wie Leute, die sich zum erstenmal in das Spekulationsgeschäft an der Börse stürzen, und überzeugt, daß sich jedes Problem anpacken ließe und die CIA die Möglichkeit hätte, es zu lösen. Gewöhnlich waren es angelsächsische Patrizier aus alten Familien mit eigenem Geld, wenigstens zu Anfang; und sie zeigten gegenüber den farbigen Rassen die traditionelle britische Haltung – nicht die Arroganz des vornehmen indischen Radscha, sondern eine Einstellung, die wie bei T. E. Lawrence eine Mischung aus Faszination und Herablassung war. Sie konnten sich für fremde Kulturen begeistern, mit denen sie kurze Zeit in Berührung gekommen waren, und zweifelten fast nie daran, helfen zu können, bis es zu spät war. Einige dieser Leute waren auf dem jeweiligen Operationsgebiet sehr tüchtig, aber die

CIA selbst wird bei den Leuten oder Gruppen in schlechter Erinnerung bleiben, die sie veranlaßt hat, große Risiken auf sich zu nehmen, um sie dann im Stich zu lassen – und das sind nicht nur die Kubaner in Miami, sondern auch die Khambas in Tibet, die indonesischen Obersten auf Sumatra, die Meos in Laos, die Montagnards in Vietnam, die Nationalchinesen in Burma, die Ukrainer in Rußland und die Kurden im Irak, die sich besonders von Allen Dulles hatten faszinieren lassen.

Man könnte hier einwenden, daß auch die CIA Befehle befolgt hat, wenn sie solche Gruppen unterstützte oder ihnen die Unterstützung wieder entzog, und daß diese Abenteurer anderswo, besonders auf den Philippinen und im Kongo, erfolgreicher gewesen sind. Aber darauf kommt es nicht an. Es kommt auf den Geist an, mit dem solche Unternehmen begonnen wurden. Dieser Geist war aggressiv, von Begeisterung getragen und oft moralisch fragwürdig.[4] In den Augen dieser Abenteurer läßt sich die Welt beliebig manipulieren; sie glauben, mit Geld und der generellen Zustimmung der obersten politischen Führung ließe sich alles machen. Und so haben sie Ende der 40er und Anfang der 50er Jahre den Politikern Zusagen gemacht, denen sie nicht widerstehen konnten. Sie behaupteten, insgeheim das erreichen zu können, wovon die Regierung der Vereinigten Staaten glaubte, es auf offenem Wege nicht zu erreichen. So begann Helms seine Dienstlaufbahn an der Peripherie dessen, was später zum Kern seiner Behörde wurde, als vertrauenswürdiger Gehilfe – nicht als Günstling – von Allen Dulles. Er war im Gegensatz zu den aggressiven Männern, die überzeugt waren, sie könnten den Willen der Vereinigten Staaten mit klugen Ideen, viel Geld und ein paar weiteren Drehungen an der Schraube der politischen Erpressung überall durchsetzen.

Von 1948 bis 1952 auf dem Höhepunkt des Kalten Krieges erhielt die CIA die meisten Aufträge vom Militär. Die Joint Chiefs of Staff entwarfen ihre »Anforderungen«, und diese Forderungen ließen sich zum Teil erfüllen (etwa von den in Ost-Berlin eingesetzten Agenten), zum Teil aber auch nicht. 1950 oder 1951 besuchten drei Obersten der Luftstreitkräfte als Verbindungsoffiziere den Operationsstab der Abteilung für Osteuropa der CIA, um dem Abteilungschef Frank Lindsay und seinem Operationschef eine neue »Anforderung« zu überbringen. Die Obersten erklärten, sie hätten sich die Sache überlegt, und meinten, es sei eine gute Idee, schon jetzt die Sabotage der russischen Militärflughäfen für den Fall eines Krieges vorzubereiten.

Schön und gut; aber wie stellten sich die Luftstreitkräfte das vor?

Die Obersten sagten, auf jeden Flugplatz sollte am Tag des Kriegsausbruchs ein Agent angesetzt werden, und diesen Tag hatten sie zunächst einmal auf den 1. Juli 1952 datiert.

Lindsay erklärte sich bereit, dieser Forderung Folge zu leisten, denn im Vergleich zu anderen Ansinnen, die man damals an ihn stellte, erschien ihm dies als nicht so schwierig.

Aber Lindsays Operationschef hielt eine derartige Aufgabe für nicht so einfach. Er fragte nach der Anzahl der betroffenen Flugplätze.

Etwa zweitausend, antworteten die Obersten.

Wie sehen sie denn aus?

Bei einigen waren die Startbahnen betoniert, bei anderen nicht.

Der Operationschef bekam einen skeptischen Gesichtsausdruck und überlegte. Mein Gott! Zweitausend über ganz Rußland und Osteuropa verteilte Flugplätze! Innerhalb von weniger als zwei Jahren brauchen wir mindestens zweitausend Agenten. Und sie müssen mit einer nicht abzuschätzenden Menge von Sprengmaterial ausgerüstet werden. Schließlich benötigte man für die Zerstörung eines einzigen Behelfsflugplatzes einen starken Bombenangriff, und selbst nach einem solchen Angriff ließ sich der Flugplatz innerhalb weniger Stunden wieder einsatzbereit machen. Deshalb fragte der Operationschef, wie man denn einen solchen Flugplatz unbrauchbar machen könne.

Die Obersten sahen sich an. Es folgte ein kurzes, mit leiser Stimme geführtes Gespräch. Dann sagten sie: »Wir werden Ihnen das noch mitteilen«, und verabschiedeten sich.

Wie Lindsays Operationschef berichtet, hat die Abteilung für Osteuropa des OPC nie wieder etwas von dieser »Anforderung« gehört.

Doch das ist nur ein recht ausgefallenes Beispiel dafür, welche hohen Anforderungen das Militär während der ersten fünf Jahre ihres Bestehens an die CIA stellte. Im späten Frühjahr 1948 schickten die Joint Chiefs of Staff einen Oberst zur CIA, der ihren Beamten in aller Deutlichkeit sagen sollte, was das Militär vom

Nachrichtendienst erwartete. Der Oberst erklärte, den Vorrang habe ein Agentennetz, das sich über Polen, Ostdeutschland, die Tschechoslowakei und Ungarn erstrecken sollte, um die amerikanischen Streitkräfte rechtzeitig von einer sowjetischen Mobilmachung zu unterrichten. Mit Hilfe der Briten, der Organisation von Reinhard Gehlen in Pullach bei München und von Spionen, die in den Auffanglagern für verschleppte Personen in ganz Europa angeworben wurden, konnte das OSO diesen Auftrag recht gut erfüllen. Die von Westdeutschland und Österreich aus angesetzten Spione leisteten gute Arbeit in den Grenzgebieten, es gelang ihnen aber nicht, weiter ins Innere des Feindgebietes vorzudringen. Gehlen arbeitete in erster Linie sehr erfolgreich in Ostdeutschland. Aber später begann er – zum Teil auf energisches Drängen der CIA – seine Spione auch weiter nach Osten zu schicken. Die CIA war die einzige Organisation, von der Gehlen damals unterstützt wurde, und sie unterhielt in Pullach ein ständiges Büro unter der Leitung von James Critchfield.[5] Doch trotz des ständigen Drängens Critchfields und aller Bemühungen Gehlens blieb Rußland ein weißer Fleck auf der Landkarte der Geheimdienste, und es war nicht möglich, erfolgreich in russisches Gebiet einzudringen. Niemand kannte die Absichten des Kreml wirklich, und die Regierungen in allen westlichen Hauptstädten fürchteten das Schlimmste. Angesichts der Kriegsgefahr und der militärischen Schwäche der Vereinigten Staaten in Europa sowie der erstaunlichen Erfolge einiger europäischer Untergrundbewegungen im Kampf gegen Hitler war es nur natürlich, daß die amerikanische Regierung die CIA aufforderte, ein Werkzeug zu schmieden, wie es sich schon einmal so gut bewährt hatte.

Man erhoffte sich von der CIA so viel, daß Frank Wisner, der als Jurist eine besondere Vorliebe für Verträge hatte, ein Papier über die Beziehungen zum Pentagon entwarf, nach dem die CIA in jeder Kriegszone einen ähnlich unabhängigen Status haben sollte wie die Armee, die Kriegsflotte und die Luftstreitkräfte. Einige Beamte der CIA betrachteten ein solches Arrangement allerdings skeptisch und sagten, dabei werde ein »Elefanten-Kaninchen-Gulasch« entstehen, und ein ehemaliger Angehöriger des OPC meinte, dieses Gulasch werde aus einem Elefanten und einem Kaninchen bestehen. Die Planungen im Anfangsstadium des Kalten Krieges muteten irgendwie unrealistisch an. Es herrschte ein ungerechtfertigter, fast weltfremder Optimismus im Hinblick auf die Erfolgsmöglichkeiten der CIA, und zugleich trieb man diese Vorbereitungen mit beinahe übertriebenem Ernst und Engagement voran. In jenen ersten Jahren waren die Vereinigten Staaten und die CIA entschlossen, den Kampf ins Lager des Gegners zu tragen.

Am 5. September 1949, wenige Tage nachdem die Vereinigten Staaten vom ersten sowjetischen Atombombentest erfahren hatten, startete ein amerikanisches Flugzeug ohne Hoheitsabzeichen von einem Flugplatz in Westdeutschland und flog in südöstlicher Richtung über von den Russen besetztes Gebiet hinweg auf die Sowjetunion zu, wo sich noch eine von Hitler-Deutschland aufgestellte Partisanenarmee in der Ukraine nahe der polnischen Grenze hielt. Dort trat ein langer und erbittert geführter Kampf in seine letzte Phase, obwohl weder die ukrainischen Nationalisten in München noch die CIA zugeben wollten, daß die Lage für die Ukrainer hoffnungslos sei. Während des Krieges hatten die Russen über dem Partisanengebiet sogar vergiftete Lebensmittel in Kisten mit deutscher Aufschrift abgeworfen, und Ende der 40er Jahre ging das Ringen in den Münchner Lagern für verschleppte Personen mit Intrigen, Verrat, Entführungen und Mordanschlägen weiter.

Der Aufklärungsflug im September 1949 war nicht der erste über von den Sowjets beherrschtem Gebiet. Die Briten und Amerikaner hatten schon sehr bald nach Kriegsende mit solchen Flügen begonnen, wobei die Briten normale Maschinen der RAF (Royal Airforce) mit britischen Piloten in britischer Uniform einsetzten. Die Amerikaner hatten sich nach langen Diskussionen entschlossen, ihre Flugzeuge und Besatzungen ohne amerikanische Abzeichen fliegen zu lassen. Auf den ersten Flügen über Osteuropa warfen diese Maschinen meist nur Propagandamaterial im Rahmen eines allgemeinen Programms für die politische Unterstützung der demokratischen Kräfte in den von den Sowjets besetzten Gebieten ab. Später fragte die amerikanische Luftwaffe die CIA, ob die Flugzeuge nicht auch mit elektronischen Geräten ausgerüstet werden könnten, um bei solchen Flügen nachrichtendienstliche Erkenntnisse zu gewinnen. Man konnte den Funkverkehr abhören, Radarstationen orten, militärische Objekte fotografieren usw. Nachdem die Sowjets in den von ihnen besetzten osteuropäischen Ländern kommunistische Regierungen etabliert hatten und die CIA ihren Propagandafeldzug in erster Linie über die in München eingerichteten Rundfunksender Radio Freies Europa und Radio Liberation[6] führte, wurden die Flüge über Osteuropa in erster Linie zu Aufklärungszwecken unternommen. Mit dem Flug in die Ukraine im September 1949 ging man noch einen Schritt weiter, denn man war bisher noch nie so tief in sowjetisches Gebiet eingedrungen. Außerdem wurden zwei von der CIA als Funker und Spione ausgebildete Ukrainer abgesetzt, die sich dem hoffnungslosen Partisanenkampf mit der Waffe anschließen sollten. Aber noch wichtiger war die Tatsache, daß dies die erste Unternehmung im Rahmen eines dreijährigen CIA-Programms war: Hinter den russischen Linien sollte ein Netz aktiver Widerstandsbewegungen geknüpft werden, auf das die amerikanischen Militärs in dem von allen erwarteten Krieg[7] hofften, zurückgreifen zu können.

Die hinter diesem Programm stehende Theorie war direkt aus den Erfahrungen mit Partisanenbewegungen im Zweiten Weltkrieg entstanden und bezog sich fast ausschließlich auf die noch bestehenden Reste antikommunistischer Widerstandsgruppen. Professor Robert McDowell, ein ehemaliger Mitarbeiter des OSS und Berater der Joint Chiefs of Staff hatte die militärischen Planer davon überzeugt, daß die russische Herrschaft in Osteuropa auf schwachen Füßen stünde. Das brutale Vorgehen der Russen werde, so McDowell, den Widerstand nur ermutigen, wie das auch schon zur Zarenzeit der Fall gewesen sei. Er selbst hatte mit den Tschetniks in Jugoslawien zusammengearbeitet und begründete den Sieg Titos mit der tatkräftigen Unterstützung durch die Briten. McDowell überzeugte die Militärs davon, daß die Widerstandsbewegungen im Osten, ja sogar in Rußland selbst die Herrschaft Moskaus ernsthaft bedrohen könnten, wenn die Vereinigten Staaten ihnen die erforderliche Unterstützung gewähren würden.

Die Joint Chiefs of Staff hielten das für eine einleuchtende Theorie, und die CIA, nun dazu gedrängt, ihre Zusammenarbeit mit den Partisanen zu verstärken, begann sich mit Emigrantengruppen aus Polen, den baltischen Staaten, Jugoslawien, Albanien, der Sowjetrepublik Georgien und der Ukraine in Verbindung zu setzen. Man glaubte, Partisanenarmeen aufstellen zu können, die im Kriegsfall die russischen Versorgungslinien stören würden. Auch sollten sie Brücken, Eisenbahnlinien und ähnliche Einrichtungen zerstören, um den russischen Vormarsch nach Westen zu verzögern. Für dieses Programm wurden Geldmittel in beachtlicher Höhe zur Verfügung gestellt. Hunderte von Agenten wurden ausgebildet, mit dem Fallschirm abgesetzt oder entlang der Ostseeküste an Land gebracht. In Westeuropa entstanden große Waffen- und Munitionslager, aus denen die Partisanen im Kriegsfall durch die Luft versorgt werden sollten. Widerstandsgruppen in den von Russen besetzten Gebieten erhielten unter anderem auch militärische Nachschubgüter und Finanzmittel – manchmal in der örtlichen Währung, häufiger jedoch in Dollarbeträgen und Gold. Das Ganze war also durchaus kein halbherziges oder gar widerwillig durchgeführtes Unternehmen.

Gleichzeitig wurde im Westen ein Auffangnetz organisiert, vor allem in Westdeutschland und Österreich, aber auch in Frankreich, Italien und Skandinavien, wo das Programm zeitweilig unter der Leitung von William Colby stand, den das OPC schon in seinen Anfängen angeworben hatte. Diese Reserven sollten eingesetzt werden, falls Westeuropa von den sowjetischen Armeen überrannt würde. Die größten Anstrengungen aber wurden beim Aufbau des Widerstandes im Osten unternommen, der jedoch an keiner Stelle gelang. Diese Aktivitäten scheiterten nicht so sehr an organisatorischen Fehlern der CIA (wie wir sehen werden, sind jedoch im Sicherheitsbereich Fehler begangen worden), als vielmehr an der Kriegsmüdigkeit der Menschen, von denen man erwartet hatte, daß sie sich erheben würden. Die hervorragend geschulten sowjetischen Sicherheitskräfte taten ein übriges, um jedwedes Aufmucken in der Bevölkerung von vornherein zu unterbinden.

Zu Beginn waren die Sowjets vielleicht von dem allgemeinen Nachkriegschaos behindert worden – zerstörte Städte, verlorene oder vernichtete Akten und die Vertreibung sehr vieler Menschen aus ihrer Heimat. In Rußland selbst jedoch war Anfang 1949 schon jeder einzelne Bürger registriert, und ähnliche Maßnahmen in Osteuropa ermöglichten das Einschleusen von Agenten nur unter allergrößten Schwierigkeiten. 1952 war der Aufbau der Widerstandsbewegungen endgültig gescheitert. Das Mißlingen dieses Versuchs hatte, kurz gesagt, vor allem an seinem allzu hohen Anspruch und an einer Fehlbeurteilung der Situation gelegen. Wenn Robert McDowell mit seiner Auffassung vom Widerstandswillen gegen die Unterdrückung der Zarenzeit recht hatte, dann hatte er die Energie und Leistungsfähigkeit der sowjetischen Unterdrücker weit unterschätzt.

Aber das große Erwachen kam nur sehr langsam. Bald nachdem John Bross im April 1951 zur Abteilung für Osteuropa des OPC gekommen war, fragte ihn ein Mann aus der für Polen zuständigen Gruppe: »Wieviele Guerillas werden wir dreißig Tage nach Kriegsbeginn in Polen einsetzen?« Ohne zu zögern griff Bross irgendeine Zahl aus der Luft: »Siebenunddreißigtausend.« Doch zu seinem Erstaunen kam diese Zahl seinem Kollegen ganz realistisch vor, insbesondere angesichts der Tatsache, daß die CIA in Polen schon einen Verbündeten hatte: einen Rest der Heimatarmee mit der Bezeichnung Wolnosć i Niepodlenosć (Freiheit und Unabhängigkeit), abgekürzt WIN.

Nachdem die Deutschen die Heimatarmee beim großen Warschauer Aufstand im Oktober 1944 vernichtet hatten, während die Russen geduldig in Hörweite des Artilleriefeuers warteten, gingen die wenigen Überlebenden in den Untergrund. Bis 1947 hielten sie mühsam die Verbindung zur polnischen Exilregierung in London aufrecht, dann aber vernichteten die Russen mit einem entschlossenen Vorstoß die letzten kleinen Widerstandsnester, darunter auch die WIN – jedenfalls glaubten das die westlichen Geheimdienste.

Wenige Jahre später gelang es jedoch einem Polen, in den Westen zu fliehen und in London Kontakt mit General Wladyslaw Anders aufzunehmen. Er berichtete, daß die WIN noch existierte und mit Geldmitteln und Ausrüstung aus dem Westen aktiviert werden könne. Anders informierte das britische SIS, und sehr bald bemühten sich CIA und SIS gemeinsam, die WIN als Teil des Widerstandsnetzes aufzubauen, das im Kriegsfall den Kampf gegen die Russen aufnehmen sollte.

Zunächst mußte die CIA in Washington eine Antwort auf die Frage erhalten, aus welchen Kräften sich die WIN zusammensetzte. General Anders und die Gruppe in London, die sich als Außenposten der WIN bezeichnete, verweigerten nähere Angaben. Natürlich wußte die CIA, wie schwierig die Lage für die WIN in Polen war. Durch eine einzige Indiskretion konnte die ganze

Organisation zerschlagen werden. Die WIN außerhalb von Polen wollte weder die Namen der Personen nennen, mit denen sie in der Heimat Kontakte hatte, noch deren Aufenthaltsorte preisgeben. Die Abteilung Spionageabwehr der CIA in Washington erklärte, damit werde eine Grundregel der Geheimdienstarbeit verletzt, denn es sei notwendig, genau zu wissen, mit wem man es zu tun habe, um solche Aktivitäten überwachen zu können. Aber die Abteilung für Osteuropa im OPC, die finster entschlossen war, den kalten Krieg möglichst rasch zu gewinnen, und die den Polen vielleicht zu sehr vertraute, war begeistert von der Tatsache, daß es in Polen tatsächlich noch eine Widerstandsgruppe gab, mit der man zusammenarbeiten konnte. So akzeptierte sie die Weigerung der WIN. Beziehungen wurden hergestellt und die Briten aufgefordert, sich zu beteiligen. Die Widerstandsgruppen wurden aus der Luft mit Nachschub und Geld versorgt, und man bemühte sich darum, Bross' Wunschdenken zu verwirklichen, demzufolge es dreißig Tage nach Kriegsausbruch 37 000 polnische Guerillas geben sollte.

Diese Blauäugigkeit der Experten – zum Teil Folge der Unerfahrenheit der CIA, aber auch des Drängens der Militärs und vor allem der amerikanischen Unkenntnis hinsichtlich der Realitäten in den von den Sowjets beherrschten Gebieten – war typisch für die ersten Jahre des kalten Krieges. In seiner Furcht vor den Russen hatte der Westen, der gerade erst begann, sein Nachrichtennetz im Osten auszubauen, einen unstillbaren Hunger auf Informationen aller Art aus dem sowjetischen Einflußbereich. Deshalb verbündete man sich bedenkenlos mit Emigrantengruppen, die versprachen, in ihren Heimatländern Großes im Interesse der Amerikaner zu leisten. Es entstand aber auch ein regelrechtes »Spionagegewerbe«, das sich in Berlin und Wien konzentrierte und von Männern mit düsterer Vergangenheit betrieben wurde. Sie behaupteten nun plötzlich, die westliche Neugier gegen hohe Bezahlung befriedigen zu können. Mit einem Male tauchten sozusagen aus dem Nichts Abenteurer aller möglichen Schattierungen auf und boten Informationen gegen Geld an. Zum Teil handelte es sich dabei um zutreffende Einzelinformationen von Gruppen, die echte, wenn auch keine sehr festen Verbindungen in den Osten hatten. Es gab aber auch von den Sowjets lancierte Nachrichten. Der größte Teil solcher Nachrichten jedoch war aus irgendwelchen Pressemeldungen zusammengebraut oder gar reine Erfindung. Einer dieser Nachrichtenköche, der angeblich über ein Agentennetz in der Tschechoslowakei verfügte, versorgte die CIA mit Berichten über eine starke (wenngleich frei erfundene) Widerstandsbewegung, die im Kampf gegen die Russen und ihre örtlichen Verbündeten stünde. Manchmal waren diese Berichte so phantastisch (sie sprachen von regelrechten Gefechten und der Eroberung einzelner Ortschaften), daß sie sich zwangsläufig in eigenen Widersprüchen verhedderten oder selbst vom gutgläubigen Zuhörer ins Reich der Fabel verwiesen wurden.

In den ersten Jahren des kalten Krieges ließ sich die CIA immer wieder durch falsche Berichte täuschen, aber allmählich lernten die Beamten, übertriebene Behauptungen mit der gebotenen Skepsis zu prüfen. Walter Jessel von der osteuropäischen Abteilung des OPC hat die Methoden einiger solcher Nachrichtenfälscher aus dieser Zeit geprüft und sie niedergeschrieben. Danach gelang es der CIA, die gröbsten und naivsten Fehler zu vermeiden. Aber je leistungsfähiger die CIA wurde, desto mehr verfeinerten auch die Fälscher und die sowjetischen Sicherheitsfachleute ihre Methoden, und das ständige Verlangen der Militärs nach neuen Informationen und dem Aufbau von Widerstandsbewegungen führte immer wieder dazu, daß die CIA sich exponierte und in prekäre Situationen geriet.

Ein Teil des Problems lag darin, daß es eine gewisse Zeit dauerte, bis die Abteilung für Spionageabwehr bei der CIA die umfangreichen Akten zusammengestellt und registriert hatte, die Grundlage jeder nachrichtendienstlichen Tätigkeit sind. Sie wurden im Gebäude I, das im Zweiten Weltkrieg als Übergangslösung neben dem Spiegelteich in Washington errichtet worden war, aufbewahrt. Hier bearbeitete ein ganzer Stab von Angestellten den gesamten Schriftverkehr der CIA mit den Außenposten der Behörde und den befreundeten ausländischen Nachrichtendiensten. Aber die Papierflut war so gewaltig, daß die Karteikästen nicht mehr ausreichten. Ein Beamter des OPC brauchte unter Umständen einen ganzen Vormittag, um den Namen eines potentiellen Agenten und die diesen Fall betreffenden Unterlagen zu finden. Anfang der 50er Jahre waren diese Karteien, wie Lyman Kirkpatrick berichtet, völlig durcheinander geraten. Die Aktenstücke verschwanden buchstäblich in einem Meer von

Papier. Walter Jessel, Verfasser der OPC-Studie über falsche Agentenberichte, richtete ein Computersystem ein, um Ordnung in das Chaos zu bringen. Anfang der 60er Jahre ging er zu IBM, und diese Firma erhielt nun den ersten einer ganzen Reihe von Verträgen, nach denen die CIA mit einem ausgeklügelten Karteiensystem ausgestattet wurde, das die Bezeichnung »Walnut« trug. Jetzt war es möglich, in wenigen Sekunden die Namen aller Abiturienten zu erfahren, die 1934 an einem Swerdlowsker Gymnasium ihr Examen bestanden hatten.

Aber als die CIA erste Kontakte mit der WIN aufnahm, war an so etwas noch nicht zu denken. Wenn ein Agent behauptete, er habe irgendeinem Truppenteil der polnischen Armee angehört oder lebe in der oder jener Warschauer Vorstadt, dann war es kaum möglich, die Richtigkeit seiner Angaben zu überprüfen. Im Falle der WIN entschloß sich das OPC, gegen den Rat des OSO und der Spionageabwehrexperten unter Jessel (von der Abteilung für Osteuropa), zum »Blindflug«. Die WIN in Polen stellte ständig höhere Forderungen, und die CIA unternahm alles, diesen gerecht zu werden, weigerte sich allerdings, einen amerikanischen General mit dem Fallschirm abzusetzen, der, wie die WIN behauptete, wesentlich dazu beitragen könnte, den Widerstandswillen in der polnischen Untergrundbewegung zu stärken. Das war auch gut so, denn Ende Dezember 1952 wurde die CIA durch eine polnische Rundfunksendung aufgeschreckt, die genau über die Arbeit des OPC berichtete. Sehr bald stellte sich dann heraus, daß das ganze Unternehmen nichts anderes gewesen war als eine sowjetische Provokation. Zwar gab es eine WIN in Polen, sie stand aber vollständig unter der Kontrolle des sowjetischen und des polnischen Sicherheitsdienstes und erfüllte einen doppelten Zweck. Die Organisation sollte wirkliche polnische Rebellen aus ihren Verstecken locken, um ein Exempel an ihnen zu statuieren und alle Polen endgültig davon zu überzeugen, daß jeder Widerstand sinnlos sei. Aber man wollte eben auch der CIA eine Lektion erteilen. Der sowjetische Plan gelang. Er gelang sogar so gut, daß die ganze Operation mit amerikanischem Gold finanziert worden war; wahrscheinlich blieb für die Sowjets noch eine hübsche Summe übrig. Das war eine schmerzliche Erfahrung, aus der die CIA manches lernen konnte. Das Ganze glich einem mit sechs zu null Punkten verlorenen Schachturnier. Mit dem Auffliegen der WIN endete praktisch auch das Unternehmen des CIA und des amerikanischen Militärs, Widerstandsbewegungen im Osten aufzubauen.

Man war dabei in der Tat nie sehr weit gekommen, und zwar nicht etwa, weil es den Emigranten an gutem Willen gefehlt hätte – die Machtübernahme durch die Russen war für sie eine Katastrophe –, sondern weil die Amerikaner letzten Endes nicht bereit waren, für die Befreiung Osteuropas einen Krieg zu führen. Auch wollten sie die Emigranten nicht ermutigen, sich auf ein zwanzig Jahre dauerndes Ringen einzulassen, wie es die Nordvietnamesen gegen die Franzosen und dann gegen die Amerikaner auf sich nahmen. Die Vereinigten Staaten haben – von dem eben geschilderten Abenteuer abgesehen – nie versucht, sich der Herrschaft der Sowjetunion in Osteuropa zu widersetzen. Sie wollten nur eine gewisse Bedrohung von innen herbeiführen, die im Kriegsfall ausgenutzt werden könnte. Die Motive für dieses Programm waren – kurz gesagt – nicht stark genug, um die gleich zu Beginn erlittenen Niederlagen zu überleben. Der Guerillakrieg in den baltischen Staaten, wo der britische Sicherheitsdienst an der Ostseeküste Agenten mit Schnellbooten absetzte, war bestenfalls ein sporadisches Unternehmen.[8] Die Russen unterwanderten die Guerillaorganisationen, beherrschten eine fingierte baltische Untergrundbewegung vergleichbar der WIN, rollten die Agentennetze auf und vernichteten ein paar bewaffnete Banden, die versucht hatten, einen Partisanenkrieg zu führen. Der Untergrundkrieg in der Ukraine dauerte – mit Unterbrechungen – bis Ende 1952, als die Russen mit starken militärischen Verbänden die letzten ukrainischen Partisanen aufrieben. Während dieses von 1945 bis 1952 dauernden Kampfes mußten sich die Partisanen im Winter in Höhlen verstecken, aus denen sie sich nicht herauswagten, um keine Spuren im Schnee zu hinterlassen. Dort wurden ihre letzten Kampfgruppen gestellt und vernichtet. Bis zum Schluß funkten zwei von der CIA ausgebildete ukrainische Funker ihre Berichte. Als die Sendungen verstummten, war der zaghafte Versuch der CIA, nach Osten vorzustoßen, endgültig gescheitert. Man führte noch einige Jahre Listen mit Emigranten, die bereit waren, im Kriegsfall auf amerikanischer Seite zu kämpfen, aber dann wurde auch dieses Vorhaben aufgegeben.

Das einzige kommunistische Land, in das die CIA jetzt noch

bewaffnete Agenten schickte, war China, wo mindestens bis 1960 mehrere, jeweils aus vier Mann bestehende Agententrupps aus der Luft abgesetzt wurden. Es handelte sich um ein recht umfangreiches Vorhaben, in dessen Rahmen alljährlich etwa sechs solche Trupps nach China geflogen wurden, und es begann mit dem Eintritt der Chinesen in den Koreakrieg. Aber auch hier hatte die CIA nicht mehr Erfolg als bei ähnlichen Unternehmungen in der Sowjetunion und Osteuropa. Ein für das China-Programm typisches Team sprang 1960 in der Provinz Tsinghai ab, um festzustellen, ob Meldungen über eine örtliche Widerstandsbewegung der Wahrheit entsprächen. Ein chinesischer Dolmetscher der CIA, der die Funkmeldungen dieses Teams abhörte, berichtet, es habe das gleiche Schicksal erlitten wie fast alle solche Agententrupps. Das Team war in Taiwan ausgebildet worden, flog von dort nach Thailand und weiter nach China, wo es mit zwei Tonnen Hilfsmaterial abgesetzt wurde. Einer der Männer brach sich bei der Landung mit dem Fallschirm ein Bein. Zwei Wochen funkte die Gruppe ihre Meldungen. Dann hörte man nichts mehr. Die mit diesem Fall beschäftigten CIA-Beamten machten sich keine Illusionen über die Bedeutung dieses Schweigens. Im günstigsten Fall hatten die Leute ihr Vorhaben aufgegeben und versucht, in der Bevölkerung unterzutauchen. Die Vermutung lag jedoch näher, daß man die Agenten aufgespürt und erschossen hatte.

Das ehrgeizigste Unternehmen dieser Art wurde 1949 gegen Albanien durchgeführt, als das britische SIS die Verbindung zu einer Widerstandsgruppe in den Bergen aufnahm. Da Albanien zwischen Griechenland und dem abtrünnigen Jugoslawien isoliert war, glaubten die Briten und später die amerikanische CIA, es wäre möglich, eine starke Widerstandsbewegung aufzubauen, die die kommunistische Regierung von Enver Hodja stürzen werde. Wie üblich fehlte es den Briten an Geld, und deshalb forderten sie die Amerikaner auf, sich an dem Unternehmen zu beteiligen. Man richtete auf der britischen Insel Malta eine Basis ein, und Frank Lindsay, der Chef der osteuropäischen Abteilung des OPC, stellte einen umfassenden Plan auf. Daran beteiligten sich auch sein Stellvertreter John Bross, ein ehemaliger Angehöriger des OSS mit Namen Mike Burke[9], der im Kriege mit den Partisanen an der adriatischen Küste zusammengearbeitet hatte, und eine Gruppe von Obersten der amerikanischen Armee, die jetzt dem paramilitärischen Stab des OPC angehörten. Der Plan sah vor, albanische Emigranten auszubilden, ein Agentennetz innerhalb des Landes in Zusammenarbeit mit der dort schon bestehenden Widerstandsgruppe einzurichten und schließlich einen offenen Krieg zu beginnen.

Von Anfang an gab es erhebliche Zweifel an der Durchführbarkeit dieses Plans. Bei einer ersten Besprechung, an der Angehörige des Stabes des Weißen Hauses, des amerikanischen Außenministeriums und des Pentagon teilnahmen (sie sollten das Unternehmen leiten), kam es zu einer Meinungsverschiedenheit zwischen General John Magruder und Robert Joyce vom Außenministerium. Magruder sagte, Albanien sei unwichtig, und der Versuch, Hodja durch eine militärische Aktion zu stürzen, werde sowohl Jugoslawien als auch Griechenland verärgern. Aber Joyce behauptete, wenn ein Satellitenstaat der Sowjetunion dem Kommunismus abschwören würde, hätte das einen Propagandaeffekt, der das Risiko rechtfertigte. Im übrigen enthalte eine kürzlich zwischen Moskau und Tirana getroffene Vereinbarung die Zusage russischer Hilfe für Albanien als Gegenleistung für das Recht, in Valona eine sowjetische Marinebasis einzurichten. Wollten denn die Militärs zulassen, daß die Russen eine Marinebasis mit direktem Zugang zum Mittelmeer unterhielten? Schließlich entschied man sich vor allem wegen der Bedrohung durch sowjetische U-Boote, die Verwirklichung des Plans in Angriff zu nehmen.

Später, nachdem albanische Emigranten sofort nach Betreten albanischen Bodens erschossen oder festgenommen worden waren, behauptete man seitens der CIA, das Unternehmen sei fehlgeschlagen, weil der russische Agent Kim Philby, damals der Verbindungsmann des britischen SIS bei der CIA in Washington, die Sache verraten habe. Ohne Zweifel hat Philby die gegen Albanien gerichtete Operation seinem russischen Führungsoffizier gemeldet, wie er das auch in anderen Fällen getan hat, aber die eigentliche Ursache für das Fehlschlagen des Plans lag anderswo. Nach Aussagen mehrerer Angehöriger der CIA, die an der Ausführung beteiligt waren, wurden die albanischen Emigranten zu eilig und ohne die notwendige Rücksicht auf Sicherheitsfragen ausgebildet, was zur Folge hatte, daß das Unternehmen sehr bald in Emigrantenkreisen bekannt wurde. Auf diesem Wege erfuhren dann auch russische Agenten davon. So konnten die Russen einen Agenten in die albanische Widerstandsgruppe einschleusen, der die allgemeiner gehaltenen Berichte Philbys bestätigte und außerdem mitteilte, wann und wo die Agenten abgesetzt werden sollten. Eine der Hauptursachen für den Mißerfolg war jedoch, daß die Operation viel zu groß angelegt wurde.

Ende 1952 wurde Frank Lindsay von Allen Dulles (nach dem Rücktritt von William Jackson im August 1951 stellvertretender Direktor der Central Intelligence) gebeten, für das Außenministerium und den Nationalen Sicherheitsrat ein Programm für den Aufbau des Widerstandes zu entwerfen. Lindsay wußte damals noch nicht, daß die Sowjets die polnische Widerstandsorganisation WIN beherrschten. Er hatte jedoch erlebt, wie Agentennetze in ganz Osteuropa aufgerollt wurden, und er persönlich hatte das Unternehmen in Albanien geleitet, das mit einem solchen Fiasko endete. Lindsay teilte also jetzt nicht mehr den begeisterten, ja übertriebenen Optimismus von Dulles. Nach seiner Ansicht konnte man vielleicht im Kriege Widerstandsgruppen aufbauen, aber im Frieden schien es für die Russen ein Leichtes zu sein, sie zu unterwandern. Sie hatten jahrzehntelange Erfahrungen im Untergrundkampf, und die Neigung zur Geheimbündelei war offenbar tief in ihrer Mentalität verwurzelt. Sie konnten sich gegen solche Bedrohungen viel erfolgreicher wehren als die Deutschen. Es gab aber auch noch einen weiteren Grund, weshalb Lindsay die neue Regierung vor weiteren ähnlichen Versuchen warnen wollte. Er hatte etwas mit dem Wesen des Widerstandes zu tun, mit einem Umstand, den die Militärs augenscheinlich nicht begriffen und mit dem sie nicht rechneten. 1944 hatte Lindsay neun Monate bei Titos Partisanen zugebracht und aus eigener Anschauung erlebt, was zu einem Partisanenkampf gehört: erschreckende blutige Verluste, Entbehrungen und Strapazen, die das ganze gesellschaftliche Leben zerstören, die Vernichtung aller materiellen und immateriellen Werte, die Ermordung von Geiseln und Hunger. Kein Volk, das so etwas durchgemacht hatte, würde bereit sein, sich dem zum zweiten Mal auszusetzen, ohne daß eine Generation dazwischen diese Leiden in Vergessenheit geraten ließ. Es wäre also falsch, einen solchen Heroismus zu verlangen. Lindsay glaubte außerdem nicht, daß die Militärs genügend berücksichtigten, wie stark sich die politischen Organisationen inzwischen etabliert hatten: Die Zeiten, seit Widerstandsbewegungen wie die Titos ihre Erfolge errungen hatten, waren eben längst vorbei.

Nachdem Lindsay seinen Entwurf verfaßt hatte, versuchte er einen ganzen Samstag lang, Allen Dulles von der Richtigkeit seiner Theorie zu überzeugen. Aber Dulles wollte ihm nicht glauben. Er wußte natürlich, daß sein Bruder John Foster Dulles bei Eisenhower Außenminister werden sollte und daß der hinter Eisenhowers Wahlversprechen stand, die amerikanische Regierung werde den Kommunismus in Osteuropa zum Rückzug zwingen. Dulles hatte auch für die Obersten beim paramilitärischen Stab ein offenes Ohr, die das Programm vorantreiben wollten. Aber der tiefere Grund dafür, daß sich Dulles vom Pessimismus Lindsays nicht überzeugen ließ, lag darin, daß ihn geheime Unternehmungen persönlich zu sehr faszinierten.

Doch schließlich gab Dulles seinen Widerstand auf. Nachdem er 1953 während Eisenhowers Amtszeit den Direktionsposten der Central Intelligence von Walter Smith übernommen hatte,[10] begann Dulles das Programm zur Unterstützung der Widerstandsbewegung abzubauen. Harry Rositzke, in München Leiter der gegen die Sowjetunion gerichteten Unternehmungen, versuchte Dulles bei seiner Rückkehr nach Washington davon zu überzeugen, daß es sinnlos sei, weiterhin Agenten in Rußland abzusetzen. Dulles reagierte mit der Bemerkung: »Wenigstens sammeln wir Erfahrungen, die wir im nächsten Krieg gebrauchen können.«[11]

Ihr eigentliches Ende fand die abenteuerliche Untergrundarbeit der Amerikaner aber erst im Juni 1953, als die Bevölkerung von Ost-Berlin nach Stalins Tod plötzlich auf die Straße ging und die Russen die Erhebung mit Panzern niederwalzten. In der ersten Nacht nach dem Ausbruch der Rebellion schickte der Chef des Berliner CIA-Büros, Henry Heckscher, ein Telegramm nach Washington und bat darin um Erlaubnis, die Aufständischen in Ost-Berlin mit Gewehren und Maschinenpistolen auszurüsten. Heckscher wurde 1910 in Deutschland geboren, war aber schon vor dem Kriege in die Vereinigten Staaten ausgewandert. Er anglisierte seinen Vornamen Heinrich, trat in das OSS ein und blieb bis Kriegsende bei SSU und OSO. Inzwischen war er ein richtiger Amerikaner geworden. So übersetzte er das Wort »Kaiser« immer ins Englische und sprach vom *Emperor* Wilhelm, unter dem sein Vater noch gedient habe. Aber Heckscher hatte sich seine freundschaftlichen Gefühle für die Deutschen bewahrt, haßte die Russen und hoffte, die Revolte in Berlin werde die Sowjets zum Rückzug zwingen.

Damals war John Bross Chef der osteuropäischen Abteilung, und er legte Frank Wisner Heckschers Telegramm vor. Beide versuchten vergeblich, Allen Dulles zu erreichen und schickten dann auf eigene Verantwortung eine Antwort an Heckscher. Sie teilten ihm mit, er dürfe den Aufständischen zwar sein Verständnis zusichern und ihnen Asyl gewähren, ihnen aber keine Waffen liefern.

Als Dulles am folgenden Tag davon erfuhr, war er zwar nicht gerade erzürnt, denn es war kaum zu verantworten, Menschen mit Gewehren zu bewaffnen, um den Kampf gegen dreiundzwanzig russische Infanterie- und Panzerdivisionen aufzunehmen – aber ein wenig betrübt war er doch. In der DDR war genau jene Situation eingetreten, die die CIA immer erhofft und sogar herbeizuführen versucht hatte.

Dulles hat die Hoffnung niemals ganz aufgegeben, daß sich Mittel und Wege finden würden, innerhalb des Sowjetblocks zu operieren. Im selben Herbst nahmen er und sein Bruder an einer Besprechung im Weißen Haus teil, bei der mögliche Maßnahmen gegen die Russen erörtert wurden, für den Fall, daß es noch einmal zu ähnlichen Ereignissen käme wie der Revolte in Ost-Berlin. Allen Dulles sollte zu diesem Problem eine Studie anfertigen und eine Liste möglicher Vergeltungsmaßnahmen aufstellen lassen, beispielsweise Wirtschaftssanktionen, Blockade des Schwarzen Meeres, Schüren politischer Unruhen auf sowjetischem Gebiet und ähnliches.

Richard Bissell wurde mit der Durchführung dieser Aufgabe betraut, versammelte einen kleinen Mitarbeiterstab um sich und kam sehr bald zu dem Schluß, daß es für eine Untergrundarbeit in Osteuropa keine sehr günstigen Voraussetzungen gäbe: ». . . ich habe damals das Gefühl gehabt, daß sich nur wenig unternehmen ließe«, sagte er später. Zwar begeisterten sich viele Amerikaner – unter anderem auch Nelson Rockefeller – für die Methoden der psychologischen Kriegführung, aber nach Bissells Auffassung war es falsch, zuviel davon zu erwarten. Zwar räumte er den Ideen der »moralischen Aufrüstung« eine gewisse Wirkung ein, doch glaubte er nicht, daß man mit starker ideologischer Beeinflussung allein zum Kampf gegen russische Divisionen motivieren könne.

Aber während der Arbeit an seiner Studie mit ein paar Gehilfen vom OPC stieß Bissell auf ein interessantes Dokument; eine mit Karten versehene Projektstudie für das Unternehmen, das der paramilitärische Stab des OPC gegen Albanien hatte durchführen wollen. Bissell war vom Inhalt der Studie beeindruckt. Er brachte solchen Plänen ähnlich naive Neugierde entgegen wie Schuljungen dem Innenleben eines Weckers, und dieser Plan war komplexer und besser ausgearbeitet als die meisten anderen. Hier ging es nicht nur um das Absetzen von Agenten oder den Guerillakrieg in den Bergen, sondern die Operation sollte stetig eskalieren und ihren Höhepunkt mit einer Invasion Albaniens unter Beteiligung von Kriegsschiffen, Luftstreitkräften, Fallschirmtruppen und Tausenden von Soldaten erreichen. Bissell verwies den Plan ins Reich des Phantastischen; Albanien lag am Rand der sowjetischen Interessensphäre. Wie hatten diese Obersten vom OPC sich vorstellen können, mit einer Provokation solchen Ausmaßes Erfolg zu haben? Doch zugleich war Bissell auch vom Ausmaß und der Kühnheit des geplanten Unternehmens beeindruckt. Die Besetzung Albaniens, so meinte er fünfundzwanzig Jahre später – und man spürte immer noch seine Bewunderung für diese Idee –, hätte den Einsatz von Kräften verlangt, die den Aufwand seiner Operationen in der Schweinebucht um ein Vielfaches übertroffen hätten.

Aus Bissells Studie war etwa die gleiche Haltung herauszulesen wie aus dem für Dulles angefertigten Bericht Lindsays. Die Schlußfolgerungen beider Männer erwiesen sich 1956 nach der Revolte in Ungarn und im November 1958, als Chruschtschow dem Westen sechs Monate Zeit ließ, sich mit einer »Berlin-Resolution« einverstanden zu erklären, als zutreffend. Dulles forderte das CIA-Büro Frankfurt auf, Pläne für Vergeltungsmaßnahmen in Osteuropa zu entwickeln, um damit die Sowjets in ernste Schwierigkeiten zu bringen. Aber er erhielt eine sehr kühle Antwort. Die CIA besaß in diesem Gebiet keine festen Stützpunkte, die russischen Sicherheitsdienste beherrschten die Lage vollständig, und es bestünde keine Möglichkeit für die CIA, den sowjetischen Sicherheitsdienst auf eigenem Territorium herauszufordern. Das Schlachtfeld des Kalten Krieges mußte nach einer realistischen Lagebeurteilung notwendigerweise woanders liegen.

Daß das OPC bei seinem Vorstoß nach Osten scheiterte, konnte Helms nicht überraschen: Der mißlungene Versuch, mittels über Berlin und Wien eingeschleuster Agenten den sowjetischen Operationen im Westen zu begegnen, zeigte nur allzu deutlich, wie leistungsfähig die Abwehr der Russen war. Die entwurzelten Insassen in den Lagern für verschleppte Personen in Westeuropa stellten ein reiches Reservoir für potentielle CIA-Agenten dar, aber die Russen konnten auf demselben Wege auch ihre Agenten nach Westen schicken. Die beiden ukrainischen nationalistischen Organisationen in München – OUN und OUN-B (»B« bedeutet »Bandura«; das war der Führer dieser Organisation, Stefan Bandura, der 1957 von den Russen ermordet wurde) – und die weißrussische Emigrantenorganisation NTS (Narodny Trudowoj Sojus) in Frankfurt waren das Ziel häufiger Unterwanderungsversuche, und es kam hier gelegentlich auch zu Gewaltanwendung. Das gleiche galt für andere, kleinere Emigrantenorganisationen, die aus Angehörigen der nationalen Minderheiten in der Sowjetunion bestanden – aus Usbeken, Turkmenen, Georgiern, Tadschiks usw. Es war schon schwer genug, den Russen im Westen entgegenzutreten. Unter den armenischen Emigranten, und das waren insgesamt 1,5 Millionen Menschen, etwa die Einwohnerzahl des sowjetischen Armenien, gab es zwei einander bekämpfende Organisationen, die pro-kommunistischen, vom KGB beherrschten Hanzojeks (»die Bande« oder »der Knoten«), und die anti-kommunistischen Daschnaks (»die Verbündeten«), die mit der CIA zusammenarbeiteten. Wenn nun die westlichen Sicherheitsdienste mit einer von den Sowjets im Westen geleiteten armenischen Operation alle Hände voll zu tun hatten, wie konnten sie dann hoffen, diesen Sicherheitsdienst im Osten zu besiegen? Deshalb überraschte es Helms nicht, als sich herausstellte, daß die Organisation WIN, die Untergrundorganisationen in den baltischen Staaten und andere angebliche Dissidentengruppen das Werk sowjetischer Experten für Gegenspionage waren.

Aber Helms' Kritik am OPC ging noch weiter. Er war davon überzeugt, daß die manchmal haarsträubenden Operationen des OPC die viel wichtigere und auf lange Zeit angelegte Arbeit des OSO zunichte machte und seine Agenten der Gefahr aussetzten, enttarnt zu werden. Das gegenseitige Mißtrauen und die Rivalität zwischen OSO und OPC waren wohl unvermeidlich. Spionage einerseits und Interventionen mit Hilfe von Untergrundbewegungen andererseits sind zwei sehr unterschiedliche Aufgabenbereiche. Sie lassen sich weder in der Theorie noch in der Praxis in Einklang bringen. Aber die Gegensätze zwischen OSO und OPC hatten auch sehr konkrete Gründe: Beide Organisationen kämpften an höchster Stelle in Washington um Geldmittel, noch wichtiger jedoch war, daß sie sich auch in der Praxis das Wasser abzugraben suchten. Am Ende des ersten Jahres seiner OPC-Leitung hatte Wisner dreihundert Mitarbeiter und verfügte über sieben Außenposten in Übersee. Drei Jahre später war sein Amt auf eine Stärke von 2812 ganzzeitig beschäftigten Mitarbeitern mit 47 Außenstellen in Übersee angeschwollen. Zur selben Zeit stieg sein Budget von 4,7 auf 82 Millionen Dollars im Jahr.[12] In gewisser Weise hatte die gewaltige Ausweitung von Wisners Herrschaftsbereich auf Kosten des OSS stattgefunden. Außenseiter waren eingestellt und in hohe Gehaltsklassen eingestuft worden, verantwortungsvolle Posten wurden unerfahrenen Neulingen anvertraut, und das OSO mußte auf Agenten verzichten, von denen man erwartete, daß sie das OPC beim Aufbau eigener Agentennetze unterstützen würden. Aber der Kern des Konflikts lag in dem Unterschied des Temperaments und der Erfahrung, aus dem sich manchmal Meinungsverschiedenheiten über die Technik des Einsatzes von Agenten und ähnliches ergaben. Die meisten Angehörigen des OPC hatten während des Zweiten Weltkrieges dem OSS angehört. Das OSS wies eine geradezu notorische Personalfluktuation auf. Auf Anordnung Trumans hatten allerdings zahlreiche »Linke« 1946 das OSS nach einer im ganzen Regierungsapparat durchgeführten Loyalitätsüberprüfung verlassen müssen, und nun hatte das OPC allen alten Freunden und Kollegen, die behaupteten, gegen den Kommunismus kämpfen zu wollen, die Tore wieder weit geöffnet. Das OSO mißtraute daher nicht nur der fachlichen Eignung der OPC-Angehörigen, sondern ging gelegentlich sogar so weit zu fragen, für wen diese Leute in Wirklichkeit arbeiteten.

Allen Dulles hatte 1948 gegen den Plan des Nationalen Sicherheitsrats, ein eigenständiges OPC aufzustellen, protestiert: »Das würde zu einer Zweigleisigkeit führen, zu Überschneidungen beim Einsatz von Geheimagenten und ernsten Risiken für die bei den Operationen beider Organisationen verwendeten Agenten.«[13] Diese Voraussage erwies sich als richtig. Der Konkurrenzkampf hatte zur Folge, daß die Agenten mit Telegrammen aus Washington überschüttet wurden. Bei mehr als einer Gelegenheit hat das OPC Agenten des OSO »gestohlen«, indem es ihnen mehr Geld anbot oder versprach, den einzelnen Agenten mehr Vollmachten und Einfluß einzuräumen. Das OSO beschwerte sich darüber, daß seine Agenten durch die plumpen Abwerbungsversuche des OPC kompromittiert würden; dagegen behauptete das OPC, das OSO weigere sich zu sagen, wer für die Organisation arbeite, verschwiege seine Unternehmungen oder denunziere vor potentiellen Mitarbeitern das OPC als unfähig. Das OSO wiederum warf dem OPC mangelnde Kenntnis in Sicherheitsfragen vor, außerdem ließe sich das OPC in naiver Weise von den Sowjets übertölpeln und gefährde bestehende Agentennetze, weil es zu rasch Erfolge erzwingen wolle.

Diese erbitterte Rivalität hatte zum Teil persönliche, zum Teil aber auch berufliche Gründe und ließ sich nicht beilegen, mochten auch die Direktoren der Central Intelligence noch so oft die Leiter beider Organisationen zur friedlichen Zusammenarbeit auffordern. Die einzige Lösung wäre es gewesen, beide Abteilungen zu vereinigen. Der erste Schritt in diese Richtung bestand darin, das OPC direkt dem Direktionsbüro der CIA zu unterstellen. Aber auch so wurde das Problem nicht gelöst. Im Januar 1951 nahm der damalige CIA-Direktor »Beedle« Smith Allen Dulles als stellvertretenden Direktor für Planungen (Deputy Director for Plans = DDP) in die CIA auf und hoffte, der könne beide Organisationen miteinander versöhnen.[14] Aber auch das brachte keinen Erfolg, und so faßte Smith jetzt eine Zusammenlegung von OSO und OPC ernsthaft ins Auge.

Besonders zwei Männer beim OSO, Lyman Kirkpatrick und Richard Helms, fürchteten, das OSO werde bei jeder Zusammenlegung mit einer anderen Organisation aufhören zu bestehen, und sie drängten Smith eine Alternative auf – eine Art Absorption des OPC, das praktisch dem älteren OSO das Mandat für alle geheimen Aktionen überlassen sollte. Dieser Plan scheiterte am entschiedenen Widerspruch Frank Wisners, der in Allen Dulles einen Verbündeten hatte und sowohl zum Außen- als auch zum Verteidigungsministerium ausgezeichnete Beziehungen unterhielt.

Kirkpatrick hatte damals hervorragende Aussichten, innerhalb der CIA Karriere zu machen. Der gutaussehende, hochgewachsene, wortgewandte und sicher auftretende Kirkpatrick gehörte schon lange dem OSS an. Er hatte seinen Dienst in dieser Behörde ein Jahr früher angetreten als Helms und stand auf vertrautem Fuß mit »Beedle« Smith, dessen persönlicher Assistent er eine Zeitlang gewesen war. Außerdem war er ehrgeizig. Im Sommer 1951, Kirkpatrick war inzwischen der zweite Mann im OSO, berief Smith eine Besprechung aller Abteilungschefs des OSO und des OPC ein und erklärte, daß die beiden Organisationen zusammengelegt werden sollten. Das konnte natürlich zu einem sehr delikaten administrativen Problem werden, denn eine echte Zusammenlegung bedeutete, daß die Hälfte der Exekutivbeamten in beiden Gruppen in eine niedrigere Rangstufe zurückversetzt würden. Doch Smith erklärte, er wolle die Angelegenheit zur Zufriedenheit aller regeln und die Abteilungschefs innerhalb der Gesamtorganisation gleichmäßig aus OSO und OPC auswählen. Im November desselben Jahres löste Kirkpatrick General Wyman als stellvertretenden Direktor für besondere Operationen (ADSO) ab und war so an einen der beiden höchsten Posten innerhalb des umgegliederten Direktoriums für Planungen[15] aufgerückt. Kirkpatrick ernannte Helms zum zweiten stellvertretenden Direktor für Sonderoperationen und setzte ihn damit auf den Posten, den er selbst einst innegehabt hatte.

Auf Außenstehende mochte dies wie eine freundliche Geste Kirkpatricks wirken. Doch im OSO und im OPC sah man Helms und Kirkpatrick als Rivalen an, und Helms' »Beförderung« wurde von seinen Kollegen eher als geschickter Trick bewertet, um seinen weiteren Aufstieg wirksam zu blockieren.

Im Frühjahr 1952 waren die Vorbereitungen für die Zusammenlegung beider Organisationen fast beendet. Smith gab bekannt, daß Frank Wisner neuer stellvertretender Direktor für Planungen (DDP) werden und Kirkpatrick das Amt des Operationschefs (Chief of Operations = COPS) übernehmen solle. Damit war er an die zweithöchste Stelle aufgerückt. Helms war für eine rangniedrigere Position im Amt des DDP vorgesehen, und fast sah es so aus, als sei sein beruflicher Aufstieg in der CIA ein für allemal beendet. Aber es kam anders. Auf einer Dienstreise nach Bangkok hatte sich Kirkpatrick infiziert, vermutlich mit spinaler Kinderlähmung. Jedenfalls kam er im Juli 1952 in bedenklichem Zustand ins Krankenhaus. So wurde Helms in dem neugeschaffenen Planungsdirektorium während Kirkpatricks Abwesenheit zum amtierenden Operationschef unter Wisner ernannt.

Kirkpatrick war lange Zeit arbeitsunfähig. Die Lähmung schritt fort, und die Ärzte bezweifelten, ob er je wieder werde sitzen können. Es war eine schwere Leidenszeit für ihn, und als ein Freund ihn später einmal fragte, weshalb er das Rauchen nicht aufgäbe, lachte Kirkpatrick und sagte: »Nach allem, was ich erlebt habe, kann mich keine medizinische Prognose mehr schrecken.« Er war ein guter Fußballspieler gewesen, ein kräftiger, muskulöser, selbstsicherer Mann, aber als er dann schließlich im März 1953 zur CIA zurückkehrte, war Kirkpatrick an den Rollstuhl gefesselt, abgemagert und schwach. Wenn er jemandem die Hand geben wollte, mußte er den fast völlig gelähmten rechten Arm mit der linken Hand aufheben.

Sein Ehrgeiz jedoch war ungebrochen, ja hatte vielleicht sogar noch zugenommen, und während der folgenden zwölf Jahre arbeitete er an einflußreicher Stelle in der CIA. Aber Helms hatte ihn inzwischen überrundet. Nach Kirkpatricks Meinung war es schon schlimm genug, daß Helms während seines Krankenhausaufenthalts im Planungsdirektorium an die zweite Stelle gerückt war, aber er nahm es besonders übel, daß man ihn nicht wenigstens davon unterrichtet hatte. Erst nach seiner Genesung erfuhr er, daß Helms auf dem Weg nach oben seinen Posten übernommen hatte. Er machte Frank Wisner dafür verantwortlich und hat ihm das nie verziehen.

4. Kapitel

An einem Herbsttag des Jahres 1977 aß Richard Helms mit dem Herausgeber der *Washington Post,* Ben Bradlee, zu Mittag. Helms' Anwalt, Edward Bennett Williams, versuchte das Justizministerium zur Einstellung des Meineidverfahrens zu bewegen, das Helms seit Dezember 1974 drohte. Die Staatsanwaltschaft hatte erklärt, sie sei bereit, in das Verfahren einzutreten, sagte Williams jedoch im Gegensatz zu allen Gepflogenheiten, man könne vielleicht zu irgendeiner Vereinbarung kommen.

Solche Verhandlungen über die mögliche Einstellung eines Gerichtsverfahrens werden nur selten von der Staatsanwaltschaft eingeleitet, und der vom Justizministerium so unauffällig gemachte Vorschlag überzeugte Williams, daß die Anklage in diesem Fall auf schwachen Füßen stand. Wenn Helms durchhielt, könnte der Justizminister Griffin Bell vielleicht auf Betreiben von Helms' zahlreichen Freunden nachgeben und das Verfahren einstellen. Williams sagte den Staatsanwälten, Helms halte sich für unschuldig und werde deshalb eine Klärung vor Gericht begrüßen, denn sie werde ihm endlich die Gelegenheit geben, sich zu rechtfertigen und die Tatsachen . . . *alle Tatsachen* . . . für sich sprechen zu lassen. Helms hatte seine Haltung oft und gründlich mit Freunden erörtert und auch geäußert, er sei des vorsichtigen Taktierens müde; er werde sich lieber vor Gericht stellen lassen als die Angelegenheit noch länger hinauszuzögern, und wenn das Justizministerium entschlossen sei, ihn in die Enge zu treiben, dann werde *er sich verteidigen.*

Das war eine vernünftige Strategie. Es war ein offenes Geheimnis, daß Helms' Aussage zu dem Putsch in Chile im Jahr 1973 nur Teil einer politischen Gesamtstrategie gewesen war, mit der offiziell alles, was Chile betraf, totgeschwiegen wurde. Damals hatte nur ein Ohr der Katze aus dem Sack herausgeschaut; die ganze amerikanische Regierung hatte sich verschworen, diese Katze wieder völlig im Sack verschwinden zu lassen. Natürlich verwendeten diese Leute nicht den Ausdruck »verschwören« für das, was sie taten. Aber das Justizministerium hätte ihn verwendet, wenn es entschlossen gewesen wäre, jeden zu verfolgen, der Helms' angeblichen Meineid unterstützt hatte. Griffin Bell geriet bei dem bloßen Gedanken daran, wieviele hochgestellte Persönlichkeiten in die Affäre verwickelt waren, in Panik. Diese Männer wollte er auf keinen Fall unter Anklage stellen. Deshalb hörte er nur zu gern, daß Edward Bennett Williams sagte, Dick Helms sei kein Lügner, sondern ein treuer Diener seines Landes, der seinen Präsidenten auch noch unterstützte, nachdem dieser so sang- und klanglos aus seinem Amt entfernt worden war. Williams behauptete weiter, wenn die höchsten damaligen Regierungsbeamten eine Gelegenheit erhielten, über ihre Rolle vor Gericht ohne Einschränkungen auszusagen, werde endlich die ganze Wahrheit ans Licht kommen. Williams wiederholte genau das, was Helms im Privatgespräch auch seinen Freunden sagte: Helms war erschöpft, er war verbittert und erbost, seine Geduld war zu Ende, und er war bereit, sich vor Gericht stellen zu lassen.

Aber was immer er auch seinen Freunden gesagt haben mochte, höchstwahrscheinlich hat Helms in Wirklichkeit kein besonderes Interesse an der Eröffnung des Verfahrens gehabt. Er kannte derartige Verfahren und machte sich keine Illusionen darüber, daß bei einer öffentlichen Diskussion über Chile etwas anderes herauskommen könne als ein peinlicher Aderlaß auf höchster Ebene. Die Loyalität einiger seiner »Freunde« würde an dem Tag erschöpft sein, an dem das Verfahren begann. Sie mochten zunächst alles tun, um die Eröffnung des Verfahrens zu verhindern; wenn ihnen das aber mißlang, würde ihre Loyalität dem Establishment gehören, und sie würden Helms fallenlassen. In diesem Fall wäre er der Prügelknabe, der den Rücken hinhalten mußte, um das Ansehen der Männer und Einrichtungen unbefleckt zu erhalten, die das Land regierten. So sehr Helms auch seine Unschuld beteuerte, er wußte, daß sein guter Ruf in der Öffentlichkeit die gnadenlose Durchleuchtung der Vergangenheit vor Gericht nicht überleben konnte. Und nicht nur das: Nach der Verhandlung würde ihm in Washington ein ungewohnter, nämlich feindlicher Wind ins Gesicht blasen. Williams mochte dem

Justizministerium noch so oft erzählen, Helms sei geradezu begierig darauf, sich vor der Öffentlichkeit zu rechtfertigen, jeder Eingeweihte wußte, daß dies in Wirklichkeit ein Bluff war. Helms war nicht gezwungen, vor Gericht auszusagen. Er brauchte Nachsicht, um etwas von dem Bewußtsein zu bewahren, das er in seinem Berufsleben aufgebaut hatte. Nur diese Nachsicht gewährte ihm die Freiheit, mit dem weiterzuleben, was von seinen zerstörten Illusionen übriggeblieben war.

Doch über dieses heikle Thema fiel zwischen Helms und Bradlee während dieses Mittagessens im September kein einziges Wort. Bradlee war in erster Linie Journalist. Wenn nur das leiseste Gerücht über ein eventuelles Arrangement mit der Staatsanwaltschaft bekannt würde, wäre es mit eben diesem Arrangement auch schon vorbei. Helms wollte sich nicht zu dieser letzten Krise seines beruflichen Lebens äußern, war aber dennoch recht nachdenklicher Stimmung.

»Wissen Sie, was mir als Direktor der CIA die größten Sorgen gemacht hat?« fragte er.

Bradlee wußte es nicht, war aber sehr gespannt, denn bisher hatte er sich diese Frage noch nie gestellt. Jetzt ließ er schnell und konzentriert die verschiedenen Möglichkeiten an sich vorüberziehen. Nixon? Die Presse? Watergate? »Ich weiß es nicht«, gestand er.

»Die CIA ist der einzige Nachrichtendienst in der westlichen Welt, der noch nie vom KGB unterwandert worden ist«, antwortete Helms. »Darüber habe ich mir Sorgen gemacht.«

Richard Helms las gern Spionageromane, eine Leidenschaft, die er mit anderen Leuten vom Nachrichtendienst teilte. Vielleicht ist es im isolierten Alltag eines Geheimdienstbeamten beruhigend, das bizarre Leben wirklicher oder fiktiver Agenten zu studieren, den eigenen Arbeitsbereich nicht als Routine, sondern als Abenteuer zu erfahren: Menschen tauchen irgendwo auf und verschwinden wieder, ohne daß es dafür eine Erklärung gibt. Mißtrauen wird geweckt, aber nicht bestätigt, weil sich ein Verdacht nicht erhärten läßt. Personalakten berichten eine Episode aus dem Leben eines ausländischen Agenten, von dem man nur das Pseudonym kennt.

Die Motive des sowjetischen Überläufers Juri Nosenko, der 1964 erklärte, der KGB habe mit Lee Harvey Oswald nichts zu tun gehabt, werden innerhalb der CIA immer noch heftig diskutiert. Nosenko wurde jahrelang faktisch isoliert, während die Vernehmungsbeamten der Spionageabwehr von der Abteilung für Sowjetrußland und dem Amt für Sicherheit jedes Detail seines Berichts über seine eigene Vergangenheit überprüften. Diese Skepsis war durchaus begründet. Nosenko behauptete, Oswalds Personalakte bearbeitet zu haben, als dieser sich 1959 nach Rußland abgesetzt hatte. Beamte des Nachrichtendienstes neigen dazu, Zufälle sehr gründlich zu durchleuchten. Es bestand offenbar die Möglichkeit, daß Nosenko auf Anordnung des KGB übergelaufen war, um den Verdacht vom russischen Nachrichtendienst abzulenken. Diese These ließ sich jedoch ebenso wenig beweisen wie die lauteren Absichten des sowjetischen Ex-Agenten Nosenko. Im Jahr 1964, Helms nahm als Verbindungsmann der CIA an der Untersuchung des Warren-Ausschusses über die Ermordung von John. F. Kennedy teil, benachrichtigte er den Obersten Bundesrichter Earl Warren davon, daß die CIA sich für die Glaubwürdigkeit Nosenkos nicht verbürgen könne. Es sei möglich, daß Nosenko gelogen habe. Die CIA wußte es ganz einfach nicht, und sie wußte es auch drei Jahre später noch nicht, als der Sicherheitsdirektor der CIA, Howard Osborn, zum damaligen Direktor Helms ging und ihm mitteilte, nun hätten die Vernehmungen lange genug gedauert.

Helms gefielen die üblichen Spionagegeschichten, bei denen Geheimagenten unmögliche Aufträge übernehmen und sie mit der Perfektion ausführen, die es in der Realität niemals gibt. Er mochte zum Beispiel die Romane von Ian Fleming, die mit dem Alltag des Spionagegeschäfts ebensoviel zu tun haben wie Wild-Westfilme mit der Realität der amerikanischen Pionierzeit oder dem Leben der Indianer, ja vielleicht nicht einmal das.

Die Bücher von E. Howard Hunt, der meist unter Pseudonym mehr als vierzig Abenteuerromane geschrieben hat, gefielen Helms ebenfalls. Allen Dulles hat Schriftsteller dieses Gewerbes sogar gefördert und manchmal sogar mit Material versorgt (zum Beispiel Helen McInnes), weil er glaubte, das werde das Verständnis der Öffentlichkeit für seine Behörde wecken, die ja ihre Erfolge nicht selbst bekanntgeben durfte.

Es gab jedoch einen Spionageroman, der Helms nicht gefiel. Das war John le Carrés *Der Spion, der aus der Kälte kam*, ein bitteres, zynisches Buch über Gewalt, Verrat und geistige Erschöpfung.[1] Es war nicht die Anwendung von Gewalt, gegen die Helms etwas einzuwenden hatte, sondern der Verrat, das Gefühl, für eine verlorene Sache zu kämpfen, die Gemeinheit, die stumpfe Verlassenheit eines Mannes, der das Wort Loyalität nur noch voll Hohn gebrauchen konnte. Nach Helms' Auffassung war Vertrauen die Grundlage für jede erfolgreiche Arbeit im Nachrichtendienst. Eine Organisation, die ihre eigenen Agenten mit kalter Rücksichtslosigkeit täuschte und opferte, konnte nicht lange erfolgreich weiterarbeiten. Der Nachrichtendienst war für Helms ein Geschäft, bei dem man sich auf jeden einzelnen Mann verlassen mußte. Le Carré untergrub das moralische Fundament des Nachrichtendienstes und den Glauben dieser Männer an den Wert ihrer Arbeit. Helms' Sohn Dennis sagte, seinem Vater habe das Buch von le Carré nicht nur mißfallen; er habe es *verabscheut.*

Wie wichtig für Helms das Prinzip der Loyalität war, haben Menschen, die ihn nur oberflächlich kannten, nicht immer erkennen können. Helms wirkte ungewöhnlich kühl. In gewisser Weise glich er schon jenen Männern der ersten Stunde, die in den Anfängen der CIA wichtige Positionen einnahmen, hochgewachsenen, gutaussehenden, ehrgeizigen und tüchtigen Amerikanern. Helms war zwar der Kosmopolit, denn er hatte zwei Jahre in Europa die Schule besucht und sprach einigermaßen französisch und gut deutsch. Auch hatten viele seiner Kollegen an den Universitäten in Harvard, Princeton und Yale studiert, während er auf das Williams College gegangen war, und Helms verfügte nicht über ein Familienvermögen, das es zum Beispiel Leuten wie Frank Wisner erlaubte, die Schecks, mit denen ihr Gehalt bezahlt wurde, ein Jahr oder länger uneingelöst in der Schreibtischschublade aufzubewahren.[2] Seine Kollegen haben oft behauptet, die Tatsache, daß Helms ohne Vermögen war, habe auf seine berufliche Laufbahn einen Einfluß gehabt. Helms waren derartige Unterstellungen peinlich; erstens weil damit gesagt wurde, daß nur reiche Leute es sich leisten könnten, ihrem Land zu dienen, und zweitens weil es hochmütig war. Er kam sich dann vor wie ein »Lebenslänglicher«, ein Mann, der seinen Job brauchte und unter Umständen zu Kreuze kriechen würde, um ihn zu behalten, während andere ohne weiteres darauf verzichten und von ihren Dividenden leben konnten. Eine solche Einschätzung mußte dazu führen, daß man sich kühl distanzierte. Welches die Gründe dafür auch gewesen sein mochten, Helms fehlten eine gewisse Leichtlebigkeit, die Begeisterung für das gesellschaftliche Leben und das Selbstvertrauen in einer Position, die ein gewisses *noblesse oblige* zu verlangen schien – eine Haltung, die dagegen für viele seiner Kollegen typisch war.

Doch trotz dieser Reserviertheit hatte er den Ruf, fair, menschlich verständnisvoll und loyal zu sein. Es wäre leicht, Beispiele für alle drei Eigenschaften zu finden, man durfte sie jedoch nicht ausnutzen. Ende 1961, als die CIA im Rahmen eines allgemeinen Personalabbaus in der Regierung Beamte entlassen mußte, wurde Helms in der Sportanlage der CIA von einem Mann angesprochen, der fürchtete, seine Stellung zu verlieren. Helms sprach außerhalb seines Büros nicht gern über dienstliche Dinge,[3] und die Art, wie dieser Mann ihn ansprach, ärgerte ihn. Er behauptete, er sei doch mit Helms befreundet, denn sie spielten Tennis zusammen. Gäbe es denn keine Möglichkeit, ihn um dieser Freundschaft willen zu behalten?

Helms hätte sicher helfen können, aber er tat es nicht. Der Mann wurde entlassen. Das war hart, denn ein CIA-Beamter in untergeordneter Position war nicht versorgungsberechtigt[4] und befand sich, wenn ihm gekündigt wurde, in keiner beneidenswerten Lage. Welche Berufsbiographie sollte er angeben, wenn er sich um eine neue Stelle bewarb? Er durfte doch nichts sagen. Helms ließ sich jedoch nicht erweichen. Sein Tennispartner hatte gegen ein ungeschriebenes Gesetz verstoßen, und er war nicht der einzige Fall, dem gegenüber Helms solche Härte zeigte.

Die Fälle, in denen Helms als Vorgesetzter Verständnis für seine Untergebenen bewiesen hat, überwiegen jedoch. Gelegentlich hat er seine Loyalität sogar zu weit getrieben. Es gibt aber nicht nur menschliche Rücksichten, sondern auch gute dienstliche Gründe dafür, einen Beamten des Nachrichtendienstes nicht vor den Kopf zu stoßen. Wenn solche Leute zu sehr verärgert werden, könnten sie sich entschließen, zur anderen Seite überzulaufen. Persönliche Schwierigkeiten, Schulden, Liebesaffären, berufliche Enttäuschungen und Kränkungen sind viel häufiger die Ursache für Desertionen als etwa ideologische Gründe. Ein unzufriedener Mitarbeiter des Nachrichtendienstes kann immer Schwierigkeiten bereiten. Aber Helms machte nicht den Eindruck, als ob er nur aus

Berechnung Verständnis zeigte. Seine Mitarbeiter hielten ihn in dieser Beziehung für aufrichtig. Helms versuchte fair zu sein; und der Ruf, den er bis heute bei der CIA genießt, zeigt, daß ihm dies gelungen ist.

So war es denn nicht verwunderlich, daß Helms, der versuchte, in der CIA ein Klima von Vertrauen, Loyalität und patriotischem Bewußtsein zu schaffen, ein le Carré-Buch mißfallen mußte, das von Verzweiflung und aussichtsloser menschlicher Einsamkeit handelte.

Die Angehörigen der CIA fühlen sich sehr eng miteinander verbunden. Bis in die jüngste Zeit hat man ihnen aus Sicherheitsgründen nahegelegt, freundschaftliche Beziehungen auf Kollegen aus derselben Behörde zu beschränken, und dieser Anregung sind sie im allgemeinen auch gefolgt. Der Eintritt in die CIA bedeutete zugleich den Bruch mit der Außenwelt. So mußte beispielsweise eine junge Analytikerin aus der Abteilung für sowjetische Angelegenheiten Anfang der 60er Jahre erleben, daß ihre langjährige Freundschaft mit Bernard Gwertzman von der *New York Times* auf Eis gelegt wurde. Man verlangte nämlich von ihr, daß sie dem Sicherheitsbüro jedes Treffen mit Gwertzman meldete (und natürlich auch alle Zusammenkünfte mit anderen Journalisten). Dabei mußte sie die äußeren Umstände angeben und in allen Einzelheiten berichten, was er gefragt und was sie geantwortet hatte, gleichgültig wie harmlos oder privat dieses Gespräch auch immer verlaufen war. Unter solchen Bedingungen kann keine Freundschaft bestehen. Deshalb suchen die Mitarbeiter dieser Behörde nicht nur ihren gesellschaftlichen Kontakt ausschließlich bei Kollegen; sie heiraten einander, wohnen in denselben Bezirken, lassen ihre Kinder miteinander spielen, haben Affären miteinander, lassen sich scheiden und heiraten sich wieder.

Auch nachdem sie die CIA verlassen haben, halten diese Menschen die alten Verbindungen noch aufrecht. Sie besuchen sich, rufen sich an, korrespondieren und schreiben sich Weihnachtskarten, laden sich zum Essen ein, kolportieren internen CIA-Klatsch und bilden erstaunlich rasch eine gemeinsame Front, wenn sie glauben, einer Bedrohung der CIA begegnen zu müssen. Als im Juli 1977 das Gerücht verbreitet wurde, Lyman Kirkpatrick könne zum Nachfolger von Henry Knoche als stellvertretender Direktor der Central Intelligence ernannt werden, hatten seine alten Feinde dieses Gerücht in wenigen Stunden zum Schweigen gebracht.[5]

Als James Schlesinger Ende Januar 1973 zur CIA kam, um Helms abzulösen, soll er angeblich gesagt haben: »Dies ist ein Klub für Gentlemen, und ich bin kein Gentleman.«[6] Er wollte damit sagen, in der CIA sei eine Gruppe alter Freunde tonangebend, die gleicher Herkunft wären, die gleichen Ansichten verträten und deshalb dazu neigten, sich gegenseitig zu schützen, nicht aber Kritik aneinander zu üben. So kannten sich zum Beispiel die viel kritisierten »drei Bs« – Bissell, Barnes und Bross – schon seit ihrer Kindheit. Sie waren schon in Groton zusammengewesen. Tracy Barnes und Richard Bissell hatten in Yale studiert, Bross in Harvard. Während des Zweiten Weltkrieges trennten sich ihre Wege. Barnes und Bross gingen zum OSS, Bissell arbeitete als Wirtschaftler in Washington. Bei der CIA trafen sie wieder zusammen.[7] Als Barnes und Bissell in dem Bericht, den Lyman Kirkpatrick als Generalinspekteur über das Unternehmen in der Schweinebucht verfaßte, scharf kritisiert wurden, rief Bross die gemeinsamen Freunde in der CIA zu ihrer Verteidigung auf. Sie sagten, die Landung sei zwar nicht gelungen, aber Kirkpatrick hätte *mehr Verständnis* zeigen sollen. Schlesinger wollte solche Vetternwirtschaft unterbinden. Er blieb nur fünf Monate auf seinem Posten, entließ aber während dieser Zeit etwa 1400 Mitarbeiter, und zu ihnen gehörte fast die gesamte alte Garde. Dazu ließ er einen Bericht über die bisher in der CIA festgestellten Übergriffe und Eigenmächtigkeiten verfassen, der seither in der alten Garde sehr umstritten ist.

Es gibt Gründe, warum die Mitarbeiter einer solchen Behörde einander kennen und vertrauen müssen. Denn wer beauftragt schon einen Mann, dem er mißtraut, Gamal Abdel Nasser einen Koffer mit drei Millionen Dollar zu überbringen, zumal wenn der Empfänger wegen gewisser Umstände nur ungern eine Quittung unterschreiben wird.[8] Obwohl also effektive Arbeit in einem Nachrichtendienst ohne eine erträglich entspannte Atmosphäre undenkbar ist, neigen viele Geheimdienstler dazu, zum eigenen Schutz ganze Aktenberge anzulegen.

In diesem Zusammenhang ist es auch wichtig, daß der Nachrichtendienst in der Innenpolitik eine bedeutende Rolle spielt. In den

Vereinigten Staaten ist er, wie in jedem anderen Land, endlos allen möglichen innenpolitischen Sonderinteressen und Kräften ausgesetzt. Da wollten die Republikaner die Demokraten dafür verantwortlich machen, daß sie China »verloren« hätten; Generäle der Luftstreitkräfte verdächtigten die Analytiker der CIA, daß sie bewußt die russische Produktionskapazität für Bombenflugzeuge unterschätzen; Liberale glaubten, die CIA habe eine Vorliebe für rechte Militärregime; Konservative waren davon überzeugt, Castro wäre nie an die Macht gekommen, wenn die CIA gegenüber den Kommunisten keine so weiche Haltung eingenommen hätte; Arabienspezialisten des Außenministeriums nahmen an, der Nachrichtendienst sei durch seine zu enge Bindung an Israel in seinem Urteil nicht objektiv; jüdische Organisationen waren davon überzeugt, daß die CIA bewußt die eindeutige Absicht der Araber nicht erkennen wolle, Israel zu vernichten. Die Geschichte der CIA könnte als eine Geschichte der Versuche dargestellt werden, diese Behörde zu politisieren. Einige dieser Versuche sind mit erschreckender Brutalität unternommen worden, und sie haben nicht selten zum Erfolg geführt.[9] Nixons ablehnende Haltung gegenüber der CIA gründete sich auf die sogenannte »Lücke bei den Fernlenkwaffen«, von der er behauptete, sie sei die Ursache für seine Wahlniederlage 1960 gegen Kennedy gewesen. Er fühlte sich von Helms geradezu verraten, weil der sich weigerte, den Präsidenten immer dann zu unterstützen, wenn es um Vietnam, sowjetische Fernlenkwaffen und Watergate ging. Aber kein Versuch, die CIA gleichzuschalten, war brutaler und indirekt schädlicher als der des Senators Joseph McCarthy Anfang der 50er Jahre.

Als Joe McCarthy am 9. Februar 1950 in Wheeling, West Virginia, seine berüchtigte Rede hielt, in der er behauptete, das Außenministerium sei mit mindestens 205 Kommunisten durchsetzt, hatte die CIA bereits zwei interne Säuberungen hinter sich, die zusätzlich zu den Standardüberprüfungen aller neuen Mitarbeiter stattgefunden hatte. Der ersten fielen die Rußlandfreunde zum Opfer, die während des Krieges im OSS gearbeitet hatten. Obwohl Donovan von der Wall Street kam und während der alliierten Intervention von 1919 bis 1920 als Verbindungsmann der Vereinigten Staaten bei der Weißen Armee des Admirals Koltschak gewesen war, hatte er sich gegenüber den sogenannten

»Linken« relativ nachsichtig verhalten. Die Sowjetunion war ein Verbündeter, und die Linken waren an einem Sieg im Krieg gegen Hitler ebenso interessiert gewesen wie Donovan. Aber in einigen Fällen hatten sich Mitarbeiter des OSS so verhalten, daß es einer Spionage für die Sowjetunion gleichkam und wurden deshalb entlassen.[10]

Nach dem Kriege, als sich die CIA allmählich aus dem SSU und der CIG entwickelte, führte das FBI angesichts der veränderten Lage neue Sicherheitsüberprüfungen durch, wobei die wichtigste Veränderung natürlich darin bestand, daß die Sowjetunion jetzt der Gegner war. Die CIA hat niemals einen so orthodoxen antikommunistischen Standpunkt eingenommen wie das FBI, aber ihre Haltung veränderte sich doch ganz entschieden. In seinen Memoiren berichtet Harry Rositzke von zwei Konfrontationen mit dem damaligen Chef des Amts für besondere Operationen, Oberst Donald Galloway. Rositzke hatte eine kurze Analyse der kommunistischen Ideologie und der politischen Taktiken der Kommunisten im Ringen um die Vorherrschaft in Europa verfaßt, eine Art Kurzlehrgang unter dem Titel *Das Evangelium nach Marx*. Er wollte die Schrift im Herbst 1948 an alle Außenstationen der CIA verteilen, aber Galloway verweigerte ihm zunächst die Erlaubnis dafür. Was würde geschehen, wenn sie irgendeinem Kongreßausschuß in die Hände fiel, der sich auf Kommunistenjagd befand? Man würde der CIA vorwerfen, sie betreibe marxistische Propaganda. Aber schließlich stimmte Galloway Rositzkes Vorschlag doch widerwillig zu, nachdem dieser versprochen hatte, das Dokument als vertraulich zu klassifizieren, obwohl es sich ausschließlich auf allgemein zugängliche Quellen stützte.

Bei einer anderen Gelegenheit empfahl Rositzke die Einstellung eines Europäers mit sozialistischer Vergangenheit. Galloway verweigerte seine Zustimmung mit der Begründung, der Mann sei ein Roter. Rositzke erwiderte, niemand sei ein so entschiedener Gegner der Kommunisten wie ein guter europäischer Sozialdemokrat. Aber Galloway wollte das nicht wahrhaben. Er erkannte den Unterschied nicht an. »Ich möchte in meiner Organisation keinen Sozialisten haben«, sagte er. »Was mich betrifft, gibt es keinen Unterschied zwischen Sozialisten und Kommunisten.«[11]

Die CIA hat immer Wert darauf gelegt, als liberal zu gelten. Charles McCarry, zehn Jahre lang CIA-Mitarbeiter im Außendienst und danach Schriftsteller, sagte, es gäbe zwei Dinge, denen er in der CIA niemals begegnet sei. Er habe dort nie einen Attentäter und niemals einen Republikaner angetroffen.[12] David Phillips, der alles in seiner Macht Stehende getan hatte, um den legal gewählten Salvador Allende an der Übernahme des Präsidentenamts in Chile zu hindern, behauptete von sich, progressiv zu sein und Adlai Stevenson zweimal seine Stimme gegeben zu haben.[13] Bei den Vorbereitungen für die Landung in der Schweinebucht verlangten Richard Bissell und Tracy Barnes, daß die Exilkubaner eine neue kubanische Verfassung entwarfen, die eine Landreform vorsah, und wußten augenscheinlich nicht, daß sowohl unter Batista als auch unter Castro solche Gesetze bereits in Kraft getreten waren. Bissell soll gesagt haben: »Sie (die Konservativen in der Regierung Eisenhower) wissen es zwar nicht, aber wir sind die eigentlichen Revolutionäre.«[14] Nachdem die Gründung der National Student Association (NSA), des Congress of Cultural Freedom und einer ganzen Reihe von Verbänden und privaten Organisationen 1967 bekanntgeworden war,[15] behauptete die CIA, sie habe zu einer Zeit, als der McCarthyismus jede offene Unterstützung unmöglich machte, vor allem Gruppen geholfen, die links von der Mitte standen.

Das ist nicht ganz falsch. Beamte der CIA sind gegenüber der Behauptung, sie seien in gewisser Weise eine über die ganze Welt verteilte konterrevolutionäre Polizei, besonders empfindlich, und sie können natürlich in allen Einzelheiten schildern, welche Grausamkeiten in kommunistischen Polizeistaaten begangen worden sind. Viele Mitarbeiter der CIA auf dem Außenposten in Santiago haben zur Zeit der Regierung Kennedy chilenische Bauernbewegungen unterstützt, aber später zugesehen, wie die Regierung Pinochet diese Bauern nach 1970 unterdrückte. Die CIA hat versucht, eine Koalition der Parteien links der Mitte als Opposition gegen Castro zu schaffen; sie unterstützte die ihrer Meinung nach wirklich demokratischen Gewerkschaften in Frankreich und Italien während des großen Ringens mit kommunistischen Gewerkschaften zur Zeit des Marshallplans. Die vielen Mitarbeiter des CIA-Büros in Saigon lagen während des Vietnamkrieges ständig mit Washington im Streit wegen seiner stramm antikommunistischen Politik. In Tunesien und Marokko, vielleicht sogar in Frankreich zur Zeit des Französisch-Algerischen

Krieges, fühlten sich die Mitarbeiter der CIA an Ort und Stelle mehr zur FLN hingezogen als zur Regierung de Gaulle, obwohl das offizielle Washington die Haltung der französischen Regierung unterstützte.

Aber in anderer Beziehung hielt sich die CIA für ein mehr oder weniger populistisches Organ, das den Interessen derjenigen verpflichtet war, mit denen es zusammenarbeitete – als eine Art amerikanische Missionsbewegung, die das Evangelium der Entwicklung predigte. Diese Vorstellung ist jedoch nur ein Mythos. Kein Angehöriger der CIA war missionarischer gesonnen als Richard Bissell, und kein Unternehmen der CIA hatte brutalere Motive oder grausamere Auswirkungen als der Plan Bissells für den Überfall auf Kuba. Die Vorstellung, daß die CIA den Armen helfen und die Freiheit verteidigen wollte, sollte nur die nationalistische Politik der Vereinigten Staaten verschleiern, die ebenso oft Regierungen unterstützt hat, die das jeweilige Land unterdrückten und die Rechte der Reichen verteidigten. Helms hat in dieser und anderen Fragen Bissells Meinung nicht geteilt. Nach seiner Auffassung sollte die CIA lediglich Nachrichten sammeln und den Altruismus anderen überlassen. Aber der Mythos wollte nicht so rasch sterben. Beamte der CIA in Südostasien waren oft erschüttert von den Folgen ihrer wohlgemeinten Versuche, fremden Nationen beim Aufbau zu helfen. Ein Mann, der Anfang der 60er Jahre vier Jahre lang Angehörige des Stammes der Meo in Laos militärisch ausgebildet hatte, erlebte zu seinem Entsetzen, wie die Armee des Generals Vang Pao (den er achten und schätzen gelernt hatte) zunächst in ein Instrument für die amerikanische Kriegführung umfunktioniert und dann vernichtet wurde. Andere CIA-Mitarbeiter erlebten dasselbe mit den Montagnards in Südvietnam. Die CIA hat die südvietnamesischen Spezialeinheiten, die von Ngo Dinh Nhu als politische Polizei eingesetzt und 1962/63 in die buddhistischen Pagoden geschickt wurden, aufgestellt, ausgebildet und bezahlt. Die Beamten der CIA, die sich an der Aufstellung der Saigoner Geheimpolizei beteiligt hatten, waren persönlich entsetzt, als sie von den Tigerkäfigen auf der Insel Con Son erfuhren, wo »politische Verbrecher« so zusammengepfercht wurden, daß sie anschließend ihre Beine nicht mehr benutzen konnten. Die CIA hat überall in Vietnam, Laos und Kambodscha eine Agentenarmee aufgestellt und schließlich, als der Krieg 1975 zu Ende ging, nicht nur die meisten dieser Leute zurückgelassen, sondern auch die Akten, die sie schwer belasten mußten.[16] Doch was die Angehörigen der CIA auch persönlich über ihre Rolle in dieser Lage und unter vergleichbaren Voraussetzungen in der ganzen Welt dachten, sie waren ausführendes Organ der amerikanischen Politik, ob das nun in Vietnam, in Europa nach dem Ende des Zweiten Weltkriegs, auf den Philippinen, in Griechenland, in Indonesien, der Dominikanischen Republik oder in Chile war. Wenn sich die amerikanische Politik änderte, dann änderte sich auch die Haltung der CIA, und oft sahen sich die Mitarbeiter der CIA gezwungen, eben genau das zu verteidigen, was sich nicht verteidigen ließ. Wenn Angehörige der CIA nach außenhin auch nicht so gutgläubig und rechtschaffen wirkten wie die des FBI, lag der Unterschied häufiger im Stil als im Inhalt. Die Überzeugung der CIA-Beamten, daß was auch immer sie täten, zum Nutzen anderer geschähe, war nicht so sehr Heuchelei als vielmehr ein letzter Versuch, sich gegen die harte und zynische Realität in der internationalen Politik zu wehren.

Was jedoch McCarthy betrifft, so hat sich die CIA nichts vorzuwerfen. McCarthy war ein durch und durch zynischer Mensch mit einem Instinkt für die Wirkung der Presseschlagzeilen, die seine Machtstellung stärken könnten. Mit dieser besonderen Begabung für Publicity zimmerte er die angeblichen Verschwörungen aus Berichten des FBI, der Rechtspresse, der Gerüchteküche in Washington, Indiskretionen verärgerter oder enttäuschter Persönlichkeiten und reinen Erfindungen zusammen. Die von Allen Dulles aufgebaute Verteidigung der CIA, die McCarthy jahrelang geärgert hat, weil auch hier die Schlagzeilen der Zeitungen eine Rolle spielten, folgte einer Doppelstrategie. Dulles opferte diejenigen, die damals als »Sicherheitsrisiken« galten, und verteidigte alle, die mehr oder weniger grundlos wegen einer angeblich rosa Vergangenheit als verdächtig bezeichnet wurden.

Ein in die erste Kategorie gehörender Mann, auf den McCarthy in seiner Rede in Wheeling angespielt, den er jedoch nicht beim Namen genannt hatte, war Carmel Offie, Angehöriger des Außenministeriums, der während des Krieges einen Posten in Italien innegehabt hatte. Offie war charmant, tüchtig und sehr unternehmungslustig. In einem seiner Tagebücher schildert C. L. Sulzberger den Besuch eines Pelzgeschäfts in Moskau kurz nach dem Kriege, wo er sich für seine Frau ein paar besonders schöne Felle aussuchen durfte, was damals ein unerhörtes Privileg war. Nur jemand mit besten Beziehungen – ein Mann wie Sulzberger – durfte auf solche Sonderbehandlung hoffen. Doch hier begegnete Sulzberger natürlich keinem anderen als Carmel Offie, der die besten Pelze, die man in der Sowjetunion bekommen konnte, gleich ballenweise bestellte.[17]

Offie war nicht nur ein Hansdampf in allen Gassen wie eine gewisse Sorte von Junggesellen in der Regierung, die man zu jedem offiziellen Essen einladen kann, um einen leeren Platz zu füllen. Er war so ungewöhnlich geschickt, daß er gleichzeitig mit der rechten Hand einen unterhaltsamen persönlichen Brief und mit der linken ein offizielles Schreiben für die Regierung entwerfen konnte. Nach dem Krieg arbeitete Offie als erster Stellvertreter von Frank Wisner im OPC. Als solcher war er sozusagen die letzte Instanz, die ein Schriftstück zu sehen bekam, bevor es Wisner vorgelegt wurde. Ein ehemaliger CIA-Beamter erinnert sich, wie Offie ein solches Schriftstück in die Hand nahm und zu lesen anfing, als das Telefon läutete. Ohne zu zögern nahm Offie den Hörer ab, führte ein schwieriges Gespräch mit dem Anrufer – nicht etwa das übliche »ja, ich weiß . . .«, sondern ein richtiges Gespräch mit präzisen Antworten, Meinungsverschiedenheiten und Empfehlungen – las aber zugleich das zehn oder zwölf Seiten starke Dokument, das man ihm gegeben hatte, mit all seinen Abschnitten, Unterabschnitten und Fußnoten zu Unterabschnitt A-1 usw. Als Offie das Dokument gelesen hatte, hängte er den Hörer ein. Ohne auch nur Atem zu holen sagte er: »Okay, aber hier auf Seite drei steht . . .« und wiederholte wörtlich den Satz, in dem gewisse Korrekturen vorgenommen werden sollten. Ein Mann mit solchen Gaben war natürlich hervorragend für den Posten eines Gehilfen in einer Organisation geeignet, in der es einen so umfangreichen Schriftverkehr gab wie in der CIA, und Wisner wußte ihn deshalb wohl zu schätzen.

Aber Joseph McCarthy hatte von der Washingtoner Polizei irgendwie erfahren, daß Offie im Lafayette Park wegen »unmoralischen Verhaltens« festgenommen worden war. Mit anderen Worten, Offie war homosexuell, eine Neigung, die in Washington am häufigsten zu Erpressungsversuchen führte, und McCarthy wußte das. Sehr bald erfuhr Allen Dulles, daß Offie das Sicherheitsrisiko in der CIA war, auf das McCarthy in seiner Rede in Wheeling angespielt hatte. Wisner verteidigte ihn energisch. Als man Offie die Liste seiner Vorstrafen vorlegte, gab er offen alles zu. Ja, er sei homosexuell, aber das sei doch Geschmackssache. »Weshalb bin ich dann ein Sicherheitsrisiko? Ich bestreite es nicht. Ich gebe es ganz offen zu. Niemand kann mich damit erpressen.«

Das war damals eine recht ungewöhnliche Haltung und hätte zur Verteidigung Offies fast genügt. Wisner wollte nicht auf Offie verzichten, und Dulles war bereit, nachzugeben; doch dann erfuhr ein Washingtoner Journalist Offies Namen auf dieselbe Weise wie McCarthy – aus den Polizeiakten – und damit war jede Chance für ihn vertan. Offie mußte gehen.[18] Andere Mitarbeiter der CIA erlebten in der McCarthy-Ära schwere persönliche Belastungen. Der bekannteste unter ihnen war vielleicht Cord Meyer jr. Er hatte in Yale sein Abschlußexamen bestanden und war während des Krieges auf Guam bei der Detonation einer japanischen Handgranate schwer verwundet worden. Er verlor ein Auge und mußte ein Glasauge tragen. Meyer war starker Raucher und hatte die unangenehme Gewohnheit, ständig eine brennende Zigarette im Mundwinkel zu halten. Der Rauch stieg dann langsam bis zu seinem offenen linken Auge auf, kräuselte sich um das Glasauge, und das verwirrte seine Kollegen manchmal so sehr, daß sie sich das linke Auge zu reiben begannen, weil sie das Brennen an seiner Statt zu empfinden glaubten. 1944 veröffentlichte Meyer in der Zeitschrift *Atlantic* eine vielbeachtete Kurzgeschichte, und nach dem Krieg schloß er sich als Pazifist den United World Federalists und dem American Veterans Committee an. Aber seine Erfahrungen bei der AVC änderten seine Auffassungen über Friedenspolitik von Grund auf. Die internen Kämpfe innerhalb des Ausschusses waren im Jahr 1947 ungewöhnlich heftig. Die Kommunistische Partei versuchte, Einfluß in der Gruppe zu gewinnen, viele Kommunisten nahmen an den Versammlungen teil, brüllten die Redner nieder und versuchten ihre politischen Gegner in Mißkredit zu bringen. Nachdem Meyer die groben politischen Taktiken der Kommunisten aus eigener Anschauung kennengelernt hatte, bei denen es nur die politische Schwarzweißmalerei gab, während er selbst zu Kompromissen neigte, glaubte er zu erkennen, daß der Weltfrieden wohl bedroht sei, nur kam diese Bedrohung nicht von der Rüstungsindustrie, den internationalen Banken oder den Generalstäben der Westmächte, wie er bislang geglaubt hatte, sondern von den Kommunisten. Deshalb stellte sich Meyer 1950 der CIA zur Verfügung, wo er der Internationalen Organisationsabteilung beim OPC unter Tom Braden zugeteilt wurde.

Von 1953 an erklärte das FBI, es könne für Meyer aus Sicherheitsgründen keine Unbedenklichkeitserklärung abgeben. Wie üblich begründete das FBI diese Ablehnung nicht, aber die CIA bestand darauf, und schließlich wurden die folgenden Vorwürfe formuliert: 1. war Meyer zusammen mit dem notorischen »linken« Astronomieprofessor von Harvard, Harlow Shapley, auf derselben Rednertribüne aufgetreten; 2. berichtete der Informant X, Meyer habe während seiner Studienzeit auf dem College in einem Privatquartier gelebt, und »in seinem Zimmer brannte die ganze Nacht das Licht«; 3. hatte Meyer Briefe geschrieben, in denen er Gruppen unterstützte, die auf der Liste der subversiven Organisationen standen.[19]

So unglaublich diese Vorwürfe auch klingen mochten, in dem damaligen politischen Klima mußte die CIA sie ernst nehmen. Dulles war zu der Zeit, als der FBI-Bericht eintraf, nicht in Washington, und in seiner Abwesenheit befahl der stellvertretende Direktor der Central Intelligence, General Peare Cabell, die sofortige Dienstenthebung Meyers, und zwar ohne ihn anzuhören und mit der gleichzeitigen Streichung aller Bezüge. Richard Helms mußte Meyer damals die Entscheidung mitteilen, und Personen, die beide kennen, sagen, Helms habe diese Nachricht in einer Form überbracht, die bewirkte, daß Meyer anschließend zu seinen loyalsten Freunden zählte. Helms sagte, nach seiner Ansicht habe das FBI einen groben Fehler gemacht, und Meyer sollte darum kämpfen, daß die Entscheidung zurückgenommen würde, und er, Helms, werde alles tun, um ihm dabei zu helfen.

Anschließend ging Meyer zu John Bross, der ihm etwa dasselbe sagte und riet, einen Anwalt zu nehmen. Rechtsanwalt Abe Fortas erklärte Meyer, hier ginge es nicht darum, daß er mit Harlow Shapley auf derselben Rednertribüne gestanden habe, sondern es käme auf seine gesamte Vergangenheit an. Nun verfaßte Meyer zu seiner Rechtfertigung einen ausführlichen Lebenslauf, der mit seiner Schulzeit in St. Paul's begann und seinen Werdegang Schritt für Schritt bis zur Einstellung in die CIA schilderte. Er stellte sich dabei auf den Standpunkt, seine Loyalität gegenüber den Vereinigten Staaten, seine antikommunistische Einstellung und seine Friedensliebe kämen in jeder Lebensphase deutlich zum Ausdruck.

Meyers Wortgewandtheit und das Eingreifen mächtiger Freunde waren schließlich stärker als die auf schwachen Füßen stehenden Beschuldigungen des FBI, und schon nach sechs Wochen arbeitete er wieder bei der Abteilung für Internationale Organisationen – aber nicht ohne einen Preis dafür bezahlt zu haben. Ein guter Bekannter, der ihn noch immer schätzt und häufig mit ihm zusammen ist, sagte, der Schock, den die Vorwürfe des FBI ausgelöst hätten, habe Meyers Persönlichkeit entscheidend verändert. Seine politische Einstellung habe sich verhärtet, er sei jetzt päpstlicher als der Papst, und aus seiner pazifistischen Haltung und der Begeisterung für allgemeine Völkerverständigung sei ein leidenschaftlicher Antikommunismus geworden. Dieser Bekannte berichtet sogar, Cord Meyer sei zum Fanatiker geworden. Als James Angleton allen Analytikern widersprach und behauptete, die Spaltung zwischen der Sowjetunion und der Volksrepublik China sei nur eine Kriegslist mit dem Ziel, den Westen in Sicherheit zu wiegen, gehörte Meyer zu den wenigen Mitarbeitern der CIA, die ihm zustimmten.[20]

Im Juli 1953 richtete McCarthy einen seiner heftigsten Angriffe gegen die CIA und konzentrierte sich dabei auf William Bundy. Bundy, damals ein junger Analytiker im Büro für die Auswertung nationaler Fragen, hatte ebenfalls in Yale studiert, war intelligent, hatte gute Beziehungen[21] und war weit davon entfernt, sich in naiver Weise für gesellschaftspolitische Fragen zu engagieren. Schon damals hatte Bundy einen viel zu kühlen Kopf, um seine Karriere mit so etwas zu gefährden. Was man ihm später vorwarf, hatte parteipolitische Hintergründe. Er war Dean Achesons Schwiegersohn, jenes »roten Dean«, den die Republikaner dafür verantwortlich machten, China »verloren« zu haben, und der – was noch viel schlimmer war – verdächtigt wurde, einen gewissen Alger Hiss unterstützt zu haben. Hiss war Beamter im Außenministerium mit denkbar besten Zeugnissen, als Whittaker Chambers behauptete, er sei ein kommunistischer Spion. Hiss leugnete zunächst alle derartigen Beziehungen und bestritt die gegen ihn erhobenen Vorwürfe, wurde aber im Januar 1950 wegen Meineides verurteilt. Acheson hatte wenige Tage später auf einer Pressekonferenz seine Freundschaft mit Hiss verteidigt und gesagt: »Ich habe nicht die Absicht, Alger Hiss in den Rücken zu fallen.«[22] Sein Schwiegersohn William Bundy ging sogar noch einen Schritt weiter und stellte Hiss für die Bezahlung der Anwaltskosten 400 Dollars zur Verfügung. Darauf erklärte McCarthy, er werde Bundy unter Strafandrohung zwingen, vor seinem Senatsausschuß zur Überprüfung der Arbeitsweise der Regierung auszusagen. Dulles war aufs äußerste beunruhigt. Wenn McCarthy Bundy als Keil benutzte, dann konnte er die ganze CIA bloßstellen. Das durfte man nicht zulassen. Dulles sagte nein, McCarthy sagte ja, und sehr bald kam es zu einer ernsten Konfrontation.

McCarthys Angriffslust zeigte deutlich, welches Chaos in seinem Kopf herrschte, aber die antikommunistische Panik, von der Washington damals ergriffen war, hatte zur Folge, daß solche Angriffe in der Hauptstadt tiefe Wunden schlagen konnten. Überall herrschte Mißtrauen und Verstimmung, und die Helfershelfer von McCarthy, die ein Beamter der CIA als »diese schmierigen kleinen Leute« bezeichnet hatte, konnten ohne weitere Schwierigkeiten ihre Akten vervollständigen. Mit geradezu geheimdienstlichen Methoden durchforschten sie die CIA nach Unzufriedenen und Enttäuschten, die bereit waren, die feindliche Haltung ihrer Vorgesetzten für ihre eigenen Fehler verantwortlich zu machen, um sich auf diese Weise reinzuwaschen. Der ehemalige CIA-Beamte Lyle Munson sagte zum Beispiel im Februar 1952 vor einem Kongreßausschuß, die CIA habe daran gedacht, »alte Chinaexperten«, die das Außenministerium nach dem Bruch mit China entlassen hatte, anzustellen. Das ermöglichte die Behauptung, die CIA sei ein Werkzeug des Kreml. Andere, die Tom Bradens Motiven mißtrauten, weil er über seine Abteilung für internationale Organisationen »linke« Gewerkschaften, Zeitungen und politische Parteien in Europa unterstützte, teilten McCarthy vertraulich ihre Verdächtigungen mit. So wurden dessen Aktenstöße immer dicker. Dulles erhielt indessen beunruhigende Berichte über anonyme Telefonanrufe bei Angehörigen der CIA, in denen darauf angespielt wurde, daß bestimmte Kollegen Alkoholiker seien oder außereheliche Affären hätten, und dabei wurde ganz offen auf die Möglichkeit der Erpressung hingewiesen; sie sollten sich entweder bereit erklären, mit McCarthy zusammenzuarbeiten, oder sie würden am folgenden Vormittag *das* Gesprächsthema in Washington sein.

Um seine Behörde zu schützen forderte Allen Dulles Lyman Kirkpatrick auf, die internen Sicherheitsüberprüfungen der CIA zu überwachen, eine notwendige erste Vorsichtsmaßnahme für den Fall, daß man die CIA beschuldigte, sie habe es an Wachsamkeit fehlen lassen. Außerdem ernannte er Richard Helms zum Vorsitzenden eines kleinen Ausschusses, der den Versuchen von McCarthy begegnen sollte, die Behörde mit Spionen zu unterwandern. Helms Aufgabe war es dabei, Meldungen über Annäherungsversuche an Beamte der CIA zu sammeln und alle Lücken zu schließen, die sich hier öffnen könnten. Wenn jemand damit bedroht wurde, sehr bald werde sich Washington mit seinem Sexualleben beschäftigen, *wenn er nicht* . . ., dann genügt es nicht, ihn mit seinen Sorgen allein zu lassen. Der von Helms geleitete Ausschuß arbeitete gut zusammen, überwachte aufmerksam das Vorgehen von McCarthy und sorgte dafür, daß die CIA überall einen Schritt voraus war. Dulles ließ außerdem sechshundert leitende Beamte der CIA zu einer Besprechung zusammenkommen und sagte ihnen, seine Behörde werde sich hinter jeden von McCarthy angegriffenen Angehörigen der CIA stellen, kein Mitarbeiter der CIA werde die Erlaubnis erhalten, vor dem Senatsausschuß McCarthys auszusagen, und er werde jeden CIA-Beamten entlassen, der ohne Dulles' ausdrückliche Erlaubnis aus irgendeinem Grund Verbindung zu McCarthy aufnähme.

Aber damit waren die Schwierigkeiten, in denen sich Bundy befand, noch nicht aus der Welt. Die CIA untersuchte Bundys Vergangenheit mit äußerster Gründlichkeit, fand aber nichts. Der Sicherheitschef Oberst Sheffield Edwards teilte dem Rechtsberater der CIA Lawrence Houston mit, er habe Bundys Vorleben mit größter Sorgfalt durchleuchtet, und der sei jetzt so rein wie ein neugeborenes Kind. »Ich kenne bisher keinen einzigen Fall, in dem nicht wenigstens irgend jemand behauptet, ›er trinkt zuviel‹«.

Nach dieser sorgfältigen Vorbereitung ging Dulles zu Eisenhower und sagte ihm, er habe nicht die Absicht, nachzugeben und Bundy aussagen zu lassen. Eisenhower soll ihm geantwortet haben: »Schon gut, wenn Sie ungeschoren dabei wegkommen.« Eisenhowers Bedenken waren begründet. Dulles' eigener Bruder, der in der Regierung einen viel stärkeren Einfluß hatte, behandelte McCarthy wie einen hungrigen Wolf und fütterte ihn mit allem, worauf er Appetit hatte. Als sich eine Entscheidung nicht mehr länger hinausschieben ließ, ging Allen Dulles zu McCarthy und sagte nach den üblichen verbindlichen Redensarten, die eine solche Vendetta zu begleiten pflegen: »Joe, er wird nicht zur Vernehmung kommen.« McCarthy erwiderte: »Allen, das geht schon in Ordnung.« So leicht war das also. In Wirklichkeit lagen die Dinge nicht ganz so einfach, aber es gelang. McCarthy hat die CIA in der Folgezeit bei seinem öffentlichen Auftreten nicht verschont, aber die Gefahr einer gründlichen Untersuchung war gebannt.

Nicht jeder Mitarbeiter der CIA hatte jedoch in der McCarthy-Ära solches Glück wie Cord Meyer und William Bundy, deren Verbündete die Wahrheit und einflußreiche Freunde waren. Sylvia Press verfügte nicht über solche Bundesgenossen, und sie schildert das, was sie während der Vernehmungen durch Robert Bannerman hat erleiden müssen, in einer Art Schlüsselroman mit dem Titel *The Care of Devils*,[23] ein Buch, das von der Presse totgeschwiegen wurde. Miß Press arbeitete als Analytikerin bei der Spionageabwehr und war 1942 zur Abteilung X-2 des OSS gekommen. Anschließend blieb sie bei der CIA. Sie hat sich nie erklären können, womit sie sich bei Bannerman verdächtig gemacht hatte, der später Sicherheitsdirektor der CIA wurde. Die Sache hatte etwas mit einem alten Verehrer und einer Reise nach Mexiko zu tun, aber obwohl Bannerman sie gelegentlich mit brutalen Fragen wie »wann sind Sie in die Kommunistische Partei eingetreten?« oder »war das damals, als Sie für das KGB zu arbeiten anfingen?« aus der Fassung zu bringen suchte, hat er nie gesagt, weshalb er sie für ein Sicherheitsrisiko hielt. Später empfahl er ihre Entlassung, und Allen Dulles folgte dieser Empfehlung. Miß Press durfte mit Dulles persönlich darüber sprechen, es gelang ihr aber nicht, ihn umzustimmen. Sie meint, McCarthy habe sich an Dulles dafür rächen wollen, daß er seinen Forderungen nicht nachgab, und deshalb besonders strenge

Sicherheitsüberprüfungen innerhalb der CIA veranlaßt. Dazu gehörte das Auffinden und Ausscheiden von Mitarbeitern, die unter Umständen als Sicherheitsrisiko gelten konnten. Dabei galt die Regel, daß die CIA die Überprüfungen nicht gründlich genug vorgenommen hatte, wenn sie keine Sicherheitsrisiken fand. Miß Press hat sogar den Verdacht, daß es eine vorgeschriebene Quote an »Verdächtigen« gegeben habe und sie dazu herhalten mußte, diese Quote zu erfüllen.[24]

1967 schrieb Miß Press einen persönlichen Brief an Richard Helms, erklärte, was mit ihr geschehen war und fragte, ob es keine Möglichkeit gäbe, ihr für ihre Arbeit im OSS und in der CIA in den Jahren 1942 bis 1958 eine Pension zu bewilligen. Nach wenigen Tagen erhielt sie eine Antwort von Howard Osborn vom Sicherheitsbüro, in der es hieß, Helms habe ihn gebeten, sich ihres Falles anzunehmen. Osborn schlug Miß Press ein Zusammentreffen zum Abendessen in New York vor. Miß Press erklärte Osborn, sie sei fristlos und ohne Angabe von Gründen entlassen worden, und man habe sie mit keinem einzigen Zeugen konfrontiert. Nun da sie die Altersgrenze erreicht hätte, glaubte sie, mit ihren fünfzehn Dienstjahren ein Anrecht auf eine Pension zu haben. Osborn machte keine Zusagen, zeigte aber Verständnis.

Er sagte: »Dick glaubt nicht, daß mit Ihnen irgend etwas nicht in Ordnung sei.«

»Weshalb habe ich dann solche Schwierigkeiten?« fragte Miß Press.

»Die Sache ist die, Sylvia«, erwiderte Osborn, »wenn Sie nur *dieses Buch* nicht geschrieben hätten!«

Während der folgenden zwei Jahre hat sich Miß Press vielleicht einige Dutzend Male mit Osborn in New York getroffen. Dabei machte Osborn ausführliche Notizen, zeigte sich verständnisvoll und hilfsbereit; aber die Pension wurde ihr weder gewährt noch offiziell verweigert. Die Angelegenheit verlief ganz einfach im Sande.

Das Prüfungsverfahren gegen Sylvia Press hätte wahrscheinlich niemals stattgefunden, wenn nicht McCarthy dahintergestanden hätte; es war aber kein von McCarthy selbst durchgeführtes Verfahren. Das heißt, hier ging es nicht um eine suspekte politische Einstellung, um »Linkstendenzen« oder ähnliches, sondern die Sache war viel ernster; eine ganz konkrete Indizienkette führte vielleicht von Sylvia Press bis zu einem feindlichen Nachrichtendienst.

Die Frage der Sicherheit wird von den Nachrichtendiensten sehr ernst genommen. Ein durchlässiger Nachrichtendienst ist nicht nur nutzlos, er ist höchst gefährlich, denn er erlaubt es einem feindlichen Nachrichtendienst, die unterwanderte Organisation zu manipulieren, wie etwa die Briten den deutschen Nachrichtendienst im Zweiten Weltkrieg manipuliert haben. Die Abteilung MI 5 kehrte deutsche Agenten in Großbritannien um, ließ durch sie falsche Informationen an die Deutschen weitergeben, was zur Folge hatte, daß sich das deutsche Oberkommando völlig falsche Vorstellungen von den alliierten Plänen für die Invasion in Europa machte und damit rechnete, daß die feindlichen Truppen an einer ganz anderen Stelle landen würden. Es wäre günstiger für die Deutschen gewesen, gar keine Agenten in Großbritannien zu haben. Dann wären sie wenigstens auf alles gefaßt gewesen, denn sie hätten nicht gewußt, wo sie mit der Landung rechnen müßten, und hätten sich nicht in Sicherheit gewiegt.[25] Man könnte fast sagen, je besser ein Nachrichtendienst ist und je mehr diejenigen ihm vertrauen, für die er arbeitet, desto größer ist die potentielle Gefahr, die er für seine Auftraggeber darstellt. Der Nachrichtendienst ist zugleich die vorderste Verteidigungslinie und das schwächste Glied in der Kette der Abwehrmaßnahmen. Er ist das Instrument zur Täuschung des Gegners und für eine Nation ebenso wichtig wie ein Safe für eine Bank. Es gibt jedoch in der Geschichte der Spionage erschütternde Beispiele dafür, was mit der Manipulation eines Nachrichtendienstes angerichtet werden kann,[26] und diese Beispiele garantieren dafür, daß die Nachrichtendienste sich in erster Linie um ihren eigenen Schutz kümmern werden.

Diese Schutzmaßnahmen können die verschiedensten Formen annehmen. In erster Linie kommt es darauf an, eine Schutzzone zu schaffen, und zwar nicht nur durch verschlossene Türen, vergitterte Fenster, Alarmvorrichtungen, Wachen und vier Meter hohe elektrisch geladene Drahtzäune, sondern auch dadurch, daß in die Schutzzone nur Personen eingelassen werden, an deren Vertrauenswürdigkeit kein Zweifel besteht. Zweitens kommt es darauf an, alle Geheimdokumente, die nicht gebraucht werden, unter Verschluß zu halten und das ständig zu überprüfen. Verstöße gegen diese Regeln müssen so streng bestraft werden, daß alle Mitarbeiter des Nachrichtendienstes sie beachten. Die dritte und vielleicht wichtigste Bedingung ist es, geheimes Wissen nur nach aus dem Zusammenhang genommenen Einzelheiten und nur den jeweils zuständigen Personengruppen zugänglich zu machen. Das erfüllt einen doppelten Zweck. Das Wissen jedes Einzelnen soll möglichst beschränkt bleiben, damit der Schaden, den ein eingeschleuster Agent anrichten kann, in Grenzen gehalten wird, und damit sich nachweisen läßt, wo die undichte Stelle liegt und wo man nach dem Agenten suchen muß, wenn der Verdacht besteht, daß ein Geheimnis verraten wurde. Wenn die CIA zum Beispiel von einem Überläufer erfährt, daß das KGB die Dokumente X, Y und Q von einem in die CIA eingeschleusten Agenten erhalten hat, besteht der erste Schritt der Spionageabwehr darin, festzustellen, wer auf dem Verteilerschlüssel des fraglichen Geheimdokuments steht.

Hier geht es nicht um die Techniken, sondern um die Bedeutung der Sicherheit innerhalb des Nachrichtendienstes. Sie ist so wichtig, daß ein großer Teil dessen, was Nachrichtendienste tun, auf das Eindringen in feindliche Nachrichtendienste gerichtet ist, und zwar nicht nur weil man damit ein Werkzeug in die Hand bekommt, den Gegner zu täuschen und Nachrichten zu sammeln,[27] sondern auch weil man so am besten erfahren kann, ob der Feind die eigenen Geheimnisse aufgedeckt hat. Der beste Schutz ist deshalb, in die Spionageabwehr-Organisationen feindlicher Dienste mit Agenten einzudringen, die bereit sind, an Ort und Stelle zu bleiben, ein Vorteil, der zum Teil das besondere Interesse der CIA an Kim Philby erklärt.[28] Da dies außerordentlich schwierig ist (das Schicksal des im feindlichen Lager arbeitenden Agenten ist meist die Enttarnung und die Hinrichtung), ist die zweitbeste Nachrichtenquelle ein Überläufer. In einem solchen Fall weiß der feindliche Nachrichtendienst natürlich, was der Überläufer weiß, er kann aber nicht wissen, was der Überläufer vermutet oder was der Nachrichtendienst, zu dem er übergelaufen ist, aus den Mosaiksteinen seiner Vermutungen für ein Muster zusammensetzt.

Das Geschäft der Spionageabwehr ist eine Dantesche Hölle mit neunundneunzig Kreisen, und die Männer, die sich mit den hier gehüteten Geheimnissen beschäftigen, tragen ohne Ausnahme dicke Brillen, sind blaß, haben Magengeschwüre, sind begeisterte Fliegenfischer und haben mürrische Ehefrauen. Richard Bissell sagt, sein größter Fehler als stellvertretender Direktor der Planungsabteilung sei es gewesen, daß er sich nicht eine Woche lang von James Angleton über die Arbeit bei der Spionageabwehr habe unterrichten lassen. Bissell hat nie begriffen, welche Absichten Angleton eigentlich verfolgte. Böse Zungen behaupten sogar, Angleton selbst habe es nicht gewußt, weil er sich in den verschlungenen Kreisen seiner eigenen Täuschungsmanöver verirrt habe. Andere weisen darauf hin, daß die CIA stets sauber gearbeitet hat – sauber, soweit das allgemein bekannt ist, und sicherlich fehlerlos, wenn man an die erschreckenden Schnitzer auf dem Gebiet des Geheimnisschutzes bei den britischen, deutschen und französischen Nachrichtendiensten denkt. Aber dieses Thema ist außerordentlich vielschichtig, und niemand wird je etwas Genaueres dazu aussagen können.[29]

Viele CIA-Angehörige wollten Angleton schon loswerden, bevor William Colby ihn schließlich entließ, aber Angleton hatte die Gabe, sich mit den Direktoren der Central Intelligence gut zu stellen – Dulles, McCone und Helms haben ihn alle geschätzt. Mehrere stellvertretende Direktoren der Planungsabteilung haben in ihrer Verzweiflung darüber, daß er nicht gehen wollte, versucht, seinen Mitarbeiterstab zu reduzieren und seine Selbständigkeit zu beschneiden. Bissell beauftragte John Bross, einen Plan für die Umgliederung der Behörde zu entwerfen, was Bross auch tat. Aber als Bissell ihn Angleton vorlegte, wehrte sich dieser und erklärte, die Spionageabwehr müsse von Fall zu Fall umorganisiert werden; das verlange Selbständigkeit und eine große Zahl von Mitarbeitern, und Bissell fügte sich diesem Verlangen. Später entwarf Desmond Fitzgerald einen ähnlichen Plan, um Angletons Befugnisse in Grenzen zu halten. Aber er starb am 23. Juli 1967 beim Tennisspielen[30] und konnte seine Absichten nicht mehr verwirklichen.

Es ist klar, daß kein Außenseiter je erfahren wird, ob Angleton seine Befugnisse überschritten hat, denn kein Uneingeweihter außerhalb der CIA wird an seine Akten herankommen. Der Vorrang der Sicherheit erklärt einen großen Teil der Geheimniskrämerei des Nachrichtendienstes: das Herumlungern in verschwiegenen Gäßchen, das Versteckspiel und das Verwischen von

Spuren,[31] mit dem sich jeder Agent unsichtbar zu machen sucht. Einer der nur gelegentlich mit diesem Geschäft in Berührung kommt, mag schon verzweifeln und sich nach der unschuldig naiven Haltung Henry Stimsons sehnen, der meinte, ein Gentleman läse keine fremden Briefe. Aber wie bereits gesagt, gar kein Nachrichtendienst ist besser, als einer, bei dem die Geheimhaltung nicht gewährleistet ist. Sobald eine Nation versucht, etwas über ihre wirklichen oder eingebildeten Feinde zu erfahren, kommt es automatisch zu der Art von Geheimniskrämerei und Intrigen, die den Krieg der Geheimdienste kennzeichnen.

Aber die Frage der Sicherheit führt uns zu einem anderen interessanten Aspekt dieses Geschäfts, zu einer fundamentalen psychologischen Tatsache, die die oft belustigend anmutenden Rituale und Verhaltensweisen innerhalb der Dienste erklärt: Die Angehörigen der Geheimdienste vollführen einen Seiltänzerakt zwischen Zweifel und Vertrauen; sie mißtrauen einerseits jedem, müssen aber dennoch ihren Freunden vertrauen.[32]

Im Herbst 1952 erklärte Walter Bedell Smith öffentlich, er sei überzeugt, die CIA sei von feindlichen Agenten unterwandert worden.[33] Er sagte: »Ich glaube, es gibt Kommunisten in meiner Organisation. Ich unternehme alles, sie zu entdecken; aber da Sie mich schon fragen, muß ich zugeben, ich bin sicher, daß es sie gibt.« Natürlich weiß man nie genau, wer ein feindlicher Agent ist – er gleicht einem Phantom –, und doch kann man nicht jeden alten Freund oder Kollegen verdächtigen. Darin liegt die Schizophrenie dieses Gewerbes. Vertrauen ist die Grundlage solcher Arbeit. Wenn Frank Wisner, Allen Dulles, Desmond Fitzgerald, James Angleton, John Bross oder Richard Helms abends nach Hause gingen oder sich zum Mittagessen in der Stadt mit einem Freund oder Kollegen trafen, konnten sie nicht das Cocktailglas in die Hand nehmen und auf die Gesundheit dieses Freundes trinken, während sie sich zugleich überlegten: »Warum hat er das gesagt; weshalb fragt er mich ausgerechnet nach dem Unternehmen in Albanien?« Und doch . . . und doch . . .

Anfang der 50er Jahre waren das FBI und die entsprechende britische Behörde MI 5 auf der Spur eines KGB-Agenten, der sich gewisse Geheimdokumente aus der britischen Botschaft in Washington verschafft hatte, eines Agenten, dessen Existenz im Sommer 1945 zufällig entdeckt worden war, als ein russischer

Chiffrierspezialist in New York für die Weitergabe seiner Berichte nach Moskau einen leicht zu entschlüsselnden Code benutzte. Sein Fehler wurde sehr bald korrigiert, aber es war eine genügende Zahl von Funksprüchen abgefangen worden, um festzustellen, daß es hier eine undichte Stelle gab. Ein Agent hatte Zugang zu streng geheimen Dokumenten, und man wußte von ihm, daß er zweimal wöchentlich nach New York gereist war, um seine Meldungen abzusetzen.

Nun kam es darauf an, die Identität dieses Agenten festzustellen, und es war auch gar nicht verwunderlich, daß der Verbindungsmann des britischen SIS zur CIA und zum FBI in Washington sich für diesen Fall interessierte; ein Fachmann auf dem Gebiet der Gegenspionage, der stotterte, eine Vorliebe für Martinis hatte und während des Krieges hervorragende nachrichtendienstliche Arbeit geleistet hatte. Er war ein gutaussehender Mann, der in Cambridge studiert hatte. Sein etwas verlebtes Gesicht und die tiefen Ringe unter den Augen waren vielleicht die Folge seiner Vorliebe für Martinis. Fast jeder, der damals in der CIA einen höheren Posten innehatte, erinnert sich daran, mit Kim Philby ein ausgedehntes Mittagessen mit vielen Martinis eingenommen zu haben, das meist bis 3.00 Uhr nachmittags dauerte. Philby muß ungewöhnlich trinkfest gewesen sein, denn er hat es mit jedem aufgenommen, von Dulles angefangen bis zu den Beamten der mittleren Rangstufe, und seine Leistungen als Verbindungsmann waren bewundernswert. Er hielt sich über alles und jeden auf dem laufenden, erfüllte seine offiziellen Pflichten und hatte daneben Zeit genug, jedes Dokument zu fotografieren, dessen er habhaft werden konnte, um die Kopien an seinen Führungsoffizier vom KGB weiterzugeben.

Die Geschichte von Philbys Enttarnung ist spannend und aufschlußreich: In der britischen Botschaft saß ein Spion namens Donald Maclean, der im September 1949, als Philby nach Washington kam, um seinen Marathonlauf durch die mit Martinis gewürzten Lunchs zu beginnen, nach Kairo versetzt wurde, wo er einen Nervenzusammenbruch erlitt. Der Spezialist für Spionageabwehr bei der CIA, James Angleton, traf sich oft mit Philby und wird diese Begegnungen wahrscheinlich nie vergessen. Philby war ein schlanker Kettenraucher mit einem dünnlippigen, aber sehr breiten Mund. Die Mundwinkel lagen so weit auseinander, daß sie gleichzeitig jeweils einem anderen Gefühl Ausdruck verleihen konnten. Am häufigsten war es spöttisches Amüsement auf der einen, der rechten, und Verzweiflung auf der linken Seite. Dabei hatte man den Eindruck, er wisse nicht, ob er aufgeben oder durchhalten solle, und habe sich deshalb entschlossen, beides zu tun.

Sowohl die Briten als auch die Sowjets drängten Philby, mit dem FBI und MI 5 in engem Kontakt zu bleiben, um festzustellen, ob die Nachrichtendienste dem gesuchten Spion auf die Spur gekommen waren. Wahrscheinlich wußte Philby sogar, daß es sich um Maclean handelte. Anfang 1951, als die Jagd sich ihrem erfolgreichen Ende näherte, beschlossen die Russen, Maclean fliehen zu lassen, und Philby sollte diese Flucht organisieren. Als Gehilfe wurde ihm Guy Burgess zugeteilt. Auch er hatte in Cambridge studiert, und seine gesellschaftliche Stellung erlaubte es ihm, ein geradezu chaotisches Leben zu führen. Er betrank sich häufig, war homosexuell, und sein Betragen war oft das, was die Briten »beastly« (gemein) nennen. Er provozierte seine Gastgeber, erbrach sich auf dem Bettvorleger, führte bei Tisch Streitgespräche und verschüttete dabei die Suppe, tätschelte die Nichte der Gastgeberin, blieb, wenn alle anderen Gäste gegangen waren, bis drei Uhr morgens zurück, um schließlich im Badezimmer einzuschlafen. Burgess war mit Philby nach Washington gekommen, wo er sich schon nach wenigen Monaten so viele Feinde gemacht hatte wie kaum jemand vor ihm. Er war deshalb eigentlich nicht der geeignete Mann für eine so delikate Aufgabe wie das Ausschleusen eines Agenten, aber er war der einzige, der Philby dafür zur Verfügung stand, und im Mai 1951, kurz bevor die Abteilung MI 5 in London Maclean festnehmen lassen wollte, gelang die Flucht – mit einem allerdings verhängnisvollen Nebeneffekt. Burgess war im letzten Augenblick in Panik geraten und schloß sich Maclean an.

Es ist schwer, die Reaktion bei der CIA zu beschreiben. Wer zwei und zwei zusammenzählen konnte, mußte nun erkennen: Der so lange gesuchte Spion war Philby! Der damalige Direktor der Central Intelligence, »Beedle« Smith, schrieb dem Leiter des SIS, Sir Stewart Menzies, einen Brief und ersuchte ihn, Philby aus Washington abzuberufen. Maclean war ein wichtiger Spion, und daß man ihn nicht hatte fassen können, war eine Blamage. Burgess war ein kleiner Fisch, aber er hatte Maclean aus London fortgebracht, bevor die Abteilung MI 5 zufassen konnte. Auch das war blamabel. Aber Harold Adrian Russell Philby war Chef der Abteilung für Spionageabwehr des SIS gewesen; er war der Verbindungsmann des SIS zur CIA in Washington und hatte auf die ausdrückliche Empfehlung von Dulles Zugang zu allen geheimen Informationen gehabt. Das war eine Katastrophe. Aus bestimmten Gründen durfte Philby das SIS in London verlassen, und die Öffentlichkeit erfuhr nicht, daß er ein Spion war, bevor er sich im Januar 1963 in die Sowjetunion absetzte. Aber innerhalb der CIA hat darüber kaum ein Zweifel geherrscht, und bis heute spricht man dort nur sehr ungern über die Affäre Philby.[34]

Helms kannte Philby nur oberflächlich. Wie viele andere hatte auch er mit Philby geluncht und ihm Mitteilungen gemacht, die er heute mit Sicherheit bedauert. Aber er gehörte einem Nachrichtendienst an, in dem man weiß, daß so etwas möglich ist; daß der Mann, der einem lächelnd bei Tisch gegenübersitzt, der gute alte . . .! . . . für die andere Seite arbeiten könnte. In der CIA gibt es viele alte Studienfreunde, die einander ebenso vertrauen, wie Philbys Freunde ihrem guten alten Kim vertraut haben. Philbys persönliche Schwierigkeiten waren nicht größer als die vieler Mitarbeiter der CIA, und wenn die Martinis für ihn das waren, was für einen Verwundeten das Blutplasma ist, so ist auch dieser Umstand in Washington ganz normal. In der amerikanischen Hauptstadt ist der Alkoholkonsum groß, und viele Angehörige der CIA haben ihre Arbeit aufgeben müssen, weil sie zu Alkoholikern geworden waren. Die Mitarbeiter der CIA vertrauen einander, aber sie sind sich dieses Vertrauens in jedem Augenblick bewußt. Daß man an die Anständigkeit eines Kollegen im Nachrichtendienst glaubt, ist in gewissem Maß ein Willensakt. Man *weiß* nicht, daß man diesem Mann vertrauen kann; man *glaubt*, daß man es könnte, und deshalb beschließt man, ihm zu vertrauen. Darin liegt der Unterschied zum normalen Leben. Die meisten Menschen haben es nicht nötig, im Hinblick auf ihre Freunde und Kollegen solche Überlegungen anzustellen. Wer es dennoch tut, der steht in einer besonders engen Beziehung zu diesen Menschen, und Leute, die in so engem Verhältnis zueinander stehen, haben auch alle Ursache, einander gegen falsche Beschuldigungen von außen in Schutz zu nehmen.

Die CIA ist natürlich nie regelrecht unterwandert worden. Gefährlich wurde die Lage für die CIA aber beispielsweise, als der Außenbeamte Philip Agee 1968 aus dem Dienst schied und ein Buch mit dem Titel *Inside the Company: CIA Diary*[35] schrieb. Agee spielte vor der Welt den desillusionierten ehemaligen Geheimdienstbeamten, dessen einziges Interesse darin besteht, die Öffentlichkeit aufzuklären, also nach ganz ähnlichen Motiven handelte wie Daniel Ellsberg mit der Veröffentlichung der Pentagon-Papiere. In der CIA betrachtet man Agee ganz einfach als Überläufer. Wie hätte er sonst auf den Gedanken kommen können, so viele geheime Vorhaben preiszugeben, Agenten bloßzustellen und Menschenleben in Gefahr zu bringen? Und was hatte er auf seinen Reisen nach Kuba getan, wo der Nachrichtendienst *Dirección Generale de Inteligencia* angeblich schon seit 1969 vom KGB beherrscht wurde? Zwar ist es Agee gelungen, einen Teil der Öffentlichkeit davon zu überzeugen, daß er kein Verräter sei, aber in der CIA glaubte man ihm nicht.

Als man deutlich erkannte, daß er übergelaufen war, ging die CIA so vor, als sei er nach Moskau geflohen; sie unterbrach alle Operationen und zog alle Agenten ab, von denen Agee etwas wissen konnte.[36] Man ist bei der CIA verärgert über Victor Marchetti, Frank Snepp und John Stockwell, aber Agee ist hier der bestgehaßte Mann, und wenn er das Flurlicht ausschaltet, bevor er nachts die Haustür öffnet, wenn er sich seinen Wagen genau ansieht, ehe er die Zündung einschaltet, und sich von Fremden kein Konfekt schenken läßt, dann ist das sicher keine übertriebene Vorsicht.

Doch abgesehen von Agee ist die CIA niemals unterwandert worden – im Gegensatz zu den meisten anderen westlichen Nachrichtendiensten. Jedenfalls behaupten das die Mitarbeiter dieser Behörde. Es gibt aber gewisse interne Meinungsverschiedenheiten zu diesem Thema, und in Wirklichkeit weiß es niemand ganz genau. Eingeweihte sind sich bis heute noch nicht über die Einzelheiten eines Falles aus dem Jahr 1962 klar, zu dem es während der letzten Monate der Amtszeit von Richard Bissell als stellvertretendem Planungsdirektor gekommen war. Es handelte sich um einen Mann, der vielleicht ein Agent des KGB gewesen sein könnte. Wenn man aber die Beweismittel in einem anderen Licht betrachtet, mag das auch ein Trugschluß sein. Wie Lawrence

Houston und Lyman Kirkpatrick berichten, sind im Lauf der Jahre vielleicht ein Dutzend Beamte der CIA als Sicherheitsrisiken entlassen worden; dies war jedoch der einzige Fall, in dem man eine Unterwanderung befürchtete. Bei den anderen handelte es sich hauptsächlich um Personen, an deren persönlicher Zuverlässigkeit man zweifelte oder die sich Verstöße gegen bestimmte Verhaltensregeln hatten zuschulden kommen lassen.

Der erwähnte Fall begann wie so oft mit einem Überläufer. Anfang 1962 traf ein hoher Beamter des KGB, Major Anatoly Golitzin, in Washington ein, um von den Spezialisten der Spionageabwehr und der sowjetrussischen Abteilung des DDP vernommen zu werden. Golitzin hatte, bevor er sich absetzte, in Helsinki für die CIA gearbeitet, aber die geheimen Zusammenkünfte mit dem betreffenden Führungsoffizier waren notwendiger Weise nur sporadisch, so daß dessen Eindrücke zwangsläufig sehr oberflächlich blieben. Erst bei seinen Vernehmungen in Washington berichtete Golitzin der CIA über die Existenz eines KGB-Agenten, eines sogenannten »Maulwurfs«, der im Planungsdirektorium eine hohe Stelle einnahm. Golitzin kannte den Namen dieses Agenten nicht (das hätte die Untersuchung zu einem Kinderspiel gemacht), er kannte jedoch den Inhalt bestimmter Berichte dieses Agenten, hatte eine Personenbeschreibung und wußte, daß sich der Agent an einem bestimmten Tag mit einem Vertreter des KGB in London getroffen hatte.

Angleton ging in der klassischen Weise vor – er wendete die Dreieckstaktik an. Zuerst stellte er fest, wer über die in den Berichten des Agenten erwähnten Angelegenheiten orientiert war. Zweitens suchte er nach Beamten im Büro des DDP, auf die die Personenbeschreibung zutraf. Drittens ließ er feststellen, wer zur fraglichen Zeit in London gewesen war. Nur bei einer Person trafen alle drei Kriterien zu.

Damit hatte Angleton einen Verdächtigen. Aber trotz einer sehr gründlichen Untersuchung ließ sich eben nicht mehr feststellen. Es gab über den Verdächtigen kein weiteres Belastungsmaterial – keine versteckten Bankguthaben, keine unbegründeten Reisen und kein ungewöhnliches Verhalten in der Öffentlichkeit. Hätte er auch nur einmal in der Woche versucht, einen potentiellen Verfolger abzuschütteln (er wußte nicht, daß man ihn jetzt beobachtete, hätte aber die üblichen Vorsichtsmaßnahmen ergreifen können), dann wäre das schon ein deutlicher Hinweis gewesen. Wenn aus den schriftlichen Unterlagen hervorginge, daß der Verdächtige eine ungewöhnlich große Zahl von Geheimdokumenten abgezeichnet hatte, wenn er den Versuch unternommen hätte, selbst auf einen bestimmten Verteilerplan zu kommen, oder sich sonst für Dinge interessierte, die nicht zu seinem begrenzten Amtsbereich gehörten, dann hätte Angleton die notwendigen Schlüsse ziehen können. Doch in diesem Fall enthielten alle Berechnungen eine Unbekannte – ein Umstand, der das Interesse Angletons wieder auf Golitzin lenkte.

Es gab natürlich die Möglichkeit, daß Golitzin gar nicht wirklich übergelaufen war, sondern auf Befehl seiner sowjetischen Vorgesetzten handelte, um Mißtrauen und Verwirrung zu stiften und einen tüchtigen Mitarbeiter des DDP auszuschalten. Doch nach allem, was man wußte, meinte Golitzin es ehrlich. Seine Aussagen hielten allen Überprüfungen stand und darüber hinaus hatte er sehr viele nützliche Informationen geliefert, unter anderem Namen von KGB-Agenten in den verschiedensten Behörden in Großbritannien, Deutschland, Frankreich und Italien. Die Leute von der Gegenspionage sagen, bei solchen Überprüfungen ergäben sich in der Regel alle möglichen Hinweise, aber in diesem Fall ergab sich nichts. Golitzin konnte sich natürlich irren, oder er war selbst Opfer eines Täuschungsmanövers des KGB. Aber man durfte die Sache nicht einfach auf sich beruhen lassen. Schließlich gab es da auch noch den Fall des Walter Kriwitzki, eines russischen Überläufers aus dem Jahr 1937, der über einen sowjetischen Agenten im britischen Außenministerium und über einen weiteren Mann berichtet hatte, der bei der Spionageabwehr arbeitete und während des Bürgerkriegs als Journalist nach Spanien gegangen war. Das paßte genau auf Kim Philby! Da nun die britische Spionageabwehr es versäumt hatte, zwei und zwei zu addieren – der gute alte Kim? er ist doch absolut in Ordnung –, konnte Philby den Russen noch weitere fünfzehn Jahre die Geheimnisse der Alliierten verraten.

Innerhalb des Planungsdirektoriums war man sich lange Zeit uneins darüber, wie weit die Verdächtigungen gerechtfertigt waren. Wie Thomas Karamessines berichtet, glaubte Frank Wisner, entweder habe Golitzin gelogen oder er täusche sich. Deswegen wollte Wisner den Verdächtigen nicht entlassen. Zwei andere Mitarbeiter der CIA sagten, sie hätten niemals auch nur den kleinsten Grund gehabt, an der Loyalität ihres in Verdacht geratenen Kollegen zu zweifeln. Einer von ihnen, Lawrence Houston, war dem Mann später sogar dabei behilflich, eine neue Anstellung zu finden. Aber mehr wollte niemand sagen, denn eine Unterwanderung ist das Schlimmste, was in einem Nachrichtendienst vorkommen kann. Höchstwahrscheinlich weiß niemand genau, ob die Vorwürfe berechtigt waren oder nicht.

Doch was der Verdächtige selbst oder seine Freunde damals auch sagten, Angleton ließ sich von ihren Argumenten nicht überzeugen. Obwohl Wisner als neuer Chef des CIA-Büros in London dagegen protestierte, ging Angleton zu Dulles, legte ihm die Ermittlungsergebnisse vor, und damit war das Schicksal des Verdächtigen besiegelt. Angleton behauptete nicht, man müßte mit fünfzigprozentiger oder auch nur zehnprozentiger Wahrscheinlichkeit annehmen, daß der Mann schuldig sei. Es genügte schon, daß diese Möglichkeit überhaupt bestand, und das war nach Angletons Auffassung der Fall. Der Verdacht ließ sich nicht mit letzter Sicherheit ausräumen.

Auch Dulles stimmte der Entlassung zu. Nun ging Angleton zu Bissell, der zu demselben Schluß kam. Man trennte sich ohne alles Aufsehen von dem in Verdacht geratenen Kollegen. Lawrence Houston war überrascht, daß der Entlassene sich nicht dagegen wehrte, aber seine Proteste hätten ihm eben nicht geholfen. Golitzin hatte recht gehabt, als er sagte, dieser Mann sei zu einem bestimmten Zeitpunkt in London gewesen, und obwohl die CIA nicht nachweisen konnte, daß er sich dort mit einem Vertreter des KGB getroffen hatte, konnte er nicht das Gegenteil beweisen. Sein Abgang erfolgte so unauffällig, daß nur ganz wenige Angehörige der CIA überhaupt davon erfuhren, daß man ihn je verdächtigt hatte. Alle anderen Kollegen in der CIA waren auch weiterhin davon überzeugt, die CIA sei niemals unterwandert worden – alles sei in bester Ordnung.

Aber der innere Kreis – zu dem auch Richard Helms gehörte, der das Untersuchungsverfahren und das Ergebnis dieses Verfahrens kannte – verteidigte auch weiterhin den guten Ruf des amerikanischen Nachrichtendienstes mit jener spezifischen Entschlossenheit, hinter der der Glaube, nicht aber das Wissen steht. Helms erkannte Angletons Leistungen durchaus an. Zwar teilte er nicht dessen lebhaftes Interesse für die Motive wichtiger außenpolitischer Entscheidungen; aber er achtete diesen Mann doch als einen Meister der Spionageabwehr. Angleton war es zu verdanken, wenn es dem KGB im Lauf von zwanzig Jahren nicht gelungen war, die CIA zu unterwandern. Und er hat es Helms erspart, dem Kongreß erklären zu müssen, daß es einen amerikanischen Philby gab. Die Freundschaft zwischen Helms und Angleton bestand weiter, nachdem beide die CIA verlassen hatten, und es war eine enge Freundschaft. Als Botschafter im Iran und zur Zeit der langwierigen Ermittlungsverfahren vor dem Watergate-Ausschuß und dem Church-Ausschuß erhielt Helms viele Briefe von Angleton und manchmal auch Aufzeichnungen von Fernsehsendungen, die ihn interessieren könnten. Die Freundschaft gründete sich auf die gegenseitige Achtung, die sie sich als Fachleute entgegenbrachten, und keiner von beiden erwartete, von Leuten verstanden zu werden, die die Spionageromane von John le Carré schätzten.

5. Kapitel

Rückblickend muß man zugeben, daß es viele Anzeichen gab, an denen das Ende von Frank Wisners beruflicher Laufbahn abzulesen war: Zum Beispiel jenes Essen, bei dem Wisner eine humoristische kleine Rede hielt, in der er so tat, als sei er ein sowjetischer General. Als stellvertretender Direktor der Planungsabteilung – und das war vielleicht das zweitwichtigste Amt in der CIA – wußte Wisner wahrscheinlich über die einzelnen sowjetischen Generäle und ihre Dienststellung mehr als alle anderen, die Spezialisten einmal ausgenommen. Aber irgendetwas an dieser Rede mußte die Zuhörer nachdenklich stimmen; und zwar nicht nur die Tatsache, daß Wisner sonst ein ernster Mann war, der sich selbst wichtig nahm und im allgemeinen nicht zu Scherzen aufgelegt war. Frank Lindsay war an diesem Abend einer von Wisners Gästen, und es fiel ihm auf, daß Wisners Monolog sich zu sehr in die Länge zog, er sich zu oft wiederholte und zu plump und tendenziös ausdrückte. Aber im selben Augenblick, als die Gäste begannen, unruhig auf ihren Stühlen hin- und herzurücken, schloß Wisner seine Ansprache, die allgemeine Unterhaltung wurde wieder aufgenommen, und Lindsay verdrängte den Vorfall ebenso aus dem Bewußtsein, wie alle anderen auch.

Heute erinnert man sich einer ganzen Reihe ähnlicher Symptome, aber niemand hat sie seinerzeit beachtet. Wisner war sehr fleißig, las viel, kümmerte sich sorgfältig um alle Details, denn schließlich wollte er wissen, was die Tausende von Beamten auf den Außenposten mit ihren Tausenden von Mitarbeitern und Agenten überall in der Welt taten. In seinem Aufgabenbereich waren Spannungen nicht zu vermeiden. Seine Mitarbeiter berichten, er habe sich selbst als aktiven Politiker betrachtet und zuviel Energie darauf verwendet, alle wichtigen Leute in Washington für sich einzuspannen. Das Papier mochte sich auf seinem Schreibtisch in dicken Stößen stapeln; Wisner zog es vor, sich ausführlich mit der Morgenausgabe der *Times* zu befassen, in der Scotty Reston einen Artikel geschrieben hatte, dessen Schlagzeile ihm nicht gefiel. Dann war nichts wichtiger als eine Richtigstellung. Wisner beauftragte einen seiner Gehilfen, alle diese Angelegenheit betreffenden Tatsachen zu sammeln und Reston anzurufen, ihn auf seinen Fehler hinzuweisen und dafür zu sorgen, daß die Angelegenheit in Ordnung gebracht wurde.

Ein guter Bekannter Wisners erinnert sich an einen Abend im Frühjahr 1957, an dem Wisner zu Hause an einer Tischrede arbeitete, die er später bei irgendeinem Essen halten wollte. An sich war eine Rede anläßlich dieses Essens überflüssig, denn es handelte sich um eine rein gesellschaftliche Veranstaltung. Dennoch ging Wisner mit Reston im Garten hinter seinem Haus in Georgetown auf und ab und besprach mit ihm den Wortlaut seiner Rede, bis er die richtige Formulierung gefunden zu haben glaubte. Er hatte den dringenden Wunsch, sich jedem *verständlich* zu machen. Übrigens ein Grund, weshalb die CIA damals so viele amerikanische Bücher subventionierte – Berichte über die russische Tyrannei in Osteuropa, die Erinnerungen ehemaliger und jetzt bekehrter Kommunisten und Bücher über die rote Gefahr in Mittelamerika. Diese Gelder wurden den Verlegern manchmal durch einen alten Freund von Allen Dulles zugewiesen, einen Partner in der Anwaltspraxis von Sullivan und Cromwell an der Wall Street. Derartige Subventionen waren zwar recht delikat, aber Wisner hielt sie für notwendig, damit die Amerikaner *verstanden*, worum es hier ging.

Wisner arbeitete nicht nur viele Stunden am Tag in seinem Büro, sondern nahm auch an ungezählten gesellschaftlichen Veranstaltungen teil. Er war ein kontaktfreudiger Mensch, legte Wert darauf, die wichtigsten Leute kennenzulernen und interessante Neuigkeiten zu erfahren, bevor die Zeitungen darüber berichteten. Es war daher nichts Besonderes, wenn man Reston in Wisners Haus begegnete. Hier konnte man alle möglichen Leute treffen; George Kennan oder Charles Bohlen (nach ihrer Rückkehr aus der Sowjetunion), Journalisten wie Arthur Krock und die Brüder Alsop, Randolph Churchill oder Malcolm Muggeridge aus England. Es gab niemanden in Washington, der häufiger zum

Lunch ausging oder sich abends für eine Einladung umziehen mußte als Wisner. Wenn er nun eine zu lange, zu ausführliche, darüber hinaus auch noch unzusammenhängende Rede in der Pose eines russischen Generals hielt, war das vielleicht nur ein Zeichen dafür, daß er sich zuviel zugemutet hatte.

Aber in Wirklichkeit stand mehr dahinter. Irgend etwas war nicht in Ordnung. Im Frühherbst 1956 übergab Wisner seine Amtsgeschäfte dem Operationschef Richard Helms und reiste nach Europa, um die Außenstationen der CIA zu besuchen. Wie üblich hatte er ein dichtes Programm. Seine Sorge galt in erster Linie dem Konflikt zwischen Großbritannien und Ägypten in der Suezfrage und dem noch nicht geklärten Problem, was Chruschtschow mit Ungarn vorhatte. Doch zu dieser Zeit stand noch die Krise am Suezkanal im Vordergrund.

Wisner reiste nach England, Frankreich, Deutschland, Österreich, Griechenland und Italien, ein anstrengendes Unternehmen. Wisners schlechte Gemütsverfassung auf dieser Reise läßt sich jedoch eher mit dem Ende Oktober erfolgten gemeinsamen Angriff der Franzosen, Briten und Israelis auf Ägypten erklären. Die Lage hatte sich schon seit einiger Zeit zugespitzt, aber als die Briten am 31. Oktober 1956 ihre Bombenflugzeuge einsetzten, und zwar um dieselbe Zeit, als Wisner von Großbritannien nach Deutschland abreiste, war er dennoch überrascht. Er fühlte sich verletzt, war verärgert und aufs äußerste besorgt. Jetzt mußten zwanzig Dinge zugleich erledigt werden. Hatten die Briten denn nicht begriffen, was das für Ungarn bedeutete, wo Chruschtschow offenbar zu Zugeständnissen bereit gewesen war? Und sie hatten ihn mit keinem einzigen Wort gewarnt. Das kränkte Wisner ebenso sehr wie der Angriff selbst. Dem französischen Geheimdienst hatte er nie getraut und rechnete nicht damit, aus dieser Quelle etwas zu erfahren. Aber die Briten! Zwischen der CIA und dem SIS bestand ein fast brüderliches Verhältnis, und doch hatte man ihn bei seinen Gesprächen mit britischen Diplomaten und Beamten des Nachrichtendienstes mit keinem einzigen Wort gewarnt.

Wisners Chefadjutant auf dieser Reise, John Baker, klagte dem Bürochef der CIA in Berlin sein Leid: Wisner sei jeden Tag von einem Treffen zum anderen gehetzt, habe nächtelange Gespräche geführt und sei jeden Morgen nach nur zwei bis drei Stunden

Schlaf in aller Frühe wieder aufgestanden. Er habe ununterbrochen geredet. Schon unter normalen Umständen wäre es schwierig, in einem Gespräch mit Wisner selbst zu Worte zu kommen, aber diese Reise habe alle diesbezüglich schlechten Erfahrungen bei weitem übertroffen! Als Chruschtschow jeden Versuch zu einer Verständigung aufgab (seine bisherige Haltung war vielleicht nur eine Finte gewesen) und seine Panzer am 4. November nach Budapest schickte, flog Wisner nach Wien, wo man im Büro der CIA dieselbe gespannte Erregung und denselben Übereifer an ihm feststellte. Die Erfahrungen, die er jetzt machen mußte, waren außerordentlich schmerzlich. Die CIA hatte den nationalen Widerstand in dem von den Russen beherrschten Osteuropa ermutigt und sogar Ende der 40er und Anfang der 50er Jahre geheime militärische Aktionen geplant. Im November 1956 lagerten überall in Europa noch Waffen, die notfalls an die Widerstandsbewegungen ausgegeben werden sollten, und die ungarischen Emigranten, die sich bereiterklärt hatten, im Kriegsfall unter der Leitung der CIA zu kämpfen, setzten sich jetzt mit ihren Führungsoffizieren in Verbindung. Der Chef der osteuropäischen Abteilung der CIA in Washington stand unter starkem Druck. Aber ihm waren die Hände gebunden. Amerikanisches Eingreifen hätte Krieg bedeutet, und man mußte den Ungarn die Waffen verweigern, nach denen sie verlangten.

Wisner sah in Wien mit eigenen Augen die Flut ungarischer Emigranten und hörte mit eigenen Ohren ihre Berichte über die Brutalität der Russen, den Einsatz russischer Panzer gegen die Zivilbevölkerung und die Leichen auf den Straßen von Budapest. Als die Rundfunkstationen des ungarischen Widerstands ihre Sendungen einstellten und der Kampf langsam verebbte, verließ Wisner Wien, um vor seiner Rückkehr in die Vereinigten Staaten noch Griechenland und Rom zu besuchen. Auch dort fiel den Beamten der CIA sein eigenartiges, aufgeregtes und zeitweilig geradezu wirres Verhalten auf. Diesmal war er allerdings auch körperlich krank. Die Diagnose war zwar noch nicht gestellt, aber wie sich später herausstellte, litt er an einer Hepatitis, die er sich wahrscheinlich in Athen nach dem Genuß roher Muscheln zugezogen hatte.

Nach Washington zurückgekehrt, lud Wisner die leitenden Beamten des DDP zu einer Konferenz – dazu gehörten Helms und alle Abteilungschefs – und forderte John Baker auf, einen Bericht über die Reise vorzutragen. Doch kaum hatte Baker begonnen, unterbrach ihn Wisner zum erstenmal und tat das alle drei Minuten wieder, und zwar um eine lange, detaillierte und recht obszöne Geschichte zu erzählen, bei der es um gewisse Russen, eine Verwechslung zwischen einer Damen- und einer Herrentoilette und große Mengen von Klosettpapier ging. Es war eine sehr komplizierte, ganz komische Geschichte, aber sie paßte überhaupt nicht in den Rahmen. Wisner schien davon fasziniert zu sein. Später rief er Henry Cabot Lodge an, um auch ihm die Geschichte zu erzählen, und während der folgenden Tage wiederholte er sie bei allen Besprechungen und Konferenzen.

Diesem unerklärlichen Verhalten folgte der physische Zusammenbruch. Mit 41 Grad Fieber wurde Wisner ins Krankenhaus eingeliefert. Doch sein körperlicher Erschöpfungszustand hinderte seine Phantasie nicht daran, weiterhin recht bizarre Blüten zu treiben: Der Inder Jawaharlal Nehru war bei seinem letzten Besuch in den Vereinigten Staaten fotografiert worden, als er die Freitreppe zum Weißen Haus hinaufging. Das Foto zeigte Nehru in einer etwas komischen Haltung: Er reckte sich auf die Zehen und erinnerte so ein wenig an einen Ballettänzer, der gerade breit lächelnd und mit ausgestrecktem Arm die Stufen hinaufsprang. Wisner schmückte das Foto an seinem Krankenbett mit allerlei phantastischen Verzierungen und machte sich dabei über Nehru lustig, der das außenpolitische Establishment in Amerika irritierte, weil er einerseits den neutralistischen Friedensapostel spielte und andererseits auf die amerikanische Auslandshilfe spekulierte. Wisner glaubte, das sei ein hervorragendes Thema für den Karikaturisten Herblock von der *Washington Post.* Er bat eine Krankenschwester um ein Telefon, um seinen Freund Philip Graham, den Herausgeber der *Post,* anzurufen.

Die Krankenschwester weigerte sich. Es war mitten in der Nacht, und Wisner war schwerkrank.

Wisner sah die Schwester böse an und sagte drohend: »Sie wissen nicht, wer ich bin, aber ich bin ein sehr mächtiger Mann. Mir unterstehen Tausende von gedungenen Mördern. Wenn Sie mir nicht erlauben, Mr. Graham anzurufen, *dann werde ich meine Gorillas auf Sie loslassen.*«

Die Krankenschwester gab nach.

Ein völlig verschlafener Graham kam schließlich an den Apparat. »Phil«, sagte Wisner, »ich habe eine hervorragende Idee für Herblock . . .« Dann beschrieb er in allen Einzelheiten das Foto, machte einen Vorschlag für die Karikatur und die in die Zeichnung einzufügenden Kurztexte, die sie wie ein Medaillon umrahmen sollten. Das Thema war eine vielfache Variation des *pas de deux*, den Nehru zwischen dem amerikanischen Dollar und der Friedenstaube aufführen sollte. Graham hörte sich die umständlichen Ausführungen Wisners mit Staunen an. Einer von Wisners Bekannten, der sich die Karikatur später noch einmal beschreiben ließ, hielt die Idee in ihrer Art für brillant.

Während Wisner im Krankenhaus lag, übernahm Richard Helms wieder die Leitung des Planungsdirektoriums. Anfang 1957 kehrte Wisner in sein Amt zurück und erweckte zunächst den Eindruck, als sei er vollkommen genesen. Die Ärzte hatten ihm allerdings Ruhe verordnet und geraten, das Trinken aufzugeben, aber Wisners Temperament erlaubte ihm nicht, seine Arbeit zu vernachlässigen. Während des folgenden Jahres war er ganz der Alte und arbeitete aktiv und interessiert mit dem scharfen Verstand des Juristen – und er nahm wieder voll am gesellschaftlichen Leben teil. Im März 1958 ging er erneut auf Reisen, diesmal in den Fernen Osten.

Sehr bald nach seiner Rückkehr nahm Wisner an einer Veranstaltung zur Feier des 4. Juli im Landhaus des bekannten Washingtoner Regierungsbeamten Paul Nitze teil. Die anderen Gäste merkten sofort, daß irgendetwas mit ihm nicht stimmte. Auch Richard Bissell war anwesend; er erinnert sich an Wisners ungewöhnliche Schwatzhaftigkeit. Offenbar wollte er die anderen nicht nur unterhalten, sondern drängte sich ihnen geradezu auf. Erregt, ja fast euphorisch erzählte er von irgendwelchen Seidenstoffen, die er in Thailand gekauft hatte. Bissell war überzeugt, einen schwerkranken Mann vor sich zu haben.

Diesmal handelte es sich ohne Zweifel um einen psychischen Zusammenbruch. Wisner schrieb lange, ausführliche Briefe an seine Freunde. Bei den Besprechungen, an denen er teilnahm, beharrte er darauf, über Nebensächlichkeiten zu reden und verfiel dann übergangslos in brütendes Schweigen. Sogar während der regulären Sitzungen der Abteilungsdirektoren, die jeden Montag, Mittwoch und Freitag unter dem Vorsitz von Dulles stattfanden, hielt er lange Monologe über obskure Themen. Seine Untergebenen erhielten unausführbare Befehle und wurden mit kreischender Stimme angefahren, grundlos beschuldigt und beschimpft. Wisners Sekretärin hatte es in jenem Sommer besonders schwer und brach unter der Belastung durch seine Launen häufig in Tränen aus. An einem Augusttag brach er endgültig zusammen. Man rief einen Krankenwagen, und die Krankenwärter mußten Wisner mit Gewalt und unter den Augen seiner erschütterten Mitarbeiter aus dem Gebäude L tragen. Immer noch behauptete Wisner, er sei völlig gesund und brauche keine ärztliche Behandlung. Ein wenig Ruhe werde alles wieder in Ordnung bringen. Doch schließlich ließ er sich von Desmond FitzGerald davon überzeugen, daß er sich nicht nur überarbeitet hatte, und erklärte sich bereit, zur weiteren Behandlung in das Shepherd Pratt Krankenhaus zu gehen. Gegen Ende der 50er Jahre war der Elektroschock *die* Entdeckung auf dem Gebiet der psychiatrischen Medizin, und Wisners sechsmonatiger Aufenthalt in der Nervenklinik war ein furchtbares Martyrium für ihn. Er hat später mit seinen alten Kollegen von der CIA niemals darüber gesprochen, nur einmal sagte er zu Desmond FitzGerald: »Des, wenn Sie wüßten, was Sie mir angetan haben, dann würden Sie Ihres Lebens nicht mehr froh werden.«

Während Wisners Abwesenheit wurde Helms zum zweitenmal zum DDP ernannt. Aber diesmal wußte jeder, daß Wisner nicht zurückkommen würde. Dulles glaubte, Wisners Zustand sei die Folge seiner Arbeit für diese Abteilung, denn hier entstand wegen der fortwährenden außenpolitischen Krisen ein solcher Druck, daß ein Mensch unter dieser Belastung zusammenbrechen konnte. Vielleicht war der Posten des Bürochefs in London für Wisner besser geeignet. Dort waren die Anforderungen nicht so hoch, und Wisner hatte in der britischen Hauptstadt viele gute Freunde, die es ihm ermöglichen würden, das gesellschaftliche Leben, das er so schätzte, zu genießen, ohne den Belastungen des DDP ausgesetzt zu sein. So ging Wisner 1959 nach London, aber noch im selben Jahr besuchte ihn Richard Bissell auf einer Europareise und hatte den Eindruck, die ersten Anzeichen eines neuen Nervenzusammenbruchs zu bemerken. 1961 schied Wisner endgültig aus der CIA aus und beschäftigte sich vor allem mit finanziellen Angelegenheiten. Wieder hatten seine Freunde das Gefühl, er habe sich vollkommen erholt. Er interessierte sich auch weiterhin für die Arbeit in der CIA, und niemand war besonders überrascht, als er 1963 erklärte, man müßte energisch gegen die Ernennung von Lyman Kirkpatrick zum Generalinspekteur und Budgetdirektor protestieren.[1] Das sei doch eine Selbstverständlichkeit! Auf diesem Posten wäre Kirkpatrick der dritte Mann in der CIA nach dem stellvertretenden Direktor. Das dürfte man nicht zulassen.

Aber Kirkpatrick bekam den Posten und behielt ihn bis zu seiner Pensionierung im Jahr 1965 – doch niemand hat Wisners Protest mißverstanden. Viele Leute in der CIA teilten seine Ansicht. Aber der Eindruck, daß Wisner völlig genesen sei, war falsch. Im Oktober 1965 erlitt Frank Wisner wiederum einen Nervenzusammenbruch. Er erschoß sich.

Als Wisner das Planungsdirektorium seinerzeit verließ, rechneten viele damit, daß Helms an seine Stelle rücken würde. Er wäre der geeignete, ja fast der einzig mögliche Nachfolger gewesen. Helms galt als tüchtiger Verwaltungsbeamter und hatte sich unter der Leitung von Frank Wisner als begabter Mitarbeiter bewährt. Wisner hatte seine Freunde und Feinde. Die Freunde sagten, er habe den Verstand eines guten Juristen, der ihn befähigte, eine Situation sofort objektiv zu erfassen. Seine Feinde behaupteten, zwar sei er ein typischer Jurist, aber kleinlich und oberflächlich. Doch Freunde und Feinde waren sich in einer Beziehung einig: Frank Wisner war nicht in der Lage, auch nur ein Essen für zwei Personen zu arrangieren. Wenn er eine Anordnung traf, beauftragte er vier oder fünf verschiedene Personen mit der Durchführung und ließ sie jeden Morgen kommen, um festzustellen, wie weit sie inzwischen vorangekommen waren. Wenn Helms als Chef der Operationsabteilung hier nicht Ordnung geschaffen hätte, wäre die Planungsabteilung wahrscheinlich im Chaos versunken.

Helms' reiche Erfahrungen im Nachrichtendienst hatte er der einzigartigen Stellung zu verdanken, die er unter Wisner einnahm. Als Operationschef war er eine Art Mittelsmann zwischen den im Außendienst eingesetzten Mitarbeitern und der Zentrale in Washington, die die Richtlinien bestimmte. Als solcher mußte er den Wortlaut der an die Außenstellen gerichteten Telegramme genehmigen oder die Telegramme selbst entwerfen. Auf der anderen Seite leitete er die konkreten Vorschläge der örtlichen Büros der CIA zur Genehmigung an die Zentrale weiter.

Mehr als zwanzig Jahre nach dem Zweiten Weltkrieg hatte die amerikanische Politik beispielsweise vor allem das Ziel, die Kommunisten in Italien an der Machtergreifung zu hindern. Das CIA-Büro in Rom sollte deshalb ein praktikables Programm entwickeln, um die Christdemokraten zu stärken (später auch die sozialistischen Parteien, die sich mit den Christdemokraten in einer Mitte-Links-Koalition zusammengeschlossen hatten). Die Neofaschisten und die Kommunistische Partei, vor allem aber die letztere, sollten geschwächt werden. Nun konnte es geschehen, daß ein Kontaktmann der Christdemokraten der CIA sagte, wenn die Partei 25 000 Dollars bekäme, könnte sie eine Million Plakate drucken lassen, auf denen die Kommunisten für den Umstand X verantwortlich gemacht wurden. War der Beamte der CIA, der diese Anregung bearbeitete, mit dem Vorschlag einverstanden, dann entwarf er ein Plakat, das der Bürochef in Rom zur Genehmigung nach Washington schickte. Und wenn Helms den Vorschlag für vernünftig hielt und glaubte, das Geld ließe sich sicher transferieren, dann ging der Vorschlag mit seiner Empfehlung an Wisner, von Wisner an den Direktor der Central Intelligence und von dort an das Weiße Haus und das Außenministerium. Das Außenministerium würde sich womöglich bei dem amerikanischen Botschafter in Rom nach dessen Meinung erkundigen. Der Vorschlag ging mit dem entsprechenden Vermerk wieder an Helms, von Helms nach Rom, wo der Bürochef der CIA sich mit dem Botschafter in Verbindung setzte und Helms von dem Ergebnis des Gesprächs unterrichtete.

1955 erließ der Nationale Sicherheitsrat zwei Direktiven zur Einrichtung eines Sonderausschusses, der die offizielle Bezeichnung Ausschuß 5412 trug. Er sollte für die Genehmigung aller geheimen Vorhaben zuständig sein, von denen die CIA glaubte, sie seien so kompliziert, wichtig und heikel, daß sie die Genehmigung durch das Weiße Haus erforderten.[2] Der erste Vertreter von Eisenhower beim Ausschuß 5412, Gordon Gray, gab dem Ausschuß aus Sicherheitsgründen die neue Bezeichnung *Special Group*. Er fürchtete, seine Sekretärin könne auf dem Terminkalender eine Eintragung machen, die lautete »5412-Ausschuß, Außenministerium, 10.00 Uhr vormittags«. Auf diese Weise könnte der Name des Ausschusses bekannt werden. *Special Group* klang viel unverfänglicher und geheimnisvoller. Bis 1955 gab es kein deutlich geregeltes Genehmigungsverfahren für geheime Operationen, und die Entscheidung blieb in den meisten Fällen dem Direktor der Central Intelligence vorbehalten. Später mußte der Ausschuß 5412 bzw. die *Special Group* ihr Placet geben, bevor der Vorschlag über Helms an die Außenbüros der CIA zur Durchführung weitergegeben wurde.

Wenn Helms auch nicht die letzte Entscheidung darüber treffen konnte, was die Planungsabteilung tun sollte, wußte er doch genau über alle Vorhaben Bescheid und war besser über die Tätigkeit dieser Abteilung informiert als irgendjemand sonst. Er gehörte zu den wenigen Männern in der CIA, die das Recht hatten, fast alles zu wissen. Man hielt ihn für einen Mann, der seine Pläne durchsetzen und dafür sorgen konnte, daß ein einmal begonnenes Unternehmen die notwendige Unterstützung erhielt. Andererseits warf man ihm aber auch Unentschlossenheit und eine gewisse Neigung zu bürokratischen Kompromissen vor.

So scheute Helms sich zum Beispiel, bei den unvermeidlichen kleineren Meinungsverschiedenheiten, die innerhalb der CIA auftraten, Entscheidungen zu treffen. In den ersten Jahren der CIA gab es immer wieder Schwierigkeiten, weil die für die Sowjetunion zuständige Abteilung in den Auslandsbüros des DDP Planstellen für ihre Spezialisten brauchte. Das Büro der CIA in Moskau war aus verständlichen Gründen klein und wurde genau beobachtet. Andererseits gehört es zur Praxis, nachrichtendienstliche Operationen gegen bestimmte Länder wie etwa die Sowjetunion von dritten Ländern aus einzuleiten; zum Beispiel von der Bundesrepublik Deutschland, von Österreich oder Frankreich. Die für die Sowjetunion zuständige Abteilung brauchte deshalb etwa fünf Planstellen im Pariser Büro, um die dort arbeitenden sowjetischen Diplomaten und Handelsbevollmächtigten zu überwachen. Der Chef der Abteilung Westeuropa schlug die Hände über dem Kopf zusammen und erklärte, fünf Stellen seien viel zu viel; er brauche sie für seine eigenen Leute. Die sowjetische Abteilung müßte sich mit zwei Stellen zufriedengeben.

Ein ehemaliger Leiter der sowjetischen Abteilung wandte sich Anfang der 50er Jahre an Helms, nachdem er mit dem Leiter der Abteilung Westeuropa lange und ergebnislos wegen eines solchen personalpolitischen Problems gerungen hatte. Helms widmete ihnen gerade fünfzehn Minuten, denn länger als eine Viertelstunde beschäftigte sich Helms nie mit einem Problem, es sei denn, es handelte sich um den Ausbruch eines Krieges. Zuerst erläuterte der Chef der sowjetischen Abteilung, weshalb er fünf Planstellen in Paris brauche. Dann sagte der Chef der westeuropäischen Abteilung, eine Erweiterung des Büros in Paris um fünf zusätzliche Beamte wäre für dieses Büro eine zu große Belastung. Inzwischen waren zehn Minuten vergangen, und Helms brauchte noch ganze 240 Sekunden, um zu erkennen, daß eigentlich beide recht hatten. Er wies darauf hin, wie wichtig es sei, diese Dinge zur beiderseitigen Zufriedenheit in Ordnung zu bringen und die verlangte Arbeit zu leisten. Wenn es noch weitere Schwierigkeiten gäbe, sei er natürlich bereit zu helfen, aber jetzt habe er keine Zeit mehr. »Vielen Dank, meine Herren, machen Sie nur weiter!«

Auf dem Flur wendete sich der Chef der sowjetischen Abteilung an seinen Kollegen und sagte: »Was hat er nun eigentlich entschieden?« Sie wußten es beide nicht und sahen sich gezwungen, die Angelegenheit selbst zu regeln.

Über solche Themen war mit Helms nicht zu reden; er weigerte sich, diesbezüglich Entscheidungen zu treffen. Der ehemalige Chef der sowjetischen Abteilung berichtet, er habe es nach einiger Zeit aufgegeben, Helms Schwierigkeiten dieser Art vorzutragen; es sei zu frustrierend gewesen. Man ließ sich bei Helms melden, ging in sein Büro, und wenn man zurückkam, mußte man die Sache selbst in Ordnung bringen. Vielleicht war das so beabsichtigt ...

Andererseits herrschte bei der CIA die Meinung, daß Helms geheime Operationen kühl und distanziert beurteile. Dies galt nicht etwa nur für die mißlungenen Versuche, Ende der 40er und Anfang der 50er Jahre im Ostblock Widerstandsbewegungen aufzubauen, sondern auch die Propagandafeldzüge, die darauf folgten. Wisner glaubte, die Vereinigten Staaten könnten den sowjetischen Einfluß überall auf der Welt erfolgreich eindämmen, wenn sie die Amerika wohlgesonnenen Spitzenpolitiker und deren Parteien unterstützten und ihnen mit geschickter Propaganda halfen. Professor Paul Linebarger von der John Hopkins Universität hatte ein System entworfen, das »weiße« und »schwarze« Propaganda vorsah.[3] Die weiße Propaganda besteht aus gegen den politischen Gegner geführten offenen, direkten

Angriffen. Die schwarze Propaganda verschweigt ihren Ursprung und arbeitet sozusagen aus dem Hinterhalt. Ein Beispiel für schwarze »Irreführung« des Gegners war es etwa, als die CIA im Oktober 1954 eine angeblich sowjetische, anti-islamische Flugschrift in Ägypten verbreiten ließ.[4] Solche Tricks gehörten aber eher zu den unbedeutenden Unternehmungen am Rande, jedenfalls im Vergleich zu der propagandistischen Verwendung von Chrutschtschows Geheimrede im Februar 1956 vor dem 20. Parteikongreß, mit der der sowjetische Parteisekretär Stalins Verbrechen scharf kritisierte.

Bald kursierten in Kreisen der kommunistischen Parteien Gerüchte über diese Rede, und die CIA ergriff sofort die Gelegenheit, Kapital daraus zu schlagen. Dulles forderte alle Außenposten der CIA telegraphisch auf, sich um eine Kopie dieser Rede zu bemühen, was auch innerhalb von sechs Wochen gelang. Dem Vernehmen nach wurde sie von einem Funktionär der Kommunistischen Partei Polens beschafft, der Beziehungen zum israelischen Geheimdienst *Mossad* unterhielt.[5] Wisner, Helms und Angleton legten Dulles das Manuskript vor, der die Echtheit von einem unabhängigen Fachmann prüfen lassen wollte. Helms empfahl Ray Cline, der damals als höherer Beamter im Direktorium des Nachrichtendienstes arbeitete. Cline sagte auf einer Sitzung in Wisners Büro, er hielte die Rede für echt und empfähle die Veröffentlichung des Textes. Chruschtschow bestätigte darin schließlich nur, was schon seit Jahren behauptet wurde – Stalins Herrschaft war ebenso willkürlich und blutig gewesen wie die Hitlers. Doch zu Clines Erstaunen wollten Angleton und Wisner die Veröffentlichung des vollständigen Textes hinausschieben und im Rahmen eines Programms zur Unterstützung des Widerstandes gegen die sowjetische Herrschaft in Osteuropa nur Teile der Rede durchsickern lassen.[6] Nach langen Diskussionen gab Dulles Cline recht, einigte sich aber vorher mit Angleton und Wisner auf einen Kompromiß.[7] Es wurden zwei Versionen der Rede freigegeben; eine durch Dulles' Bruder im Außenministerium, der sie an die *New York Times* weitergab,[8] und eine zweite, die auf geheimen Wegen von der CIA in die Öffentlichkeit lanciert wurde und aus dem in der *Times* abgedruckten Text sowie 34 weiteren Abschnitten bestand. Sie ergänzten jene Passagen, die in der polnischen Version fehlten. Die von der CIA eingefügten

Zusätze enthielten zum Beispiel kompromittierende Aussagen über die Chinesen und Inder, die Chruschtschow, wie die CIA wohl wußte, zu verschiedenen Zeiten und bei anderen Gelegenheiten gemacht hatte.

Wisner baute seinen Propagandaapparat zu einem großen, fein gestimmten Instrument aus, das er als seine »mächtige Wurlitzer Orgel« bezeichnete. Die für die »weiße«, also offene Propaganda vorgesehenen Tasten des Instruments waren in erster Linie zwei starke Rundfunkstationen in der Bundesrepublik, und zwar Radio Liberation (nach 1956 Radio Liberty), das in vierzehn Sprachen Sendungen in die Sowjetunion ausstrahlte, und dem Sender Freies Europa, der die sowjetischen Satellitenstaaten mit Nachrichten versorgte. Sie spielten gewissermaßen die Grundmelodie; die Begleitung übernahmen Propagandawerkzeuge überall in der Welt, und zu ihnen gehörten von der CIA finanzierte Zeitungen in englischer und in anderen Sprachen,[9] aber auch die Herausgeber von Lokalzeitungen, Redakteure und Reporter, die sich bereit fanden, von Zeit zu Zeit von der CIA verfaßte Berichte zu veröffentlichen. So entstand ein weites Aktionsfeld, und einige Kontakte ermöglichten sogar den Zugang zur kommunistischen Presse in Frankreich und Italien.[10] Wisner behauptete, daß er sich jederzeit an seine mächtige Wurlitzer Orgel setzen und jedes Lied spielen könne, das ihm gefiele; von gruseliger Horrormusik (Moskau plant eine Säuberungsaktion bei den kommunistischen Parteien im Westen!) bis zu leichten Phantasien.

Aber nicht jeder glaubte wie Wisner an die Wirksamkeit solcher Musik. Da die Propaganda zentral gelenkt war, hatte sie eine starke Breitenstreuung. Aus diesem Grunde aber war sie auch so typisch amerikanisch ausgerichtet, daß sie in vielen, dem amerikanischen Einflußbereich weitgehend entzogenen Staaten nicht recht verstanden wurde. Nach der Lektüre eines von Wisner sorgfältig formulierten Leitartikels für asiatische Zeitungen fragte Sam Halpern, der Ende der 50er Jahre beim DDP arbeitete: »Wie wird das auf Urdu klingen?« Wisner fand diese Frage gar nicht komisch. Ebenso wie Halpern glaubten Lyman Kirkpatrick und Helms, das ständige Propagandatremolo sei eine Art Selbsttäuschung und erlaube es den Außenposten der CIA, großartig klingende Berichte darüber zu verfassen, wie sie nichtssagende dreispaltige Artikel in Zeitungen unterbrachten, die niemand las.

Auch die großzügige Art der CIA, überall auf der Welt politische Führer zu finanzieren – beispielsweise in Chile –, die den amerikanischen Nachrichtendienst gewissermaßen als ihren persönlichen Bankier ansahen, beobachteten Helms und Kirkpatrick mit Skepsis. Wenn diese Leute sich an eine solche Unterstützung erst gewöhnt hatten, war es schwer, ihnen klarzumachen, daß sie eines Tages darauf verzichten mußten.

Helms war der Auffassung, geheime Operationen größeren Umfanges sollten für den Gegner eine deutliche Bedrohung darstellen. Ein typischer Plan, der damals auf der Höhe des Koreakrieges von Präsident Truman genehmigt wurde, verlangte den Aufbau einer geheimen zweiten Front in Burma mit Hilfe einer 10 000 Mann starken nationalchinesischen Armee unter General Li Mi. Das Pentagon hoffte, die Operation werde die Volksrepublik China zwingen, Truppen von der Koreafront abzuziehen. Der damalige Direktor der Central Intelligence, General Walter Bedell Smith, widersetzte sich diesem Plan energisch. Nach seinem Urteil verfügte China über genügend Truppen, Truman wies dieses Argument auf einer Konferenz im Weißen Haus jedoch zurück und verlangte, daß die CIA das Vorhaben durchführte. Das Unternehmen sollte auch vor dem amerikanischen Botschafter in Burma, David McKendree Key, geheimgehalten werden. Anfang des Jahres 1952 überschritt die Armee von Li Mi die burmesische Grenze nach China und wurde sofort vernichtend geschlagen.

Helms' Einwände gegen derartige Operationen waren rein pragmatischer Natur; sie gefährdeten die Sicherheit örtlicher Agentennetze, im günstigsten Fall war der Erfolg ungewiß; auch ließen sich solche Unternehmungen so gut wie nie geheimhalten und wurden lang und breit in der Presse diskutiert. Diese Skepsis teilte Helms mit vielen anderen Mitarbeitern. Meist waren sie ehemalige Angehörige des OSO und behaupteten, routinierte Profis im Handwerk des Nachrichtendienstes zu sein. Aus Kreisen der OPC wurden jedoch auch Stimmen laut, die den Skeptikern unterstellten, daß sie sich mit ihrer Kritik nur gegen eventuelle Fehlschläge absichern wollten. Joseph Burckholder Smith, den das Abenteuerliche an derartigen Unternehmen reizte, mußte sich von einem gewitzteren Beamten sagen lassen: »Hören Sie, wenn Sie hier etwas erreichen wollen, müssen Sie sich solchen Vorhaben immer widersetzen oder wenigstens dafür sorgen, daß jeder weiß, sie hätten schon zu Beginn am Erfolg gezweifelt. Zeigen Sie keine zu große Begeisterung! Fast alle diese Operationen enden mit einem Fehlschlag. Wenn man weiß, daß Sie von Anfang an davor gewarnt haben, werden die Leute Sie für sehr klug und für einen ausgezeichneten Verwaltungsbeamten halten.«[11] Zweifellos war die Skepsis vieler Beamter zum Teil von genau dieser bürokratischen Vorsicht bestimmt, aber vor allem richteten sich ihre Einwände gegen die Gefahr, die solche Unternehmungen zwangsläufig bargen. Lyman Kirkpatrick äußerte einmal, geheime Operationen seien ebenso gefährlich wie Kernwaffen. Die meisten sollten gleich zu Beginn aufgegeben werden, wenn man nicht dafür garantieren könnte, daß sie »bis in alle Ewigkeit« geheim blieben. Helms vertrat dieselbe Ansicht und meinte, wenn schon aufsehenerregende Dinge getan werden müßten, sollte man sie anderen überlassen.

Aber in den 50er Jahren war die CIA dennoch in zahlreiche geheime Operationen verwickelt. Dulles, Richard Bissell (der Anfang 1954 zur CIA kam) und Wisner waren tatkräftige Männer. Sie hatten alle zehn Minuten eine neue Idee, und wenn Helms sich grundsätzlich geweigert hätte, geheimen Operationen zuzustimmen, wäre er nicht lange in der CIA geblieben. Seine Aufgabe als Wisners Untergebener war es nicht etwa, Projekte zu entwerfen. Er mußte vielmehr dafür sorgen, daß sie unter Wahrung strengster Geheimhaltung korrekt ausgeführt wurden. Ein mittlerer Beamter beim DDP zitiert einen für Helms charakteristischen Ausspruch zu einem solchen Vorhaben: »Das muß vernünftig, in aller Stille und korrekt getan werden.«

Aber jeder, der Helms kannte, spürte seine beinahe instinktive Vorsicht in solchen Fällen. Er widersetzte sich nicht, bemühte sich aber, Bedeutung und Umfang gewisser Vorhaben zu verringern. Oder er schlug vor, die Lage noch genauer zu prüfen, bevor man mit dem Unternehmen begann. Mit einer direkten Ablehnung machte man sich nur Feinde; Helms bevorzugte den Kompromiß. Im Juni 1953 bereitete Desmond FitzGerald sehr sorgfältig einen ehrgeizigen, aber in der Durchführung schwierigen Plan vor. In ganz Indonesien sollten zur Tarnung von CIA-Mitarbeitern Buchhandlungsketten eingerichtet werden. Die Kosten waren auf 100 000 Dollars jährlich veranschlagt, und der Plan wurde einem

Ausschuß zur Prüfung vorgelegt. FitzGerald erläuterte die Bedeutung des Unternehmens, erklärte, weshalb es so lange dauerte, bis damit begonnen werden konnte, und sagte, welche Vorteile es hätte, wenn man einen Mitarbeiter der CIA nach Indonesien schickte, um sich ein Bild von der Lage in diesem Teil der Welt zu machen. Helms führte bei dieser Besprechung den Vorsitz, hörte sich die Argumente von FitzGerald an, stellte ihm aber keine weiteren Fragen. Schließlich sagte er: »Nun, ich glaube nicht, daß wir Ihnen noch einmal die Summe für ein ganzes Jahr geben können. Wir werden aber 10 000 Dollars für die Reise genehmigen und Ihnen drei Monate Zeit geben, einen ausführlichen Bericht zu schreiben.«[12]

Helms war in der CIA unter Allen Dulles' Führung in gewisser Weise eine Ausnahmeerscheinung. Dulles arbeitete schon seit dem Ersten Weltkrieg für den geheimen Nachrichtendienst. Mit seiner Arbeit für das OSS während des Zweiten Weltkriegs hatte er sich als einer der großen Meisterspione aller Zeiten bewährt. So hatte er Kontakt zu den Angehörigen der deutschen Widerstandsbewegung aufgenommen, die versucht hatten, Hitler zu töten. Zur Zeit der CIA-Gründung hatte er auf Gliederung und Arbeitsmethoden dieser Behörde einen entscheidenden Einfluß gehabt, und nach seiner Ernennung zum Direktor im Januar 1953 trug sie den Stempel seiner Persönlichkeit. Als Administrator war Dulles Wisner zweifellos unterlegen. Oft ließ er wichtige Mitarbeiter stundenlang im Vorzimmer warten, während er sich am Telefon mit dem stellvertretenden Direktor Robert Amory über Nebensächlichkeiten unterhielt.[13] Aber sein Interesse für die Details der geheimen Nachrichtenbeschaffung war so groß, daß man ihn den »großen weißen Führungsoffizier« nannte. Und wenn er unter Umgehung des Dienstweges seine Untergebenen bei den Außenstellen anrief und ihnen gewisse Vorschläge machte, aber verlangte, sie dürften *niemandem etwas davon sagen*, kam er damit oft den regulären Vorhaben des DDP ins Gehege.

Nach dem Gesetz zur Wahrung der Nationalen Sicherheit von 1947 hatte der Direktor der Central Intelligence uneingeschränkte Vollmachten innerhalb seines Amtsbereichs, aber Dulles hat nie versucht, von diesen Vollmachten Gebrauch zu machen. Erstens wollte er alle Konflikte mit den Militärs vermeiden, zweitens aber lag ihm auch gar nichts daran. Ihn interessierte die praktische Seite seines Berufs. Dazu gehörte die Abwerbung von KGB-Agenten, das Ausspionieren schwacher Stellen in ausländischen Regierungen, die nur ungern mit ihm zusammenarbeiten wollten, die Nachrichtenbeschaffung über befreundete Geheimdienste, die dann niemals erfuhren, wozu genau die CIA eigentlich derartige Informationen brauchte usw. Was mit den vielen Millionen Dollar geschah, die ihm zur Verfügung standen, war ihm weniger wichtig. Im Januar 1956 schuf Eisenhower das Beratergremium des Präsidenten für den Nachrichtendienst im Ausland. Die zehn Mitglieder hatte ausnahmslos Dulles vorgeschlagen.[14] Aus ihrem Kreis kam immer wieder die Anregung, Dulles sollte seinen Verantwortungsbereich stärker ausdehnen und seine Möglichkeiten voll ausschöpfen. So sollte sein Büro zum Beispiel ins Weiße Haus verlegt werden, oder er sollte die interne Verwaltung der CIA einem nur dafür zuständigen Mann übergeben. Aber Dulles ging auf solche Vorschläge nicht ein. Sein Bruder im Außenministerium wünschte eine aktive CIA, und Allen Dulles war wie kein anderer geeignet, solche Operationen zu leiten. Eisenhower bedauerte zwar, daß er über keinen regulären Nachrichtendienst verfügte, wie er den Vorstellungen eines guten Verwaltungsbeamten entsprach, akzeptierte aber Dulles so wie er war.

Eisenhower soll einmal gesagt haben: »Ich werde Allen nicht ändern können. Entweder muß ich ihn entlassen und durch einen Mann ablösen, der sich besser durchsetzen kann, oder ich muß mit seinen Schwächen leben. Allen ist mir mit all seinen Schwächen als Chef des Nachrichtendienstes lieber als irgend jemand anders, den ich kenne.«[15]

Dulles war augenscheinlich überall beliebt. Ein ehemaliges Mitglied des Nationalen Prüfungsausschusses der CIA (für dessen Arbeit sich der aktive Dulles kaum interessierte) bezeichnete ihn als einen »wirklich reizenden Burschen – ganz anders als sein Bruder«. Allen Dulles hatte äußerlich etwas von einem netten Onkel – mit seinem weißen Bürstenschnurrbart, der Pfeife, der randlosen Brille und den warmen Hausschuhen, die er an den gichtigen Füßen trug. Es war erstaunlich, wie groß sein Bekanntenkreis war. Dazu gehörten nicht nur Regierungsbeamte, sondern auch Bankiers, Oppositionspolitiker, Journalisten aller Herren Länder und viele andere. Er schätzte ein gutes Gespräch, erzählte Anekdoten und berichtete aus seinen langjährigen Erfahrungen in der Außenpolitik. Eine seiner Lieblingsgeschichten spielte zur Zeit des Ersten Weltkrieges, als er in Genf arbeitete und ein ihm unbekannter Russe sich in seinem Büro melden ließ. Dulles, der sein Büro gerade verlassen wollte, sah durch den Türspalt einen kahlköpfigen Mann mit dunklem Spitzbart – sicherlich wieder so ein verrückter Emigrant, der ihm irgendwelche verworrenen Ideen vortragen wollte. Dulles beschloß, durch die Hintertür zu entwischen, um Tennis zu spielen. Aber diesmal hatte er sich getäuscht. Der Russe war kein anderer als ... Wladimir Iljitsch Lenin! Jahrelang haben sich alle neu bei der CIA eingestellten Mitarbeiter diese Geschichte anhören müssen.

Dulles verstand es aber auch, die Interessen seiner Behörde energisch zu verteidigen. So versuchten Roger Hilsman und Thomas Hughes, die das Bureau of Intelligence and Research (das Büro für Nachrichtendienst und Forschung – INR) beim Außenministerium 1961 leiteten, das Recht für sich in Anspruch zu nehmen, im Namen des Ministeriums geheime Operationen zu genehmigen. Bis dahin hatte eine kleine Gruppe im Amt des Unterstaatssekretärs für politische Angelegenheiten das Außenministerium bei allen geheimen Operationen vertreten. Aber Kennedy hatte Chester Bowles zum Unterstaatssekretär ernannt, der alle geheimen Operationen leidenschaftlich ablehnte und die Zuständigkeit gern an Hilsman und Hughes abgegeben hätte. Das Außenministerium übertrug Bowles die Entscheidung, wer das Ministerium in dieser Angelegenheit vertreten sollte. Dulles hatte ein feines Gespür für derartige Machtkämpfe innerhalb einer Behörde, wehrte sich mit allen Mitteln gegen diese Neuerung und konnte sich schließlich durchsetzen.

Die größeren organisatorischen Probleme waren ihm zwar gleichgültig, dennoch war Dulles ein Meister des bürokratischen Kleinkriegs. Er blieb höflich und wahrte die äußere Form, auch wenn er dabei die finstersten Absichten hatte; und er wußte, an wen er sich wenden mußte, wenn er auf Unterstützung von oben angewiesen war. Häufig hatte er Zusammenstöße mit Kennedys Sicherheitsberater McGeorge Bundy. Jeder, der mit Bundy zu tun hatte, kannte dessen Arroganz. Bundy verlangte zum Beispiel, daß die Sitzungen der Special Group in seinem Büro im Weißen Haus abgehalten wurden und nicht beim Unterstaatssekretär im

Außenministerium. Bei solchen Gelegenheiten saß er zurückgelehnt in seinem Stuhl, die Füße auf dem Tisch, die Hände hinter dem Kopf gefaltet, und behandelte Dulles wie ein Professor, der sich gnädig mit einem begabten Studenten unterhält.

Auf einer Sitzung der Special Group im Jahr 1961 kam ein Vorfall zur Sprache, bei dem zwei Techniker der CIA in Singapur festgenommen worden waren, als sie die Personalien eines Angehörigen der Sonderabteilung der dortigen Polizei aufnahmen, den sie anwerben wollten. (Der Protokollführer hatte noch versucht, das Schriftstück mit den belastenden Eintragungen aufzuessen!)[16] Der Premierminister von Singapur Lee Kuan Yew war empört, und seine Wut steigerte sich noch, als man versuchte, ihn mit drei Millionen Dollar zu bestechen, damit er das Verfahren gegen die Beamten der CIA einstellte.

Bundy hatte sich den Bericht etwa drei Minuten lang mit halbem Ohr angehört und wollte eine Verordnung erlassen, nach der in Zukunft alle Operationen, die sich gegen eine gastgebende Regierung richteten, im voraus von der Special Group genehmigt werden müßten – also praktisch von ihm persönlich. Damit war Dulles nicht einverstanden. Es gab zahllose Operationen gegen befreundete Regierungen, denn überall versuchte die CIA, Agenten anzuwerben. Das lag im Aufgabenbereich der CIA; es war sozusagen ihr Fachgebiet. Der Vorschlag von Bundy hätte bedeutet, daß ihm die nachrichtendienstliche Tätigkeit im Ausland unterstellt wurde – und daß man ihm die Namen aller Agenten der CIA hätte nennen müssen. Dulles war nicht einmal bereit, dem jungen Mann seine Einwände im einzelnen zu erläutern. Er lehnte den Vorschlag ohne weitere Begründung ab. »Aber Allen«, sagte Bundy, lehnte sich zurück und faltete die Hände hinter dem Kopf, »Sie müssen doch zugeben, die Angelegenheit hat einen politischen Aspekt.«

Dulles war betont höflich, er sprach mit leiser Stimme, aber jedes Wort war scharf akzentuiert: »Ja, Mac, ich weiß, es gibt hier gewisse politische Aspekte. Vielen Dank, daß Sie mich darauf hingewiesen haben.« Dulles wußte, wie man so etwas ablehnt, und er behielt recht. Seine Höflichkeit verdeckte nur seine stählerne Härte. Dulles war in der Tat ein harter Mann; er scheute sich nicht, die Ermordung ausländischer Politiker anzuordnen. Er wußte seinen Charme einzusetzen und überschritt selten die Grenzen des guten Benehmens, aber sein Einfluß machte vor kaum einer Schranke halt. Dulles machte aus seiner kämpferischen Haltung keinen Hehl. Auf einer Sitzung des Außenministeriums um die Jahreswende 1956/57 wurde diskutiert, was mit Nasser geschehen solle. Dulles erklärte einem Beamten des Außenministeriums ganz offen: »Wenn euer Oberst dort unten uns zuviel zumutet, werden wir ihn einfach in Stücke reißen.«[17]

Das war keine leere Drohung. Nasser hat Dulles zwar überlebt, aber zwei andere führende Politiker, die sich den Zorn der Brüder Dulles zugezogen hatten, kamen weit weniger glimpflich davon: Mohammad Mossadegh im Iran und Jacobo Arbenz in Guatemala. Die Beseitigung Mossadeghs, der die in britischem Besitz befindliche Anglo-Iranian Oil Company verstaatlicht hatte, war ein klassisches Beispiel für einen in aller Stille durchgeführten Akt politischer Subversion. Kermit Roosevelt führte diese Aktion mit wenigen Gehilfen und einem Koffer voller Geld aus. Roosevelts Erfolg, für den er im geheimen mit der National Security Medal ausgezeichnet wurde, ermutigte Eisenhower und die CIA, 1954 mit einem unvergleichlich größeren Kraftakt den guatemaltekischen Präsidenten zu stürzen, der sich der Todsünde schuldig gemacht hatte, die Kommunistische Partei Guatemalas zu legalisieren und aufzufordern, in seine Regierung einzutreten. Außerdem hatte Arbenz etwa 162 000 Hektar brachliegender Bananenpflanzungen enteignet, die der United Fruit Company gehörten. John Foster Dulles wußte schon damals, daß sich der Kommunismus in Osteuropa nicht mehr zurückdrängen lassen werde, und das bestärkte ihn in dem Entschluß, die Kommunisten der übrigen Welt an der Machtergreifung zu hindern und ihnen – insbesondere in der westlichen Hemisphäre – Einhalt zu gebieten.[18] Nachdem man die politische Färbung von Arbenz genau überprüft hatte – eine gewisse rosarote Schattierung, die sich aus Reformideen, die den amerikanischen Handelsinteressen zuwiderliefen, Anti-Amerikanismus und übermäßiger Toleranz gegenüber den Kommunisten zusammensetzte –, stand die politische Linie von John Foster Dulles gegenüber Guatemala fest. Die Frage hieß für ihn nicht mehr, ob Arbenz zu stürzen sei, sondern nur noch wie.

Zur Jugendzeit der Brüder Dulles pflegten die Vereinigten Staaten unliebsame Regierungen in Mittelamerika und der Karibik einfach mittels militärischer Intervention aus Amt und

Würden zu vertreiben. Aber aus unterschiedlichen Gründen, in erster Linie wohl, um die lateinamerikanischen Länder nicht zu verärgern, hielt man es in den 50er Jahren nicht mehr für angebracht, Arbenz dadurch zu entmachten, daß man ihm Marineinfanterie ins Land schickte. Man beauftragte vielmehr die CIA mit seiner Beseitigung und arbeitete einen komplexen Plan aus, der zu einem Teil aus einer militärischen Aktion und zu neun Teilen aus Propaganda und psychologischer Kriegführung bestand. Die Ausführung wurde Frank Wisner und Richard Bissell übertragen. Dulles teilte Bissell eine ungewöhnliche Rolle zu, in der er fast an der Spitze der Operation stand, und zwar in einer Funktion, die zwischen der des Beraters und der des verantwortlichen Leiters lag. Da Wisner den in Miami sitzenden Projektleiter des Unternehmens nicht mochte und ihm nicht traute,[19] erhielt auch Tracy Barnes einen ungewöhnlichen Auftrag und übernahm theoretisch eine Art von Oberaufsicht. An dem Unternehmen waren auch E. Howard Hunt als politischer Aktionsoffizier, David Phillips als Propagandaspezialist beim Geheimsender *Stimme der Freiheit* in Honduras und Henry Heckscher beteiligt, der in Guatemala selbst mit den Chefs des örtlichen Büros der CIA, Burch O'Neill und John Dothoty, zusammenarbeitete.

Bezeichnenderweise war der Kreis der Eingeweihten nur sehr klein. Der Chef des Büros für die westliche Hemisphäre beim DDP, J. C. King, wurde mehr oder weniger ausgeschaltet (wie auch später bei dem Unternehmen in der Schweinebucht), und Richard Helms spielte nur eine Nebenrolle. Er begleitete Wisner routinemäßig zu den dreimal wöchentlich bei Dulles stattfindenden Sitzungen der Direktoren. Im Frühjahr 1954 verließ Helms die Sitzungen jedoch schon immer vor Schluß, und erst dann besprachen Wisner, Bissell und manchmal auch Barnes die Lage in Guatemala. Wenn Helms in seinem Büro im Gebäude L eingetroffen war, schickte er den Wagen des DDP etwa eine Stunde später wieder zurück, um Wisner abholen zu lassen.

Trotz wiederholter Proteste des stellvertretenden Außenministers für lateinamerikanische Angelegenheiten, Henry Holland, eines texanischen Anwalts, der entsetzt war, als er erfuhr, daß die Regierung für die Beseitigung von Arbenz 20 Millionen Dollar zur Verfügung gestellt hatte, ging das Unternehmen wie geplant weiter. Unterstaatssekretär Walter Bedell Smith konnte sich gegen Hollands Bedenken durchsetzen, erhob jedoch weiterhin Einwände gegen eine Amerikanisierung und Militarisierung des geplanten Staatsstreichs, der von Oberst Carlos Castillo-Armas »durchgeführt« wurde, einem guatemaltekischen Offizier. Er war an der amerikanischen Kommandeursschule in Fort Leavenworth, Kansas, ausgebildet worden. Holland hatte ähnliche Einwände gegen dieses und ähnliche Unternehmen der CIA wie Helms. Er hatte grundsätzlich nichts dagegen, Arbenz zu stürzen, lehnte es aber ab, daß die CIA eine so aktive und deutlich erkennbare Rolle dabei spielte.

Doch gerade das war ein wesentlicher Teil des Gesamtplans. Arbenz wurde nicht mit offener Gewalt davongejagt, sondern vielmehr durch massive Einschüchterung zum Rücktritt gezwungen. Die Kampagne gegen ihn begann am 1. Mai 1954 mit gut vorbereiteten und weit verbreiteten Propagandasendungen im Radio und steigerte sich zu einem immer stärkeren psychologischen Druck auf die Regierung Arbenz'. Es war kein Geheimnis, daß Castillo-Armas in Honduras einen einige hundert Mann starken Rebellenverband ausbildete. Und da John Foster Dulles das Regime von Arbenz im Namen der Vereinigten Staaten offiziell schwerer Verfehlungen beschuldigte, war er überzeugt, daß die Vereinigten Staaten ihn mit allen Kräften unterstützen würden. Da die schlecht ausgerüstete guatemaltekische Armee und Luftwaffe einen von den Amerikanern unterstützten Angriff kaum abwehren konnten, war Arbenz äußerst beunruhigt, und in seiner Regierung wußte man nicht, wie man einem solchen Überfall begegnen sollte. Nachdem der Befehlshaber der guatemaltekischen Luftstreitkräfte im Juni desertiert war, hielt Arbenz alle Flugzeuge am Boden fest und erließ ein Startverbot. Dann verkündete er das Kriegsrecht und überlegte, ob er eine zivile Miliz mit tschechischen Waffen ausrüsten sollte, die kürzlich geliefert worden waren, eine Maßnahme, die die Militärs nervös machte.

Am 18. Juni 1954 überschritt Castillo-Armas mit seiner »Armee«, einem schwachen Verband in Lastwagen, von Honduras kommend die Grenze und bezog zehn Kilometer im Landesinnern ein Feldlager. Seine Flugzeuge, ein paar B-26- (nach anderen Quellen waren es C-46) und B-47-Jagdflugzeuge, warfen über der

Stadt Guatemala Flugblätter ab, beschossen die Außenbezirke mit Maschinengewehren und ließen sogar einige Bomben fallen. Die Angriffe hatten militärisch keinerlei Bedeutung, weckten aber die Befürchtung, daß starke Luftangriffe folgen würden. Die Radiostation *Stimme der Befreiung* sendete indessen rund um die Uhr fingierte »Befehle« an fiktive Rebellenstreitkräfte, berichtete von »Schlachten« und verbreitete wilde Gerüchte. Arbenz, der mit einander widersprechenden Meldungen bombardiert wurde, wußte nicht, wem er glauben sollte, und sah sich mit einer kleinen Gruppe von Beratern psychologisch isoliert. Einige seiner linken Anhänger drängten ihn, mit allen verfügbaren Kräften Widerstand zu leisten, aber die Militärs zögerten, und der bis dahin neutrale guatemaltekische Mittelstand verlangte Frieden um jeden Preis. Noch bevor militärisch etwas Entscheidendes geschehen war, sah sich der verwirrte Arbenz alleingelassen und wußte in der allgemeinen Hektik nicht, was er tun sollte.

Castillo-Armas verlor während des Unternehmens zwei seiner drei B-47, ohne die er seine Demonstration der Stärke, mit der er für einen geringen Preis so viel erreicht hatte, nicht mehr fortsetzen konnte. Am 22. Juni erbat Dulles von Eisenhower weitere Unterstützung, und diese Forderung wurde auf einer Sitzung im Weißen Haus erörtert. Nur Henry Holland stellte sich dagegen und erklärte, ein solches Vorgehen sei ungesetzlich und ginge über die Grenzen des Vertretbaren hinaus. Dulles erzählte später, als Holland mit drei dicken juristischen Wälzern zur Sitzung erschienen sei, habe er gewußt, daß sein Antrag genehmigt werden würde, denn ein Berufssoldat wie Eisenhower ließe sich von derlei nicht beeindrucken. Der Präsident selbst sagte später, Dulles habe ihn überzeugt, als er erklärte, wenn weitere Flugzeuge zur Verfügung gestellt würden, sei der Erfolg mit fünfzigprozentiger Wahrscheinlichkeit gewährleistet. Ein Beamter der CIA zitiert Eisenhower wie folgt: »Hätten sie etwas anderes gesagt, dann hätte ich den Antrag abgelehnt. Aber das genügt; genehmigt!«[20]

Nachdem der Präsident sein Einverständnis erklärt hatte, arrangierte Richard Bissell den »Verkauf« von Flugzeugen der amerikanischen Luftstreitkräfte an die Luftwaffe von Nicaragua. Die CIA-Piloten flogen weitere Einsätze, und am 27. Juni trat Arbenz zurück. Nach wenigen Tagen und einigem Taktieren übernahm Castillo-Armas die Macht und landete in der Maschine des amerikanischen Botschafters John Peurifoy als Sieger in Guatemala City.

In einer Beziehung war das Unternehmen ein großer Erfolg. Fast ohne Blutvergießen und ohne daß die Vereinigten Staaten direkt eingegriffen hatten (allerdings war die amerikanische Hilfe nicht zu übersehen), war die Bedrohung Mittelamerikas durch die »Roten« abgewendet worden. In der allgemeinen Begeisterung verfaßte die Frau des Botschafters Peurifoy ein Gedicht, das am 26. Juli im Nachrichtenmagazin *Time* abgedruckt wurde:

Singt den Quetzals frohe Lieder, denn der Friede kehrte ein;
Im Palast die mächtige Junta wird sein Hüter sein.
Alle Kommunisten flohen, die uns einst geschreckt;
Haben jetzt die Flucht ergriffen, sich in Mexiko versteckt.
Und der tapfere Peurifoy ist wieder optimistisch,
Denn das schöne Guatemala ist nicht mehr kommunistisch.

Sogar Holland war angeblich so beeindruckt vom Erfolg der CIA, daß er zum Fürsprecher geheimer Operationen wurde. Es gab in der CIA aber auch Leute, die die Begeisterung von Dulles und den an dem Staatsstreich Beteiligten nicht teilten.[21] Manche hatten den Eindruck, daß auch Helms die Sache für zu kostspielig hielt. Die CIA hatte ihren guten Ruf aufs Spiel gesetzt und ihre Beteiligung vor den fremden Nachrichtendiensten nicht geheimhalten können, auch wenn es ihr gelungen war, die amerikanische Presse zu täuschen. Außerdem hatten der Umfang des Unternehmens und das Interesse der Öffentlichkeit viele Möglichkeiten der CIA verschüttet. Wenn die Brüder Dulles auch glaubten, die Aktion in Guatemala sei ein Sieg für die freie Welt gewesen, waren nun zahlreiche Lateinamerikaner ganz anderer Ansicht. Sie lehnten die CIA jetzt noch entschiedener ab als die amerikanische Marineinfanterie. Als Lyman Kirkpatrick 1956 durch mehrere lateinamerikanische Länder reiste, mußte er feststellen, daß man der CIA überall ihre Beteiligung am Staatsstreich in Guatemala zum Vorwurf machte. Diese Art der Einmischung wurde als regelrechte Verletzung der innerstaatlichen Souveränität empfunden.[22]

Doch solche Einwände gingen in der Euphorie nach den Erfolgen hier und im Iran unter, wo man mit Geld und Geschicklichkeit außenpolitische Schwierigkeiten ungewöhnlich diskret beseitigt hatte, ohne einen internationalen Protest auszulösen. Als die CIA Ende 1954 von McCarthy unter Druck gesetzt wurde und Senator Mike Mansfield, hinter dem 27 weitere Senatoren standen, den Vorschlag machte, die CIA strenger vom Kongreß beaufsichtigen zu lassen, führte Dulles einen Gegenangriff in der Presse und ließ dabei sogar halboffiziell erklären, daß man den Sturz von Mossadegh und Arbenz der CIA zu verdanken habe.[23] Erst 1958, als ein Versuch der CIA, in Indonesien eine Rebellion gegen Sukarno in Szene zu setzen, kläglich fehlschlug, wurden die geheimen Operationen des amerikanischen Nachrichtendienstes deutlich gebremst. Wäre dieser Fehlschlag an der Öffentlichkeit bekannt geworden, dann wären der CIA vielleicht auch die Gefahren des Unternehmens gegen Kuba bewußt geworden, das zwei Jahre später begann. Aber Indonesien war weit von Amerika entfernt; die meisten Zeitungen akzeptierten die Dementis von Eisenhower und John Foster Dulles, und die Beteiligung der CIA war relativ gering, so daß man nur von einem »peinlichen«, nicht aber von einem »kostspieligen« Fehlschlag sprechen konnte. Kurz, die CIA war noch einmal davongekommen. Auch hier hatte Helms nur am Rande mitgewirkt, aber genau beobachtet, was geschehen war. Er stellte zwar diskrete Fragen, äußerte sich aber nicht weiter, sondern dachte sich seinen Teil.

Sukarno verkörperte in den 50er Jahren das klassische »Feindbild« Amerikas. Er war ein nationalistischer Politiker mit weitgesteckten Zielen, der die Feindschaft zwischen der Sowjetunion und den Vereinigten Staaten ausnutzte, um seinem Land beträchtliche Auslandshilfe zu verschaffen, die er dann »verschwendete«, um prächtige Regierungsgebäude, riesige Sportanlagen und sechsspurige Autostraßen zum Flugplatz zu bauen. Die puritanische Einstellung von John Foster Dulles und seine Sparsamkeit wurden durch die nach seiner Auffassung frivole Wirtschaftspolitik Sukarnos geradezu beleidigt, aber sein eigentlicher Zorn richtete sich gegen den »unmoralischen« Neutralismus des Indonesiers. In Dulles' Augen machte man sich durch einen Flirt mit den Kommunisten (den Sowjets und der starken Kommunistischen Partei Indonesiens PKI) zum Bettgenossen des Teufels und gefährdete nicht nur die Freiheit des eigenen Landes, sondern auch die Sache der freien Welt. Sukarno war nicht nur gefährlich, sondern seine unmißverständlichen Andeutungen, Geld und die politische Unterstützung des indonesischen Anspruchs auf das westliche Neuguinea könnten ihn veranlassen, sich von seinen roten Freunden zu distanzieren, waren für Dulles nichts anderes als plumpe Erpressung. Der Außenminister erklärte sogar in aller Öffentlichkeit seine Verachtung für derart verantwortungslose Regierungschefs. Sukarno war nur einer von vielen. Auch Nasser gehörte in diese Kategorie; ebenso Nehru, Kwame Nkruma und viele andere. Dulles war entschlossen, Sukarno zu zeigen, daß die Vereinigten Staaten keinen Spaß verstanden. Darin unterstützte ihn auch der ehemalige Botschafter in Indonesien, Hugh S. Cumming, der seinen Mitarbeitern in Djakarta verboten hatte, das Buch *Nationalism and Revolution in Indonesia*[24] von George Kahin zu lesen, weil es »zu anti-niederländisch« sei. Cumming hatte 1957 die Leitung des Büros für Nachrichtendienst und Forschung im Außenministerium übernommen. Von dieser Stelle aus überhäufte er alle anderen Regierungsbehörden mit Denkschriften, in denen er verlangte, man solle endlich gegen Sukarno vorgehen, ehe es zu spät sei.

Wieder mußte die CIA den Auftrag übernehmen. Im Sommer 1956 ging Val Goodell als neuer Chef des Außenbüros der CIA nach Djakarta. Er hatte schon dem OSS angehört, und einer seiner Kollegen behauptet von ihm, er habe »weniger Skrupel als irgend jemand, den ich kenne«.[25] Der Leiter der Abteilung für den Fernen Osten im Planungsdirektorium war damals Alfred Ulmer. Er hatte als Angehöriger des OSS während des Bürgerkrieges in Griechenland gearbeitet[26] und rechnete jetzt damit, Wisner als DDP abzulösen. Im Herbst 1956 sagte Wisner zu Ulmer: »Es wird Zeit, daß wir Sukarno die Hölle heiß machen.«[27] Das erste Problem für Ulmer war der Umstand, daß die CIA in Indonesien über zu wenige Kontakte verfügte, um Sukarno eine Lehre zu erteilen; aber im folgenden April kam ihr das Schicksal zu Hilfe. Der Vertreter einer Gruppe von regierungsfeindlichen Offizieren auf Sumatra setzte sich mit der CIA in Djakarta in Verbindung, und im Lauf der Verhandlungen baten diese Leute um Waffen, Geld und politische Unterstützung.

Eigentlich war der Zeitpunkt für ein solches Unternehmen falsch gewählt. John Allison, der amerikanische Botschafter in Indonesien, strapazierte Hugh Cummings Nerven mit häufigen

Berichten, in denen er darauf hinwies, daß Sukarno »Verständnis« und Unterstützung in der Neuguinea-Frage brauchte, nicht aber amerikanische Drohgebärden. Washington betrachtete die Lage aus einer ganz anderen Perspektive. Aufklärungsverbände der Flotte hatten festgestellt, daß auf der Insel Natuna Besar nördlich von Sumatra Planierungsarbeiten ausgeführt wurden, die darauf schließen ließen, daß hier ein Flugplatz angelegt wurde. Der amerikanische Oberbefehlshaber im Pazifik (CINCPAC) fürchtete, der neue Flugplatz könnte von sowjetischen Jagdflugzeugen zum Auftanken benutzt werden. Die Maschinen hätten dann auf dem Weg nach Indonesien die SEATO-Länder umfliegen können, was von den sowjetischen Flugplätzen auf der Insel Hainan aus im Direktflug nicht möglich war. Walter Robertson, Abteilungsleiter im Außenministerium für fernöstliche Angelegenheiten, und Hugh Cumming teilten die Sorgen der amerikanischen Flotte. Die Brüder Dulles hatten nicht die Absicht, Sukarno zu stürzen, sondern wollten ihn nur zwingen, die Kommunistische Partei Indonesiens auszuschalten, die Russen nach Hause zu schicken und sich auf die Seite Amerikas zu stellen. Die CIA beschloß, die Rebellen auf Sumatra diskret zu unterstützen und Sukarno damit zu verstehen geben, daß die Vereinigten Staaten sich eines Tages entschließen könnten, mehr zu tun, als nur Protestnoten zu schicken.

Ende 1957 hatte die CIA eine Waffenlieferung an die Rebellen vorbereitet und mit einem Unterseeboot einen Fachmann für paramilitärische Aktionen und einen Funker auf Sumatra abgesetzt. In seinen Memoiren behauptet Allison, er habe Anfang Januar 1958 ganz überraschend den Befehl bekommen, Indonesien zu verlassen, aber ein Beamter der CIA, der aktiv an der Operation beteiligt war, behauptet seinerseits, Allison habe um seine Versetzung gebeten, nachdem Unterstaatssekretär Christian Herter ihn telegraphisch von der Waffenlieferung unterrichtet hatte. Der CIA-Beamte betonte, er wisse das ganz genau, weil Allison die Funkverbindungen der CIA benutzt habe, und er persönlich habe alle Telegramme gelesen.[28]

Doch so begeistert John Foster Dulles auch dafür eintrat, Sukarno unter Druck zu setzen, und obwohl Allen Dulles glaubte, daß die Rebellen auf Sumatra das geeignete Instrument dafür seien, zweifelten einige Beamte im Büro des DDP daran, daß man die Lage mit Hilfe der Rebellen ändern könne. Zweifel dieser Art äußerte vor allem der damalige Chef des Aktionsstabes beim DDP für die politische und paramilitärische Kriegführung, Desmond FitzGerald. Er erklärte, man wisse zu wenig über die militärische Stärke der Rebellen, und das vorsichtige Taktieren des Außenministeriums (zunächst durfte die CIA nur einen Spezialisten für paramilitärische Aktionen und einen Funker zu den Rebellen schicken) behindere das Unternehmen. Zweifel wurden auch an anderer Stelle laut. Ein CIA-Beamter berichtet, daß Helms und FitzGerald dem Unternehmen noch weit skeptischer gegenüber gestanden hätten. Und wenn schon FitzGerald, der als entschiedener Verfechter geheimer Operationen galt, nicht viel von dem Plan hielt, sei er ohnedies wertlos.

Das sollte sich sehr bald bestätigen. Die Rebellen stellten Sukarno im Februar 1958 ein Ultimatum, und als er nicht reagierte, erklärten sie Sumatra für unabhängig. Schon wenige Tage später kreiste Sukarnos Flotte die Rebellen auf der Insel ein, seine Luftstreitkräfte griffen ihre Stützpunkte an, und seine Armee begann, gegen Sumatra vorzurücken. Nur zögernd erhielt die CIA die Erlaubnis, zwei weitere Spezialisten und Funker bei den Rebellen abzusetzen. Das Außenministerium wollte vermeiden, daß dort zuviele »weiße Gesichter« auftauchten. Einer dieser Experten war Anthony Poshepny, genannt Tony Po. Er hatte sich überall im Fernen Osten an der Ausbildung von militärischen Verbänden beteiligt, die mit der CIA zusammenarbeiteten. Tony Po war ein harter, umsichtiger Mann, der schon manchen Kampf erlebt hatte und stets einen Mundschutz in der Tasche trug, wie Berufsboxer ihn anlegen, denn schließlich wußte man nie, was man bei einem Barbesuch so alles erleben konnte. Vorsicht ist besser als Nachsicht. Aber auch die besten Fachleute halfen den Rebellen auf Sumatra jetzt nichts mehr. Zwar flogen Piloten der CIA Kampfeinsätze – die Maschinen waren von Geldern der CIA gekauft, die aus Sicherheitsgründen zunächst auf ein Bankkonto der Rebellen überwiesen wurden. Doch auch diese massive Unterstützung konnte die Niederlage der Aufständischen auf Sumatra nicht hinauszögern. Sie mußten sich nach Celebes zurückziehen. Jetzt konnte die CIA nur noch hoffen, daß ihre Schützlinge ein paar Inseln besetzt hielten, um bei Verhandlungen mit Sukarno ein letztes Druckmittel in der Hand zu haben.

Aber am Sonntag, den 18. Mai, wurde der CIA-Pilot Allen Lawrence Pope mit seiner B-26 abgeschossen, nachdem er versehentlich eine Kirche bombardiert hatte, wobei fast die ganze Gemeinde ums Leben kam. Als die Nachricht vom Tode Popes[29] am selben Tag in Washington eintraf, beschloß Allen Dulles, die Operation abzubrechen. Er ließ dem Verbindungsmann bei den Rebellen in Menado über Funk mitteilen, die Vereinigten Staaten müßten das Unternehmen aufgeben . . . noch nie ist mir etwas so schwergefallen – tapfere Männer usw . . .. Nach dieser Entscheidung, ließen die Verbindungsleute der CIA alles zurück, was sie nicht vernichten oder mitnehmen konnten, und machten sich auf den Weg. Eine Gruppe von Offizieren, die noch auf Sumatra zurückgeblieben war, mußte mit einer Handvoll Indonesier, die hier der sichere Tod erwartet hätte, einen mehrere hundert Kilometer weiten Weg durch den Dschungel bis zur Küste zurücklegen. Von dort fuhren sie in Schlauchbooten auf die See hinaus und wurden von Schiffen der amerikanischen Kriegsflotte aufgenommen.

Das ganze Unternehmen endete mit einem demütigenden Mißerfolg für die Vereinigten Staaten, aber es drang nicht viel davon an die Öffentlichkeit. Die indonesische Regierung wußte natürlich, wer die Rebellen unterstützt hatte, hielt es aber für klüger, kein Aufsehen zu erregen. Sie rechnete damit, daß John Foster Dulles einlenken werde. Erstaunlicherweise hat nicht einmal die amerikanische Presse etwas von der Beteiligung der CIA erfahren. Aber innerhalb der CIA war man durch diesen Fehlschlag sichtlich ernüchtert. Al Ulmer wurde sehr bald als Chef der Abteilung für den Fernen Osten von Desmond FitzGerald abgelöst, und noch im selben Sommer schied Frank Wisner endgültig aus der Planungsabteilung der CIA aus. Ulmers erster Stellvertreter während des ganzen Unternehmens war Sam Halpern. Das Scheitern der Operation war für ihn eine große Enttäuschung. Halpern hatte die Verbindung zur britischen Abteilung MI 6 gehalten, die eingeschaltet werden mußte, weil die CIA während des Unternehmens auf britischem Territorium in Singapur operierte. Es war für Halpern schmerzlich zu sehen, wie kühl und gleichmütig die Briten an jenem Sonntagmorgen den Tod von Pope aufnahmen. Bei der CIA löste die Nachricht große Erregung aus, alles rannte durcheinander, und die einzelnen

Beamten wurden, obwohl es Sonntag war, in ihre Büros beordert. Die Briten zeigten ihre charakteristische Haltung. Wenn ein Unternehmen gescheitert ist, ließ sich eben nichts mehr daran ändern. Wozu also die ganze Aufregung? Alles weitere hat auch noch bis zum Montag Zeit. Ein britischer Nachrichtenoffizier, der die aufgeregten Amerikaner beobachtete, sagte zu Halpern: »Auf britischem Territorium wäre so etwas nicht möglich.«

Helms Haltung war ähnlich. Nachdem sich die Aufregung gelegt hatte, besprach er sich noch einmal mit Halpern. Er fragte: »Woran hat es eigentlich gefehlt?«

Halpern erklärte ihm, man habe die Gefechtsstärke der Rebellen falsch eingeschätzt. Das Außenministerium hatte ein aggressives Vorgehen verlangt, aber der CIA nicht erlaubt, den Rebellen gleich zu Beginn eine größere Zahl von Fachleuten zur Verfügung zu stellen. Man hatte sich darum gesorgt, daß die Sache platzen würde, wenn sich zuviele »weiße Gesichter« daran beteiligten, und man hatte gefürchtet, die Vereinigten Staaten könnten kompromittiert werden. Immer wieder hatte Al Ulmer auf den Sitzungen eines aus Vertretern aller beteiligten Behörden zusammengesetzten *ad hoc*-Ausschusses erklärt, ein solches Unternehmen ließe sich nun einmal nicht mit Hilfe eines einzigen Verbindungsmannes leiten. Als man sich endlich – und wie üblich viel zu spät – entschlossen hatte, zwei weitere Verbindungsleute zu den Rebellen abzukommandieren, war auch das noch zu wenig. Die Rebellen waren ausreichend mit Waffen und Ausrüstung versorgt, aber es fehlte ihnen am erforderlichen Kampfgeist.

Halpern beantwortete Helms' Frage nicht allzu detailliert, aber seine Argumentation war schlüssig. Es waren fast alle Fehler gemacht worden, die man bei einer paramilitärischen Operation machen kann. Niemand hatte gewußt, worum genau es eigentlich ging, man hatte die Kampfstärke der Verbündeten falsch beurteilt und sich nicht entschließen können, alle verfügbaren Mittel einzusetzen, eine unabdingbare Voraussetzung, wenn man militärische Erfolge erringen will. Als Halpern seinen Bericht beendet hatte, schwieg Helms. Er sagte nicht einmal, »ich verstehe«, »so war das also« oder »das ist nicht verwunderlich«. Halpern rechnete eigentlich mit einer Stellungnahme, aber Helms zeigte wieder einmal, wie wortkarg er sein und wie schwer er es einem machen konnte, seinen Gedanken zu folgen. Er ließ sich berichten, wie die umfangreichsten Geheimaktion der CIA in den letzten zehn Jahren gescheitert war, eine für den Kalten Krieg bezeichnende überflüssige und fehlerhaft geleitete Operation – und dann nickte er nur mit dem Kopf.

6. Kapitel

Im Herbst 1958 stand endgültig fest, daß Frank Wisner sein Amt als Leiter der Planungsabteilung nicht wieder antreten konnte. Viele hielten Richard Helms für seinen designierten Nachfolger. Helms war zwar in erster Linie ein Mann des geheimen Nachrichtendienstes und gehörte nur am Rande zu den Aktivisten der CIA, aber er hatte in der Planungsabteilung reiche Erfahrungen gesammelt, die CIA hatte in Indonesien einen schweren Fehlschlag hinnehmen müssen, und Helms genoß bei seinen Kollegen hohes Ansehen. Das war kein Zufall. Wenn er einem Menschen vertraute und ihn schätzte, hielt er fast bedingungslos zu ihm. Als Thomas Karamessines im Juni 1954 nach einem Jahr am National War College zum DDP zurückkehrte, wurde er von Helms gefragt, für welche Arbeit er sich jetzt interessiere. Karamessines sagte, er habe nun acht oder neun Jahre im Geheimdienst gearbeitet und würde sich jetzt am liebsten mit der Nachrichtenanalyse beschäftigen. »Verdammt«, sagte Helms, »jeder, der von diesen Lehrgängen zurückkommt, wird größenwahnsinnig. Wir brauchen Sie hier.« Karamessines blieb also beim DDP, denn Helms glaubte nicht, auf ihn verzichten zu können.[1]

Helms selbst war nicht weniger ehrgeizig als viele andere auch, die mit einem hohen Posten rechnen können, und interessierte sich natürlich ebenfalls für das Amt des Leiters der Planungsabteilung. Er hielt sich für geeignet und gab nichts auf eine Bemerkung Wisners, die damals kolportiert wurde. Wisner wäre ohne Helms' Organisationstalent verloren gewesen. Wisner soll Helms als ausgezeichneten Stellvertreter und hervorragenden zweiten Mann bezeichnet, aber gleichzeitig seine Eignung für die Spitzenposition angezweifelt haben. Die Entscheidung lag jedoch bei Allen Dulles, und Dulles kannte noch einen Rivalen für Helms, mit dem niemand so leicht gerechnet hätte. Dieser Mann gehörte der CIA noch keine fünf Jahre an, hatte kaum Erfahrungen im Außendienst, wußte nichts über den Einsatz von Spionen und war dennoch ein starker Konkurrent. Es handelte sich um den hochgewachsenen, intelligenten und sympathischen Richard Bissell – seine Freunde nannten ihn oft »Dickie«, aber Helms begnügte sich mit dem kühleren »Dick«. Man könnte Bissell als das bezeichnen, was man im 18. Jahrhundert einen »Mann von Welt« nannte.

Richard Bissell war ungewöhnlich intelligent. Wie viele andere hohe Beamte, die bei Gründung der CIA in diese Behörde eintraten, war er der typische Vertreter einer bestimmten Klasse. Er hatte das College in Groton besucht und begann 1932 sein Studium an der Universität von Yale. Zwar verfügte er über die seiner Klasse eigene gesellschaftliche Gewandtheit und einen dementsprechend großen Bekanntenkreis, aber es war wohl eher sein scharfer Verstand, der ihn zum hohen Regierungsbeamten prädestinierte. Sein Spezialgebiet war Wirtschaftspolitik. Demokratische Gesinnung war selbstverständliche Tradition in seiner alten Familie. Hatte ihn als Knabe das komplizierte Werk eines Weckers gefesselt, so wandte er sich nun mit demselben Interesse der Welt der großen Politik zu.

Er war nicht nur ungewöhnlich intelligent, sondern zeichnete sich durch ein hohes Maß an Gedankenschärfe, ein hervorragendes Gedächtnis und die Vorliebe des Bastlers für Systematik aus. Kühl und sachlich war er auf geradezu beunruhigende Weise davon überzeugt, bei jedem System käme es einzig und allein darauf an, daß es in sich logisch sei. Als Junge soll er ein besonderes Interesse für die Eisenbahn gehabt haben, und es gab kaum eine Bahnlinie in den Vereinigten Staaten, deren Fahrpläne er nicht bis ins einzelne studiert hatte. Ganz im Gegensatz zu späteren Behauptungen, er habe ein »erschreckend« schlechtes Gedächtnis, hatte er einen besonderen Sinn für das Detail, und wenn er sich dazu entschloß, eine Sache zu untersuchen, tat er das mit äußerster Gründlichkeit. Selbst als Bissell die CIA 1964 nach einem öffentlich breitgetretenen Skandal verlassen mußte, bewies er noch seine ausgeprägte Begabung, schwierige Probleme zu lösen.

Zu den wichtigsten Aufgaben des Amts für Nationale Sicherheit NSA gehörte die Entschlüsselung sowjetischer Codes, aber auch mit Hilfe der zahlreichen Computer, die dieser Behörde zur Verfügung standen, war das ein schwieriges und kostspieliges Unterfangen. Das Büro für die Auswertung nachrichtendienstlicher Programme (NIPE), 1963 von John McCone aufgebaut, zweifelte daran, daß die Ergebnisse die hohen Kosten rechtfertigten. Die NSA hatte schon seit längerer Zeit den gesamten sowjetischen Funkverkehr mit einem aufwendigen Verfahren gespeichert. Man hoffte, einen Durchbruch zu erzielen und an den Klartext der verschlüsselten Funksprüche heranzukommen. Dabei behauptete man, allein die Analyse des Funkverkehrs brächte schon wichtige Erkenntnisse. Doch beim NIPE war man anderer Meinung: Auch wenn es gelänge, den sowjetischen Funkverkehr zu entschlüsseln, würden die Ergebnisse die hohen Kosten nicht rechtfertigen. Der Staatssekretär beim Verteidigungsministerium Eugene Fubini in der Abteilung für Forschung und Technik im Pentagon wiederum stritt energisch für die Analyse des Funkverkehrs. Nach dem üblichen langen, verbissenen und vergeblichen bürokratischen Tauziehen einigten sich Fubini und das NIPE darauf, Bissell hinzuzuziehen, der damals das Institut für Verteidigungsanalysen leitete. Man wollte sich auf einen ganz bestimmten sowjetischen Schlüssel konzentrieren, berechnen, was die Entschlüsselung kosten werde, und dann die Analytiker der CIA fragen, ob das Ergebnis dem Aufwand entspräche. Die National Security Agency bezweifelte, daß ein Außenseiter ein solches Spezialgebiet wie die Entschlüsselung von Funksprüchen beherrschen könne, aber Bissell machte sich an die Arbeit und legte einen Monat später die Lösung vor. Ein Spezialist für Kryptographie, der Bissell bei der Arbeit beobachtet hatte, berichtete später, das sei ein atemberaubendes Erlebnis gewesen; er habe bisher nur einen einzigen Menschen gekannt, der fähig gewesen sei, so viele ihm bislang völlig fremde Daten aufzunehmen. Man hätte fast den Eindruck gehabt, Bissell habe sein Gehirn vorher völlig leer gemacht, um Platz für die neuen Informationen zu schaffen.[2]

Für Bissell waren schwierige Probleme eine Herausforderung, und Dulles hat ihm oft derartige Probleme vorgelegt. So sollte er beispielsweise, bevor er im Januar 1954 zur CIA kam, überlegen, wie man den Sowjets in Osteuropa am effektivsten politische Schwierigkeiten bereiten könne. Bissell kam zu dem Schluß, daß die CIA den Russen diesbezüglich nur Nadelstiche versetzen könne und daß auch solche Aktionen wegen der zu erwartenden Rückschläge kaum lohnen dürften. Die Liste seiner Verdienste weist ihn vor allem als flexiblen Denker aus: So verfaßte er eine kurze Studie über das Direktorium des Nachrichtendienstes und spielte später eine ungewöhnliche, aber wichtige Rolle bei dem Staatsstreich gegen Arbenz in Guatemala. Rein technisch war das ein großer Erfolg, und wenn das Unternehmen eine feindliche Haltung in den lateinamerikanischen Ländern ausgelöst hat, mußten die Politiker damit fertig werden. Bissells größter Erfolg, mit dem er die besondere Anerkennung von Allen Dulles gewann, war jedoch zweifellos die Entwicklung des in großen Höhen fliegenden Foto-Aufklärungsflugzeugs U-2, die im Dezember 1954 begann.

Seit ihrer Gründung im Jahr 1947 war das wichtigste Aufklärungsziel der CIA die Sowjetunion. Seither war es ihr gelungen, die verschiedensten und widersprüchlichsten Informationen über die Gliederung der sowjetischen Armee zu beschaffen (besonders mit Hilfe der Organisation von Reinhard Gehlen in Deutschland, der sich in erster Linie auf Osteuropa spezialisiert hatte, und des britischen SIS), aber die sogenannten Sperrgebiete im Sowjetblock hatten sich bisher den amerikanischen Aufklärungsversuchen verschlossen. Die Spione taten, was sie konnten, aber ihre Berichte blieben mager. Der Sicherheitsdienst im Osten war allgegenwärtig und tüchtig.

1954 beschäftigte sich ein vom Präsidenten einberufener Ausschuß allgemein mit der Frage, wie sich ein gegen die Vereinigten Staaten gerichteter Überraschungsangriff abwehren ließe. Ein Unterausschuß zur Untersuchung nachrichtendienstlicher Fragen unter dem Vorsitz von Edwin H. Land von Polaroid empfahl den Einsatz eines in großen Höhen fliegenden Aufklärungsflugzeugs, mit dessen Entwicklung bei den Luftstreitkräften schon begonnen wurde. Im November 1954 genehmigte Eisenhower den Vorschlag. Am Tag darauf erhielt Bissell den Auftrag, die CIA bei diesem Vorhaben zu vertreten. Auf einer Sitzung im Büro von Trevor Gardener, Chef der Forschungs- und Entwicklungsabteilung der Luftstreitkräfte, übernahm die CIA die Gesamtleitung. Dies vor allem, weil der Erfolg des Vorhabens von seiner Geheimhaltung abhing und weil Bissell sich bereit erklärte, das

Projekt aus dem Reservefonds von Allen Dulles zu finanzieren. Nach Schätzungen der Luftstreitkräfte belief sich der erforderliche Betrag auf mindestens 22 Millionen Dollar. Noch vor Ende der Sitzung rief Bissell den Lockheed-Präsidenten, Kelly Johnson, an, dessen Firma schon Entwürfe für einen Prototyp vorgelegt hatte, und teilte ihm mit, das Projekt sei genehmigt. Am folgenden Tag stellte Johnson dafür einen Hangar in Burbank/Kalifornien, zur Verfügung.

Viele CIA-Beamte mißtrauten Richard Bissell. Sie fürchteten – insbesondere angesichts späterer Ereignisse –, daß seine außergewöhnlichen Talente ihn in verhängnisvoller Weise dazu verführten, sich leichtsinnig für ehrgeizige Projekte zu begeistern. Heute jedoch bestreitet niemand mehr seine großartige Leistung bei der Entwicklung der U-2, einer Maschine, von der viele Fachleute glaubten, sie werde die an sie gestellten Forderungen nicht erfüllen können. Ihre Entwicklung sollte sechs Jahre dauern, und die Kosten würden die veranschlagte Summe weit übersteigen.[3] Bissell leitete das Projekt praktisch als geheime Operation und schuf, wie er sagte, einen privaten »Staat im Staate«, der aus nur acht bis zehn Angehörigen des Beschaffungsamts der Luftstreitkräfte bestand. Sie waren nur ihm direkt verantwortlich und ihre Arbeit wurde so vollkommen abgeschirmt, daß nicht einmal Allen Dulles ihre Korrespondenz zu lesen bekam.

Dieser sogenannte Projekt-Entwicklungsstab trat offiziell am 1. Dezember 1954 zusammen, und im Frühjahr 1955 flogen Bissell und sein Stellvertreter Herbert Miller nach Burbank. Mit Kelly Johnson erkundeten sie in einem kleinen Flugzeug drei trockene Salzseen in Nevada. Nachdem sie sich für einen dieser Seen als Versuchsgelände entschieden hatten, unterrichteten sie Eisenhower, der das Gelände in das Sperrgebiet für Atomversuche des Bundes einbezog, und damit war das U-2-Projekt der Schutzherrschaft der Atomenergiebehörde unterstellt, die auch die Geheimhaltung garantierte. Der erste Prototyp der U-2 startete am 6. August 1955. Im Oktober wurden sechs Offiziere der strategischen Luftflotte (SAC) daran ausgebildet, und im November begannen sie mit der Schulung ziviler Piloten.

Indessen kam es zwischen Bissell und General Curtis LeMay, dem Befehlshaber der strategischen Luftflotte, zu einem heftigen Kompetenzgerangel. Der General verlangte, daß ihm das U-2-

Projekt unterstellt würde. LeMay war ein rücksichtsloser und streitsüchtiger Mann. Bei Beginn des Koreakonflikts hatte er einmal gefragt, welchen Sinn es habe, nur die Fliegen totzuschlagen; wenn man Erfolg haben wolle, dann müsse man den ganzen Misthaufen aufräumen – China! Bissell konnte sich jedoch durchsetzen. Allen Dulles und General Nathan Twining, Chef des Generalstabs der Luftstreitkräfte, unterzeichneten eine Vereinbarung, die der CIA die Verantwortung für das U-2-Programm übertrug, während die strategische Luftflotte die technische Unterstützung übernahm. Im Mai 1956 war die erste aus vier Maschinen des Typs U-2, sechs Zivilpiloten der CIA und 200 Mann Bodenpersonal bestehende Einheit in der Türkei startbereit. Im Juni baten Dulles, Bissell und Miller Eisenhower um Erlaubnis, die Sowjetunion von der Türkei bis nach Norwegen zu überfliegen. Am folgenden Tag rief Eisenhowers Chefadjutant Oberst (später General) Andrew Goodpaster bei Bissell an und teilte ihm mit, Eisenhower habe seine Erlaubnis dafür gegeben, daß der Verband seine Aufklärungsflüge zehn Tage lang durchführe.

»Sie meinen zehn *Flugtage*«, sagte Bissell. Goodpaster widersprach. Nein, es seien die folgenden zehn Tage gemeint. In genau zehn Tagen sei die Frist abgelaufen.

Kurz vor dem Start der ersten U-2 ging Bissell zu Dulles und erreichte noch vor Beginn der regulären Stabsbesprechung das Büro des Direktors. Dulles fragte ihn, welche Route das Flugzeug nehmen werde. Bissell sagte, es sollte Moskau und Leningrad überfliegen.

Dulles wurde blaß. Moskau! Leningrad! »Halten Sie das wirklich für klug?« fragte Dulles.

Der Flug war ein voller Erfolg. Die Russen orteten die U-2 zwar sofort auf ihren Radarschirmen – Bissell hatte gehofft, die Maschine würde in so großer Höhe nicht einmal von den Radargeräten erfaßt werden, doch darin hatte er sich getäuscht –, sie konnten aber nichts dagegen unternehmen. Aus einer Höhe von 24 380 Metern fotografierten die Kameras einen 193 Kilometer breiten Gebietsstreifen, während die U-2 geräuschlos außerhalb der Reichweite russischer Flugabwehrraketen die Sowjetunion überflog. Diese Flüge wurden in unregelmäßigen Zeitabständen fast vier Jahre lang fortgesetzt, bis es den Russen im Mai

1960 endlich gelang, eine dieser Maschinen abzuschießen,[4] kurz bevor sich Eisenhower und Chruschtschow zu einer Gipfelkonferenz trafen.

Seither hat nie wieder eine U-2 sowjetisches Gebiet überflogen, aber inzwischen war der Projekt-Entwicklungsstab von Bissell beim DDS mit dem Ausbau eines Satelliten-Aufklärungssystems schon weit vorangekommen, das er ebenso wie das U-2-Programm in seinen Anfängen von den Luftstreitkräften übernommen hatte. Das erste Satellitenprojekt wurde offiziell aufgegeben, aber im Herbst 1957 von der CIA im geheimen wieder weitergeführt. Bissell modifizierte den Plan der Luftstreitkräfte in zwei wesentlichen Punkten. Erstens verwendete er jetzt nicht mehr einen um seine eigene Achse routierenden Satelliten, dessen Kamera fixiert blieb, sondern einen stabilisierten Satelliten mit einer beweglichen Kamera. Zweitens gab er den Plan der Luftstreitkräfte auf, die Bilder des Satelliten mit einem Fernsehsender zu übertragen. Statt dessen entwickelte er ein komplexeres System, nach dem der belichtete Film aus dem Satelliten herauskatapultiert und in der Luft aufgefangen wurde. Die fotografische Ausrüstung wurde ständig verbessert, und schließlich machten die Satelliten ihre Aufnahmen aus einer Höhe von mehr als 200 000 Metern, und die Fotos waren ebenso scharf wie die von der U-2 aus aufgenommenen. Ein Jahr nach dem Abschuß der U-2 durch die Sowjets waren die Satelliten an die Stelle der ehemaligen Aufklärungsmaschinen getreten.

Die Bedeutung von Bissells Leistungen bei der Entwicklung der U-2 und des Satelliten-Aufklärungssystems läßt sich gar nicht hoch genug einschätzen. Beide Systeme revolutionierten die Arbeit der Nachrichtendienste und brachten die Vereinigten Staaten im Hinblick auf die Erkenntnisse über die militärische und wirtschaftliche Kapazität der Sowjetunion um einen Riesenschritt voran. Jeder Quadratzoll sowjetischen Territoriums lag jetzt offen vor den wachsamen Augen des amerikanischen Nachrichtendienstes. Kurzfristig konnten die Sowjets zwar unbemerkt eine Division verlegen, einen Flugplatz in Betrieb nehmen, einen U-Boot-Bunker bauen oder einen fliegenden Verband an einen neuen Standort bringen. Aber sobald ein Satellit das betreffende Gebiet wieder überflogen hatte, war es mit der Geheimhaltung vorbei. Auf Dauer ließen sich so alle militärischen oder wirtschaftlichen Aktivitäten in der Sowjetunion in allen Einzelheiten deutlich erkennen. Die Aufklärungsflüge ermöglichten auch eine Veränderung ganz anderer Art: Sie führten indirekt zu den ersten wirklich sinnvollen Abrüstungsverhandlungen. Inzwischen hatten nämlich die Sowjets ein ähnliches Aufklärungssystem entwickelt, und so konnten beide Kontrahenten überprüfen, ob die andere Seite sich an die Vereinbarungen hielt. Vor Einsatz der U-2 war das größte Hindernis für Abrüstungsgespräche der Umstand gewesen, daß sich die Maßnahmen der anderen Seite nicht kontrollieren ließen. Seit die Sowjetunion und die Vereinigten Staaten über ein effektives Aufklärungssystem verfügten, gab es eigentlich nur noch politische Hindernisse.

Das von Bissell entwickelte Aufklärungssystem versorgte die Regierung der Vereinigten Staaten mit mehr zuverlässigen Nachrichten als alle bis dahin eingesetzten Nachrichtenquellen zusammen. Das von Arthur Lundahl geleitete National Photo Interpretation Center (NPIC), das 1953 dem Büro des stellvertretenden Direktors mit zwanzig Mitarbeitern unterstellt worden war, verfügte schließlich über 1200 Angestellte und eine riesige Computerkartei. Jetzt konnten die Sowjets nicht eine Abwasserleitung in Sibirien verlegen, ohne daß die CIA davon erfuhr.[5] Allen Dulles war tief beeindruckt und hocherfreut. Bissell hatte sich in mancher Hinsicht als wertvoller Mitarbeiter erwiesen; er verfügte über viele wichtige gesellschaftliche Beziehungen, hatte sich mit Erfolg an der Durchführung des Marshallplans beteiligt und beneidenswert gute Kontakte zum Außenministerium und zum Kongreß. Doch waren es vor allem seine Erfolge mit der U-2, die Dulles im Herbst 1958 veranlaßten, Richard Bissell zu fragen, ob er daran interessiert sei, Wisner als Direktor der Planungsabteilung abzulösen.

Bissell erbat sich zehn Tage Bedenkzeit, denn er wußte nicht recht, ob er auf die Dauer beim Geheimdienst bleiben und sich damit (wie er glaubte) andere Aufstiegsmöglichkeiten verbauen sollte; aber dann sagte er zu.

Von Anfang an gab es Differenzen zwischen Bissell und Helms. Natürlich war Helms zunächst enttäuscht, diesen Posten nicht selbst bekommen zu haben. Bissell ließ Helms fragen, ob er auch weiterhin Operationschef beim DDP bleiben wolle; aber das war unter den gegebenen Umständen ein demütigendes Angebot, und wie ein Beamter der DDP aus der damaligen Zeit berichtet, hat Helms eine Zeitlang erwogen, um seine Versetzung nach Übersee zu bitten. Aber schließlich entschloß er sich zu bleiben, vor allem, weil die nachrichtendienstliche Tätigkeit seinen Neigungen und seinem Temperament entsprach und er die Verhältnisse dort kannte. Helms fühlte sich dennoch nicht so gekränkt, wie man es einer Äußerung seiner Sekretärin Elizabeth Dunlevy entnehmen könnte: »Natürlich wissen wir alle, daß Dick zum Direktor der Planungsabteilung hätte ernannt werden sollen.« Hier handelte es sich vielmehr darum, daß Erfahrung und Temperament miteinander kollidierten.

In gewisser Weise war Richard Bissell ein gefühlloser Mensch, nicht etwa streitsüchtig oder unhöflich, aber manchmal erschrekkend zielbewußt. Er neigte dazu, alles in großen Zusammenhängen zu sehen; ihn interessierte die Welt als ein einziges großes System, und dabei übersah er oft die kleinen Empfindlichkeiten seiner Mitmenschen. Er konnte sehr schroff sein und für diejenigen, die er damit verletzte, war es nur ein schwacher Trost, daß er keinesfalls beabsichtigt hatte, ihnen wehzutun. Wenn er heute über seine Beziehungen zu Helms spricht, dann tut er ein wenig erstaunt, als habe er gar nicht gemerkt, wie kühl, ja geradezu feindselig ihre Beziehung gewesen ist. Das ist zweifellos der Versuch, die kleinen bürokratischen Animositäten zu bagatellisieren. Aus Bissells heutiger Haltung und seinem Verhalten damals darf man jedoch schließen, daß er Helms' Enttäuschung entweder wirklich nicht wahrgenommen oder bewußt verdrängt hat. Hätte er Helms persönlich darum gebeten, an seinem Posten zu bleiben, wäre er bei seiner Amtsübernahme zu einem längeren Gespräch bereit gewesen oder hätte wenigstens deutlich seine Anerkennung für Helms' fachliche Qualitäten gezeigt und ihn um seine Hilfe gebeten, dann wäre alles vielleicht ganz anders gekommen. Aber Richard Bissell tat nichts dergleichen. Er übernahm ganz einfach das Büro und die Aufgaben von Wisner, beauftragte ein paar junge Hilfskräfte mit der Bearbeitung der über Nacht eintreffenden Funksprüche (unter Wisner hatte Helms das getan) und beschränkte seine Kontakte zu Helms auf Direktionssitzungen, regelmäßige wöchentliche Besprechungen mit den Abteilungschefs des DDP und gelegentliche Gespräche über organisatorische Angelegenheiten, bei denen es praktisch nur um Haushaltsfragen ging. Diese Gespräche fanden zwei- bis dreimal wöchentlich statt und dauerten zehn oder fünfzehn Minuten. Bissell überließ es Helms, hinter ihm aufzuräumen, was auch eine gute Sekretärin hätte tun können. In Personalangelegenheiten ließ er sich von Helms beraten (wenn auch nicht immer, was er später bedauern sollte) und bearbeitete selbst die wichtigeren Projekte und Programme des DDP, und das waren die zwei bis drei irgendwie »heißen« Angelegenheiten, die im Lauf eines Monats zu erledigen waren.

So meldete 1959 zum Beispiel der Bürochef der CIA in Bangkok, Robert Jantzen (den Desmond FitzGerald zehn Jahre später als den besten Mann bezeichnet hat, den die Vereinigten Staaten in Südostasien hatten),[6] daß der thailändische Premierminister, Feldmarschall Sarit Thanarat, in Kambodscha einmarschieren wollte. Jantzen und Sarit standen persönlich so gut miteinander, daß man sie fast als Saufkumpane hätte bezeichnen können. Oft führten sie bis tief in die Nacht vertrauliche Gespräche, und Jantzen, der ein schlechtes Gedächtnis hatte, nahm diese Gespräche mit einem versteckten Tonbandgerät auf. Nach Sarits Kriegsdrohung kam es zu einem zwei oder drei Tage dauernden, sehr lebhaften Funkverkehr zwischen Bangkok und Washington. Bissell führte ausgiebige Besprechungen mit Allen Dulles, bis es Jantzen endlich gelang, Sarit seinen Plan auszureden. So konzentrierte sich Bissell auf die brennendsten Probleme: auf Patrice Lumumba im Kongo, den Bericht eines Überläufers, demzufolge das KGB beim DDP einen Agenten eingeschleust hatte, und ein Tauziehen darum, wen die Vereinigten Staaten in Laos unterstützen sollten. Auf einer seiner ersten Auslandsreisen besuchte Bissell auch Laos, um sich mit dieser Frage, bei der die CIA eine zentrale Rolle spielte, zu beschäftigen. Im Verlauf dieser Meinungsverschiedenheiten beendete der Chef des Büros in Vientiane, Henry Heckscher, einen langen und ärgerlichen Telegrammwechsel (der im Jargon der CIA als »Wettpissen« bezeichnet wurde) mit einem an Washington gerichteten Funkspruch: »Befindet sich das Hauptquartier noch in den Händen unserer Freunde?«[7]

Bissell fragte Helms in diesen Angelegenheiten nur selten nach seiner Meinung und bat ihn nie um Rat. Bissell war von Natur aus gesprächig und unterhielt sich gern über alle gerade anstehenden

Fragen, aber er erinnert sich nicht, mit Helms solche Gespräche geführt zu haben, und Helms hat augenscheinlich niemals versucht, sich Gehör zu verschaffen. Deshalb konnte er an den wichtigsten Vorhaben des DDP nicht teilnehmen und sah sich gerade in der Behörde völlig isoliert und in beschämender Weise geringschätzig behandelt, an deren Aufbau er entscheidend beteiligt gewesen war. Nicht lange nach Bissells Amtsantritt im Jahr 1959 kam ein Mitarbeiter der CIA von der Spionageabwehr zu Helms, der ihn fragte: »Was gibt es Neues?« Das war keine bloße Floskel, und der Mann von der Gegenspionage wunderte sich. Helms war schließlich Chef der Operationsabteilung des DDP. Über wen machte er sich lustig? »Wollen Sie damit sagen, daß *Sie* es nicht wissen?« Helms nahm die Hände hoch und zeigte seinem Besucher die Zähne, wie er es immer tat, wenn er ratlos war oder sich besonders darum bemühte, seinem Gegenüber etwas klarzumachen. Dann sagte er auf deutsch: »Aber keiner sagt mir was!«

Noch mehr litt Helms jedoch darunter, untätig zusehen zu müssen, wie Bissell die Dinge durcheinanderbrachte. Wie viele andere frühere CIA-Beamte – Dulles und Wisner waren nicht die einzigen – war Bissell ein unglaublich schlechter Organisator. Er konnte stundenlang Theorien über eine gut funktionierende Verwaltung entwickeln, mit großer Beredsamkeit über das Wesen der Hierarchie sprechen und erläutern, auf welchem Wege sich die Autorität der Führungsspitze innerhalb einer Behörde durchsetzt. Oft nahm er sich Zeit für lange Sitzungen, auf denen Verbesserungsvorschläge administrativer Art beraten wurden. Als »Beedle« Smith das alte OSO und das OPC zusammenlegte, hatte er beide Gruppen vollständig integriert. Danach verfügte jede Abteilung jeweils über ihren eigenen Stab für verdeckte Aktionen (CA) und über die geheime Nachrichtenbeschaffung (SI). Das waren umfangreiche, schwerfällige, einander behindernde und kostspielige Behörden, die die Arbeit der CIA oft unnötig komplizierten. Bissell wollte sie auf die Hälfte reduzieren, die Arbeitsgebiete zusammenlegen und das Abhören des Funkverkehrs umorganisieren.

Ein anderes Problem war die Verteilung der zur Verfügung stehenden Gelder, hier war ein besseres Planungs- und Programmierungssystem dringend geboten. Es gab Hunderte von Projekten, die jedoch nur oberflächlich und willkürlich in bestimmten Gruppen zusammengefaßt wurden. Da waren die verdeckten Propagandaoperationen, geheime Unterstützung politisch linksstehender Gruppen uws. usw. Niemand konnte nach solchen Kriterien die Gelder wirklich sachgerecht verteilen. Niemand konnte entscheiden, welche Projekte den Vorrang haben sollten. Und ein System, das sich für den DDP eignete, war für die Spionageabwehr Angletons völlig wertlos. Dort handelte es sich eben nicht um Projekte, sondern um Fälle, und jeder Fall war eine bestimmte Person. Alles war ganz anders. Bissell konnte sehr überzeugend über solche Probleme sprechen, urteilte einer seiner ehemaligen Mitarbeiter, aber schon nach einer Stunde verstieß er selbst gegen alle von ihm verkündeten Grundsätze.

Helms war Fachmann für organisatorische Fragen, dennoch hat Bissell ihn nie gefragt. In seiner Isolation tat Helms sein möglichstes. Als Helms 1960 einmal verreisen mußte, bat er einen seiner Mitarbeiter, Bissell von einem Konflikt zwischen dem DDP und dem DDI zu unterrichten. Er gab dem Beamten genaue Anweisungen, was er sagen sollte, denn Helms glaubte zu wissen, wie sich dieses Problem lösen ließe. Aber in Helms' Abwesenheit änderte sich die Lage, und Helms' Mittelsmann wich in seinem Vortrag bei Bissell von den ihm gegebenen Instruktionen ab. Als Helms das nach seiner Rückkehr erfuhr, war er wütend. Er bestellte den Mann in sein Büro: »Warum haben Sie nicht gesagt, was ich Ihnen aufgetragen habe?« Der Beamte erklärte, inwiefern die Dinge sich geändert hatten. Helms zögerte einen Augenblick; die Wut war verraucht. Dann sagte er fast nachdenklich: »Ich denke, das sollte mir genügen.« Aber dieser Vorfall war ein Symptom für seine Machtlosigkeit während Bissells Amtszeit als Direktor der Planungsabteilung. Gelegentlich stellte Helms nur in einem eher nebensächlichen Gespräch fest, daß eine größere Operation im Gange war. In einem Fall kam der Planungsoffizier des DDP, John Bross, zu Helms, um sich von ihm vor einer Auslandsreise zu verabschieden, und war erstaunt zu hören, daß Helms nichts davon wußte. Helms sagte: »Vielen Dank, daß Sie es mir sagen; eigentlich hätte ich es schon wissen müssen.« Im allgemeinen war er nicht schroff oder unfreundlich im Umgang mit anderen Menschen, aber unter Bissell wurde er zusehends reizbarer. Wenn jemand mit einem Vorschlag in einer Sache zu ihm kam, von der er wußte, daß Bissell sie persönlich würde erledigen wollen, sagte er manchmal: »Weshalb tragen Sie das nicht dem Wunderknaben nebenan vor?«

Das einzige wichtige Gebiet, bei dem Helms im allgemeinen freie Hand hatte, war der Einsatz von Agenten, ein Unternehmen, das großen Takt und Urteilsvermögen verlangte und in der Regel von Washington sehr genau überwacht wurde. So beauftragte man nicht etwa einen Beamten des CIA-Büros in Rom damit, einen Agenten in der sowjetischen Botschaft anzuwerben, und ließ die Sache dann laufen. Der CIA-Beamte mußte melden, wen er für geeignet hielt und was über diesen Mann in Erfahrung zu bringen war. Nach der ersten Kontaktaufnahme mußte der Beamte genau berichten, wie die Anwerbung erfolgt war, wie er den Kontakt tarnen wollte usw. Spezialisten für Agentenführung und Gegenspionage in Washington überwachten jede einzelne Phase des Unternehmens. Das Risiko einer Enttarnung war groß, und wenn die Erfolgschancen im allgemeinen gering waren, insbesondere bei Aktionen gegen die Sowjets, war eine fast kleinliche Akribie unvermeidlich. Das Anwerben und der Einsatz von Agenten sind die Kernstücke traditioneller Nachrichtenbeschaffung, und Helms hatte den Ruf, auf diesem Gebiet Hervorragendes zu leisten. Aber Bissell überließ Helms diese schwierige Arbeit nicht, weil er ihn damit auszeichnen wollte. Bissell glaubte vielmehr, die Sache sei der Mühe nicht wert.

CIA-Beamte, die beide Männer kennen, sagen, nichts habe Helms an Bissell so geärgert wie dessen Unterbewertung der Agentenarbeit. Bissell hatte seine eigenen Ansichten über diese Arbeit: Sie war zu kompliziert, erforderte zuviel Zeit, eine zu aufwendige Organisation, und man wußte nie, ob es sich lohnen würde, so viel Geld dafür auszugeben. Angenommen, es gelang tatsächlich, einen Agenten in der sowjetischen Botschaft anzuwerben, und die Leute von der Spionageabwehr waren überzeugt, einen wertvollen Mitarbeiter gefunden zu haben. Wenn nun dieser Agent zur sowjetischen Mission bei den Vereinten Nationen nach New York versetzt wurde, Zugang zu den von dort nach Moskau gehenden Telegrammen hatte und daher in der Lage war zu sagen, wie die Russen beispielsweise über internationale Wirtschaftsfragen dachten und er darüber zweimal wöchentlich seinem Führungsoffizier berichtete, was dann? Selbst der redseligste Agent konnte Bissells Meinung nach nicht viel Wichtiges mitteilen. Vielleicht erfuhr man ein paar Einzelheiten, vielleicht sogar wertvolle Einzelheiten. Selbst in diesem günstigen Fall blieb die Ausbeute in Bissells Augen im Vergleich zum Aufwand eher dünn.

Bissell hielt also nicht viel vom Agenteneinsatz, und es war im Büro des DDP kein Geheimnis, daß Helms und andere ehemalige Angehörige des OSO von den praktischen Erfahrungen Bissells ebensowenig hielten. Bronson Tweedy, einer der wenigen ehemaligen Mitarbeiter des OSO, die 1952, als OSO und OPC zusammengelegt und im DDP vereinigt wurden,[8] einen wichtigen Posten erhielten, war Chef der afrikanischen Abteilung, als Bissell sein Amt übernahm. Tweedy hat oft Bissells »Unfähigkeit« kritisiert, wenn es um die geheime Nachrichtenbeschaffung ging. Sogar als die CIA 1960 in Zusammenarbeit mit dem britischen SIS Oberst Oleg Penkowskij als Agenten im Kreml angeworben hatte, war Bissell skeptisch. »Woher wissen wir, daß dieser Bursche in Ordnung ist?« fragte er Jack Maury, den Chef der sowjetischen Abteilung der CIA, der den Einsatz von Penkowskij persönlich von Washington aus leitete.

Maury erschien diese Skepsis geradezu unglaublich. Penkowskij hatte mehr als 10 000 Seiten militärischer Dokumente geliefert – die Lebensläufe führender sowjetischer Generäle, vertrauliche Ausbildungsvorschriften und sogar die technischen Daten für die modernsten sowjetischen Fernlenkwaffen. Kein Nachrichtendienst der Welt würde dem Gegner so hochqualifiziertes Material in die Hände spielen, um ihn davon zu überzeugen, daß es ihm gelungen sei, einen Agenten einzuschleusen. Hätte Bissell eine Ahnung vom Agenteneinsatz gehabt und wäre er darin so geschult gewesen wie Helms, dann hätte er sofort gewußt, daß die CIA hier einen hochkarätigen Agenten von unschätzbarem Wert angeworben hatte. Doch erst zur Zeit der Kubakrise, als die von Penkowskij gelieferten Informationen es der CIA erlaubten, den Fortschritt der Stationierung sowjetischer Fernlenkwaffen auf Kuba *Stunde um Stunde* zu verfolgen und mit absoluter Zuverlässigkeit zu melden, was durch diese Fernlenkwaffen bedroht wurde (das waren alle amerikanischen Großstädte mit Ausnahme von Seattle), mußte Bissell erkennen, was Penkowskij wert war.[9] Aber zu dieser Zeit hatte Bissell seinen Posten schon verlassen müssen.

Aber nicht nur Bissells Unerfahrenheit und Gleichgültigkeit hinsichtlich des Agenteneinsatzes erregten das Mißtrauen altgedienter Geheimdienstfachleute aus dem OSO. Es gab auch grundsätzliche Differenzen. Bissell hatte einen ungewöhnlichen Tatendrang. Wenn er vor einem politischen Problem stand, versuchte er es mit Dulles' Hilfe auf geheimen Wegen zu lösen. Ebenso wie Desmond FitzGerald, der oft gesagt hat, geheime Informationen seien nutzlos, solange sie in einem Safe verschlossen blieben, war auch Bissell ein Aktivist. Das bedeutet nicht, daß er die Begeisterung gewisser ehemaliger Angehöriger des OSS für paramilitärische Aktionen teilte, die glaubten, schwierige Probleme ließen sich am einfachsten mit Gewalt lösen. Bissell war bei der Anwendung von Gewalt nicht zimperlich. Er hat versucht, die politischen Führer in wenigstens drei Ländern töten zu lassen, und er hat in zwei dieser Länder bewaffnete Streitkräfte geschickt – nach Kuba sogar eine ganze Armee. Vergiftete Taschentücher und Federhalter, nicht zu identifizierende Jagdpiloten und Söldner mit nicht gekennzeichneten Waffen waren nur die gröbsten Werkzeuge in einem breit gefächerten Arsenal, zu dem wirtschaftliche Druckmaßnahmen, finanzielle Unterstützung, Hilfs- und Ausbildungsprogramme, Propaganda und andere Methoden gehörten, um die richtigen Leute zu gewinnen. Die Vereinigten Staaten waren nach dem Zweiten Weltkrieg sehr erfindungsreich, und kein Beamter des Nachrichtendienstes konnte, wenn er sich diesem Trend widersetzte, lange im Amt bleiben oder in höhere Positionen aufrücken; auch Helms wäre das nicht gelungen. Die Kennedys wollten Castro unter allen Umständen beseitigen, und als die Zeit kam, hat Helms ebenso angestrengt versucht, ihnen diesen Wunsch zu erfüllen, wie Bissell das vor ihm getan hatte.

Aber Helms und Bissell gingen nach grundverschiedenen Methoden vor. Schon die Geheimhaltung hatte bei jedem von ihnen einen ganz anderen Stellenwert. Wenn für Helms etwas geheim war, dann meinte er das ganz wörtlich – um Lyman Kirkpatrick zu zitieren: »Geheim von jetzt bis in alle Ewigkeit.« Für Bissell kam es darauf an, es vor der *New York Times* geheimzuhalten – wenigstens bis das Unternehmen abgeschlossen war. Bei der Beschaffung von Nachrichten ist die Geheimhaltung ein mit fast religiösem Eifer gewahrter Grundsatz. Im Idealfall kennt ein Agent nie die wirkliche Identität seines Führungsoffiziers, den

Weg, den das Geld nimmt, mit dem er bezahlt wird, das Motiv, das hinter den Fragen steht, die er beantworten soll, und vielleicht nicht einmal das Land, für das er arbeitet. Es erleichtert die Arbeit, wenn der Agent an die Sache glaubt, für die er tätig ist, aber ein kluger Führungsoffizier wird sich darum bemühen, den Agenten fester in die Hand zu bekommen. Der Agent soll möglichst in jeder Hinsicht von seinem Führungsoffizier abhängig sein. Es muß zwischen beiden ein gutes Einvernehmen herrschen, aber schließlich muß der Agent das Gefühl haben, dieses gute Einvernehmen sei lebenswichtig für ihn, während der Führungsoffizier selbst so gut getarnt bleibt, daß seine Enttarnung praktisch ausgeschlossen ist. Dieses Ideal wird oft nicht erreicht, aber wenigstens theoretisch wird es angestrebt.

Bei verdeckten Aktionen ist das alles ganz anders. Hier interessiert sich der Führungsoffizier nicht so sehr für die Tarnung seines Agenten, sondern er will ihm helfen, ein politisches Ziel zu erreichen, das er auch selbst verfolgt. Es kommt viel häufiger vor, daß der Agent seinen Verbindungsmann kennt und daher eher in der Lage ist, ihn bloßzustellen. Am wichtigsten ist jedoch die Tatsache, daß der Agent selbst nach politischer Macht und Einfluß strebt. Er wird sich keineswegs verstecken, sondern versuchen, sichtbar zu werden, Eindruck zu machen und die Aufmerksamkeit der Öffentlichkeit auf sich zu lenken. Bei solchen Operationen besteht immer die Gefahr der Instabilität, denn der Agent und sein Führungsoffizier verfolgen nie genau dieselben politischen Ziele. Helms meinte, bei solchen verdeckten Operationen ließe sich nur allzu leicht die Beteiligung der CIA erkennen, und zwar steigere sich diese Gefahr mit dem Umfang der Operationen. Das gefährde nicht nur die Sicherheit der Instrumente, deren sich die CIA bedient – die Finanzierung, die geheimen Treffpunkte, die Initiatoren des Unternehmens, die Tarnmaßnahmen usw. –, sondern etwas noch viel Wichtigeres: die Abschirmung gegenüber der Öffentlichkeit, ohne die ein Nachrichtendienst das Vertrauen derjenigen verliert, die ihm ihr Leben, ihre politische Zukunft und ihre Ehre anvertrauen. Ohne ein solches Vertrauensverhältnis lassen sich Operationen nicht durchführen, die keine Nation an der Öffentlichkeit zu unternehmen wagt.

Offenbar hat Richard Helms die Bedeutung und die Mechanik solcher Enthüllungen besser begriffen als viele andere hohe

Beamte der CIA. Große paramilitärische Operationen wie die Landung in der Schweinebucht und die Unterstützung der Meo-Armee unter General Vang Pao gefielen ihm nicht, weil es so schwierig war, sie geheimzuhalten, und weil die Enthüllung nackter Gewalt die CIA international diskreditiert und in der amerikanischen Öffentlichkeit instinktiv Abscheu hervorgerufen hätte. Mit anderen Worten, die CIA wurde dadurch belastet, und man erschwerte es ihr, Dinge zu tun, die nur im geheimen getan werden können. Wenn amerikanische Politiker glaubten, Castro stelle eine so erhebliche Bedrohung dar, daß dies eine Landung auf Kuba rechtfertige, dann mußte man eine solche Maßnahme den Militärs überlassen. Man dürfte jedoch nicht die Möglichkeiten der CIA, Nachrichten zu sammeln und in unauffälliger Form Druck auszuüben – was im Aufgabenbereich jedes Nachrichtendienstes liegt –, dadurch gefährden, daß man der Behörde zumutet, Dinge zu tun, für die eigentlich das Militär zuständig ist. Damit nämlich rückt die Behörde ins Licht der Öffentlichkeit, die dann eine strengere Kontrolle fordern wird, und gerade das bedeutet das Ende eines jeden Nachrichtendienstes. Wenn der Präsident und die leitenden Beamten dieser Behörde – die sich darum bemühen, seine Wünsche zu erfüllen – die CIA mit der Durchführung umfassender Projekte beauftragten, an denen sich die amerikanische Regierung nicht in aller Öffentlichkeit beteiligen wollte, dann stellte das die gesamte Leistungsfähigkeit der CIA in ihrem ureigensten Bereich in Frage.

Es gab Leute, die Helms' Auffassung teilten, aber mit ihnen arbeitete Bissell nicht gern zusammen. Als er im Frühjahr 1960 seine Aufmerksamkeit Castro zuwandte, ging er ebenso vor wie bei der Entwicklung des U-2-Projekts: Er machte sich im Alleingang an die Lösung seiner Aufgabe. Bissell hatte es eilig. Im Januar 1959 hatte Castro mit stillschweigender Duldung einer amerikanischen Regierung, die Fulgencio Batista entschieden ablehnte, seine Revolution erfolgreich abgeschlossen. Bald jedoch machte er sich die amerikanische Regierung zum Feind, weil er seine politischen Gegner massenweise hinrichten ließ und mit der Verstaatlichung amerikanischer Vermögenswerte drohte. Zugleich forderte er die Russen zu politischer Zusammenarbeit auf und verdrängte damit die Amerikaner vor ihrer eigenen Haustür aus allen politischen und wirtschaftlichen Funktionen auf der Zuckerinsel. Die Frage, ob die Vereinigten Staaten Castro in die Arme der Russen getrieben oder sich nur von ihm abgewandt hätten, als sie feststellen mußten, daß er von sich aus mit Kurs auf Moskau steuerte, war lange Zeit umstritten. Es steht jedoch fest, daß die Regierung der Vereinigten Staaten sehr bald alle Illusionen verloren hatte.

Auf einer Sitzung des Nationalen Sicherheitsrats am 17. März 1960 genehmigte Eisenhower den bescheidenen Plan der CIA, fünfundzwanzig Exilkubaner auszubilden, die dann selbst eine größere Zahl ihrer Landsleute auf den Sturz Castros vorbereiten sollten. In der folgenden Woche trug Bissell anläßlich einer Konferenz in Allen Dulles' Büro erstmalig den von ihm entworfenen Plan zur Beseitigung Castros vor. An dieser Besprechung nahmen außer Dulles der stellvertretende Direktor der Central Intelligence, General Charles P. Cabell, Bissells späterer Stellvertreter, Tracy Barnes, David Phillips, der das Unternehmen propagandistisch betreuen sollte, mehrere aktiv an der Operation zu beteiligende Beamte der CIA und Richard Helms teil, der sich nicht äußerte, sondern, wie Phillips später erzählte, »aufmerksam zuhörte und dabei seine sorgfältig manikürten Fingernägel betrachtete . . .«[10]

Eisenhower hatte zwar die Ausbildung der fünfundzwanzig Exilkubaner genehmigt, aber das Programm von Bissell war viel ehrgeiziger. Am Schluß sollten dazu ein fünfzig Kilowatt starker Radiosender auf Swan Island, eine Exilregierung, eine in Nicaragua stationierte Rebellenluftwaffe, eine in Guatemala auszubildende Rebellenarmee und mit Amphibienfahrzeugen abgesetzte, starke Rebellenstreitkräfte auf Kuba gehören. Phillips stellte verwundert die Frage, weshalb der Chef der Abteilung für die westliche Hemisphäre des DDP, J. C. King, nicht daran beteiligt sei. Helms kannte die Antwort auf diese Frage, und auch die anderen Konferenzteilnehmer merkten sehr bald, daß Bissell wieder einmal die Absicht hatte, die Operation als ein von ihm selbst innerhalb seines persönlichen Machtbereichs durchgeführtes Unternehmen zu behandeln.

7. Kapitel

Wahrscheinlich war es unvermeidlich gewesen, daß niemand in der CIA mehr persönliche Feinde hatte als Lyman Kirkpatrick zur Zeit seiner Entlassung aus dieser Behörde. Das lag weniger an seinem deutlich erkennbaren Ehrgeiz, den hatte er sicher nicht allein, als vielmehr daran, daß er neun Jahre den Posten des Generalinspekteurs der CIA bekleidet hatte. Allen Dulles setzte ihn 1953 an diese Stelle, als er nach seiner Polioerkrankung an den Rollstuhl gefesselt zur CIA zurückkehrte. Bis dahin war es keine besonders wichtige Stellung gewesen. Kirkpatricks Vorgänger unter »Beedle« Smith war Stuart Hedden, der nur mit einem Assistenten arbeitete und gegenüber dem Planungsdirektorium nicht weisungsbefugt war, der einzigen Abteilung, die aus einleuchtenden Gründen dringend einer objektiven Aufsicht bedurfte. Als Kirkpatrick 1965 seinen Posten verließ, war er zu dem Schluß gekommen, daß verdeckte Operationen in ihrer Art ebenso gefährlich seien wie Kernwaffen. Eine Handvoll Männer mit klugen Ideen konnten mehr Unheil anrichten als eine Armee, und das Planungsdirektorium war wertlos, wenn es dort keine Männer mit klugen Ideen gab.

Nach seiner Ernennung zum Generalinspekteur bat Kirkpatrick Dulles sofort um die Ausweitung seines Zuständigkeitsbereichs, aber bis 1956 leistete Frank Wisner ihm erfolgreich Widerstand und behauptete, die eigene Prüfungsabteilung des DDP leiste sehr gute Arbeit und die Einmischung des Generalinspekteurs werde das Sicherheitsrisiko erhöhen – ein Argument, das immer wieder zog. Kirkpatrick konnte sich schließlich durchsetzen, nachdem Eisenhower den Präsidenten-Ausschuß zur Beratung in Fragen des Auslandsnachrichtendienstes (Board of Consultants on Foreign Intelligence Activities – PBCFIA) eingerichtet hatte. Bei einer der ersten Sitzungen, die Dulles mit diesem Gremium abhielt, stellte man an ihn die einfache Frage: »Ist der Generalinspekteur für die ganze Behörde zuständig?« Instinktiv beantwortete Dulles die Frage mit ja, und von diesem Augenblick an interpretierte Kirkpatrick sie ebenso.

Er begann mit einer Studie über die osteuropäische Abteilung des DDP und durchleuchtete im Lauf der Jahre wenigstens zweimal die ganze CIA. Dabei analysierte er Arbeitsmethoden und Leistungen der einzelnen Abteilungen und fügte jeder Studie eine Liste von Empfehlungen an. Einige dieser Empfehlungen wurden befolgt, andere nicht. Aber jedesmal mußten die Chefs der Abteilungen und Zweigstellen des DDP, denen eine Kritik nicht gefiel, Federn lassen. Männer wie James Critchfield, 1961 bereits zehn Jahre Leiter der Abteilung für den Mittleren Osten, und J. C. King, Chef der Abteilung für die westliche Hemisphäre, wurden manchmal wegen ihrer feudalen Vorrechte und ihrer Unabhängigkeit als »die Barone« bezeichnet. Ihnen paßte die Einmischung Kirkpatricks ganz und gar nicht.[1]

Doch das hätte man als die üblichen kleinen bürokratischen Reibereien abtun können. Der Bericht, den man Kirkpatrick nie verziehen hat, war seine Studie über das Unternehmen in der Schweinebucht. Schon Ende Februar 1961 lag das Unheil in der Luft, als Kirkpatrick bei Dulles schriftlich um Erlaubnis bat, zwei Untersuchungsbeamte seines Büros auf das von Richard Bissell geleitete Unternehmen anzusetzen. Er hatte in den anderen Büros und während seiner regelmäßigen Arbeitsessen mit Helms schon genug darüber gehört, um zu wissen, daß Bissell an einen Tag X dachte und viele Mitarbeiter des DDP nicht an das Gelingen des Plans glaubten. Das Ersuchen von Kirkpatrick wurde sofort lakonisch mit der kurzen Notiz beantwortet: »Nein. AWD.«

Nach der fehlgeschlagenen Landung im April konnte man Kirkpatrick die Untersuchung jedoch nicht mehr verwehren, und mit der von Dulles nur widerwillig gegebenen Erlaubnis beauftragte er seinen Stellvertreter und zwei andere Inspekteure, sich ausschließlich mit dieser Studie zu beschäftigen. Im November 1961 legte Kirkpatrick den vollständigen Bericht vor. Er umfaßte hundert Seiten und war direkt an John McCone, Dulles' Nachfolger, gerichtet.

Das ganze DDP reagierte zornig – vor allem weil Kirkpatrick so taktlos gewesen war, den Bericht weder Dulles noch Bissell oder

Tracy Barnes zu zeigen, bevor er zu McCone ging. Man deutete das als einen unverhüllten und ungeheuerlichen Versuch, sich bei dem neuen Direktor beliebt zu machen. »Hier hat sich Kirkpatrick von seinem Ehrgeiz verleiten lassen, gegen die Regeln zu verstoßen«, sagte ein ehemaliger Beamter, der durchaus nicht zu Bissells Freunden zählte. Bissells Freunde jedoch ärgerten sich noch weit mehr über den Inhalt des Berichts. Sie behaupteten, er sei unsachlich, kleinlich, heftig, ja, sogar grausam. Viele Jahre später sagte mir einer von ihnen, der Bericht sei »empörend« gewesen. Das Planungsdirektorium verfaßte sofort eine Gegendarstellung,[2] die noch länger war als der Bericht. Darin wurde zugegeben, daß eine gewisse Kritik berechtigt sei. Die an dem Unternehmen Beteiligten hätten hier und da Schwächen gezeigt, und die Sicherheitsbestimmungen seien nicht so streng beachtet worden, wie das hätte geschehen sollen. Aber es wurde darauf hingewiesen, daß nicht Bissell allein für das Unternehmen verantwortlich gewesen sei, sondern die Verantwortung von mehreren Stellen getragen werden müsse, unter anderem auch vom Weißen Haus. Zwar wurde diese letzte Behauptung nur sehr vorsichtig formuliert, sie entsprach aber sicherlich der damaligen Auffassung des Planungsdirektoriums, und seine Angehörigen haben ihre Meinung seither nicht geändert.

Der Plan für den Sturz Castros war in erster Linie das Werk zweier Männer, Jack Hawkins', Oberst bei der Marineinfanterie, und eines Beamten des DDP mit Namen Jacob Esterline.[3] Esterline stützte sich insbesondere auf den Einsatz von Exilkubanern (man hatte festgestellt, daß es auf Kuba selbst nur unbedeutende gegen Castro gerichtete Organisationen gab). Auch wurde an eine Truppenlandung gedacht, die zunächst ein paramilitärisches Unternehmen sein sollte, aus der aber schließlich eine konventionelle Operation mit Amphibienfahrzeugen wurde, an der sich eine Flotte, Luftstreitkräfte und 1400 Mann beteiligen sollten. Wenn Helms schon gegenüber dem ursprünglichen Plan sehr skeptisch gewesen war, dann war er entsetzt, als daraus ein größeres militärisches Unternehmen wurde, das nur noch dem Namen nach als Geheimoperation bezeichnet werden konnte. Helms versuchte nicht, sich direkt einzuschalten – Bissell gibt zu, da er die Beteiligung von Helms nicht begrüßt hätte –, es war aber beim Planungsdirektorium kein Geheimnis, daß sich Helms bewußt von dieser Aktion distanzierte,[4] und viele andere nahmen instinktiv die gleiche Haltung ein. Es kam sogar einmal dazu, daß eine Gruppe von Beamten im Rang von Zweigstellenchefs und Stabsführern[5] einen halboffiziellen Protest gegen Bissell und Barnes entwarfen.

Tracy Barnes war ein typischer Angehöriger des OSS aus dem Zweiten Weltkrieg, der auch jetzt noch riskante und waghalsige Unternehmen schätzte. Er hatte auf dem Groton College in Yale studiert und die Harvard Law School besucht, ein sportlicher Mann, der bei Kriegsbeginn Offizier bei der Luftwaffe wurde, dann zum OSS ging und mit einem paramilitärischen Jedburgh-Team über Frankreich absprang. Später wurde er der OSS-Mission in Bern unter Allen Dulles zugeteilt, den Barnes' Fähigkeiten beeindruckten, der ihn als Freund schätzte und einmal als den tapfersten Mann bezeichnet hat, den er kannte. Aber Barnes war auch sehr impulsiv. Als Dulles ihn beispielsweise 1957 zum Chef des Büros in London ernannte, ließ er seinen unaufgeräumten Schreibtisch in Deutschland einfach stehen und flog sofort nach England. Viele Leute beim Planungsdirektorium, und das waren vor allem die ehemaligen Angehörigen des OSO, mochten Barnes entweder nicht oder mißtrauten seiner Urteilsfähigkeit und seinen Leistungen. Daß er in hohe Stellungen aufrückte, führten sie auf Dulles' Schwäche für seine elegante Erscheinung und die alte Freundschaft zurück, die zwischen beiden Männern bestand. Als das Unternehmen in der Schweinebucht 1960 begann, war Barnes Chef des psychologischen und paramilitärischen Stabes beim Planungsdirektorium, und Bissell bestimmte ihn jetzt zu seinem Stellvertreter bei dem zum Sturz Castros eingeleiteten Unternehmen. Die Kritik an Barnes war aufrichtig gemeint, aber in Wirklichkeit nur der indirekte Ausdruck von Zweifeln am Gelingen der gegen Kuba geplanten Aktion. Den Skeptikern – zu denen auch Helms zählte, obwohl er Bissell und Barnes sicher nicht offen kritisiert hat[6] – mißfiel vor allem das ungewöhnliche Ausmaß des geplanten Landemanövers. Auch hielten sie es für unmöglich, die Öffentlichkeit über die Identität der Initiatoren zu täuschen, und fürchteten die bei einem Scheitern des Unternehmens für die CIA zu erwartenden Folgen; und ein Scheitern sah man als sehr wahrscheinlich an. Schon lange vor Ende 1960 war die Operation bei den Exilkubanern in Miami ein offenes Geheimnis; Castro hatte sich schon darüber beschwert, und erste Berichte erschienen bereits in den Zeitungen Lateinamerikas und der Vereinigten Staaten. Im Januar 1961 erwähnte das Nachrichtenmagazin *Time* sogar den politischen Aktionsoffizier in Miami, Frank Bender (das war der Tarnname eines DDP-Beamten namens Droller), als »Mr. B«. Wenn *Time* schon solche Einzelheiten wußte, dann mußte die kubanische Direcciôn Generale de Inteligencia (DGI) sehr viel mehr wissen.

Doch wenn es innerhalb der CIA erhebliche Bedenken gegen eine Landung auf Kuba gab, drangen sie kaum nach außen. Verteidigungsminister Robert McNamara war sich der in der CIA herrschenden Skepsis nicht bewußt, und Außenminister Dean Rusk, dem die internationalen Konsequenzen einer so offensichtlichen Intervention Sorgen machten, wußte zunächst gar nicht, daß er bei der CIA potentielle Verbündete hatte. Der damalige Direktor des Büros für Nachrichtendienst und Forschung beim Außenministerium, Roger Hilsman, sagt, er habe nach einem Gespräch mit Helms angefangen, sich Sorgen zu machen, denn Helms habe ihm den Eindruck vermittelt, dieses Projekt werde völlig außer Kontrolle geraten. Daraus schloß Hilsman, daß das Direktorium für Nachrichtenbeschaffung unter Robert Amory und der Nationale Planungsausschuß unter Sherman Kent an den Vorbereitungen des Unternehmens gegen Kuba nicht beteiligt waren und die Operation einen Umfang angenommen habe, bei dem eine straffe Führung nicht mehr möglich sei. Das jedenfalls war der Kern des Berichts von Hilsman an Rusk, der ihn – wie so vieles andere – mit phlegmatischem Schweigen zur Kenntnis nahm. Rückblickend glaubt Hilsman, Helms habe bewußt versucht, ihn zu warnen, ja er habe sogar mit seiner Unterstützung gerechnet.[7]

Offenbar hat sich Helms vor keinem anderen Forum gegen die Pläne von Bissell für eine Landung auf Kuba ausgesprochen. Deshalb verwundert es einen um so mehr, daß Bissell sich durch ihn so gestört fühlte, daß er Dulles nicht nur einmal, sondern zweimal um Helms' Versetzung gebeten hat. Diese Episode blieb irgendwie im Dunkel, wie das bei solchen bürokratischen Kontroversen häufig der Fall ist. Tracy Barnes hat die Sache einem Freund wie folgt geschildert: Anfang 1961 ging Bissell zu Dulles und beschwerte sich darüber, daß Helms die Dinge zu verzögern suche und nicht bereit sei, mitzuarbeiten. Eine Zusammenarbeit mit ihm sei nicht möglich. Helms müßte versetzt werden, vielleicht nach London, um das dortige Außenbüro zu übernehmen. Frank Wisner sei zu krank, um noch lange an diesem Posten zu bleiben, und so könnte Dulles zwei Probleme auf einmal lösen. Anschließend besprach Dulles die Angelegenheit mit Helms, der erklärte, die Spannungen zwischen ihm und Bissell seien ihm ebenso unerklärlich wie Dulles. Er habe versucht, mit Bissell auszukommen, und sei überzeugt, die Schwierigkeiten ließen sich ausräumen. Dann erklärte er sich bereit, die Angelegenheit in Ordnung zu bringen, damit im Planungsdirektorium nicht während einer größeren Operation unnötige Spannungen entstünden. Wie Barnes später behauptete, hat Helms jedenfalls versucht, seinen gegenwärtigen Posten zu behalten. Dulles, der sich nur ungern von einem alten Freund und Kollegen trennen wollte, erklärte sich einverstanden und überredete Bissell, noch einmal einzulenken.

Bissell wagte einen zweiten Vorstoß, und trotz der entschiedenen Fürsprache von Kirkpatrick gab Dulles widerwillig Bissells Forderungen nach und stellte Helms praktisch vor die Wahl, entweder nach London zu gehen oder entlassen zu werden.

Soweit die Darstellung von Barnes. Helms behauptet dagegen, weder Dulles noch Bissell hätten mit ihm über eine Versetzung nach London gesprochen.[8] Auch Bissell will sich an eine solche Episode nicht erinnern können und hält sie für ›apokryph‹. Allerdings gibt er zu, daß ihm die Ratschläge von Helms zum Unternehmen in der Schweinebucht »nicht gefallen« hätten, und er glaube, gewußt zu haben, daß Helms von Anfang an dagegen war.

Richard Helms war zu jener Zeit mit Sicherheit ein Außenseiter. Dulles und Barnes waren seit ihrer Zusammenarbeit während des Krieges in Bern eng befreundet. Barnes besaß als Bissells Stellvertreter dessen uneingeschränktes Vertrauen. Bissell war auf Dulles' Veranlassung zum Leiter des Planungsdirektoriums ernannt worden, und Dulles hätte es am liebsten gesehen, wenn er seine Nachfolge als Direktor der Central Intelligence angetreten hätte, falls die Gicht oder die Jahre ihn veranlassen sollten, in den Ruhestand zu gehen. Die drei Männer waren sich darin einig, daß Castro gestürzt werden müßte. Sie glaubten zu wissen, wie das zu bewerkstelligen sei, und waren schon zu weit gegangen, um sich durch die unerwünschten Einwände eines Richard Helms oder anderer Mitarbeiter bei der CIA noch aufhalten zu lassen. Helms' Erbitterung war allgemein bekannt; es läßt sich aber kaum noch feststellen, was er getan hat, um Bissell oder Barnes so zu verärgern, und weshalb Dulles schließlich doch noch bereit gewesen ist, ihn nach London zu schicken.

Helms war in seiner ganzen Art kühl und zurückhaltend; instinktiv suchte er immer wieder nach einem Ausgleich der Gegensätze, nach Kompromissen, und bemühte sich, Operationen, die außer Kontrolle zu geraten drohten, auf das Notwendigste zu beschränken. Im Interesse des innerbehördlichen Friedens suchte er ständig zu vermitteln. Seine Freunde bezeichnen ihn als einen »guten Soldaten«. Das soll heißen, daß er sich gegen ein bestimmtes Vorhaben aussprach, solange noch darüber beraten wurde; wenn aber die Entscheidung gefallen war, stellte er sich loyal dahinter. An dem Unternehmen in der Schweinebucht hatte man ihn bewußt nicht beteiligt. Es war nicht seine Aufgabe, auf Schwachstellen in einem Plan hinzuweisen, in den er nicht eingeweiht worden war, und seine Vorbehalte gegen verdeckte Aktionen kannte man wahrscheinlich ohnedies.

Er durfte aber auch nicht gänzlich abseits stehen. Es wird berichtet, Helms habe verlangt, man solle dem aus etwa hundert Mann bestehenden Spionageabwehrbüro von James Angleton eine Rolle bei dem Unternehmen zuweisen. Nach einer bestimmten Quelle war dem Unternehmen in der Schweinebucht im September 1960 nur ein einziger Spezialist für Spionageabwehr zugeteilt worden, der diese Aufgabe allein nicht bewältigen konnte. Bissell und Barnes waren sich der Bedeutung der Geheimhaltung bewußt. Da das Unternehmen jedoch so rasch vorangetrieben wurde, mußte man damit rechnen, daß Castro seine Spione einschleusen könne. Castros öffentliche Äußerungen ließen bereits deutlich erkennen, daß er in großen Zügen über den Plan Bescheid wußte, aber vielleicht wußte er auch schon viel mehr. Helms war augenscheinlich durch zwei besonders schwerwiegende Verstöße gegen die Sicherheitsvorschriften alarmiert worden. In Mexiko, wo Howard Hunt als Verbindungsmann der CIA den Kontakt mit der von Exilkubanern unter der Leitung der CIA gegründeten Frente Revolucionario Democratico (FRD) aufgenommen hatte, verlor ein von Hunt angeworbener Kurier irgendwie eine Aktentasche mit belastenden Dokumenten, darunter eine Liste von CIA-Agenten und Kontaktpersonen auf Kuba.[9] Später beging Frank Bender in Miami einen ähnlich schwerwiegenden Fehler, als ein Gespräch mit einem kubanischen Politiker im Zimmer eines Motels von einer Sekretärin im Nebenzimmer mitgehört wurde, die zufällig einen Bruder beim FBI hatte. Sie machte sich Notizen und gab sie an ihren Bruder weiter. Von dort gingen die Aufzeichnungen wieder an die CIA, sehr zum Ärger von Bender und zur großen Freude von Hunt. Doch Helms und Angleton sorgten sich vor allem um die Möglichkeit, daß in ihre Organisation Agenten eingeschleust werden könnten, denn sie erinnerten sich beide an die für die CIA verhängnisvollen Ereignisse mit WIN, NTS und den ukrainischen und albanischen Emigrantenorganisationen. Damals hatte sich die CIA erheblich die Finger verbrannt, aber Bissell war erst später zum Nachrichtendienst gekommen, hatte wenig praktische Erfahrungen und nie ganz begriffen, wie sehr ein feindlicher Nachrichtendienst einem Unternehmen schaden kann, das nicht vollkommen gegen das Eindringen fremder Agenten abgeschirmt ist.

Helms' und Angletons Befürchtungen waren durchaus begründet. Wenige Tage vor Beginn des Landeversuchs nahm die kubanische Polizei überall Verdächtige fest – es waren zusammen vielleicht 100 000 Personen – und brachte sie in behelfsmäßig eingerichteten Lagern unter. Nach einigen Quellen waren bei dieser Polizeiaktion alle Kontaktpersonen der CIA außer Gefecht gesetzt worden. Es gab aber auch noch andere Hinweise darauf, daß Castro über das Vorhaben der CIA viel mehr in Erfahrung gebracht hatte, als dies bei einer gut geleiteten Aktion hätte möglich sein dürfen.

Freitag, den 21. April 1961, zwei Tage nach der Kapitulation der in der Schweinebucht gelandeten Streitkräfte, kamen zwei Männer in Arbeitskleidung – man hätte sie für Fensterputzer halten können, wenn sie nicht den für gewisse Intellektuelle der Efeu-Liga typischen kurzen Haarschnitt gehabt hätten – zur Zweigstelle der Riggs National Bank am DuPont Circle in Washington und stellten dem Mann am Kassenschalter eine ungewöhnliche Frage. Sie baten ihn darum, auf den Namen von Arthur Avignon sechs bis acht Bankschecks über eine Gesamtsumme von mehr als 100 000 Dollars auszustellen. Der Kassierer war nicht so überrascht, wie man es hätte erwarten können. Leute von der CIA kamen oft zu dieser Bank, um sich unauffällig über die Konten gewisser in Washington akkreditierter Botschaften zu informieren. Der Kassierer wußte auch, daß mehrere besonders aktive Konten auf die Namen von Gruppen wie National Association of Loggers (Nationaler Verband der Holzarbeiter), The Dry Cleaner's Association (Verband der chemischen Reinigungen) usw. eingetragen waren. Als er sich bei seinem Eintritt in die Bank nach diesen seltsamen Konten erkundigt hatte, sagte man ihm ganz offen: »Ach, das sind nur Scheinkonten.«

Der Kassierer stellte die Schecks aus, war jedoch überrascht, eine Woche später im *Washington Evening Star* eine Meldung der Associated Press aus Havanna zu lesen, nach der Castro öffentlich erklärt hatte, die CIA habe eine Verschwörung gegen Kuba angezettelt, und dabei von Konten auf den Namen eines gewissen Arthur Avignon sprach. Der Kassierer wunderte sich darüber, daß Castro so rasch etwas von der Transaktion und der Identität Avignons erfahren hatte.

Um so etwas zu vermeiden hatte Helms schon vor Monaten verlangt, die Spionageabwehrexperten im Planungsdirektorium an den Vorbereitungen für das Unternehmen in der Schweinebucht zu beteiligen. Außer allen anderen Gefahren, die jede geheime Aktion mit sich bringt, gab es hier noch ein Problem, das in den Kubanern selbst begründet lag. CIA-Beamte, die mit Kubanern zusammengearbeitet haben, behaupten, sie seien nicht in der Lage, etwas geheimzuhalten. Aber Bissell und Barnes, die zwar theoretisch die Bedeutung der Geheimhaltung anerkannten, machte die übergroße Vorsicht der Beamten von der Spionageabwehr ungeduldig. Sie wollten auf Kuba landen. Sie brauchten Soldaten und die politische Unterstützung einer möglichst großen Zahl von Exilkubanern, und zwar rasch. Aus den Meldungen des Nachrichtendienstes wußten sie, daß Castro schon Waffen aus dem Sowjetblock bekam und kubanische Piloten in der Tschechoslowakei an MiG-Flugzeugen ausgebildet wurden. Wenn Castro erst über moderne Luftstreitkräfte verfügte, war es mit einer Landung von Exilkubanern ein für allemal vorbei. Aus diesem Grund mußten die Verzögerungen, die die Mitarbeiter von Angleton verursachten, Bissell und Barnes nervös machen, und sie gaben Helms die Schuld.

Auch in anderer Beziehung fühlten sich die Planer des Unternehmens durch Helms gestört. Sie glaubten, er schütze seine eigenen Kontakte, warne bestimmte Mitarbeiter davor, sich in das Unternehmen verwickeln zu lassen, und strenge sich nicht genügend an, die Operation technisch zu unterstützen. Aber noch hinderlicher war ihnen Helms' instinktive Vorsicht, die sich so sehr von der ungestümen Haltung unterschied, die Tracy Barnes zeigte. Der Erfolg des von Bissell, Hawkins und Esterline ausgearbeiteten Plans hing zum großen Teil vom Einsatz der Flugzeuge ab, über die die Exilkubaner verfügten. Das waren am Schluß sechzehn Bombenflugzeuge vom Typ B-26 aus dem Zweiten Weltkrieg. Ohne die Bombenflugzeuge wäre es unmöglich, Castros wenige Schulmaschinen zu zerstören. Das waren im Vergleich zu den MiGs, die Moskau ihm versprochen hatte, primitive Maschinen, aber sie waren leistungsfähig genug, um die Landestreitkräfte zu vernichten; es sei denn, diese wären in der Luft eindeutig überlegen.

Bissell und Barnes brauchten die B-26 sofort. Helms, Lawrence Houston und der Verwaltungsstab des DDP hielten es für richtig, bei der Beschaffung der Flugzeuge sehr vorsichtig vorzugehen. Eisenhower und sein Nachfolger Kennedy verlangten, daß das Landeunternehmen vor der Weltöffentlichkeit als rein kubanische Operation dargestellt würde. Es durfte deshalb nicht der Eindruck entstehen, daß die B-26 von den Vereinigten Staaten geliefert worden seien. Aber Barnes ging mit der für ihn typischen Begeisterung an die Sache heran, telefonierte mit seinen Freunden bei der Flugzeugindustrie und kümmerte sich kaum um die Geheimhaltung. Die Angelegenheit wurde ebenso unverhüllt besprochen wie später die Beschaffung der Invasionsflotte. Bissell und Barnes, die die Landeoperation ursprünglich noch während Eisenhowers Amtszeit durchführen wollten, waren über jede Verzögerung verärgert und enttäuscht. Da Helms nicht zu ihrer Aktionsgruppe gehörte, beschlossen sie, ihn ganz auszuschalten, und erreichten schließlich auch die Zustimmung von Dulles. Aber es kam alles ganz anders, und es war Bissell und nicht Helms, der plötzlich und unerwartet aus der CIA ausscheiden mußte.

Als Lyman Kirkpatricks Mitarbeiter unmittelbar nach der Kapitulation der Landestreitkräfte am Mittwoch, den 19. April, an die Arbeit gingen, um den Fall zu untersuchen, herrschte in der ganzen CIA gedrückte Stimmung. Die Moral war auf einem Tiefpunkt angelangt. Nicht nur Präsident Kennedy war wütend, die Presse war entsetzt, die Öffentlichkeit erregt und verwirrt, der Kongreß suchte nach Sündenböcken, und die Sowjets triumphierten. Das Ausmaß dieses Mißerfolgs löste bei der CIA eine bisher nicht erlebte Verzweiflung aus. Das Fiasko in Indonesien war im Vergleich zu dem katastrophalen Ausgang des Kuba-Unternehmens nur eine Operette gewesen. Die Landestreitkräfte waren bei ihrem Angriff auf überlegenen feindlichen Widerstand gestoßen, die Operation war restlos gescheitert. Es genügte kaum, sich diese Blamage mit mangelhafter Vorbereitung zu erklären.

Ein oder zwei Tage nach dem Scheitern des Unternehmens kam Robert Kennedy zur CIA, um zu erforschen, welches die Gründe für den Fehlschlag waren, und später setzte der Präsident einen Untersuchungsausschuß unter der Leitung von General Maxwell Taylor ein, dem auch Robert Kennedy, Allen Dulles und Admiral Arleigh Burke angehörten. Aber dieser Ausschuß sah seine Aufgabe weniger darin, die Ursachen des Scheiterns festzustellen, als vielmehr neue Mittel und Wege für die Beseitigung Castros zu finden. Die einzige ernstzunehmende offizielle Untersuchung der Vorgänge in der Schweinebucht wurde von Lyman Kirkpatrick durchgeführt.

Die Erklärung, die der Generalinspekteur im November 1961 in seinem McCone vorgelegten Bericht gab, war entwaffnend einfach. Aber wenn man die Folgen wirklich begreifen will, muß man auch wissen, was nach Auffassung der Planer zum Scheitern des Unternehmens führte. Bissell meinte lediglich, »dieser Feldzug *hätte* mit einer Niederlage der Landstreitkräfte enden können. Er *wurde* von den Luftstreitkräften verloren«.

Das Unternehmen war zunächst als regelrechte Geheimoperation geplant worden. Die ersten fünfundzwanzig Exilkubaner sollten von der CIA in der Panamakanalzone an der Heeresschule der Vereinigten Staaten für den Dschungelkrieg ausgebildet werden. Dann sollten diese Männer ihrerseits fünfundsiebzig weitere Exilkubaner ausbilden, und sie alle sollten nach Kuba eingeschleust werden, um mit Hilfe des dort schon bestehenden Dissidentennetzes den Widerstand aufzubauen. Aber unmittelbar nachdem die ersten fünfundzwanzig Männer im September 1960[10] nach Panama gegangen waren, mußte man erkennen, daß man die

Widerstandskräfte auf Kuba überschätzt und die Leistungsfähigkeit von Castros Sicherheitsdienst unterschätzt hatte. Eingeschleuste Agenten wurden oft schon nach einem oder zwei Tagen aufgespürt und festgenommen. Die Kommunikation war so mangelhaft, daß die von Flugzeugen abgeworfenen Hilfsgüter häufig zu früh oder zu spät kamen oder sofort in die Hände der kubanischen Polizei fielen. Es gab Widerstandsgruppen in den Escambray-Bergen, aber Castro, der aus seinen eigenen Erfolgen und Batistas Fehlern viel gelernt hatte, machte sich nicht die Mühe, seine Truppen dorthin zu schicken, sondern sperrte das Gebiet, in dem sich die Widerstandskämpfer aufhielten, einfach ab, um sie auszuhungern. Einige führende Exilkubaner, wie zum Beispiel Manuel Ray (der die CIA überging und sich nach Januar 1961 direkt mit Mitgliedern der Regierung Kennedy in Verbindung setzte), behaupteten, die Bedeutung der von der CIA entdeckten und unterstützten Widerstandsgruppen auf Kuba sei übertrieben worden; diese Gruppen seien unzuverlässig, und oft würde von Rebellengruppen gesprochen, die es in Wahrheit überhaupt nicht gäbe. Ende November 1960 wurde der Plan für einen regelrechten Guerillafeldzug aufgegeben, weil die Exilkubaner unter sich uneinig und schlecht organisiert waren, die Verhältnisse auf Kuba für eine Untergrundbewegung denkbar ungünstig waren und die Amerikaner die Geduld verloren hatten. Deshalb entschloß sich Bissell zu dem Landeunternehmen.

Der neue von Jacob Esterline und Oberst Hawkins entworfene Plan sah eine kombinierte psychologische und militärische Kampfführung vor. Die Landestreitkräfte – im November noch dreihundert Mann stark, aber dann ständig aufgestockt – sollten einen Brückenkopf besetzen. Unterdessen sollten die von Exilkubanern geflogenen B-26, nachdem sie die Düsenschulmaschinen Castros zerstört und so die Luftüberlegenheit errungen hatten, die Kommunikationslinien und Nachschubwege Castros unterbrechen. Das mag zunächst zwar recht abenteuerlich anmuten, wäre aber unter Umständen möglich gewesen, weil die Kurzwellen-Relaisstationen, die das Kernstück des Fernsprechnetzes auf Kuba bildeten, durch Luftangriffe ebenso verwundbar waren wie das Eisenbahnnetz und die Rundfunkstationen. Die Grundidee stützte sich weitgehend auf die erfolgreiche Operation in Guatemala, bei der Arbenz de facto der massiven Einschüchterung gewichen war. Castro sollte mit einer militärischen Bedrohung unbekannten Ausmaßes und mit Gerüchten und übertriebenen Meldungen über eine Vielzahl von Landeunternehmungen konfrontiert werden. Kubanische Rebellen im ganzen Land wollte man zum bewaffneten Aufstand ermutigen, halbherzige Anhänger Castros einschüchtern und lähmen und so die kubanische Regierung in eine politische Krise stürzen, der auch Castro nicht mehr Herr werden konnte. Die wirkliche Landung einiger Verbände hätte dann vielleicht eine bedingte Niederlage herbeigeführt, weil Castro die amerikanischen Einheiten für die Speerspitze einer weit größeren Invasion hielt. Das Problem war nun, das Schwergewicht von der psychologischen Seite des Plans auf die militärische zu verlagern, denn man hatte erkannt, daß die CIA auf Kuba nur sehr wenig aktive Kontakte aufbauen konnte und die Regierung Castros beherzter war und mehr Widerstandswillen besaß als die von Arbenz. Für das Gelingen des Vorhabens war eine erfolgreiche Landung erste Voraussetzung; ein Brückenkopf auf kubanischem Boden ließ sich nach der von Bissell damals und heute vertretenen Auffassung nur halten, wenn man die strategische Luftüberlegenheit besaß.

Und hier griff die Kennedy-Regierung ein. Dulles und Bissell unterrichteten Kennedy zum erstenmal am 17. November 1960 in Palm Beach von der geplanten Operation, und der neugewählte Präsident, der sich vielleicht von dem Ausmaß des Unternehmens ebensosehr hat beeindrucken lassen wie von der Beredsamkeit Bissells,[11] erklärte sich einverstanden. Nun teilten Dulles und Bissell den anderen an dem Unternehmen Beteiligten mit, sie hätten die »qualifizierte Zustimmung«[12] des Präsidenten, und die einst von Eisenhower untersagte weitere Anwerbung von Freiwilligen wurde wieder aufgenommen.

Während der folgenden Monate äußerte Kennedy wiederholt seine Bedenken und forderte die Joint Chiefs of Staff auf, das geplante Landeunternehmen auf seine Durchführbarkeit zu überprüfen.[13] Von der CIA verlangte er, in die Gruppe der Exilkubaner, die das Landeunternehmen planten, auch führende Politiker aufzunehmen, die links der Mitte standen.[14] Schließlich ordnete er an, daß die Landung nicht an der dicht besiedelten Küste bei Trinidad, sondern an der Schweinebucht stattfinden sollte, wo es keine Siedlungen gab. Diese letzte Änderung des

Plans hätte fast dazu geführt, daß er aufgegeben wurde. Hawkins und Esterline wehrten sich erbittert und drohten sogar mit ihrem Rücktritt, konnten aber schließlich doch überredet werden, an ihrem Posten zu bleiben.

Kennedy ging es vor allem um die politischen Konsequenzen des Landeunternehmens. Einerseits wollte er es nur ungern ganz aufgeben und damit die Kritik der Republikaner herausfordern, die ihm wieder vorwerfen könnten, er sei zu weich gegenüber dem Kommunismus; andererseits hoffte er, den Umfang des Unternehmens so begrenzen zu können, daß es möglichst wenig Aufsehen erregte. Kurz gesagt, die Möglichkeit eines viel beachteten Erfolgs schreckte ihn mehr als die Aussicht auf ein kaum zur Kenntnis genommenes Scheitern.[15] Inzwischen weitete sich die Planung des Unternehmens unaufhörlich aus. Immer wieder versuchte Bissell, Oberst Hawkins davon zu überzeugen, daß die für die Landung vorgesehenen Kräfte nicht ausreichen, daß man sie verstärken müsse, und noch im Februar 1961 wurden weitere 400 Mann angeworben und zur Ausbildung nach Guatemala geschickt. Im allerletzten Augenblick erklärte der äußerst besorgte Kennedy in einem Gespräch mit Dulles und Bissell, er werde nur zwei Luftangriffe genehmigen und nicht drei; und an jedem dieser Angriffe sollten nur acht Maschinen anstelle der ursprünglich vorgesehenen fünfzehn teilnehmen.

Immer noch hoffte die CIA auf einen Erfolg. Mit dem ersten Luftangriff am Samstag, den 16. April 1961, wurden wenigstens die Hälfte der Flugzeuge Castros am Boden zerstört. Es waren Maschinen vom Typ B-26, Sea Furies und Schulungsdüsenjäger T-33. So unglaublich das klingen mag, Castro versammelte die unbeschädigt gebliebenen Flugzeuge, darunter vier Schulmaschinen, auf einem Flugplatz bei Havanna, wo sie sauber in einer Reihe aufgestellt wurden; ein besseres Ziel konnte es für die angreifenden B-26 nicht geben. Kennedy setzte sich über den lautstarken Protest der Vereinten Nationen hinweg und genehmigte am Sonntagmittag den Beginn der Landeoperation. Die Invasionsflotte durfte Kurs auf die Landestelle in der Schweinebucht nehmen.

Was jetzt geschah, ist niemals völlig geklärt worden. Einigen Berichten zufolge war Adlai Stevenson außer sich vor Empörung darüber, daß sein Dementi vor den Vereinten Nationen, mit dem er eine Beteiligung der Vereinigten Staaten an dem ersten Luftangriff bestritten hatte, jeder Grundlage entbehrte. Er soll daraufhin Dean Rusk gedrängt haben, Kennedy davon zu überzeugen, auf den zweiten Luftangriff zu verzichten. Nach anderer Darstellung ist die Initiative von Rusk selbst ausgegangen. Howard Hunt hat eine dritte Version:[16] Am Sonntag, den 16. April, kam General Cabell, der den gerade abwesenden Allen Dulles[17] vertrat, in die CIA-Büros. Dort bereiteten die Planer des Kubaunternehmens den für den folgenden Morgen vorgesehenen zweiten Luftangriff vor, der zugleich mit der Landung der Exilkubaner in der Schweinebucht erfolgen sollte. Wie Hunt berichtet, erkundigte sich Cabell, wer den zweiten Luftangriff genehmigt habe, und gab sich nicht mit der Antwort zufrieden, Kennedy habe dies schon früher getan. Er erkundigte sich deshalb bei Rusk, ob der Präsident wirklich einen zweiten Angriff wünsche, obwohl der erste bereits so lautstarke Proteste ausgelöst hatte.

Doch welche Gründe Kennedy auch immer gehabt haben mochte, den zweiten Angriff zu verbieten, niemand bestreitet, daß er es getan hat. Auch ist unbestritten, daß Bissell und Cabell sich am Sonntagabend darüber bei Rusk im Außenministerium beschwert haben, ferner daß Kennedy seine Entscheidung telefonisch gegenüber Rusk bestätigt hat (Bissell und Cabell saßen im selben Zimmer) und daß keiner der Anwesenden den Mut fand, dem Präsidenten seine Gegenargumente vorzutragen, obwohl Rusk ihnen die Möglichkeit dazu gab. Fest steht auch, daß die CIA beschlossen hatte, die Operation dennoch durchführen zu lassen, obwohl alle Planer einstimmig der Auffassung waren, der Erfolg des Unternehmens hinge von der uneingeschränkten Luftüberlegenheit ab.

Am Montagmorgen versenkte eine Düsenschulmaschine Castros während der Landung zwei Schiffe der Invasionsflotte, darunter eines, das die gesamte Munitionsreserve der Landestreitkräfte an Bord hatte. Noch am selben Tag genehmigte Kennedy, der jetzt die Tragweite seiner ersten Entscheidung erkannte, für Dienstagmorgen einen zweiten Luftangriff zur Entlastung der an der Küste hart bedrängten Exilkubaner. Aber der Entschluß kam zu spät, und die angreifenden Streitkräfte waren zu schwach. Castros Schulmaschinen waren mit 20-mm-Geschützen ausgerüstet, was die CIA nicht gewußt hatte, und schossen drei B-26 ab. Am selben Abend drängte Bissell gegenüber Präsident Kennedy persönlich darauf, die Exilkubaner mit Flugzeugen eines vor der Küste Kubas kreuzenden amerikanischen Flugzeugträgers zu unterstützen, aber Kennedy ließ sich nur dazu bewegen, die an der Küste festliegenden Invasionstruppen eine Stunde lang durch amerikanische Flugzeuge abschirmen zu lassen. Durch einen Fehler im Zeitplan kamen die Flugzeuge der amerikanischen Flotte eine Stunde zu früh. Als die B-26-Maschinen der Exilkubaner eintrafen, war es nicht mehr möglich, die Angriffe der Schulmaschinen Castros abzuwehren, zwei weitere B-26 wurden abgeschossen, und damit war das Schicksal der Landstreitkräfte besiegelt. Noch am selben Nachmittag kapitulierten die von Castros Armee und Luftstreitkräften hart bedrängten Exilkubaner an der Küste.

In den unmittelbar auf die Kapitulation folgenden Tagen übernahm Kennedy persönlich die Verantwortung für das Landeunternehmen und sein Scheitern, warnte die Mitglieder seiner Regierung vor dem Versuch, die Schuld auf andere abzuwälzen, was, wie er sagte, sehr leicht geschehen könnte, und ernannte einen Prüfungsausschuß, der die Vorgänge untersuchen sollte. Aber er war auch so wütend auf die CIA, daß er drohte, sie in tausend Stücke zu zerschlagen, und schon am Dienstag, den 18. April, sagte er Arthur Schlesinger und James Reston bei einem privaten Essen, er werde einige Umbesetzungen vornehmen. »Dulles ist eine legendäre Figur, und es ist nicht leicht, mit legendären Figuren umzugehen. Wir werden etwas tun müssen . . . Ich brauche dort jemanden, mit dem ich ständig vertraulichen Kontakt halten kann – von dem ich weiß, daß ich alles Wichtige von ihm erfahre. Es war falsch, daß ich Bobby das Justizministerium gegeben habe. Er ist dort am falschen Platz. Byron White wäre der geeignete Mann gewesen. Bobby sollte in der CIA sein . . . Es ist verdammt nicht einfach, das alles zu lernen, aber eins habe ich jetzt gelernt – wir werden die CIA in den Griff bekommen müssen. McNamara hat das Verteidigungsministerium jetzt fest in der Hand. Rusk hat im Außenministerium viel getan; aber niemand hat sich bisher um die CIA gekümmert.«[18]

Vor der Öffentlichkeit hatte Kennedy die Verantwortung übernommen, aber privat gab er der CIA die Schuld für die

Katastrophe. Es war selbstverständlich, wenn auch ungerecht, daß Dulles die Konsequenzen ziehen mußte. Nach den vorliegenden Quellen hat Kennedy ihm gesagt: »In einem parlamentarischen Regierungssystem würde ich zurücktreten. Aber unser System verlangt von Ihnen, daß Sie es tun.«[19]

Dulles fand sich damit ab, zurücktreten zu müssen, aber die Schuld wollte er nicht auf sich nehmen. Im Sommer bezog die CIA ihr neues Dienstgebäude in Langley, Virginia, aber Dulles blieb in seinem alten Büro und war so niedergedrückt, daß man ihm die Belastung deutlich ansah. Er bekam häufig den Besuch von Charles Murphy, der als Berichterstatter für die Zeitschrift *Fortune* arbeitete, und im September 1961 schrieb er einen Artikel über das Unternehmen in der Schweinebucht mit der Überschrift: *Cuba: The Record Set Straight* (Kuba: Eine Klarstellung). Hier wurde zum erstenmal in allen Einzelheiten dargelegt, wie die Regierung Kennedy im vergangenen Frühjahr durch ihr verhängnisvolles Zögern die Entwicklung negativ beeinflußt hatte. Nach Murphy war die Hauptursache für das Scheitern des Unternehmens der Befehl Kennedys, auf den zweiten Luftangriff zu verzichten.[20]

Seither besteht die Tendenz, der Darstellung zu folgen, die Dulles von den Ereignissen an der Schweinebucht gegeben hat. Sogar in den Memoiren von Mitarbeitern Kennedys wie Theodore Sorensen und Arthur Schlesinger jr. wird die Frage des Verzichts auf weitere Luftangriffe so aggressiv und eingehend behandelt, wie dies immer geschieht, wenn es sich um strittige Probleme handelt. In fast jedem Bericht über das Landeunternehmen stehen diese Luftangriffe im Vordergrund – mit einer Ausnahme, und diese Ausnahme ist der Bericht des Generalinspekteurs, den Lyman Kirkpatrick im November 1961 John McCone vorgelegt hat. Kirkpatrick erwähnt allerdings sowohl die Rolle, die die Luftstreitkräfte Castros bei diesem Unternehmen gespielt haben, als auch die Sicherheitsprobleme, die Indiskretionen der Presse, die politische Zerstrittenheit der Exilkubaner und das Händeringen des Außenministeriums über die »Lautstärke« einer Operation, die ihrer Art und Anlage nach kaum hätte geheimgehalten werden können; und er kritisierte besonders die Weigerung Richard Bissells, die Analytiker der CIA um eine Beurteilung der Erfolgsaussichten des Vorhabens zu bitten.

Man hat viel über die angeblichen Hoffnungen der CIA diskutiert, es werde auf Kuba zu einem Volksaufstand kommen, als sei eine der Hauptursachen des Scheiterns die zu optimistische Fehleinschätzung der Popularität Castros gewesen. In seinem Buch *The Craft of Intelligence* sagt Dulles: »Ich kenne keine Beurteilung, die behauptet, die Landung werde eine spontane Erhebung der nicht bewaffneten Bevölkerung Kubas auslösen.«[21] Eine solche Beurteilung war auch kaum zu erwarten, solange man die Fachleute nicht ausdrücklich darum bat, und das ist – mit einer Ausnahme – auch nicht geschehen. Diese Bitte wurde nur kurz vor der Landung ausgesprochen, als Tracy Barnes mit einigen Mitarbeitern des *Bureau of National Estimate* (BNE) zusammentraf, die die Verhältnisse auf Kuba kannten. Ohne die geplante Landeoperation zu erwähnen, fragte Barnes sie, ob die kubanischen Streitkräfte loyal zu Castro stünden. Bei diesem einstündigen inoffiziellen Gespräch kam man zu dem Schluß, daß die kubanische Armee wahrscheinlich zu Castro halten werde; jedenfalls war dem BNE nichts bekannt, was das Gegenteil hätte vermuten lassen.[22] Was Barnes über diese Lagebeurteilung gedacht hat, weiß man nicht; jedenfalls hat er sie nicht berücksichtigt. Nach Auffassung von Kirkpatrick war es sein Fehler, diese Fachleute nicht offiziell um eine Beurteilung zu bitten, und sie sind selbst natürlich derselben Meinung, aber Kirkpatrick behauptet auch, daß dieses und andere offensichtliche Versäumnisse – die fehlende Unterstützung aus der Luft, die Vernachlässigung der Geheimhaltung usw. – gegenüber der Hauptschwäche des Unternehmens verblassen: der dilettantischen Planung.

Wie hätte denn die Invasion »gelingen« sollen? Schon lange vor der Landung war klar, daß die CIA auf Kuba keine nennenswerten Kontakte hatte, daß Castro nicht so leicht in Panik zu versetzen war wie Arbenz und daß die Landestreitkräfte mit 1400 Mann den 200000 Mann der aktiven Armee und Miliz Castros weit unterlegen waren. Bis zuletzt hoffte Hawkins, wenn die Exilkubaner den Brückenkopf gesichert hätten und Castro durch alle möglichen Gerüchte verunsichert sei, werde es den gelandeten Kräften gelingen auszubrechen und gegen Havanna vorzustoßen. Bissell behauptet, er habe diese Hoffnung nie geteilt. Der Umstand, daß der Landeplatz völlig isoliert und von der übrigen Insel durch einen Sumpf getrennt war, durch den nur drei Dämme führten, hätte nach seiner Meinung zur Folge gehabt, daß die Exilkubaner im Brückenkopf eingeschlossen blieben, aber auch die Truppen Castros nicht herankommen könnten.

Bissells Plan war viel problematischer und ließ zu viele Fragen offen. Er hoffte, die Exilregierung könnte an einen anderen sicheren Brückenkopf geflogen werden, die Vereinigten Staaten würden die Rebellen anerkennen, und eine »internationale diplomatische Intervention« werde zu einem Waffenstillstand führen, dem freie Wahlen folgten. Weshalb Castro auf einen solchen Vorschlag eingehen sollte, der ihm gar nichts nützen konnte, ist schwer einzusehen.

Der von Bissell entworfene Plan war irgendwie unvollständig. Augenscheinlich hat er geglaubt – und vielleicht war das auch das Kernstück seines Plans –, daß die Dynamik der Operation Kennedy zwingen werde, seine offizielle Neutralität aufzugeben und mit amerikanischen Streitkräften zu intervenieren, obwohl Kennedy beteuert hatte, er werde das nicht tun. Vielleicht haben Bissell und Dulles geglaubt, Kennedy werde sich in dem Augenblick zum Eingreifen gezwungen sehen, in dem die Beteiligung der Vereinigten Staaten deutlich geworden wäre. Außerdem konnte man die Exilkubaner kaum im Stich lassen, nachdem sie sich, wie die CIA es von ihnen erwartete, in einem Brückenkopf festgesetzt hatten. Bissell und Dulles bestritten diese Absicht zwar, aber es gab keine Möglichkeit, die Lage der in ihrem Brückenkopf abgeschnittenen Exilkubaner auf andere Weise zu bessern. Auch bei völliger Luftüberlegenheit konnten die B-26 die Insel nicht allein erobern. Die Landestreitkräfte selbst waren dazu viel zu schwach. Die Amerikaner wußten, daß sie auf Kuba keine Bürgerkriegssituation schaffen konnten.

In Wirklichkeit war die Landung wohl nur noch ein verzweifeltes Glücksspiel. Die Exilkubaner sollten sich auf der Insel festsetzen, ihre Regierung einfliegen, ihre Flagge hissen und dann auf die völkerrechtliche Anerkennung warten. Bissell und Dulles konnten noch so oft behaupten, das Unternehmen sei am Ausbleiben weiterer Luftangriffe gescheitert. Wer der kühlen Logik in Kirkpatricks Bericht folgt, muß erkennen, daß das Hauptverschulden bei der CIA selbst lag. Der Plan war entweder unehrlich und zynisch, wenn er sich darauf verließ, Kennedy zum Handeln zwingen zu können, oder er war ganz einfach dumm.

Sogar Dulles und Bissell haben das offenbar schon vor der Landung erkannt. Schließlich versuchten sie, Kennedys Zustimmung mit dem sogenannten Dispositionsproblem abzuringen. Sie fragten, was im Falle eines Verzichts auf das Landeunternehmen mit der exilkubanischen Armee geschehen solle. Immerhin war diese Armee 1400 Mann stark. Sie hatte schon in Guatemala mit leichter Hand eine bewaffnete Rebellion niedergeschlagen und konnte sich jetzt einer Entwaffung widersetzen. Was dann? Sie würden mit Sicherheit ihre Empörung über den Verrat, den die Vereinigten Staaten an ihnen begingen, in die ganze Welt hinaustrompeten. Sie *wollten* den Angriff wagen. Bissell und Dulles hielten Kennedy und die Exilkubaner bei der Stange, denn nachdem das Unternehmen einmal in die Wege geleitet war, wußten sie nicht mehr, wie sie sich aus der Affäre ziehen sollten.

Kirkpatricks Bericht hatte Dulles schwer verärgert. Gegenüber Freunden begründete er das damit, daß Kirkpatrick ihn taktloser Weise direkt McCone übergeben hatte, aber der wirkliche Grund war die harte und rücksichtslose Analyse des Berichts.[23] Der Bericht konnte Dulles nicht mehr schaden – denn er war schon aus seinem Amt geschieden –, aber Bissell versetzte er den letzten Stoß.

Natürlich hatte Bissell schon seit einiger Zeit damit gerechnet. Bissell wurde von Kennedy und McCone der Posten eines stellvertretenden Direktors für Wissenschaft und Technik angetragen. Nach einiger Bedenkzeit bat Bissell jedoch um seine Entlassung.

Kurz vor seinem offiziellen Rücktritt gab McCone im Alibi Club in Washington ein Abschiedsessen für Bissell. Daran nahmen etwa ein Dutzend Gäste teil. Zu ihnen gehörten Sherman Kent, John Bross, Robert Amory, »Red« White und Helms. Es wurden die üblichen Tischreden gehalten, die von Freundschaft und gegenseitiger Achtung sprachen. Aber besonders überrascht und dann gerührt – ja, man darf sogar sagen, bewegt – war Bissell von der Herzlichkeit und Wärme, die aus der kurzen Rede von Richard Helms sprachen. Es war, als habe es nie irgendwelche Spannungen zwischen ihnen gegeben.

8. Kapitel

Im Sommer und Herbst 1975 fühlte sich Richard Helms oft von den Mitgliedern des Senats-Sonderausschusses irritiert. Wenn der Ausschuß immer wieder auf die Frage zurückkam, wer die erfolglosen Versuche der CIA, ein Attentat gegen Fidel Castro zu arrangieren, angeordnet habe, dann ärgerte das Helms so sehr, daß es ihm schwerfiel, seine sonst so kühle Haltung zu bewahren. Er hielt solche Fragen des Ausschusses und besonders die seines Vorsitzenden, des Senators Frank Church, für nackte Heuchelei. Nach seiner Überzeugung wußten die Senatoren genau, wie die Dinge lagen; sie wußten, weshalb es so wenige schriftliche Unterlagen gab; sie begriffen, daß es der CIA im Grunde völlig gleichgültig war, wer in Kuba, Indonesien oder im Kongo regierte. Vielleicht hatten die Außendienstbeamten der CIA in dieser Hinsicht gelegentlich Probleme; sie wurden selbst in innenpolitische Schwierigkeiten verstrickt und vergaßen dabei, für wen sie arbeiteten. Aber die höheren Beamten der CIA in Washington arbeiteten nur für den Präsidenten. Das vergaßen sie nie; und wenn man die Wünsche des Präsidenten erfahren wollte, brauchte man eigentlich nur aufmerksam zu beobachten, was die CIA tat.

Helms glaubte, die dem Church-Ausschuß angehörenden Senatoren täten aus innenpolitischen Gründen so, als wüßten sie das nicht und stellten ihre Fragen nur, weil sie ihre politische Haltung aktenkundig machen wollten. Die Mitglieder des Ausschusses fragten immer wieder, wie es möglich gewesen sei, daß die CIA ohne ausdrückliche Befehle so verabscheuungswürdige Dinge tun konnte. Sie fragten nach dem Dokument, das derart verbrecherische Anordnungen enthielt. Mehr als einmal fühlte sich Helms gedrängt zu sagen: »Senator, wie können Sie nur so verdammt töricht sein? So etwas kann man doch nicht *schriftlich* festhalten!«

Die 1975 vom Church-Ausschuß vorgenommene Überprüfung der CIA war für Helms und andere Beamte dieser Behörde eine schwere Belastung. Ein ähnlicher Kongreßausschuß unter der Leitung des Abgeordneten Otis Pike war in sich zu gespalten, um etwas zu bewirken, aber der Church-Ausschuß war gut organisiert. Ihm standen genügend Geldmittel zur Verfügung, er arbeitete außerordentlich gründlich. Von seiner Forderung, die Geheimakten der CIA einzusehen, fühlten sich die Angehörigen dieser Behörde in ihren ureigensten Rechten verletzt. Der oberste Grundsatz in jedem geheimen Nachrichtendienst ist die Wahrung der Geheimhaltung. Es war schon schlimm genug, daß diese alten Geschichten jetzt aufgewühlt wurden, aber daß es auch noch an der Öffentlichkeit geschah, und zwar mit der ganzen Scheinheiligkeit einer Untersuchung, die von Politikern durchgeführt wird . . . Dieses Verfahren drohte nach Auffassung von Helms in der Tat, die Behörde zu vernichten, die aufzubauen sein Lebenswerk und das einer ganzen Reihe anderer Männer gewesen war. Das Untersuchungsverfahren des Church-Ausschusses, das sich gegen die Attentatsversuche der CIA richtete, verbitterte Helms mehr als Watergate, ja sogar mehr als das zwei Jahre dauernde Katz-und-Maus-Spiel mit dem Justizministerium um seinen Meineidsprozeß. Er war überzeugt, daß alle Senatoren, die sich hier als große Moralisten aufspielten, die Zusammenhänge kannten. Sie wußten, wer die Befehle in Wirklichkeit gegeben hatte. Wie hätten sie es denn auch nicht wissen sollen. Bissell und Helms hatten es ihnen doch deutlich genug zu verstehen gegeben – vielleicht nicht ganz unverhüllt, aber doch unmißverständlich. Und trotzdem tat Frank Church so, als wisse er von nichts. Und nicht nur das – er stellte öffentlich Überlegungen darüber an, inwieweit die CIA von sich aus wie ein Elefant im Porzellanladen den Schaden angerichtet haben könnte; und erst sehr viel später rechtfertigte er das Verhalten der Behörde – aber nur im Flüsterton.

Helms wurde an dieser Stelle nicht zum ersten Mal zu Attentatsversuchen befragt. Im Sommer 1963 hatte John McCone schon Fragen gestellt; Helms hatte ihm mehr gesagt, als McCone später zugeben wollte. Dann – 1966 hatte auch Dean Rusk Rechenschaft zu diesem Thema gefordert, aber nach der Auffassung von Helms hatte Rusk nicht einmal als Außenminister das

Recht, eine aufrichtige Antwort zu verlangen, und er bekam sie auch nicht. Auch Lyndon Johnson verlangte Aufklärung, und zwar nicht nur so nebenher – . . . »Dick, was bedeuten eigentlich diese Gerüchte, daß die CIA mit ihrer Mafia hinter Castro hergewesen sein soll; stimmt das etwa?« Nein, Johnson hatte ganz direkt, offiziell und unverhüllt seine Fragen in einem Ton gestellt, der keine Ausflüchte zuließ. Und er war genau der Mann, der ein Recht auf ehrliche Antworten hatte.[1]

Johnson war bezeichnenderweise auf Umwegen zu seiner Anfrage gekommen. Im Januar 1967 traf der Leitartikler Drew Pearson aus Washington mit dem Präsidenten des Obersten Gerichtshofs der Vereinigten Staaten, Earl Warren, zusammen und teilte ihm mit, er habe Beweise, daß Castro beabsichtigt habe, John F. Kennedy ermorden zu lassen. Pearsons Informant war der Washingtoner Anwalt Edmund Morgan, dem einer seiner Klienten, der Mafioso John Rosselli[2], von dem angeblichen Attentatsplan erzählt hatte.

Einige Tage darauf rief Warren den Chef des Geheimdienstes James J. Rowley an und bat, die Angelegenheit zu untersuchen. Als Morgan ablehnte, sich mit Rowley zu treffen – er zog es vor, mit Warren persönlich zu sprechen –, informierte Rowley am 13. Februar das FBI. Zwei Tage später sprach FBI-Chef J. Edgar Hoover mit Rowley und sagte, das FBI sei bereit, Morgans Informationen zur Kenntnis zu nehmen. Aus nicht ganz geklärten Gründen wollte Hoover die Angelegenheit augenscheinlich auf sich beruhen lassen, doch die Ereignisse hinderten ihn daran. Am 3. März 1967 verfaßte Drew Pearson einen Leitartikel, der mit den Worten begann: »Präsident Johnson sitzt auf einer politischen Wasserstoffbombe – einem unbestätigten Bericht, nach dem Senator Robert Kennedy einem Attentatsversuch zugestimmt haben könnte, der fehlgeschlagen ist und sich dann vielleicht wie ein Bumerang gegen seinen verstorbenen Bruder gerichtet hat.«

Robert Kennedy und Johnson sahen sich gezwungen, diesem Bericht nachzugehen, und am 20. März sprachen zwei FBI-Agenten des Washingtoner Büros auf Veranlassung des Präsidenten mit Morgan. Morgan weigerte sich, seinen Informanten Rosselli preiszugeben. Allerdings gab er gegenüber FBI-Agenten zu, daß der Bericht seines Klienten aus zwei Teilen bestünde; der angeblichen Beteiligung Castros an der Ermordung Kennedys und der Beteiligung seines Klienten an einem Plan der CIA, Castro zu ermorden. Am 22. März erhielt der Präsident eine Zusammenfassung des Berichts dieser Agenten, dem drei weitere Absätze hinzugefügt worden waren. Darin berichtete das FBI, was es von dem Plan der CIA-Mafia zur Ermordung von Castro erfahren hatte – und das war eine ganze Menge.

Ein Präsident bekommt im Lauf eines Tages sehr viele verschiedene Schriftstücke vorgelegt. Dennoch erregte dieses Dokument Johnsons besondere Aufmerksamkeit. Es läßt sich heute nicht mehr mit Bestimmtheit sagen, was ihn daran interessiert hat. War es bloße Neugier oder ging es um eine Frage, die ihn schon seit längerer Zeit beschäftigte? Man weiß jedoch, daß sich Johnson mit der Auffassung des Warren-Ausschusses, Lee Harvey Oswald habe aus eigenem Antrieb geschossen, nie ganz zufriedengegeben hat. Bald nach Johnsons Amtseinführung gehörte Richard Helms zu den wenigen Leuten, die gehört hatten, wie Johnson behauptete, die Ermordung Kennedys sei ein Racheakt gewesen – aber eben kein Racheakt Castros. Diesen Verdacht sollte Johnson erst später äußern; er glaubte damals vielmehr, andere, ungenannte Personen hätten für die Ermordung des südvietnamesischen Präsidenten Ngo Dinh Diem am 1. November 1963 Vergeltung üben wollen.

Kennedy trug eine schwere moralische Verantwortung am Tode Diems: Die Generäle hätten niemals gegen Diem geputscht, wenn sie nicht von den Amerikanern dazu ermutigt worden wären und gewisse Zusicherungen erhalten hätten. Johnson hatte Diem nach einem Vietnamaufenthalt 1961 als den »Churchill Asiens« bezeichnet, eine für Johnson typische Übertreibung. Dahinter stand die Auffassung, daß Diem zwar nicht eine so bedeutende Persönlichkeit sei wie Churchill, man aber auf ihn ebensowenig verzichten könne wie auf den britischen Kriegspremier. Johnson hatte Kennedy sowohl 1961, als auch bei jeder anderen Gelegenheit versichert, Diem sei Amerikas einzige Stütze in Vietnam. John McCone teilte diese Meinung, nachdem er die Leitung der CIA übernommen hatte. Doch Kennedy hatte sich von seiner kleinen Gruppe im Außenministerium davon überzeugen lassen, daß Diem gehen müsse. Da Kennedy nur drei Wochen nach Diems gewaltsamem Tod ermordet wurde, war Johnson davon überzeugt, daß zwischen beiden Attentaten ein Zusammenhang bestehen müsse. »*Sie* haben Kennedy ermordet, um sich für den Tod Diems zu rächen.«[3]

Am 22. März 1967, demselben Tag, an dem Johnson der Bericht des FBI vorgelegt wurde, aus dem angeblich hervorging, daß die CIA-Mafia geplant hatte, Castro ermorden zu lassen, wollte der Präsident mit Richard Helms und Nicholas DeB. Katzenbach einen Bericht über die Finanzierung der National Student Association und anderer privater, halb privater Gruppen und Tarnorganisationen durch die CIA besprechen.[4] Helms und Katzenbach trafen am frühen Abend im Weißen Haus ein. Während des dann folgenden Gesprächs bat Johnson Helms um einen detaillierten Bericht über die Versuche der CIA, Castro zu töten. Aber das war nicht alles; er wollte außerdem alle Einzelheiten über die Beteiligung der CIA – wenn es eine solche gab – an der Ermordung von Diem und von Trujillo wissen. Er fragte also nicht nur, ob an diesen Gerüchten vielleicht etwas Wahres sei. Johnson wußte schon aus dem FBI-Bericht, daß die gegen Castro gerichteten Attentatspläne einen sehr realen Hintergrund hatten, und er vermutete zumindest, die CIA könne auch bei der Ermordung von Diem die Hand im Spiel gehabt haben.

Als Helms das Weiße Haus an diesem Abend verließ, war er mit etwas beauftragt worden, dem er nicht ausweichen konnte. Das muß Helms sehr unangenehm gewesen sein. Er hat oft gesagt, er habe jeweils nur für *einen* Präsidenten gearbeitet. Nun jedoch war er von einem Präsidenten praktisch aufgefordert worden, eine gegen dessen Vorgänger gerichtete Untersuchung einzuleiten. Helms wußte, wie der Bericht eines Generalinspekteurs aussah – trocken, nüchtern und rücksichtslos in alle Einzelheiten gehend –, und natürlich wußte er, daß auch sein Name in dem Bericht genannt werden würde. Das würde selbstverständlich nicht nur im Zusammenhang mit Nebensächlichkeiten geschehen, denn auch Helms war an den Versuchen, Castro zu töten, alles andere als unbeteiligt.

Helms' charakteristische Haltung gegenüber verdeckten Operationen wird besonders an einem Vorfall deutlich, der sich im Herbst 1964 ereignet hat, als die CIA zu ihrer Bestürzung feststellen mußte, daß vier Beamte des Nachrichtendienstes den Buschrebellen im Kongo in die Hände gefallen waren. Im August 1964 nahm die Simba-Rebellenarmee – wenn der Begriff Armee die richtige Bezeichnung für eine desorganisierte bewaffnete Bande ist – die 1600 Kilometer von der Küste entfernt liegende Stadt Stanleyville in Besitz, die sich bequem nur auf dem Luftwege erreichen ließ. Als eine Söldnerarmee unter der Führung des Majors Mike (»Mad Mike«) Hoare mit einer Gruppe von CIA-Kubanern im Frühherbst gegen das von Rebellen besetzte Gebiet vorstieß, gerieten die Simbas in Panik, trieben alle Weißen zusammen und steckten sie in Stanleyville ins Gefängnis. Es waren etwa 1000 Personen, unter ihnen belgische Nonnen, Missionare, westliche Geschäftsleute und Diplomaten sowie fünf Amerikaner. Einer von ihnen war der amerikanische Konsul in Stanleyville, ein Beamter des Außenministeriums mit Namen Michael Hoyt; die anderen vier gehörten einem Team der CIA an.

Sie befanden sich dort in größter Gefahr. Der nominelle Führer der Simbas, Pierre Mulele, war Pseudokatholik, der seine Anhänger mit eigenem Urin taufte, um sie kugelfest zu machen. Der Schlachtruf dieser Leute hieß »Mai Mulele!« – das Wasser von Mulele. Sie hatten sich selbst den durchaus passenden Namen Simbas – »Löwen« – gegeben, denn sie waren an Wildheit und Grausamkeit kaum zu übertreffen. Eine Gruppe junger Simbas, die sich die *Jeunesse* nannte und deren Mitglieder zum großen Teil erst zwölf oder dreizehn Jahre alt waren, war für ihre brutalen Foltermethoden berüchtigt. Als die Marschkolonne des Majors Hoare allmählich durch den Urwald heranrückte, erklärte ein Simbaführer in Stanleyville: »Wir werden aus den Herzen der Belgier und Amerikaner Fetische machen und uns mit den Häuten der Belgier und Amerikaner bekleiden.«[5] Es gab schon Berichte, nach denen die Simbas italienische Gefangene abgeschlachtet und ihr Fleisch auf dem Markt von Stanleyville verkauft hatten. Man mußte ihre Drohung also ernst nehmen. Die CIA hatte große Sorge um das Leben ihrer Männer, und Ende Oktober oder Anfang November 1964 hielt John McCone in seinem Büro in Langley eine Sitzung ab, um alle Möglichkeiten für eine Rettung der Amerikaner in Stanleyville zu besprechen.

Außer McCone nahmen der Direktor der Planungsabteilung Richard Helms, der stellvertretende Direktor des Nachrichtendienstes Ray Cline, ein junger Mitarbeiter und Spezialist für den Kongo namens Sam Adams und ein Beamter des Planungsdirektoriums aus der Abteilung für Afrika an der Besprechung teil.

Adams hatte später gewisse Schwierigkeiten mit Helms, der einmal sogar ernsthaft erwog, ihn zu entlassen.[6] Aber auf dieser Sitzung war er von Helms' kühler Lagebeurteilung beeindruckt. Ray Cline wußte nichts über die Simbas und die gefährliche Lage der gefangenen Amerikaner; er plädierte dafür, daß die CIA gegen sie vorgehen solle wie ein Polizeikommando, das eine Verbrecherbande ausheben will. Zunächst stimmte McCone ihm auch zu. Die CIA verfügte über zahlreiche Kontakte im Kongo – Beamte des DDP, kubanische Piloten, einige Söldner und Agenten, die sich dort schon seit der Krise von 1961 aufhielten –, und Cline glaubte, mit diesen Leuten ließe sich etwas unternehmen. Zunächst schlug er vor, ein Team durch den Urwald nach Stanleyville zu schicken; dann wollte er die Stadt bombardieren und mit Hubschraubern angreifen lassen. Schließlich sprach er von der Möglichkeit, Fallschirmspringer abzusetzen.

Helms war gegen alle derartigen Versuche. Er hörte sich die Diskussion lange und geduldig an und brachte dann seine Argumente gegen einen gewaltsamen Befreiungsversuch vor. Die CIA konnte ein solches Unternehmen in die Wege leiten, aber was dann? Die Amerikaner waren in Stanleyville, aber wo genau? Sobald die Leute der CIA das Feuer eröffneten, konnten die Simbas die Gefangenen töten. Selbst wenn der Angriff gelang, was würde mit den anderen tausend Gefangenen der Simbas geschehen? Die Hölle konnte losbrechen. Wie würde die übrige Welt auf eine höchst riskante Operation reagieren, die nur unternommen worden war, um fünf Amerikaner zu befreien? Die Vereinigten Staaten hatten nicht das Recht, das Leben so vieler Menschen aufs Spiel zu setzen, um ein paar eigene Leute zu retten.

»Welche Erfolgschancen haben wir?« fragte McCone.

»Nicht mehr als fünfzig Prozent«, sagte Helms, »denn wir wissen nicht genau, wo die Gefangenen festgehalten werden.«

»Was sollen wir tun?« fragte McCone.

»Abwarten«, sagte Helms.

Schließlich ließ sich McCone von Helms überzeugen. Am 24. November 1964 wurden die Gefangenen mit einem Unternehmen befreit, an dem belgische Fallschirmtruppen und die Söldner des Majors Hoare beteiligt waren.

Aber Helms war auch Realist. Das Geschäft des geheimen Nachrichtendienstes hat seine häßlichen Seiten, und für gewisse

Leute liegt darin sein besonderer Reiz. Helms gehörte nicht zu ihnen, aber er akzeptierte diese Tatsache. Um das Jahr 1955 hatte Allen Dulles erfahren, daß verdächtige Überläufer in München bei Vernehmungen brutal mißhandelt worden waren. Man hatte diesen Leuten die Hoden mit Terpentin eingerieben oder sie in einem Zimmer eingesperrt und ihnen dort solange indonesische Musik in Überlautstärke vorgespielt, bis sie weich wurden – und ähnliches. Dulles forderte Helms auf, diese Vorgänge zu untersuchen und das Foltern offiziell in einer Dienstvorschrift verbieten zu lassen.

Dabei kam schließlich die folgende Anordnung heraus: »Elektrische, chemische oder physische Zwangsmittel sind verboten.« (Psychologische Zwangsmethoden waren erlaubt.) Niemand, der wie alle Bürokraten die Langlebigkeit beschriebenen Papiers kennt, würde eine schriftliche Verfügung erlassen, nach der solche Methoden erlaubt sind. Dienstvorschriften sichern denjenigen ab, der sie erläßt, die Praxis sieht jedoch oft anders aus. Vor Abschluß seiner Untersuchung berief Helms eine Sitzung der Abteilungschefs des DDP ein, um sie zu fragen, ob sie gegen die von ihm aufgestellten Regeln etwas einzuwenden hätten. Das war der Fall. Nach ihrer Auffassung sollte die Entscheidung den Abteilungschefs und ihren Stationschefs überlassen bleiben. Ein Teilnehmer fragte Helms: »Was verlangen Sie von einem Stationschef?«

Helms' Antwort war eine Meisterleistung an Vieldeutigkeit: »Er soll so gute Arbeit leisten wie irgend möglich, wenn man ihm nicht aus irgendeinem Grund etwas anderes befiehlt oder ihn abberuft.«

Wenn es um politische Gewaltanwendung ging, war Helms' Haltung äußerst wachsam und vorsichtig. Er behauptete nicht, daß Gewaltanwendung unbedingt falsch sei – schließlich war er so etwas wie ein Soldat –, sondern er erklärte, Gewalt sei oft ein zu grobes Mittel, man könne viel damit zerstören und deshalb bringe sie oft nicht die gewünschten Erfolge. Seine Argumente gegen den politischen Mord waren ähnlich. Während seiner gesamten Dienstzeit hatte er immer wieder Gelegenheit, sie vorzutragen. Ende der 40er Jahre, als Helms noch die Auslandsabteilung M (FDM) leitete, die osteuropäische Abteilung des CIA-Büros für Sondereinsätze, wurde festgestellt, daß ein Agent in Europa für die andere Seite arbeitete. Um diese peinliche Sache aus der Welt zu schaffen, wurde vorgeschlagen, den Mann einfach zu töten. Der stellvertretende Direktor des Büros für Sondereinsätze, Oberst Donald Galloway[7], besprach die Sache mit Helms.

Wie Helms selbst berichtet, war er dagegen. Er lehnte es nicht aus moralischen Gründen ab, den Mann zu töten, denn er wollte sich, wie er das bezeichnete, nicht im Gestrüpp moralischer Argumentationen verlieren. Nach seiner Auffassung sollte man auf einen Mord verzichten, weil man nie voraussagen konnte, wie der Mörder sich später verhielt. Er konnte den Verstand verlieren, unter der Last des Schuldgefühls zusammenbrechen, ein Geständnis ablegen, einen Brief an seinen Kongreßabgeordneten schreiben oder sich ungerecht behandelt fühlen und versuchen, die CIA zu erpressen. So etwas war schon vorgekommen. Was dann? Man konnte einem Attentäter eine sterile Waffe geben, und er drückte ab. Aber die CIA mußte von diesem Augenblick an damit rechnen, bloßgestellt zu werden, und das war die Sache nicht wert. Ein Mord an Hitler – na ja. Aber hier handelte es sich nur um einen vielleicht unbequemen Agenten; *das hatte keinen Sinn.*

Hätte Helms seine Ablehnung moralisch begründet, hätte Galloway wahrscheinlich gelangweilt an die Decke gestarrt und mit den Fingern auf die Tischplatte getrommelt. Doch für Vorsicht fand man immer Verständnis. Im aktiven Heer wird man nicht zum Oberst befördert, ohne zu wissen, was Vorsicht im rechten Augenblick bedeuten kann. So ließ Galloway sich davon überzeugen, daß es besser war, den Agenten am Leben zu lassen.

Die CIA gehört nicht zu jenen Nachrichtendiensten, die bedenkenlos zur Waffe greifen. Es gibt solche Nachrichtendienste, aber ihre Aktionen werden rasch bekannt. Die Israelis haben den palästinensischen Terrorismus zum Beispiel mit dem Versuch bekämpft, diejenigen aus dem Wege zu räumen, die sie dafür verantwortlich machten.[8] Das sowjetische KGB hat in den 50er Jahren in Deutschland ukrainische und weißrussische Emigranten ermorden lassen,[9] und es gibt eine ganze Reihe kleinerer Nachrichtendienste, die Vergleichbares an anderen Orten und zu anderen Zeiten getan haben. Wenn die CIA unbesonnen Mordaufträge erteilen würde, wüßten wir es. Sogar die mißglückten Attentatsversuche gegen Castro, an denen Mitglieder der so schweigsamen Mafia beteiligt waren, wurden (im August 1963 und im März 1967) zweimal in der Presse erwähnt, und zwar vor

Beginn des Untersuchungsverfahrens des Church-Ausschusses. Die Öffentlichkeit bringt die CIA nur mit der Ermordung eines einzigen Mannes in Verbindung, des Südvietnamesen Thai Khac Chuyen, der als Doppelagent auch für die Nordvietnamesen gearbeitet haben soll. Aber sogar in diesem Fall hat die CIA nur eine Nebenrolle gespielt. Konkretes läßt sich nicht nachweisen.[10]

In allen Spionageromanen wird gemordet, und die amerikanische Öffentlichkeit glaubte wahrscheinlich, die CIA sei auch auf diesem Gebiet nicht ganz unschuldig; aber es gibt kaum faßbare Hinweise, die eine solche Auffassung stützen. Die Angehörigen der CIA bestreiten eine Teilnahme an Mordkomplotten ausnahmslos. Eine dieser Ausnahmen ist ein Beamter, der Mitte der 50er Jahre zur CIA kam. Er berichtet, ein Ausbilder des Schulungslagers der CIA in Camp Peary, Virginia, habe während eines Lehrgangs gesagt: »Gelegentlich ist es notwendig gewesen, jemanden physisch auszuschalten, der für die Behörde eine Bedrohung darstellte.« Der Beamte, von dem dieses Zitat stammt, sagt, er habe dem Ausbilder geglaubt und glaube ihm noch; er räumt aber ein, während seiner jahrelangen Dienstzeit in Hongkong und Südostasien niemals von einem solchen Mord gehört zu haben.

Lyman Kirkpatrick erklärt, er habe während seiner zehnjährigen Amtszeit als Generalinspekteur von keinem einzigen Fall erfahren, in dem CIA-Beamte einen Mord begangen hätten; wenn er es erfahren hätte, hätte er »gewaltig Krach geschlagen«. Damit meinte er jede Art von Mord, und zwar auf jeder Ebene. CIA-Beamte und Agenten waren wie für einen Krieg bewaffnet und haben ihre Waffen auch gebraucht – etwa in Laos, im Kongo oder auf Kuba. Aber es hat keine offiziell genehmigten oder gar befohlenen Morde gegeben, beispielsweise mittels an Autos angebrachter Sprengladungen oder vergifteter Cocktails. Mitte der 50er Jahre verlangte Kirkpatrick, daß die CIA einen Beamten entließ, der in München des Überläufertums verdächtige Agenten gefoltert hatte, und darüber hinaus, daß der Generalstaatsanwalt den Mord an einem Piloten untersuchte, der Anfang der 50er Jahre in Thailand für die CIA gearbeitet hatte.[11] Die CIA wurde in diesem Fall entlastet, und Kirkpatrick sagte, er habe niemals von einem zweiten auch nur annähernd vergleichbaren Fall gehört. Andere Beamte der CIA stimmten dem zu.

Die Behörde ist im Lauf der Jahre oft in Schwierigkeiten geraten. Es hat Leute gegeben, die für die andere Seite arbeiteten oder sich ganz von der CIA lösten; andere versuchten, ihre Agentenführer zu erpressen oder sind – von schlechtem Gewissen getrieben – mit ihren Kenntnissen an die Öffentlichkeit gegangen. Doch die Lösung der CIA für solche Probleme war nach Kirkpatrick und anderen Angehörigen der Behörde selten etwas Schlimmeres als »ausschalten« oder »verbrennen«. Beide Ausdrücke klingen recht bedrohlich, aber »ausschalten« bedeutet einfach Entlassung und »verbrennen« bedeutet, daß alle amerikanischen und vielleicht auch die Geheimdienste der Verbündeten davon unterrichtet wurden, daß X sich verdächtig gemacht hatte und man ihm nicht vertrauen könne. In den 50er Jahren hat man einmal daran gedacht, eine Art Verbannungslager für CIA-Beamte einzurichten, etwa auf einer Insel in der Karibik. Dorthin sollten Personen gebracht werden, die man ausschalten mußte; aber die leitenden Beamten überlegten sich, daß es nicht wünschenswert sei, wenn sich verärgerte ehemalige Agenten über ihre Vergangenheit unterhielten, und so wurde nichts daraus. In einigen Fällen ist es angeblich dazu gekommen, daß man problematische Agenten dem feindlichen Nachrichtendienst preisgegeben oder sie der Polizei ausgeliefert hat. Dort erwartete sie natürlich nichts Gutes, aber Mord war es eben nicht. Andere Nachrichtendienste töten vielleicht unzuverlässige Agenten oder ermorden die Agenten der Gegenseite, wenn sie ihnen zu unbequem werden. Aber die Beamten der CIA behaupten, in ihrer Behörde sei so etwas nicht geschehen. Und bei dieser Behauptung bleiben sie.

Sie sprechen dabei natürlich von Mord als einer offiziell erlaubten Maßnahme, die über den Dienstweg bis hinauf zum Leiter des Planungsdirektoriums oder sogar zum Direktor der Central Intelligence beantragt und genehmigt wird. Ganz so sicher sind sie allerdings nicht, was – wie sich ein ehemaliger CIA-Beamter ausdrückt – draußen im Dschungel geschieht. Dort galt, wie ein Beamter mit langjährigen Erfahrungen im Fernen Osten, der Anfang der 60er Jahre auf Kuba eingesetzt war, berichtet, eine Art ungeschriebenes Gesetz, das angewendet wurde, wenn ein Angehöriger der CIA ermordet worden war. Er sagt: »Angenommen, einer von unseren Leuten wird irgendwo in einer Nebenstraße erschossen. Bekommt man heraus, wer es getan hat, dann setzt man sich diesem Mann auf die Spur. Man fragt nicht lange, man tut es einfach. Niemand in Washington braucht es zu wissen. Man kennt sich ja aus. Nichts davon würde je in irgendeiner Akte auftauchen.«

Das Geschäft des Nachrichtendienstes, das ebenso Bestandteil eines modernen Staates ist wie das Telefonnetz oder die Steuerbehörden, hat seine häßliche Seite. Die sauberen Dokumente, die dem Nationalen Sicherheitsrat vorgelegt werden, entstehen nicht nur nach Auswertung der Satellitenmeldungen oder nach der aufmerksamen Lektüre einer sowjetischen Fachzeitschrift. Geheimagenten müssen nicht nur angeworben, sie müssen auch überwacht werden. Wenn sie sich als unzuverlässig erweisen, können sie von ihren Feinden verraten werden. Es kommt vor, daß man Kontaktpersonen fallen läßt, die dann zusehen müssen, wie sie allein weiterkommen. Gelegentlich muß man sich mit Leuten verbünden, die ihren Gegnern bei Vernehmungen Holzspäne unter die Fingernägel treiben oder sie mit elektrischen Nadeln behandeln. Befreundete Nachrichtendienste, die von der CIA an Computersystemen ausgebildet worden sind, verwenden ihre in den Computern gespeicherten Angaben gelegentlich dazu, die Namen von Personen abzurufen, die sie liquidieren wollen. Richard Helms hat sich dreißig Jahre mit diesem Geschäft befaßt und seine besonderen Eigenarten akzeptiert. Er sagte oft: »Wir sind keine Pfadfinder; wenn wir Pfadfinder sein wollten, dann wären wir in den Pfadfinderbund eingetreten.« Alles was wir wissen – und dieses Wissen ist natürlich nicht vollständig –, deutet darauf hin, daß die CIA dort eine Grenze zieht, wo es um regelrechten »Mord« geht.[12] Es war daher um so überraschender, daß man Ende der 50er Jahre anfing, die CIA damit zu beauftragen, Menschen zu töten.

Geredet wurde darüber natürlich oft. 1952 äußerte beispielsweise ein westdeutscher General gegenüber Dulles, Helms und anderen Beamten der CIA, es müsse doch möglich sein, den Staatschef der DDR, Walter Ulbricht, aus dem Weg zu räumen. Der Vorschlag wurde abgelehnt.[13] Schon 1957 sprachen bestimmte amerikanische Regierungsbeamte davon, daß es notwendig sei, Ngo Dinh Diem in Südvietnam »loszuwerden«. Seine Verstöße gegen die Menschenrechte brachten die Vereinigten

Staaten in eine peinliche Lage. Auch schwächte die Unterdrükkung seiner politischen Gegner jeder Färbung die Stellung seiner eigenen Regierung bis zu einem gewissen Grad; aber er saß dennoch so fest im Sattel, daß einige Amerikaner, die es für notwendig hielten, ihn auszuschalten, wirklich beschlossen hatten, *ihn aus dem Weg zu räumen.* Schließlich beteiligte sich auch die CIA an solchen Gesprächen; die Vietnam-Spezialisten der Behörde wurden gefragt, wen sie für geeignet hielten, seine Nachfolge anzutreten. Kurz bevor Frank Wisner Ende 1958 endgültig aus der CIA ausschied, besprach er das »Problem Diem« mit einem anderen Beamten des Planungsdirektoriums. Nach dessen Darstellung waren beide nicht sehr begeistert von dieser Idee. Trotz all seiner Fehler war Diem ein Verbündeter Amerikas. Der Beamte des DDP fragte Wisner: »Ist es wirklich unsere Aufgabe, das zu tun?«

Die Antwort war nein – jedenfalls zunächst –, weil der einzige Mann, der befugt war, so etwas anzuordnen, diesen Befehl nicht gegeben hatte. Dennoch wurden allerhand drohende Reden geführt. Auf einer Sitzung im Außenministerium Ende 1956 oder Anfang 1957, bei der die Schwierigkeiten der Vereinigten Staaten mit dem Ägypter Gamal Abdul Nasser besprochen wurden, sagte Allen Dulles, der sich über den Versuch eines Experten ärgerte, die Lage aus der Sicht Nassers zu erklären: »Wenn euer Oberst uns zu weit treibt, werden wir ihn in Stücke reißen.«[14]

In den 60er Jahren fragte Robert Murphy, Mitglied des Beratungsausschusses des Präsidenten für die nachrichtendienstliche Tätigkeit im Ausland, weshalb die CIA Ho Chi Minh nicht töten ließe. Schließlich mache er Amerika genug Schwierigkeiten. Murphys Frage ließ keine Zweifel offen: »Ho ist doch das Problem, nicht wahr? Können Sie nicht etwas unternehmen, um ihn loszuwerden? Angeblich sind Sie dazu in der Lage; also tun Sie doch etwas!«[15] Murphy war hoher Beamter. Der Leiter des Planungsdirektoriums Thomas Karamessines hatte es schwer, sich derart unmißverständlich formulierten Forderungen mit dem gebotenen Takt zu widersetzen. Ein Beamter der CIA, der ihn oft begleitet hat, berichtet, Karamessines habe sich immer wieder solche übertriebenen Forderungen anhören müssen, und er habe jedesmal widersprochen, da man mit solchen Maßnahmen nicht weiterkäme. Ein Nachfolger Ho Chi Minhs könnte unter

Umständen noch schlimmer sein. Und wie sollte man Ho Chi Minh beseitigen, ohne daß die Attentäter bekannt würden? Man hielt Murphy vor, daß es vielleicht möglich wäre, die *New York Times* zu täuschen, aber die Nordvietnamesen würden sich nicht so leicht auf eine falsche Fährte setzen lassen. Sie würden wissen, was geschehen war, wer es getan hatte, und wahrscheinlich auch in der Lage sein, sich zu rächen. Auf diesem Gebiet gibt es zwischen den Nationen ein stillschweigendes Übereinkommen; wenn die eine Seite anfängt zu morden, dann mordet auch die andere. Die CIA hatte auch gar nicht die Mittel, eine so streng bewachte Persönlichkeit wie Ho Chi Minh in einem von den Sicherheitsbehörden so gut überwachten Staat wie Nordvietnam insgeheim umzubringen.

Der Unterstaatssekretär für politische Angelegenheiten am Ende von Eisenhowers Amtszeit, Livingston Merchant, wurde ebenfalls auf die begrenzten Möglichkeiten der CIA hingewiesen. Merchant gehörte aufgrund seiner Stellung zu den ständigen Mitgliedern des Sonderausschusses für die Überwachung verdeckter Operationen, und am 3. November 1960, als die Vorbereitungen für das Unternehmen in der Schweinebucht schon weit vorangeschritten waren, nahm er an einer Sitzung des Sonderausschusses teil und fragte, »ob es konkrete Pläne dafür gibt, etwas gegen Fidel, Raul und Che Guevara zu unternehmen«. Wenn diese drei Männer plötzlich von der Bildfläche verschwänden, dann wäre die kubanische Regierung »führerlos und wahrscheinlich auch kopflos«.

Diesmal erläuterte General Cabell, der stellvertretende Direktor der Central Intelligence, die Aufgaben der CIA und »wies darauf hin, daß derartige Aktionen keinen Erfolg garantieren und in ihrer Konzeption und Ausführung höchst gefährlich sind, weil Kubaner dafür eingesetzt werden müßten. Er (Cabell) sei besonders deshalb zu dieser Überzeugung gelangt, weil die erforderlichen Maßnahmen alle gleichzeitig erfolgen müßten, und deshalb ginge der Vorschlag von Merchant über das hinaus, was die CIA zu tun in der Lage sei.«[16] Obwohl die offiziellen Sitzungsprotokolle recht verschlüsselt sind, zeigen sie deutlich eine Tendenz. Wenn direkte Fragen gestellt wurden – wie steht es damit; wie wäre es, wenn wir diese Burschen beseitigen, und warum tun wir es nicht? –, stießen diese Fragen stets auf eine irgendwie diffuse Ablehnung: Das wäre zu schwierig; das wird nicht gelingen; man kann nicht sagen, welche Folgen es haben wird; das kann sich als Bumerang erweisen usw. usw.

Es ist erstaunlich, wie viele hartgesottene Männer in der amerikanischen Regierung sich von dem Argument haben überzeugen lassen, die CIA sei grundsätzlich gegen politischen Mord. Auch der Berufsdiplomat Armin Meyer, der lange im Mittleren Osten tätig gewesen war und im Zweiten Weltkrieg dem Office of War Information, einer Art Zweigstelle des OSS, angehört hatte, weiß über eine ähnliche Episode zu berichten. Als die Regierung des Irak im Juli 1958 durch einen besonders gewalttätigen Staatsstreich gestürzt wurde, war Meyer stellvertretender Direktor des Büros für Angelegenheiten des Mittleren Ostens im Außenministerium. Im folgenden Jahr wurde er zum Direktor befördert, und als solcher nahm er an allen Beratungen teil, in denen verdeckte Aktionen der CIA im Irak besprochen wurden. Neuer irakischer Regierungschef war General Abdul Karim Kassem, der sowohl seine Vorgänger als auch eine Anzahl von Ausländern hatte ermorden lassen. Überdies stellte er sofort die diplomatischen Beziehungen zur Sowjetunion wieder her, hob das Verbot der Kommunistischen Partei auf, unterdrückte prowestliche Parteien und forderte auch Eisenhowers und John Foster Dulles' Feindschaft in jeder Hinsicht heraus.[17] Bei einer Besprechung, an der Armin Meyer als Direktor des Büros für Angelegenheiten des Mittleren Ostens teilnahm und die bei Allen Dulles abgehalten wurde, sprach man auch darüber, wie die Vereinigten Staaten Kassem stürzen könnten. Meyer hatte schon viele ähnliche Sitzungen besucht; sie gehörten zur Routine, aber diese ist ihm im Gedächtnis haftengeblieben.

Einer der Anwesenden meinte, Kassem stelle ein schwieriges Problem dar, und man könnte dieses Problem am besten lösen, wenn man ihn beseitige. Darauf sagte Dulles: »Warten Sie einen Augenblick.« Es folgte betretenes Schweigen; Dulles genoß hohes Ansehen, und bei dieser Gelegenheit waren seine Worte so kühl und überlegt, daß Meyer sie nicht vergessen hat. Dulles lag daran, klarzustellen, daß es nicht dem Charakter amerikanischer Politik entspräche, Gegner der Vereinigten Staaten einfach ermorden zu lassen; in seinem Büro würde grundsätzlich nicht über Mord gesprochen, weder heute noch irgendwann sonst. Er wünsche, einen solchen Vorschlag nie wieder aus dem Munde eines amerikanischen Regierungsbeamten zu hören; so etwas entspräche nicht amerikanischen Gepflogenheiten.

Dulles war in seiner Stellungnahme so deutlich und sprach mit solcher Leidenschaft und so überzeugend, daß Meyer nicht verstehen konnte, wie Dulles sich je an einem Attentatsversuch beteiligt haben sollte, gleichgültig, wer ihn befohlen hatte. Meyer kannte den Bericht des Church-Ausschusses, aber er glaubte einfach nicht daran; hier mußte ein Irrtum vorliegen. Meyer konnte nicht begreifen, daß er sich in diesem Punkt irrte. Dulles hatte keinen Zweifel daran gelassen: *Er würde sich nie an einem Attentat beteiligen.*

Das war die offizielle Haltung der CIA zu diesem Problem.

Je intensiver man sich mit diesem Thema beschäftigt, desto deutlicher erkennt man die Zusammenhänge. Ein weiteres Beispiel läßt alles noch klarer werden. Am 10. August 1962, als sich bereits eine Entwicklung abzeichnete, die schließlich zur Kuba-Krise führte, traf sich der erweiterte Sonderausschuß im Büro des Außenministers Dean Rusk zu einer Sitzung, um über das Unternehmen *Mongoose* zu sprechen. Das war der Deckname für den nach dem Schweinebucht-Abenteuer von der Regierung Kennedy entworfene Plan, Castro zu beseitigen. Verteidigungsminister Robert McNamara, stets davon überzeugt, daß es für jedes Problem eine vernünftige Lösung gibt, war wahrscheinlich von der unmittelbaren Reaktion auf seinen rein hypothetischen Vorschlag überrascht: Der erweiterte Sonderausschuß sollte sich überlegen, ob es nicht doch möglich sei, das Problem Castro damit aus dem Weg zu schaffen, daß man ihn umbringen ließ.

Der Direktor des Informationsamts der Vereinigten Staaten, Edward A. Murrow, widersetzte sich diesem Vorschlag und erklärte ein solches Vorgehen für völlig ausgeschlossen. John McCone stellte sich sofort hinter ihn. Der Protokollführer Thomas Parrott nahm diesen Teil der Beratungen nicht einmal ins Protokoll auf.[18] Um die Angelegenheit ein für allemal zu klären, rief McCone später noch einmal bei McNamara an und erklärte ihm, auf solchen Sitzungen dürfe unter keinen Umständen über Attentatspläne gesprochen werden, und er wünsche nichts dergleichen zu hören. Dergleichen delikate Erörterungen durften auch im engsten Kreis nie *konkret* behandelt werden.

Am nächsten Tag sagte William Harvey, Leiter der *Task Force W*, des Teams der CIA, das am Unternehmen Mongoose beteiligt war, McCone etwa dasselbe; es sei »unangebracht«, in dieser »Form« und vor einem solchen »Forum« von Mord zu sprechen. McCone stimmte ihm zu und erzählte von seinem Telefongespräch mit McNamara. Harvey war daher doppelt überrascht, als er zwei Tage später, am 13. August, von Edward G. Lansdale, den Robert Kennedy für die Leitung des Unternehmens Mongoose ausersehen hatte, ein offizielles Schreiben bekam, in dem Harvey ausdrücklich beauftragt wurde, über die verschiedenen Möglichkeiten, gegen Castro vorzugehen, Studien anzufertigen – und zwar einschließlich der Liquidierung politischer Führer. Harvey, ehemaliger Agent des FBI, war nicht gewohnt, ein Blatt vor den Mund zu nehmen. Er sagte Lansdale sehr deutlich, für wie töricht er es hielte, »sich in einem solchen Dokument schriftlich zu diesem Thema zu äußern«. Noch am selben Tag trug er McCone seine Einwände vor. Am 14. August 1962 unterrichtete er Helms von dem Vorschlag McNamaras, von Lansdales Schreiben und dessen Reaktion darauf. Dabei strich er sogar den Satz über die »Liquidierung politischer Führer« aus der Kopie, die er an Helms weitergab.[19]

McNamara sollte verständlich gemacht werden – und auch wir müssen erkennen –, daß ein Attentat eine zu brisante Angelegenheit ist, als daß man bei offiziellen Sitzungen darüber sprechen oder so etwas in offiziellen Schreiben und Protokollen erwähnen dürfe. Die hohen Beamten, denen die CIA-Angehörigen die Spielregeln ihrer Behörde verständlich zu machen versuchten, hatten nicht begriffen, wie wichtig es war, so explosive Themen wie Attentatspläne streng vertraulich zu behandeln. Armin Meyer war zum Beispiel davon überzeugt, daß Dulles einem Attentat niemals zustimmen oder sich gar daran beteiligen würde. Er kannte den Inhalt des *Attentatsberichts*, den der Church-Ausschuß erstellt hatte – er kannte ihn in groben Zügen, hatte ihn allerdings nicht selbst gelesen –, aber er konnte das, was er gehört hatte, mit dem, was er jetzt zu wissen glaubte, nicht in Einklang bringen. Hätte er den Bericht wirklich gelesen, insbesondere aber die lange Fußnote auf Seite 181, dann hätte er gewußt, daß Dulles' feierliche Ablehnung nichts anderes gewesen war als die Einhaltung der normalen Spielregeln.

Als sich die Regierung im Februar 1960 darüber klarzuwerden versuchte, was mit General Kassem geschehen solle, schlug der Chef der Abteilung für den Mittleren Osten des DDP[20] vor, Kassem mit einem vergifteten Taschentuch »unschädlich zu machen«, das die technische Abteilung des DDP präparieren sollte. Im April erklärte sich Richard Helms, Operationschef der Planungsabteilung, mit dem Vorschlag einverstanden,[21] denn auch er hielt den Sturz der Regierung Kassem für notwendig. So wurde das Taschentuch Kassem zugespielt, aber ob er es nun benutzt hat oder nicht, er hat den Anschlag überlebt. Getötet haben ihn seine eigenen Landsleute am 8. Februar 1963, als sie ihn in Bagdad vor Fernsehkameras von einem Hinrichtungskommando erschießen ließen.

9. Kapitel

Am 24. April 1967 legte der Generalinspekteur der CIA, Jack Earman, Richard Helms den ersten Abschnitt seines Berichts über die Beteiligung der CIA an Attentatsversuchen vor. Helms kann darauf nur mit Angst und Schrecken reagiert haben. Nicht nur die in alle Details gehende Gründlichkeit[1] oder das Fehlen jedweder mildernder Umstände, sondern schon die bloße Tatsache, daß jetzt alles schriftlich vorlag, muß ihn erschüttert haben. Der oberste Grundsatz bei der Geheimhaltung besteht darin, daß keine Aufzeichnungen gemacht werden dürfen. Solche Papiere können verlorengehen, gestohlen werden oder in die Hände der falschen Leute geraten. Der Bericht des Generalinspekteurs verletzte diese Regel, und das mußte sich rächen. Die diese Attentate betreffenden Einzelheiten ließen sich alle in den Akten der CIA auffinden, und alles, was die daran beteiligten Beamten der CIA ausgesagt hatten, lag jetzt schriftlich mit den Namen – zu ihnen gehörte auch der von Richard Helms – und Daten fest und war in einem Dokument nachzulesen, das dem Ansehen der CIA, zweier Präsidenten und der Vereinigten Staaten insgesamt unabsehbaren Schaden zufügen konnte. Das war ein klassisches Beispiel für ein Schriftstück, das Regierungsbeamte als »sicherheitsempfindlich« und Journalisten als »explosiv« bezeichnen; und Helms hatte nicht die Absicht, es jemals irgend jemandem außer dem Verfasser und sich selbst unter die Augen kommen zu lassen.

Doch so viel in dem Bericht des Generalinspekteurs auch enthalten sein mochte, manches fehlte. Helms hat sich vielleicht damit getröstet, daß das am strengsten gehütete Geheimnis – wer hatte den Befehl gegeben und wann? – vom Generalinspekteur nicht aufgedeckt worden war. Und das war nicht der einzige Punkt, über den der Generalinspekteur nichts zu berichten wußte.

Es gab keine Geheimnisse, die strenger gehütet wurden als die Versuche der CIA, ausländische Staatsmänner ermorden zu lassen.[2] Berichte zu diesem Thema sind seltsam unvollständig und enthalten eigentlich nur Andeutungen, und zwar auch nachdem die Untersuchung der betreffenden Fälle längst abgeschlossen ist. Aber der Bericht, den Helms im April 1967 abschnittsweise vom Generalinspekteur bekam und der acht Jahre später im Verlauf des Untersuchungsverfahrens des Church-Ausschusses erweitert und durch Aussagen von CIA-Beamten ergänzt wurde, zeigte sehr deutlich, was geschehen war und wer es veranlaßt hatte.

Als Richard Bissell 1962 die CIA verlassen mußte[3] und Richard Helms sein Erbe antrat, entdeckte der bei der Lektüre von Bissells Testament, daß er ein sehr »reiches« Erbe übernommen hatte. Es bestand nicht nur aus dem, was in den Akten des Planungsdirektoriums stand, sondern – und das war viel entscheidender – aus den Folgen jener vertraulichen Gespräche, die zwei oder drei Männer geführt hatten.[4] »Bill, warten Sie bitte einen Augenblick. Ich möchte etwas mit Ihnen besprechen. Die Sache scheint sich zu konkretisieren.«

1962 hatte Helms alle vertraulichen Vorhaben und Geheimprojekte selbst übernommen. Ein geheimes Vorhaben, das einmal in die Wege geleitet worden ist, läßt sich nicht so einfach abbrechen, wie man etwa elektrisches Licht ausschaltet. So nahm Helms jetzt von den geheimen Operationen ebenso Kenntnis wie vom routinemäßigen Ablauf der Dienstgeschäfte, ohne sich zu wehren oder sofort etwas dagegen zu unternehmen. Er tat es wie ein Mann der Praxis, der sich darum bemüht, den Auftrag zu erfüllen, der innerhalb seines Zuständigkeitsbereichs liegt; wie ein Mann, der augenscheinlich gar nicht an die Möglichkeit denkt, daß die Redakteure der *Washington Post* die Dinge, von denen hier die Rede ist – die Machenschaften von Rosselli auf Kuba oder das Aktionsprogramm von Bill Harvey –, als Mordplan bezeichnen könnten. Richard Bissell muß wohl gewußt haben, daß jedes Geheimnis, das man Richard Helms anvertraute, einem Stein glich, der in einen Brunnen fällt.

Das Haupterbteil von Helms – es war ihm wenigstens zwei Monate vor Bissells Ausscheiden von John McCone persönlich anvertraut worden – war Kuba. Damals glaubte man allgemein, Bissell sei wegen des Fiaskos in der Schweinebucht entlassen worden, aber damit sollte seine Entlassung nur vor der Öffentlichkeit gerechtfertigt werden. Der eigentliche Grund war die Tatsache, daß es Bissell nicht gelungen war, Castro aus dem Wege zu räumen. Im Herbst 1961 hatten die Brüder Kennedy Bissell sehr deutlich gesagt, daß sie die Beseitigung Castros wünschten. Dann unterrichteten sie McCone im gleichen Sinne, der schon vorher zu der Überzeugung gekommen war, daß Robert Kennedy in der Regierung seines Bruders die Schlüsselstellung einnahm. Der Präsident hatte Robert dazu ausersehen, »die CIA zu übernehmen«. Robert Kennedy zögerte nicht lange. Für McCone waren gute Beziehungen zu Robert Kennedy fast ebenso wichtig wie der direkte Draht zum Präsidenten, und in den zwei Jahren ihrer Zusammenarbeit entwickelte sich zwischen McCone und dem Justizminister ein ausgezeichnetes Vertrauensverhältnis, wie es oft die Beziehungen mächtiger Männer charakterisiert.

Im Dezember 1961 übertrug McCone Richard Helms die Verantwortung für das Kuba-Problem. Darin zeigte sich die Ungeduld der Kennedys angesichts der bisher erfolglosen Versuche Bissells, ihre Wünsche zu erfüllen. Ein CIA-Beamter, der an jener Sitzung teilgenommen hatte, berichtet, Helms habe sofort den Chef der Abteilung für die westliche Hemisphäre, J. C. King, angerufen. Ende 1961 bearbeitete nur ein Beamter in der Unterabteilung für die Karibik die Kuba betreffenden Angelegenheiten. Helms sagte: »J. C., ab sofort wird für Kuba eine eigene Abteilung eingerichtet.« Der Chef der Abteilung für die Karibik und sein Stellvertreter sollten die neue Abteilung für Kuba übernehmen. Als J. C. King fragte, wer den übrigen karibischen Raum bearbeiten solle, sagte Helms: »Das weiß ich nicht; ich überlasse es Ihnen – nehmen Sie, wen Sie wollen.«

Von nun an unternahm die CIA unter direkter Aufsicht des Weißen Hauses den energischen Versuch, Castro zu stürzen. Doch diesmal wurde das Unternehmen als echte Geheimoperation mit aller Vorsicht unter Wahrung strengster Geheimhaltungsvorschriften durchgeführt; diesen Eindruck hatten jedenfalls alle Beteiligten – von den Kubanern allerdings abgesehen. Castro wurde zwar nicht gestürzt, doch Kennedy wurde weder durch den Attentatsversuch noch durch das Scheitern dieses Versuchs kompromittiert; die Sache wurde so vertraulich behandelt, daß über einen Zeitraum von mehr als zehn Jahren niemand erfahren hat, daß es ein Unternehmen mit dem Decknamen Mongoose[5] überhaupt gegeben hatte. Zwar war Helms schließlich ebenso erfolglos wie Bissell, aber es war ihm gelungen, sein Vorhaben vor der Presse geheimzuhalten.

Das ist eigentlich recht erstaunlich. Kennedy selbst hatte seine Absichten schon am 20. April 1961 in einer Rede vor der American Society of Newspaper Editors so deutlich ausgesprochen, daß jeder ihn hätte verstehen können. Hicr behauptete er, die Sowjetunion betrachte das militärische Potential »als den Schild, hinter dem Subversion, Infiltration und ungezählte andere Taktiken stetig vorangetrieben werden, um ein verwundbares Gebiet nach dem anderen in Besitz zu nehmen ... Wir haben unsere Aufmerksamkeit zu lange nur den traditionellen militärischen Bedürfnissen zugewendet ... Jetzt sollten wir erkennen, daß das nicht mehr genügt ...«[6] Achtzehn Monate später, im Dezember 1962 nach der Kubakrise und dem Freikauf der Gefangenen, hielt Kennedy in Miami eine Rede, in der er deutlich sagte, was er vorhatte: »Ich kann Ihnen versichern, daß diese Flagge der Brigade in einem freien Havanna zurückgegeben werden wird.«[7] Jetzt hätte man erkennen müssen, daß Kennedy entschlossen war, Feuer mit Feuer, Subversion mit Subversion und Infiltration mit Infiltration zu bekämpfen. Doch obwohl die Kubaner selbst begriffen, was geschah, und es in Miami von Exilkubanern wimmelte, wurde das Unternehmen Mongoose so gut abgeschirmt, daß man die Erklärung Kennedys solange als bloße Rhetorik abtat, bis seine wahren Absichten mehr als zehn Jahre später endlich aufgedeckt wurden.

Nach dem Fehlschlag in der Schweinebucht beschloß Kennedy, Castro aus dem Wege räumen zu lassen – Fidel Castro war nicht mehr nur ein Gegner der USA, er war zum persönlichen Feind Kennedys geworden. Der Auftrag, den Kennedy im April 1961 an General Maxwell Taylor gab, bestand nicht darin festzustellen, wer für das Scheitern des Landeunternehmens verantwortlich sei, sondern der General sollte nur die Ursachen des Scheiterns feststellen, um das Gelingen eines neuen Unternehmens zu ermöglichen. Taylor kam sehr rasch zu dem Schluß, daß der Hauptfehler die Auflösung des Koordinierungsgremiums OCB im Februar 1961 gewesen war. Das von Eisenhower geschaffene OCB (Operations Coordinating Board) sollte alle im Ausland durchgeführten Operationen überwachen. Es hatte den Ruf, so viele Studien, offizielle Notizen und Lagebeurteilungen zu verfassen, daß die Operationen in diesem Wust von Papier erstickten. Außerdem fürchtete Allen Dulles, daß die Mitglieder des Gremiums nicht imstande seien, ihre Arbeit geheimzuhalten. Besonders einen bestimmten Offizier der amerikanischen Armee betrachtete Dulles als Sicherheitsrisiko.[8] Doch zum Schluß von Eisenhowers zweiter Amtsperiode arbeitete das OCB reibungslos, und ein Untersuchungsausschuß unter der Leitung von Mansfield Sprague setzte sich entschieden dafür ein, das OCB weiterbestehen zu lassen.

Kennedy, dem die ruhige und gründliche Art seines Vorgängers und der große Personalaufwand bei allen mit der Außenpolitik beschäftigten Behörden nicht gefielen, wollte vom Sprague-Bericht und davon, daß alles angeblich so reibungslos vonstatten ging, nichts hören. Er war überzeugt, daß seine Regierung mehr leisten könnte, wenn sie intelligente junge Männer von Fall zu Fall mit der Durchführung wichtiger Projekte beauftragte. Deshalb löste er das OCB und den Beratungsausschuß des Präsidenten für die Nachrichtenbeschaffung im Ausland (PBCFIA) kurzerhand auf. Kennedy hielt diese Körperschaften für nutzlose Anhängsel des Regierungsapparats, die einer energischen, aktiven Außenpolitik nur bürokratische Hindernisse in den Weg stellten.

Taylor war anderer Meinung. Nach seiner Ansicht war der Plan für das Unternehmen in der Schweinebucht nur ausgeführt worden, weil Kennedy die einzigen Entscheidungsgremien aufgelöst hatte – das OCB und das PBCFIA –, die genügend Gewicht hatten, um einem Präsidenten zu widersprechen. Wenn Kennedy seine Berater offiziell nach ihrer persönlichen Meinung fragte, neigten sie dazu, sich der Auffassung anzuschließen, die sie auch für die seine hielten.[9] Taylor stand nun vor der Aufgabe, ein neues OCB mit einer anderen Bezeichnung einzurichten. Seine Strategie war ganz einfach. Da er Kennedys Faszination für unkonventionelle Kriegführung kannte, machte er den Vorschlag, die Regierung solle auf breiter Front gegen die Insurgentenbewegungen von Vietnam bis Lateinamerika vorgehen. Nachdem Taylor am 4. Juli 1961 zum ständigen militärischen Vertreter des Präsidenten ernannt worden und ins Weiße Haus eingezogen war, wurde daher die sogenannte Counter Insurgency Group (CI Group) zusammengestellt, die noch im selben Herbst regelmäßig unter Taylors Vorsitz zusammentrat.[10] Die CI Group nahm gleich zu Beginn eine aggressive Haltung ein. Der Unterstaatssekretär für politische Angelegenheiten, Chester Bowles, hätte unter normalen Umständen zu dieser Gruppe gehört, aber weil Bowles grundsätzlich alle Interventionen in Form verdeckter Aktionen ablehnte, nahm sein Stellvertreter U. Alexis Johnson an den Sitzungen teil. Desmond FitzGerald hat einmal gesagt, wolle man Bowles die Leitung geheimer Operationen anvertrauen, dann wäre das so, als übergäbe man das Kommando über ein Schiff einem Kapitän, der die See haßt.

Obwohl auch Robert Kennedy der CI Group angehörte, blieb Taylor tonangebend. Kennedy war gewissermaßen der Hecht im Karpfenteich, nicht aber Leiter der Gruppe. Auf einer der ersten organisatorischen Sitzungen schlug Kennedy vor, man solle auch den Arbeitsminister Arthur Goldberg hinzuziehen, aber Taylor lehnte diesen Vorschlag ab. Er sagte, die Gruppe bestünde schon aus zu vielen Mitgliedern und sei daher nicht wendig genug; der Arbeitsminister spiele in diesem Zusammenhang nur eine periphere Rolle. Taylor sprach es zwar nicht aus, aber er hielt Goldberg für zu umständlich. Zunächst ließ Taylor die Sache auf sich beruhen, traf aber im Herbst 1961 die endgültige Entscheidung. Er forderte alle Anwesenden auf, zur Aufnahme Goldbergs ihre Meinung zu äußern. Jeder einzelne stellte sich auf Taylors Seite; Goldberg wäre hier nicht am richtigen Platz. So wurde der Vorschlag abgelehnt.

Aber Kennedy brachte das Thema doch noch einmal zur Sprache und versuchte, seinen besonderen Einfluß geltend zu machen. Er erklärte, der Präsident beobachte alles, was hier geschehe, das sei eine wichtige Angelegenheit, das Arbeitsministerium gehöre in das Gesamtkonzept, und er (Robert Kennedy) verlange, *daß Goldberg in das Gremium aufgenommen werde.* Einer nach dem anderen änderte nun seine Meinung, und plötzlich hieß es: »Aber ja, Bobby, Sie haben ganz recht, wir sollten uns das noch einmal überlegen.« Als sich Kennedy an General Cabell wandte, der gerade Allen Dulles vertrat, sah sich Cabell hilfesuchend um. Offensichtlich wußte er nicht, wie er reagieren sollte. Hilflos sagte er schließlich: »Nun, das ist die erste Sitzung, an der ich teilnehme, und ich weiß nicht recht . . .«

Es sah aus, als werde Kennedy sich durchsetzen können, aber Taylor wollte nicht nachgeben. Er sagte: »Nein, das Arbeitsministerium spielt hier nur eine untergeordnete Rolle, und der Ausschuß ist ohnehin schon zu groß. Ich werde Goldberg auf keinen Fall zulassen.«

Robert Kennedy war eine sehr starke Persönlichkeit. Als Justizminister und Bruder des Präsidenten, dessen uneingeschränktes Vertrauen er besaß, hatte das Nachrichtenmagazin *Time* ihn kürzlich als zweitwichtigsten Mann der Welt bezeichnet. Nachdem Taylor seinen Vorschlag abgelehnt hatte, stand Kennedy langsam auf, raffte seine Papiere zusammen, ging auf die Tür zu und blieb einen Augenblick stehen. »Ein schöner Scheißdreck«, sagte er. »Der zweitwichtigste Mann der Welt ist wieder einmal überstimmt worden.« Dann warf er die Tür mit solchem Schwung hinter sich zu, daß die Fenster klirrten. Alles sah sich stumm an, bis Taylor die Besprechung in aller Ruhe wieder aufnahm. Aber Robert Kennedy gab sich nicht so leicht geschlagen.

Wenn der direkte Weg blockiert war, suchte und fand er meist einen Umweg. Zwischen ihm und McCone hatten sich recht enge Beziehungen entwickelt, und er zögerte nicht, sich auch direkt mit den am kubanischen Unternehmen beteiligten Beamten der CIA in Verbindung zu setzen, wenn er glaubte, die Ausschüsse arbeiteten zu langsam. Oft rief er Richard Helms an, um die Sache voranzutreiben, und manchmal setzte er sich sogar mit Beamten unterer Rangstufen in Verbindung, wie etwa mit William Harvey und Desmond FitzGerald. Gelegentlich umging er den normalen Dienstweg sogar so weit, daß er mit CIA-Beamten sprach, die unter *ihnen* arbeiteten.

Das wichtigste Thema für die CI Group war Kuba. Die CIA war um dieselbe Zeit stark in Laos und Vietnam engagiert, aber die im Herbst 1961 unter der Leitung des Stationschefs in Saigon, William Colby, begonnenen geheimen Operationen gegen Nordvietnam hatte man nur mit halber Kraft weiterlaufen lassen. Die Brüder Kennedy wollten zunächst in Kuba weiterkommen. Es wurde ein zweiter Ausschuß gebildet, die *Special Group Augmented* (erweiterter Sonderausschuß SGA) unter General Edward G. Lansdale. Lansdale hatte Erfahrungen auf den Philippinen und in Vietnam gesammelt, wo er Ngo Dinh Diem dabei behilflich gewesen war, seine Macht im Lande zu festigen. Jetzt sollte er als Spezialist in Sachen Insurgentenbekämpfung das Unternehmen Mongoose überwachen. Kein von den Kennedys in die Wege geleitetes Projekt wurde stärker abgeschirmt als Mongoose, und nichts hat die Brüder Kennedy, insbesondere Robert, mehr interessiert. Sie wollten Castro unter allen Umständen ausschalten, und auf den wöchentlich stattfindenden Sitzungen der CI Group ist kaum über etwas anderes gesprochen worden. Die fünfzehn Mitglieder versammelten sich um 10.00 Uhr abends in einem Konferenzraum neben Taylors Büro. Nach ein oder zwei Stunden ging die Hälfte der Teilnehmer fort, während die andere an einer Sitzung der Special Group Augmented teilnahm. Wenn diese Besprechung beendet war, trafen sich die drei Mitglieder des Sonderausschusses für die Überwachung verdeckter Operationen. Das hatte zur Folge, daß John McCone und die anderen Mitglieder der Special Group von November 1961 an manchmal sechs bis sieben Stunden ohne Pause an drei Sitzungen teilnahmen, auf denen es ausschließlich um die Frage ging, wie man Castro loswerden könne.

Sehr bald war das Unternehmen Mongoose zum umfangreichsten Geheimprojekt der CIA geworden, aber das geschah nicht zum erstenmal. Es war vielmehr bezeichnend für die Art und Weise, wie die CIA auf kurzlebige Sonderwünsche amerikanischer Nachkriegspräsidenten reagierte, deren Regierungen dazu neigten, ihr Interesse jeweils auf eine besondere Krise zu konzentrieren. Ende der 40er und Anfang der 50er Jahre veranstaltete die CIA in Europa ein großangelegtes Unternehmen gegen den Sowjetblock. Zeitweilig arbeiteten 1200 Personen für den ersten Stationschef der CIA in Deutschland, General Lucian K. Truscott II. Später richteten sich ähnliche Unternehmen gegen den Iran, Guatemala, Indonesien und Kuba vor dem Scheitern der Landung in der Schweinebucht. Als Lyndon Johnson das Interesse an Kuba verlor, konzentrierte sich die CIA auf Vietnam und später für kürzere Zeit, aber mit der gleichen Intensität auf Chile. In jedem einzelnen Fall stürzte sich die Bürokratie in Washington mit Übereifer auf die betreffende Krise, es entstanden ungezählte Ausschüsse, die Sitzungen jagten einander, es wurde ein ungeheurer Papierberg erzeugt, einzelne Persönlichkeiten konnten über Nacht ins grelle Licht des öffentlichen Interesses geraten oder ebenso rasch in der Versenkung verschwinden, und die CIA suchte, vom Präsidenten unter Druck gesetzt, nach dem Hebel, mit dem die gewünschte Wirkung erzielt werden konnte. Manchmal fand sie diesen Hebel wie etwa in Guatemala; aber manchmal gelang das auch nicht. Das Unternehmen Mongoose lief genau nach demselben Muster ab. Vom November 1961 an verlangte die Regierung achtzehn Monate lang unaufhörlich, daß auf Kuba etwas geschah. Die CI Group stellte die Special Group Augmented auf, die das Unternehmen Mongoose genehmigte und die Durchführung Lansdale anvertraute. Er entwarf ein komplexes Szenarium und einen präzisen Zeitplan, der für den Oktober 1962 einen Marsch auf Havanna und den Sturz Castros vorsah. Alles war schriftlich festgelegt. Auch die letzte Phase des Unternehmens Mongoose war in Lansdales Zeitplan aufgenommen, und nun war es Aufgabe der CIA unter McCone und Helms, dafür zu sorgen, daß der Plan gelang.

Die Bedeutung des Unternehmens mußte nicht erst lange geprüft werden. Gleich zu Beginn hatte Sam Halpern, der an der Operation beteiligt war, Lawrence Houston gefragt, ob Mongoose überhaupt legal sei. Er wies darauf hin, daß die Landung in der Schweinebucht außerhalb der Vereinigten Staaten vorbereitet worden war, und zwar – wenigstens zum Teil –, weil man die Neutralitätsgesetze nicht verletzen wollte. Danach nämlich war es unzulässig, Ziele außerhalb der Vereinigten Staaten von amerikanischem Boden aus anzugreifen. Das Unternehmen Mongoose wurde in Miami vorbereitet; war es deshalb nicht ungesetzlich? Houston verneinte. Wenn ein Präsident seine Zustimmung gibt und wenn der Justizminister seine Zustimmung gibt, dann ist die Sache in Ordnung.

Die leitenden Beamten der CIA in dem von Helms eingerichteten Büro für Kuba waren über den Umfang des Auftrags, den sie übernehmen mußten, entsetzt. Sie fragten: »Womit sollen wir das tun? Wir haben auf Kuba keine Stützpunkte, und wir kennen die Lage auf der Insel nicht.« Gleich zu Beginn machte Halpern dem ersten Exekutivbeamten von Helms, Gordon Mason, wiederholt den Vorschlag, das Kuba-Projekt einem höheren Beamten der CIA zu unterstellen, um damit die Bedeutung des Unternehmens innerhalb der Behörde deutlicher sichtbar zu machen. Aber die meisten von Halpern benannten Personen waren anderweitig beschäftigt. Desmond FitzGerald arbeitete in der Abteilung für den Fernen Osten und mußte sich um den Krieg in Vietnam kümmern, wo sich die Lage um diese Zeit zuspitzte; sein Vorgänger Al Ulmer war in Paris unabkömmlich. Deshalb beschloß man, William Harvey mit der Aufgabe zu betrauen, der seine Erfahrungen in Europa, unter anderem auch beim Bau des Tunnels in Berlin, gesammelt hatte.[11]

Es gab nur wenige CIA-Angehörige, die ihre Kollegen wirklich beeindruckt haben. Zu ihnen gehörte Harvey, den jeder kannte, aber nicht jeder schätzte. Er hatte eine rauhe Stimme, war eine imponierende Erscheinung und so dick, daß er die Sondergenehmigung hatte, erster Klasse zu fliegen, weil die Sitze in der Touristenklasse für ihn zu eng waren. Er war starker Trinker und wurde 1947 vom FBI zur CIA versetzt. Von sich selbst behauptete er, er tränke jeden Mittag drei Martinis – zwei doppelte und einen einfachen. Nach dem Essen schlief er manchmal an seinem Schreibtisch ein, während der Besucher, der ihm gegenübersaß, geduldig wartete. Als er auf einer von McCone geleiteten Sitzung einnickte, wollte ihn der neue Direktor sofort entlassen, aber McCone ließ sich seinen Entschluß wieder ausreden. Harvey war vielleicht ein ungeschliffener Diamant, aber er hatte eben seinen Wert.

Er verfügte über ungewöhnliche Energie und Konzentrationsfähigkeit. Wenn er sich etwas vorgenommen hatte, ließ er sich nicht mehr davon abbringen. Einem Bekannten hat er einmal erzählt, er habe seit seinem zwölften Lebensjahr jeden Tag mit einer Frau geschlafen. Seine Kollegen berichten, er sei der einzige Beamte der CIA gewesen, der immer eine Pistole bei sich trug. Oft lag die Waffe vor ihm auf dem Schreibtisch, als rechnete er damit, von einem Attentäter überrascht zu werden. Manchmal lud er sie, während er sich mit einem Besucher unterhielt, oder ließ den Schlagbolzen sanft nach vorn gleiten, aber doch nicht so sanft, daß der Besucher es hätte überhören können. Er besaß nicht etwa nur eine Pistole, sondern brachte jeden Tag eine andere mit. Zu Hause hatte er eine umfangreiche Waffensammlung. Man hat diese Gewohnheit von Harvey als Affektiertheit oder exzentrischen Spleen abgetan, eine Geste, die mit Gewalttätigkeit nichts zu tun habe; aber ein Kollege, der Mitte der 60er Jahre nach dem Scheitern des Unternehmens Mongoose in Rom mit ihm zusammenarbeitete, hält Harvey für einen »gefährlichen Clown«. Nach dem Grund gefragt, erzählt dieser Mann, Harvey habe ihm einmal seinen Standpunkt klarmachen wollen und dabei eine Pistole vom Kaliber 0,45 aus der Schreibtischschublade gezogen, sie seinem Gesprächspartner auf eine Entfernung von knapp einem Meter zwischen die Augen gerichtet und die Waffe dabei entsichert.

Dulles hat von ihm einmal gesagt: »Dieser Harvey ist ein konspirativer Bulle. Das Schlimme ist nur, es fällt mir schwer zu entscheiden, ob er mehr konspirativ oder mehr Bulle ist.« Aber er war ein erfahrener und einfallsreicher Geheimagent, und solange man ihm freie Hand ließ, hat er die ihm anvertrauten Projekte unermüdlich vorangetrieben. Harveys erste Aufgabe als Chef der CIA-Task Force W war es, die von Castro unmittelbar vor der Landung in der Schweinebucht aufgerollten Agentennetze neu zu knüpfen. Es gab damals noch Möglichkeiten, Agenten nach Kuba einzuschleusen, weil die russischen Sicherheitsberater Castros ihm empfohlen hatten, zunächst den Sicherheitsapparat in den Städten zu konsolidieren und die Arbeit im flachen Land auf einen späteren Zeitpunkt zu verschieben. Aber obwohl jetzt mit hektischer Betriebsamkeit Agenten nach Kuba geschickt und auf der Insel neue Agenten angeworben wurden – es handelte sich nicht nur um Exilkubaner, die von Miami aus nach Kuba gingen, sondern auch um ausländische Geschäftsleute und Diplomaten –, ging es den Brüdern Kennedy noch nicht schnell genug. Zu Lansdales Plan gehörte auch ein Volksaufstand, und Harvey versuchte, eine politische Untergrundbewegung aufzubauen und eine genügend große Zahl von Agenten im Lande unterzubringen. Aber wie alle anderen Präsidenten und hohen Beamten, die mit der CIA zusammenarbeiten mußten, verstanden auch die Kennedys nichts von der praktischen Seite geheimer Aktionen und wußten nicht, wieviel Zeit man braucht, um in einer so instabilen und unübersichtlichen Welt solide Untergrundorganisationen zu schaffen.

Die Unzufriedenheit der Kennedys mit dem schleppenden Fortgang des Unternehmens Mongoose bekam zuerst die CI Group zu hören. Sie drängte nun die SGA, die ihrerseits Lansdale unter Druck setzte, der sich bei Helms beschwerte, der wiederum Harvey und die Task Force W zu immer größerer Eile antrieb. Immer wieder schickte Helms die auf seinem Schreibtisch gelandeten Berichte und Denkschriften an ihre Verfasser zurück, weil sie nicht positiv und genügend »nach vorwärts gerichtet« seien (ein Lieblingsausdruck von Lansdale). »Die englische Sprache bietet genug Möglichkeiten, einen Bericht so abzufassen, daß er den Eindruck erweckt, als kämen wir voran«, sagte Helms seinem an dem Projekt Kuba arbeitenden Untergebenen.

Die Ungeduld des Weißen Hauses wuchs ständig. Mehr als einmal bekam Larry Houston von Helms den Stoßseufzer zu hören: »Mein Gott, diese Kennedys setzen uns wegen Castro ständig unter Druck!« Bei einer Besprechung im Büro von Bobby Kennedy am 19. Januar 1962, einen knappen Monat bevor Helms die Leitung des Planungsdirektoriums übernahm, sagte der Justizminister, man dürfe bei diesem Unternehmen »weder Geld, Zeit, Energie noch Personal sparen«, und der Präsident habe ihm erst gestern gesagt, »das letzte Kapitel ist noch nicht geschrieben – es muß etwas geschehen, und es wird geschehen«.[12] Nach dem Attentatsbericht des Church-Ausschusses hat Helms an wenigstens sieben der vierzig Sitzungen teilgenommen, auf denen das Unternehmen Mongoose besprochen wurde, und er selbst hat ausgesagt, er habe häufig mit Robert Kennedy telefoniert und sich gelegentlich auch privat mit ihm getroffen. Er war es gewohnt, den Schreibtisch in seinem Büro jeden Tag zwischen 6.00 Uhr und 6.30 Uhr aufgeräumt zu verlassen, aber nach Beginn des Unternehmens Mongoose arbeitete Helms oft bis spät in die Nacht.

Doch trotz aller Ungeduld des Weißen Hauses kam das Projekt nur langsam voran, und das lag nicht an der bürokratischen Gleichgültigkeit der SGA, sondern an den erheblichen Schwierigkeiten, auf die das Unternehmen auf Kuba selbst stieß. Nach Lansdales Plan sollte auf der Insel eine ständig wachsende Opposition gegen Castro aufgebaut werden, die schließlich zu einem allgemeinen Volksaufstand führte. Wenn Lansdale von einem Marsch auf Havanna sprach, der im Oktober 1962 stattfinden sollte, dann meinte er damit den triumphalen Einzug der Gegner Castros in der kubanischen Hauptstadt, der sich vielleicht mit dem Castros vor drei Jahren vergleichen ließ. Aber der Plan Lansdales entsprang reiner Phantasie. Die Beamten der Task Force W wußten, daß dies illusionäre Vorstellungen waren. Es existierte keine wirksame Opposition gegen Castro. Einige

Beamte der Regierung Kennedy warfen der CIA vor, sie übersähe die kubanischen Dissidenten im Lande zugunsten gefügigerer Leute, die sie besser kontrollieren könnten. Die CIA behauptete jedoch, sie könne nur mit dem arbeiten, was sie in der Hand habe, und die von der Regierung empfohlenen Kubaner könnten ihr bei ihrer Arbeit nicht helfen; ein Untergrundnetz sei illusorisch. Zwar gelang es Harvey, Agenten auf die Insel zu bringen und in den ländlichen Bezirken Agenten anzuwerben,[13] aber ihre Berichte klangen sehr entmutigend. Sie waren überzeugt, daß es nicht zu einer allgemeinen Erhebung kommen werde.

Nachdem ein paar Monate vergangen waren, verlegte die CIA den Schwerpunkt ihrer Bemühungen vom Aufbau des inneren Widerstandes auf die Sabotage, paramilitärische Aktionen, Wirtschaftssabotage wie etwa das Vergiften kubanischen Exportzukkers, brachte Falschgeld und gefälschte Bezugsscheine in Umlauf usw. Lansdale erklärte: »Wir wollen auf der Insel ein Chaos schaffen.«[14] Robert Kennedy interessierte sich besonders für die Sabotage in den Kupferminen von Matahambre im westlichen Teil von Kuba und erkundigte sich ein paarmal, ob die für dieses Unternehmen bestimmten Agenten schon unterwegs seien. Waren die Sprengungen geglückt? Ebenso wie Lansdale wollte Kennedy Verwirrung stiften, und eine ganze Reihe der an dem Unternehmen beteiligten Beamten der CIA kannte mittlerweile Kennedys Stimme am Telefon, der sie immer wieder anrief, um sich zu erkundigen, was erreicht worden sei, und um sie weiter anzutreiben. Einmal ließ er sogar seine Sekretärin anrufen. Die Kupferminen von Matahambre wurden nicht gesprengt, obwohl drei aufwendige Versuche unternommen worden waren. Andere Unternehmen gegen Zuckerraffinerien, Öllager und ähnliche Einrichtungen waren erfolgreicher. Aber damit ließ sich das Wirtschaftsgefüge auf Kuba nicht aus den Angeln heben, obwohl es nach der Revolution schwer gelitten hatte, und auch die paramilitärischen Aktionen konnten kaum zum Sturz Castros führen.

Es gab drei Gründe für das Scheitern solcher Bemühungen. Der erste lag in den Schwierigkeiten, auf die ein solches Unternehmen immer stoßen muß. Das Büro der CIA in Miami war schon nach kurzer Zeit das größte, über das die Behörde verfügte. Es bestand aus 600 Agentenführern und 3000 angeworbenen Agenten.[15]

Aber Kuba liegt 145 Kilometer von Key West entfernt, und die Entfernung von der Küste Floridas, bei Miami, wo die meisten Unternehmungen begonnen wurden, ist noch viel größer. Obwohl sich die Küstenwache und die Polizei darum bemühten, die Kommandounternehmen nach Kräften zu unterstützen, war es außerordentlich schwierig, sie geheimzuhalten. Sie erforderten umfangreiche logistische Vorbereitungen, waren wetterabhängig, mußten auf die Mondphasen Rücksicht nehmen, die Funkverbindung zu den Agenten auf der Insel riß häufig ab, die Sicherheitskräfte Castros waren schwer zu umgehen, und die für diese Aktionen zur Verfügung stehenden Boote befanden sich oft in einem jammervollen Zustand. Desmond FitzGerald hat einmal gesagt: »Wenn ich zwischen Hubschraubern und Wasserfahrzeugen wählen sollte, dann würde ich lieber zu Fuß gehen.«

Der zweite Grund für das Scheitern des Unternehmens Mongoose lag darin, daß Lansdale sich zu dem Versuch gezwungen sah, auf der Insel ein Chaos anzurichten, daß sein Spezialgebiet jedoch politische Aktionen waren, wie er sie auf den Philippinen und in Vietnam geleitet hatte. Dort hatte er mit den legalen Regierungen zusammengearbeitet. Wie einige seiner Mitarbeiter bestätigen, verstand er nur wenig von Landeunternehmen. Darüber hinaus war seine Urteilsfähigkeit begrenzt. Manchmal hielt er die verrücktesten Ideen für vernünftig und durchführbar. Auf einer der ersten Sitzungen mit der Task Force W wies er auf die Pinieninsel vor der kubanischen Küste hin und sagte: »Wir werden folgendes tun. Wir werden diese Insel besetzen und als Operationsbasis benutzen.« Einer der Anwesenden erwiderte: »Aber Ed, dort liegt doch das Modellogefängnis, in dem Castro alle seine Gefangenen eingesperrt hat. Wie willst du das machen?«

Auch die Idee, man solle die römisch-katholische Bevölkerung Kubas davon überzeugen, daß Castro das Vertrauen Gottes verloren habe, stammte von Lansdale. Vielleicht dachte er an die Vorstellung der Vietnamesen, daß niemand zum Führer geeignet sei, der nicht »das Mandat des Himmels« habe; vielleicht erinnerte er sich aber auch an die auf den Philippinen mit Erfolg angewendete Taktik des »Gottesauges«: Man hatte sich von Hubschraubern aus mit den halb primitiven Guerillas über Funk in Verbindung gesetzt. Aber woher seine Idee auch stammen mochte, er hatte einen kühnen Plan: Er wollte auf Kuba das

Gerücht verbreiten, das Jüngste Gericht stünde vor der Tür, und Christus habe beschlossen, auf Kuba zu erscheinen, vorher müßten die Kubaner jedoch Castro beseitigen. In der für dieses Ereignis vorgesehenen Nacht sollte dann vor der Küste Kubas ein U-Boot auftauchen und den Himmel mit Leuchtraketen bepflastern. Das würde die Kubaner davon überzeugen, daß der Tag des Gerichts angebrochen sei. McCones Assistent Walt Elder nannte dieses Projekt »Elimination durch Illumination«.[16] Man hat schließlich darauf verzichtet.

Der dritte Grund für den Fehlschlag war der Umstand, daß William Harvey sich mit Lansdale, Taylor und später mit den Kennedys nicht einigen konnte. General Taylor verlangte als alter Berufssoldat, daß jedes Unternehmen zunächst generalstabsmäßig vorbereitet wurde. Harvey war als erfahrener Geheimdienstmann an einen lockereren Stil gewöhnt und neigte dazu, jede sich bietende Gelegenheit auszunutzen und seine Entscheidungen von Fall zu Fall zu treffen. Immer wieder schlug er der SGA bestimmte Aktionen vor, und wenn er die generelle Zustimmung hatte, glaubte er, selbständig vorgehen zu können. Darin irrte er sich. Taylor erwartete die Vorlage eines ausführlichen Aktionsplans, bevor irgend etwas unternommen wurde. Es entwickelte sich daher eine Art Tauziehen in drei verschiedene Richtungen, wobei die Brüder Kennedy verlangten, daß etwas geschah, Harvey voranstürmte und die SGA die Aktion verzögerte. Während seiner einjährigen Arbeit mit der Task Force W wurde Harvey einmal von McCone abgekanzelt und dafür kritisiert, daß alles viel zu langsam ginge. Harvey sagte, das läge nicht an ihm; die SGA verlange, daß jedes Unternehmen zunächst in allen Einzelheiten schriftlich erläutert würde, verweigere dann meist die Zustimmung und fordere weitere Berichte oder die Prüfung des Vorhabens durch irgendeine dritte Instanz. Harvey hatte allmählich den Eindruck, die SGA verzögere jeden Fortschritt bewußt, und meinte, wenn man Castro innerhalb eines Jahres ausschalten wolle, seien solche Behinderungen unerträglich. In einer an McCone gerichteten Denkschrift äußerte sich Harvey im einzelnen zu dem Verfahren, an das die SGA ihn offenbar zu gewöhnen hoffte: »Um die notwendige Flexibilität und die fachmännische Durchführung eines möglichst erfolgreichen operativen Einsatzes gegen Kuba zu gewährleisten, sollten die strenge Aufsicht durch die Special Group und die jetzt üblichen zeitraubenden Koordinierungs- und Meldeverfahren nach Möglichkeit weniger restriktiv und unberechenbar gehandhabt werden.«[17]

Im selben Sinne beschwerte sich Harvey auch bei Helms, der Tom Parrott, einen CIA-Beamten, der als Sekretär zur Special Group abgestellt worden war, um Unterstützung bat. Ihm sagte er: »Harvey beklagt sich, weil Taylor nichts genehmigen will. Er geht jede Woche zu ihm, aber alles wird abgelehnt. Können Sie da nicht etwas unternehmen?«

Aber Parrott war machtlos. Die an dem Vorhaben beteiligten Ausschüsse – die CI Group, SGA und die Special Group – waren gebildet worden, um eine möglichst erfolgreiche Arbeit zu gewährleisten. Taylor verlangte, daß die Vorsitzenden dieser Ausschüsse an allen Sitzungen teilnahmen und sich nicht vertreten ließen, damit man zu Entscheidungen käme und sofort etwas Konkretes unternehmen könne. Aber dieses System erwies sich als wirkungslos. Die beteiligten Beamten hatten zuviel zu bedenken, und ihre Vorsicht drückte sich darin aus, daß sie immer wieder schriftliche Berichte verlangten. Am Schluß schreckten sie vor einem Generalangriff gegen Kuba zurück, wie ihn die Kennedys wünschten. Vielleicht bezweifelten sie die Wirksamkeit paramilitärischer Kommandounternehmen und wollten keinen größeren Operationen zustimmen, weil sie fürchteten, die Vereinigten Staaten könnten kompromittiert werden, und deshalb bestand kaum die Möglichkeit, Castro wirklich loszuwerden.

Welches auch die Gründe für diese Vorsicht gewesen sein mögen, die Folge waren Mißverständnisse zwischen den Kennedys, die auf Aktionen drängten, und der CIA, die die SGA mit Vorschlägen zudeckte, die jedoch nicht genehmigt wurden. Robert Kennedy bemühte sich nach Kräften darum, die Kluft zwischen den Instanzen mit ständigen Telefongesprächen und Schreiben aller Art zu überbrücken. Am 4. Oktober 1962, zu Beginn der sich schon jetzt abzeichnenden Krise um die auf Kuba stationierten Fernlenkwaffen, erklärte Kennedy der SGA, er werde künftig bei allen Sitzungen den Vorsitz übernehmen. Am 16. Oktober sagte er Helms in einem persönlichen Gespräch im Büro des Justizministers, der Präsident sei unzufrieden mit dem Fortgang des Vorhabens Mongoose. Es sei nichts geschehen, das Kommandounternehmen gegen die Kupferminen von Matahambre sei fehlgeschlagen, und das sei sehr unbefriedigend. Viele Jahre später sagte Helms vor dem Church-Ausschuß aus, dies sei ein sehr offenes Gespräch gewesen, man habe sich mit den Tatsachen beschäftigt,[18] und Kennedy sei sehr deutlich geworden. Er habe Castro beseitigen wollen und geglaubt, die Special Group und die CIA hätten gepfuscht. Kennedy war deswegen offenbar sehr ungehalten.

Nichts wollte klappen. Taylor und die CI Group konnten sich den Sturz Castros ohne eine offene Intervention der Vereinigten Staaten, mit der ein letzter und entscheidender Schlag zu führen sei, nicht vorstellen. Damit wollte sich Kennedy nicht zufriedengeben. Auch war die SGA nicht bereit, die Leitung des Unternehmens Mongoose Lansdale und der CIA zu überlassen. Trotz aller Sitzungen, Vorschläge und Berichte geschah schließlich kaum etwas. Man schleuste Agenten ein, führte Kommandounternehmen durch, ließ Bomben detonieren, Exilkubaner wurden getötet oder gefangengenommen, aber das Unternehmen Mongoose hat das Leben Castros niemals ernsthaft bedrohen können, ja, es erreichte sein Ziel nicht einmal annähernd.

Dann kam es während der Kubakrise zu einer Konfrontation zwischen Harvey und den Kennedys. Das hat wahrscheinlich in erster Linie die Unvereinbarkeit der Charaktere und Temperamente der Beteiligten bewirkt. Harvey war auf seine Weise intelligent und tüchtig, aber ungeschliffen und direkt, und er hatte etwas von einem verschwörerischen Geheimagenten an sich. Wie er mit Viersternegenerälen, mit Ministern oder gar dem Präsidenten umgehen sollte, konnte man sich daher schwer vorstellen. Dafür besaß er keinen Instinkt. Er ärgerte sich zum Beispiel darüber, daß Bobby Kennedy sich direkt mit Exilkubanern in Verbindung setzte, und er glaubte, der Justizminister behindere das Unternehmen durch sein ständiges persönliches Eingreifen.

Anfang 1962 kam es zwischen Harvey und Kennedy zu einem direkten Zusammenstoß während einer Besichtigung des CIA-Büros in Miami.[19] Kennedy bemerkte irgend etwas an dem Fernschreiber, der das Büro mit der Zentrale der CIA in Langley verband. Er riß einen langen Papierstreifen ab, um ihn zu lesen, und ging dann mit dem Streifen in der Hand zur Tür. Harvey war eben vom Mittagessen zurückgekommen, wobei er weder mehr noch weniger getrunken hatte als sonst. Die Martinis machten ihn entweder schläfrig oder aggressiv. Bei dieser Gelegenheit war das letztere der Fall. Als er Kennedy mit dem Papier seiner Behörde zur Tür gehen sah, rief er ihn an: »Hey! Wohin gehen Sie damit?« Kennedy gefiel es nicht, in diesem Ton gefragt zu werden. Aber Harvey war nicht der Mann, irgend jemanden mit einem internen CIA-Dokument aus dem Zimmer zu lassen, das wichtige Informationen und Geheimschlüssel enthielt. Er ging also auf Kennedy zu und riß dem Justizminister den Papierstreifen aus der Hand.

Auf einer einige Zeit später während der Kubakrise stattfindenden Sitzung, an der beide Brüder Kennedy teilnahmen, hatte Harvey, wie mehrere Quellen berichten, die Kühnheit und Torheit, vor Zeugen, die nie gewagt hätten, einen Präsidenten so unverhüllt zu kritisieren, ganz deutlich zu sagen, die Kennedys hätten die Krise verschuldet; hätten sie offiziell zwischen Defensiv- und Offensivwaffen unterschieden und den Kubanern und Russen gesagt, die Vereinigten Staaten würden sich nur mit der Stationierung von Defensivwaffen einverstanden erklären – die Russen behaupteten natürlich, die Raketen seien solche Waffen –, dann wäre das alles nicht geschehen. Damit war Harvey für die Kennedys erledigt. Er hatte seinen Posten verloren.

Aber als Grund für seine Ablösung beim Unternehmen Mongoose wurde etwas anderes angegeben. Auf dem Höhepunkt der Kubakrise sagte Robert Kennedy dem CIA-Direktor McCone, er wünsche die sofortige Einstellung aller gegen Kuba gerichteten Operationen, und McCone gab diesen Befehl an Harvey weiter. Aber Harvey machte einen Unterschied zwischen solchen Operationen und dem Einsatz von Agenten. Da er glaubte, die Vereinigten Staaten könnten in einen Krieg verwikkelt werden und brauchten alle Nachrichten, die sich beschaffen ließen, entschloß er sich zu einem letzten Versuch, weitere Agenten nach Kuba einzuschleusen. Am 21. Oktober, einen Tag bevor Präsident Kennedy in einer Fernsehrede die Blockade Kubas bekanntgab, setzte ein CIA-Team unter Eugenio Martinez[20] zwei Agenten an Kubas Nordküste ab. Wenigstens ein weiteres Team landete in derselben Nacht. Auf einer anschließenden Sitzung des Exekutivausschusses des Nationalen Sicherheitsrats im Lagezimmer der Joint Chiefs of Staff wurde Harvey gefragt, ob alle Operationen eingestellt worden seien. Er antwortete: »Ja, alle bis auf eine.« Dann berichtete er, mehrere Agenten seien auf der Insel abgesetzt worden, es bestünde keine Möglichkeit, sich mit ihnen in Verbindung zu setzen, und deshalb ließen sie sich nicht mehr zurückholen.[21]

Diese Erklärung löste Empörung aus, und Harvey wurde sofort als Leiter der Task Force W abgelöst. McCone wollte ihn ganz aus der CIA entfernen, aber Helms redete ihm das aus. Im folgenden Jahr übernahm Harvey die Leitung des Büros der CIA in Rom.[22]

Bei Beginn der Krise um die Stationierung der Fernlenkwaffen auf Kuba wollten die Kennedys die Kommandounternehmen gegen die Insel intensivieren, aber dann änderten sie ihre Meinung und befahlen die sofortige Einstellung aller Operationen. Während der folgenden Monate wurde SGA aufgelöst und durch das Cuban Coordinating Committee (Koordinierungsausschuß für Kuba) ersetzt. General Lansdale wurde in aller Stille abgelöst, an die Stelle der Task Force W trat eine neue CIA-Gruppe mit der Bezeichnung Special Affairs Staff (Stab zur besonderen Verwendung), und Desmond FitzGerald verließ das Planungsdirektorium für den Fernen Osten[23] und übernahm die Leitung einer neuen gegen Kuba gerichteten Kampagne, die 1963 begann. Aber diesmal war der Zeitplan von FitzGerald flexibler als der Harveys. Während des Jahres 1963, als dieses Unternehmen, wie mehrere Quellen berichten, in vollem Gange war, führte die CIA wenigstens sechs größere und eine ganze Reihe kleinerer Unternehmen gegen Kuba aus.

Offenbar war FitzGerald davon überzeugt, Castro stürzen zu können, wenn er ihn unaufhörlich mit solchen Kommandounternehmen beunruhigte. Er diskutierte dieses Thema sehr ausführlich und manchmal sogar recht aggressiv mit seinen Untergebenen, die behaupteten, die paramilitärischen Aktionen der CIA seien nur »Nadelstiche«. Er behauptete, die CIA könne Kuba damit erheblich unter Druck setzen; aber wie sollte die gelegentliche Zerstörung einer Zuckerraffinerie zum Sturz Castros führen? Die Skepsis war bei denen am größten, die sich dem Schauplatz der Handlung am nächsten befanden. Alle schriftlichen Aufforderungen, nun endlich zu handeln, wurden in sicherer Entfernung verfaßt.

Alle Pläne der CIA zur Ausschaltung Castros sind irgendwie nebelhaft. Die Landestreitkräfte an der Schweinebucht waren zu stark, um vor den Augen der Öffentlichkeit verborgen zu bleiben, und zu schwach, um die überlegene Armee und Miliz Castros zu schlagen. Das Projekt Mongoose ist 1962 kaum mehr gewesen als eine Veranstaltung zur Beschaffung von Nachrichten. 1963 hat es auf der Insel zwar eine gewisse Verwirrung gestiftet, aber das reichte bei weitem nicht aus. Lansdales Vorstellung, es könne zu einem triumphalen Marsch auf Havanna kommen, war illusorisch. Aber auch viele von FitzGeralds Mitarbeitern haben nie begreifen können, wie das Vorhaben ihres Chefs gelingen sollte. FitzGerald selbst war finster entschlossen, weiterzumachen. »Sie wissen nicht, wovon Sie reden«, sagte er zu einem Kollegen. Er war überzeugt, sein Ziel zu erreichen und Castro stürzen zu können.

Doch dann wurde Kennedy von Lee Harvey Oswald ermordet. Nach dem Attentat auf den Präsidenten in Dallas am 22. November 1963[24] verlief das Unternehmen gegen Kuba im Sande. Die letzten Exilkubaner, ihre Boote und Versorgungseinrichtungen in Florida wurden zwar erst 1965 endgültig abgezogen oder aufgegeben, aber Lyndon Johnson hat sich nie sehr intensiv um das »kubanische Problem« gekümmert. Aus irgendeinem Grund war Castro ihm vergleichsweise unwichtig; ihm fehlte die Leidenschaft, die die Brüder Kennedy bis zum Schluß beseelt hat und die vielleicht sogar einer Art privater Rachsucht entsprang. Noch zwei Tage vor seiner Ermordung hatten zwei Beamte der CIA John F. Kennedy davon unterrichtet, daß man an der Küste Venezuelas ein kubanisches Waffenlager entdeckt hatte. Einer dieser Beamten erzählt, der Präsident sei von dieser Nachricht geradezu begeistert gewesen, denn er habe geglaubt, nun werde der südamerikanische Staat endlich energisch gegen Castro vorgehen. Doch die Zeiten hatten sich geändert. Kennedy war tot, und Johnson interessierte sich nicht sonderlich dafür. Am 7. April 1964 befahl er, alle Sabotageakte gegen Kuba einzustellen.

Aber die Ereignisse warfen schon im März 1964 ihre Schatten voraus, als Desmond FitzGerald, der inzwischen Chef der neuen Abteilung für die westliche Hemisphäre geworden war, das Außenbüro der CIA in Buenos Aires besuchte. Dort sagte er einigen seiner Beamten: »Ich kann Ihnen versichern, wenn John Kennedy noch am Leben wäre, dann hätte er Castro bis zum vergangenen Weihnachten erledigt. Leider ist der neue Präsident nicht so scharf darauf, etwas gegen Castro zu unternehmen, wie Kennedy.«[25]

Weihnachten 1963. Wie hätte man Weihnachten 1963 Castro »loswerden« sollen?

Auf den Sitzungen des Church-Ausschusses ist viel über die Ausdrucksweise bei den Besprechungen über dieses Thema die Rede gewesen. CIA-Beamte sagten aus, Ausdrücke wie »Castro loswerden« seien nur Redensarten gewesen; man habe ihn nur ausschalten, nicht aber töten wollen. Man habe sich über diese Dinge gewissermaßen im Telegrammstil unterhalten, und das sei ein Zeichen für die Entschlossenheit, mit der man vorging. Vielleicht habe man sogar darüber gesprochen, Castro zu »eliminieren«, oder gar gesagt, man werde ihn »abschießen«. In Wirklichkeit habe man nur beabsichtigt, ihn zu stürzen, nicht aber ihn regelrecht zu beseitigen. Einige Beamte der CIA – insbesondere auch Richard Bissell, Bill Harvey, Justin O'Donnell[26] und Richard Helms – räumten ein, daß im Falle Castros oder Lumumbas der Ausdruck »loswerden« unter Umständen auch wörtlich zu nehmen sei. Jedoch habe man diese harte Tatsache immer recht euphemistisch umschrieben. Gerade auch bei Gesprächen mit hohen und höchsten Regierungsbeamten habe man sich bewußt indirekt und undeutlich ausgedrückt und, wie Bissell aussagte, »recht allgemeine Redewendungen« gebraucht.[27]

Laut Aussage von Bissell hatte Dulles alles getan, um zu verhindern, daß Eisenhower oder Kennedy irgendwelche Einzelheiten über Attentatsversuche erfuhren. In einem Fall, in dem während eines solchen Unternehmens ein Regierungswechsel stattfand, mußte er doppelt vorsichtig sein und sich noch wesentlich undeutlicher ausdrücken. Es galt zunächst in Erfahrung zu bringen, wie der neue Regierungschef reagieren würde. Man konnte Kennedy nicht sagen, die CIA versuche, Castro zu vergiften, bevor man nicht wußte, ob der neue Präsident nicht vielleicht die Polizei anrufen würde, um ein solches Verbrechen zu verhindern. Bissell behauptet nach wie vor, er wisse nicht, ob Dulles Kennedy von den gegen Castro gerichteten Attentatsplänen informiert hat. Er vermute aber, das sei geschehen. Daß Bissell versucht hat, auf solche Fragen keine klaren Antworten zu geben, liegt vielleicht daran, daß er den Ruf von zwei Männern schützen wollte, die er bewunderte – Dulles und Kennedy –, während er zugleich darum bemüht war zu zeigen, daß die CIA keinen selbständigen Rachefeldzug unternommen hat. Vielleicht aber hat sich Dulles wirklich so verschwommen ausgedrückt, daß Kennedy nicht genau wußte, woran er war. Die Geschichte dieser Episode ist in Nebel gehüllt. Niemand, der an den Aktionen gegen Castro beteiligt war, hat in seiner Vernehmung mehr gesagt als er aufgrund der vorgelegten Dokumente hätte sagen müssen.

Auch Helms hielt sich an die Spielregeln. Vor dem Church-Ausschuß sagte er aus: »Ich glaube, es wäre uns allen sehr schwergefallen, mit dem Präsidenten der Vereinigten Staaten über ein Attentat zu sprechen. Ich glaube, wir alle hatten das Gefühl, wir seien verpflichtet, diese Dinge aus dem ovalen Zimmer herauszuhalten.«[28] Er hat sich immer wieder in diesem Sinne geäußert und gesagt, »niemand will einen Präsidenten der Vereinigten Staaten dadurch in eine peinliche Lage bringen, daß er in dessen Gegenwart über die Ermordung ausländischer Regierungschefs spricht«.[29] »Ich verstehe nicht, wie jemand glauben kann, es sei möglich, in Gegenwart einer größeren Gruppe von Regierungsmitgliedern am runden Tisch über Mord, Totschlag oder Attentate zu sprechen.«[30] »Ich weiß nicht, ob es an der Ausbildung, der Erfahrung, der Tradition oder an irgend etwas anderem liegt, aber . . . mir wäre niemals in den Sinn gekommen, einen Minister anzusprechen und zu sagen, habe ich recht in der Annahme, daß Sie wünschen, ich solle Castro ermorden lassen . . .«[31] Bissell und Helms haben beide ausdrücklich darauf bestanden, weder mit dem Präsidenten noch mit dem Justizminister über die Attentatspläne gesprochen zu haben, zugleich waren sie jedoch überzeugt, alle notwendigen Vollmachten zu haben und alles zu tun, was insbesondere die Brüder Kennedy von ihnen verlangten. Helms behauptete, Robert Kennedy »wäre nicht unglücklich gewesen, wenn er (Castro) von der Bildfläche verschwunden wäre, gleichgültig auf welche Weise«,[32] und »ich habe nur mein Möglichstes getan, um das zu erreichen, was man meiner Meinung nach von mir erwartete«[33]. Der über dem ganzen Fragenkomplex liegende Nebel stellte den Ausschuß vor ein besonderes Problem. Entweder hatte die CIA von sich aus vorgehabt, Castro zu ermorden, und hatte sich nach Churchs Worten benommen »wie ein wildgewordener Elefant«[34], oder Eisenhower und Kennedy hatten die CIA beauftragt, Attentate gegen ausländische Staatsmänner durchzuführen, was die engen Mitarbeiter beider Präsidenten entschieden bestritten, die behaupteten, sie hätten es niemals getan und würden es auch niemals tun. Robert McNamara erklärte, er könne dem Ausschuß auf diese entscheidende Frage nicht antworten. Er sagte aus, er könne sich nicht erinnern, daß auf einer Sitzung der SGA am 10. August 1962 von einem Attentat auf Castro die Rede gewesen sei; allerdings erinnerte er sich an McCones Anruf, in dem dieser gegen ein derartiges Abenteuer protestiert hatte. Wenn der Ausschuß zu der Überzeugung gekommen sei, daß die CIA tatsächlich versucht habe, Castro zu töten, müsse er das glauben. Er selbst wisse es nicht.

Aber zugleich legte McNamara großen Wert darauf zu betonen, daß »die CIA eine sehr disziplinierte Organisation ist, die streng von den höchsten Regierungsbeamten überwacht wurde ... Ich weiß von keiner größeren Aktion der CIA, während meiner Zugehörigkeit zur Regierung, die nicht ordnungsgemäß genehmigt worden wäre ... Ich kann einfach nicht verstehen, wie es hätte geschehen können ...«[35] Man drehte sich ständig im Kreis, ohne aus dem Dilemma herauszukommen. Die Angehörigen der Regierung Kennedy konnten nur Lobenswertes über die Disziplin der CIA berichten; sie wollten die CIA nicht dafür verantwortlich machen, ja sie wollten nicht einmal einräumen, daß hier Mißverständnisse eine Rolle spielen könnten; und doch *wußten* sie, daß die Brüder Kennedy so etwas nie zugelassen hätten.

Die Beamten der CIA haben dem zwar nicht ausdrücklich widersprochen, behaupteten jedoch, bevollmächtigt gewesen zu sein, äußerten sich aber nicht klar darüber, wer die Genehmigung erteilt hätte. Noch auffallender war die Zurückhaltung, mit der sich hohe CIA-Beamte und Angehörige der Regierungen Eisenhower und Kennedy gegenseitig behandelten. Es gab keine heftig geäußerten Beschuldigungen, wie vielleicht zu erwarten war. McNamara wollte bezeichnenderweise der CIA keine Vorwürfe machen; Helms sagte – und das war typisch für ihn –, er wolle sich »nicht damit entschuldigen, daß ich den besonderen Auftrag gehabt hätte, Castro zu ermorden« ...[36] Die Aussagen beider Seiten widersprachen einander in gewisser Weise. Schließlich mußte der Ausschuß erkennen, daß zwar keinerlei Beweise dafür vorlägen, die CIA habe sich wie ein »wildgewordener Elefant« benommen, aber auch niemand nachweisen konnte, daß Eisenhower, Kennedy oder ein von ihnen Beauftragter der CIA befohlen habe, Castro zu ermorden. Die einzige unbestrittene Tatsache war, daß die CIA versucht hatte, Castro »aus dem Weg zu räumen«.

Der Plan, Castro zu töten, war zu einem Zeitpunkt gefaßt worden, zu dem die höchsten Regierungsbeamten der Vereinigten Staaten augenscheinlich in einer Stimmung gewesen sind, die man nur als mörderisch bezeichnen kann. Castro war das Ziel dcs mit größtcr Energie und Ausdauer betriebenen Attentatsversuchs, aber es gab noch andere. Als Richard Bissell 1960 seinen wissenschaftlichen Berater Sidney Gottlieb[37] bat, eine Untersuchung über Attentatstechniken anzustellen, und als er die Möglichkeit, Castro zu ermorden, zum erstenmal mit dem Abteilungschef des Planungsdirektoriums für die westliche Hemisphäre, J. C. King, besprach, versuchte die CIA auch, Patrice Lumumba im Kongo töten zu lassen. Auch stellte sie zumindest Überlegungen an, ob und wie General Kassem im Irak aus dem Wege geräumt werden könne, und stand in enger Verbindung zu einer kleinen Dissidentengruppe in der Dominikanischen Republik, die beabsichtigte, Trujillo zu ermorden. Im September 1960 stellte Gottlieb eine Art Attentatsbesteck zusammen; dazu gehörten ein tödliches biologisches Gift,[38] eine Injektionsspritze, Gummihandschuhe und Gazemasken. Diese Gegenstände brachte er persönlich in das CIA-Büro in Léopoldville, dessen Chef Lawrence Devlin[39] den Auftrag erhalten hatte, Lumumba zu töten, der sich damals zu seinem eigenen Schutz in Gewahrsam der Vereinten Nationen befand.

Kurze Zeit darauf forderte Bissell Justin O'Donnell auf, die Durchführung des geplanten Attentats im Kongo zu übernehmen, aber der Katholik O'Donnell weigerte sich aus religiösen Gründen. Als Bissell ihn weiterhin unter Druck setzte, beschwerte sich O'Donnell am 31. Oktober 1960 bei Richard Helms. Nach Aussage von O'Donnell sagte Helms, er habe »vollkommen recht«,[40] diesen Auftrag abzulehnen, ließ es aber dabei bewenden.

Später wendete sich O'Donnell an den Generalinspekteur Lyman Kirkpatrick und beschwerte sich über diesen Auftrag. Kirkpatrick bestärkte ihn nicht nur in seiner Weigerung, sondern intervenierte persönlich bei Dulles. Dulles kannte den Attentatsplan, ja, er hatte ihn sogar genehmigt. Er hörte sich Kirkpatricks

Argumente an und dankte ihm für seine Offenheit. Obwohl sich O'Donnell geweigert hatte, wurde das Attentat weiter vorbereitet, bis Lumumba – wahrscheinlich am 19. Januar 1961[41] – von seinen politischen Gegnern im Kongo ermordet wurde und ein Eingreifen der CIA sich damit erübrigte.

In den Mordversuch an Trujillo war die CIA nicht so unmittelbar, aber doch wissentlich verwickelt. Die Dissidenten, die sich zuerst im Frühjahr 1960 mit dem amerikanischen Botschafter Joseph Farland in Verbindung gesetzt hatten, gaben offen zu, daß sie Trujillo umbringen wollten, und baten nun die Vereinigten Staaten um die dafür benötigten Waffen. Als Farland auf einer Cocktailparty in Ciudad Trujillo um die Lieferung von Präzisionsgewehren gebeten wurde, gab er dieses Ersuchen im Mai 1960 unmittelbar nach seiner Rückkehr in die USA an die CIA weiter. Die Sache wurde vom Außenministerium und von Beamten der CIA, unter ihnen auch Helms, genehmigt. Die Gewehre wurden dann aber doch nicht geliefert. Nach Farlands Abberufung baten die Dissidenten seinen Vertreter, den amerikanischen Konsul Henry Dearborn[42], um Hilfe und verlangten die Lieferung von 200 Gewehren, aber auch Handgranaten, Maschinengewehren, Gift, Sprengstoff und Panzerabwehrraketen. Die einzigen Waffen, die wirklich geliefert wurden, waren drei Pistolen vom Kaliber 0,38 im März und drei M-1 Karabiner vom Kaliber 0,30 im April 1961. Doch nach dem Scheitern des Landeunternehmens in der Schweinebucht änderte die Regierung Kennedy ihre Meinung, versuchte den Dissidenten ihre Unterstützung zu entziehen und weigerte sich, Maschinengewehre auszuliefern, die sich bereits im Büro der CIA in Ciudad Trujillo befanden. Dennoch beschlossen die Dissidenten selbständig vorzugehen und töteten Trujillo am 30. Mai 1961 aus dem Hinterhalt, wahrscheinlich mit den von der CIA gelieferten Pistolen.

Der Versuch, Castro zu töten, war der kaltblütigste und ausdauerndste Attentatsversuch, den die CIA je unternommen hat. Nach dem Bericht des Church-Ausschusses zu urteilen, sind wenigstens acht verschiedene mehr oder weniger gefährliche Mordanschläge gegen Castro vorbereitet worden. So versuchte man etwa, ihm einen vergifteten Taucheranzug unterzuschieben, und die CIA-Mafia warb Agenten, die seine Mahlzeiten vergiften sollten. Einige dieser Attentatspläne sind über reine Theorie nie hinausgekommen, aber an anderen wurde über Jahre gearbeitet. Wenn sie erfolglos blieben, lag es nicht daran, daß man sich keine Mühe gegeben hätte. Die ersten Gespräche über ein gegen Castro gerichtetes Attentat wurden im Sommer 1960 geführt, etwa fünf Monate nach Beginn der Vorbereitungen für das Landeunternehmen auf Kuba. Bissell erinnert sich an ein unverbindliches Gespräch mit J. C. King. Hier ging es noch nicht um einen Mordplan, sondern nur um die allgemeine Erörterung eines Anschlags auf Castro. Etwa um dieselbe Zeit unternahm Howard Hunt, der als politischer Offizier an der Operation in der Schweinebucht teilgenommen hatte, eine geheime Reise nach Havanna. Er kehrte mit vier Empfehlungen zurück. Die erste betraf den geplanten Mord an Castro. Im weiteren Verlauf der Vorbereitungen erkundigte sich Hunt mehrmals bei Tracy Barnes danach, wie weit sein Vorschlag, Castro zu beseitigen, konkrete Formen annähme. Barnes antwortete, die Angelegenheit befände sich jetzt »in den Händen einer Sondergruppe«.[43] Am 21. Juli 1960 schickte Barnes dem CIA-Büro in Havanna einen Funkspruch und erkundigte sich, ob ein neu angeworbener kubanischer Agent geeignet sei, die »Beseitigung der drei obersten Führer« in die Hand zu nehmen. Er meinte Castro, seinen Bruder Raul und Che Guevara. Der Führungsoffizier des neuen Agenten wollte seinen Augen nicht trauen, als er den Funkspruch las, aber schon am folgenden Tag änderte Barnes seine Meinung und teilte dem Außenbüro in Havanna mit, die gestrige Anfrage habe sich erledigt.

Bei der von Barnes erwähnten »Sondergruppe« handelte es sich wahrscheinlich um ein von William Harvey aufgestelltes Team, das aber nur auf dem Papier bestanden hat und an den ersten Anschlägen gegen Castros Leben nicht beteiligt war. Damit war nach Gesprächen zwischen Bissell und J. C. King im August 1960 der Sicherheitsdirektor Oberst Sheffield Edwards beauftragt worden. Edwards und ein zweiter Beamter der CIA[44] setzten sich mit dem ehemaligen FBI-Agenten Robert Maheu in Verbindung, der schon häufiger für die CIA gearbeitet hatte.[45] Edwards sagte, die CIA sei bereit, für die Ermordung Castros 150 000 Dollars zu bezahlen. Maheu empfahl ihnen den Mafioso John Rosselli, der sich bereit erklärte, die Sache zu übernehmen, und andere Mitglieder der Mafia einschaltete, die an dem 1959 von Castro konfiszierten Glücksspielunternehmen auf Kuba beteiligt gewesen waren. Im Oktober warb Rosselli Sam Giancana und Santos Trafficante an. Sie sollten Kubaner rekrutieren, die das Attentat durchzuführen hatten.[46]

Inzwischen beschaffte die technische Abteilung der CIA für den Mordplan verschiedene Gifte, denn Giancana hatte erklärt, ein Anschlag im Stil des Gangsterkrieges sei aussichtslos. Für einen anderen übergab man im August 1960 dem medizinischen Büro der CIA eine Kiste mit Castros Lieblingszigarren. Sie sollten mit tödlichem Gift präpariert werden. Die Zigarren wurden im folgenden Februar einem unbekannten Mitarbeiter der CIA übergeben. Vielleicht hat man beabsichtigt, Castro die Zigarren im September 1960 auf seiner Reise zu den Vereinten Nationen zuzuspielen. Wie David Wise und Thomas B. Ross[47] berichten, hat ein CIA-Beamter einem Mitglied der New Yorker Polizei namens Michael J. Murphy erzählt, die CIA hätte beabsichtigt, Castro mit einer in einer Zigarrenkiste versteckten Sprengladung zu töten – habe den Plan dann aber wieder aufgegeben. Vielleicht handelte es sich hier um dieselben Zigarren, von denen Murphy gesprochen hat und die die medizinische Abteilung der CIA am 7. Oktober mit toxischem Botulin imprägniert hatte. Sicher ist das aber nicht. Jedenfalls stellte die technische Abteilung im Februar 1961 Pillen aus Botulin her, testete sie mit Erfolg an Affen und übergab sie Oberst Edwards, der sie in Miami an Rosselli weitergab. Gegen Ende desselben Monats oder Anfang März teilte Rosselli der CIA mit, die Pillen seien einem von Castros Gefolgsleuten übergeben worden. Der aber habe sie zurückgegeben, denn er sei von seinem Posten abgelöst worden und habe daher keinen direkten Kontakt mehr zu Castro. Ein zweiter Versuch im April schlug fehl, weil der betreffende Agent »kalte Füße« bekam,[48] und nach dem Scheitern des Landeunternehmens in der Schweinebucht schlief das mit Maheu und Rosselli geplante Komplott ein.

Doch im Frühherbst wurde das mit Hilfe der Mafia geplante Unternehmen wieder aufgenommen, nachdem Bissell auf einer Sitzung mit den Brüdern Kennedy im Sitzungssaal des Kabinetts dafür »abgekanzelt« worden war, daß er »auf dem Arsch säße und nichts unternähme, um Castro und sein Regime zu stürzen«.[49] Diesmal überging Bissell den Oberst Edwards und gab William Harvey den Auftrag. Anfang 1961 hatte Bissell Harvey gebeten, innerhalb des Planungsdirektoriums ein Team zusammenzustellen, das Agenten anwerben sollte, die bereit wären, auf Anforderung Mordanschläge auszuführen. Man sprach dabei euphemistisch von »Exekutivaktionen«. Das war interessanterweise derselbe Ausdruck, den Allen Dulles später in seinen Memoiren verwendet hat, wo er von der »Mord-GmbH des KGB«[50] spricht. Harvey stellte das Team zusammen und besprach am 16. November 1961 mit Bissell die Möglichkeit, den Gewehrtyp ZR bei der »Exekutivaktion«, mit der Castro umgebracht werden sollte, zu verwenden. Bei dieser Gelegenheit unterrichtete Bissell Harvey auch von der möglichen Beteiligung der Mafia, und anschließend ging Harvey zu Helms, um ihn über den Stand der Dinge zu informieren.

Anfang April 1962 bat Harvey auf ausdrückliche Anweisung von Helms den Oberst Edwards, er möge den Kontakt zu Rosselli herstellen, und wenige Tage später machte der von Edwards als Agentenführer Rossellis eingesetzte James O'Connell die beiden miteinander bekannt. Nun beging Harvey die Ungeschicklichkeit, Rosselli zu sagen, er solle Robert Maheu und Sam Giancana nicht mehr bei dem Attentat gegen Castro verwenden. Offenbar glaubte Harvey nach einer Episode, die sich vor achtzehn Monaten im Oktober 1960 ereignet hatte, als die CIA die Verbindung mit der Mafia aufnahm, daß Maheu und Giancana ungeeignet und unzuverlässig seien. Damals hatte Maheu, um Giancana einen Gefallen zu tun, einen Privatdetektiv damit beauftragt, das Telefon einer Freundin von Giancana anzuzapfen, um festzustellen, ob sie ihn betrog. Ein Dienstmädchen fand die Abhörvorrichtung, der Detektiv wurde von der Polizei festgenommen, und Maheu wurde verwarnt.

Im April 1961 erklärte Maheu mit Erlaubnis von Oberst Edwards dem FBI, das Telefon sei im Zusammenhang mit einem Auftrag der CIA angezapft worden, und Edwards bestätigte diese Aussage. Das Problem war damit aber noch nicht aus der Welt, und im folgenden Jahr erfuhr das FBI im Zusammenhang mit der Abhöraffäre in Las Vegas in groben Umrissen auch etwas von dem geplanten Mordanschlag auf Castro.[51] Für Harvey war das ein typisches Beispiel dafür, wie ein Unternehmen außer Kontrolle geraten kann, und deshalb wollte er zunächst die beiden Clowns Maheu und Giancana loswerden. Rosselli kam Harveys Aufforderung nach. Ende des Monats übergab Harvey Rosselli in Miami vier Giftpillen. Im Mai meldete Rosselli, daß die Pillen jetzt in Kuba wären, und im Juni berichtete er, ein aus drei Mann bestehendes Team habe den Auftrag übernommen, Castro zu töten.

Aber das Vorhaben kam nicht voran. Als Rosselli im September 1962 mitteilte, ein weiteres aus drei Mann bestehendes Team solle nach Kuba geschickt werden, war Harvey zu der Überzeugung gekommen, das Unternehmen werde nicht gelingen. Die Sache mußte unter allen Umständen geheimgehalten werden, und niemand, der mit ihm bei der Task Force W zusammengearbeitet hatte, kannte seine Absichten oder wußte, wohin er ging, wenn er alle vier bis acht Wochen für ein paar Tage verschwand. Bissell hatte ihm die Leitung des Komplotts mit Rosselli übertragen, Helms hatte ihm gesagt, er sollte versuchen, auf diesem Wege weiterzukommen, und Harvey war überzeugt, daß man kaum noch mit einem Erfolg rechnen könne. Im Februar 1963, als Desmond FitzGerald ihn schon als Leiter des umbenannten Stabes für Sonderaktionen abgelöst hatte, teilte Harvey Rosselli mit, das Unternehmen sei eingestellt worden. Im Juni trafen sich die beiden Männer in Miami zu einem Abschiedsessen, das vom FBI »beobachtet« wurde. Der Verbindungsmann des FBI bei der CIA, Sam Papich, erklärte Harvey, selbstverständlich werde man J. Edgar Hoover davon unterrichten.

Nach den schriftlichen Unterlagen hat Harvey in den elf Monaten vom April 1962 bis zum Februar 1963 häufig mit Helms über den von Rosselli zu organisierenden Mordanschlag gesprochen; sie einigten sich jedoch darauf, McCone nichts davon zu sagen. Später hat McCone behauptet, er habe nichts von diesen Attentatsplänen gewußt, und die CIA-Akten aus der fraglichen Zeit scheinen das zu bestätigen. Aber eine Reihe von CIA-Angehörigen, die es wissen müßten, haben erklärt, McCones angebliche Ahnungslosigkeit erscheine ihnen unglaubwürdig. In seiner Stellung mußte er wissen, was gespielt wurde, und wenn man keine schriftlichen Unterlagen über Attentatspläne gefunden hat, die mit seinem Namen abgezeichnet sind, dann ist das eher ein Zeichen für seine Vorsicht als für seine Ahnungslosigkeit. Nach Beginn der Untersuchungen geriet besonders Helms zwischen der Vergeßlichkeit von McCone und dem lückenlosen Erinnerungsvermögen von Harvey in eine peinliche Lage, denn nun stand Helms als der höchste Beamte, dessen Beteiligung sich nachweisen ließ. Soweit sich das aus den Akten erkennen läßt, war Helms während der zweiten Phase des Rosselli-Komplotts für dieses Unternehmen verantwortlich gewesen.

Nachdem Harvey Anfang 1963 von Desmond FitzGerald abgelöst worden war und man das Unternehmen Rosselli aufgegeben hatte, waren die Versuche der CIA, Castro zu ermorden, nicht beendet, sondern wurden nur auf andere Weise fortgesetzt. Eine der ersten von FitzGerald entwickelten Ideen war ebenso phantastisch wie undurchführbar und entsprach seiner Vorliebe für schlau eingefädelte, komplizierte Verfahren. Die technische Abteilung der CIA sollte eine Meeresmuschel mit einem Sprengsatz versehen, die man dort im Meer versenken wollte, wo Castro zu tauchen pflegte.[52] Wie viele andere Angehörige der CIA hatte auch FitzGerald einen besonderen Sinn für technische Mätzchen und konnte es nicht vertragen, wenn Skeptiker erklärten, solche Apparaturen seien zu kostspielig, würden nicht funktionieren, und sie seien eigentlich völlig nutzlos. In solchen Fällen konnte er richtig wütend werden. Als Sam Halpern sich einmal gegen ein sehr kompliziertes Kommunikationsverfahren aussprach und behauptete, es ließe sich nichts damit erreichen, sagte FitzGerald: »Wenn es Ihnen nicht gefällt, brauchen Sie nicht mehr zu unseren Sitzungen zu kommen.«

Diesmal erklärte Halpern, die Sache mit der auf dem Meeresboden liegenden präparierten Muschel ließe sich nicht kontrollieren, denn niemand wisse, ob gerade Castro sie finden würde. Außerdem dürfe das Attentat möglichst nicht als solches erkannt werden; aber wenn Castro beim Tauchen in Stücke gerissen würde, dann müßte der Verdacht sofort auf die Vereinigten Staaten fallen. Ähnliche Einwände waren schon erhoben worden, als man Castro vergiftete Zigarren unterschieben wollte. Er hätte sie ja auch einer Abordnung von Schullehrern anbieten können, die ihn besuchten. Wenn man Castro töten wollte, dann mußte man dafür sorgen, daß nicht auch andere Menschen in Gefahr gerieten.

Aber FitzGerald konnte auch keine besseren Ideen entwickeln, als den schon früher gemachten Vorschlag, der amerikanische Anwalt James B. Donovan, der mit ihm über die Freilassung der

Gefangenen aus der Schweinebucht verhandelte, sollte ihm einen vergifteten Taucheranzug schenken. Die technische Abteilung besorgte einen solchen Anzug, infizierte das Beatmungsgerät mit Tuberkelbazillen und den Anzug selbst mit Pilzsporen, die eine chronische Hautkrankheit hervorrufen. Kritiker behaupteten, bei diesem Plan hätte man die elementarsten Grundregeln außer acht gelassen – zum Beispiel den Umstand, daß der Taucheranzug aus den Vereinigten Staaten kam, während doch gerade das geheimgehalten werden sollte. Außerdem geriet Donovan, der Castro den Anzug schenken sollte, selbst in Gefahr. Wenn er nicht in das Komplott eingeweiht wurde, könnte er den Anzug selbst anprobieren. Schließlich schenkte Donovan Castro einen ganz anderen Taucheranzug, und der von der technischen Abteilung der CIA mit Bazillen und Pilzsporen präparierte wurde vernichtet.

Aber FitzGerald gab nicht auf. Jetzt wollte er den kubanischen Major Rolando Cubela einschalten, der schon seit 1961 mit der CIA in Verbindung stand.[53] Cubela hatte enge Beziehungen zu Castro, kam häufig mit ihm zusammen, hatte Zugang zu seinem Büro und begleitete ihn zu offiziellen Veranstaltungen. Er und einige seiner Freunde lehnten die sowjetische Präsenz auf Kuba entschieden ab. Sie waren der Überzeugung, Castro habe die Revolution verraten. Die CIA sah in ihm den idealen Verschwörer, einen Mann, der sich als Widerstandskämpfer gegen Batista einen Namen gemacht hatte, der enge Beziehungen zu Castro unterhielt, für einen Kreis von Dissidenten sprach und dazu ehrgeizig war. Darüber hinaus hatte sich Cubela schon als Attentäter bewährt. Im Oktober 1956 hatte er den Chef von Batistas militärischem Nachrichtendienst, Blanco Rico, erschossen, was sein Gewissen allerdings schwer belastet und ihn an den Rand eines Nervenzusammenbruchs gebracht hatte. Rico hatte nicht etwa sterben müssen, weil er rücksichtslos oder grausam war, sondern weil er als fairer und gemäßigter Mann dem Ansehen von Batistas Regime hätte nützen können. Cubela war überzeugt, Rico habe gewußt, weshalb er getötet wurde, und glaubte sogar, Rico habe ihm in dem Augenblick zugelächelt, als Cubela die Pistole abdrückte.

Die CIA kannte Cubelas Vergangenheit und politische Einstellung sehr genau, beschloß aber trotzdem, ihn einzusetzen, denn er war wie kaum ein anderer in der Lage, Castro auf die wirksamste

Weise aus dem Weg zu räumen – durch eine Palastrevolte. Von Anfang an erklärte Cubela, Castro müsse bei einem solchen Staatsstreich »hingerichtet« werden. Das Wort »Attentat« störte ihn; er sagte lieber, er werde Castro »eliminieren«.[54] Er bat die CIA mehrfach, ihm recht ausgefallene Mordwerkzeuge zu liefern, darunter einige Zielfernrohrgewehre, und die CIA erklärte sich bereit, ihm diese Wünsche zu erfüllen. Mit Helms' Zustimmung traf sich FitzGerald am 29. Oktober 1963 in Paris mit Cubela, und zwar trotz der Vorbehalte einiger Mitarbeiter, die glaubten, ein hoher CIA-Beamter dürfe sich nicht exponieren. Cubela hatte um ein Zusammentreffen mit Robert Kennedy gebeten, aber FitzGerald konnte ihn damit zufriedenstellen, daß er behauptete, als persönlicher Vertreter Kennedys gekommen zu sein.[55] Einen knappen Monat später, am 22. November 1963, bekam Cubela von seinem Agentenführer einen präparierten Federhalter, mit dem sich Castro unwissentlich selbst ein tödliches Gift injizieren sollte. Die CIA empfahl »Blackleaf 40«, ein leicht zu beschaffendes Toxin, das Cubela selbst besorgen sollte.[56] Nach dem Attentatsbericht des Church-Ausschusses lehnte Cubela diese Methode ab, weil er das für Spielerei hielt, und verlangte von der CIA »etwas Anspruchsvolleres«.[57] Noch während seines Zusammenseins mit Cubela erfuhr der Agentenführer von der Ermordung Präsident Kennedys in Dallas. Angesichts der nun entstandenen gespannten und unsicheren Lage trat das Komplott mit Cubela für einige Monate in den Hintergrund. Weihnachten 1963 ging vorüber und nichts geschah. Aber Anfang 1964 nahm man die Verbindung zu Cubela wieder auf, und zwei Waffenlieferungen gingen im März und Juni nach Kuba, wo Cubela sie in Empfang nahm. Im Herbst forderte Cubela ein Zielfernrohrgewehr an, aber die CIA teilte ihm mit, die Vereinigten Staaten wollten sich an der ersten Phase[58] seines Plans nicht mehr beteiligen, das heißt an der Ermordung Castros. Was hatte die CIA veranlaßt, ihre Haltung erst jetzt zu ändern? Aus den Akten läßt sich eine schlüssige Erklärung dafür nicht ableiten, aber vielleicht hat sich die CIA unauffällig über die persönliche Haltung von Lyndon Johnson unterrichten lassen. Dabei hat man vermutlich festgestellt, daß er mit einem Attentat nicht einverstanden war. Von den mit der Mafia geplanten Mordanschlägen hat Johnson sicher nichts gewußt, und Helms hat ihm auch über die Kontakte der CIA zu Cubela während seiner eigenen Amtsperiode nichts mitgeteilt. In diesem Zusammenhang ist es besonders wichtig zu erkennen, daß die CIA ihre Attentatspläne in dem Augenblick aufgegeben hat, als sie annehmen mußte, daß der Präsident sie nicht billigen würde.

Aber die CIA hat Cubela deshalb nicht ganz fallenlassen. Insgeheim stellte die Behörde eine Verbindung zwischen Cubela und Manuel Artime her. Artime war der Befehlshaber der exilkubanischen Landestreitkräfte in der Schweinebucht, der Ende 1962 freigekauft worden war und jetzt mit Unterstützung der CIA gegen Kuba gerichtete Kommandounternehmen leitete. Im folgenden Juni erfuhr die CIA (unter anderem über Abhörvorrichtungen), daß Cubela auf seinen vielen Reisen nach Europa ganz offen über seine gegen Castro gerichteten Mordpläne gesprochen hatte. Er war dabei so unvorsichtig gewesen, daß sogar ein CIA-Beamter in Rom, der eigene Kontakte mit Kubanern unterhielt, von Cubelas Prahlereien gehört hatte. Jetzt reagierte die CIA endlich auf die eindringlichen Warnungen der Sicherheitsbehörden, brach alle Kontakte zu Cubela ab und verständigte Artime; er müsse sich vor Cubela in acht nehmen. Damit gab die CIA den Versuch, Castro ermorden zu lassen, endgültig auf.

Für alle Angehörigen der CIA sind diese Attentatsversuche ein sehr peinliches Thema. Auf keinem anderem Gebiet bemühen sie sich so sehr um die Geheimhaltung, besonders aber wenn es um die Zuständigkeit des Präsidenten für Pläne dieser Art geht. Die höchsten Beamten der CIA haben vor dem Church-Ausschuß bei den Vernehmungen zu diesem Punkt nur sehr ausweichende Antworten gegeben. Gerade auch Helms erinnerte sich an fast nichts mehr. Er behauptete, er habe nie an einen Erfolg des Mafia-Komplotts geglaubt und Harvey nur freie Hand bei seinem Umgang mit Rosselli gelassen, um festzustellen, ob Rosselli wirklich Verbindungen auf Kuba hätte. Daß Rosselli Castro ermorden lassen könne, sei nur am Rande erwogen worden. Mit Cubelas Plan, Castro zu »eliminieren«, habe man sich nur beschäftigt, um zu sehen, ob er und seine Freunde wirklich in der Lage waren, eine wirksame Verschwörung zustandezubringen. Dem Ausschuß lag zwar der Bericht des Generalinspekteurs aus dem Jahr 1967 vor, aber das Gedächtnis der Beteiligten reichte über das, was in den Akten stand, nicht hinaus. Der Bericht des

Church-Ausschusses war sehr detailliert und juristisch wohldurchdacht, ging logisch auf jeden Punkt der Vorwürfe ein, wirkte aber doch recht verwirrend. Ereignisse, die unmittelbar miteinander im Zusammenhang stehen, werden in dem Dokument oft an weit auseinanderliegenden Stellen behandelt.

Aber selbst wenn man den Gang der Handlung in der richtigen Reihenfolge betrachtet,[59] bekommt man nur ein unvollständiges Bild. Gewisse Einzelheiten sind lebendig und erschöpfend dargestellt, aber meist stehen die Dinge nicht im rechten Verhältnis zueinander. Das liegt vor allem daran, daß sich die befragten CIA-Beamten an alle die zahlreichen Einzelheiten nicht mehr erinnern konnten, über die in den Akten nichts berichtet wird. Außerdem waren inzwischen Eisenhower, beide Brüder Kennedy, beide Brüder Dulles, General Cabell und andere hohe Beamte nicht mehr am Leben. Livingston Merchant und Admiral Arleigh Burke waren krank und nicht mehr vernehmungsfähig. J. C. King und Sheffield Edwards starben während des Untersuchungsverfahrens und konnten nicht mehr zu allen wichtigen Fragen vernommen werden. Beamte niedrigerer Rangstufen wie William Harvey, Justin O'Donnell, Sidney Gottlieb und andere haben ausführliche Aussagen gemacht, aber sie alle wußten nicht, von wem und wann die Befehle gegeben worden waren.

So sagte Harvey zum Beispiel aus, er habe das Rosselli-Komplott bei einer Sitzung der SGA am 3. Mai 1962 nicht erwähnt,[60] denn wenn dies eine vom Weißen Haus befohlene Operation gewesen wäre, dann »war es Sache des Weißen Hauses, die Special Group zu unterrichten, und nicht meine Sache, dem Weißen Haus etwas zu sagen; hätte ich das getan, dann hätte ich meine Befugnisse weit überschritten und mir eine strenge Zurechtweisung eingehandelt«.[61] Harvey sagte auch, er erinnere sich an Bissells Aussage, das Weiße Haus habe ihn mit der »Exekutivaktion« beauftragt. Es wäre aber »ungehörig« gewesen, wenn Harvey sich erkundigt hätte, wer denn diesen Befehl gegeben habe, und es wäre eine »grobe Ungehörigkeit« gewesen, hätte Bissell diese Frage beantwortet.[62]

Selbst außerhalb der Amtsräume, in denen die Anhörungen stattfanden, sprechen CIA-Angehörige ungern über die Zuständigkeit des Präsidenten im Zusammenhang mit den Attentatsplänen. Manchmal ist es ihnen sogar mehr als unangenehm. Die

Vorstellung, ein ausländisches Staatsoberhaupt zu ermorden, scheint sie nicht grundsätzlich zu stören. Auch im Krieg müssen Menschen sterben; weshalb sollte das Leben Castros mehr wert sein als das irgendeines anderen? Wäre der Welt nicht unendliches Leid erspart worden, wenn man Hitler 1933 getötet hätte? Lumumba war eine ungewöhnlich charismatische Persönlichkeit; er ließ nicht mit sich reden. Solange er an der Macht war, würde sich die Lage im Kongo nicht beruhigen. Trujillo war ein blutrünstiger Tyrann. Und wie viele Unschuldige hatte Castro an die Wand stellen lassen; waren sie weniger wert als Castro selbst?

CIA-Beamte waren nicht gerade der Meinung, Amerika habe die Pflicht gehabt, diese Männer zu beseitigen, aber die Attentate als solche störten sie andererseits auch nicht besonders.[63] Eine ganz andere Frage war, ob Mord an diesen Leuten politisch klug sei. Es war töricht, lächerlich und konnte nicht zu dem gewünschten Erfolg führen; deswegen war es schlimmer als ein Verbrechen – es war ein Fehler: Jeder hatte seine eigenen Gründe für die Ablehnung der Attentatsversuche. Die einzige Rechtfertigung war die allgemeine Zeitströmung: Die Brüder Kennedy nahmen die Existenz Castros mit geradezu hysterischer Erregung zur Kenntnis – und die Bereitschaft der Kubaner, die in großer Zahl angeworben wurden, um die schmutzige Arbeit zu tun, stieg stetig. Aber dennoch schüttelten alle diese Männer voller Abscheu den Kopf.[64] Zu dieser ablehnenden Haltung trug vor allem ein schwerwiegendes Problem bei, das einem Attentat hinderlich war: Die Urheber durften nicht bekannt werden.

Wenn es jedoch um die Frage der Zuständigkeit des Präsidenten geht, sind die Aussagen uneinheitlich. Einige Beamte leugnen, andere geben freimütig zu, daß niemand in der CIA auch nur eine Minute daran gezweifelt hat, daß Eisenhower und Kennedy genau Bescheid wußten. Viele andere, besonders die direkt Beteiligten, haben nicht nur versucht, sich um diese Frage herumzudrücken; einige von ihnen zeigten deutliche Symptome schwerer psychischer Belastung, wenn dieses Thema zur Sprache kam.[65] Man kann sich kaum vorstellen, daß Richard Helms zu diesem Problem jemals freimütig Stellung genommen hätte. Aber in seinen Aussagen vor dem Church-Ausschuß hatte Helms mehr als einmal eine für ihn untypische Nervosität gezeigt, wenn der Ausschuß wissen wollte, wer für die Attentatsversuche verantwortlich sei. Er drückte sich dann so klar aus, wie es ihm nur möglich war: Die Kennedys wollten Castro ausschalten, die CIA hat nichts auf eigene Initiative unternommen, sondern nur versucht, das zu tun, was ihre Aufgabe war. Was hätte er sonst sagen können? Herr Senator, wie können Sie nur so verdammt töricht sein? *Über solche Dinge gibt es keine schriftlichen Unterlagen.*

Und trotz aller noch so großen Bemühungen fand der Church-Ausschuß nichts Schriftliches zu diesem Thema. Er stellte jedoch fest, daß beide Brüder Kennedy bei drei verschiedenen Gelegenheiten einzeln oder gemeinsam in einer Weise über die Ermordung Castros gesprochen hatten, die zeigte, daß sie diese Frage stark beschäftigte. Zum ersten Mal fragte Präsident Kennedy im März oder Anfang April 1961 kurz vor der Landung in der Schweinebucht, zu der Zeit, als sich Rosselli eifrig darum bemühte, Castro vergiften zu lassen, seinen Freund Senator George Smathers, wie nach seiner Auffassung die lateinamerikanischen Länder auf eine Ermordung Fidel Castros reagieren würden. Smathers erklärte, er habe Kennedy gesagt, der Mord würde den Vereinigten Staaten und insbesondere Kennedy persönlich zur Last gelegt werden, und er, Smathers, sei deshalb dagegen. Nach Smathers' Aussage hat sich auch Kennedy daraufhin sofort gegen ein Attentat ausgesprochen.[66] Aber vor diesem Gespräch hatte die CIA Rosselli Mitte März 1961 in Miami schon die Botulinpillen übergeben, und ein zweites Päckchen sollte am 21. April geliefert werden.

Zum zweitenmal sprachen die Kennedys im September 1961 mit Bissell über die »Eliminierung« Castros – aber diesmal drückten sie sich recht zweideutig aus. Mitte Oktober erzählte Bissell seinem Kuba-Spezialisten von diesem Gespräch. Er sagte, er sei ins Weiße Haus bestellt und von den Brüdern Kennedy im Beratungszimmer des Kabinetts abgekanzelt worden, ganz besonders von Robert Kennedy. McGeorge Bundy hatte vor dem Church-Ausschuß ausgesagt, soweit er die Brüder Kennedy gekannt habe, hätte es »ihrem Wesen und ihrer Einstellung nicht entsprochen«, ein Attentat zu befehlen, aber er sagte auch, »wenn sie wünschten, daß etwas geschah, dann ließen sie niemanden im Zweifel darüber«.[67] Larry Houston, der Robert Kennedy über das Mafia-Komplott vor dem Landeunternehmen in der Schweinebucht am 7. Mai 1962 unterrichtet hatte, äußerte sich ähnlich:

»Wenn man sah, wie Mr. Kennedys Augen einen stählernen Glanz bekamen, wie er das Kinn vorschob, mit leiser Stimme sprach und jedes Wort dabei betonte, dann überkam einen ein recht ungemütliches Gefühl.«[68] Der Kuba-Experte in Bissells Abteilung hatte den Eindruck, daß die Kennedys seinem Chef ganz unmißverständlich gesagt hatten, die CIA solle Castro beseitigen – und sie hatten genau das gemeint: *Castro sollte beseitigt werden.*[69]

Die Kennedys haben sich in jenem Herbst immer wieder mit dem Problem Castro beschäftigt. Am 9. November 1961 nahm der Justizminister den Reporter der *New York Times*, Ted Szulc, ins Weiße Haus zum Präsidenten mit, der Szulc fragte: »Was würden Sie dazu sagen, wenn ich den Befehl gäbe, Castro zu ermorden?« Szulc antwortete, das werde nicht gelingen, und die Vereinigten Staaten sollten so etwas nicht tun. Kennedy stimmte dieser Ansicht zu. In den Notizen, die er sich am selben Tag gemacht hat, schreibt Szulc: »JFK sagte, er habe mir die Frage gestellt, weil seine Berater ihn gewaltig unter Druck setzten (ich glaube, er hat die Leute vom Nachrichtendienst erwähnt, ich weiß es aber nicht mehr genau), der Ermordung Castros zuzustimmen. Er sagte, er werde sich diesem Druck widersetzen.«[70]

Trotz intensivster Nachforschungen ist es dem Church-Ausschuß nicht gelungen, einen schriftlichen Befehl für die Ermordung Castros zu finden, und kein Zeuge hat ausgesagt, er habe persönlich einen solchen Befehl erhalten. Diese Lücken in der Beweisführung haben den Ausschuß veranlaßt, die Frage der Zuständigkeit offenzulassen. Nach allen uns vorliegenden Indizien müssen wir dennoch vermuten, daß die Kennedys die CIA beauftragt hatten, einen Anschlag auf Castros Leben zu verüben. Die Indizien sind in zweifacher Hinsicht belastend. Erstens haben die Gespräche des Präsidenten Kennedy mit Senator Smathers und Ted Szulc über einen Attentatsversuch zu einer Zeit stattgefunden, zu der die CIA versuchte, Castro von der Mafia ermorden zu lassen. Zweitens hat Robert Kennedy, als er von Lawrence Houston und Sheffield Edwards über die Lage unterrichtet wurde, kaum reagiert. Die Umstände, unter denen dieses Gespräch am 7. Mai 1962 stattgefunden hat, sind äußerst komplex.[71] Im Grunde aber war es eine ganz einfache Sache; eine alarmierende Nachricht hatte keine Reaktion ausgelöst – ein

Hund hatte nicht gebellt. Houston sagte vor dem Ausschuß aus, Kennedy hätte sich darüber geärgert, daß die CIA die Mafia eingeschaltet habe. In einem Gespräch hat Houston mir das sogar noch deutlicher gesagt: »Kennedy war wütend; er war fuchsteufelswild; was ihn am meisten ärgerte, war die Tatsache, daß es jetzt unter Umständen unmöglich sein werde, Giancana und Rosselli vor Gericht zu stellen. Er ärgerte sich nicht über den Attentatsversuch, sondern darüber, daß wir mit der Mafia zusammenarbeiteten.«[72] Houston räumte allerdings ein, vielleicht habe Kennedy nicht alles gewußt,[73] aber er fügte hinzu: »Ich weiß nur, daß (Robert) Kennedy über eines (über ein Mordkomplott) sehr genau unterrichtet war.«

Es besteht also kein Zweifel, daß Robert Kennedy über die Einzelheiten eines Mordversuchs an Castro unterrichtet war. Die Versuche, Castro umzubringen, wurden in der Folgezeit nicht eingestellt, und wir wissen auch, daß Robert Kennedy, obwohl er über den ersten Attentatsversuch Bescheid wußte, weder John McCone, Helms noch irgendeinem anderen Angehörigen der Behörde gesagt hat, er sei mit diesem Plan nicht einverstanden. Er war wütend über die Einschaltung der Mafia; das war alles. Hätte er geschwiegen und nichts unternommen, wenn er festgestellt hätte, daß die CIA, die seinem Bruder unterstand, versucht hatte, ohne die Zustimmung des Präsidenten ein ausländisches Staatsoberhaupt zu ermorden? Das ist sehr unwahrscheinlich.

Das war das erste Mal, daß der Hund nicht gebellt hatte. Zum zweitenmal geschah es während des Untersuchungsverfahrens des Church-Ausschusses, als man damit rechnen konnte, daß Angehörige der Regierung Kennedy ihre Empörung über die CIA öffentlich zum Ausdruck bringen würden, die – als Exekutivorgan, wie Helms das während seiner Amtszeit als Direktor mehrmals vor dem Kongreß betont hat – etwas so Folgenschweres wie ein Attentat ohne die ausdrückliche Billigung des Präsidenten unternommen hatte. Aber diese Leute sagten nur, die Brüder Kennedy würden so etwas niemals getan haben und ließen es dabei bewenden. Warum diese Zurückhaltung? Jemand, der ein Geheimnis zu wahren hat, wird das nur tun, wenn er sich damit nicht allzu großen persönlichen Gefahren aussetzt.[74] Die Verschwiegenheit der Beamten mußte also schwerwiegende Gründe haben.

Das führt uns zu einer zweiten Frage. Weshalb hat die CIA das Geheimnis gewahrt, wenn wir zu der Annahme neigen, daß es ein solches Geheimnis gegeben hat? Dafür gibt es möglicherweise zwei Gründe, und es läßt sich schwer sagen, welcher von beiden das größere Gewicht hat. Einmal sind es alle Geheimdienste gewohnt, die Rolle des Prügelknaben zu spielen. Der Attentatsbericht erklärt ausdrücklich, die SGA sei – wenigstens zum Teil – eingerichtet worden, um das Weiße Haus gegen das Projekt Mongoose abzuschirmen. Außerdem gilt nicht nur der Grundsatz, daß es möglich sein muß, die Aktivitäten des Nachrichtendienstes nötigenfalls zu dementieren – daß also die nachrichtendienstliche Tätigkeit so gut abgeschirmt sein muß, daß auch bekanntgewordene Operationen nicht den Vereinigten Staaten zur Last gelegt werden können –, sondern auch der Präsident selbst muß im Notfall zuverlässig gedeckt sein. In einer der wenigen Reden, die Helms vor der Öffentlichkeit hielt, hieß es: »Die Nation muß in gewisser Weise darauf vertrauen können, daß auch wir ehrenwerte Männer sind, die ihre Aufgabe darin sehen, diesem Staat zu dienen.« Diese Erklärung ist seither oft Gegenstand ironischer Kommentare gewesen, und der Anspruch der Angehörigen des Nachrichtendienstes auf Ehrenhaftigkeit muß sehr genau definiert werden, damit er nicht als Heuchelei ausgelegt wird. Aber Leute, die Helms gut kannten, behaupten, er habe die Loyalität gegenüber den Präsidenten, denen er diente, ernstgenommen; er habe sich für ihren Ruf verantwortlich gefühlt und sei nicht bereit gewesen, die Geheimnisse preiszugeben, die sie ihm anvertraut hatten.

Es gibt aber noch einen anderen Grund dafür, daß die CIA-Beamten sich so unbestimmt zu der Frage äußerten, wer denn nun den Befehl für die Ermordung Castros gegeben hatte; sie können es nicht nachweisen. Derartige Befehle sind nie schriftlich erteilt oder unterschrieben worden. Jeder CIA-Beamte, der behaupten wollte, Kennedy oder seine Berater hätten ihm befohlen, Castro zu töten, würde sich damit mächtige Feinde machen und kaum Freunde finden, die ihm zu Hilfe kämen. Er würde mit seiner Behauptung ganz allein dastehen, während viele Zeugen erklären, es besser zu wissen. CIA-Beamte, die wissen, von wem, wann und mit welchen Worten solche Befehle gegeben worden sind, wollen sich nicht nur an ihre Schweigepflicht halten, sie wagen gar nicht erst, etwas zu sagen. Täten Sie es doch, setzten sie damit ihre Existenz aufs Spiel.

Der von Helms am 23. Mai 1967 angeforderte Attentatsbericht des Generalinspekteurs, der ihm vom 24. April an abschnittsweise geliefert wurde, war augenscheinlich eine sehr gründliche Arbeit. Er ist nie veröffentlicht worden, aber der Umstand, daß sich der Church-Ausschuß bei allen Fragen, die die Attentatsversuche gegen Castro betreffen, auf diesen Bericht stützt, zeigt uns, daß der Ausschuß ihn für sehr wertvoll hielt. Der Generalinspekteur Jack Earman hat, wenn es um die Zuständigkeit des Präsidenten ging, offenbar die gleichen Schwierigkeiten gehabt wie der Ausschuß, ja sogar im Hinblick auf die Rolle, die Allen Dulles und John McCone gespielt haben; was aber wirklich geschehen war, ist wenigstens in groben Umrissen darin enthalten; von den vergifteten Zigarren im Sommer 1960 bis zur Beendigung aller Kontakte mit Rolando Cubela fünf Jahre später.

Am 10. Mai 1967 traf Helms Lyndon Johnson im Weißen Haus, um Fragen zu beantworten, die ihm bereits sieben Wochen zuvor gestellt worden waren. Über dieses Gespräch gibt es nur einen Bericht von Helms. Er sagt, er habe die Erkenntnisse des Generalinspekteurs erläutert, und Johnson habe gefragt: »›Für Trujillo sind Sie also nicht verantwortlich gewesen?‹ ›Nein.‹ Richtige Antwort. ›Diem?‹ ›Nein.‹ Richtige Antwort. ›Castro? Er ist noch am Leben, okay.‹« Bei derselben Gelegenheit hat Helms dem Präsidenten auch von dem Programm zur Überwachung der Briefpost berichtet und »über einige andere Vorgänge«. Johnsons Reaktion war angeblich ganz lakonisch. Er habe nur genickt und sinngemäß gesagt: »Aber seien Sie vorsichtig; lassen Sie sich nicht erwischen.«

Wir können nur Vermutungen darüber anstellen, wie Präsident Johnson persönlich über die Dinge dachte, die er von Helms erfahren hatte. Er hatte sein Leben in Washington zugebracht und dort die Erfahrung gemacht, daß jede Geschichte drei, fünf oder sieben Seiten hatte – nur nicht zwei –, und das veranlaßte ihn, nach versteckten Erklärungen zu suchen. Er hatte einen besonderen Sinn für das Konspirative. So glaubte er eine Zeitlang, zwischen der Ermordung John F. Kennedys und dem Attentat gegen Diem in Südvietnam gäbe es einen Zusammenhang. Nach dem Gespräch mit Helms wurde sein Verdacht in eine andere Richtung gelenkt. Wenn er auf Helms' Vortrag so leidenschaftslos reagierte, hat er wahrscheinlich versucht, klar die Zusammenhänge zu erkennen und ist zu der Überzeugung gekommen, daß »wir in der Karibik eine gottverdammte Mord-GmbH unterhalten haben«.[75]

Johnson hatte seinem Berater Marvin Watson schon vorher gesagt, er sei überzeugt, nicht nur Lee Harvey Oswald sei in das Attentat gegen Kennedy verwickelt. Am 4. April 1967 hat Watson diesen Ausspruch des Präsidenten in einem Telefongespräch mit Cartha DeLoach erwähnt, und auf diese Weise kam er in die Akten von J. Edgar Hoover. Gegenüber dem Fernsehjournalisten Howard K. Smith hat sich der Präsident achtzehn Monate nach seinem Gespräch mit Helms und bevor er das Weiße Haus verließ sehr eindeutig ausgesprochen.»Ich werde Ihnen etwas sagen, was Sie erschüttern wird.« Dabei dachte Johnson sicherlich an das, was er von Helms erfahren hatte. »Kennedy hat versucht, Castro zu erledigen; aber Castro ist ihm zuvorgekommen.«[76]

Es gibt keine Beweise dafür, daß Johnson vor dem Frühjahr 1967 etwas von den gegen Castro gerichteten Mordanschlägen gewußt hat; allein die Tatsache, daß er Helms um einen Bericht gebeten hat, spricht dafür, daß er nicht eingeweiht war. Wie sehr ihn Helms' Bericht erschüttert hat, geht seinen späteren Äußerungen gegenüber Dritten hervor. Man könnte sich fragen, weshalb er sich nicht dazu äußerte, daß der Generalinspekteur in seinem Bericht zu dem Schluß gekommen war, diese Attentatsversuche seien bis zum Frühjahr 1975, also noch während Johnsons Amtszeit, weitergegangen. Es besteht aber auch die Möglichkeit, daß Johnson den Bericht des Generalinspekteurs nie gesehen hat, ja nicht einmal wußte, daß er überhaupt existierte. Es gab davon nur eine Ausfertigung, die erste, und Helms hatte sie nicht zu seinem Gespräch im Weißen Haus am 10. Mai mitgebracht. Er nahm einige handgeschriebene Notizen mit, die der Church-Ausschuß sich dann besorgen konnte. Der Ausschuß wollte von Helms wissen, ob Johnson etwas von dem vergifteten Federhalter und den an Rolando Cubela gelieferten Gewehren gewußt habe. »Diese Frage kann ich nicht beantworten, ich weiß es nicht mehr. Ich kann mich nicht erinnern, darüber gesprochen zu haben«, sagte Helms.[77]

Nach seinem Gespräch mit Johnson behielt Helms den Bericht des Generalinspekteurs noch etwa zwei Wochen und gab ihn dann

Jack Earman mit einer schriftlichen Anweisung zurück. Earman sollte ihn zu den Akten nehmen, weiter nichts. Die Arbeitspapiere des Generalinspekteurs sollten bis auf das letzte Stück Papier vernichtet werden; alle Gesprächsprotokolle, Notizen und Denkschriften der Untersuchungsbeamten. Nachdem Helms den Bericht gelesen hatte, verschwand er mit der darangehefteten Anweisung in einem Panzerschrank und blieb dort unbeachtet und ungelesen, bis William Colby 1973 von seiner Existenz erfuhr.

10. Kapitel

Der Präsident ist sozusagen die Sonne im Planetensystem der CIA. Die Minister sind gewöhnlich eigenständige politische Persönlichkeiten mit einer eigenen Wählerschaft und Interessen, die denen des Präsidenten manchmal entgegenstehen, und die Bürokratie in Washington ist ein mächtiger, starrer Felsen, der vom Kommen und Gehen der Präsidenten mehr oder weniger unbeeinflußt bleibt. Aber die Central Intelligence Agency und ihr Direktor dienen allein dem Präsidenten.

Amerikanische Präsidenten verfügen über eine in Demokratien außergewöhnliche politische Macht. Ihr Herrschaftsbereich erinnert manchmal fast an den einstiger Monarchen. Zu anderen Bewerbern um das Präsidentenamt können sie sehr enge, von Emotionen bestimmte Beziehungen entwickeln; wer aber auf der Stufenleiter der Macht in Washington unter ihnen steht, wird von der Persönlichkeit des Präsidenten oft in fast romantischer Weise angezogen. Solche Leute wollen das Vertrauen des Präsidenten gewinnen, einen Anteil an der Macht haben, den nur er ihnen gewähren kann, und sie wollen den Ruhm der geschichtlichen Stunde mit ihm teilen. Das Primat des Präsidentenamts ist im Alltag der CIA die herausragende Tatsache. Wenn der Präsident der Behörde nicht vertraut oder ihre Arbeit nicht für wichtig hält, sind die Berichte, die sie liefert, in den Regierungsgremien kaum noch etwas wert, und die CIA könnte in diesem Fall ihre Vervielfältigungsapparate stillegen, denn sie würde nur noch mit sich selbst reden. Die erste Pflicht eines CIA-Direktors ist es daher – auch wenn diese Pflicht in keiner Dienstvorschrift festgelegt ist – das Vertrauen und das Ohr des Präsidenten zu gewinnen. Bei Eisenhower genoß Allen Dulles dieses Vertrauen, unter Kennedy hat er es verloren. John McCone hat es bei Kennedy zunächst besessen, aber bei Johnson besaß er es nicht mehr, und Helms war während McCones Amtszeit in einer so hohen Position, daß er diesen Wandel beobachten konnte.[1]

Kennedy hatte McCone zunächst nicht für den Posten des Direktors der Central Intelligence ausersehen. Eine Zeitlang hatte er an General Maxwell Taylor gedacht und dann an den New Yorker Anwalt Fowler Hamilton, der schon vorher Staatsbeamter gewesen war; aber Dulles und Bissell redeten Kennedy die Ernennung von Hamilton aus, weil sie glaubten, sie werde verhängnisvolle Folgen haben. Roger Hilsman vom Außenministerium hatte Helms für den Posten vorgeschlagen, aber Helms war zu wenig bekannt und nicht einmal stellvertretender Direktor und Leiter des Planungsdirektoriums. Deshalb folgte Kennedy dieser Empfehlung nicht. Dann brachte Roswell Gilpatric vom Verteidigungsministerium John McCone ins Gespräch, einen wohlhabenden, konservativen Republikaner, der Leiter der Atomenergiekommission gewesen war und Kennedy Flankenschutz von rechts geben konnte. Er erhielt den Posten.

McCone war ein intelligenter und entschlußfreudiger Mann, mit gutem Instinkt für die Ausübung politischer Macht in Washington begabt. Gleich zu Beginn gelang es ihm, einer versteckten Falle auszuweichen, die ihm (mit den besten Absichten) vom Beratungsausschuß des Präsidenten für den Auslandsnachrichtendienst (the President's Foreign Intelligence Advisory Board PFIAB) gestellt worden war. Unmittelbar nach der Katastrophe in der Schweinebucht hatte Kennedy das PFIAB eingerichtet. Im Juli 1961 legte das PFIAB Kennedy einen Bericht vor, mit dem die teilweise Auflösung der CIA und die Aufnahme ihres Direktors in den Stab des Weißen Hauses empfohlen wurden. Während Kennedy im gleichen Herbst die Empfehlungen des PFIAB überdachte, bezog McCone die Amtsräume des Direktors der Central Intelligence in dem neuen CIA-Komplex in Langley, Virginia, noch am gleichen Tage, an dem er seinen Posten übernahm, um zu verhindern, daß man ihn für das Weiße Haus vereinnahmte. Denn dann hätte ein anderer die praktische Leitung der CIA übernehmen müssen.

Aber McCones Aggressivität und besonders seine Selbstsicherheit bei der Beurteilung politischer Fragen hatten zur Folge, daß seine Beziehungen zum Weißen Haus fast von Anfang an gespannt waren. Eine Ursache für diese Spannungen war die

Anweisung Kennedys vom 16. Januar 1962, mit der McCone verpflichtet wurde, die ihm nach dem Gesetz zustehenden Aufgaben als Vorgesetzter aller Nachrichtendienste der Vereinigten Staaten wahrzunehmen, ein Befehl, der sofort Konflikte mit dem viel umfangreicheren militärischen Nachrichtendienst auslöste. Alle militärischen Nachrichtendienste waren 1961 von Robert McNamara unter ein Dach gebracht worden, als er die Defence Intelligence Agency, den Nachrichtendienst des Verteidigungsministeriums (DIA), schuf. Eine Maßnahme, die von vielen Beamten der CIA abgelehnt wurde, weil sie glaubten, der Umgang mit den Militärs, mit denen es schon seit jeher gewisse Spannungen gab, werde sich jetzt noch viel schwieriger gestalten. (Helms hatte einige seiner Kollegen, besonders Richard Bissell, dadurch überrascht, daß er sich gegenüber dieser Maßnahme ganz gleichgültig zeigte.)

Bei früheren Kämpfen zwischen der CIA und der DIA, bei denen McCone oft die Hilfe von McNamara in Anspruch genommen hatte, war es um sowjetische Fernlenkwaffen und die Gesamtleitung der Luftaufklärung gegangen, die zunächst von der CIA entwickelt, aber dann von den Luftstreitkräften übernommen wurde. Die Luftstreitkräfte erklärten, sie brauchten von der CIA nur Anregungen, während die CIA bei der Auswahl der Aufklärungsziele und der Entwicklung neuer Geräte ein größeres Mitspracherecht verlangte. Beamte der CIA, die unter McCone gearbeitet haben, berichten, daß McNamara wegen des Anspruchs auf Gleichberechtigung und der ständigen Bitten McCones um Unterstützung irritiert gewesen sei. Er habe sich auch über die taktlose Behauptung von McCone geärgert, McNamara habe administrative Fehler begangen (denn der Verteidigungsminister war besonders stolz auf seine administrativen Fähigkeiten).

Aber McCones Stellung in der Regierung Kennedy wurde vor allem durch seinen größten und dramatischsten Erfolg erschüttert. Vom 26. Juli bis zum 8. August 1962 liefen acht sowjetische Schiffe in kubanische Häfen ein, und nachdem Berichte über den Bau militärischer Anlagen und die Präsenz von 5 000 sowjetischen Militärberatern auf der Insel analysiert worden waren, meldete McCone in einem Bericht an Kennedy, daß hier »etwas ganz Neues und Anderes« geschah. Aber worum handelte es sich?

Senator Kenneth Keating hatte schon öffentlich erklärt, die Sowjetunion beabsichtige, auf Kuba Fernlenkwaffen mit Nuklearsprengköpfen zu stationieren. Kennedy hatte das öffentlich dementiert, und Roger Hilsman hatte am 24. August in einer vom Außenministerium herausgegebenen Lagebeurteilung erklärt, die sowjetischen Schiffsladungen enthielten wahrscheinlich Material für »den Ausbau der Küstenverteidigung und der Flugabwehr; vielleicht gehören auch einige Boden-Luft-Raketen dazu, wie sie die Sowjets schon an den Irak und an Indonesien geliefert haben«.[2] Fünf Tage später fotografierte ein Aufklärungsflugzeug der CIA vom Typ U-2 auf dem Westteil der Insel eine Baustelle, neben der zwei Boden-Luft-Raketen vom Typ SAM in Stellung gegangen waren.

Am 22. August hatte McCone dem Präsidenten mitgeteilt, die Verlegung der russischen SAM-Raketen nach Kuba könnte Keatings These bestätigen. Der Nachrichtendienst verfügte noch nicht über konkrete Aufklärungsergebnisse, sondern war aufgrund früherer Erfahrungen in vergleichbaren Fällen zu dieser Ansicht gekommen. Aber was hätten die Vorgänge auf Kuba schon anderes bedeuten sollen, wenn eine Baustelle so massiv mit SAM-Raketen gesichert wurde? Bald darauf reiste McCone mit seiner Frau für drei Wochen nach Frankreich. In seiner Abwesenheit wurden die U-2-Flüge über Kuba fortgesetzt, aber vom 5. September bis zum 14. Oktober überflog das Aufklärungsflugzeug aus bestimmten Gründen nicht den westlichen Teil der Insel, wo man am 29. August die SAM-Stellungen definitiv ausgemacht hatte. Die Regierung Kennedy befürchtete daher das Schlimmste, blieb aber offiziell dabei, daß es keinen Grund für die Annahme gäbe, auf Kuba würden Fernlenkwaffen stationiert. Etwas Genaues wußte man aber nicht, weil die CIA nicht feststellen konnte, was wirklich an diesen Baustellen vorging.

Von Frankreich aus blieb McCone ständig in Verbindung mit seinem Büro in Washington. Agenten der CIA auf Kuba (die gleichen, die William Harvey im Rahmen des Unternehmens Mongoose angeworben und auf die Insel geschickt hatte) gaben zwar ihre Meldungen ab, aber daraus ließ sich nichts Entscheidendes entnehmen.[3] Ohne konkrete Unterlagen vermag die CIA höchstens eine auf begründeten Vermutungen gestützte Lagebeurteilung abzugeben, und Mitte September beauftragte McCone den Vorsitzenden des Board of National Estimates (Bundesbehörde für Schätzungen BNE), eine Studie darüber anfertigen zu lassen, welcher Art die Pläne der Sowjets auf Kuba genau sein könnten. McCone selbst war inzwischen davon überzeugt, daß die Russen Fernlenkwaffen auf der Insel in Stellung brachten. Anders konnte man sich die sorgfältige Abschirmung der Baustellen auf dem Westteil Kubas durch Boden-Luft-Raketen nicht erklären. Sherman Kent und das BNE traten am 19. September zusammen und brachten fast einen ganzen Tag damit zu, die Lage auf Kuba zu erörtern. Schließlich einigte man sich darauf, daß die Sowjets sich wahrscheinlich nicht auf ein so riskantes Abenteuer einlassen würden. Zur Begründung erklärte Kent, die Russen hätten so etwas bisher noch nie getan, und das Risiko sei zu groß; *eine solche Maßnahme ließe sich durch nichts erklären.*

McCone, der sich immer noch in Frankreich aufhielt, wollte sich dieser Lagebeurteilung nicht anschließen. Er war überzeugt, daß sich das BNE irrte. Am 20. September setzte sich McCone wieder mit Kent in Verbindung und befahl ihm, das BNE noch einmal zusammenzurufen, um die Frage zum zweitenmal zu prüfen. Diesmal lag dem BNE der Bericht eines kubanischen Flüchtlings vor, der auf einer Landstraße angeblich den einer Schwanzflosse gleichenden Bauteil einer Fernlenkwaffe gesehen hatte. Nach einem zweiten Bericht hatte ein Pilot der Luftwaffe Castros gesagt, »wir werden bis zum Tode kämpfen und können vielleicht siegen, denn wir haben alles – auch Atomwaffen«.[4] Doch selbst angesichts dieser zusätzlichen, wenn auch noch nicht schlüssigen Nachrichten kamen Sherman Kent und das BNE zum gleichen Ergebnis. Die Sowjets würden etwas so Untypisches, Provozierendes und wenig Erfolg Versprechendes nicht tun.

Aber Kent hatte sich geirrt. Am 14. Oktober unternahm eine U-2 einen Aufklärungsflug über dem Westteil von Kuba, und die mitgebrachten Fotos zeigten deutlich die dort stationierten Fernlenkwaffen.[5] Später erklärte Kent, nicht er habe sich geirrt, sondern die Russen. Das war keine sehr überzeugende Ausrede. Aber McCone hatte sich nicht geirrt. Er hatte den Präsidenten als einer der ersten Regierungsbeamten vor der nun eingetretenen Lage gewarnt. Seine Behörde hatte ihn von der Stationierung der Fernlenkwaffen unterrichtet, nachdem sie identifiziert worden waren (die CIA besaß sogar die von dem sowjetischen Agenten

Penkowskij beschafften Dienstvorschriften für den Umgang mit diesen Waffen), und McCone hatte sich lebhaft an den Aussprachen des Exekutivausschusses des Nationalen Sicherheitsrats (Excom) beteiligt, den Kennedy eingerichtet hatte, um sich während dieser Krise beraten zu lassen.[6] Mit anderen Worten, McCone hatte gute Gründe zu glauben, seine Beziehungen zum Präsidenten müßten sich wesentlich verbessert haben.

Aber es kam ganz anders. Zu oft wies McCone darauf hin, daß er zuerst von der Stationierung sowjetischer Fernlenkwaffen auf Kuba gesprochen habe. Er hatte recht behalten, während die gesamte CIA, darunter Sowjetexperten wie Charles Bohlen und Llewelyn Thompson und sogar der Präsident sich irrten, aber jetzt mußte er dafür bezahlen. McGeorge Bundy sagte zu einem Beamten der CIA: »Ich bin es leid, immer wieder gesagt zu bekommen, daß McCone im Recht war, und ich will es nie wieder hören.« Der Präsident distanzierte sich immer mehr von McCone. In Washington glaubte man, McCone würde jede Woche einmal im Weißen Haus empfangen, aber nach der Kubakrise war das sicher nicht mehr der Fall. Die Zusammenarbeit mit Robert Kennedy ging zwar weiter, aber mit dem Präsidenten selbst konnte McCone kaum noch sprechen.

Daß sich die Beziehungen zwischen McCone und der Regierung so stark abkühlten und er sein Amt als Direktor der Central Intelligence unter Johnson schließlich verlor, hatte noch einen weiteren Grund – Vietnam. Zu diesem Problem hat sich McCone sehr freimütig geäußert. Für seinen Vorgänger Allen Dulles war die politische Neutralität fast ein Fetisch gewesen. Seine Aufgabe als Direktor der CIA war es, konkrete Erkenntnisse zu liefern, und das war alles. Wenn auf den Sitzungen des Nationalen Sicherheitsrats darüber gesprochen wurde, was mit X zu geschehen habe, zog sich Dulles in ostentatives Schweigen zurück. Mit eiserner Miene erklärte er: »Das geht mich nichts an; das ist Sache des Außenministers.«[7] Der Außenminister war sein Bruder, und deshalb erregte diese Bemerkung natürlich allgemeine Heiterkeit.

McCone jedoch war nicht so zurückhaltend. Er sagte: »Ich habe zwar keine politischen Aufgaben, aber wenn man mich fragt, sage ich meine Meinung.« Das hat er, wie aus vielen Berichten hervorgeht, sehr oft und sehr deutlich getan. Ein guter Bekannter von McCone erzählt, daß sein Chef bei einem Martini zum Lunch sehr gesprächig werden konnte und sich oft ausführlich zu außenpolitischen Themen geäußert hat. Nach McCones Ansicht sollte es eine Art Troika geben – drei gleichberechtigte Instanzen zur Entscheidung außenpolitischer Fragen. Dabei war der Präsident der *primus inter pares,* der eng mit dem Außenminister und dem Direktor der Central Intelligence zusammenarbeitete. Das sei eine vernünftige Regelung, denn niemand wäre über die außenpolitische Lage besser orientiert als diese drei Männer.

Ein Problem, zu dem sich McCone freimütig äußerte, war die Frage, was mit dem vietnamesischen Präsidenten Ngo Dinh Diem geschehen sollte, dessen autokratische Regierungsmethoden die Vereinigten Staaten oft in eine peinliche Lage brachten. Im Frühjahr 1962 war McCone in Begleitung von Helms in Vietnam gewesen und hatte Diem besucht. Diems starke Persönlichkeit hatte ihn beeindruckt und in der Überzeugung bestärkt, die Vereinigten Staaten sollten ihn auch weiterhin unterstützen. Im gleichen Jahr erhielt der Chef des CIA-Außenbüros in Saigon, William Colby, den Auftrag, eine Studie über mögliche politische Alternativen zum Regime Diem zu verfassen. Colby war mit den Brüdern Ngo befreundet und erklärte in seiner Studie, sie seien unentbehrlich.

Als Diem und sein Bruder Ngo Dinh Nhu Mitte 1963 gegen die Buddhisten vorgingen, kam es zu einer Krise. Eine kleine Gruppe im Außenministerium, deren führende Köpfe Averell Harriman, Roger Hilsman und Michael Forrestal waren, sprach sich dafür aus, Diem aus seinem Amt zu entfernen. Colbys Nachfolger als Stationschef der CIA in Saigon, John Richardson, unterhielt besonders enge Beziehungen zu Nhu (er hatte dessen private Polizei, die südvietnamesischen Special Forces, aufstellen, ausbilden und finanzieren lassen), aber die CIA hatte durch einen ihrer Beamten, Lucien Conein, [8] auch enge Kontakte zu einer Gruppe regierungsfeindlicher Generäle.

Harriman, Hilsman und Forrestal lehnten Diem entschieden ab und waren bereit, einen Staatsstreich zu unterstützen. Hilsman hatte während des Krieges in Burma gegen die Guerillas gekämpft und glaubte zu wissen, weshalb der Viet Kong solche Erfolge hatte. Mit seinen Fachkenntnissen machte er sich nicht viele Freunde; McGeorge Bundy pflegte ihn als den »selbstbewußten Guerilla« zu bezeichnen.[9] Aber Harriman sorgte dafür, daß seine

Argumente im Weißen Haus Gehör fanden, und die von General Taylor aufgestellte Gruppe zur Bekämpfung von Insurgenten empfahl im Frühjahr und Frühsommer 1963 immer wieder die Unterstützung eines gegen Diem gerichteten Staatsstreichs. McCone, der von Richardson in Vietnam und Colby aus der Fernostabteilung unterstützt wurde, behauptete dagegen, Diem sei unentbehrlich. Er fragte, wer denn seine Stelle einnehmen sollte. Er behauptete, diese Frage sehr sorgfältig geprüft und niemanden gefunden zu haben, der das Land zusammenhalten könne. Er meinte, Diem sei vielleicht ein Schurke, aber »er ist *unser* Schurke; kennen Sie irgendeinen anderen? Können Sie mir einen Namen nennen? Nun sagen Sie schon, wer ist es?«

Die Leute im Außenministerium ärgerten sich besonders, wenn McCone von der »orientalischen Mentalität« sprach, die er angeblich genau kannte. Seine Gegner hielten McCone vor, die Frage sei nicht, wer an Diems Stelle treten könne, sondern ob sich der Krieg mit ihm gewinnen ließe. Hilsman und Harriman behaupteten, das sei nicht möglich. An solchen Besprechungen nahmen hohe Beamte und oft auch der Justizminister Robert Kennedy teil, aber trotz intensiver Beratungen fand man keine Lösung des Problems. Hilsman und Harriman verzweifelten fast daran, die Leute vom Nachrichtendienst zu überzeugen, und gingen im August 1963 zum Generalangriff vor. Am 21. August setzte Nhu seine Sonderverbände zum Angriff gegen buddhistische Pagoden im ganzen Land ein, und zwar zu einer Zeit, als sich in Saigon kein amerikanischer Botschafter aufhielt; denn Frederick E. Nolting war abgereist, und Henry Cabot Lodge, der ihn ablösen sollte, war noch nicht eingetroffen. Die CIA meldete, die regierungsfeindlichen Generäle fürchteten, in Nhus Auftrag ermordet zu werden. Nach Auffassung von Harriman und Hilsman war Diem diesmal zu weit gegangen. Sie entwarfen ein Telegramm, mit dem Lodge die ausdrückliche Anweisung erhielt, einen Staatsstreich in die Wege zu leiten, und zwar mit Hilfe der Generäle, die mit Conein in Verbindung standen. Dann ließen sie den Text telefonisch von Kennedy genehmigen. Anschließend »unterrichteten« Harriman und Hilsman andere Beamte von der Entscheidung des Präsidenten. Als Harriman bei der CIA keine Verbindung zu McCone bekommen konnte (zweifellos hat er sich aber nicht gerade sehr intensiv darum bemüht), rief er Richard

Helms an. Harriman las ihm das Telegramm vor, und Helms sagte: »Es wird Zeit, daß wir in den sauren Apfel beißen.«[10]

Als McCone und Taylor am Montagmorgen von dem Telegramm erfuhren, waren sie empört. Die CI Group wäre damit niemals einverstanden gewesen. Es war eine Fehlentscheidung, die furchtbare Folgen haben mußte. Der für Ende August vorgesehene Staatsstreich der Generäle wurde zwar abgeblasen, als sie annehmen mußten, Nhu habe von ihren Plänen Wind bekommen, aber immerhin hatte man einen entscheidenden Schritt in diese Richtung getan. McCone widersetzte sich auch weiterhin allen Bemühungen, Diem zu stürzen, folgte aber dem Ersuchen von Lodge, John Richardson als Stationschef in Saigon abzulösen. Als einer der vietnamesischen Generäle Conein Anfang Oktober 1963 mitteilte, seine Mitverschwörer hätten jetzt drei Alternativpläne für den Sturz von Diem – nach einem dieser Pläne sollte Diem ermordet werden –, schickte McCone dem CIA-Büro in Saigon[11] ein Telegramm, in dem er die dortigen Beamten aufforderte, Lodge dringend von dem Staatsstreich abzuraten. Um die gleiche Zeit sprach McCone mit den Brüdern Kennedy und drängte sie, das Vorhaben der Generäle nicht zu unterstützen. »Ich erinnere mich genau, daß ich dem Präsidenten wörtlich gesagt habe: ›Herr Präsident, wenn ich der Trainer eines Baseball-Teams wäre und nur einen Werfer hätte, dann würde ich ihn behalten, ob er nun gut ist oder schlecht.‹«[12] Aber Kennedy hatte genug von Diem, und als die vietnamesischen Generäle Conein am 28. Oktober mitteilten, sie seien nun bereit, erhielt Lodge von Kennedy die Anweisung, ihnen die politische Unterstützung der Vereinigten Staaten zuzusichern. Der Staatsstreich fand am 1. November 1963 statt, und Diem und sein Bruder Nhu wurden ermordet.

General Taylor war im Weißen Haus, als die Nachricht von den Morden eintraf. Die Berater des Präsidenten, unter ihnen auch McCone, saßen im Konferenzzimmer des Kabinetts zusammen, als man Kennedy die Nachricht überbrachte. Sie muß wie ein Schock gewirkt haben. In seinen Memoiren beschreibt Taylor die Reaktion des Präsidenten mit einem einzigen Satz: »Kennedy sprang auf und eilte mit einem so verzweifelten und schockierten Gesichtsausdruck, wie ich ihn noch nie an ihm gesehen hatte, aus dem Zimmer.«[13]

Am folgenden Tag schilderte McCone auf der turnusmäßigen Vormittagsbesprechung mit den stellvertretenden Direktoren der CIA und anderen hohen Beamten die Reaktion Kennedys auf die Nachricht von Diems Ermordung. Lyman Kirkpatrick berichtet, die Anwesenden hätten nur wenig Verständnis für den Präsidenten gezeigt. Der Staatsstreich war Kennedys Idee gewesen; seine Regierung hatte ihn gegen die wiederholten Einwände der CIA genehmigt. Was hätte er anderes erwarten können? Wenn ein solcher Umsturz begonnen hat, läßt er sich nicht mehr kontrollieren. Auch Helms war erstaunt über die Verzweiflung des Präsidenten und meinte später, er sei sich wahrscheinlich über die Folgen dessen, was er befohlen hatte, nicht klar gewesen. Kennedy hatte sich im August mit dem Wortlaut des Telegramms einverstanden erklärt, das die amerikanische Botschaft anwies, sich auf die Seite der regierungsfeindlichen Generäle zu stellen, und als der Staatsstreich Ende Oktober unvermeidlich schien, beauftragte er McGeorge Bundy, Lodge zu sagen, er solle nach eigenem Gutdünken verfahren – mit anderen Worten, mir ist alles recht. Aber die Bestürzung Kennedys angesichts der Folgen überzeugte Helms davon, daß Kennedy die Tragweite dessen, was in Vietnam geschah, nicht begriffen hatte. Er hatte ja gesagt ohne zu erkennen, was dieses Ja bedeutete.[14]

Nach Kennedys Ermordung – drei Wochen nach dem Attentat gegen Diem – kam McCone zunächst fast täglich ins Weiße Haus. Aber dann wurden die persönlichen Kontakte mit Präsident Johnson immer seltener. Offenbar hat sich McCone zu große Mühe gegeben; er setzte bei Johnson ein Interesse für seine Arbeit voraus, das nicht vorhanden war. Dem Präsidenten genügte ein kurzer, mit der Maschine auf einer Seite geschriebener Bericht über die Aktivitäten des Auslandsnachrichtendienstes. Rusk und McNamara erfüllten vollauf seine Ansprüche bei der Beratung außenpolitischer Fragen. McCone mußte allmählich feststellen, daß er nicht mehr zum engsten Beraterkreis des Präsidenten gehörte.

Auch hierbei hatte Vietnam eine Rolle gespielt. Johnson hatte ein starkes amerikanisches Engagement in Vietnam als Erbe angetreten, das zu nichts führen wollte, und von Anfang an war es der Regierung schwergefallen zu entscheiden, wie sie sich verhalten sollte. Johnson versuchte, seine Methoden zu verfeinern. Er ging nur mit kleinen Schritten voran, die seine Berater ihm empfahlen, um eine Niederlage zu vermeiden – Vergeltungsmaßnahmen für die Zwischenfälle im Golf von Tongking im Jahr 1964, Bombenangriffe gegen Nordvietnam im Februar 1965 und im gleichen Sommer eine wesentliche Verstärkung der amerikanischen Truppen und ihren Einsatz im Gefecht – aber er versuchte, diese Maßnahmen in möglichst engen Grenzen zu halten und sie zu verschleiern, als könne er das Land unmerklich in einen Krieg abgleiten lassen, wolle aber Vietnam durch vorsichtiges Manövrieren retten. Das Ergebnis dieser Methode war schließlich ein großer Krieg, zu dem es auch gekommen wäre, wenn er sofort alle verfügbaren Kräfte eingesetzt hätte. Johnson wollte aber augenscheinlich nicht zugeben, wohin sein schrittweises Vorgehen schließlich führen mußte. Natürlich kam es zu lebhaften Disputen mit all denen, die eine klare Entscheidung verlangten.

Während dieser Zeit hat McCone eine Haltung eingenommen, die Johnson nicht gefallen konnte. Er war von der Bedeutung eines Sieges in Vietnam überzeugt, mißbilligte aber die bisher von den Vereinigten Staaten angewandten Methoden und erklärte, nur energischste Maßnahmen könnten die Lage zugunsten Amerikas verändern. Allerdings befürworteten auch Walt Rostow, die Brüder Bundy und viele andere hohe Beamte, die 1964 und Anfang 1965 an der Diskussion beteiligt waren, den Einsatz starker Kräfte, aber McCone ging weiter als die meisten. Immer wieder erklärte er, wenn die Vereinigten Staaten sich zum Eingreifen entschlossen hätten, dann müßten sie es mit allem tun, was ihnen dafür zur Verfügung stand. Nachdem er im März 1964 mit McNamara in Südvietnam gewesen war, sagte McCone dem Präsidenten, er hielte McNamaras Empfehlungen für »zu wenig und das zu spät«,[15] und setzte sich auch weiterhin für ein Eingreifen der Vereinigten Staaten mit starken Kräften ein, im Fall daß Amerika überhaupt intervenieren wollte.[16] Die entscheidende Aussprache über dieses Thema fand auf einer Sitzung des Nationalen Sicherheitsrats am 1. April 1965 statt, auf der Johnson die stufenweise Verstärkung der Luftangriffe gegen Nordvietnam und den Einsatz amerikanischer Truppen im Süden genehmigte. Damit wurde aus dem Konflikt ein amerikanischer Krieg; Johnson wies jedoch ausdrücklich darauf hin, daß über diese Entscheidung, die in Wirklichkeit einen Wendepunkt in der ganzen Entwicklung bedeutete, keine öffentliche Erklärung abgegeben werden solle. McCone hatte an der Sitzung teilgenommen, und am folgenden Tag verfaßte er ein Schreiben, das er allen höheren Regierungsbeamten schickte und in dem er wiederum erklärte, es geschähe »zu wenig und das zu spät«:

»Nach meiner Auffassung ist ... die Entscheidung nur dann richtig, wenn unsere Luftangriffe gegen den Norden mit so starken Kräften geführt werden, daß sie den Nordvietnamesen wirklich schweren Schaden zufügen ... Dieses Programm ist nicht hart genug ... Wir müssen damit rechnen, daß wir jeden Tag und jede Woche unter immer stärkeren Druck gesetzt werden, die Bombenangriffe einzustellen. Dieses Verlangen wird von den verschiedensten Seiten in der amerikanischen Öffentlichkeit kommen, von der Presse, aber auch von den Vereinten Nationen und der Weltöffentlichkeit. Die Zeit wird bei diesem Unternehmen daher gegen uns arbeiten, und ich glaube, die Nordvietnamesen rechnen damit. Ich denke deshalb, der nun begonnene Einsatz von Bodentruppen wird höchstwahrscheinlich nur geringe Erfolge bei der Bekämpfung der Guerillas bringen ... Wir können jedoch damit rechnen, daß es notwendig sein wird, immer stärkere amerikanische Kräfte einzusetzen, ohne daß sich die Aussichten auf einen Sieg wesentlich verbessern ... Wir werden daher in einen Dschungelkrieg hineingezogen werden, den wir militärisch nicht gewinnen und aus dem wir uns nur unter größten Schwierigkeiten zurückziehen können. Deshalb bin ich der Auffassung, wenn wir unseren Bodentruppen einen neuen Auftrag geben, müssen wir auch das Grundkonzept unserer Luftangriffe gegen Nordvietnam verändern ... Wenn wir nicht bereit sind, diese Entscheidung jetzt zu treffen, dann dürfen wir aus den von mir oben genannten Gründen auch den Auftrag unserer Bodentruppen nicht ändern.[17]

Diesen Standpunkt hatte McCone fast anderthalb Jahre vertreten, aber Johnson wollte davon nichts hören. Als er das Weiße Haus verlassen hatte, zitierte er die Lagebeurteilung von McCone nur auszugsweise und in mißbilligendem Ton.[18] Einerseits wies er darauf hin, daß McCone sich für eine Bombardierung Nordvietnams mit starken Einheiten eingesetzt habe, verschwieg aber seine Ablehnung der Beteiligung amerikanischer Bodenstreitkräfte für den Fall, daß der Präsident nicht alle verfügbaren Mittel einsetzte.

Aber zu dieser Zeit hatte McCone jeden Einfluß in der

amerikanischen Regierung schon verloren. Der Präsident hatte seinen Namen auf der Gästeliste des jeden Dienstag stattfindenden Mittagessens gestrichen, bei dem er regelmäßig mit seinen außenpolitischen Beratern zusammentraf, ein deutliches Zeichen dafür, daß McCone die Gunst des Präsidenten verloren hatte. Er bemühte sich auf jede nur denkbare Weise, das Vertrauen Johnsons wiederzugewinnen, und glaubte kurze Zeit, auf eine etwas freundlichere Haltung zu stoßen, als Johnson ihn aufforderte, am 26. Oktober 1964 zur Beisetzung von Herbert Hoover nach New York zu fliegen. »Er war so aufgeregt wie ein Kind, das ein neues Spielzeug bekommen hat«, sagte ein CIA-Beamter, der McCone gut kannte. Aber die Einladung war nur eine bedeutungslose Geste Johnsons gewesen. Augenscheinlich meinte Johnson, Hoover sei ein konservativer Republikaner gewesen, McCone sei ebenfalls ein konservativer Republikaner, und es sei nur recht und billig, ihn zur Beisetzung seines politischen Freundes zu schicken. Schließlich mußte McCone erkennen, daß sich das Vertrauensverhältnis zwischen ihm und dem Präsidenten nicht wieder herstellen ließ. Im Zusammenhang mit dem Jahresbericht der CIA über die Absichten und das Potential der Sowjetunion sagte McCone einem seiner Mitarbeiter: »Ich habe versucht, Johnson dazu zu bringen, daß er sich hinsetzt und diese Berichte liest. Wenn ich den Präsidenten nicht einmal veranlassen kann, die Zusammenfassung zu lesen, dann wird es Zeit für mich zu gehen.«

Johnson suchte mehrere Monate intensiv nach einem Nachfolger für McCone. Dabei unterstützten ihn der Washingtoner Anwalt Clark Clifford, der zu allen demokratischen Präsidenten seit Truman enge persönliche Beziehungen unterhalten hatte, und John Macy, der Vorsitzende des Zivilverwaltungsausschusses. Clifford und Macy glaubten, Johnson habe sie beauftragt, einen Nachfolger für McCone zu finden. Neben vielen anderen schlugen sie auch Richard Helms vor, hinter dem eine Anzahl von Kollegen aus der CIA standen. Eine andere Gruppe setzte sich für den geschäftsführenden stellvertretenden Direktor Lyman Kirkpatrick ein. McCone selbst sagte dem stellvertretenden Direktor des Nachrichtendienstes Ray Cline, er habe Helms, Kirkpatrick und Cline empfohlen. Daraus geht hervor, daß sich die Beamten der CIA einen Fachmann als Leiter ihrer Behörde wünschten, und zwar nach Möglichkeit einen Mann, der sich in dieser Behörde hinaufgearbeitet hatte. Clifford und Macy dachten jedoch auch an Außenseiter wie General Taylor (der dann zum zweiten Mal diesen Posten übernommen hätte) und Roswell Gilpatric. Doch schließlich waren Clifford und Macy ebenso schockiert wie alle anderen, als Johnson überraschend erklärte, der neue Direktor der Central Intelligence werde Admiral William F. Raborn sein. Raborn stammte wie der Präsident aus Texas und hatte Johnson bei seinem Wahlfeldzug 1964 tatkräftig unterstützt. Er verfügte angeblich über gute Beziehungen zum Kongreß und galt als tüchtiger Verwaltungsbeamter. Die Tatsache, daß er das System PERT beherrschte – Program Evaluation and Review Technique (Technik zur Auswertung und Überwachung von Programmen) – hatte angeblich entscheidend zum Erfolg des Fernlenk-Waffensystems Polaris beigetragen, und Johnson glaubte augenscheinlich, Raborn werde sich bei der Leitung der CIA ebenso bewähren.

Seit der Gründung der CIA im Jahr 1947 waren die beiden höchsten Positionen in dieser Behörde gewöhnlich von einem Soldaten und einem Zivilisten besetzt, und deshalb hätte der stellvertretende Direktor der CIA unter Raborn diesmal ein Zivilist sein müssen. Johnson entschied sich für Helms, der damit der erste Beamte der CIA war, der über alle Rangstufen innerhalb der Behörde bis an die Spitze aufgestiegen war. Lyman Kirkpatrick erkannte die Bedeutung dieses Umstandes und nahm seinen Abschied, zog nach Narragansett, Rhode Island, und übernahm einen Lehrauftrag an der Brown University. Am 10. April flogen Raborn und Helms auf die LBJ-Ranch nach Texas zu einem Abendessen mit dem Präsidenten, zu dem auch Eugene McCarthy eingeladen war. McCarthy befürwortete ein Gesetz, das die CIA unter die Aufsicht des Außenpolitischen Senatsausschusses stellen sollte. Der manchmal etwas schrullige McCarthy forderte Helms auf, ihm Herkunft und Jahrgang des Tischweins zu nennen. Helms konnte die Frage nicht beantworten. Dann fragte McCarthy nach dem Namen der Soße, die zu einem Gericht gereicht wurde, und bat Helms, eine Blume aus der Tischdekoration botanisch zu bestimmen. Auch hier versagte Helms. McCarthy nickte wohlwollend und meinte, James Bond hätte die Prüfung besser bestanden.

Aber Helms hatte andere Dinge im Kopf. Der Präsident hatte ihm gesagt, wenn sich alles erwartungsgemäß entwickelte, könnte er damit rechnen, nach einiger Zeit Raborns Nachfolge anzutreten. Das war zwar keine feste Zusage, aber immerhin eine Möglichkeit. Später behaupteten Raborn und Johnson, Raborn habe sich nur für ein Jahr zur Verfügung gestellt, aber angesichts der angestrengten Suche nach dem richtigen Mann für diesen Posten erscheint das nicht ganz glaubhaft. Wir müssen vielmehr annehmen, daß Johnson damit gerechnet hat, Raborn werde diesen Posten für die ganze Amtsperiode des Präsidenten übernehmen, und seine Vereidigung im Weißen Haus am 28. April 1965 wurde mit einer großartigen Feier gewürdigt.

Johnson hatte es sich in den Kopf gesetzt, alle höheren Beamten der CIA zu dieser Zeremonie einzuladen, und zwar die stellvertretenden Direktoren, den Leiter des BNE und darüber hinaus alles, was im offiziellen Washington Rang und Namen hatte. Zu den Gästen gehörte auch James Angleton, der das fast krankhafte Bedürfnis hatte, anonym zu bleiben. Als Kim Philby ihn zwei Jahre später mit ein paar wenig schmeichelhaften Worten in seinen Memoiren erwähnte, war Angleton tief gekränkt.[19] »O mein Gott!« rief Angleton aus, als die Pressefotografen ins Zimmer kamen, »diese Leute werden uns womöglich fotografieren!« Er drückte sich in eine Zimmerecke und versuchte, hinter einem viel kleineren CIA-Beamten Deckung zu nehmen. Im gleichen Augenblick kam Präsident Johnson herein, sah sich um und kam direkt auf die Ecke zu, in der Angleton stand.

Angleton sieht auffallend gut aus, hat ein feingeschnittenes, sehr ausdrucksvolles Gesicht; sein breiter Mund verrät deutlich seine Emotionen, und der eine Mundwinkel kann Niedergeschlagenheit, ja fast Verzweiflung ausdrücken, während der andere sich zu einem sarkastischen Lächeln hebt. Aber als sich Präsident Johnson unmittelbar vor Angleton aufstellte und sich alle Kameras auf diese Zimmerecke richteten, verzerrte sich sein Gesicht vor Angst und Schrecken.

Schon vor seiner Vereidigung hatte Raborn seine Stellung bei der CIA angetreten und alle Mitarbeiter wissen lassen, daß er mit »Admiral« angesprochen werden wollte. Doch von Anfang an schien alles schief zu laufen. An dem Tag, als Johnson sich entschloß, einen Verband Marineinfanterie in die Dominikanische Republik zu schicken, war Ray Cline im Büro des Admirals und hörte, wie dieser ein Telefongespräch mit »Aye, aye, Sir«[20] beendete.

Raborns schroffer militärischer Stil, seine völlige Unerfahrenheit im Nachrichtendienst und seine außenpolitische Ahnungslosigkeit (»welchem Stamm in Liberia gehören die Oligarchen an?«) belasteten seine Arbeit schwer. Johnson verlangte von der CIA in Santo Domingo minutiöse Aufklärungsarbeit und keine Ratschläge, und Raborn versuchte, die Wünsche des Präsidenten zu erfüllen. Gegen die Vorbehalte von Helms und Desmond FitzGerald, der Helms als Leiter des Planungsdirektoriums abgelöst hatte, befahl Raborn, Beamte des Planungsdirektoriums unmittelbar dem Operationszentrum zuzuteilen, das er nach militärischen Gesichtspunkten eingerichtet hatte, um die Meldungen aus der Dominikanischen Republik innerhalb einer Stunde den für die Operation zuständigen Stellen in Washington zuzuleiten. Bis dahin hatten der Direktor der Abteilung für Nachrichtenbeschaffung und der Leiter des Planungsdirektoriums stets einen gewissen Abstand zueinander gewahrt. In diesem besonderen Fall klappte die Zusammenarbeit recht gut, aber Raborn verletzte mit seinen direkten Befehlen gewisse bürokratische Empfindlichkeiten. Und was noch schlimmer war: er kannte sich in den einzelnen Abteilungen der komplexen Organisation des Nachrichtendienstes nicht aus und lernte nur sehr langsam, mit diesem Apparat umzugehen. Als er eines Morgens in sein Büro kam, schaltete er seine Sprechanlage ein und ließ sich den Leiter des Büros für die aktuellen Nachrichten, Drexel Godfrey, geben.

»Wie kommen wir in der Dominikanischen Republik voran?« fragte Raborn.

Der etwas verwirrte Godfrey zögerte mit der Antwort.

»Was berichten unsere Agenten?« wollte Raborn wissen.

»Admiral, ich glaube, Sie sind mit dem falschen Büro verbunden«, sagte Godfrey. »Hier ist nicht die Operationsabteilung.«

»Ach, entschuldigen Sie,« sagte Raborn, »ich habe hier so viele Schaltknöpfe, ich weiß nie, auf welchen ich drücken muß.«

Raborn war nur relativ kurze Zeit Direktor der CIA, und es war keine glückliche Zeit für ihn. Die CIA lehnte ihn ab, wie der menschliche Körper sich gegen ein Transplantat wehrt. Geschichten über Raborns Ungeschicklichkeit und Unfähigkeit fanden den

Weg in die Washingtoner Presse, ein Zeichen dafür, daß der Gesellschaftsklatsch in Georgetown auf Hochtouren lief. Eine typische Anekdote aus dieser Zeit schildert Raborn bei einer Ansprache über Verwaltungstechniken vor CIA-Beamten in Langley, bei der immer wieder die für Raborn bezeichnenden humoristischen Sätze zitiert werden – »ich gehöre nicht zu den Leuten, die sich morgens die Hosen anziehen und glauben, die ganze Welt sei schon angezogen«. Dann gab er einen viel zu ausführlichen und umständlichen Bericht über PERT und Polaris. Die Ausführungen des Admirals waren unverständlich und hatten mit nachrichtendienstlichen Dingen nichts zu tun. Beim Verlassen des Vortragsraums wendete sich ein CIA-Beamter an seinen Kollegen und sagte: »Jetzt habe ich meine Zweifel daran, ob das System Polaris wirklich funktioniert.«

Alle diese Anekdoten hatten das gleiche Thema; bei Raborn vereinigten sich in gefährlicher Weise sein übermäßiges Selbstvertrauen und die außenpolitische Ahnungslosigkeit eines Mannes, der nur weiß, was er in den Zeitungen liest, und auch diese Informationsquelle nicht regelmäßig nutzt. Der schlimmste Schnitzer unterlief dem Admiral eines Morgens bei einer Stabsbesprechung, als er die Diskussion damit eröffnete, daß er eben etwas Interessantes über Zwistigkeiten zwischen Russen und Chinesen gelesen habe. Wie ein CIA-Beamter berichtet, der an dieser Sitzung teilgenommen hat, quittierten die Anwesenden diese Bemerkung mit eisernem Schweigen.

»Nein, hört einmal zu, Jungs, das ist wirklich wichtig.« Er wendete sich an Ray Cline, den stellvertretenden Direktor für die Nachrichtenbeschaffung, und sagte: »Bitte arbeiten Sie zu diesem Thema einen Bericht aus.«

Ray Cline hatte den Bruch zwischen China und der Sowjetunion seit der Zeit eingehend studiert, als die Chinesen 1956 die russische Reaktion auf einen Aufstand in Polen kritisierten. Wahrscheinlich gab es kein anderes Thema, das im Verlauf der vergangenen zehn Jahre so gründlich analysiert worden war und über das die mit dieser Arbeit Beauftragten leidenschaftlicher diskutiert hatten. Es war immer und immer wieder in allen Einzelheiten erörtert worden, und es gab in Washington wohl kaum noch jemanden, der daran zweifelte, daß der sowjetisch-chinesische Block aufgehört hatte zu bestehen.[21] Raborn hatte mit

Staunen entdeckt, daß die Welt rund war. Cline sagte höflich, diese Frage sei schon sehr gründlich untersucht worden, und diesmal bestünde sicherlich kein Anlaß, eine neue Studie darüber anzufertigen.

Aber Raborn beharrte auf seinem Verlangen. Er wisse nicht genau, ob Cline die Bedeutung dessen begriffen habe, was er entdeckt hätte; der Widerspruch seines Untergebenen gefiel ihm absolut nicht. Cline wiederholte, was er gesagt hatte: Die nachrichtendienstliche Abteilung hatte diese Frage sehr gründlich untersucht. Aber nun wurde Raborn aggressiv. »Sie nehmen das nicht ernst. Legen Sie mir alle schriftlichen Unterlagen zu diesem Thema vor. Ich will alle diese Berichte lesen.«

Clines Geduld war am Ende. »Und wie soll ich das machen? Soll ich einen Schubkarren benutzen?«

Es gab verschiedene Gründe dafür, daß Raborn als Direktor der Central Intelligence so bald scheiterte. Zum Teil lag es an der ablehnenden Haltung der Beamten dieser Behörde, denn sie registrierten jeden Fehler, und sofort wußte das gesamte offizielle Washington Bescheid. Ihnen ging es um die Selbstachtung der CIA; viele Mitarbeiter glaubten, sie hätten sich während der Kubakrise bewährt, und sie verlangten einen Direktor, der ein Fachmann war und der CIA den guten Ruf und den Schwung zurückgeben konnte, die diese Behörde unter Dulles gekennzeichnet hatten. Das konnte nur ein erfahrener »weißer Agentenführer« tun, aber nicht jemand, der dort, wo er am wenigsten wußte, am meisten zu wissen behauptete. Nicht lange nach Raborns Ausscheiden fragte die Frau eines anderen Marineoffiziers einen CIA-Beamten ärgerlich: »Wie konnten Sie dem armen Red Raborn das antun?« Irgendwie hatte sie recht. Beamte des Nachrichtendienstes hatten Raborn rücksichtslos bloßgestellt. Aber auch die CIA hatte recht; Raborn war für seinen Posten hoffnungslos ungeeignet gewesen.

Der Direktor der Central Intelligence muß aus guten Gründen politisch neutral bleiben, denn bei politischen Entscheidungen – etwa im Kriege – bleibt die Wahrheit oft zuerst auf der Strecke. Wenn sich Männer zusammensetzen, um das Geschick ganzer Nationen zu entscheiden, dann sollte auch jemand dabeisein, der sich in erster Linie den Tatsachen verpflichtet fühlt. Nach dem Gesetz zur Wahrung der nationalen Sicherheit aus dem Jahr 1947 soll der Direktor der Central Intelligence diese Aufgabe übernehmen. Es besteht jedoch ein Unterschied zwischen Neutralität[22] und Unwissenheit. Im Hinblick auf die Frage, was in der Dominikanischen Republik geschehen sollte, war Raborn nicht nur neutral, sondern völlig ahnungslos.

Sehr bald nachdem Johnson die Marineinfanterie nach Santo Domingo geschickt hatte, ließ sich Raborn von Ray Cline zu einer Sitzung des Nationalen Sicherheitsrats ins Weiße Haus begleiten. Als sie dort ankamen, stellten sie fest, daß die Sitzung nicht stattfinden konnte, weil der Präsident mit einer Halsentzündung zu Bett lag. Cline schreibt in seinen Memoiren: »Aber als der Präsident erfuhr, daß wir gekommen waren, bat er uns zu sich in sein Schlafzimmer, wo überall Zeitungen herumlagen. Der immer aktive Johnson war offensichtlich nicht sehr krank, sondern langweilte sich und machte sich Sorgen um die Lage in der Dominikanischen Republik. Er bat mich, ihn über die neuesten Entwicklungen zu unterrichten. Nach meinem Vortrag sagte er wehmütig: ›Wie, zum Teufel, kann ich nur meine Soldaten aus diesem verdammten Durcheinander herausbekommen?‹ Admiral Raborn meinte zuversichtlich: ›Vielleicht kann Dr. Cline einen Vorschlag machen!‹«

Cline kam dieser Aufforderung nach. Vor einiger Zeit hatte Desmond FitzGerald ihm gesagt, der ehemalige dominikanische Präsident Joaquin Balaguer, der jetzt im New Yorker Exil lebte, könne vielleicht Herr der Lage werden. Cline sagte dem Präsidenten, die Truppen müßten so lange im Lande bleiben, bis ein Nicht-Kommunist die Regierung übernommen hätte. Cline nannte auch alle möglichen Kandidaten und begründete bei jedem einzelnen, weshalb er nicht in Frage käme. Schließlich sagte er, Balaguer könnte diese Aufgabe noch am ehesten bewältigen.

»Das ist die Lösung«, sagte Johnson. »Das werden wir tun. Sorgen Sie dafür, daß der Bursche die Regierung übernimmt!«[23]

Bevor Johnsons Anweisungen befolgt werden konnten, hatte Ray Cline Washington längst verlassen, und Raborn stand kurz vor seinem Abschied. Cline war einmal zu oft mit dem Admiral aneinandergeraten und beantragte 1966 bei Helms seine Versetzung zu einem CIA-Außenbüro in Übersee. Helms, der als stellvertretender Direktor einen so großen Einfluß innerhalb der Behörde hatte wie noch nie, ließ Cline zum Chef des Frankfurter

Büros in der Bundesrepublik Deutschland ernennen.[24] Doch vor seiner Abreise suchte Cline Clark Clifford beim Beratungsausschuß des Präsidenten für den Auslandsnachrichtendienst auf und sagte ihm, Raborn müsse gehen. Gegenüber McGeorge Bundy äußerte er sich im gleichen Sinne. Clines Vorstoß war nur einer von vielen; jeder wußte inzwischen über Raborn Bescheid. Im Frühjahr 1966 sagte Johnson den Journalisten auf einer der improvisierten Pressekonferenzen, die er auf seinen Spaziergängen durch den Park des Weißen Hauses abzuhalten pflegte, die Ernennung von Raborn sei nur eine Zwischenlösung gewesen, der Admiral habe sich nur für ein Jahr zur Verfügung gestellt, und diese Zeit sei jetzt um. Johnson habe Raborn gesagt, er müsse Helms zu allen Vorträgen ins Weiße Haus mitbringen, denn Helms sollte anschließend den Posten des Direktors der Central Intelligence übernehmen. Vielleicht ist das so gewesen, doch ein zweiter Grund für die Ernennung von Helms war die Tatsache, daß Johnson auf der Suche nach einem Direktor vor einem Jahr das Unterste zu oberst gekehrt hatte und mit seinen Bemühungen nicht wieder von vorn beginnen wollte. Im Juni 1966 wurde Helms als erster Fachmann auf dem Gebiet des Nachrichtendienstes, der sich bis an die Spitze seiner Behörde heraufgearbeitet hatte, zum Direktor ernannt.

11. Kapitel

Als Richard Helms am 30. Juni 1966 als Direktor der Central Intelligence vereidigt wurde, glaubten viele CIA-Angehörige – das heißt, einige hofften und andere fürchteten es –, daß das Planungsdirektorium jetzt tonangebend sein werde.[1] Wie ein Beamter der CIA erzählt, leitete Helms das Planungsdirektorium »aus dem Handgelenk«,[2] besonders, nachdem Thomas Karamessines 1967 Desmond FitzGerald abgelöst hatte. Die Befürchtungen des stellvertretenden Direktors der CIA, die Behörde werde jetzt ganz unter den Einfluß des Planungsdirektoriums geraten, bewahrheiteten sich nicht, und obwohl die CIA inzwischen zu groß geworden war, als daß sie innerhalb so enger Grenzen hätte geleitet werden können, liegt der wahre Grund doch anderswo. Er läßt sich in ein einziges Wort fassen: Vietnam.

Während seiner kurzen Amtszeit hatte Admiral Raborn einen neuen Posten eingerichtet, den des Sonderbeauftragten des Direktors für vietnamesische Angelegenheiten. Diese Aufgaben wurden zunächst von Peer De Silva wahrgenommen, einem ehemaligen Stationschef in Saigon, der schwer verletzt worden war, als die Bombe eines Terroristen das Glasfenster in seinem Büro in der amerikanischen Botschaft zertrümmerte. Im September 1966 bot Helms den Posten dem jungen Analytiker George Carver an, einem kleinen, blonden ehemaligen Yale-Studenten, der die Gabe hatte, sich sehr klar auszudrücken. Einer seiner Kollegen sagt: »Carver kann mit weniger Material mehr tun als irgend jemand, den ich kenne.« Als Helms Carver aufforderte, De Silvas Nachfolge anzutreten, sagte er: »Ich kann mir Sorgen um Indochina oder um die ganze übrige Welt machen. Jetzt möchte ich, daß Sie sich Sorgen um Indochina machen.«

Lyndon Johnson war vom Vietnamproblem ebenso besessen, und es sollte in gleicher Weise sein Schicksal werden, wie Kuba es für John F. Kennedy und wie die nach links tendierenden »Neutralisten« es als »schwarze Schafe« für Foster Dulles gewesen waren. 1965 hatte Johnson in Vietnam zwei wichtige Entscheidungen getroffen. Im Februar befahl er die Bombenangriffe gegen den Norden und schickte im Juli starke amerikanische Truppenverbände nach Südvietnam. Damit begann für die Vereinigten Staaten ein amerikanischer Krieg. Während der folgenden drei Jahre stand die Regierung Johnson unter dem ständigen Druck des Pentagon, das eine Verstärkung der Bombenangriffe verlangte, die Truppenstärke in Südvietnam erhöhen wollte und (nicht ganz so energisch) forderte, den Krieg auf Kambodscha und Laos auszudehnen. Johnson fügte sich allmählich diesen Forderungen, wenn auch widerwillig und mit schlechtem Gewissen. Der Krieg in Washington war ein Papierkrieg; da gab es Berichte der CIA aus dem Büro für aktuelle Feindnachrichten und dem BNE, Berichte des Präsidenten, die von den Beratern des Weißen Hauses verfaßt worden waren, Berichte des Außenministeriums und der Joint Chiefs of Staff, Telegramme des Botschafters in Saigon und des Befehlshabers der amerikanischen Streitkräfte in Vietnam (COMUSMACV), Studien des Nachrichtendienstes des Verteidigungsministeriums (DIA) und die Papiere des United States Intelligence Board, des nachrichtendienstlichen Ausschusses der Vereinigten Staaten. Die vom Verteidigungsministerium herausgegebene »Geschichte der Entscheidungen der Vereinigten Staaten in Vietnam«, die sogenannten Pentagon-Papiere,[3] vier Bände mit 2 800 Seiten, enthält nur einen ganz geringen Teil der Papierflut, mit der das offizielle Washington seinen Krieg führte. Der Kern, um den es bei dieser großen Diskussion ging, die vom Juli 1965 bis Ende März 1968, zweiunddreißig Monate, geführt wurde, bestand aus zwei Fragen, die Johnson mit seinen Entscheidungen 1965 aufgeworfen, aber nicht beantwortet hatte: Wie stark sollten die Bombenangriffe sein, und wie viele amerikanische Soldaten sollten in Vietnam eingesetzt werden?

Die Gründe für diese Diskussion sind überraschend einfach. Johnson hatte die Vereinigten Staaten praktisch zu einem militärischen Sieg verpflichtet, aber niemand wußte, wie das zu erreichen war. Die Aufnahme der Bombenangriffe und die Entsendung vom Kampftruppen waren eine Reaktion auf die Befürchtung, Saigon stünde im späten Frühjahr 1965 kurz vor dem Zusammenbruch. Das war eine der wenigen nachrichtendienstlichen Lagebeurteilungen in diesem Krieg, mit der alle Beteiligten übereinstimmten. Aber niemand wußte genau zu sagen, was mit den Bombenangriffen erreicht werden sollte oder wie die amerikanischen Verbände den Gegner am Boden besiegen könnten. Bis dahin hatten sich die Untersuchungen der CIA und anderer Stellen mit peripheren Fragen beschäftigt, wie etwa mit Vermutungen über die Reaktion der Sowjets oder der Chinesen auf die Eskalation des Krieges durch die Vereinigten Staaten. Besonders die Entscheidung, Nordvietnam zu bombardieren, gründete sich auf nichts anderes als auf den Instinkt Johnsons, der sich zugegebenermaßen nach den endlosen offiziellen Diskussionen dazu entschlossen hatte und glaubte, damit beweisen zu können, sein Entschluß, den Gegner »empfindlich zu treffen«, werde sich irgendwie entscheidend auswirken. McNamara hatte eine eher strategische Rechtfertigung. Er behauptete, die Bombenangriffe würden die Moral im Süden stärken und den Krieg für den Norden »kostspieliger« machen; aber später mußte er zugeben, daß weder die CIA noch das Pentagon im einzelnen nachgewiesen hatten, wieso die Bombenangriffe die »Kosten« auf eine »nicht mehr vertretbare Höhe« steigern würden und ob sich das mit Luftangriffen überhaupt erreichen ließ. Die wirklich ernsthaften Studien sind alle erst später entstanden; auf den Papierkrieg folgte der heiße Krieg, und wenn Helms nicht immer die Zeit hatte, sich mit den praktischen Problemen der nachrichtendienstlichen Aufklärung zu beschäftigen, die sein besonderes Spezialgebiet war, dann, weil die CIA, ob sie es wollte oder nicht, in den gewaltigen Papierkrieg hineingezogen wurde. Sehr bald nach Helms' Ernennung zum Direktor der Central Intelligence erwirkte McNamara Johnsons Erlaubnis, von der CIA eine laufende Untersuchung über die Auswirkungen der Luftangriffe zu verlangen – eine Entscheidung, über die sich das Pentagon und der militärische Nachrichtendienst ärgerten. Den Militärs gefiel es nicht, daß sich die CIA um die Details militärischer Operationen kümmerte. Von dieser Zeit an stand die CIA im Mittelpunkt der leidenschaftlich geführten Debatte.

Während der ganzen Amtsperiode von Präsident Johnson nahm die CIA konsequent die gleiche Haltung ein. Im ersten Jahr des großen Krieges hatte sich die Behörde ebenso wie die Regierung gewisse Hoffnungen gemacht. Später erklärte sie – manchmal sehr direkt, dann wieder mit gewissen Vorbehalten –, daß die Bombenangriffe nicht die gewünschte Wirkung hätten. Weder hatten sie Hanoi von dem Entschluß abbringen können, den Krieg fortzusetzen, noch waren dadurch die Verbindungslinien von Nordvietnam in den Süden unterbrochen, ja nicht einmal wesentlich behindert worden. Im Dezember 1965 hatte McNamara, von dem die Joint Chiefs of Staff die Genehmigung für Luftangriffe gegen den Hafen von Haiphong und bestimmte Kraftstofflager verlangt hatten, die CIA um eine Studie über die möglichen Auswirkungen solcher Angriffe gebeten. Am 28. Dezember schrieb Helms, der zu dieser Zeit Raborn als Direktor der Central Intelligence vertrat: »Obwohl es wahrscheinlich einen Punkt gibt, an dem der Gegner nach einer weiteren Drehung der Schraube seinen Widerstand gegen Verhandlungen aufgeben wird ... glauben wir nicht, daß die Bombardierung der Anlagen in Haiphong solche Auswirkungen haben wird.«[4] Helms erklärte jedoch, die Angriffe würden es Hanoi erschweren, den Krieg fortzusetzen, die Nordvietnamesen würden bei der Versorgung ihrer Truppen im Süden größere Schwierigkeiten bekommen, und die Industrieproduktion im Norden werde darunter leiden. Mit einer Verstärkung der Bombenangriffe könne man den Krieg zwar nicht gewinnen, dem Gegner aber doch empfindlichen Schaden zufügen.

Das waren keine sehr überzeugenden strategischen Vorstellungen; Clausewitz hat nie behauptet, daß es einen militärischen Nutzen habe, dem Gegner empfindlichen Schaden zuzufügen. Er hat gesagt, das feindliche Kriegspotential, die feindlichen Armeen und Versorgungsbasen sollten das Ziel aller militärischen Operationen sein. Aber nach den von Johnson aufgestellten Grundsätzen für den Krieg in Vietnam und vor allem nach seiner Weigerung, in den Norden vorzustoßen, gab es keine Möglichkeit, die feindlichen Streitkräfte zu vernichten. Die amerikanische Strategie mußte sich daher auf den Versuch beschränken, Hanoi davon zu überzeugen, daß seine Anstrengungen nicht der Mühe wert seien. Hanoi hatte zwar in dieser Richtung keinerlei Flexibilität gezeigt, aber im ersten Jahr des großen Krieges glaubten die CIA, das Pentagon, McNamara und der Präsident vielleicht, die Luftstreitkräfte könnten mit ihren verheerenden Bombenangriffen den Erfolg erzwingen.

Auf dem Höhepunkt einer neuen Debatte im März über die möglichen Auswirkungen einer Bombardierung der Kraftstofflager beurteilte die CIA die Aussichten auf einen Erfolg der Bombenangriffe am optimistischsten. Bis dahin hatte sie die Auffassung vertreten, die Auswirkungen der Angriffe seien unbedeutend. Dafür hatte sie vor allem »die Beschränkungen, die den Bodentruppen auferlegt sind«, verantwortlich gemacht, mehr oder weniger aber auch die Verminung des Hafens von Haiphong und die intensivere Bombardierung der Nordregion von Nordvietnam empfohlen, um damit »den Widerstandswillen des Regimes«[5] zu lähmen.

Unmittelbar nach den Luftangriffen gegen die Treibstofflager am 29. Juni 1966 waren die CIA und der militärische Nachrichtendienst von den Folgen begeistert, aber am 12. September hatte die CIA ihre Meinung geändert. Man hatte mit diesen Angriffen kaum etwas erreicht. In der Folgezeit hat die CIA nie wieder große Erwartungen in die Wirkung der Luftangriffe gesetzt, und auch McNamara tat das nicht. Die Lagebeurteilung der CIA ging jetzt vor allem von einer strategischen Grundvorstellung aus; Hanoi wollte erreichen, daß die Vereinigten Staaten des Krieges überdrüssig wurden. Keine noch so starken Bombenangriffe konnten die Nordvietnamesen zwingen, den Krieg einzustellen.[6] Eine ganze Flut von Schriftmaterial – zu dem Vorschlag, Haiphong anzugreifen, die Angriffe gegen die Nachschublinien zu intensivieren oder sie auf den südlichen Pfannenstiel unterhalb des 20. Breitengrades zu beschränken – brachte schließlich nichts anderes als die Erkenntnis, daß sich Hanoi mit solchen Maßnahmen nicht von dem Entschluß abbringen ließ, den Krieg fortzusetzen.[7]

In einer typischen Studie der CIA vom Mai 1967 hieß es: »Mit den siebenundzwanzig Monate andauernden Bombenangriffen haben die Vereinigten Staaten die Gesamtstrategie Hanois zur Fortführung des Krieges kaum beeinflussen können; an den optimistischen Langzeiterwartungen der Kommunisten und ihrer politischen Taktik im Hinblick auf Verhandlungen hat sich kaum etwas geändert. Die Intensivierung der amerikanischen Luftoperationen hat die Überzeugung der nordvietnamesischen Führung nicht erschüttert, sie könne die Bombenangriffe ertragen und einen Zermürbungskrieg länger aushalten als die Vereinigten

Staaten und Südvietnam. Sie sind auch nicht von ihrer Überzeugung abgegangen, diese Bewährungsprobe des Kampfwillens und der Ausdauer werde in erster Linie durch den Ausgang der Kämpfe der Bodentruppen im Süden und nicht durch den Einsatz der Luftstreitkräfte im Norden entschieden werden.«[8]

In einer anderen Studie aus der gleichen Zeit brachte die CIA ihre Auffassung noch deutlicher zum Ausdruck: »Außer einem Vorstoß mit starken Verbänden nach Norden oder einem Angriff mit Kernwaffen gibt es wahrscheinlich keine Möglichkeit, Hanoi durch den Einsatz von Luft- oder Seestreitkräften gegen Nordvietnam so empfindlich zu treffen, daß es gezwungen wird, den Krieg zu beenden.«[9]

Die CIA war jedoch nicht die einzige Behörde, die zu dieser Frage ihre Meinung äußerte. Die allgemeine Diskussion behandelte fast jeden Aspekt der Krieges. Worum es dabei ging, zeigt sich recht deutlich in einem zwei Seiten starken Dokument, das die Historiker des Verteidigungsministeriums in den Akten von John T. McNaughton gefunden haben, eines Strategen aus dem Verteidigungsministerium, der darin die wichtigsten Meinungsverschiedenheiten aufzählt, die es Mitte 1967 zwischen folgenden Persönlichkeiten und Dienststellen gegeben hat: McNamaras Stellvertreter Cyrus Vance; General Earle Wheeler von den Joint Chiefs of Staff; der CIA; dem Sicherheitsberater des Präsidenten Walt Rostow und dem Büro des Außenministeriums für Nachrichtendienst und Forschung (INR). Der Text lautet wie folgt:

MEINUNGSVERSCHIEDENHEITEN

1. Westmoreland-McNamara über die Frage, ob Kurs A (ein Sonderprogramm für die Luftangriffe) zu einer früheren Beendigung des Krieges führen werde.

2. Vance-CIA über die Fähigkeit der Nordvietnamesen, die Streitkräfte im Süden zu verstärken.

3. Wheeler-Vance über die militärischen Auswirkungen der Beschränkung der Bombenangriffe gegen das Gebiet südlich des 20. Breitengrades und über die Frage, ob damit die amerikanischen Verluste verringert werden könnten.

4. Die CIA glaubt, die Chinesen würden unter Umständen nicht intervenieren, wenn ein Einmarsch nach Nordvietnam das Regime in Hanoi nicht zu bedrohen schiene. Vance behauptet, ein Einmarsch nach Nordvietnam werde eine chinesische Interven-

tion zur Folge haben. Vance glaubt, die Chinesen könnten sich zur Intervention entschließen, wenn die Häfen vermint würden; die CIA erwähnt diese Möglichkeit nicht.

5. Die CIA und die Mission (die amerikanische Botschaft in Vietnam) sind anderer Auffassung als Vance in der Frage, ob wir den Wendepunkt erreicht hätten oder nicht, und in weiterem Sinne darüber, wie günstig der »große Krieg« für uns verläuft. Eine Analyse der CIA, der eine spätere Erklärung der CIA widerspricht, vertritt die Auffassung, die strategische Position des Gegners habe sich während des vergangenen Jahres gebessert.

6. CIA-INR über die Frage, ob Hanoi uns zu erschöpfen sucht (CIA) oder im Süden entscheidendere militärische Erfolge erringen will (INR).

7. INR hält die Bombenangriffe für wirksamer als die CIA.

8. Vance und die CIA sagen, wir hätten alle wichtigen Ziele in Nordvietnam getroffen außer den Häfen. Wheeler widerspricht dieser These.

9. Die CIA spricht von vermehrtem Druck und erklärt, der Druck werde sich als Folge des Kurses A verstärken. Vance sagt, man könne mit diesem Druck fertigwerden, auch wenn man Kurs A einschlüge.

10. Rostow meint, die Einberufung von Reservisten werde Hanoi zeigen, daß wir es ernst meinen und Truppenverstärkungen heranführen wollen – Vance glaubt, die Einberufung von Reservisten werde zu Kontroversen führen, und das müßte Hanoi ermutigen. Würde die Einberufung nicht zeigen, daß wir Ersatzschwierigkeiten haben?

11. Es gibt Meinungsverschiedenheiten zwischen Bundy und Vance darüber, wie weit es uns gelungen sei, uns gegen China abzusichern, und ob unsere Verpflichtungen enden, wenn die Südvietnamesen sich nicht selbst helfen; über die Rolle der NLF im politischen Leben, über die Umsiedler und das Recht der Vereinigten Staaten und Nordvietnams, nach einer Friedensregelung befreundete Kräfte in Südvietnam zu unterstützen.[10]

Während des ganzen Papierkrieges war Helms gewissermaßen ein General der Bürokratie; er war Vorsitzender des United States Intelligence Board (des nachrichtendienstlichen Ausschusses der Vereinigten Staaten). Dort stritten die CIA, die DIA, die NSA und das INR sich darüber, welche offizielle Beurteilung der Lage in Vietnam die richtige sei. Er nahm regelmäßig an den Sitzungen des Nationalen Sicherheitsrats und den Ad hoc-Besprechungen im Weißen Haus teil, die regelmäßig abgehalten wurden, um über die nächsten Schritte auf allen möglichen Gebieten zu beraten. Nach dem arabisch-israelischen Krieg im Juni 1967 gehörte er außerdem zu den Gästen bei dem von Johnson an jedem Dienstag veranstalteten Arbeitsessen. Kurz gesagt, Helms gehörte jetzt zum inneren Kreis und war einer der etwa zwölf höchsten Beamten, von denen sich der Präsident wirklich beraten ließ. Seine Beziehungen zu Johnson waren vielleicht nicht so intim wie die McNamaras oder Rostows, aber er besaß das Vertrauen des Präsidenten, wie es John McCone nie besessen hatte. Seinen Erfolg hatte er in erster Linie den nachrichtendienstlichen Leistungen der CIA im arabisch-israelischen Konflikt zu verdanken.

Ende Mai 1967, als die Krise sich so sehr zugespitzt hatte, daß mit dem Ausbruch von Feindseligkeiten gerechnet werden mußte, wandte sich der amerikanische Botschafter bei den Vereinten Nationen, Arthur Goldberg, an Johnson und widersprach entschieden der Lagebeurteilung des Nachrichtendienstes. Danach wurde die Stärke Israels angeblich zu optimistisch eingeschätzt. Goldberg verlangte von Johnson, er solle seine diplomatischen Bemühungen um einen Kompromiß aufgeben und Israel unterstützen, das sich an drei Fronten von feindlichen Armeen bedroht sähe. Johnson wollte das nicht. Er forderte die CIA auf, eine Studie über die militärische Kapazität Israels anzufertigen. Sherman Kent und das BNE verfaßten im Lauf eines Tages eine entsprechende Schrift, und am Abend des 26. Mai übergab Helms das Schriftstück im Außenministerium Dean Rusk und Walt Rostow. Die CIA vertrat darin die Auffassung, die Israelis würden den Krieg innerhalb von sieben bis zehn Tagen gewinnen. Rusk fragte: »Stehen Sie dazu?«

Helms bestätigte das.

»Nun«, sagte Rusk, »wenn es ein Irrtum ist, dann ist es ein Irrtum, der sich sehen lassen kann – um mit Fiorello La Guardia zu sprechen.«

Rusk selbst hielt beide Seiten für etwa gleich stark, und Johnson forderte Helms auf, die Frage noch einmal zu prüfen. Für die zweite Lagebeurteilung brauchte Helms 48 Stunden. Jetzt stimmte auch die amerikanische Armee der CIA darin zu, daß die Israelis den Krieg innerhalb von zehn Tagen gewinnen würden (in Wirklichkeit hatte man wahrscheinlich mit einer Woche gerechnet, aber in dem Papier der CIA wurde die Dauer des Konflikts für eine etwas längere Zeit ausgewiesen, um sicher zu gehen).[11] Aufgrund dieser Lagebeurteilung gab Johnson dem Drängen derjenigen nicht nach, die Israel mit allen Mitteln unterstützen wollten. Die CIA hatte die Lage mit solcher Sicherheit und Genauigkeit analysiert – die Israelis gewannen den Krieg in sechs Tagen –, daß Johnson sich veranlaßt sah, Helms jetzt an den jeden Dienstag stattfindenden Arbeitsessen teilnehmen zu lassen.[12]

Helms vertrat nie seinen persönlichen Standpunkt; er wußte, was die CIA wußte, und er beurteilte die Lage ebenso wie seine Behörde. Niemand hatte ihn je nach seiner privaten Meinung gefragt, und auch Johnson hat ihn augenscheinlich nie zur Seite genommen und gesagt: »Dick, nehmen Sie noch einen Drink und sagen Sie mir, wie sieht es dort denn *wirklich* aus?«

Hätte der Präsident das getan, hätte Helms ihm wahrscheinlich das gleiche gesagt wie einem Kollegen aus der CIA: »Wir können einen solchen Krieg nicht führen, nicht gegen eine Bande von Fanatikern, die nichts weiter brauchen als einen Sack Reis.« Vielleicht hätte er erklärt, ein Krieg mit Bodentruppen sei in Asien nicht zu gewinnen. Wir hätten in Vietnam ebenso vorgehen sollen wie in Laos, wo an Stelle von amerikanischen Truppen einheimische Verbände kämpften; daß der große Krieg, den zu führen wir uns entschlossen hatten, nicht groß genug sei, und daß wir uns mit den Beschränkungen, die wir uns bei den Luftangriffen und der Stärke unserer Bodentruppen auferlegten, selbst die Hände gebunden hätten. Diese Argumente entsprachen Helms' Auffassung von der Lage. Vielleicht hätte er dem Präsidenten auch gesagt, was er gegenüber dem CIA-Beamten Tom McCoy äußerte. Im Juni 1968 suchte McCoy Helms bei der CIA auf, um ihn zu fragen, ob die Militärs mit ihren Ansichten über die Wirksamkeit der Bombenangriffe recht hätten.

Helms sagte ihm: »In gewisser Weise sicher. Sehen Sie her: Vor Beginn der Bombenangriffe schickten sie drei Mann nach Süden, wenn sie dort zwei Mann brauchten. Jetzt müssen sie fünf schicken. Wir sind bereit, Flugzeuge zu verlieren; sie nehmen Menschenverluste in Kauf. Deshalb ändert sich die Lage in

Wirklichkeit nicht. Bei den blutigen Verlusten gibt es einen Unterschied. Es gibt mehr Tote. Aber unter dem Strich kommt gar nichts dabei heraus.«

Aber Helms sah es eben nicht als seine Aufgabe an, privat Stellung zu beziehen. Man stellte ihm Fragen, klar und fest umrissene Fragen: Über wie viele Lastwagen verfügt Hanoi? Wie viele dieser Lastwagen können wir durch Bombenangriffe der Stärke X zerstören? Genügt Stärke Y oder Z? Und diese Fragen mußte Helms schriftlich beantworten. Ihm unterstanden die Männer, die solche Gleichungen mit der Algebra des Krieges lösen konnten; das war ein unblutiger Krieg, geführt von Männern in eleganten Straßenanzügen, die um polierte Konferenztische saßen und mit vollgestopften Aktentaschen bewaffnet waren. Helms gehörte nicht zu den Leuten, die mit der Faust auf den Tisch schlagen, plötzlich laut werden und ihre Gegner mit Fangfragen in die Enge zu treiben suchen oder Kritik mit Sarkasmus beantworten. Es war der Typ des kühlen Anwalts, der die Auffassungen seiner Behörde schriftlich vorlegte und sie schriftlich begründete – ein Papier-General in einem Papier-Krieg.

Der wirkliche Krieg wurde in Vietnam geführt. Dort kämpfte die CIA mit den Waffen, die sie während des Kalten Krieges entwickelt hatte, und das erste größere Unternehmen begann sehr bald nach der Niederlage der Franzosen bei Dien Bien Phu. Bei Beginn des großen Krieges im Jahr 1965 wurde von allen Außenbüros der CIA Personal abgezogen, um das Büro in Saigon zu verstärken, das den Decknamen Office of Special Assistance (Büro für Sonderunterstützung – OSA) trug und der amerikanischen Botschaft angegliedert war. Diesem Büro gehörten am Schluß mehr als tausend Personen an. Dazu kamen die doppelte oder dreifache Zahl angeworbener Agenten, die für die unterschiedlichsten Projekte eingesetzt wurden. Sie wurden zur Beschaffung von Nachrichten verwendet und beteiligten sich an allen möglichen politischen und geheimen Aktionen. Eines der umfangreichsten Unternehmen dieser Art fand nicht in Vietnam, sondern im benachbarten Laos statt, wo die CIA aus Angehörigen des Stammes der Meo unter General Vang Pao eine Armee aufstellte, die vom unzugänglichen Hochland aus den Pathet Lao und seine nordvietnamesischen Verbündeten bekämpfte.

Mit der Ausweitung des Krieges in Vietnam intensivierte sich auch die Kampf- und Aufklärungstätigkeit der Meo-Armee, die militärisch immer aktiver wurde und Störaktionen gegen nordvietnamesische Truppenbewegungen auf dem Ho Chi Minh-Pfad durchführte. 1962 hatte ein halbes Dutzend CIA-Beamte aus ein paar hundert Meos schwache Guerillaeinheiten aufgestellt. Jetzt aber war aus diesem Unternehmen eine 30 000 Mann starke Armee mit Truppenteilen in Bataillonsstärke geworden, die selbständig operierten. Das zwang auch die Nordvietnamesen zu größeren Anstrengungen. Nachdem die Vereinigten Staaten in Thailand Basen für ihre Luftangriffe gegen Nordvietnam eingerichtet hatten, sicherten die Meos die auf den laotischen Bergen als Navigationshilfen aufgestellten Signalfeuer. Ein lokaler Krieg eskalierte zu einem unkontrollierten großen Krieg. Zunächst hatte die CIA den Meos in ihrem Kampf gegen den Pathet Lao geholfen, doch jetzt war aus der Operation ein größeres Unternehmen im Rahmen des Krieges gegen Nordvietnam geworden. Die Folge war der Untergang des Meo-Volkes. 1962 hatte es vielleicht eine Viertelmillion Meos gegeben; 1975 entkam nur noch ein kläglicher Rest von etwa zehntausend nach Thailand.[13]

Die Verwendung der Meos durch die CIA hatte einen moralischen Aspekt, aber das kümmerte den Außenpolitischen Senatsausschuß in den 1970er Jahren nicht, als Stuart Symington ebenso wie andere sein Erstaunen, seine Empörung und seinen Ärger zum Ausdruck brachte, weil er jetzt zum erstenmal feststellte, daß die CIA hier einen »geheimen Krieg« geführt hatte. Symington war als Mitglied des Streitkräfteausschusses des Senats ausführlich unterrichtet worden, als George Carver die Armee von Vang Pao als Teil eines Programms der CIA in Laos bezeichnete. Später war Symington auf einer Reise nach Südostasien Gast des Stationschefs in Vientiane, Ted Shackley, gewesen, und er forderte Shackley nun persönlich auf, am 5. Oktober 1967 vor dem Streitkräfteausschuß auszusagen. Am Schluß der Anhörung bezeichnete er das Programm in Laos als eine vernünftige Methode der Kriegführung. Symington sagte, die CIA gäbe dort innerhalb eines Jahres soviel aus wie die Armee der Vereinigten Staaten in Vietnam an einem einzigen Tag verbrauchte.

In Vietnam selbst gab es nur paramilitärische Operationen geringeren Umfangs. Anfang der 60er Jahre begann die CIA, bei den Montagnards im Zentralen Hochland militärische Einheiten aufzustellen. Dieses Bergvolk wurde von der übrigen vietnamesischen Bevölkerung verachtet und war dem Viet Kong (und später den Nordvietnamesen), die in der Nähe operierten, feindlich gesinnt. Doch im Sommer 1963 verlangten die Montagnards von Saigon die Autonomie. Dabei kam es fast zu einer militärischen Revolte (die, wie man annahm, von den amerikanischen Militärberatern stillschweigend unterstützt wurde), und die amerikanische Armee übernahm die Leitung der Operationen.

Die CIA leitete auch grenzüberschreitende Unternehmungen zur Feindaufklärung und Beunruhigung des Gegners in Kambodscha und Laos sowie ehrgeizigere, aber weniger wirkungsvolle Operationen gegen Nordvietnam selbst. Dabei ging man ähnlich vor wie bei der Einschleusung von Agenten in den Sowjetblock und die Volksrepublik China. Kleine Gruppen bewaffneter Männer wurden mit dem Fallschirm abgesetzt oder an der nordvietnamesischen Küste gelandet. Sie gaben dann ihre Meldungen über Funk durch, führten kleinere Kommandounternehmungen aus, um Hanoi zur militärischen Sicherung wichtiger Objekte im eigenen Land zu veranlassen, und versuchten sogar, den Widerstand gegen das Regime zu schüren – ein von vornherein zum Scheitern verurteiltes Unternehmen. Es gehörte eine gute Portion Zynismus dazu, diese Todeskommandos in feindliches Gebiet zu schicken, denn nur wenige kamen zurück, und der Erfolg war gleich Null. Als Präsident Johnson Ende Oktober 1968 die Einstellung aller Luftoperationen über Nordvietnam (mit Ausnahme des Abwurfs von Flugblättern und der Aufklärungsflüge) befahl, wurden auch die Kommandos der CIA nicht mehr aus der Luft versorgt. Neun solche Teams – das waren fünfundvierzig Vietnamesen – wurden einfach sich selbst überlassen. Die CIA teilte ihnen über Funk mit, es gäbe »Versorgungsschwierigkeiten«, man werde sie aber »lösen«, und die Teams sollten »die Stellung halten«.[14] Vielleicht hat Johnson nicht gewußt, daß diese Leute zuerst hinausgeschickt und dann im Stich gelassen worden waren; entweder hat die CIA es gar nicht erst gesagt oder sich nicht verständlich genug ausgedrückt. Allmählich brachen die Funkkontakte ab. Einige dieser Leute ergaben sich dem Gegner, andere wurden aufgespürt und erschossen. Wieder andere sind verhungert. Der letzte Kontakt brach 1970 ab.

Aber diese Operationen, die zum Teil in Zusammenarbeit mit der amerikanischen Armee durchgeführt wurden, waren nur eine Randerscheinung des Krieges im Süden, wo sich die CIA in erster Linie mit den sogenannten Projekten zur Stärkung des nationalen Zusammenhalts beschäftigte. Dazu gehörte die Aufstellung von vietnamesischen Spezialtruppen und zwei Polizeieinheiten, dem aus 17 000 Mann bestehenden Sonderverband in den Städten und der aus 15 000 Mann bestehenden Nationalen Feldpolizei auf dem Lande. Ihre Aufgabe war die »Befriedung«, ein Ausdruck, den die CIA nur ungern verwandte, weil er an die französischen Bemühungen im ersten Indochinakrieg erinnerte.

Die CIA war angeblich für die Bekämpfung von Insurgenten durch verdeckte paramilitärische Unternehmen besonders geeignet und übernahm daher eine führende Rolle in dem in Südvietnam geführten »Volkskrieg«, dem Versuch, den Vietcong mit eigenen Waffen zu schlagen. 1964 begann die CIA mit der Entwicklung von zwei Projekten für die Kriegsführung auf dem flachen Land. Sie stellte aus jeweils 40 Mann bestehende Kampfgruppen auf, die in den 10 500 über das ganze Land verstreuten Dörfern eingesetzt wurden. Außerdem wurden sechs bis zwölf Mann starke Anti-Terror-Teams zur Bekämpfung des Vietcong gebildet. Sie drangen tief in das vom Vietcong beherrschte Gebiet ein, tauchten gelegentlich in den Dörfern auf, die seit Jahren keinen Vertreter Saigons mehr gesehen hatten, kämpften aber meist aus dem Hinterhalt oder überfielen feindliche Unterkünfte. Doch sehr bald erregte ihre Bezeichnung – Anti-Terror? – Mißfallen, und sie wurden in Provincial Reconnaissance Units (Provinz-Aufklärungs-Verbände) umbenannt.[15]

Wie so oft entstand auch hier aus kleinen Anfängen ein umfangreiches Programm. Desmond FitzGerald, der als Chef der Fernostabteilung des Planungsdirektoriums bis 1963 und dann als Direktor der gleichen Behörde von 1965 bis zu seinem Tode 1967 unmittelbar etwas mit den Unternehmungen in Vietnam zu tun hatte, beschwerte sich immer wieder darüber, daß die Militärs kein Verständnis für die Asiaten und keine Ahnung von der paramilitärischen Kriegführung oder dem Nutzen kleiner Projekte mit präzise definierten, aber begrenzten Zielen hätten. Sobald die CIA erreicht hatte, daß hundert Vietnamesen sich erfolgreich mit einem bestimmten Problem beschäftigten, stellten

McNamara und die Militärs die ersten ermutigenden Erfolge fest, versuchten das Projekt auf das Zehnfache zu erweitern und erreichten damit schließlich nur, daß es scheiterte. Vor seinem Tode berichtete FitzGerald dem Washingtoner Journalisten Stewart Alsop von einem Gespräch mit McNamara, bei dem der Verteidigungsminister gesagt hatte: »Wissen Sie, es ist schwer, diesen Krieg zu begreifen.«

Alsop zitiert FitzGeralds Antwort wie folgt: »Herr Minister, Fakten und Zahlen sind nützlich, man kann den Krieg aber nicht nur danach beurteilen. Man muß auch einen Instinkt haben, ein Gefühl. Nach meinem Gefühl stehen uns viel härtere Zeiten bevor als Ihre Fakten und Zahlen das vermuten lassen.«

»Glauben Sie das wirklich?«

»Ja, das glaube ich.«

»Aber warum?«

»Das ist nur ein Instinkt, ein Gefühl.«[16]

Aber McNamara war nicht der Mann, der viel auf Gefühle gab, und außerdem war die Zeit vorbei, in der Vorausahnungen etwas bedeuteten. Als Alsop eine Bemerkung von FitzGerald über die Neigung McNamaras zitierte, ohne Quellenangabe alles zu quantifizieren, wußte McNamara sofort, wer gemeint war, und ärgerte sich darüber. »Weshalb muß denn FitzGerald solche aggressiven Bemerkungen machen?« fragte er Helms. Zwar blieb FitzGerald auch weiter Chef des Planungsdirektoriums, aber McNamara ließ sich nicht mehr von ihm über die Lage in diesem Krieg unterrichten, und die von der CIA begonnenen Projekte wurden wie bisher wesentlich ausgebaut.

Ein Grund dafür war ironischerweise McNamaras Ablehnung der Eskalation der Bombenangriffe im Jahr 1967. Er setzte sich für einen Plan ein, nach dem eine 257 Kilometer lange »elektronische Barriere« gegen die nordvietnamesischen Infiltrationen in der entmilitarisierten Zone (DMZ) zwischen Nord- und Südvietnam errichtet werden sollte,[17] und er befürwortete ein umfangreicheres und aggressiveres Befriedungsprogramm im Süden. Die schon bestehenden und unzureichend aufeinander abgestimmten Programme der CIA und des Außenministeriums mit AID wurden Ende 1966 einem Büro für zivile Operationen übertragen, im folgenden Mai aber dem militärischen Oberkommando unterstellt. Die Befriedungsbemühungen nahmen unter der Bezeichnung zivile Operationen und ländliches Entwicklungsvorhaben (CORDS) immer größere Ausmaße an. Unter der Oberaufsicht von General William Westmoreland übernahm Robert W. Komer als stellvertretender Leiter von COMUSMACV für CORDS die Leitung des Befriedungsprogramms. Vorher hatte er als Analytiker beim BNE gearbeitet. Nun blieb das ganze Programm weitgehend unter der Aufsicht der CIA. Im Rahmen der Befriedung richtete die CIA auch das Intelligence Coordination and Exploitation Program (ICEX) ein, um über den politischen Apparat der Nationalen Befreiungsfront NLF in ganz Südvietnam systematisch Informationen zu sammeln. Das war die Infrastruktur des Vietcong VCI, die auf diese Weise »neutralisiert« werden sollte. Im Lauf der Zeit wurde der Kampf gegen die VCI, der von Komer den Decknamen Phoenix erhielt (eine Übersetzung der vietnamesischen Worte *phung hoang*), zum wichtigsten Vorhaben der CIA in diesem Krieg.

Dabei kam es darauf an, die Funktionäre der VCI ausfindig zu machen. Beispielsweise Steuereinnehmer, Versorgungsbeamte, politische Kader, örtliche Militärbeamte usw. Die Namen wurden den Aufklärungsverbänden in den einzelnen Provinzen (PRU) oder den Polizeieinheiten bekanntgegeben, deren Aufgabe darin bestand, die einzelnen Leute dingfest zu machen. Das führte in den Städten manchmal zu Festnahmen, häufiger aber zu paramilitärischen Kommandounternehmen gegen die von der NLF beherrschten Dörfer auf dem Lande. Im Idealfall bedeutete die »Neutralisierung« die Festnahme mit dem Ziel, von einem Glied der Kette zum nächsten geführt zu werden, aber in der Praxis endete ein solches Unternehmen meist mit dem Tode des Gesuchten. Vietnamesen, die an dem Phoenix-Programm beteiligt waren, berichten davon, wie sie nachts in die Häuser solcher Leute eindrangen und die Verdächtigen im Schlaf mit Pistolen erschossen, die mit Schalldämpfern versehen waren.

Doch der Erfolg dieses Systems ließ sich nur an den Informationen messen, die es erbrachte, und diese Informationen waren oft verfälscht, unehrlich oder ganz einfach falsch. Die Hauptquelle waren die Gefangenen, und die CIA richtete im ganzen Land Vernehmungszentren ein, eines in jeder der 44 von Saigon beherrschten Provinzen, dazu je eines in den vier Militärregionen und drei in Saigong. Sehr bald wurde bekannt, daß solche

Vernehmungen sehr brutal durchgeführt wurden.[18] Für die Phoenix-Einheiten in den 242 Bezirken von Südvietnam setzte Komer bestimmte Quoten fest, was natürlich dazu führte, daß die Zahl der Opfer wuchs. Bei den überraschend geführten Kommandounternehmen gab es hohe und blutige Verluste. Anschließend wurde jeder Gefallene, auch wenn keinerlei Beweise vorlagen, als Vietcong registriert. Ein CIA-Beamter sagt, man könne sich eine Vorstellung davon machen, was dort geschah, wenn man die Statistiken des Phoenix-Programms darauf untersuchte, wie viele »Krankenschwestern« des Vietcong »neutralisiert« worden waren. Der Vietcong muß nach diesen Zahlen mehr Krankenschwestern als Soldaten gehabt haben. Um die Quoten zu erfüllen, wurden auch die bei normalen militärischen Unternehmen gefallenen »Vietcong« als solche »identifiziert«. Mit anderen Worten, die örtlichen Phoenix-Teams borgten sich die bei militärischen Operationen Gefallenen, um ihre Quoten zu erfüllen. Das hatte zur Folge, daß die Zahl der Opfer wuchs, für deren Ermordung später der CIA verantwortlich gemacht wurde. Man hat versucht, die CIA im Hinblick auf das Phoenix-Programm mit der Begründung zu entlasten, daß CORDS im Mai 1967 vom Militär übernommen worden sei; in Wirklichkeit hat die CIA jedoch dieses Programm entworfen und eingerichtet; die in den Regionen und Provinzen dafür verantwortlichen Beamten gehörten alle der CIA an; die Vernehmungszentren waren von der CIA eingerichtet worden und wurden von ihr finanziert, und jeder Chef des Phoenix-Direktoriums[19] im Hauptquartier von CORDS in Saigon war ein Angehöriger der CIA, bis das Programm Anfang 1973 nach den Pariser Friedensvereinbarungen den Südvietnamesen übergeben wurde.

Niemand hat sich intensiver um das Phoenix-Programm bemüht oder es so energisch und mit solcher Überzeugung gerechtfertigt wie William Colby, der von 1959 bis 1962 das Büro der CIA in Saigon geleitet hat.[20] Im Januar 1963 löste er Desmond FitzGerald als Chef der Fernostabteilung ab, und auch in dieser Stellung hat er sich in der Hauptsache mit Vietnam beschäftigt. Im Dezember 1967 wollte Helms Colby zum neuen Chef der sowjetischen Abteilung ernennen, aber diese Absicht wurde auf einer Sitzung im Weißen Haus vereitelt, an der Präsident Johnson und Robert Komer teilnahmen. Johnson erklärte sich großzügig bereit, Komer für das Befriedungsprogramm jeden zur Verfügung zu stellen, den er sich dafür wünschte. Komer sagte, er brauche Bill Colby. Johnson wendete sich an Helms und fragte: »Er kann ihn doch haben, nicht wahr?« Was hätte Helms erwidern sollen? Er erklärte sich einverstanden, und im März 1968 kehrte Colby als Komers Stellvertreter nach Saigon zurück und übernahm die Leitung von CORDS. Ende des Jahres wurde er von Komer abgelöst. Tom McCoy, der unter Colby in der Fernostabteilung Chef des Büros für politische und psychologische Kriegführung gewesen war, sagt: »Der Unterschied zwischen Komer und Colby bestand darin, daß Komer einen ständig davon überzeugen wollte, das Befriedungsprogramm sei ein Erfolg, daß Colby aber versucht hat, es zum Erfolg werden zu lassen.«

Wie gewisse französische Offiziere, die das, was sie in Indochina gelernt hatten, in Algerien anzuwenden versuchten, so war auch Colby fasziniert von den Methoden des »Volkskrieges«. Colby und Desmond FitzGerald hatten beide eine besondere Vorliebe für verdeckte Operationen, aber FitzGerald wandte dabei verfeinerte Methoden an. Für Colby zählte allein der Erfolg. Mitte der 60er Jahre hatte FitzGerald die Idee, Hanoi mit Hilfe der Russen zu einer Modifizierung der Kriegführung zu zwingen. Damals blockierte China die russischen Rüstungslieferungen nach Nordvietnam. FitzGerald machte den Vorschlag, die Vereinigten Staaten sollten einen Nachschubweg über Laos und Thailand öffnen und als Gegenleistung von den Russen die Zusage verlangen, Hanoi zum Verzicht auf den totalen Sieg im Süden zu bewegen. Das mag zunächst unglaubwürdig klingen; aber dieser Plan unterschied sich gar nicht so sehr von den zwischen der Sowjetunion und den Vereinigten Staaten getroffenen Vereinbarungen über Laos. Colby hielt nicht soviel von Absprachen auf höchster Ebene. Er wollte die Nationale Befreiungsarmee NLF auf dem von ihr gewählten Kriegsschauplatz besiegen – inmitten der Bevölkerung.

Colbys Instrument war das Phoenix-Programm. Er war auch Verfasser der Phoenix-Direktive, zu deren Annahme der südvietnamesische Präsident Nguyen Van Thieu im Juli 1968 gezwungen wurde. Später mußte Colby offiziell zugeben, daß bei den im Rahmen von Phoenix durchgeführten Aktionen 20 587 Vietcong getötet worden waren – oder zumindest der Tod so vieler

Personen registriert wurde. Die südvietnamesischen Schätzungen aus der Zeit, in der Saigon versucht hat, die Amerikaner von dem Eifer und der Begeisterung der Südvietnamesen zu überzeugen, sprechen sogar von 40 000 Toten. Außerdem räumte Colby ein, daß es zu »Exzessen« gekommen sei – örtliche vietnamesische Beamte hätten ihre Zugehörigkeit bei der Polizei dazu ausgenutzt, politischen Einfluß zu gewinnen, und es habe Einheiten gegeben, die sich bereicherten, Gefangene der NLF gegen Bestechungsgelder freiließen oder ihre persönlichen Rachefeldzüge mit der angeblichen Verfolgung des Gegners tarnten. Aber Colby hat nie zugeben wollen, daß das Phoenix-Programm gescheitert war. Ganz im Gegenteil; Colby behauptete nach dem Zusammenbruch Saigons im April 1975, die Nordvietnamesen hätten den Krieg in einem konventionellen militärischen Feldzug gewonnen. Der Vietcong sei praktisch verschwunden, und die CIA habe im Volkskrieg gesiegt.

Die CIA war in Südvietnam allgegenwärtig; sie war das wichtigste Instrument der amerikanischen Regierung in der Kriegsführung; sie war aber auch eine politische Waffe. Theoretisch befanden sich die Amerikaner auf Ersuchen der Saigoner Regierung in Vietnam. Aber nach Diems Beseitigung im Jahr 1963 war die Regierung in Saigon oft nur noch dem Namen nach eine Regierung. Nguyen Khanh, dem die Putsch-Generäle nach Diems Sturz die Macht übertragen hatten, wurde in der vietnamesischen Armee nur von einer Minderheit unterstützt und hatte im übrigen keine Anhänger. Dem Luftwaffengeneral Nguyen Cao Ky, der ihn ablöste, ging es zunächst nicht viel besser, und die Amerikaner führten ihren großen Krieg oft am Rande eines politischen Vakuums. Eine der Aufgaben der CIA bestand darin, bei der Entstehung einer wirklichen südvietnamesischen Regierung Geburtshilfe zu leisten, das politische Chaos zu beseitigen und die Parteikämpfe zu beenden, die die Regierungen in Saigon schwächten, sie entscheidungsunfähig machten und das Land in die letzte Katastrophe zu stürzen drohten. Das wäre die Machtergreifung durch eine neutralistische Gruppe gewesen, die sich mit der NLF einigte und die Amerikaner aufforderte, das Land zu verlassen, wie ihre Vorgänger die Amerikaner gerufen hatten. Aber das war keine leichte Aufgabe: Die Instabilität der Regierungen in Saigon führte dazu, daß sie eine kurzfristige

Politik trieben und dazu neigten, das Volk zu unterdrücken; nicht viel anders als die durch enge Familienbande oder persönliche Freundschaft zusammengehaltenen Cliquen, die in jeder auf breiterer Basis stehenden Volksbewegung und nicht nur in der NLF eine Gefährdung ihrer Machtstellung erblickten. In dieser Lage gewann die NLF an Legitimität und wurde zur einzigen Alternative gegenüber den Militärs, die in Saigon das Heft in der Hand hielten.

1966, als die Regierung Khanh von Krisen geschüttelt wurde, führten Colby und Desmond FitzGerald ein Gespräch, bei dem FitzGerald darauf drängte, eine Volksbewegung auf breiter Basis zu unterstützen, die nicht unter dem Einfluß des neutralistischen Buddhismus stand, sondern in den im Norden gelegenen Städten Hue und Danang gegenüber der Regierung Khanh eine legitime demokratische Opposition darstellen könne. Nach diesem Gespräch fragte Colby Tom McCoy um seine Meinung. McCoy erklärte sich bereit, in Hue nach einem intelligenten Vietnamesen zu suchen, der die richtigen Ideen und eine Gruppe von Anhängern mitbrachte. Mit ein wenig Geld könne dieser Mann seine Helfer bezahlen, die auf ihren Mopeds herumfuhren und Flugblätter verteilten und in Versammlungen um mehr Anhänger warben, bis es sich lohnte, ein kleines Büro zu eröffnen. Wenn McCoy jemanden fände, der auch nur zehn Menschen für seine Ideen begeistern könne, würde dieser Mann innerhalb von drei Monaten über eine Anhängerschaft von fünfhundert verfügen.

Natürlich würde die Regierung in Saigon auf die Bewegung aufmerksam werden und die Führer ins Gefängnis stecken. Dort würden sie bleiben, bis McCoy sich an den Stationschef in Saigon wendete, der seinerseits zum Botschafter Lodge ginge. Dieser wiederum würde mit Präsident Johnson sprechen, der dann seinerseits Dean Rusk veranlassen würde, eine Note nach Saigon zu schicken, in der Khanh in scharfem Ton aufgefordert würde, *diese Burschen freizulassen.*

»Sie wissen, daß Rusk das nicht tun wird«, sagte Colby. »Und deshalb werde ich nicht nach Vietnam gehen.«

Die CIA hat sich sehr stark in die vietnamesische Innenpolitik eingemischt, sie hat aber die Entwicklung niemals soweit beeinflussen können, daß eine gesunde Parteienlandschaft entstand, bei der sich Regierung und Opposition die Waage hielten; das läßt sich in einem fremden Land kaum bewerkstelligen. Die Hauptttätigkeit der CIA bestand daher darin, Nachrichten über die befreundete Regierung selbst zu sammeln, um die Amerikaner über die chaotische und potentiell explosive politische Situation im Lager ihrer Freunde auf dem laufenden zu halten. Wie aus einer ganzen Reihe von Berichten hervorgeht, hat Colby daran keinen Gefallen gefunden. James Angleton drängte ihn, die Gegenspionage zu intensivieren, um zu verhindern, daß Geheimnisse nach Nordvietnam und zur NLF durchsickerten. Der erste Schritt dazu wäre gewesen, Agenten in die südvietnamesische Regierung einzuschleusen, und das wollte Colby nicht. Später stellte sich heraus, daß der Gegner in der südvietnamesischen Gesellschaft über etwa 40 000 Agenten verfügte – eine unerhört große Zahl; während der Tet-Offensive 1968 hatte die CIA nur einen einzigen Agenten, der aus einer relativ hohen Position über Vorgänge in der NLF berichtete. Nachrichtendienstlich war der Feind der CIA haushoch überlegen. Angleton machte Colby dafür verantwortlich, aber das war noch nicht alles; er behauptete, das Blut amerikanischer Soldaten klebe an Colbys Händen. Nachdem Colby aus der Fernostabteilung ausgeschieden war, änderte sich vieles, und die CIA begann, die Regierung in Saigon mit ihren Agenten zu unterwandern.

Das war nicht besonders schwierig. Mit Hilfe der Beziehungen zu Polizei, Armee und anderen vietnamesischen Regierungsbehörden wurde ein Spionageunternehmen entwickelt. Jetzt hatte die CIA in der Saigoner Regierung mehr Agenten eingesetzt als für die Aufklärung gegen die NLF oder Hanoi. Die CIA las zwar nordvietnamesische Zeitungen und erbeutete Dokumente, ja überwachte sogar den Funkverkehr zwischen Hanoi und der NLF (bis dieser 1961 nach einem neuen System verschlüsselt wurde), aber es ist ihr niemals gelungen, nach Hanoi oder in die NLF eine größere Zahl von Agenten einzuschleusen. Präsident Johnson hat John McCone für das Versagen der CIA auf diesem Gebiet kritisiert und gefragt, weshalb man dafür nicht Leute anwerben könne wie seinen chinesischen Wäscher in Texas. Der Beratungsausschuß des Präsidenten für den Auslandsnachrichtendienst hat Desmond FitzGerald und seinem Nachfolger beim Planungsdirektorium, Thomas Karamessines, die gleichen Vorwürfe gemacht.

FitzGerald sagte dem Beratungsausschuß, man könne sich nicht vorstellen, wie schwierig diese Aufgabe sei. Als Chef der Fernostabteilung hatte er erklärt, der Umgang mit den Russen sei schon sehr schwierig, mit den Chinesen habe man es noch schwerer, doch am schwersten mit den Nordkoreanern; Pyongyang sei ein weißer Fleck auf der Landkarte. Als Leiter des Planungsdirektoriums regte FitzGerald Anfang Juni 1966 an, Spione in der NLF anzuwerben. Das war jedoch fast unmöglich, so daß er Hanoi bald in die gleiche Kategorie einordnete wie Pyongyang. Schließlich gelang es der CIA, in Nordvietnam ein paar Agenten einzusetzen,[21] aber es waren nur sehr wenige, und ihre Arbeit ließ sich kaum überwachen. Im Vergleich dazu war die Arbeit in Saigon ein Kinderspiel. Johnson war entrüstet, als politische Schwierigkeiten in Saigon ihn im März 1966 zwangen, die Luftangriffe gegen Treibstofflager in Nordvietnam einzustellen. Als Reaktion darauf gelang es der CIA, im Saigoner Büro des Präsidenten von Südvietnam eine Abhöranlage anzubringen. »Er war kein Staatsoberhaupt wie de Gaulle, sondern nur eine Marionette; er war von uns abhängig. Der amerikanische Botschafter erhielt die Informationen, und deshalb mußte er die Verantwortung dafür übernehmen. Aber man braucht nicht die Erlaubnis des Präsidenten, um im Büro eines Mannes wie Thieu eine Wanze anzubringen.« Die abgehörten Gespräche wurden von der CIA in Saigon übersetzt und dann über Funk nach Langley durchgegeben, wo man eine gesäuberte Version (aus der sich der Ursprung dieser Informationen nicht erkennen ließ) verfaßte und einer kleinen Gruppe von Regierungsbeamten zugänglich machte. Aber zwei Leute, die es wissen müssen, behaupten, Johnson, dessen Informationshunger nie zu stillen war, habe von der Abhöraktion gewußt und manchmal die wörtlichen Übersetzungen gelesen, um sich dann Gedanken über die Unzuverlässigkeit seines Verbündeten zu machen.

Die CIA in Südvietnam konzentrierte sich bei der Beschaffung von Informationen auf die Übersetzung und Analyse erbeuteter Dokumente und die verschiedensten Spielarten und Techniken, denn es war kaum möglich, beim Gegner Agenten einzuschleusen. Nach Beginn der Bombenangriffe von einer amerikanischen Luftbasis auf Guam aus stellte die CIA zum Beispiel fest, daß 90 Prozent der Angriffe vorher an den Feind verraten worden waren.

Da dieses Unternehmen ein rein amerikanisches war und Saigon erst in letzter Minute von den Angriffszielen erfuhr, konnte die undichte Stelle nicht bei der hinsichtlich der Geheimhaltung notorisch unzuverlässigen südvietnamesischen Regierung oder bei der südvietnamesischen Armee liegen. Schließlich erkannte die CIA, daß die NLF auf folgendem Weg von den bevorstehenden Angriffen unterrichtet wurde. Russische Handelsschiffe orteten die Flugzeuge beim Anflug auf die südvietnamesische Küste (das war nicht schwer, denn bei jedem Angriff wurden bis zu tausend Funksprüche abgesetzt). Dann wurden die Informationen über Funk nach Hanoi weitergegeben, das sie an das nordvietnamesische Hauptquartier in Kambodscha leitete (das war das nordvietnamesische Zentralbüro für Südvietnam, nach der amerikanischen Abkürzung COSVN). Von hier ging die Warnung an die örtlichen Einheiten weiter. Aufgrund dieser Feststellungen der CIA entschloß sich das Pentagon 1966, die Operationsbasis für die Bombenflugzeuge B-52 nach Thailand zu verlegen.

Richard Helms hat in den Krieg der CIA in Südvietnam persönlich keine Interventionen verfügt. Dennoch geschahen alle dortigen Operationen gewissermaßen unter seiner Oberhoheit. Er war dafür ebenso verantwortlich wie für alles andere, was die CIA während seiner sechsjährigen Amtszeit als Direktor der Central Intelligence unternahm. Der Kriegsschauplatz war weit von Washington entfernt; er war im Frühjahr 1962 mit John McCone dort gewesen und sollte im Oktober 1970 mit seinem Sonderassistenten für vietnamesische Angelegenheiten, George Carver, ein zweites Mal nach Vietnam reisen, aber im übrigen war Vietnam nur ein Wort, was er auf sehr vielen Papieren las, die über seinen Schreibtisch gingen. Manchmal waren diese Papiere Gegenstand erheblicher Kontroversen in Washington. Eines davon erregte im Frühjahr 1967 seine Aufmerksamkeit. Es trug das Datum des 14. 3. 67[22] und war überschrieben: »Die Gefechtskapazität der vietnamesischen Kommunisten in Südvietnam«. Es hätte ein ganz gewöhnlicher Routinebericht sein können – im Format des Nachrichtenmagazins *Time*, blau eingebunden, mit dem Stempel der CIA auf dem Umschlag und etwa 30 Seiten stark –, aber das BNE war in einem fünf Seiten umfassenden Abschnitt des Berichts vom 14. 3. 67 bei der Gliederung der feindlichen Streitkräfte auf ein Problem gestoßen.

Die Gliederung einer Armee (Order of Battle OB) besteht in erster Linie aus einer Aufstellung der Verbände dieser Armee. Die Bedeutung einer solchen Gliederung liegt darin, daß man erst weiß, was der Kampf gegen einen bestimmten Gegner bedeutet, wenn man die Stärke seiner Armee kennt. Man erfährt diese Stärke aus Nachrichten, die von Agenten beschafft werden, in erbeuteten Dokumenten enthalten sind oder aus der Vernehmung von Gefangenen hervorgehen. In diesem Fall hatte es den Anschein, daß die CIA und das Pentagon zu verschiedenen Ergebnissen gekommen waren. Im Normalfall werden solche Unterschiede in der Beurteilung mit einer Fußnote abgetan. In diesem Bericht könnte es zum Beispiel heißen, die feindlichen Streitkräfte in Vietnam hätten die Stärke X, die den Aufklärungsergebnissen der CIA entspräche, denn die Schätzungen der nachrichtendienstlichen Bundesbehörde gründeten sich schließlich auf die Feststellungen der CIA. Die Militärbehörden würden das Dokument mit einer Fußnote versehen, in der es hieße, nach ihrer Auffassung sei die Stärke der feindlichen Streitkräfte nur X/2. In diesem Fall bestand das Problem darin, daß die CIA mit 500 000 Mann rechnete, das Militär die feindliche Armee jedoch in den vergangenen Jahren »offiziell« nur mit 270 000 Mann veranschlagt hatte. Im Sommer 1961 hatte es eine ähnliche Differenz gegeben, als einige CIA-Beamte und Oberste der Armee in Saigon die Stärke des Vietcong auf 18 000 Mann schätzten. Damals war William Colby Stationschef. Er hatte die Zahl 10 000 genannt. Er weigerte sich, die neue Schätzung zu akzeptieren und ihr Ergebnis nach Washington weiterzumelden. Schließlich einigte man sich auf einen Kompromiß.

Aber die neue Meinungsverschiedenheit ließ sich nicht so rasch beilegen. 1967 war das Jahr, in dem Lyndon Johnson in Vietnam Fortschritte erzielen wollte. Noch nie hatte Walt Rostow so energisch auf »Erfolgsmeldungen« bestanden. Man erwartete von General Westmoreland, daß er den Krieg gewann. Aber nun behauptete die CIA, die feindliche Armee stünde noch lange nicht vor ihrer Vernichtung, sondern sei sogar doppelt so stark wie man bisher vermutet hatte. Daraus ergaben sich große Schwierigkeiten. Gerüchte über Meinungsverschiedenheiten hatten schon das offizielle Washington erreicht, und das Weiße Haus verlangte eine Klärung.

So setzte Helms Ende Juni 1967 in seinem Büro eine Besprechung an. Teilnehmer waren Sherman Kent als Vorsitzender des BNE, James Graham als für den Bericht vom 14. 3. 67 verantwortlicher CIA-Beamter und ein General, der das Pentagon vertrat. Helms erklärte, dies sei die wichtigste Meinungsverschiedenheit in der Beurteilung der Kriegslage. Die CIA und das Militär waren bei der Analyse eines Gegenstandes, von dem die Militärs als Fachleute etwas verstehen mußten, zu völlig verschiedenen Ergebnissen gekommen. Hier mußte ein Ausgleich gefunden werden. Deshalb forderte Helms die Anwesenden auf, die ganze Frage noch einmal zu untersuchen.

Die Schwierigkeiten hatten schon vor fast einem Jahr begonnen, als ein junger Analytiker in der nachrichtendienstlichen Abteilung des Verteidigungsministeriums DDI in Vietnam auf gewisse Dokumente gestoßen war, aus denen hervorging, daß sehr viele Soldaten der Nationalen Befreiungsarmee desertierten. Der Analytiker hieß Sam Adams, ein hochgewachsener, solider, etwas zerzauster und sehr begeisterungsfähiger Bursche mit einer besonderen Vorliebe für intellektuelle Probleme und lange Schriftsätze. Die CIA war ihm besonders deshalb so sympathisch, weil es nirgends soviel Schriftverkehr gab wie dort. Nichts konnte Adams so faszinieren wie ein gewaltiger Papierstapel auf seinem Schreibtisch, in dem er irgendwo die Antwort auf eine komplizierte Frage zu finden hoffte.

Nach Adams Berechnung verlor die NLF alljährlich wenigstens 50 000, vielleicht aber auch 100 000 Deserteure; das waren viel mehr als nach den ursprünglichen Schätzungen. Wenn der Gegner außerdem bei militärischen Operationen mit 150 000 Gefallenen und Verwundeten rechnen mußte (diese Zahl hielt Adams für wahrscheinlich, denn die Dokumente der NLF, die er zu sehen bekam, schienen das zu bestätigen), und wenn die »offizielle Schätzung« der Gesamtstärke von 270 000 Mann richtig war, dann stand die NLF tatsächlich kurz davor, endgültig vernichtet zu werden und deshalb ihren aussichtslosen Kampf aufzugeben. So sah das logische Ergebnis dieser Berechnung aus. Adams schrieb seine Beobachtung nieder, und seine Vorgesetzten bei der CIA waren begeistert. Admiral Raborn, damals noch Direktor der Central Intelligence, ließ Adams sogar kommen, um sich persönlich von ihm berichten zu lassen.

Aber einige erfahrene Vietnamspezialisten sagten Adams im Vertrauen, die NLF sei noch lange nicht geschlagen. Im Verlauf der neueren Geschichte war es immer wieder vorgekommen, daß man zu früh behauptete, das Licht am Ende eines Tunnels zu sehen. Adams überlegte sich die Sache noch einmal, weil er glaubte, vielleicht irgendwo einen Fehler gemacht zu haben. Deshalb wollte er die Gesamtstärke des Gegners noch genauer überprüfen; das war die unsicherste Zahl in der Gleichung, und er mußte feststellen, daß man schon seit Jahren mit diesen »offiziellen« Zahlen operierte. So hatten die Südvietnamesen zum Beispiel 1964 behauptet, es gäbe bei den feindlichen Streitkräften eine 103 573 Mann starke Guerillamiliz, und diese Zahl wurde anschließend unverändert in jede Schätzung der Gesamtstärke des Gegners aufgenommen. 1965 wies ein Schriftstück des Saigoner CIA-Büros die Stärke der politischen Kader mit 39 175 Mann aus. In einer Studie der Joint Chiefs of Staff – niemand konnte sich erinnern, wann oder von wem sie verfaßt worden war – war von 18 553 Mann bei den rückwärtigen Diensten die Rede. Die Militärs schätzten die Stärke der regulären kommunistischen Verbände auf etwa 110 000 Mann. Adams hielt keine dieser Zahlen für zutreffend. Nun kämmte er monatelang einen neuen Stoß von Akten durch und kam im Dezember 1966 zu dem Schluß, daß die NLF und die nordvietnamesische Armee wenigstens doppelt so stark seien wie nach der »offiziellen Schätzung«. Sie verfügten zusammen etwa über 600 000 Mann.

Aber zu seiner Überraschung schien seine Entdeckung dem Büro für aktuelle Feindnachrichten vollkommen gleichgültig zu sein. Um die Jahreswende 66/67 wurde Adams zum Stab von George Carver versetzt, der ihn Mitte Januar 1967 zu einer Konferenz nach Honululu schickte. Dort hatte der Vorsitzende der Joint Chiefs of Staff, General Earl Wheeler, eine Besprechung über die Gliederung der feindlichen Streitkräfte einberufen, um sich ein für allemal über die Stärke des Gegners klarzuwerden. Der im Stab von Westmoreland für die Einschätzung der Feindstärke verantwortliche Offizier, Oberst Gains B. Hawkins, eröffnete die Sitzung mit den Worten: »Sie müssen wissen, es gibt da draußen eine ganze Menge mehr von diesen kleinen Hundesöhnen, als wir bisher angenommen haben.« Adams glaubte nun, das Tauziehen um die Zahlenangaben sei vorüber; Hawkins rechnete mit einer Gesamtstärke der feindlichen Armee von 500 000 Mann und kam damit Adams Schätzung recht nahe.

Aber schon bald teilten sich die Meinungen wieder. Als das BNE im Mai zusammentrat, um den Bericht mit dem Kennzeichen 14. 3. 67 zu verfassen, wurde die neue Zahl 500 000 wieder verworfen. Der Direktor des DIA, George Fowler, erklärte der CIA: »Meine Herren, wir können uns mit den kürzlich vorgelegten Schätzungen nicht einverstanden erklären. Wir bezweifeln die Richtigkeit der Zahlenangaben und sind der Auffassung, wir sollten wieder von den offiziellen Schätzungen der feindlichen Truppenstärke ausgehen.« Das bedeutete, daß man wieder die alte Zahl von 270 000 zugrunde legte. Jetzt hielt Helms seine Besprechung ab und sagte dem BNE, es müsse eine Übereinstimmung erreicht werden – keine Fußnoten! –, und das nun folgende Tauziehen zog sich über den ganzen Sommer hin. Im September hatte man das Militär endlich davon überzeugt, daß der Gegner über mindestens 300 000 Mann verfügte, aber darüber wollten die militärischen Fachleute nicht hinausgehen.

Im September 1967 flogen Adams, Carver und William Hyland (der spätere Chef der nachrichtendienstlichen Abteilung des Außenministeriums) nach Saigon, um sich direkt mit den Militärs über die Zahlen auseinanderzusetzen. Drei Tage lang tauschten die CIA und die Militärs ihre Unterlagen aus und beschimpften sich gegenseitig (»Adams, was Sie da erzählen, ist Scheiße!«), aber die Militärs waren unter gar keinen Umständen bereit, Adams' Zahlenangaben anzuerkennen. Wenn Adams nachgewiesen hatte, daß es in einer bestimmten Kategorie mehr Soldaten gab als die Militärs angenommen hatten, dann reduzierten diese einfach eine andere Kategorie um eine entsprechende Zahl. Während eines diesbezüglichen Disputs mußte ein Oberst zugeben, daß er die Sollstärken einzelner Einheiten willkürlich verringert hatte: Er hatte einfach behauptet, es handele sich bei den von ihm nicht berücksichtigten Leuten um »Heeresgefolge« oder Zivilisten. Mit solchen Mitteln konnte das Militär jede beliebige Gesamtstärke annehmen, und noch am gleichen Tag erfuhr Adams in einem Privatgespräch von einem Offizier, auf welche Zahl sich die Militärs geeinigt hatten. »Wissen Sie, unsere Schwierigkeit besteht darin, daß man uns gesagt hat, wir müßten die Gesamtstärke unter 300 000 halten.«

Am 11. September 1967 fand man endlich eine Lösung. Das Büro der CIA in Saigon erhielt einen Funkspruch für Funaro (Carvers Deckname) von Knight (Deckname von Helms), in dem Carver den direkten Befehl erhielt, sich mit den Militärs zu einigen. Mit anderen Worten, er mußte die Zahlen akzeptieren, die das Militär ihm vorgelegt hatte. Die Gesamtstärke der feindlichen Truppen wurde auf genau 299 000 festgelegt, und das geschah ganz willkürlich dadurch, daß bestimmte Kategorien einfach fallengelassen wurden. Das war schon schlimm genug. Aber später gingen die Militärs noch weiter; sie strichen wieder eine Kategorie von Soldaten und gelangten dabei zu der »offiziellen Schätzung« einer Gesamtstärke von nur 248 000 Mann. Damit lagen sie niedriger als die alte Schätzung von 270 000. So konnte das Pentagon beweisen, daß die Vereinigten Staaten den Krieg gewinnen würden.

In Washington trat das BNE zusammen, um die endgültige Version des Schriftstücks 14. 3. 67 zu verfassen, Adams sagte den Angehörigen des Ausschusses, auf welchem Wege man zu den neuen Zahlen gekommen war. Der Vorsitzende des BNE, Sherman Kent, fragte ihn: »Sam, haben wir die Grenzen der vertretbaren Unaufrichtigkeit überschritten?«

»Sir«, antwortete Adams, »wir sind schon im vergangenen August darüber hinausgegangen.«

Aber das BNE übernahm den Bericht 14. 3. 67 mit der vom Militär berechneten Gesamtstärke der gegnerischen Streitkräfte, und Abbot Smith, ein Ausschußmitglied, das Kent als Vorsitzenden ablöste, erklärte Adams später, man habe keine andere Wahl gehabt. Helms habe sich bereit erklärt, die von den Militärs berechneten Zahlen anzuerkennen; schließlich sei es sein Bericht, und was könne man denn anderes tun? Helms unterschrieb die Schätzung am 13. November 1967, und das Schriftstück wurde nach dem üblichen Verteilerschlüssel an die leitenden Dienststellen der Regierung weitergeleitet.

Wir sollten an dieser Stelle noch einmal untersuchen, was geschehen war. Für die Schätzungen des BNE ist der Direktor der Central Intelligence verantwortlich; es sind *seine* Berichte. Wenn eine Dienststelle, die einen solchen Bericht erstellt hat, mit dem Endresultat nicht einverstanden ist – in diesem Fall das Pentagon –, dann ist sie berechtigt, das in einer Fußnote zum Ausdruck zu bringen. Das Militär hatte die CIA nicht davon überzeugen können, daß ihre Zahlen falsch waren. Carver und alle anderen an dem Streit Beteiligten glaubten, daß Adams recht gehabt hatte. Kurz gesagt, die von Adams vorgelegten Zahlen waren die Zahlen von Helms. Es waren die zutreffendsten Schätzungen der CIA über die Stärke der feindlichen Armee, gegen die Amerika in Vietnam kämpfte. Trotzdem unterschrieb Helms das Papier 14. 3. 67 mit den vom Militär gekürzten Zahlenangaben, und er tat es, weil er sich mit dem Militär nicht streiten wollte und darin von Rostow im Weißen Haus unterstützt wurde. Die Spannungen waren ohnedies groß genug. Im Sommer 1967 hatte die CIA McNamara eine ausführliche Studie über den Luftkrieg vorgelegt, die er im gleichen August bei den Anhörungen vor dem Senat verwandte. So wollte er die Behauptungen der Militärs widerlegen, die Regierung verhindere die Bekämpfung wichtiger Ziele. Die Erbitterung, mit der über dieses Problem gestritten wurde, wobei Rostow sich auf die Seite der Militärs stellte, ließ den Streit um die Gefechtsstärke der feindlichen Armee als unwesentliche Meinungsverschiedenheit erscheinen. Rostow schrieb seine eigenen Lagebeurteilungen gewöhnlich auf Papier, das den Briefkopf der CIA trug, bevor er sie dem Präsidenten vorlegte – der dann etwa sagte: »Die übliche Voreingenommenheit der CIA!« –, und er verlangte, daß alle Lagebeurteilungen umgeschrieben wurden und man ihre Vorlage verzögerte. Helms hat das Papier unterzeichnet, weil er sich neben allen anderen Meinungsverschiedenheiten nicht auch noch in einen Streit über die Gesamtstärke der feindlichen Armee einlassen wollte.

Man kann sich kaum vorstellen, weshalb Helms das Papier sonst hätte unterschreiben sollen. Er selbst hat bestritten, er habe der falschen Einschätzung aus politischen Gründen zugestimmt, und er hat gesagt, mit der Zeit sei das ganze Problem so komplex geworden, daß er mit den Zahlen von Adams auch nichts mehr habe anfangen können. Andere CIA-Angehörige haben Helms verteidigt, aber eigenartigerweise konzentrierten sich ihre Argumente dabei auf Adams. Sie warfen ihm praktisch vor, er habe eine Nebensächlichkeit aufgebauscht; er sei ein Zahlenfanatiker, zu eigensinnig, ein »Glaubensfanatiker« (das war ein Ausdruck Carvers) und nicht bereit zuzugeben, daß vernünftige Menschen auch einmal verschiedener Ansicht sein könnten. Viele von ihnen haben Adams auch direkt gesagt: beim Nachrichtendienst muß man ebenso wie bei allen anderen Regierungsbehörden nachgeben können, wenn man weiterkommen will. Aber die Leute, die sich hinter Helms stellten, haben kaum behauptet, daß Adams sich geirrt habe. Am deutlichsten hat vielleicht Carver die Auffassung der CIA zum Ausdruck gebracht, als er sagte, »was der Nachrichtendienst tut, ist nicht für die Geschichte bestimmt, sondern für eine bestimmte Zuhörerschaft«. Damit meinte er, daß diese Arbeit nutzlos sei, wenn die Zuhörerschaft von ihren Ergebnissen nicht Kenntnis nehmen will. Wenn das Weiße Haus darauf besteht, daß der Gegner nur über 300000 Mann verfügt, dann wird ihm das auch gemeldet werden.

Das Gerangel um die Schätzung der nordvietnamesischen Streitkräfte wäre vielleicht in den Akten verschwunden, hätte der wirkliche Krieg nicht den Papierkrieg eingeholt. Ende Januar 1968 drangen starke Verbände der NLF und der nordvietnamesischen Armee nach Saigon und Hue ein und griffen fast alle Provinzhauptstädte und größeren Ortschaften in Südvietnam an, was die CIA und die amerikanische Armee völlig überraschte. Die nachrichtendienstliche Aufklärung hatte schon am 24. November 1967 festgestellt, daß offenbar eine Offensive vorbereitet wurde. Dennoch glaubte Westmoreland, der Angriff werde im Abschnitt des I. Korps an der entmilitarisierten Zone erfolgen, auch hatte niemand mit einer so starken Offensive gerechnet. Der tägliche »Situationsbericht« der CIA über Vietnam ging am Abend des 29. Januar 1968 um 6.00 Uhr in den Druck. In Saigon war es schon der 30. Januar, 6.00 Uhr morgens; die Tet-Offensive hatte vor vier Stunden begonnen. Aber der Situationsbericht behauptete, die Kampfhandlungen im Zentralen Hochland hätten nachgelassen (dort waren in der Nacht zuvor zwei verfrühte Tet-Angriffe erfolgt), und für das übrige Gebiet Südvietnams hieß es: »Es gibt nichts Wesentliches zu berichten.«[23]

Doch vor vier Stunden war George Carver in seinem Büro gewesen, hatte telefonisch mit dem diensthabenden Beamten der Indochina-Abteilung im Außenministerium, Philip Habib, gesprochen, der dort als Verbindungsmann zur CIA saß, als eine Meldung eintraf, in der es hieß: »Sie greifen die Botschaft an.« Carver setzte sich sofort fernmündlich mit Walt Rostow in Verbindung, der »sehr erregt« war und unbedingt wissen wollte, was im einzelnen geschehen war. Nachdem Rostow sich einen ersten Eindruck verschafft hatte, war er begeistert. Er sagte dem zuständigen Mitarbeiter des Weißen Hauses, Richard Moose, der Feind habe sich zum Handeln entschlossen, er habe seine Infrastruktur exponiert und stünde vor der Vernichtung. Moose war wie vor den Kopf geschlagen; er glaubte, Rostow habe den Verstand verloren. Aber Rostow war so begeistert, daß er dem Präsidenten eine sehr zuversichtliche, fast überoptimistische Erklärung zur Unterschrift vorlegte: Das seien die letzten Zuckungen des Feindes, ein verzweifeltes Glücksspiel, ein selbstmörderisches Unternehmen, und zum erstenmal in diesem Kriege bekäme der Gegner die ganze Wucht der amerikanischen Feuerkraft zu spüren. Die Berichte, die Carver las, ließen ihn die Lage vorsichtiger beurteilen. Ebenso wie von seinen Mitarbeitern wurde Rostow auch von Carver empfohlen, seine Zuversicht etwas zu dämpfen. Später meinte Carver, in gewisser Weise hätte Rostow vielleicht recht gehabt; die NLF hatte mit allen verfügbaren Kräften angegriffen, verfügte aber nicht über die Mittel, eine solche Operation langfristig durchzuhalten. Doch noch hatte Westmoreland alle Hände voll zu tun, die im ganzen Land entstandenen Brände zu löschen. War dies der richtige Augenblick zu sagen, die NLF stünde vor dem Zusammenbruch? Carver konnte sich schon die Schlagzeilen vorstellen: »48 Städte angegriffen: Die Vereinigten Staaten sprechen von einem großen Sieg.«

Johnsons offizielle Reaktion auf die Tet-Offensive war vorsichtig und zurückhaltend. Die Vereinigten Staaten müßten nicht mit einer katastrophalen militärischen Niederlage rechnen; die Tet-Offensive sei etwas anderes als Dien Bien Phu. Aber die Offensive warf die ganze amerikanische Strategie über den Haufen und widersprach den positiven Erwartungen, die in den vergangenen Monaten geäußert worden waren. Offensichtlich hatten die Bombenangriffe den Gegner nicht zum Aufgeben veranlaßt und seine Nachschubwege nicht blockiert – mit solchen Erwartungen hatte man die Bombenangriffe gegen Nordvietnam gerechtfertigt. Auch die Kampfmoral der Nordvietnamesen war ungebrochen. Daß es dem Gegner gelungen war, seine Angriffsvorbereitungen erfolgreich zu tarnen und die Angriffe so perfekt zu koordinieren, bewies seine militärische Schlagkraft. Dies war mit Sicherheit ein größerer Krieg als die amerikanische Regierung angenommen hatte.

Als das Militär Ende Februar eine Verstärkung der amerikanischen Truppen in Vietnam um 206 000 Mann verlangte, forderte Johnson den neuen Verteidigungsminister Clark Clifford auf, die Möglichkeiten für eine Truppenverstärkung durch eine Studiengruppe untersuchen zu lassen. Am Nachmittag des 28. Februar setzte sich Helms mit den von Clifford beauftragten Männern zusammen und erstellte im Verlauf der folgenden drei Tage drei Studien der CIA,[24] in denen er erklärte, der Krieg sei noch lange nicht vorüber und ein Sieg zeichne sich noch nicht ab. Die Lage wurde in diesen Studien realistisch und recht düster beurteilt, aber über die Truppenstärken machten die Studien keine Aussage. Als Clifford den Präsidenten am 4. März über die Eindrücke unterrichtete, die er seit dem 28. Februar gewonnen hatte, sagte er, der Gegner werde allen amerikanischen Truppenverstärkungen standhalten, man könne den Ausgang eines größeren Krieges nicht optimistisch beurteilen. Man solle Westmoreland die angeforderten 206 000 Mann nicht geben. Bisher hatte Clifford als Freund und persönlicher Berater den Präsidenten entschieden in dem Entschluß bestärkt, zu kämpfen und den Krieg zu gewinnen. Daß er nun seine Meinung änderte, erschütterte das Vertrauen des Präsidenten, aber der Wendepunkt – der Augenblick, in dem Johnson erkannte, er sei weit genug gegangen und dürfe nicht mehr weitergehen – kam erst im März, als er eine Gruppe älterer Berater, die sogenannten »weisen alten Männer«,[25] um Rat fragte.

Am 26. März 1968 traf sich Johnson zum erstenmal seit dem vergangenen November mit den »weisen alten Männern« zu einem Arbeitsessen und war erstaunt, als McGeorge Bundy als Sprecher der Gruppe das Ergebnis der Beratungen vom Vorabend erläuterte. Die Gruppe sprach sich jetzt gegen eine Fortführung des Krieges aus und empfahl eine Politik des verringerten Engagements. Bis dahin war George Ball die einzige »Taube« in dieser Versammlung von »Falken« gewesen. Jetzt hatte die ganze Gruppe ihre Haltung geändert. »Wer war der Brunnenvergifter?« wollte Johnson wissen. Es konnte weder Helms noch ein anderer hoher Beamter gewesen sein. Johnson kannte Helms bisherige Auffassungen. Auch Wheeler, Rostow und Bill Bundy widersprachen dem, was die Gruppe jetzt empfahl. Mit wem hatten sie noch gesprochen? Bevor sie am vergangenen Abend auseinandergegangen waren, hatten sie sich noch von Philip Habib aus dem Außenministerium, General William E. Dupuy von den Joint Chiefs of Staff und George Carver von der CIA im einzelnen unterrichten lassen. Nun wollte Johnson wissen, was diese drei gesagt hätten.

Zwei Tage später rief Helms aus dem Weißen Haus bei Carver an und sagte, der Präsident wolle wissen, was Carver den »weisen alten Männern« gesagt hätte. Carver fragte, wann der Präsident diese Informationen brauchte. Sofort! Helms sollte die entsprechenden Unterlagen ins Weiße Haus mitbringen. Dort angekommen, wurde er in das Beratungszimmer des Kabinetts geführt. General Dupuy war schon dort und trug Johnson vor, was er seinen Beratern gesagt hatte. Als er geendet hatte, wurde Carver aufgefordert, sich auf den Stuhl zu setzen, den der Verteidigungsminister bei den regulären Kabinettssitzungen einnahm. Er legte die mit seinen Notizen vollgeschriebenen gelben Blätter vor sich auf den Tisch. Außer ihm nahmen noch Helms, Vizepräsident Hubert Humphrey, General Creighton Abrams (der General Westmoreland in Vietnam ablösen sollte), General Wheeler als Vertreter der Joint Chiefs of Staff und ein junger Mann im Drillichanzug, den Carver noch nie gesehen hatte, an der Sitzung teil. Er zögerte einen Augenblick, denn sein Vortrag enthielt streng vertrauliche Informationen. Wer war dieser Bursche? Nun gut, wenn der Präsident die Geheimhaltung hier und jetzt aufgeben wollte, dann war das eben seine Sache. Also begann er zu sprechen. Erst später erfuhr er, daß der Mann im Drillichanzug Johnsons Schwiegersohn Patrick Nugent war.

Carvers Vortrag dauerte eine Stunde und fünfzehn Minuten, etwa ebenso lange wie sein Gespräch mit den »weisen alten Männern«. Johnson unterbrach ihn immer wieder, rutschte auf seinem Stuhl hin und her und ging während des Vortrags ein paarmal ans Telefon. Dann unterbrach er ihn wieder, um ein paar Fragen zu stellen: »Sind Sie fertig?«

»Noch nicht ganz«, sagte Carver und sprach weiter.

»Sind Sie jetzt fertig?«

»Nein, noch nicht.«

Helms saß die ganze Zeit dabei und schwieg. Carver bemerkte, wie ein Lächeln über sein Gesicht huschte. Johnsons Unruhe und Nervosität amüsierten ihn. Schließlich kam Carver zum Ende seiner Ausführungen; Johnson sprang auf und ging ohne ein Wort zu sagen aus dem Zimmer. Doch kurz darauf kam er zurück und schüttelte Carver kräftig die Hand, um dann wieder wortlos hinauszugehen.

Was hatte Carver den »weisen alten Männern« gesagt, und was war der Inhalt seines Vortrags beim Präsidenten? Seine Aussagen auf beiden Sitzungen waren identisch. Nach einigen Quellen enthielt sein Bericht zwei wichtige Punkte. Der erste war die Mitteilung, daß das Befriedungsprogramm gescheitert sei.

Am Ende jeden Monats reichten alle CIA-Beamten, die in den 44 Provinzen Südvietnams für CORDS arbeiteten, Berichte über die Fortschritte bei der Befriedung in ihrem Gebiet ein. Ende Februar 1968 lagen diese Berichte wie üblich vor, wanderten auf dem normalen Dienstweg zu den zuständigen Behörden, wurden ausgewertet und zu dem »Monatsbericht über die Befriedung« zusammengefaßt, der wie immer an 300 verschiedene Stellen verteilt wurde. Aber auch William Colby, der von Washington nach Saigon gehen sollte, um bei CORDS zu arbeiten, sah sich den Bericht an, und was er dort las, war alles andere als normal. Da stand schwarz auf weiß, das Befriedungsprogramm sei in vierzig von vierundvierzig Provinzen gescheitert. Colby wies den Vertreter der CIA beim Hauptquartier des Oberbefehlshabers im Pazifik (CINCPAC) in Hawai, per Funkspruch an, das Dokument sofort zu vernichten. Ein neuer Bericht wurde verfaßt, und zwar diesmal nur in sechsfacher Ausfertigung. Helms berief Mitte März eine Sitzung des BNE ein, und hier entstand eine neue Lagebeurteilung des Nachrichtendienstes, die wieder zu dem Schluß kam, die Befriedung Südvietnams sei nicht gelungen. Die Hälfte des Vortrags, den Carver vor den »weisen alten Männern« gehalten hatte, gründete sich auf diese Lagebeurteilung. Da die CIA der Überzeugung war, der Krieg werde im Süden gewonnen oder verloren werden, waren dies in der Tat sehr schlechte Nachrichten.

Die zweite Hälfte von Carvers Vortrag beschäftigte sich mit einem vertrauten Thema, mit Zahlen. Carver sagte, man habe sich bei der Gefechtsstärke des Gegners um die Hälfte verschätzt; der Feind verfüge über 600 000 Mann. Zwei oder drei Tage nachdem

Johnson sich Carvers Vortrag so ungeduldig angehört hatte, verkündete er im Fernsehen, daß die Bombenangriffe gegen Nordvietnam eingestellt würden und erklärte, er werde nicht erneut für die Präsidentschaft kandidieren.

Damit waren die Zahlen von Adams offiziell akzeptiert. Adams aber war trotzdem empört. Er hatte den Eindruck, Helms habe sich einschüchtern lassen, habe die CIA und seine Mitarbeiter verraten und sei für den Tod Tausender von Amerikanern bei der Tet-Offensive mitverantwortlich. Adams glaubte, Helms habe nicht mehr das Recht, im Amt zu bleiben, und unternahm den völlig aussichtslosen Versuch, seine Entlassung zu bewirken.

Einen Tag nach Johnsons Fernsehansprache erklärte Adams im Büro des Generalinspekteurs, er wolle eine offizielle Beschwerde gegen Helms einreichen. Ende Mai lieferte er seine Anklageschrift ab und forderte den Generalinspekteur auf, eine Untersuchung einzuleiten, denn er sei überzeugt, der neue Präsident – wer immer das auch sein mochte – müsse wissen, wie es in der CIA zuginge. Helms sagte dem Generalinspekteur, er habe nichts gegen eine solche Untersuchung, und im Verlauf der folgenden zwei Monate rekonstruierten die Mitarbeiter des Generalinspekteurs die Vorgänge während des Tauziehens um die Gefechtsstärke der nordvietnamesischen Streitkräfte. Am 1. August 1968 hatte der Generalinspekteur seinen Bericht fertiggestellt.

Nun ernannte Helms, was ganz ungewöhnlich war, einen Sonderausschuß zur Prüfung des Berichts des Generalinspekteurs. Die drei Mitglieder dieses Ausschusses, Lawrence Houston, Rechtsberater der CIA, John Bross und Admiral Rufus Taylor, stellvertretender Direktor der Central Intelligence und Vorsitzender des Prüfungsausschusses, waren alle mit Helms befreundet und ließen sehr bald erkennen, daß sie die Angelegenheit sehr sorgfältig prüfen wollten. Sie wollten sich ebenso wie Adams strikt an die Fakten halten. Der CIA-Analytiker Paul Walsh war empört über Adams Vorgehen. Während die Untersuchung lief, besuchte er fast täglich Houstons Büro und fragte ihn immer wieder und immer dringlicher: »Können wir den Schweinehund nicht hinauswerfen?« Houston meinte, das sei unmöglich, solange sich Adams an die Vorschriften hielt. Aber der Prüfungsausschuß hatte es nicht eilig; es ließ sich nicht voraussagen, wann er fertig sein würde, vielleicht erst nach den Wahlen.

Adams wurde ungeduldig, ging Mitte September erneut in Houstons Büro und fragte einen der Mitarbeiter, ob es gesetzwidrig sei, wenn er das von ihm verfaßte Schriftstück über die Gesamtstärke der nordvietnamesischen Streitkräfte, die er dem Generalinspekteur vor Monaten übergeben hatte, dem Weißen Haus direkt vorlegte. Sehr bald erfuhr Helms im 7. Stockwerk des Gebäudes von Adams' Absichten und bat einen hohen CIA-Beamten, mit Adams zu sprechen. Der Beamte sagte ihm, wenn er seinen Bericht dem Weißen Haus vorlegen wolle, geschähe das »auf Ihre eigene Gefahr, und die CIA wird anschließend keine Verwendung mehr für Sie haben«. Aber Adams bestand darauf, das Weiße Haus zu informieren. Er schickte dem Beamten, mit dem er gesprochen hatte, eine Aktennotiz, in der er die gegen ihn ausgesprochenen Drohungen zitierte – er hatte sich während des Gesprächs Notizen gemacht. Der Mann erklärte, er sei mißverstanden worden, und außerdem müsse Adams sein Schreiben nicht persönlich abliefern; Helms hatte entschieden, den Bericht des Generalinspekteurs weiterzuleiten.

Adams wartete die Wahlen ab und fragte am folgenden Tag, ob er jetzt seine Denkschrift abschicken könne. Während er auf eine Antwort wartete, dachte er über die Verzögerungstaktik von Helms nach, mit der dieser seinen Protest schon sieben Monate hinausgezögert hatte. Bei einem Gespräch mit dem CIA-Beamten Tom Parrott, der mit Adams' Vater befreundet war, sagte Adams, er habe die endlosen Verzögerungen satt. »Mr. Parrott, ich denke, ich werde zum Hotel Pierre gehen und Nixon das auf den Schreibtisch legen.« Parrott empfahl ihm, vorsichtig zu sein. »Sind Sie da nicht etwas zu eigensinnig?« fragte er. »Sie sollten sich lieber an den Dienstweg halten. Gehen Sie jetzt nicht ein zu großes Risiko ein?« Adams betrachtete das als den Rat eines guten Freundes und beschloß zu warten.

Am 8. November 1968 erklärte sich Helms bereit, Adams zu empfangen und dessen Beschwerde zu diskutieren. Adams beschreibt diese Begegnung wie folgt:

Gleich zu Beginn sagte er mir: »Machen Sie sich keine Notizen.« Soweit ich mich erinnern kann, nahm das Gespräch dann folgenden Verlauf. Er fragte, was mich störe; und ob ich glaubte, daß meine Vorgesetzten mich ungerecht behandelten oder ich nicht schnell genug befördert würde? Ich sagte nein. Mein

Problem sei, daß er im Hinblick auf die Zahlen unmittelbar vor der Tet-Offensive weichgeworden sei. Ich sprach etwa zehn Minuten über dieses Thema. Er hörte zu, ohne eine Miene zu verziehen, und als ich fertig war, fragte er, was er nach meiner Ansicht tun sollte – sollte er den Kampf gegen das ganze Militär aufnehmen? Ich sagte, unter den gegebenen Umständen sei das das einzige, was er hätte tun können; die Zahlen der Militärs seien gefälscht. Dann sagte er mir, ich wüßte nicht, wie die Dinge lägen; er hätte dem Weißen Haus sagen können, es gäbe da draußen noch eine Million mehr Viet Kong; unsere Politik hätte sich aber deswegen nicht um ein Jota geändert. Ich erwiderte, wir hätten keine politischen Entscheidungen zu treffen; wir sollten nur die richtigen Zahlen melden und die Sorgen den Politikern überlassen. Er fragte mich, wen ich sprechen wollte, und ich sagte, ich hätte in meinem Bericht von den zuständigen Mitarbeitern des Weißen Hauses und des Beratungsausschusses des Präsidenten für den Auslandsnachrichtendienst gesprochen; offen gesagt wüßte ich aber nicht, wer die zuständigen Leute seien. Er fragte, ob ich General Maxwell Taylor und Walt Rostow für die richtigen Leute hielte. Ich sagte ihm, ich sei damit nicht nur einverstanden, sondern das sei ein großzügiges Angebot. Er erwiderte, er werde ein Treffen für mich arrangieren.[26]

Helms ließ sich während der ganzen Zeit, in der Adams versuchte, seine Entlassung zu bewirken, nicht aus der Ruhe bringen. Nach dem Gespräch am 8. November blieb Adams beim Hinausgehen an der Tür stehen, weil er sich daran erinnerte, daß seine Frau ihm gesagt hatte, Helms habe vor einiger Zeit ihren Onkel in Chapman, Alabama, kennengelernt, und sagte: »Ach, im übrigen, Mr. Helms, wie geht es Onkel Earl?«

»Onkel Earl? Meinen Sie Earl Magowan?« Dann brach er in schallendes Gelächter aus, und so endete die Begegnung in einer völlig gelösten Stimmung.

Doch Helms verwickelte Adams solange in immer neue bürokratische Schwierigkeiten, daß dessen Beschwerdeplan schließlich im Sande verlief. Wäre Adams wirklich in das New Yorker Hotel Pierre gegangen, hätten sich die Dinge vielleicht anders entwickelt. Nixon wußte damals noch nicht, wen er zum Direktor der Central Intelligence ernennen sollte. Aber Adams wartete; er hielt den Dienstweg ein, und es war Helms, der nach

New York ging, um einige Tage nach seinem Gespräch mit Adams mit dem neugewählten Präsidenten Nixon zu sprechen.

Die erste offizielle Begegnung mit dem neuen Präsidenten hatte Helms am 11. November 1968 im Weißen Haus, als Nixon seinem Vorgänger Johnson einen Höflichkeitsbesuch machte und von den höchsten Regierungsbeamten routinemäßig über die laufenden Amtsgeschäfte unterrichtet wurde. Dic meisten von ihnen wußten, daß sie aus der Regierung ausscheiden würden, aber Helms befand sich als Direktor der Central Intelligence in einer etwas anderen Lage und hoffte, in seinem Amt bestätigt zu werden. Die Nixons und die Johnsons setzten sich an jenem Tag im Weißen Haus zu einem ausgedehnten Lunch zusammen und sprachen über die verschiedensten Themen. Während die Damen sich über Nebensächlichkeiten unterhielten oder den Männern höflich zuhörten, wendete sich Nixon plötzlich Johnson zu und fragte, was er von Helms und von J. Edgar Hoover hielte.

Noch in der gleichen Woche erhielt Helms die Aufforderung, ins Hotel Pierre zu kommen, wo Nixon sein vorläufiges Hauptquartier eingerichtet hatte, und wurde dort zu einem Privatgespräch in Nixons Appartement geführt. Helms war überrascht, hier auf John Mitchell zu stoßen, Nixons ehemaligen Berater aus seiner Anwaltspraxis, der auch seinen Wahlkampf geleitet hatte (Mitchell sollte demnächst zum Justizminister ernannt werden). Nixon machte die beiden Männer miteinander bekannt und sagte dann zu Helms: »Was Sie mir sagen können, das können Sie auch John Mitchell sagen.«

Nachdem sie Platz genommen und eine Weile miteinander geredet hatten, sagte Nixon, er werde Helms in seinem Amt als Direktor der Central Intelligence bestätigen, und Helms bedankte sich dafür. Aber! – Nixon betonte das ausdrücklich – *Helms solle es für sich behalten.* Die Ernennung sollte solange geheim bleiben, bis Nixon es für richtig hielt, selbst eine öffentliche Erklärung abzugeben. Helms erklärte sich einverstanden, unterrichtete aber nach seiner Rückkehr ein paar alte Freunde in Washington von seiner vorläufigen Ernennung. Dabei betonte er, die Sache müsse unbedingt vertraulich behandelt werden. Nixons Verhalten war allerdings eigenartig. Helms und seine Freunde konnten – obwohl das Nixons Art entsprach – nicht recht verstehen, weshalb Nixon seine Entscheidung unbedingt geheimhalten wollte. Was hatte er im Sinn? Adams Beschwerde war kein Problem mehr für Helms. Helms hatte sich genügend abgesichert, und wenn Adams über die Verhältnisse in Washington auch nur einigermaßen Bescheid wußte, dann hätte er auch wissen müssen, daß sich ein neugewählter Präsident nicht von einem rangniedrigen Beamten der CIA sagen läßt, wen er zum Direktor der Central Intelligence ernennen soll. Als jedoch einige Zeit verstrich, ohne daß eine Ernennung erfolgt war, verbreiteten sich innerhalb der Nachrichtendienste gewisse Gerüchte. Nixon hatte sich gegenüber Helms jedoch ganz klar ausgesprochen; seine Ernennung stand also praktisch fest. Sicherlich gab es keine Schwierigkeiten, es sei denn . . . nun, es gab da eine bestimmte Sache, ein mögliches Problem, das nur Helms und wenige andere kannten, und John Ehrlichman hat später gesagt, wenn Nixon etwas davon gewußt hätte, dann wäre Helms erledigt gewesen.

12. Kapitel

Die Beziehungen zwischen Nixon und Helms begannen in der gleichen Atmosphäre byzantinischer Geheimniskrämerei und geteilter Loyalität, in der sie fast genau vier Jahre später zu Ende gingen. Theoretisch steht die CIA über der Parteipolitik, aber in Wirklichkeit wird diese Objektivität oft gefährdet. Im Herbst 1968 sahen sich Helms und die CIA in eine Intrige verwickelt, die Nixon fast noch im letzten Augenblick den Wahlsieg gekostet hätte. Die Einzelheiten der Affäre Anna Chennault sind niemals vollständig ans Licht gekommen, aber selbst in ihren Umrissen bietet die Episode ein klassisches Beispiel dafür, wie Innenpolitik und Nachrichtendienst manchmal in Konflikt geraten können. Solange diese Krise andauerte, mußte Helms eine Gratwanderung zwischen dem Mann, der noch Präsident war, und dem, der es werden sollte, vollführen.

Anna Chennault, gebürtige Chinesin und Witwe des Generals Claire Chennault, des Kommandeurs der Flying Tigers im Zweiten Weltkrieg, hatte in republikanischen Kreisen in Washington einen beachtlichen Einfluß. 1968 beteiligte sich Madame Chennault aktiv am Wahlfeldzug Nixons, aber ihr Interesse konzentrierte sich damals vor allem auf Vietnam, wo viele ihrer Freunde sich große Sorgen darum machten, daß die Vereinigten Staaten des Krieges überdrüssig werden und sie Hanoi ausliefern könnten. Ein besonders guter Freund von Madame Chennault war Bui Diem, der südvietnamesische Botschafter in den Vereinigten Staaten und Beobachter Saigons bei den Friedensgesprächen in Paris, an denen zu jener Zeit nur Nordvietnam und die Vereinigten Staaten beteiligt waren. Am 24. Juni 1968 schrieb Madame Chennault an Nixon und drängte ihn, Bui Diem zu empfangen. Ihr Vorschlag wurde abgelehnt, aber den ganzen Sommer und Herbst über schickte sie auch weiterhin Briefe an Nixon mit der vertraulichen Anrede »lieber Dick« und traf sich häufig mit Bui Diem und Senator John Tower, der im Ausschuß der Republikanischen Partei für politische Schlüsselfragen den Vorsitz innehatte.

Am 11. Oktober meldeten Johnsons Unterhändler in Paris dem Weißen Haus, die Nordvietnamesen wären unter Umständen bereit, den Vereinigten Staaten für die Einstellung der Bombenangriffe eine Gegenleistung anzubieten. Johnson schickte General Creighton W. Abrams und Botschafter Ellsworth Bunker sofort einen Funkspruch mit dem Inhalt des Angebots und forderte sie zur Stellungnahme auf. Selbstverständlich erkundigte sich Bunker bei Präsident Thieu danach, wie er über die Sache dächte, und in kürzester Zeit war auch Madame Chennault über den Inhalt der vorgesehenen Vereinbarung in groben Zügen orientiert, wahrscheinlich durch Bui Diem. Am 15. Oktober schrieb sie an Nixon, der sich auf einer Wahlreise in Kansas City befand, und protestierte gegen eine Einstellung der Bombenangriffe.

Es steht nicht genau fest, wann Präsident Johnson von den Kontakten erfuhr, die Madame Chennault mit dem Wahlkämpfer Nixon unterhielt, vielleicht aber schon im Hochsommer 1968, als die CIA eine Überprüfung des außenpolitischen Beraters von Nixon, Richard Allen, vornahm, der von einem Treffen mit Bui Diem abgeraten hatte, weil er es für politisch gefährlich hielt. Es hat sich nie feststellen lassen, wie gründlich diese Untersuchung der CIA gewesen ist und welcher Zweck damit verfolgt wurde. Allen war überzeugt, in jenem Sommer sei auch sein Telefon abgehört worden, aber auch das konnte später nicht mehr nachgewiesen werden. Jedenfalls unterrichtete die CIA Präsident Johnson von den Bemühungen der Madame Chennault, zwischen dem Wahlkämpfer Nixon und Saigon eine Verbindung herzustellen, besonders aber von ihrem Versuch, mit Nixon eine Vereinbarung auszuhandeln, nach der Nixon Saigon bestimmte Zusicherungen machen sollte, wenn Saigon die Einstellung der Bombenangriffe in letzter Minute verhindere: Der Bombenstopp hätte dem demokratischen Präsidentschaftskandidaten Hubert Humphrey helfen können, die Wahlen zu gewinnen.

Hier müssen wir die Hintergründe beleuchten. Wir haben schon davon gesprochen, wie sehr sich Johnson für die politischen Entwicklungen in Saigon interessierte und wie sich die CIA darum bemüht hat, ihm die gewünschten Informationen zu beschaffen. Nach dem Beginn der Friedensgespräche in Paris im April 1968 berichteten Agenten der CIA regelmäßig über die Aktivitäten des südvietnamesischen Beobachters Bui Diem. Die CIA versuchte außerdem, im Büro und in der Wohnung Bui Diems Wanzen einzubauen, aber ein Angehöriger des Planungsdirektoriums behauptet, diese Versuche seien mißlungen. Darüber hinaus überwachte die CIA mittels ihrer Abhörvorrichtungen im Büro des Präsidenten Thieu die Regierung in Saigon. Schließlich wurde auch der Funkverkehr der südvietnamesischen Botschaft in Washington abgehört. Irgendwann im gleichen Herbst fiel dabei auch der Name Madame Chennault, und die CIA wurde auf ihre Tätigkeit aufmerksam. Da sie die amerikanische Staatsbürgerschaft besaß, mußten diese Berichte nach den für solche Fälle geltenden Sondervorschriften behandelt werden und wurden nur einem relativ kleinen Personenkreis zugänglich gemacht. Mehrere Quellen besagen, sie seien im Büro des Leiters des Planungsdirektoriums, Thomas Karamessines, verfaßt und dann Richard Helms vorgelegt worden. Helms gab sie an den Sicherheitsberater des Präsidenten, Walt Rostow, weiter, der sie Johnson vorlegte, denn der Präsident wollte über alle derartigen Vorgänge unterrichtet werden.

In der Woche, die mit Sonntag, dem 27. Oktober, zu Ende ging, hörte die Nationale Sicherheitsbehörde einen Funkspruch der südvietnamesischen Botschaft an Saigon ab, mit dem Thieu ausdrücklich aufgefordert wurde, sich vor den Wahlen mit keiner Vereinbarung einverstanden zu erklären. Als Johnson von diesem Funkspruch erfuhr, befahl er dem FBI, Madame Chennault zu überwachen und an der Fernsprechleitung der südvietnamesischen Botschaft eine Abhörvorrichtung anzubringen. Das geschah am Dienstag, den 29. Oktober. Indessen wendete sich Walt Rostow an die CIA, um zu erfahren, was man dort über die Initiativen der Madame Chennault wußte. Helms Sonderassistent für vietnamesische Angelegenheiten, George Carver, behauptete, Saigon brauche keine Vereinbarung mit Nixon, um sich der von Johnson vorgeschlagenen Verständigung mit den Nordvietnamesen zu widersetzen. Thieu habe das Gefühl, verraten zu werden, und er, Carver, hätte an Thieus Stelle das gleiche Gefühl. Aber Rostow, der wußte, wie empört Johnson sein würde, wollte sich damit nicht abspeisen lassen. Er verlangte von der CIA, sie sollte die Angelegenheit gründlicher untersuchen, was denn auch geschah.

Am Donnerstag, den 31. Oktober, fünf Tage vor den Wahlen, glaubte Johnson, in Paris eine Vereinbarung ausgehandelt zu haben, und um 6.00 Uhr abends, kurz vor seiner öffentlichen Erklärung über die Einstellung der Bombenangriffe als Gegenleistung für erweiterte Friedensgespräche, rief der Präsident die drei Präsidentschaftskandidaten an und teilte ihnen den Inhalt seiner Erklärung mit. Doch während Humphrey und Wallace zuhörten, warnte der Präsident Nixon ausdrücklich und sagte, er kenne Madame Chennaults Absichten und wünsche nicht, daß Saigon gegenüber Andeutungen in dem Sinne gemacht würden, daß ein neuer Präsident Saigon Zugeständnisse machen könne, und zwar mit Hilfe »einiger unserer Leute wie etwa gewisser alter China-Lobbyisten.«[1]

Doch Thieu setzte seine Obstruktionspolitik fort. Am Freitag, dem 1. November, erklärte er in Saigon, er werde keine Delegation zur ersten Sitzung der erweiterten Gespräche nach Paris schicken, und am folgenden Tag stellte das FBI mit seiner Abhörvorrichtung bei der südvietnamesischen Botschaft fest, daß Madame Chennault dort angerufen hatte. Wieder hatte sie Saigon aufgefordert, fest zu bleiben; mit Nixon werde Südvietnam günstigere Vereinbarungen treffen können. Ihr südvietnamesischer Gesprächspartner fragte, ob Nixon etwas von ihrem Anruf wisse. »Nein, aber unser Freund in New Mexico weiß Bescheid«, antwortete sie.[2] An diesem Tag befand sich Nixons Kandidat für das Amt des Vizepräsidenten, Spiro Agnew, auf einer Wahlkampfreise in Albuquerque, New Mexico.

Jetzt war Johnson wirklich wütend. Am Abend nach der Wahl, Mittwoch, den 6. November, verlangte Johnson, daß das FBI die an diesem Abend in Albuquerque eingegangenen Telefongespräche überprüfen sollte, um festzustellen, ob Agnew mit Madame Chennault gesprochen hatte. Eine Woche später, am 13. November, meldete das FBI, keines der fünf von den Mitarbeitern Agnews angemeldeten Ferngespräche sei mit Madame Chennault geführt worden. Während der gleichen Zeit hat Rostow von der CIA Berichte über die Verzögerungstaktik Saigons verlangt. Trotz allem beruhigte Johnson sich allmählich, und die Nachforschungen des FBI und der CIA schliefen ein, obwohl die Abhörvorrichtungen bei der südvietnamesischen Botschaft erst am 6. Januar 1969 abgebaut wurden. Johnson hat das Argument von George Carver, Thieus Sträuben sei unter diesen Umständen verständlich, nicht recht akzeptieren wollen, aber, wie ein Mitarbeiter der CIA berichtet, war Johnson damals stärker mit anderen Problemen beschäftigt. Nixon hatte die Wahlen gewonnen. Was sollte Johnson tun, wenn er feststellte, daß Nixon tatsächlich versucht hatte, die Friedensgespräche zu sabotieren? Johnson hielt es für besser, nichts davon zu wissen, denn wenn er es gewußt hätte, dann wäre er in die sehr peinliche Lage geraten, etwas dagegen unternehmen zu müssen.

Schließlich hat Johnson die ganze Sache einfach fallenlassen. Nixon hat das nicht getan, und man kann sich vorstellen, wie sehr er sich sorgte, wenn man bedenkt, mit welchem Eifer Hoover versucht hat, die Schuld für diese Episode von sich abzuwälzen. Am gleichen Tag, als Nixon ihn im Hotel Pierre in seinem Amt bestätigte, teilte Hoover dem gewählten Präsidenten mit, welche Rolle das FBI in der Affäre Chennault gespielt hatte, aber Nixon erfuhr nicht die ganze Wahrheit. Er hat noch jahrelang angenommen, das FBI habe *ihn* abgehört. Anfang 1973 erklärte der ehemalige Direktor für den Inlandsnachrichtendienst beim FBI, William Sullivan, ganz so sei das nicht gewesen.[3] Eine der ersten Amtshandlungen des neuen Präsidenten war ein Befehl an H. R. Haldeman, alle Einzelheiten über Johnsons Versuch, in letzter Minute vor den Wahlen zu Friedensvereinbarungen zu kommen, festzustellen. Natürlich wollte sich Nixon gegen den möglichen Vorwurf verteidigen können, er habe mit Hilfe von Madame Chennault versucht, die Vereinbarungen zu sabotieren.[4] Aber Nixon erfuhr nicht, daß die CIA Lyndon Johnson auf Madame Chennault aufmerksam gemacht oder sich parallel zu den Untersuchungen des FBI darum bemüht hatte herauszufinden, was in diesem Zusammenhang geschah. An der Untersuchung der Episode um Madame Chennault hatte Helms, wie Carver berichtet, durchaus seinen Anteil. Und zwar aus einem sehr verständlichen Grund, den er immer wieder angeführt hat, wenn er in die ausweglose Lage geriet, daß die Interessen von zwei Präsidenten miteinander in unüberbrückbaren Konflikt gerieten. Sein Argument lautete: Er arbeitete jeweils nur für *einen* Präsidenten.

Am 18. Dezember 1968 bestätigte Nixon endlich J. Edgar Hoover als Direktor des FBI und Richard Helms als Direktor der Central Intelligence. Helms' Mitarbeiter waren begeistert und veranstalteten zur Feier des Tages ein kleines Sektfrühstück. Aber die vier nun folgenden Jahre waren für ihn keine besonders glückliche Zeit, und Nixon hat Helms oft genug Anlaß gegeben zu wünschen, er wäre schon vor der endgültigen Katastrophe zurückgetreten.

Nixon zog am 20. Januar 1969 wie ein Feldherr, der eine feindliche Stadt erobert hat, ins Weiße Haus ein. Er brachte eine entschiedene Abneigung und ein ausgesprochenes Mißtrauen gegenüber der Bürokratie der amerikanischen Bundesbehörden mit – zum Teil als Republikaner, der seit Jahren gegen den Umfang dieser Bürokratie gekämpft hatte, zum Teil, weil er den Verdacht hatte, die Bürokraten hätten sich aus der Zeit von Kennedy und Johnson ihre Loyalität gegenüber der Demokratischen Partei bewahrt –, vor allem aber, weil es in seinem Charakter lag, sich immer von Feinden, Saboteuren und Obstruktionspolitikern umgeben zu sehen. Auf den Sitzungen des Nationalen Sicherheitsrats hörte Helms oft, wie Nixon auf die »Partylöwen im Außenministerium« schimpfte oder dem Pentagon und anderen Ministerien bittere Vorwürfe machte, weil sie sich angeblich weigerten, seine ausdrücklichen Anweisungen zu befolgen. Bei einer Gelegenheit war Helms selbst das Ziel heftiger, aber unbestimmter Vorwürfe, die CIA habe eine ganz simple Aufgabe nicht erfüllen können. Alle Präsidenten haben augenscheinlich die Fähigkeit, ihren Zorn jeweils in eine Richtung zu lenken. Johnson war bekannt dafür, daß er einen Untergebenen rücksichtslos abkanzeln konnte, um im nächsten Augenblick den Telefonhörer abzunehmen und sich mit irgend jemand anderem zu unterhalten, als sei nichts geschehen. Aber Nixons Zorn saß tiefer, und er war nachtragender; Mißtrauen und eine feindselige Haltung waren in seinem Wesen fest verwurzelt. Nach seiner Vorstellung hatte er ungezählte Feinde, nicht nur bei der Presse, unter den alten, etablierten Patriziern in der Republikanischen Partei und in der Regierungselite, die sich seit einer Generation gegenseitig die hohen Posten in Washington zuschob, sondern auch in seiner unmittelbaren Umgebung; in der eigenen Regierung – gewissermaßen im Zimmer nebenan.

Jetzt war Nixon zwar an der Regierung, aber er verzweifelte fast daran, diese Regierung zu seiner eigenen zu machen, und viele hohe Beamte waren erschüttert zu sehen, wie der Präsident die Männer demütigte, die er selbst dazu bestimmt hatte, seine politischen Pläne zu verwirklichen. Für Nixon zu arbeiten war eine schwere Aufgabe. Helms und ein anderer Beamter der CIA gerieten eines Tages nach einer Sitzung in Washington in einen Verkehrsstau und unterhielten sich über den Auftrag, den sie eben erhalten hatten. Helms' Mitarbeiter sagte, er habe nicht verstanden, was er tun solle. »Es gibt etwas, das ich habe lernen müssen«, sagte Helms. »Ich habe lernen müssen, Präsidenten zu verstehen.«[5] Er hatte begriffen, daß ein amerikanischer Präsident über ungeheure Macht verfügt; daß der Präsident seinen Untergebenen nach Belieben Verantwortung übergeben oder fortnehmen kann und daß es keinem Beamten gelingt, die Welt des Präsidenten jemals ganz zu durchschauen. Präsidenten handelten aus Gründen, die nur sie selbst kannten. Wenn man überleben wollte, dann mußte man begreifen lernen, daß man Anweisungen befolgte, auch wenn man sie nicht verstand.

Soweit gelang es Helms, mit Nixon auszukommen, aber nicht weiter. Der neue Präsident war ein eigenartiger Mensch; in mancher Beziehung tüchtig und leistungsfähig, aber völlig unberechenbar. Helms hatte Nixon im Spätherbst 1956 kennengelernt, als er in Vertretung Frank Wisners den damaligen Vizepräsidenten vor dessen Reise nach Wien über den Strom ungarischer Flüchtlinge unterrichtet hatte, die nach dem Einmarsch sowjetischer Truppen während des Novemberaufstandes über die Grenze nach Österreich kamen. Damals hatte Helms nur den Eindruck, daß der Vizepräsident sich gewissenhaft mit dem Thema beschäftigt hatte, aber keinerlei persönlichen Charme oder gar Charisma besaß. Er hatte im Lauf der Zeit nichts von seiner Sprödigkeit verloren. Aber für Helms war Nixon trotz all seiner Schwächen der Präsident. Das Amt rechtfertigte die Stellung dieses Mannes, wenn es ihn auch nicht von seinen Fehlern freisprach.

Keine Regierungsbehörde hat Nixons Mißfallen und Mißtrauen mehr erregt als die CIA. Im März 1969 sucht er die CIA als eine der ersten Bundesbehörden auf, aber das war nur ein widerwillig gemachtes Zugeständnis an die Bürokratie. Er beklagte sich oft darüber, daß die CIA ihn nicht rechtzeitig vor irgendeinem

Ereignis gewarnt habe, und behauptete, sie beherrsche nicht einmal die Funkkontakte mit ihren Außenstellen. Gegenüber John Ehrlichman hat er sich einmal wie folgt geäußert: »Was tun sie denn schon? Mehr als vierzigtausend Leute sitzen da und lesen Zeitung.« Er »meckerte« (so Ehrlichman) daran herum, daß die Nachrichtendienste überbesetzt, mangelhaft beaufsichtigt und zu kostspielig waren. Aber hinter Nixons Ablehnung standen persönliche Gründe. Er machte die CIA dafür verantwortlich, daß er den Wahlkampf 1960 gegen John F. Kennedy verloren hatte. Ende der 50er Jahre hatte das Pentagon behauptet, Rußland werde die Vereinigten Staaten bei der Produktion von Bombenflugzeugen und Fernlenkwaffen bald überholen, aber die CIA konnte zu Eisenhowers Befriedigung aufgrund von Luftaufnahmen der U-2 nachweisen, daß das Pentagon sich irrte. Während des Wahlkampfes 1960 brachte Kennedy die »Lücke bei den Fernlenkwaffen« wieder ins Gespräch und bezog dabei den Standpunkt des Pentagon. Nixon glaubte, er habe die Wahl nur wegen dieser Frage verloren, und er machte der CIA – die von Eisenhower den Auftrag erhalten hatte, Kennedy zu unterrichten – dafür verantwortlich, daß es ihr nicht gelungen war, Kennedy von ihren Aufklärungsergebnissen zu überzeugen. Das war jedoch nicht alles; er verdächtigte die CIA, sie habe Kennedy bewußt gewisse Aufklärungsergebnisse der U-2 vorenthalten, weil es dann leichter sein werde, Nixon zu schlagen. Das war offensichtlich nicht nur ein unbestimmter Verdacht, sondern Nixons feste Überzeugung. Als Präsident wahrte er zur CIA eine ebenso große Distanz wie zu allen anderen, ihn angeblich hassenden und sich auf Parties amüsierenden Bürokraten in Washington.

Am Tage seiner Amtseinführung, dem 21. Januar 1969, teilte Henry Kissinger Helms mit, daß in der neuen Regierung auch neue Regeln gelten würden. Bisher war es üblich gewesen, daß der Direktor der Central Intelligence die Sitzungen des Nationalen Sicherheitsrat mit einem Referat über die nachrichtendienstlichen Erkenntnisse zu dem jeweils behandelten Thema eröffnete – an jenem ersten Tage stand SALT auf der Tagesordnung – und dann auch weiter an der Sitzung teilnahm, um Fragen zu beantworten. Kissinger sagte Helms, von nun an müsse er die Sitzung nach seinem Vortrag verlassen und dürfe an den anschließenden Beratungen nicht mehr teilnehmen. Diese neue Regelung war das

Ergebnis einer Umgliederung des Nationalen Sicherheitsrats nach einem Entwurf von Morton Halperin, einem jungen Verteidigungsexperten, dem J. Edgar Hoover schon jetzt mißtraute, weil er sich im vergangenen Jahr daran beteiligt hatte, Clark Clifford gegen den Krieg zu beeinflussen. Halperin gehörte zu den siebzehn Regierungsbeamten und Journalisten, deren Telefone vom FBI angezapft werden sollten. Sein Plan, mit dem die Entscheidungsvollmacht auf dem Gebiet der nationalen Sicherheit uneingeschränkt auf den Präsidenten (und Kissinger) übertragen werden sollte[7], wurde mit einer Ausnahme in Kraft gesetzt: Helms und die CIA behielten ihre bisherigen Aufgaben und Verantwortlichkeiten.

Helms waren Gerüchte über diesen Plan zu Ohren gekommen. Er war nicht damit einverstanden. Die Aufgabe des Nationalen Sicherheitsrats war es, den Präsidenten bei seinen politischen Entscheidungen zu unterstützen, und die CIA hatte technisch mit den politischen Entscheidungen nichts zu tun; sie sollte nur die Tatsachen liefern und die Entscheidungen anderen überlassen. Helms lag nichts daran, bei den Beratungen innerhalb der Regierungsgremien mitzureden; anders als Dulles und McCone gab er sich mit seiner Rolle zufrieden. Daß er jedoch nach Halperins Plan jetzt nur noch den Rang eines Laufburschen einnehmen sollte, gefiel ihm gar nicht. Im Dezember 1968 beschwerte er sich bei dem designierten Verteidigungsminister Melvin Laird, der den Plan schon gebilligt hatte, über die darin für die CIA vorgesehene neue Einstufung. Laird überlegte sich die Sache einige Tage und flog dann nach Boston, um bei Kissinger gegen die Ausschaltung der CIA zu protestieren. Da Kissinger fürchtete, der ganze Plan könne scheitern, wenn es zu einer allgemeinen Diskussion darüber käme, erklärte er sich mit Lairds Vorschlag einverstanden. Nur in diesem einen Fall sollte die von Halperin eingeleitete Revolution der Bürokratie keine Auswirkungen haben. Kissinger wollte das alte System offenbar allmählich umstellen; aber Helms durfte nun doch an der ganzen ersten Sitzung des Nationalen Sicherheitsrats teilnehmen und ging anschließend auch mit den anderen Teilnehmern zum Lunch ins Weiße Haus.

Wenn es Helms gelungen war, die Stellung der CIA innerhalb des Nationalen Sicherheitsrats zu behaupten, so hat er das

Vertrauen Nixons dennoch nicht gewinnen können. Der Präsident hat ihn bei den Sitzungen gelegentlich sehr barsch und manchmal sogar fast grausam behandelt. Häufig unterbrach er Helms Vortrag mit irgendwelchen Bemerkungen oder Korrekturen, und zwar oft in einem Ton, den die Zeugen als verächtlich oder bissig bezeichneten. Einmal korrigierte er Helms' Aussprache des Wortes »Malagasy«; ein anderes Mal unterbrach er Helms mitten im Satz und behauptete, er hätte nicht deutlich gesagt, wer bei irgendwelchen inneren Unruhen wen unterstützte. Die CIA befürwortete einerseits eine verdeckte Intervention, sei aber auf der anderen Seite nicht in der Lage, die Parteien auseinanderzuhalten. Es war aber nicht die inhaltliche Kritik des Präsidenten, an die sich die Zeugen vor allem erinnerten. Es war der herablassende Ton.

Ein weiterer Anlaß zur Kritik Nixons und Kissingers war der Umstand, daß die CIA so enge Beziehungen zu den ausländischen Nachrichtendiensten unterhielt. Auf diesem Wege bekäme man zwar eine Menge Informationen, aber die CIA konnte dabei auch veranlaßt werden, Partei zu ergreifen. Der israelische Nachrichtendienst war zum Beispiel über die Verhältnisse in den arabischen Ländern gut unterrichtet, aber er behauptete natürlich, die Araber seien kriegslüstern, stellten nicht zu realisierende Forderungen und ließen sich leicht von den Sowjets beeinflussen. Die Israelis behaupteten von ihnen ebenso wie die Südafrikaner von allen schwarzen nationalistischen Organisationen, sie seien kommunistisch infiltriert. Man hätte daher den Eindruck, daß die CIA ihre Auffassung von der Weltlage ausschließlich von dritter Seite übernommen habe. Es ist allerdings eine eigenartige Tatsache, daß die CIA viel häufiger kommunistische Intrigen festzustellen glaubte als Nixon. Der Präsident machte aus seinen Gefühlen keinen Hehl, und ein Mann, der schon in der Regierung Eisenhower an allen Sitzungen des Nationalen Sicherheitsrats teilgenommen hatte, bei denen es um die Rüstungskontrolle ging, berichtet, es sei ihm oft peinlich gewesen zu erleben, wie Nixon Helms behandelte. Er sagt, Helms habe sich zwar nichts anmerken lassen, aber »jede Kritik unseres Präsidenten in Gegenwart anderer Zeitgenossen läßt sich schwer ertragen«.

Das Problem bestand zum Teil in Helms' Haltung. Er pflegte seine Berichte vorzulesen, weil er glaubte, man könne sich schriftlich subtiler und genauer ausdrücken als durch das gesprochene Wort, und er war besonders stolz auf die Gründlichkeit und Genauigkeit seiner Analysen. Er korrigierte jedes Schriftstück, das durch seine Hände ging, sehr sorgfältig, und wer Helms je einen Entwurf hat vorlegen müssen, stellte bald fest, daß bei ihm ein Satz niemals mit »jedoch« anfangen durfte. Johnson hatte sich viel mehr für die Aufklärungsergebnisse des Nachrichtendienstes interessiert als Nixon, und Morton Halperin, der bis zum April 1970 zum Stab des Nationalen Sicherheitsrats gehörte, erzählt, Helms habe mit seinen umständlichen Formulierungen Nixons Geduld zu sehr strapaziert. Er denkt dabei besonders an einen Vortrag von Helms über China auf einer Sitzung im August 1969 in Nixons Haus in San Clemente. Zunächst vermittelte Helms einen Gesamtüberblick einschließlich der Bevölkerungszahl und der Größe des chinesischen Territoriums in Quadratmeilen. Nixon rutschte unruhig auf seinem Stuhl hin und her und klopfte mit den Fingerspitzen auf die Tischplatte. Das alles war ihm bekannt. Er wollte über die chinesische Politik und die Beziehungen Chinas zur Sowjetunion unterrichtet werden, und da saß nun der Direktor der Central Intelligence und hielt ihm einen drittklassigen Vortrag über das große Land jenseits des weiten, blauen Pazifischen Ozeans.

Allen Dulles benutzte bei solchen Vorträgen seine Notizen wie jemand, der sein Thema völlig beherrscht, und nach Schluß der offiziellen Sitzung ging er oft noch mit dem Präsidenten ins Ovale Zimmer, um das Gespräch unter vier Augen fortzusetzen. Er hatte zu den politischen Beratern um Eisenhower gehört und dessen besonderes Vertrauen genossen. Eine solche Beziehung hat sich zwischen Helms und Nixon niemals entwickeln können. Nach einiger Zeit hatte Helms sogar Schwierigkeiten, den Präsidenten ans Telefon zu bekommen. Haldeman hatte Nixon mit einer Mauer umgeben, und Helms stand wie fast alle anderen hohen Regierungsbeamten jenseits dieser Mauer. Am Schluß konnte er nichts anderes tun als dem Präsidenten bei den Sitzungen des Nationalen Sicherheitsrats eine Notiz auf den Platz zu legen. Auch darauf reagierte Nixon jedoch nicht immer.

Auch Kissinger war ein schwieriger Vorgesetzter. Er stellte hohe Anforderungen, besonders in den ersten Monaten nach der Amtsübergabe durch Nixon, als es auf fast jedem Gebiet in der

Außenpolitik einschließlich der vietnamesischen neue Probleme gab. Die Anweisung Nr. 1 des Nationalen Sicherheitsrats wurde der CIA schon am ersten Tag nach der Amtseinführung Nixons vorgelegt. Sie enthielt eine ganze Reihe von Fragen nach dem Kriegsverlauf. Mit den ersten Denkschriften des Nationalen Sicherheitsrats sollte bewiesen werden, daß keine Politik sakrosankt sei, und außerdem sollten der Nachrichtendienst und das Außenministerium beschäftigt werden, bis Kissinger seine Revolution der Bürokratie konsolidiert hatte; deshalb wurden hier alle möglichen Themen behandelt, von Israel, China und Südafrika bis zu Lateinamerika und zur Sowjetunion. So ergoß sich über den Nationalen Sicherheitsrat eine wahre Flut von Papieren, und Kissinger kritisierte oft deren Inhalt. Leute, die unter Kissinger im Nationalen Sicherheitsrat gearbeitet haben, sagen, er sei von den Informationen, die er erhielt, nicht nur enttäuscht, sondern auch überrascht gewesen. Er habe mit besseren Ergebnissen gerechnet. Ein Mitarbeiter erinnert sich, wie Kissinger mit einer nachrichtendienstlichen Lagebeurteilung der CIA in der Hand ausgerufen hatte: »Aber das ist es doch gar nicht, was ich haben will!« Ihm gefiel die analytische Vorsicht nicht, die in den Papieren der CIA zum Ausdruck kamen; ihm gefiel nicht der Stil, und er lehnte es ab, daß gegensätzliche Auffassungen mit aus zwei Sätzen bestehenden Fußnoten abgetan wurden. Ebenso sehr mißfielen ihm die aus den Erkenntnissen des Nachrichtendienstes gezogenen Schlußfolgerungen. Kissinger war von seinen eigenen Fähigkeiten überzeugt und verlangte für die Berichte einen knapperen Stil und eine Ergänzung durch Anhänge, die nur nüchterne Daten enthielten. Die notwendigen Entschlüsse wollte er selbst fassen.

In gewissem Sinne könnte man sagen, daß Helms im Nationalen Sicherheitsrats den Boden unter den Füßen verlor. Er wußte genau, wie man einen geheimen Nachrichtendienst leitet, aber ihn langweilten Diskussionen über die Rangfolge im Zentralkomitee der Chinesischen Kommunistischen Partei oder die genauen technischen Daten einer neuen sowjetischen Fernlenkwaffe. Bei den Sitzungen des United States Intelligence Board (Nachrichtendienstlicher Ausschuß der Vereinigten Staaten USIB) konnte es vorkommen, daß Helms als Vorsitzender gelangweilt vor sich hinstarrte, während sich die Fachleute über Details stritten. Helms vertraute in solchen Fragen den dafür zuständigen Beamten seiner

Behörde, aber sein relativer Mangel an Interesse schadete ihm bei den Sitzungen des Nationalen Sicherheitsrats. Wenn zum Beispiel irgendein Staatssekretär aus dem Verteidigungsministerium sagte, »was geschieht, wenn man von der Fernlenkwaffe X das telemetrische Gerät entfernt? Verlängert sich die Reichweite des Geschosses dann um 9000 Meilen?«, dann hatte Helms keine Ahnung, worum es ging. Er mußte die Frage an seine Experten in der CIA weitergeben, und der Vorsitzende in der Arbeitsgruppe, die sich mit der Fernlenkwaffe X beschäftigte, rief verzweifelt aus: »Mein Gott, jetzt sitzen wir schon achtzehn Stunden hier und reden über nichts anderes als das!«

Besonders scharf kritisierte Kissinger den »Jahresbericht über sowjetische Absichten und Möglichkeiten« der CIA, das vielleicht wichtigste Papier, das die CIA vorzulegen hatte. Er verlangte mehr und genauere Angaben. Helms gab diesen Wunsch weiter, und man unternahm alle Anstrengungen, die Forderungen des Sicherheitsberaters zu erfüllen. Helms bat um Vorschläge des Nationalen Sicherheitsrats, des Außenministeriums und des Pentagon, und im folgenden Jahr wurde der Bericht nach ganz neuen Gesichtspunkten zusammengestellt. Anfang der 50er Jahre hatte der »Jahresbericht« aus einem einzigen dünnen Band bestanden. Jetzt waren es drei Bände und Hunderte von Seiten mit umfangreichen Anhängen, Tabellen und Graphiken. Wenn Kissinger mehr verlangte, war Helms bereit, mehr zu liefern.

Aber obwohl sich Helms bemühte, die Wünsche des Sicherheitsberaters zu erfüllen, war Kissinger nicht zufrieden. In gewisser Weise war seine Unzufriedenheit ein Mittel, die Arbeit der CIA strenger zu beaufsichtigen; seine Kritik stand von Anfang an fest und drängte den ganzen Nachrichtendienst in Verteidigungsposition. Wenn er die Berichte sofort kritisierte, verloren die Einwände der Leute vom Nachrichtendienst an Überzeugungskraft, und das war nur natürlich ... Aber auch Kissinger wurde kritisiert, vor allem wegen seiner übertriebenen Neigung zur Geheimhaltung. John Foster Dulles hatte der CIA immer offen gesagt, was er zu tun beabsichtigte. Er teilte mit, wann er sich mit dem Angehörigen einer ausländischen Regierung getroffen hatte, und stellte der CIA die Gesprächsprotokolle zur Verfügung. Kissinger hielt nicht nur geheim, was er tat, sondern auch, was er beabsichtigte. Deshalb befanden sich der Nationale Sicherheitsrat und die CIA oft in der Lage eines Schiffes, das ohne Positionslichter durch die Nacht fährt. Kissinger verfolgte irgendein Ziel, und die CIA hatte keine Ahnung, welche Informationen er brauchte. Die Zusammenarbeit litt nicht unter Feindschaft oder Mißtrauen, sondern es war so, als funktionierte in einem Auto die Kupplung nicht mehr; die Zahnräder im Differenzial wollten nicht mehr greifen.

Dennoch war Kissingers Unzufriedenheit nicht gespielt. Er war mit den Aufklärungsergebnissen, die man ihm vorlegte, wirklich nicht zufrieden. Im September 1969 rief sein Stellvertreter, General Alexander Haig, den Verteidigungsexperten und alten Mitarbeiter der CIA beim Rand Institute in Kalifornien, Andrew Marshall, an und sagte ihm, der Präsident und Kissinger seien mit der Arbeit des Nachrichtendienstes nicht zufrieden. Er bat Marshall, für drei oder vier Monate als Berater des Nationalen Sicherheitsrats nach Washington zu kommen und das Problem zu untersuchen. Marshall folgte dieser Aufforderung und verfaßte von Dezember 1969 bis April 1970 für Kissinger zwei Berichte über neue Methoden bei der Erstellung der laufenden nachrichtendienstlichen Meldungen für das Weiße Haus und über die Kriterien, nach denen ihre Qualität beurteilt wurde. Wie Marshall feststellte, war es leichter, diese Papiere in Bausch und Bogen abzulehnen als zu beurteilen, was sie wirklich wert waren. Die Mitarbeiter der CIA, mit denen er sprach, rechtfertigten sich in der üblichen Weise: a) Sehen Sie doch her, das sind fabelhafte Ergebnisse. b) Sie wissen gar nicht, wie schwierig das ist. c) Sie sind zu anspruchsvoll; alle anderen sind mit unserer Arbeit zufrieden. Doch Marshall mußte feststellen, daß auch die anderen Behörden nicht zufrieden waren. Die Mitglieder des Nationalen Sicherheitsrats in den Regierungen Kennedy und Johnson hatten sich über die gleichen Dinge beschwert, und man konnte die Studien über die Arbeit des Nachrichtendienstes in den Akten bis Ende der 40er Jahre zurückverfolgen, bei denen es immer wieder um die gleichen Probleme ging.

Dabei spielten vor allem zwei Fragen eine Rolle. Erstens verwendeten die Berichte der CIA zu viele Adverbien und sprachen zu häufig im Konjunktiv. Hier hieß es grundsätzlich nicht »entweder/oder«, sondern »vielleicht/wenn«, und diese Ausdrucksweise hatte die Männer, die die Entscheidungen treffen mußten, von Truman bis Nixon zur Verzweiflung getrieben.[6] Das zweite Problem bestand darin, daß die CIA sich scheute, die Quellen ihrer Erkenntnisse zu nennen, und auch das hatte die Leser dieser Berichte immer wieder empört. Wenn behauptet wurde, man müsse damit rechnen, daß sich die Inder so oder so verhielten, wollten die Politiker wissen, auf welche harten Tatsachen sich eine solche Beurteilung stütze. Hatte man konkrete Erkenntnisse – etwa den Bericht eines Agenten im indischen Kabinett? Oder war es eine begründete Vermutung, die sich auf kleine Teilinformationen stützte? Oder war es nur die Annahme eines Analytikers, der zu wissen glaubte, wie sich eine Regierung in dieser Lage verhalten würde? Aus dem Bericht ließ sich das nicht entnehmen; er verkündete seine Weisheiten *ex cathedra.*

Dieses Problem hatte eine lange Vorgeschichte. Bei der CIA war es ein ungeschriebenes Gesetz, Quellen und Methoden nicht preiszugeben. Kein Beamter der CIA war bereit, jedem beliebigen Regierungsbeamten zu sagen, daß der Nachrichtendienst einen Agenten in der Regierung von Indira Gandhi hatte. Das Planungsdirektorium weigerte sich sogar, seinen eigenen Analytikern solche Angaben zu machen. Wenn sich eine bestimmte Erkenntnis nicht von ihrer Quelle trennen ließ, wenn also die Tatsachen auf ihren Ursprung hinwiesen, dann behielt das Planungsdirektorium diese Information für sich. Wenn daher die Beamten der CIA gezwungen waren, ihre Berichte im Zwielicht zu schreiben, dann mußten die Politiker sie in völliger Dunkelheit lesen.

Diese Vorsicht war an sich nicht übertrieben. Amerikanische Regierungen sind an der Spitze notorisch durchlässig. Der SALT-Unterhändler Gerard Smith hat Helms einmal angerufen, um ihm zu sagen, der Bericht in der Morgenzeitung stamme nicht von ihm. Helms sagte ihm, er brauche sich keine Sorgen zu machen. »Zuerst rufe ich immer das Weiße Haus an.« Damit wollte er andeuten, woher die meisten Indiskretionen kämen. Er machte sich immer erst dann auf die Suche nach einem Schuldigen, wenn er genau wußte, daß er kein hoher Beamter war. Deshalb war die CIA mit der Preisgabe von Einzelheiten so vorsichtig. Ein typisches Beispiel dafür, wie leicht es zu Indiskretionen kommen konnte, war ein Fall, in dem die CIA im August 1971 in einem für Nixon bestimmten Bericht andeutete, sie habe einen Agenten in der indischen Regierung, und erklärte, die Sowjetunion habe mit Indien einen Freundschaftsvertrag geschlossen, um die Anerkennung von Bangladesch, das damals gegen Westpakistan rebellierte, durch Indien zu verhindern. Der Inhalt dieser Meldung sickerte sehr bald zu Tad Szulc von der *New York Times* durch, der am 13. August einen Artikel darüber schrieb. Noch am gleichen Tag rief Helms Egil Krogh oder seinen Assistenten David Young im Weißen Haus an, um gegen die Indiskretion zu protestieren, und sagte, damit sei das Leben des Agenten gefährdet. Krogh empfahl John Ehrlichman, die CIA solle gegen Szulc ein Untersuchungsverfahren durchführen, um die undichte Stelle zu finden. Doch ungeachtet des Zeitungsartikels berichtete der Agent weiter über Vorgänge im indischen Kabinett. Er hatte die Gefahr, enttarnt zu werden, offenbar nicht erkannt.

Dann kam es später im selben Jahr zu einer neuen Indiskretion, die Helms noch mehr erregte. Während des Krieges zwischen indischen und pakistanischen Streitkräften in Bangladesch im Dezember 1971 zeigte sich immer deutlicher, daß Indien auch einen Angriff gegen Westpakistan plante. Am 7. Dezember forderte Kissinger die CIA auf, einen Bericht über die Wahrscheinlichkeit eines solchen Angriffs anzufertigen. Die CIA meldete, sie wisse nichts darüber. Aber innerhalb der nächsten 24 Stunden verfügte sie über konkrete Hinweise. Der Agentenführer des indischen Politikers im Kabinett von Frau Gandhi hatte eben von dem Entschluß erfahren, auch im Westen anzugreifen. Eine entsprechende Meldung wurde über Funk nach Langley durchgegeben und in der Originalfassung dem Weißen Haus vorgelegt. Später behauptete Nixon, dieser Funkspruch sei eine der wenigen wirklich wertvollen Meldungen gewesen, die er je von der CIA erhalten habe, aber die CIA mußte ihren Preis dafür bezahlen. Die Meldung wurde von vielen Mitarbeitern des Weißen Hauses gelesen, und sehr bald erreichte ihr Wortlaut zusammen mit vielen anderen Dokumenten Jack Anderson, der den Inhalt Mitte Dezember in seiner Kolumne veröffentlichte. Damit war dieser Agent ausgeschaltet. Der damalige Leiter des Planungsdirektoriums, Thomas Karamessines, berichtet: »Er sagte uns, wir sollten zum Teufel gehen.«[7]

Zwei Wochen später, im Januar 1972, begann das Sicherheitsbüro der CIA eine Überprüfung Andersons, die bis zum April dauerte und bei der zeitweilig sechzehn Beamte den Leitartikler und seine Mitarbeiter überwachten. Am 17. März 1972 beobachteten beispielsweise Beamte der CIA Helms und Anderson beim Mittagessen im Madison Hotel in Washington, um festzustellen, ob Anderson das Gespräch mit Helms heimlich auf Tonband aufnahm. Aber Anderson beschäftigte die CIA auch weiterhin. In einer am 4. Oktober 1972 an Kissinger gerichteten Aktennotiz nannte Helms 73 von Anderson verfaßte Zeitungsartikel, die sich auf geheime Dokumente des Nachrichtendienstes stützten. 40 davon stammten von der CIA und behandelten Themen vom Gesundheitszustand Lon Nols in Kambodscha bis zu den Beziehungen der CIA zum Büro für die Überwachung des Drogenmißbrauchs. 33 bezogen sich auf Akten der Washington Special Action Group (WSAG), eines Unterausschusses des Nationalen Sicherheitsrats.

Helms war daher der Auffassung, die CIA hätte gute Gründe, die Quellen ihrer Erkenntnisse geheimzuhalten, wenn sie ihre Berichte an die verschiedensten Dienststellen in Washington verschickte. Die Originalberichte mochten für das Weiße Haus eine interessante Lektüre sein, aber der Preis dafür war zu hoch, es sickerte zu oft etwas durch, und es war zu schwierig, tüchtige Agenten anzuwerben, als daß man sie so leichtfertig hätte gefährden dürfen.

Kissinger und seine Mitarbeiter sahen das Problem jedoch ganz anders, und um die Jahreswende 1970/71 wurde der damalige stellvertretende Direktor des Office of Management and Budget (Organisations- und Finanzierungsbüro OMB), James Schlesinger, aufgefordert, die Organisation des gesamten Nachrichtendienstes auf allen Ebenen sorgfältig zu überprüfen. Es gibt seriöse und unseriöse Studien, sagte einer von Schlesingers Mitarbeitern, und die hier vorgenommene war alles andere als ein Routineunternehmen. Der Präsident wollte Ergebnisse sehen.

Im März 1971 hatten Schlesinger und seine Mitarbeiter ein Papier mit dem Titel *Review of the Intelligence Community* (Überprüfung aller Nachrichtendienste) verfaßt, worin unter anderem die Annahme, der Direktor der Central Intelligence sei der verantwortliche Leiter aller Nachrichtendienste, als unfreundliche Unterstellung bezeichnet wurde. Außerdem seien die Gesamtkosten des Nachrichtendienstes durch gewisse finanzielle

Manipulationen verschleiert worden und in Wirklichkeit wenigstens doppelt so hoch wie in der dem Kongreß vorgelegten Schätzung angegeben. In dem Papier wurde auch bemängelt, daß nachrichtendienstliche Lagebeurteilungen einander widersprechende Auffassungen hinter billigen Kompromissen tarnten; daß sich die CIA völlig isoliert habe, weil sie sich gegen alle Außenseiter abschirmte, und daß die technischen Erkenntnisse des Nachrichtendienstes in der Qualität weit besser seien als die der Politiker.

Eine ganz andere Frage war, wie man diesen Mißständen abhelfen sollte. Die verschiedenen nachrichtendienstlichen Behörden wachen eifersüchtig über ihre Unabhängigkeit.[8] Nixon und Kissinger überlegten sich eine ganze Weile, welche Reformen sie vornehmen sollten, bevor sie den Bericht Schlesingers im August 1971 an Helms und die anderen Behördenchefs weitergaben. Wiederum verging einige Zeit, bis am 5. November 1971 eine Neugliederung aller nachrichtendienstlichen Behörden bekanntgegeben wurde. Helms verlor auf der einen Seite an Einfluß, auf der anderen wurde seine Stellung jedoch gefestigt. Unter Kissingers Vorsitz entstand ein neuer Nationaler Ausschuß für die Nachrichtendienste, und damit wurde Kissinger zum direkten Vorgesetzten der CIA, aber der Einfluß von Helms als Direktor der Central Intelligence wurde ebenfalls stärker. Von nun an sollte er alle nachrichtendienstlichen Behörden *beaufsichtigen.* Nixon sagte ihm persönlich: »Wenn Sie dabei auf irgendwelche Schwierigkeiten stoßen, lassen Sie es mich wissen.« Wenn Nixon sich persönlich eingeschaltet hätte, dann hätte das Vorhaben gelingen können; die Nationale Sicherheitsbehörde und der militärische Nachrichtendienst konnten einem Direktor der Central Intelligence die kalte Schulter zeigen; dem Eingreifen eines Präsidenten konnten sie sich nicht widersetzen. Doch Nixon hat sein Versprechen nicht gehalten. Er verschanzte sich im Weißen Haus, und Helms, der mit einem Mißerfolg rechnete, hat nie versucht, auf die anderen Nachrichtendienste Einfluß zu nehmen. Der neue nachrichtendienstliche Beratungsausschuß unter dem Vorsitz von Helms beschäftigte sich nur damit, die Geldmittel für die verschiedenen nominell unter der Aufsicht von Helms stehenden Behörden anzufordern und dem Weißen Haus das Budget vorzulegen. Es war das alte Gesicht unter etwas neuem Make-up.

Watergate hat die Nixonregierung bloßgestellt und den ganzen Regierungsmechanismus ans Licht gebracht – die Rivalitäten, Intrigen und persönlichen Differenzen. Alles wurde so gründlich durchleuchtet, wie dies bisher noch nie geschehen war. Aber die grausame Faszination des Watergate-Skandals und dessen bisher noch nicht geklärten Geheimnisse haben verschleiert, womit sich die politische Führung in den Vereinigten Staaten nach dem Zweiten Weltkrieg in erster Linie beschäftigt hat. Ihr Hauptinteresse galt der Rivalität zur Sowjetunion, einer der großen historischen internationalen Kraftproben, deren Ausgang sich bis heute nicht voraussagen läßt. Ein Ausgleich ist schwer vorstellbar; es ist erschreckend, an einen Krieg zu denken, der die Entscheidung bringen sollte; es ist geradezu unmöglich zu glauben, daß diese Spannungen ewig weiterbestehen werden, ohne daß es zu einer Lösung kommt. In den ersten Jahren hätte man diese Rivalität mit der zwischen Rom und Karthago vergleichen und darin den ersten Akt einer Götterdämmerung sehen können. In neuerer Zeit schien es möglich, auf eine dauernde Verständigung zu hoffen. Doch wenn diese Rivalität vom amerikanischen Volk manchmal auch vergessen wird, so haben diejenigen, die für die amerikanische Politik in dieser Kraftprobe und für den Preis verantwortlich sind, der bezahlt werden muß, das Problem nie vergessen. Es steht im Vordergrund aller wichtigen Überlegungen im offiziellen Washington. Seit dreißig Jahren beschäftigen sich die amerikanischen Präsidenten und ihre Berater mit den Gegensätzen zwischen der Sowjetunion und den Vereinigten Staaten. Jede internationale Initiative war damit verknüpft; vom Marshall-Plan bis zum Versuch, Salvador Allende zu stürzen; dieses Problem ist die Ursache dafür, daß die Vereinigten Staaten einen Rüstungsetat von 100 Milliarden Dollars haben. Das berufliche Leben von Richard Helms, das sich von der Geschichte der CIA nicht trennen läßt, ist von der Rivalität zwischen diesen beiden Großmächten geprägt. Die Behörde, für die er gearbeitet hat und die er schließlich leitete, war ein Instrument in diesem Ringen, eine Waffe in einem Krieg, den man allerdings nicht als solchen bezeichnen wollte.

Daran müssen wir festhalten, auch wenn es oft vergessen wird. Die mörderischen Konflikte zwischen dem Weißen Haus, dem Kongreß, dem Pentagon, dem Außenministerium und den Nachrichtendiensten sowie zwischen den ehrgeizigen Männern, die innerhalb dieser Institutionen um die Macht gerungen haben, waren so intensiv und sind in letzter Zeit mit solcher Deutlichkeit von der Öffentlichkeit wahrgenommen worden, daß man es manchmal übersehen hat, daß die Rivalen in Washington alle auf einer Seite stehen, wenn es gegen die Sowjetunion geht. Wenn Richard Helms in die Washingtoner Intrigen verstrickt war und ebensoviel Zeit dafür aufgewendet hat, sich den Rücken gegenüber den »Feinden« zu Hause freizuhalten, wie für Überlegungen darüber, auf welche Weise man dem Gegner außerhalb des eigenen Landes begegnen sollte, hat er dabei dem Präsidenten in jenem größeren Ringen gedient wie eine Art General in einer Art Krieg. Norman Mailer hat einmal einen langen Aufsatz über die CIA geschrieben[9] und neben anderen Ungereimtheiten auch die Vermutung ausgesprochen, die CIA könnte unter dem Einfluß einer Mormonenverschwörung stehen, ohne dabei auch nur einmal die sowjetischen Fernlenkwaffen, das Öl im Nahen Osten, die kommunistischen Parteien in Europa, Vietnam, Chile oder die sowjetischen Absichten und Fähigkeiten zu erwähnen. Leute, die solche Scheuklappen tragen, haben die Angehörigen der CIA oft in Erstaunen versetzt. Es ist richtig, die CIA hat bei einer Gelegenheit mit der Mafia zusammengearbeitet, Howard Hunt hat für das Weiße Haus gearbeitet, Howard Hughes hat zugleich für die CIA gearbeitet und Nixon Geld gegeben; aber das alles hat sich auf Nebenkriegsschauplätzen zugetragen; es waren Manöver auf einer überfüllten politischen Bühne. »Was glaubt man denn, was wir alle diese Jahre getan haben?« hat ein Beamter der CIA einmal gefragt. »*Wir haben den kalten Krieg geführt!*« Mailer und andere, die geglaubt haben, nur Komplotte und Verschwörungen aufdecken zu müssen, versuchen nach Auffassung der Angehörigen der CIA, hinter den Kulissen der Opernbühne einen Streit unter den Bühnenarbeitern zu beschreiben, während auf der Bühne die *Götterdämmerung* aufgeführt wird.

Die an dem weltweiten Ringen Beteiligten haben dabei natürlich auch ihre eigenen kleinen Ziele verfolgt. Der Krieg korrumpiert, und der geheime Krieg korrumpiert im Verborgenen. Es ist nicht immer leicht gewesen zu sagen, wo der Kampf gegen den Kommunismus endete und wo die Verteidigung amerikanischer Geschäftsinteressen begann. Das Bemühen, bestimmte Dinge vor dem Gegner im Ausland geheimzuhalten, kann einen auch veranlassen, diese Dinge dem politischen Gegner zu Hause vorzuenthalten. Wer die Geheimnisse kennt, gewinnt damit einen gewissen Einfluß und eine gewisse Unabhängigkeit. J. Edgar Hoover hat das FBI nicht deshalb fünfzig Jahre geleitet, weil er ein so hervorragender Fachmann war, sondern weil die Präsidenten es nicht gewagt haben, ihn zu entlassen. Johnson und Nixon haben die CIA beide mehr oder weniger als eine Alternative zum FBI angesehen, und wenn diese Vorgänge im Zusammenhang mit Watergate nicht aufgedeckt worden wären, hätte sich im innenpolitischen Kräftespiel wahrscheinlich irgendwann eine heftige Rivalität zwischen den Direktoren der CIA und des FBI entwickelt. Die Angehörigen der CIA behaupten natürlich, Mailers Darstellung sei vollkommen falsch, aber es gibt in der Geschichte zahlreiche Beispiele dafür, daß geheime Nachrichtendienste nicht mehr bereit gewesen sind zu dienen, sondern herrschen wollten. Die Römer haben ihre Nachrichtenorganisationen wiederholt aufgelöst und neue aufgebaut, und in diesem Jahrhundert haben die Russen das gleiche getan. Wenigstens drei russische Geheimdienstchefs haben das Schicksal ihrer Opfer geteilt, den Tod durch Genickschuß. Es ist jedoch eine Tatsache, daß die innenpolitische Macht der CIA erst im Embryonalzustand war, als sich Watergate ereignete, das Scharen von Untersuchungsbeamten auf den Weg brachte, und daß Helms bis zum letzten Tag als Direktor der Central Intelligence seinem Präsidenten als Werkzeug in einer internationalen Auseinandersetzung gedient hat.

Wenn man jede Krise schildern wollte, bei der die CIA während der Amtszeit von Nixon eine Rolle gespielt hat, müßte man ein eigenes Buch darüber schreiben, aber auch eine unvollständige Liste dieser Krisen zeigt, womit sich Helms vor allem beschäftigen mußte. 1969 begann die CIA zum Beispiel, Beweismaterial dafür zu sammeln, daß die Sowjetunion einen militärischen Präventivschlag gegen China vorbereitete. Auf militärische Zwischenfälle an der chinesischen Grenze am Ussuri im März 1969 folgte ein russischer Aufmarsch im Grenzgebiet, in dessen Verlauf auch taktische Kernwaffen stationiert wurden. Im Juli gab Kissinger eine ausführliche Studie über den chinesisch-sowjetischen Konflikt in Auftrag, und auf Sitzungen des BNE im selben Sommer und Herbst erklärten zwei Experten der CIA und General Daniel O. Graham, der spätere Chef des militärischen Nachrichtendienstes, die Sowjetunion bereite einen Kernwaffenschlag gegen chinesische Entwicklungszentren vor. In dieser Zeit teilte Helms Journalisten auf einer Pressekonferenz mit, daß gewisse Anzeichen diese These bestätigten. Nach einigen Quellen zu urteilen, waren Helms' Äußerungen die Antwort der amerikanischen Regierung auf vertrauliche sowjetische Anfragen nach der amerikanischen Reaktion auf einen solchen Präventivschlag.[10] Doch aus irgendeinem Grund wurde in der im November 1969 Kissinger vorgelegten Lagebeurteilung der CIA die Möglichkeit eines Kriegsausbruchs nicht erwähnt, und Anfang des folgenden Jahres forderte Kissinger Helms auf, nur über diesen Punkt eine Studie anfertigen zu lassen.

Im selben Jahr begann die CIA Erkenntnisse darüber zu sammeln, daß die Sowjets bei Cienfuegos auf Kuba eine größere Basis für U-Bootstender einrichteten, und eine Zeitlang sah es so aus, als müßte man mit einer zweiten Auflage der kubanischen Fernlenkwaffen-Krise rechnen. Ehrlichman erinnert sich an einen nachrichtendienstlichen Lagebericht, der vor führenden Kongreßabgeordneten im Roosevelt-Zimmer des Weißen Hauses zu diesem Thema abgegeben wurde. Man hatte graphische Darstellungen mit den neuesten Erkenntnissen vorbereitet, aber als Kissinger eine dieser Tafeln zeigte, auf der sowjetische Schiffe mit gestrichelten Linien dargestellt waren, war er überrascht und peinlich berührt, denn die Linien der CIA zeigten, daß sich die Schiffe wieder auf dem Heimweg befanden.

1970 spielte die CIA eine Nebenrolle bei der Planung eines militärischen Kommandounternehmens gegen Son Tay, wo die Nordvietnamesen ein Gefangenenlager für amerikanische Piloten eingerichtet hatten.[11] Zu den Experten der CIA, die an diesem Projekt mitarbeiteten, gehörte auch Anthony Riccio, ein junger Akademiker, den es beunruhigte, daß er schon seit zwei oder drei Jahren mit Fragen bedrängt wurde, auf die es keine ehrliche Antwort gab. Im Sommer 1970 wurde er gefragt, wie die nordvietnamesischen Milizsoldaten in Son Tay bewaffnet seien. Riccio ahnte nichts von dem geplanten Befreiungsversuch, durchkämmte aber alle Unterlagen, um eine Antwort zu finden. Vergeblich. Er teilte seinem Vorgesetzten die Erfolglosigkeit seiner Bemühungen mit, aber dieser Vorgesetzte beantwortete, wenn auch mit schlechtem Gewissen, die Frage dennoch: Die nordvietnamesische Miliz in Son Tay ist wahrscheinlich (ein Wort, das sich in solchen Berichten immer gut verwenden läßt) mit alten japanischen und französischen Gewehren, Mistgabeln und Macheten bewaffnet.

Als Riccio wenige Monate später einen Bericht über das Kommandounternehmen gegen Son Tay las, wurde ihm plötzlich klar, weshalb man ihm diese Frage gestellt hatte. Er entschloß sich, die CIA-Arbeit aufzugeben, bat aber vorher noch um ein Gespräch mit Helms, dem er seine Gründe erläutern wollte. Helms fragte ihn, welches Problem er habe. Riccio sagte ihm, in eine wie peinliche Lage er geraten sei, als er den Auftrag erhalten hatte, praktisch aus dem Nichts eine Preisliste für nordvietnamesische landwirtschaftliche Erzeugnisse oder ähnlich schwer zu beschaffende Angaben zu liefern. Am Schluß fragte Helms ihn ganz ruhig, ob diese Dinge denn so wichtig gewesen seien.

Riccio verneinte, sagte aber dann mit fester Stimme, es gäbe noch einen anderen Fall, und der sei sehr wichtig. Er schilderte, wie der Bericht über die Bewaffnung der Miliz in Son Tay zustande gekommen war, und sagte, bei dem Kommandounternehmen habe man festgestellt, daß die Leute mit Maschinenpistolen bewaffnet waren. Dann deutete er mit dem Finger auf Helms und sagte empört: »Hier ging es um Menschenleben!« Helms verzog keine Miene, und als Riccio geendet hatte, fing er an, von der Kluft zwischen den Generationen zu sprechen.

Manchmal mußte sich Helms auch mit vorübergehenden akuten Krisen beschäftigen, dann ging es auch wieder um ständige Kontroversen wie das Tauziehen zwischen der CIA und dem Pentagon, bei dem es sich um die sowjetischen Rüstungsausgaben handelte. 1969 und 1970 stritt man sich über die technischen Daten einer neuen sowjetischen Fernlenkwaffe mit der Bezeichnung SS-9. Wegen dieses Streits hätte Helms fast seine Stellung verloren.

Kissinger und Verteidigungsminister Melvin Laird waren beide dafür, ein amerikanisches Flugabwehrsystem gegen Fernlenkwaffen (ABM) zu entwickeln, wenn auch aus geringfügig unterschiedlichen Gründen. Aber im Kongreß herrschte eine rebellische Stimmung, und die Abgeordneten wollten nicht einsehen, daß die

Einführung von ABM notwendig sei. Die Regierung Nixon unternahm alles, um den Kongreß mit dem Argument zu überzeugen, die Sowjets rüsteten auf, um für sich die Kapazität des ersten Schlages zu gewinnen, also ein Potential von Fernlenkwaffen aufzubauen, das stark genug war, einen amerikanischen Gegenschlag gegen einen Überraschungsangriff sofort auszuschalten. So brauchten die Russen die Konsequenzen eines solchen Überraschungsangriffs nicht zu fürchten.[12] Wie das manchmal bei Auseinandersetzungen um so wichtige Fragen geschieht, konzentrierte sich die Diskussion auf die technischen Daten der SS-9. War diese Waffe eine MIRV (eine Fernlenkwaffe mit Mehrfachsprengkopf, deren einzelne Sprengköpfe gleichzeitig mehrere Ziele bekämpfen konnten – also die Vereinigung von mehreren Fernlenkwaffen in einer einzigen), oder war es eine MRV (eine mit mehreren Sprengköpfen ausgerüstete Fernlenkwaffe)? Laird stellte sich auf den Standpunkt, daß es darauf nicht ankäme; er wollte es vermeiden, daß sich die Debatte im Kongreß an diesem Punkt festfuhr. Dem Abrüstungsexperten Gerard Smith sagte er: »Für mich gibt es keinen Unterschied zwischen MIRV und MRV.« Es gab jedoch einen Unterschied, und die Fähigkeit der Sowjets, den ersten Schlag zu führen, ließ sich kaum nachweisen, wenn sie nicht über MIRV verfügten. Ohne diese Waffe hatten sie nicht genügend Fernlenkwaffen, um die amerikanischen Minuteman-Raketen zu vernichten, die zur Abwehr sowjetischer Raketen eingesetzt waren. Kissinger vertrat eine subtilere Auffassung. Er sagte, das Landemuster der SS-9 – die für die einzelnen Sprengköpfe der SS-9 charakteristische Anordnung beim Einschlagen im Zielgebiet – entspräche genau der typischen Anordnung der Minuteman-Rampen, die jeweils zu dritt in Stellung gingen. Das war kein Streit um des Kaisers Bart. Kissinger mußte glaubhaft von einer ernsten Bedrohung sprechen – durch sowjetische MIRV oder entsprechend wirkende Waffen –, wenn er die Genehmigung für die Einrichtung seines ABM-Systems erwirken wollte, um bei den SALT-Verhandlungen mit den Sowjets etwas in der Hand zu haben.[13]

Bei der Kontroverse ging es nun vor allem darum, daß die CIA behauptete, die SS-9 sei eine MRV, und die einzelnen Sprengköpfe hätten nicht die Treffsicherheit, mit der eine MIRV ihre Ziele erreiche. Damit gäbe es für die Sowjets keine Kapazität für einen ersten Schlag, und eine Bedrohung ließe sich nicht nachweisen. Ein Mitarbeiter beim Stab des Nationalen Sicherheitsrats sagte, die Auffassung der CIA sei Kissinger »höchst unbequem« gewesen. Ende Mai 1969 machten Helms und Carl Duckett, der stellvertretende Direktor der CIA und Leiter der Abteilung für Wissenschaft und Technik, vor dem Außenpolitischen Senatsausschuß in geschlossener Sitzung ihre Aussagen über die SS-9. Am Schluß erklärte Senator Fulbright: »Das klingt ganz anders als das, was der Außenminister gesagt hat.« Kissinger war wütend. Die Mitglieder des Nationalen Sicherheitsrats zweifelten daran, ob Helms seinen Posten als Direktor der Central Intelligence behalten würde. Einer sagte sogar, wenn Helms im Senat wegen seiner Integrität nicht ein so hohes Ansehen genösse, hätte Kissinger von Nixon seine Entlassung verlangt.

Hier hatte sich Helms so sehr persönlich exponiert, wie es für einen Direktor der Central Intelligence überhaupt möglich ist. Fulbright und andere Mitglieder des Kongresses, die sich hinter ihn stellten, hatten sogar das Gefühl, sie müßten sich bei Kissinger und Nixon direkt für Helms einsetzen. Am Schluß bat Kissinger Helms zu sich und verlangte, das BNE sollte seinen Bericht über die SS-9 überarbeiten und mehr Beweismaterial dafür vorlegen, daß es sich bei dieser Waffe nicht um eine MIRV handelte. Schon nach wenigen Tagen reichte das BNE eine ausführlichere Studie ein, die zu dem gleichen Ergebnis kam wie die erste.

Die CIA hatte mit ihrer Beurteilung der SS-9 recht gehabt. Die Sowjetunion begann erst einige Jahre später mit der Entwicklung von MIRV. Aber Kissinger und Laird war es gleichgültig, wer recht hatte; sie wollten die sowjetische Bedrohung glaubhaft machen und gaben die Bemühungen darum nicht auf. Noch im selben Herbst, als die CIA behauptete, die Sowjets hätten nicht die Absicht, bis zur Erstschlag-Kapazität aufzurüsten, setzte sich Eugene Fubini, Mitglied des wissenschaftlichen Beirats des militärischen Nachrichtendienstes, persönlich mit einem Freund und Kollegen von Helms in Verbindung, um ihn zu veranlassen, den Abschnitt aus dem Bericht der CIA zu streichen, der nicht in dieses Konzept paßte. Er widersprach den öffentlichen Erklärungen von Laird und entspräche angeblich nicht den Tatsachen, sondern stütze sich nur auf Vermutungen; Helms sollte es doch nicht auf eine Konfrontation mit dem Verteidigungsminister ankommen lassen. Lairds Assistent William Baroody sprach auch persönlich mit Helms, und diesmal erklärte sich Helms bereit nachzugeben. Er strich den beanstandeten Absatz aus dem endgültigen Text des Dokuments NIE 11. 8. 69[14] nicht etwa, weil er seine Meinung geändert hatte – er selbst hatte zu dieser Frage keine eigene Meinung, es waren seine Experten, die in diesem Punkt nicht nachgeben wollten –, sondern weil es ihm gleichgültig war, Laird aber Wert darauf legte.

Kompromißbereitschaft war zugleich die Stärke und die Schwäche von Helms. Einige Regierungsmitglieder – Kissinger ist dafür ein gutes Beispiel – können die Diskussion so sehr beherrschen, daß sie anderen einen Kompromiß aufzwingen, selbst aber nur selten nachgeben müssen. Kissingers Erfolg erklärt sich zum Teil dadurch, daß Nixon ihm ungewöhnlich weitgehende Vollmachten eingeräumt hatte, zum Teil aber auch aus seiner Charakterstärke. Helms hat sich das Vertrauen von Nixon nicht in diesem Maß erworben, und sein Charakter ist wesentlich durch die Arbeit im Nachrichtendienst geprägt worden. Einem Kollegen hat er einmal gesagt, der Direktor der Central Intelligence habe auf dem Papier für die Arbeit des Nachrichtendienstes die hundertprozentige Verantwortung zu übernehmen, verbrauche aber nur fünfzehn Prozent des Geldes. Um voranzukommen, mußte er sich oft den Wünschen anderer fügen.

Häufig kam es zu Reibereien, weil die CIA nicht die einzige Behörde in Washington war, die Spione einsetzte. Vor etwa zehn Jahren hatte Dulles' Adjutant, General Lucian K. Truscott II, versucht, die Militärs davon zu überzeugen, daß es richtiger wäre, den Einsatz von Spionen – besonders in Westeuropa – der CIA zu überlassen. 1958 gab die Armee schließlich Truscotts Verlangen nach, und es wurde eine Direktive des Nationalen Sicherheitsrats über den Einsatz der Nachrichtendienste (NSCID) erlassen, nach der die CIA in erster Linie für die Anwerbung von Agenten zuständig war. Aber das Problem war damit noch nicht aus der Welt geschafft. Zwei CIA-Beamte setzten sich mit dem zweiten Mann beim militärischen Nachrichtendienst, Generalleutnant Alvah Fitch, in Verbindung und machten ihm einen Lösungsvorschlag. Sie stellten die Lage wie folgt dar: Die nachrichtendienstliche Behörde des Militärs, die Agenten in Thailand einsetzte, erregte die Aufmerksamkeit der Presse; Beamte des thailändischen Nachrichtendienstes hätten sich wiederholt über diese Leute beschwert. Ihre Berichte hätten einen nur sehr geringen Wert. Die betreffende Dienststelle hätte einen Bericht über die chinesische Botschaft in Mandalay weitergegeben – aber Mandalay ist nicht die Hauptstadt von Burma, und es gibt dort gar keine Botschaften. In einer anderen Meldung war von einer 500 000 Mann starken irregulären chinesischen Armee die Rede gewesen, die an der chinesisch-burmesischen Grenze operierte – 500 000 Mann! Das war völlig absurd. Nachrichtendienstliche Berichte haben nur einen Wert, wenn sie zuverlässig sind. Danach werden sie eingestuft: A-1 bedeutet zutreffend und sehr wertvoll, F-6 völlig wertlos. Der militärische Nachrichtendienst im Fernen Osten mußte in die Kategorie F-6 eingestuft werden. Fitch hörte sich die Beschwerde höflich an und versprach, der Sache nachzugehen. Aber es geschah nichts. Später erfuhren die Beamten der CIA, daß Fitch selbst die Abteilung des militärischen Nachrichtendienstes im Fernen Osten eingerichtet hatte.

Anfang 1972 wurde die CIA angewiesen, für den Nationalen Sicherheitsrat eine neue Direktive für die Leitung sämtlicher Nachrichtendienste zu entwerfen. Der Leiter des Planungsdirektoriums, Thomas Karamessines, erblickte darin die ideale Gelegenheit, den Einsatz von Spionen durch das Militär ein für allemal zu unterbinden. Die nachrichtendienstliche Tätigkeit war noch nie eine Stufe auf dem Wege zu den höchsten militärischen Rängen gewesen, und wenn die Offiziere hier abgelöst wurden, dann konnten sie damit rechnen, etwa zu einem Versorgungsdepot versetzt zu werden. Karamessines wollte, daß die Spione von der CIA eingesetzt wurden, und zwar *alle* Spione. Aber Helms entschied anders; das Militär hatte ein legitimes Interesse an bestimmten Aufklärungsergebnissen, die die CIA ihm nicht verschaffen konnte. In solchen Fällen – so meinte Helms – sei es besser, wenn sie ihre eigenen Spione einsetzten, als wenn ein unversöhnlicher Krieg mit den Militärbehörden ausbrach.

Ohne eine solche Kompromißbereitschaft hätte Helms den Frieden innerhalb der Nachrichtendienste niemals wahren können. Auf bestimmten Gebieten zeigte er sich entgegenkommend, auf anderen blieb er hart. Ende der 60er Jahre weigerte er sich zum Beispiel, dem äußerst kostspieligen Plan des Pentagon, ein bemanntes Weltraumlaboratorium in eine Umlaufbahn zu setzen, mit dem das Militär den Etat der Nachrichtendienste belasten wollte, das Placet der CIA zu geben. Ein weiteres Vorhaben des Pentagon, dem sich Helms entgegenstellte, sah die Errichtung eines Radarzentrums in England vor, mit dem der sowjetische Flugverkehr über dem Schwarzen Meer beobachtet werden sollte und das 500 Millionen Dollars gekostet hätte. Neben allem anderen hätte dieses Projekt einen großen Teil des in England erzeugten elektrischen Stroms verbraucht, und die von den Radarschirmen ausgehenden Mikrowellen hätten jeden sterilisiert, der sich der Anlage bis auf 3,5 Kilometer näherte.

Wenn jemand jedoch zu Kompromissen neigt, dann wird ihm oft Unentschlossenheit vorgeworfen, und das ist wahrscheinlich die häufigste Kritik gewesen, die CIA-Mitarbeiter an Helms geübt haben. Sie warfen ihm vor, daß er sich gelegentlich weigerte oder nicht in der Lage war, unangenehme Grundsatzentscheidungen zu treffen. In einem Fall ging es um eine schon lange schwelende Kontroverse zwischen dem Nachrichtendirektorium und dem Planungsdirektorium. Das Nachrichtendirektorium hatte eine Inlandsabteilung, die Ausländer in den Vereinigten Staaten interviewte. Das Planungsdirektorium wollte diese Abteilung dazu einsetzen, Personen ausfindig zu machen, die man als Agenten anwerben könne. Das Nachrichtendirektorium widersetzte sich diesem Plan, und 1967 mußte Helms die Frage entscheiden. Er hörte sich die Argumente beider Seiten an, versprach, sich die Sache zu überlegen, und tat nichts. 1970 tauchte das gleiche Problem wieder auf. Beide Seiten trugen ihre Auffassungen vor. »In Ordnung, ich habe Ihre Argumente gehört«, sagte Helms. »Ich werde Ihnen meine Entscheidung in vierundzwanzig Stunden mitteilen.« Der Berichterstatter meint, dies seien die längsten vierundzwanzig Stunden der Weltgeschichte gewesen, denn Helms habe sich bis heute nicht zu einer Entscheidung durchringen können.

Man darf hier nicht die Tatsache übersehen, daß Helms in erster Linie die Aufgabe hatte, Nachrichten zu beschaffen. Er war ein angesehenes Mitglied des nationalen Sicherheitsestablishments, der Direktor einer Behörde, die 15 000 Mitarbeiter beschäftigte. Er unterschrieb die offiziellen nachrichtendienstlichen Berichte für die Regierung, traf zum Lunch regelmäßig mit einflußreichen Persönlichkeiten zusammen, mit Senatoren, hohen Regierungsbeamten und bekannten Journalisten, auf deren Vertrauen er angewiesen war, denn ohne solche Kontakte hätte die CIA ihre Aufgabe nicht erfüllen können. Er selbst betrachtete sich als Diener des Präsidenten. Manchmal hat er Hervorragendes geleistet, dann wieder nicht. Für einen Außenseiter ist es sehr schwierig, das zu beurteilen. Man kann nur von dem Echo ausgehen, das seine Leistungen gefunden haben. Im allgemeinen galt Helms als tüchtiger Direktor der Central Intelligence. Allen Dulles hat gesagt, er leiste nützliche Arbeit und könne den Mund halten. Hohe Beamte in den Regierungen Johnson und Nixon haben ihn ähnlich beurteilt. Ein Mann, der oft mit Helms zusammengearbeitet hat – er behauptete nicht, ihn gut zu kennen –, hat gesagt, Helms sei der ideale Staatsbeamte gewesen, und es wäre gut, wenn die Regierung über mehr solche Leute verfügte. Nach Dienstschluß sprach Helms nie über dienstliche Dinge, wie viele andere es taten, die auch noch beim Abendessen lange Gespräche über sowjetische Fernlenkwaffen führten. Der Leiter der Nachrichtenabteilung unter Dulles, Robert Amory, war dafür besonders bekannt. Seine Nachbarn sagten, sie hätten es immer bedauert, wenn es Winter wurde, denn wenn Amory nicht in seinem Garten arbeitete, würden sie nicht mehr erfahren, was in der Welt vorging. Helms trennte den Dienst und das Privatleben vollkommen voneinander. Watergate hat dann alles auf den Kopf gestellt; die Spannungen und Streitigkeiten innerhalb der Regierung standen plötzlich im Rampenlicht der Öffentlichkeit, und die Geheimdienste gerieten in den Verdacht, in finstere Machenschaften verwickelt zu sein.

Aber wenn viele Beamte in der Regierung Nixon glaubten, Helms leiste als Direktor der Central Intelligence gute Arbeit, dann war Nixon selbst anderer Meinung. Er war ebenso wie Schlesinger der Ansicht, die Experten der CIA seien durch die Vorurteile der intellektuellen Liberalen und der akademischen Welt im allgemeinen beeinflußt. Aber nach Nixons Auffassung war noch schlimmer, daß die CIA – wie er glaubte – bei der Feindaufklärung versagte. So meldete die CIA dem Weißen Haus beispielsweise Anfang 1971, die Nordvietnamesen hätten in Laos nicht genügend Reserven, um einem südvietnamesischen Aufklärungsvorstoß über den Ho-Chi-Minh-Pfad hinweg mehr als nur gelegentlich leichten Widerstand entgegenzusetzen. Es zeigte sich jedoch, daß sie reichlich Reserven hatten, und das Unternehmen Lam Song 719 endete mit einer katastrophalen Niederlage. Mehr als sechshundert amerikanische Hubschrauber wurden vom Abwehrfeuer der Nordvietnamesen getroffen, hundert wurden abgeschossen. Die Südvietnamesen zogen sich in chaotischer Unordnung zurück, einige klammerten sich in ihrer Verzweiflung an den Landekufen der Hubschrauber fest, und viele mußten zurückgelassen werden.

Für das folgende Jahr sagte die CIA eine nordvietnamesische Demonstration der Stärke voraus und meinte, es werde wahrscheinlich im Februar während Nixons Chinabesuch zu einem »Höhepunkt« der Kampfhandlungen kommen. Nach den Aufklärungsergebnissen der CIA stellten sich nordvietnamesische Truppen unmittelbar nördlich der entmilitarisierten Zone zum Angriff bereit. Aber die CIA rechnete nicht mit einer regelrechten Großoffensive. Bisher hatten die Nordvietnamesen etwas Derartiges nicht unternommen und würden es auch jetzt vermeiden, ihre regulären Verbände den Angriffen der amerikanischen Luftstreitkräfte auszusetzen.[15] Aber der »Höhepunkt« kam nicht zur erwarteten Zeit, und die CIA wußte nicht recht, was sie davon halten sollte. Am 27. März 1972 traf sich Helms mit C. L. Sulzberger von der *New York Times* zum Lunch, einem jener Männer, mit denen er regelmäßig zusammenkam, um die Beziehungen der CIA zur Presse zu pflegen. Sulzberger fragte, wie es um die erwartete Eskalation des Krieges stünde. Helms sagte: »Wir sind vollkommen überzeugt davon, daß diese Absicht bestanden hat, und sie können, wenn sie wollen, auch jederzeit zum Angriff antreten, denn sie befinden sich noch in den Bereitstellungsräumen. Aber wir haben damit gerechnet und sehr intensive Bombenangriffe geführt.«[16]

Drei Tage darauf durchbrach die nordvietnamesische Armee die entmilitarisierte Zone und stieß in die Nordprovinzen Südvietnams vor. Dabei geriet sogar die alte Kaiserstadt Hue in Gefahr, vom Feind eingenommen zu werden. William Colby, der als Leiter der Exekutiv- und Budgetabteilung zur CIA zurückgekehrt war, reagierte ganz ähnlich wie Rostow nach der Tet-Offensive vor vier Jahren. Er behauptete, Hanoi sei in einer verzweifelten Lage und setze seine Armee einer verheerenden Niederlage aus. Colby wettete mit einem Freund, die Nordvietnamesen würden Danang nicht einnehmen, und kassierte glücklich den eingesetzten Betrag, als er recht behielt. Aber Nixon fühlte sich so herausgefordert wie nie zuvor.

Ende April beschloß er, den Hafen von Haiphong verminen zu lassen – die Militärs hatten das schon seit Jahren verlangt –, und eine Zeitlang sah es aus, als könnte das für Ende Mai vorgesehene Gipfeltreffen in Moskau, wo eine wichtige Vereinbarung zwischen den Vereinigten Staaten und der Sowjetunion über Rüstungskontrolle unterzeichnet werden sollte, als Folge der Offensive und der Reaktion Nixons darauf scheitern. Das Gipfeltreffen wurde nicht abgesagt, aber Nixon ärgerte sich darüber, daß die CIA die Lage nicht richtig beurteilt hatte, so schwierig es auch gewesen sein mochte, riskante Unternehmungen des Gegners diesen Ausmaßes vorauszusehen.

Es gab aber auch Irrtümer, bei denen die CIA ihre Lagebeurteilungen nicht in so gutem Glauben abgegeben hatte. Nicht, daß die CIA bewußt gelogen hätte. Aber wenn bestimmte Leute bestimmte Nachrichten partout nicht hören wollten, wurden sie damit eben verschont. Wenn der Präsident einen Entschluß gefaßt hatte und etwa nach Kambodscha vorstoßen wollte, dann sah sich Helms durch Instinkt und Erfahrung bewogen, ihm keine Schwierigkeiten in den Weg zu legen. General Westmoreland und General Abrams hatten sich dafür eingesetzt, die Nordvietnamesen durch einen militärischen Vorstoß aus ihren Bereitstellungsräumen im sogenannten Papageienschnabel und im »Angelhaken« im kambodschanischen Grenzgebiet zu vertreiben. Nachdem die amerikanische Flotte die Nordvietnamesen im Dezember 1966 daran hinderte, ihren Nachschub mit stählernen Dschunken nach Süden zu bringen, hatte das Pentagon erklärt, nun müsse auch etwas gegen die neuen Versorgungswege unternommen werden, die Nordvietnam über den kambodschanischen Hafen Sihanoukville eingerichtet hatte.

Die CIA behauptete, diese neue Nachschubroute habe kaum Bedeutung. Paul Walsh, Analytiker im Büro für aktuelle Feindnachrichten, entnahm den abgehörten Funksprüchen, daß die Nordvietnamesen über Sihanoukville nur sehr geringe Mengen von Versorgungsgütern erhielten. Er hatte die Lage sehr sorgfältig analysiert. Er berechnete die Liegezeit für Versorgungsschiffe im Hafen nach Stunden und multiplizierte die Löschkapazität von soundsovielen Tonnen pro Stunde mit der ermittelten Stundenzahl. Dann zog er davon die nichtmilitärische Ladung ab, und das Ergebnis waren recht unbedeutende Mengen. Von Dezember 1966 bis Anfang 1970 waren es nach der Berechnung von Walsh insgesamt nur 6 000 Tonnen. Die Militärs bezweifelten das und behaupteten, es seien etwa 18 000 Tonnen gewesen, und dagegen müsse etwas unternommen werden.

Die Kontroverse um die Leistungsfähigkeit des Hafens von Sihanoukville war ein klassisches Beispiel für den Krieg, den die Nachrichtendienste untereinander und mit den anderen Behörden führten, und wie ein Mitarbeiter der CIA berichtet, »wütet er in der ganzen Stadt« vom Büro für aktuelle Feindnachrichten bis zum Beratungsausschuß des Präsidenten für den Auslandsnachrichtendienst.[17] Nixon war eher geneigt, den Analytikern der Militärs zu glauben, denn er hatte den Eindruck, daß die CIA den Krieg grundsätzlich ablehnte. Wenn Sihanoukville ein wichtiger nordvietnamesischer Versorgungshafen war, dann sollte vielleicht etwas dagegen unternommen werden. Nixon war fast davon überzeugt, daß die CIA Sihanoukville herunterspielte, weil sie eine Ausweitung des Krieges verhindern wollte. Die Kontroverse wurde Anfang 1970 fast zu einer Krise, als im Mekong-Delta in Südvietnam eine geschlossene Kiste erbeutet wurde, in der sich chinesische AK-47 Maschinengewehre befanden. Die Militärs triumphierten und behaupteten, sie müßte über Sihanoukville hierher gelangt sein, denn es dauerte Monate, den Nachschub über den Ho-Chi-Minh-Pfad nach Süden zu bringen. Walsh erwiderte, das sei nicht unbedingt richtig; es gäbe auch einen schnelleren Weg. Er legte eine Luftaufnahme vor, auf der eine Straße zu erkennen war – die Militärs hielten sie eher für einen Viehtreiberweg –, die von Pleiku direkt ins Delta führte. Er meinte, die Maschinengewehre müßten auf diesem Wege nach Süden gekommen sein. Die Militärs hielten das für einen Scherz und erklärten, hier könnten keine Lastwagen fahren; in der Mitte des Weges sei ein Grasstreifen zu erkennen, und das Gras sei vier Fuß hoch, und wie könnte ein Kuli eine zwei Zentner schwere Kiste mit Maschinengewehren von Pleiku hierher schleppen?

Aber Walsh blieb bei seiner Meinung, und Helms stellte sich trotz der leidenschaftlich vorgetragenen Gegenargumente der Militärs und des Mißtrauens des Präsidenten hinter ihn. Weder

der Präsident noch die Militärs oder sonst jemand – von einer kleinen Gruppe in der CIA abgesehen – wußte, daß es relativ gesicherte Erkenntnisse über einen viel umfangreicheren Versorgungsfluß über Sihanoukville gab, als es nach den Berechnungen von Walsh möglich gewesen wäre. Die besten Beweise waren Berichte eines Spions, der Zugang zu den Verladeplätzen der Schiffe hatte.

Das Büro der CIA in Hongkong hatte diesen Spion im Sommer 1968 angeworben, und nach einem kurzen Lehrgang schickte er alle zwei Wochen seine Meldungen zu einem geheimen Briefkasten in Hongkong. Das Büro in Hongkong arbeitete mit der Chinaabteilung des Planungsdirektoriums zusammen, es gab dort aber auch eine kleine Unterabteilung für vietnamesische Angelegenheiten, und als die Berichte des Spions bei der Abteilung für Kambodscha eintrafen, beglückwünschten sich alle, die davon Kenntnis nahmen, zu diesem Erfolg. Man hielt die Meldungen für sehr wertvoll und wollte diese Verbindung unbedingt aufrechterhalten. Die Abteilung für Kambodscha bearbeitete sie und reichte sie in redigierter Form an Paul Walsh weiter. Dort lösten sie sich in Luft auf. Walsh war überzeugt, in Sihanoukville würden nur 6 000 Tonnen ausgeladen, der Spion müsse sich täuschen, und deshalb ließ er dessen Meldungen einfach unter den Tisch fallen. Das war der Stand der Dinge, als Nixon nach dem Sturz von Sihanouk am 18. März 1970 an einen Vorstoß nach Kambodscha zu denken begann.

Noch vor Ende März stellte die CIA fest, daß vier Divisionen des Vietcong und der nordvietnamesischen Nationalen Volksarmee von Vietnam nach Kambodscha verlegt worden waren, augenscheinlich um die dort liegenden Bereitstellungsräume zu sichern, in denen Hanoi Versorgungsdepots, Lazarette und Erholungsgebiete für die Soldaten unterhielt – irgendwo aber auch das Zentrale Büro für Südvietnam (COSVN), das militärische Hauptquartier Hanois für Südvietnam. Nachrichtendienstliche Meldungen zeigten außerdem, daß Hanoi einen neuen Verband, die sogenannte Transportgruppe 470, aufgestellt hatte; dabei bezog sich die Zahl 470 auf den April 1970[18], und das bewies, daß die Operationen in Kambodscha für die Nordvietnamesen eine große Bedeutung hatten. Nun wollten die Militärs gegen diese Bereitstellungsräume vorstoßen.

Ein paar Wochen früher hatte das CIA-Büro für nationale Schätzungen[19] mit der Arbeit an einer Studie begonnen, die den Titel »Inventur in Indochina: voraussichtliche Entwicklungen auf längere Sicht« trug. Am 7. April 1970 gab Helms dem Leiter dieses Büros, Abbot Smith, seinen ersten Entwurf mit der folgenden Bemerkung zurück: »Okay, lassen Sie uns das Papier nach Ihrer Vorstellung entwickeln und es nach Möglichkeit mit der Behörde koordinieren. Am Schluß wünsche ich eine gute Arbeit zu diesem Thema, auch wenn ich die umstrittene Lagebeurteilung selbst abzugeben haben werde. Ich glaube, das sind wir den Politikern, die die Entscheidung treffen müssen, schuldig.«[20]

Der zweite Entwurf der Studie wurde Helms am 22. April vorgelegt. Er behandelte auch die möglichen Auswirkungen eines amerikanischen Vorstoßes nach Kambodscha – rein hypothetisch, denn eine Entscheidung war noch nicht gefallen –, aber das Papier kam zu dem Schluß, daß damit der Gegner erheblich gestört werden könnte, aber keine dauerhafte oder entscheidende Wirkung erzielt werden würde.[21]

Am 21. April ging Helms mit Kissinger zu dessen regelmäßiger Morgenbesprechung mit dem Präsidenten ins Weiße Haus, wo man ihm sagte, Nixon beabsichtige nach Kambodscha vorzustoßen, um die Bereitstellungsräume anzugreifen und das militärische Hauptquartier der Nordvietnamesen COSVN auszuschalten. Ob mit südvietnamesischen oder mit amerikanischen oder gar mit gemischten Truppen, war noch offen. Helms wurde angewiesen, den Plan geheimzuhalten; er durfte nicht einmal mit den Experten der CIA darüber sprechen. Nixon wollte auf keinen Fall, daß etwas darüber durchsickerte; er bereitete sich in der üblichen Weise auf eine seiner »großen Entscheidungen« vor und hoffte, er könnte mit diesem Unternehmen einen Wendepunkt in dem Krieg der Vereinigten Staaten gegen Nordvietnam herbeiführen. Über die innenpolitischen Fragen, deren Entscheidung in den nächsten Monaten bevorstand, hatte er sich schon mit Ehrlichman ausgesprochen, denn er wollte jetzt, da das Unternehmen gegen Kambodscha immer näher rückte, durch nichts anderes abgelenkt werden. In den folgenden Wochen hatte er kaum noch einen persönlichen Kontakt mit Ehrlichman.

Helms folgte den Anweisungen des Präsidenten. Er behielt den Plan für einen Vorstoß gegen Kambodscha für sich. Sogar sein

Sonderassistent für vietnamesische Angelegenheiten, George Carver, erfuhr erst einen oder zwei Tage vor der offiziellen Bekanntgabe etwas von diesem Unternehmen. Helms nahm jedoch an zahlreichen Besprechungen zur Vorbereitung des Angriffs teil. Er widersetzte sich dem Vorhaben nicht und wies auch nicht besonders darauf hin, daß es – wenn überhaupt – energisch mit allen verfügbaren Kräften durchgeführt werden müßte. Später war er überzeugt, Nixon habe insofern einen Fehler begangen, als er sich nur zu einer halben Maßnahme entschlossen hatte. Stewart Alsop schrieb einen Artikel in *Newsweek* mit der Überschrift »Halbhart«, und Helms hielt die darin zum Ausdruck gebrachte Beurteilung des Vorgehens von Nixon für zutreffend. Der Präsident wollte hart sein, es fehlte ihm aber die Energie, sich wirklich durchzusetzen. Wenn er sich schon einmal zu dem Angriff entschlossen hatte, dann mußte er auch die Ausdauer haben, das Unternehmen konsequent zu Ende zu führen. Doch wie so oft schreckte er im entscheidenden Augenblick zurück. Aber das waren Helms private Ansichten, und er hat sie bei den Besprechungen vor dem Angriff gegen Kambodscha nicht ausgesprochen. Er zeigte Nixon oder Kissinger nicht einmal die vom Büro für nationale Schätzungen verfaßte Studie über Indochina. Am Abend des 29. April gab Helms das Papier an die Verfasser mit der Bemerkung zurück: »Wir wollen uns das am 1. Juni noch einmal ansehen und entscheiden, ob wir es dabei belassen oder noch gewisse Änderungen vornehmen sollen.«[22]

Mit dieser Entscheidung machte sich Helms keine Freunde. Die Experten der CIA ärgerten sich so sehr, daß sie eine Petition verfaßten und in Umlauf brachten, in der sie dagegen protestierten, daß Helms sich geweigert hatte, dem Weißen Haus das Indochina-Papier vorzulegen, ein Protest, wie er seit Gründung der CIA noch nicht vorgekommen war. Viele jüngere CIA-Beamte waren unzufrieden, weil ihre Beförderung so lange dauerte; ihnen waren Helms' gleichaltrige Kollegen ein Dorn im Auge, die in der CIA Karriere gemacht hatten und dann die höheren Stellen für den Nachwuchs blockierten. Doch hinter ihrem Protest stand mehr als nur der Generationenkonflikt.

Auch Nixon war unzufrieden. Einmal gefiel es ihm nicht, daß man sich in der Vermutung, das militärische Hauptquartier der Nordvietnamesen befände sich im kambodschanischen Grenzgebiet, getäuscht hatte. Kissinger und seine Mitarbeiter beim Nationalen Sicherheitsrat hatten sich inzwischen daran gewöhnt, von diesem Hauptquartier mit der gleichen Selbstverständlichkeit zu sprechen wie vom militärischen Hauptquartier der amerikanischen Streitkräfte in Südvietnam in der Nähe des Militärflughafens von Tan Son Nhut. Sie hatten sich vorgestellt, daß dieses nordvietnamesische Hauptquartier etwas ganz Konkretes, eine Art Untergrundhauptquartier sei, das an einer bestimmten Stelle läge, aufgefunden und dann vernichtet werden könnte. William Watt, einer von Kissingers Mitarbeitern, rief wenige Tage vor dem Vorstoß nach Kambodscha einen Freud bei der CIA an und fragte ihn, was das COSVN sei und wo es läge. »Wir haben den Punkt auf der Karte nicht vermessen«, sagte der Freund am Telefon. Watt konnte das nicht begreifen. Nun erklärte ihm der Freund, es gäbe dort keine festen Einrichtungen, keine Gebäude mit Büros, Akten, Telefonen usw.; das COSVN sei ein militärischer Verband, eine bewegliche Gruppe von Männern auf Lastwagen. Watt war wie vor den Kopf geschlagen. Die Vereinigten Staaten sollten in ein nicht kriegführendes Land einfallen, um das COSVN zu vernichten, und niemand wußte, wo es sich befand. Er meldete Kissinger, was er soeben erfahren hatte, und Kissinger war sichtlich beunruhigt.[23] Als Nixon den Vorstoß im Fernsehen bekanntgeben wollte, versuchte Kissinger ihm die Erwähnung des COSVN auszureden, aber Nixon hatte den Text seiner Fernsehansprache fertig vor sich liegen und wollte ihn nicht mehr ändern. Als die Militärs ihm später meldeten, sie hätten große Mengen von Nachschub erbeutet und noch größere Mengen vernichtet, das COSVN aber nicht einmal aufspüren können, war Nixon wenig erbaut. Er gab der Unfähigkeit der CIA die Schuld. Die CIA versuchte, die Scharte auszuwetzen, und machte sich im Juli 1970 an den Entwurf einer ausführlichen offiziellen Studie über das COSVN – es war das erste Schriftstück dieser Art.

Doch fehlende oder falsche Diagnosen waren nicht das einzige, worüber Nixon sich ärgerte. Das Militär hatte zahlreiche Akten erbeutet, darunter Manifeste (Ladelisten) von Schiffen und ähnliches. Diese Akten bewiesen schlüssig, daß der Gegner die ganze Zeit den Hafen von Sihanoukville benutzt hatte. In Wirklichkeit waren nicht 6000 Tonnen Versorgungsgüter über Sihanoukville gegangen, wie Paul Walsh glaubte, und auch die von den Militärs geschätzte Menge von 18000 Tonnen war noch zu gering. Es waren 23000 Tonnen gewesen, und nun verlangte Nixon eine Erklärung. Das tat auch der Beratungsausschuß des Präsidenten für den Auslandsnachrichtendienst. Helms ernannte einen Ausschuß, der die Bedeutung des Hafens von Sihanoukville überprüfen sollte. Vorsitzender dieses Ausschusses wurde Walsh, der die Verladekapazität zunächst falsch eingeschätzt hatte und trotz widersprechender Aufklärungsergebnisse beim Einsatz von Spionen und bei der Auswertung anderer Quellen von seiner Auffassung nicht abgewichen war. Schließlich versuchten Walsh und der Leiter des Direktoriums für den Nachrichtendienst, R. Jack Smith, dem Ausschuß des Präsidenten für den Auslandsnachrichtendienst zu erklären, wie es zu dieser Fehleinschätzung gekommen war. Smith behauptete, so falsch sei die Lagebeurteilung von Walsh gar nicht gewesen; alle diese Nachschubgüter hätten auf ein einziges größeres Frachtschiff verladen werden können.

Aber das war eine recht lahme Entschuldigung, und Helms verlor beim Präsidenten noch mehr Ansehen und Vertrauen. Er hätte sagen können, daß Irren menschlich sei, daß Nixon nicht in der Stimmung gewesen sei, sich mit einer Lagebeurteilung über Indochina zu beschäftigen, und dies auch deutlich gezeigt habe. Auch war es nicht Helms' Schuld, wenn im Papageienschnabel mehr Versorgungsgüter gestapelt waren als vermutet; aber das alles tat nichts zur Sache. Wenn der Präsident bestimmte Informationen brauchte, dann war es die Aufgabe der CIA, ihm diese Informationen zu liefern. Noch im gleichen Jahr erhielt Helms von Nixon den schwierigsten und ihm am wenigsten zusagenden Auftrag; er sollte Salvador Allende an der Machtübernahme in Chile hindern.

13. Kapitel

Die Rolle der Vereinigen Staaten bei den chilenischen Präsidentschaftswahlen des Jahres 1970 wird verschieden dargestellt, und es hat einige Jahre gedauert, bis alle Aspekte dieser Einmischung in die chilenische Innenpolitik deutlich erkennbar geworden sind. Richard Helms war einer der wenigen, die alles darüber wußten, und er hat sich der Enthüllung der ganzen Wahrheit energisch widersetzt. Während seiner Amtszeit als Direktor der Central Intelligence hat ihm nichts mehr Schwierigkeiten bereitet als dieses Unternehmen; zunächst mit dem Präsidenten, dem er diente, dann mit dem Kongreß, der ihm vertraute, und schließlich mit dem Justizministerium und der amerikanischen Öffentlichkeit. Die Einmischung der CIA in Chile war ein völlig verfehltes Unternehmen. Es wäre falsch, wollte man die CIA allein für die Vernichtung der Demokratie in Chile verantwortlich machen; die Chilenen selbst waren im Hinblick auf die von Salvador Allende geplante konstitutionelle Revolution tief gespalten. Aber die CIA hat in diese Kontroverse auf allen denkbaren Ebenen eingegriffen, sie hat damit die politische Tradition der Vereinigten Staaten aufgegeben, und sie hat das auf den ausdrücklichen Befehl Nixons und aus Gründen getan, die uns heute oberflächlich, verwerflich und unangemessen erscheinen. Je deutlicher man die wirklichen Zusammenhänge erkannte, desto häßlicher wurde die ganze Episode, und es ist nicht schwer zu verstehen, weshalb Helms soviel riskiert hat, um sie zu vertuschen. Es begann mit seinen Aussagen vor dem Außenpolitischen Senatsausschuß nach seiner Ernennung zum Botschafter im Iran durch Nixon.

Man spürte deutlich die Rücksicht und Achtung der Ausschußmitglieder, die am 5. Februar 1973 eine Stunde und 45 Minuten mit Helms sprachen und scherzten. Die behutsamen Fragen als Verhör zu bezeichnen, wäre ganz falsch. Der Vorsitzende, Senator

J. William Fulbright, zeigte deutlich, daß er Helms menschlich vertraute und ihn für einen tüchtigen Direktor der Central Intelligence hielt. Im Herbst 1970 war ihm ein Aktenstück vorgelegt worden, aus dem hervorging, daß zwischen der CIA und der International Telephone and Telegraph Company (ITT) während der Präsidentschaftswahlen in Chile ein Zweckbündnis bestanden hatte. Fulbright fragte Helms, was das zu bedeuten habe. Helms erklärte, die CIA habe in Chile kaum etwas unternommen; hätte sie es getan, dann hätte sich alles vielleicht ganz anders entwickelt. Das war soweit richtig; jedenfalls verfolgte Fulbright die Angelegenheit nicht weiter.

Daß Fulbright und andere führende Kongreßmitglieder Helms so sehr vertrauten, war für ihn von großem Vorteil. Helms diente dem Präsidenten und nicht dem Kongreß, aber sehr oft stand er in der Schußlinie, wenn es zu Kontroversen zwischen dem Repräsentantenhaus und dem Weißen Haus kam. Der Senat war nicht mehr so friedlich wie zur Zeit des »Notstandes« bei Beginn des Kalten Krieges. Immer wieder hat Helms den Mitgliedern von Kongreßausschüssen[1] gesagt, »wir gehören zur Regierungsexekutive«, aber es gelang ihm doch, das Vertrauen dieser Leute dadurch zu gewinnen, daß er sich mit seinen Aussagen an die Wahrheit hielt, auch wenn er nicht alles sagte. Jemand, der Helms oft zu den Sitzungen der Kongreßausschüsse begleitet hat, berichtet: »Er hat immer die Wahrheit gesagt und nichts als die Wahrheit; aber er hat nicht immer die ganze Wahrheit gesagt.«

Zur Zeit der erbittertsten Kontroversen um das Vietnamproblem unter Johnson und Nixon hat Helms den Kongreßabgeordneten bewußt die Lage so dargestellt, wie die CIA sie sah. Er zögerte nicht, George Carver ins Capitol zu schicken, um dort Aussagen zu machen; aber vorher schärfte ihm Helms die folgenden Grundregeln ein: »Quatschen Sie nicht, reden Sie keinen Unsinn, und äußern Sie keine Vermutungen. Wenn ein Thema angesprochen wird, über das Sie glauben, sich nicht äußern zu dürfen, dann sagen Sie es. Beantworten Sie aber die Ihnen gestellten Fragen so klar wie möglich; beantworten Sie keine Fragen, die Ihnen nicht gestellt worden sind.«

Aber diese Methode von Helms hatte auch ihre Tücken. Wenn ihm unangenehme Fragen gestellt wurden, brauchte Helms nur auf seine Loyalität gegenüber dem Präsidenten hinzuweisen: »Sir, zu dieser Frage darf ich mich nicht äußern.« Das war theoretisch eine gute Abwehr, führte aber in der Praxis zu nichts. Die Präsidenten wollten es gar nicht erst zu solchen Kämpfen kommen lassen. Johnson und Nixon verlangten von Helms – und jeder Präsident hat das von seinem Direktor der Central Intelligence verlangt –, daß er sich gar nicht erst so peinlichen Fragen aussetzte. Nixon wollte sich mit dem Kongreß nicht darüber streiten, was er in Chile unternahm, und deshalb war es die delikate Aufgabe von Helms, die Wahrheit zu sagen, aber dabei nicht aus der Schule zu plaudern. Daher hat sich Helms im Dienst der Präsidenten manches Mal in gefährlicher Weise persönlich exponiert.

Am 5. Februar 1973 war Helms nicht mehr Direktor der Central Intelligence, diente Nixon aber noch als Botschafter im Iran. Ein Unterausschuß des Außenpolitischen Senatsausschusses für multinationale amerikanische Firmen untersuchte die Rolle der ITT bei den chilenischen Präsidentschaftswahlen des Jahres 1970, und wieder mußte sich Helms aufs Glatteis begeben. Die Untersuchung unter dem Vorsitz des Senators Frank Church war dadurch veranlaßt worden, daß Jack Anderson im März Dokumente der ITT[2] veröffentlicht hatte, aus denen hervorging, daß die Firma mit der CIA zusammengearbeitet hatte, um einen Wahlsieg Salvador Allendes zu verhindern. Bei der Anhörung zu diesem delikaten Thema wurden Helms sehr vorsichtige Fragen gestellt.

SENATOR (CHARLES) PERCY: Mr. Helms, dieser Ausschuß hat einen Unterausschuß beauftragt, die Rolle multinationaler Firmen im Rahmen der amerikanischen Außenpolitik zu untersuchen und Anhörungen zu diesem Thema durchzuführen. Wäre es nützlich für diese Anhörungen, wenn wir vor Ihrer Abreise auch mit Ihnen sprächen? Ihre Stellungnahme und Ihre Ratschläge auf diesem Gebiet wären für diesen Ausschuß von unschätzbarem Wert. Was schlagen Sie vor?

HELMS: Ich glaube nicht, daß ich dazu etwas beitragen kann, Senator Percy, was nicht auch jeder meiner Mitarbeiter – meiner ehemaligen Mitarbeiter – tun könnte. Wie Sie wissen, bin ich nicht mehr Direktor. Ich habe dieses Amt am Freitag (den 2. Februar) abgegeben. Ich bin daher im Augenblick ein freier Mann. Aber ich glaube, ich könnte nichts beitragen, was für den Ausschuß von besonderer Bedeutung wäre.

SENATOR PERCY: Wenn wir also Fragen haben, dann wäre es am besten, wenn wir uns unmittelbar an den neuen Direktor wendeten.

HELMS: Ich glaube ja, Sir. Dort befinden sich auch alle Unterlagen.

SENATOR PERCY: Ausgezeichnet.

Eine rücksichtsvolle Antwort auf eine rücksichtsvolle Frage.

Aber ein paar Minuten später kam Fulbright wieder auf Chile zu sprechen und erwähnte ausdrücklich die angebliche Zusammenarbeit zwischen der CIA und der ITT. »Würde es Ihnen etwas ausmachen, dieses Problem zu klären?«

HELMS: Nun, Sir, die CIA unterhält Beziehungen zu allen möglichen Firmen und Unternehmen in den Vereinigten Staaten . . .

Fulbright sagte, er hätte gehofft, die Beziehungen zwischen der CIA und der ITT seien einzigartig gewesen. In diesem Fall wüßte er nicht, was die Frage bedeutete, sagte Helms.

DER VORSITZENDE: Ich spreche von den Berichten . . . nach denen es eine sehr enge Beziehung zwischen ITT und der CIA gegeben hat (das war eine gefährliche Frage), oder, um es noch anders auszudrücken, daß die CIA mit Hilfe der ITT Spionage getrieben und Informationen gesammelt hat . . .

Das war die falsche Frage. Helms brauchte nichts mehr zu fürchten. Die CIA hatte die ITT nicht für die Spionage eingesetzt. Helms konnte das bestreiten. Nun wußte Fulbright nicht, wie er die Befragung fortsetzen sollte. Es trat eine Stockung ein. Helms hatte nicht gelogen, er hatte aber auch nicht aus der Schule geplaudert. Er stand wieder auf festem Boden – aber wie lange? Die erste Version der Geschichte von der amerikanischen Intervention in Chile begann sich zu entwickeln.

Edward M. Korry, der von Oktober 1967 bis zu seiner Ablösung durch Nixon im Oktober 1971 amerikanischer Botschafter in Chile gewesen war, wußte eine ganze Menge über die Zusammenarbeit der CIA mit der ITT. Unmittelbar nach seinem Eintreffen in Santiago sah er die Akten seines Vorgängers Ralph Dungan durch und fand dort umfangreiches Material über ein großangelegtes, von Präsident Kennedy angeregtes Projekt, aus Chile einen lateinamerikanischen demokratischen Musterstaat als Alternative zu Castros Kuba zu machen. Im Laufe der Jahre hatte

Chile pro Kopf der Bevölkerung mehr amerikanische Wirtschaftshilfe bekommen als irgendein anderes Land in der Welt mit Ausnahme von Vietnam, und die CIA hatte die Hälfte der Kosten für den Wahlkampf des Kandidaten der Christlich-Demokratischen Partei, Eduardo Frei, übernommen.

Frei war nicht nur der Nutznießer von Geldern, die die CIA seiner Partei zur Verfügung gestellt hatte (wovon er selbst nichts wußte), sondern auch eines Propagandafeldzuges der CIA, mit dem sie die Chilenen vor einem Wahlsieg Allendes warnen wollte. Seine Sozialistische Partei wurde dabei als rein stalinistisch hingestellt. Plakate, die russische Panzer in den Straßen von Budapest und Kubaner vor den Erschießungskommandos Castros zeigten, waren 1964 überall in Chile zu sehen. Die von der CIA bezahlte chilenische Presse blies in das gleiche Horn, während die Wahlexperten der CIA die Wahlhelfer der Christlich-Demokratischen Partei in amerikanischen Methoden für die Benutzung der Medien und den Wahlkampf unterrichteten. Mit ruhigen, aber ebenso wirksamen Mitteln suchte die CIA die Linke zu spalten und sorgte dafür, daß sich Allende gegen falsche, halbwahre oder sogar der Wahrheit entsprechende Vorwürfe verteidigen mußte, beispielsweise gegen die Behauptung, seine Partei würde vom Ausland finanziert – Vorwürfe, die auf seinen politischen Gegner Frei ebenso zutrafen. Den Sieg im Jahr 1964 hätte Frei wahrscheinlich auch allein errungen, aber nicht mit einer so großen Mehrheit. Das Verdienst dafür muß der CIA zugeschrieben werden, denn sie hat die Krisenstimmung erzeugt, die in der chilenischen Wählerschaft zu einer solchen Polarisierung führte.

Korry erbte bei seiner Amtsübernahme also sowohl die engen amerikanischen Beziehungen zu Frei als auch sein Programm für eine liberale Sozialreform; dazu ein Außenbüro der CIA, das auf ein Eingreifen in chilenischen Wahlen gut vorbereitet war. Korry erbte aber auch den schwächsten Teil des Programms für Chile von Kennedy – die starken amerikanischen Geschäftsinteressen in diesem Land. 1963 hatte Kennedy den Aufsichtsratsvorsitzenden der Chase Manhattan Bank, David Rockefeller, überredet, eine Gruppe von Geschäftsleuten für Lateinamerika zu interessieren und in einer Institution zusammenzufassen (später erhielt sie den Namen Council of the Americas). Diese Gruppe sollte die politischen Interessen unterstützen. Als Gegenleistung schuf

Kennedy ein öffentliches Amt, das amerikanische Firmen vor der Enteignung ihres ausländischen Vermögens schützen sollte. Die Schwäche dieser Geschäftsverbindungen lag darin, daß das soziale Reformprogramm Freis nicht den Interessen der amerikanischen Geschäftsleute entsprach – Umverteilung des Einkommens, mehr und bessere Schulen, ein gerechteres Steuersystem und vor allem die Auflösung des Großgrundbesitzes und die Verteilung des Bodens an die besitzlosen Bauern.

1964 wurde die Gruppe amerikanischer Firmen in Lateinamerika ebenso wie bestimmte chilenische Verbündete der Vereinigten Staaten – zu ihnen gehörte auch der Herausgeber von *El Mercurio,* Augustín Edwards – von einem Beamten der Regierung Kennedy überredet, Frei zu unterstützen, aber eigentlich paßte das diesen Leuten nicht. Als Nixon Präsident geworden war, verlangten sie von ihm, er solle Frei fallenlassen (er sei ein »Kennedy-Mann«); dazu behaupteten sie, die Christlichen Demokraten tendierten zu sehr nach links, und es wäre besser, einen weiter rechts stehenden Kandidaten zu unterstützen. Als die Präsidentschaftswahlen des Jahres 1970 heranrückten, war Korry von der Feststellung entsetzt, daß Nixon Jorge Alessandris Bewerbung um das Präsidentenamt unterstützen wollte. Er war nach Korrys Auffassung der Kandidat der Reichen, der die Reformen von Frei wieder rückgängig machen wollte. Korry betrachtete das als eine Katastrophe für Chile und die Vereinigten Staaten.

Edward Korry hat im Zusammenhang mit diesen Entwicklungen in Chile eine besondere Rolle gespielt; er war ein intelligenter, ernstzunehmender, aber nicht ganz leicht zu behandelnder Mann. Es ist schwierig, seine Haltung zu durchschauen, und zwar nicht, weil er sich in seiner Stellung einander widersprechenden Zwängen ausgesetzt sah, sondern weil er sich die Gegnerschaft aller anderen Beteiligten zugezogen hatte – der Gegner des amerikanischen Feldzugs gegen Allende ebenso wie der Befürworter dieses Unternehmens; derjenigen, die sich darum bemühten, Licht in die Angelegenheit zu bringen, wie auch derjenigen, die sie verschleiern wollten. Die amerikanischen Hauptakteure – Helms, Nixon, Kissinger, Church, Harold Geneen von der ITT und John McCone – hatten alle ihre Gefolgschaft; nur Korry stand allein da, denn er vertrat zu kompromißlos seine persönlichen

Auffassungen, als daß er sich mit einem der anderen hätte verbünden können.

Als Journalist hatte Korry Ende der 40er und Anfang der 50er Jahre darüber berichtet, wie die Russen die Macht in den demokratisch regierten osteuropäischen Ländern übernahmen. Seither mißtraute er allen totalitären marxistisch-leninistischen Parteien und lehnte sie entschieden ab. Er glaubte, Allende wollte die Demokratie in Chile vernichten, wenn auch mit demokratischen Mitteln, und daran wollte er ihn hindern. Aber als überzeugter Sozialdemokrat, der an den Wert der freien Wahlen glaubte und davon überzeugt war, daß liberale Parteien der Mitte wie die Christlichen Demokraten Freis eine starke Anziehungskraft auf die Wählerschaft ausüben, meinte Korry, daß Allendes Niederlage von den Chilenen selbst herbeigeführt werden müßte. Sie hatten ihre Stimme schon einmal den Parteien der Mitte gegeben und würden das wieder tun, wenn man sie sich selbst überließe. Deshalb war Korry sowohl gegen eine Wahl von Allende als auch gegen die Unterstützung des rechten Flügels durch die Vereinigten Staaten, die glaubten, dort eine Alternative zu haben. Korry war überzeugt, die Chilenen würden nie eine Rechtspartei wählen, und Nixons Politik werde Allende zum Sieg verhelfen.

Auch gegenüber der CIA nahm Korry eine unentschiedene oder, wenn man so will, eine pragmatische Haltung ein. In den 50er Jahren hatte er in Paris mit der CIA zusammengearbeitet, als ein Agent des KGB versuchte, ihn als Spion anzuwerben. Er hatte den Agenten unter gewissen persönlichen Gefahren hingehalten, so daß die CIA feststellen konnte, wofür sich der Russe interessierte, wie er Agenten anwarb und welche Verbindungen er noch hatte.

Aber das war nur eine kurze Episode gewesen. Zum erstenmal lernte Korry die CIA genauer kennen, als Kennedy ihn zum Botschafter in Äthiopien ernannt hatte, wo er versuchte, den Chef des CIA-Büros in Addis Abeba wegen Trunksucht, Unfähigkeit und Unehrlichkeit loszuwerden. Korry war es schon gelungen, einen Oberst nach Hause zu schicken, der zum Sicherheitsbüro der Armee gehörte, weil er den Befehl, sich aus dem Guerillakrieg zwischen den Äthiopiern und der eritreischen Befreiungsfront herauszuhalten, nicht befolgt hatte. Der Oberst, ein Kriegsteilnehmer mit hohen Auszeichnungen, mußte nicht nur Äthiopien verlassen, sondern wurde nach Alaska versetzt, wo ihm eine aus nur zwölf Mann bestehende Abteilung unterstellt wurde. Als Korry jedoch versuchte, die Entlassung des Stationschefs der CIA in Addis Abeba zu erwirken, mußte er feststellen, daß das viel schwieriger war. Er wurde nach Washington gerufen und im Außenministerium einem eingehenden Verhör unterzogen, bei dem er eher die Rolle des Beschuldigten als die des Klägers spielen mußte. Der Vertreter der CIA war Lloyd George, ein ehemaliger Chef der Fernostabteilung im Planungsdirektorium, der sich wie ein Staatsanwalt aufführte. Das Außenministerium verhielt sich völlig neutral, und nachdem der Stationschef eine Rüge bekommen hatte – seine Dienstzeit in Äthiopien wurde um ein Jahr verkürzt, dann wurde er befördert und erhielt einen wichtigen Posten in Übersee – mußte Korry erkennen, daß die CIA ihre Leute zu schützen wußte und keinen Spaß verstand.

1961 hatte Kennedy die Außenbüros der CIA ausdrücklich den Botschaftern unterstellt, und Heckscher war durchaus bereit, unter Korry zu arbeiten; er stand jedoch politisch rechts, hatte Sympathien für Alessandri und die Nationalpartei und beurteilte daher die Unterstützung von Frei und den Parteien der Mitte durch Korry mit Skepsis. Von den zwölf CIA-Beamten der Büros in Santiago beschäftigten sich zehn in erster Linie mit dem Sowjetblock[3]. Dennoch mischte sich die CIA stark in die chilenische Innenpolitik ein und beteiligte sich intensiv an der Parteipropaganda. Korry wies das Büro an, diese Tätigkeit einzuschränken, kürzte die Militärhilfe, strich die finanziellen Zuwendungen für die von Jesuiten geführten Gruppen und setzte sich dafür ein, daß sich die Firmen ITT und Anaconda auf die unvermeidliche Verstaatlichung der Kupferindustrie einstellten, die sowohl bei Allende als auch bei Frei auf dem Programm stand. Korry war der Auffassung, durch die amerikanische Einmischung in Chile werde das dortige Regierungssystem verfälscht; aber er war gegenüber der CIA nicht grundsätzlich feindlich eingestellt, und eine seiner ersten Maßnahmen als Botschafter bestand darin, daß er dem Nachrichtendienst praktisch einen Gefallen tat.

Kurze Zeit bevor Korry im Oktober 1967 in Chile eintraf, hatte ein bolivianisches Kommando (das von den Vereinigten Staaten in Panama ausgebildet worden war und von amerikanischen Spezialtruppen versorgt wurde)[4] Che Guevara aufgespürt, gefangengenommen und dann ermordet. Unmittelbar danach floh der bolivianische Innenminister Antonio Arguedas, der als Agent für die CIA gearbeitet hatte, nach Chile und drohte, die geheimen Operationen der CIA aufzudecken. Als die CIA erfuhr, daß der Chef des kubanischen Nachrichtendienstes, ein rotbärtiger Mann mit dem Spitznamen Barbarossa, nach Chile fliegen sollte, befürchtete sie das Schlimmste. Helms wendete sich persönlich an Korry und bat ihn, Arguedas nach Möglichkeit zu isolieren, und Korry überredete die chilenischen Behörden, Arguedas dem Büro der CIA in Santiago zu übergeben. Er begründete dieses Ersuchen damit, daß man versuchen wollte, Arguedas davon zu überzeugen, daß es besser sei, den Mund zu halten. Aber in Wirklichkeit wollte die CIA Zeit gewinnen, um in aller Eile gewisse verdeckte Operationen in Bolivien durchzuführen, die Arguedas hätte verraten können. Das war natürlich ein sehr ungewöhnliches Ansinnen, und es war nicht leicht gewesen, die chilenischen Behörden zur Mitarbeit zu bewegen. Die CIA bedankte sich bei Korry in einem sehr herzlich gehaltenen Telegramm für seine Hilfe.

Als jedoch die chilenischen Präsidentschaftswahlen von 1970 immer näher rückten, mußte Korry feststellen, daß er mit den Absichten der CIA nicht einverstanden war. Schon am 15. April 1969 hatte Helms auf einer Sitzung des Ausschusses 303[5] mit Kissinger darüber gesprochen, daß man rechtzeitig anfangen müsse, wenn die CIA die gleichen Erfolge haben sollte wie bei den Wahlen 1964. Kissinger entschied, die Angelegenheit zunächst noch ruhen zu lassen. Henry Heckscher in Santiago wollte Alessandri direkt unterstützen. Korry stellte sich dagegen, aber Heckscher erklärte, seine Neutralitätspolitik erwecke den Eindruck, die Vereinigten Staaten interessierten sich nicht für die Sache der Demokratie. Das würde praktisch nur Allende helfen, der von den Sowjets mit Geldmitteln unterstützt wurde. Nun entwarfen Korry und Heckscher einen gemeinsamen Plan zur Verhinderung eines Wahlsieges von Allende, mit dem aber auch kein anderer Kandidat unterstützt werden sollte. Als Korry im Dezember 1969 zu einer Sitzung des Ausschusses 303 nach Washington kam, um diese Vorschläge zu erläutern, erklärte er, U. Alexis Johnson vom Außenministerium beginge einen »gewaltigen Fehler«, wenn er auch weiterhin eine strikte Nichteinmischungspolitik verfolge; ein Sieg Allendes werde ein schlecht getarnter Sieg der Kommunisten sein. Eine Regierung unter Allende wäre schlimmer als das Castro-Regime, denn sie werde einen noch starreren marxistisch-leninistischen Kurs verfolgen. Gegen Johnsons Warnungen vor einer zu starken Einmischung wurde der Vorschlag von Korry und Heckscher am 25. März 1970 von dem umbenannten Ausschuß 40 gebilligt, und man beschloß, den Wahlkampf von Allende propagandistisch zu stören.

In diesem Stadium schalteten sich auch die multinationalen Gesellschaften ein. Sie lehnten einen allgemeinen gegen Allende gerichteten Propagandafeldzug ab, mit dem die Bevölkerung in Angst und Schrecken versetzt werden sollte, und befürworteten ein aggressiveres Programm, mit dem Alessandri als einziger Kandidat, der sich gegen die Verstaatlichung ausgesprochen hatte, finanziell und technisch unterstützt werden sollte. Am 10. April trafen sich Mitglieder des Business Council on Latin America mit dem Staatssekretär für Lateinamerika, Charles Meyer, und drängten ihn, Alessandri tatkräftig zu unterstützen. Meyer hatte als Vertreter der Firma Sears Roebuck in Lateinamerika gearbeitet, war auf Empfehlung von David Rockefeller ins Außenministerium gekommen, wollte sich aber jetzt nicht festlegen, als der Aufsichtsratsvorsitzende der Firma Anaconda, C. Jay Parkinson, erklärte, seine und andere interessierte amerikanische Firmen wären bereit, 500 000 Dollars zur Verfügung zu stellen, um die Wahl Allendes zu verhindern. William Stedman vom Außenministerium, der auch an der Sitzung teilgenommen hatte, schickte Korry eine Denkschrift, in der das Angebot Parkinsons erläutert wurde, und Korry reagierte am 28. April mit einem scharfen Telegramm, in dem er sich entschieden gegen die Einmischung amerikanischer Firmen wendete und behauptete, Alessandri sei der Kandidat der Reichen, die es sich leisten könnten, den Wahlfeldzug ihres Mannes zu finanzieren. Korry wiederholte noch einmal, daß es sich nachteilig für die Vereinigten Staaten auswirken würde, wenn sie einen Kandidaten des rechten Flügels unterstützten.

Nachdem Korry das Eingreifen der multinationalen Gesellschaften zunächst abgewendet hatte, änderten diese ihre Strategie. Sie gaben den Versuch auf, ihren Einfluß über das Außenministerium geltend zu machen, und versuchten es jetzt mit Hilfe der CIA. Im Mai setzte sich McCone, der Helms 1962 zum Leiter des Planungsdirektoriums ernannte hatte und jetzt zum Aufsichtsrat der ITT gehörte, privat mit Helms in Verbindung und besprach mit ihm ein gemeinsam von der CIA und ITT zu entwickelndes Programm zur Unterstützung Alessandris. Als Direktor der Central Intelligence hatte sich McCone 1964 geweigert, von der ITT Gelder zur Finanzierung des Wahlkampfes in Chile anzunehmen, aber jetzt machte er praktisch den gleichen Vorschlag. Nachdem Harold Hendrix[6] in Santiago mit einem Beamten der CIA die Verbindung aufgenommen hatte, wendete sich McCone 1970 wieder an Helms, der ein Treffen zwischen William Broe, dem Chef der Abteilung für die westliche Hemisphäre beim Planungsdirektorium, und Harold Geneen, dem Direktor von ITT in Washington arrangierte. Geneen machte Broe das Angebot, die ITT werde der CIA 1 Million Dollars, für die Unterstützung von Alessandri zur Verfügung stellen.

Die Kongreßausschüsse, die die chilenische Episode untersucht haben, erwähnen in ihren Berichten zwar das Angebot der ITT, aber nirgends wird gesagt, wofür diese Mittel verwendet werden sollten. Der CIA Geld anzubieten heißt schließlich Eulen nach Athen tragen. Weshalb wurde das Angebot gemacht? Korry und das Außenministerium lehnten es ab, Alessandri zu unterstützen, und Kissinger hatte sich nur mit einem gegen Allende geführten Propagandafeldzug einverstanden erklärt, der so lange dauern sollte, bis die Wahlen vorüber waren. Die Vorbehalte des Außenministeriums lehnte er am 27. Juni 1970 mit den Worten ab: »Ich sehe nicht ein, weshalb wir zulassen sollten, daß ein Land marxistisch wird, nur weil die Bevölkerung unzurechnungsfähig ist.«[7] Trotzdem erklärte sich Kissinger nur mit Störaktionen einverstanden und genehmigte die zehn Tage vorher von Korry dafür angeforderten 500 000 Dollars, mit denen der chilenische Kongreß bei der entscheidenden Abstimmung »beeinflußt« werden sollte.[8] Wie Helms bei verschiedenen Konferenzen über Chile durchblicken ließ, lag die Schwäche von Kissingers Strategie darin, daß es hier – wie bei allen Wahlen – sehr schwierig war, den Bewerber um ein Staatsamt zu schlagen, wenn man keinen Gegenkandidaten unterstützte. Es läßt sich also unschwer erkennen, daß das indirekte Angebot der ITT, 1 Million Dollars zur

Verfügung zu stellen, in Wirklichkeit der Versuch war, das Einverständnis der CIA für einen Propagandafeldzug zur Unterstützung Alessandris zu gewinnen; ein Versuch, der vor Korry und dem Außenministerium geheimgehalten werden sollte. Hatte McCone als ehemaliger Direktor der CIA Grund zu glauben, die CIA werde sich zur Mitarbeit bei einem so unüblichen Unternehmen bereit erklären? In diesem Fall hat es die CIA insoweit getan, als sie der ITT die Namen von Chilenen zur Verfügung stellte, mit deren Hilfe die Firma Alessandri direkt unterstützen konnte. Nach einigen Quellen ist die CIA sogar noch weiter gegangen und hat die ITT in Chile selbst mit den geeigneten Leuten zusammengebracht. Damit unterstützte die CIA praktisch eine Politik, die, soweit die Akten es zeigen, von der amerikanischen Regierung ausdrücklich abgelehnt wurde.

Im Frühsommer 1970 konnte die CIA gegen Korrys Einspruch das Außenministerium dazu bewegen, in Chile eine Meinungsumfrage zu den Wahlen veranstalten zu lassen. Nach den Ergebnissen dieser Umfrage sagte die CIA einen Wahlsieg Alessandris mit 42 Prozent der Stimmen voraus. Korry bezweifelte das und überprüfte die Ergebnisse der Umfrage mit Hilfe der Mitarbeiter seiner Botschaft. Anschließend schickte er dem Außenministerium eine Depesche und erklärte darin, die CIA habe der Meinungsumfrage die chilenische Volkszählung von 1960 zugrunde gelegt, und in Wirklichkeit werde Alessandri im günstigsten Fall nur 40 Prozent der Stimmen gewinnen können. Darauf überprüfte die CIA das von ihr ermittelte Ergebnis noch einmal, kam aber wieder zu dem Schluß, daß Alessandri die Wahlen mit 42 Prozent der Stimmen gewinnen müsse.

Aber Alessandri wurde am 4. September geschlagen, obwohl die CIA ihn mit einem ähnlichen, auf die Einschüchterung der Bevölkerung abgestimmten Propagandafeldzug unterstützt hatte wie bei den Wahlen von 1964. Die Stimmen verteilten sich wie folgt: Allende erhielt 36,3 Prozent, Alessandri 34,9 Prozent und der christlich-demokratische Kandidat Radomiro Tomic 27,8 Prozent. Die Reaktion der Rechten in Chile, der multinationalen Konzerne und des Weißen Hauses war an Panik grenzende Bestürzung. Nixon und Kissinger, die sich durch die Meinungsumfrage der CIA hatten beruhigen lassen und bei dem Propagandafeldzug relativ zurückhaltend gewesen waren,[9] fühlten sich verraten und suchten verzweifelt nach einer Lösung. Es mußte etwas unternommen werden, um Allende an der Machtübernahme zu hindern. Die multinationalen Firmen waren der gleichen Auffassung. Der chilenische Verleger Augustín Edwards, ein alter Verbündeter der CIA, bat Henry Heckscher, ein Treffen mit Korry in der Botschaft zu arrangieren. Dort fragte Edwards ganz unverblümt: »Werden die Vereinigten Staaten direkt oder indirekt militärisch eingreifen?«[10] Korry war von Allendes Wahlsieg ebenso beunruhigt wie Edwards, lehnte aber jeden Staatsstreich zur Verhinderung der Machtübernahme von Allende kategorisch ab. Er erklärte, die Vereinigten Staaten würden das Wahlergebnis anerkennen. Doch Edwards hatte noch andere Beziehungen zur amerikanischen Regierung und nutzte sie jetzt entschlossen aus. Als Besitzer der chilenischen Pepsi-Cola-Fabrik kannte er den Direktor von Pepsico, Donald Kendall, einen alten Verbündeten und Freund Nixons. Edwards flog in die Vereinigten Staaten, traf sich mit Kendall und sagte, in Chile werde es zu einer Katastrophe kommen, wenn Allende sein Amt übernehmen sollte. Kendall ließ sich überzeugen und arrangierte für den Vormittag des 15. September 1970 ein privates Frühstück, bei dem Edwards mit Henry Kissinger und John Mitchell zusammentraf. Vor einer Woche hatte der Direktor der ITT, Harold Geneen, alarmiert durch den Ausgang der Wahlen in Chile, McCone gebeten, sich mit Helms in Verbindung zu setzen; aber diesmal war Helms zurückhaltender und wollte abwarten, was das Weiße Haus zu unternehmen gedachte.

Korry hatte indessen davon Wind bekommen, daß die Militärs einen Putsch planten, um die Bestätigung der Wahl Allendes durch eine Abstimmung im chilenischen Kongreß am 24. Oktober zu verhindern. Der Befehlshaber der chilenischen Streitkräfte, General René Schneider, war, wie man wußte, gegen jeden verfassungswidrigen Versuch, die Bestätigung Allendes zu blokkieren. Seit Chile 1818 die Unabhängigkeit erlangt hatte, war es nur bei drei Gelegenheiten für kurze Zeit dazu gekommen, daß die Demokratie in diesem Lande abgeschafft wurde, zum letztenmal 1932. Für ein lateinamerikanisches Land war das eine erstaunliche Tatsache, und Schneider wollte diese geschichtliche Tradition fortsetzen. Doch andere Offiziere nahmen es damit nicht so genau. Seit fast acht Jahren hatte die CIA einen Sieg der

Linken in den schwärzesten Farben ausgemalt, und Teile der chilenischen Armee fürchteten ebenso wie bestimmte chilenische Geschäftsleute, die ihr Kapital in aller Eile ins Ausland brachten, daß ihr Land jetzt stalinistisch regiert werden würde.[11] Einer der ersten militärischen Verschwörer war Brigadegeneral Roberto Viaux, der die Armee 1969 nach einem fehlgeschlagenen Putsch, dem sogenannten »Tacnazo«, verlassen hatte; ein unzuverlässiger, politisch verantwortungsloser Mann mit einer schönen, ehrgeizigen Frau. Korry hatte die CIA angewiesen, keine Kontakte mit Viaux und anderen militärischen Verschwörern zu unterhalten, und er untersagte später auch zwei örtlichen Vertretern der ITT, Hal Hendrix und Robert Berrellez, jeden Verkehr mit der Botschaft, weil sie enge Beziehungen zur chilenischen Rechten unterhielten. Am 12. September forderte der Ausschuß 40 Korry auf, eine objektive Lagebeurteilung abzugeben, und der Botschafter beantwortete diese Anfrage wie folgt: »Unsere Militärs bestreiten geschlossen jede Möglichkeit einer sinnvollen militärischen Intervention . . . Wir müssen in unserer objektiven Lagebeurteilung sagen, daß es keine Möglichkeit mehr für eine erfolgversprechende Zusammenarbeit mit dem chilenischen Militär gibt.«[12]

Zwei Tage später, am 14. September, beschloß der Ausschuß 40, das von der CIA so bezeichnete »Rube Goldberg-Gambit«[13] zu riskieren. Das war eine umständliche Manipulation, und dabei sollte zunächst Frei zum Rücktritt bewogen werden; (als Amtsnachfolger war sein Vizepräsident vorgesehen) und schließlich sollte der chilenische Kongreß mit dem von der CIA zur Verfügung gestellten Betrag von 250 000 Dollars »beeinflußt« werden, Frei zum Präsidenten zu wählen. Korry erklärte sich mit dem Plan einverstanden, weil Frei der Kandidat war und eine »chilenische Lösung« möglich wurde. Aber Heckscher hatte Korry schon gewarnt und ihm gesagt, das Vorhaben könne nicht gelingen, denn Agenten der CIA hätten erfahren, daß Tomic und Allende die geheime Absprache getroffen hatten, sich jeweils hinter den führenden Kandidaten zu stellen, wenn einer von ihnen an erster oder zweiter Stelle aus den Wahlen hervorginge. Mit anderen Worten, sie hatten sich verabredet, die Rechte zu schlagen. Zu einer solchen Verabredung wäre es kaum gekommen, wäre diese nicht von dem Führer der Christlichen Demokraten, Eduardo Frei, unterstützt worden. Korry weigerte sich zunächst, dem CIA-Bericht zu glauben. Als er seine Meinung später revidieren mußte, hatte er das Gefühl, eine Torheit begangen zu haben, als er Frei den Vorschlag machte, auf das Rube Goldberg-Gambit einzugehen.

Das Gambit hatte zu nichts geführt, und Korry drängte Frei, einen anderen Ausweg zu finden. Gleichzeitig versuchte er, Washington davon zu überzeugen, daß nur Frei und eine »chilenische Lösung« Aussicht auf Erfolg hätten und ein militärischer Staatsstreich mit Leuten wie Viaux eine absolute Torheit wäre. Doch die Gerüchte, es werde zu einem Militärputsch kommen, hielten sich hartnäckig, und Korry wurde immer mißtrauischer. Eines Tages bekam Heckscher, den Korry als »normalerweise höflichen Mann«[14] bezeichnete, einen Wutanfall, weil Korry Frei nicht tatkräftiger unterstützte. Das war um so erstaunlicher, als die beiden Männer nicht allein waren, sondern sich die Szene in Gegenwart von Korrys Stellvertreter Harry Shlaudeman abspielte. Heckscher brüllte Korry an und fragte: »Warum, zum Teufel, drehen Sie Frei nicht den Arm um? In Washington erzählen Sie, daß Sie es tun, aber Sie tun es nicht!« Darauf drohte Korry, er werde Heckscher innerhalb von vierundzwanzig Stunden fortjagen, wenn er sich nicht beruhigte. Dann erklärte er, Frei und die Chilenen müßten die Machtergreifung durch Allende verhindern. Wenn sie es nicht fertigbrächten, dann könnten es die Vereinigten Staaten auch nicht tun.

Zwar entschuldigte sich Heckscher später, aber Korry war mißtrauisch geworden und fürchtete, die CIA könne etwas hinter seinem Rücken unternehmen. Korry beschloß, nach Washington zu fliegen, um dort seine Auffassungen persönlich vorzutragen. Kurz vor dem Abflug sprach er mit Frei und sagte ihm, eine Reihe von Bombenanschlägen in Santiago wären das Werk einer rechtsextremistischen Gruppe unter der Führung des Generals Arturo Marshall,[15] eines alten Verbündeten von Viaux. Als Korry Heckscher gefragt hatte, wer hinter diesen Bombenanschlägen stünde, hatte Heckscher ihm das gesagt und auch von der Möglichkeit gesprochen, daß Marshall ein Attentat gegen Allende plante.[16]

Am 13. Oktober sprach Korry in Washington mit Kissinger und versuchte ihm klarzumachen, daß ein Militärputsch in Chile für die Vereinigten Staaten ebenso böse Folgen haben könnte wie das Unternehmen in der Schweinebucht. Viaux sei nicht der Mann, den die Vereinigten Staaten unterstützen sollten. Kissinger hörte sich das aufmerksam an und fragte Korry, ob er mit dem Präsidenten sprechen wollte. Korry erklärte sich einverstanden, und beide Männer gingen ins Ovale Zimmer, wo Nixon ihnen an der Tür entgegenkam. Als sich die Tür geschlossen hatte, schlug der Präsident mit der geballten Rechten in die flache Linke und sagte: »Dieser Hundesohn! Dieser Hundesohn!« Doch plötzlich sah Nixon das erschreckte Gesicht von Korry, hörte auf zu schimpfen und sagte beschwichtigend: »Nicht Sie, Herr Botschafter; Sie sagen mir immer die Wahrheit. Es ist dieser Schweinehund Allende.«[17]

Aber anschließend wiederholte Korry die Warnungen, die er schon Kissinger gegenüber ausgesprochen hatte, und obwohl Nixon entschlossen schien, Allende an der Machtübernahme zu hindern, war er jetzt augenscheinlich nicht mehr ganz so sicher. Er fragte Korry, ob er am folgenden Tag an einer Sitzung des Ausschusses 40 teilnehmen wollte, und Korry erklärte sich einverstanden. Auf der Sitzung am 14. Oktober erläuterte Korry zum drittenmal seine Gründe dafür, daß die Vereinigten Staaten keine Kontakte zu Viaux oder anderen Verschwörern aus der chilenischen Armee aufnehmen sollten. Anschließend hatte er den Eindruck, daß die Ausschußmitglieder – Kissinger, Karamessines,[18] John Mitchell und die üblichen Vertreter des Außenministeriums und der Joint Chiefs of Staff – seine Meinung teilten. Die Vereinigten Staaten konnten in diesem fortgeschrittenen Stadium kaum etwas unternehmen, um Allende an der Machtübernahme zu hindern. Für eine direkte Intervention fehlten ihnen die Mittel, und die chilenischen Verbündeten der Vereinigten Staaten schienen zu unentschlossen. Korry flog nach Chile zurück und glaubte, er habe sein Bestes getan, den Vereinigten Staaten in einer schwierigen Lage zu helfen. Erst jetzt werde man zu Allende kühle, aber korrekte Beziehungen aufnehmen können, ohne dabei von den Folgen eines mißlungenen Putsches behindert zu werden.

Korry war sogar so gutgläubig, daß er nicht einmal an eine Beteiligung der Vereinigten Staaten glaubte, nachdem eine Gruppe chilenischer Verschwörer General Schneider bei einem fehlgeschlagenen Entführungsversuch am 22. Oktober erschossen hatte. Selbst C. L. Sulzberger von der *New York Times* gelang es nicht, Korry vom Gegenteil zu überzeugen. Korry und Sulzberger waren gute Freunde, seit sie nach Kriegsende als Journalisten gemeinsam in Europa gearbeitet hatten, und es war daher nichts Besonderes, als Sulzberger während seines Chileaufenthaltes Korry aufsuchte. Nach einem Essen flüsterte Sulzberger seinem Gastgeber zu, er müsse ihn dringend unter vier Augen sprechen. »Aber natürlich«, sagte Korry, »worum handelt es sich denn, Cy?« Sulzberger, der immer noch im Flüsterton sprach, sagte, es sei eine ganz private Angelegenheit, und es wäre gut, wenn er irgendwo mit Korry allein darüber reden könne.

Korry war mehr als überrascht. Außer ihren Frauen war niemand im Zimmer, und was konnte so geheim sein, daß sie sich hätten zurückziehen müssen? Aber er war einverstanden und führte Sulzberger in die Bibliothek. Sulzberger schloß die Tür, nahm Korry am Arm und führte ihn in die Mitte des Zimmers. Dann flüsterte er Korry ins Ohr, er habe erfahren, daß Korry persönlich den Versuch Nixons verhindert habe, Allende im vergangenen Herbst durch einen Staatsstreich zu stürzen.

Korry wollte es kaum glauben. Er wußte, Sulzberger war kürzlich in Washington mit Averell Harriman zusammengewesen, und Harriman hatte sich für einen möglichst harten Kurs gegenüber Allende eingesetzt. Korry wußte auch, daß Sulzberger gut mit Kissinger und Helms bekannt war; aber dadurch wurde ihm die Frage von Sulzberger nur noch rätselhafter. Korry sagte, das sei ein großer Irrtum, die Vereinigten Staaten hätten keinen Putsch geplant, und man hätte nicht einmal ernsthaft über eine solche Möglichkeit geredet. Sulzberger glaubte, Korry wollte etwas vor ihm verbergen, und forderte ihn auf, doch ehrlich zu sein. Aber Korry blieb bei seiner Behauptung und sagte, er wisse nicht, woher Sulzberger seine Informationen habe; die Geschichte sei jedoch ganz einfach falsch.

Die melodramatische Art, mit der Sulzberger seine Frage gestellt hatte, amüsierte Korry. Er schilderte Shlaudeman den Vorfall, der gesagt hatte, Korry sei das Opfer einer Sinnestäuschung, wenn er glaube, die CIA plane hinter seinem Rücken einen Putsch. »Sehen Sie«, sagte Korry, »ich bin nicht der einzige; auch andere kommen auf so verrückte Ideen.« Für Korry war diese Episode das typische Beispiel dafür, was in Washington alles nicht in Ordnung war – die Geheimniskrämerei, das Mißtrauen und die Gerüchte über Intrigen, an die sogar sonst ganz vernünftige Menschen glaubten. Korry war immer noch davon überzeugt, daß die Vereinigten Staaten keinerlei Versuch unternommen hätten, in Chile einen Staatsstreich zu inszenieren.

Am Mittwoch, den 7. Februar 1973, nahm Richard Helms wieder an einer internen Sitzung des Außenpolitischen Senatsausschusses teil. Die Senatoren hatten ein paar Zusatzfragen zu Presseberichten, nach denen die CIA Beamte gewisser amerikanischer Polizeibehörden vorschriftswidrig ausgebildet hatte und irgendwie in den Watergate-Skandal verwickelt sei.

VORSITZENDER: Mr. Helms, ich glaube, angesichts des besonderen Inhalts dieser Fragen wäre es richtig, wenn Sie als Zeuge vereidigt würden, denn das ist bei solchen Untersuchungen üblich. Bitte heben Sie die rechte Hand und schwören Sie. Geloben Sie feierlich, die Wahrheit zu sagen, die ganze Wahrheit und nichts als die Wahrheit, so wahr Ihnen Gott helfe?

HELMS: Ich schwöre, Sir.

Einige der Fragen, die Helms an diesem Tag zu beantworten hatte, sollten ihn später noch in erhebliche Schwierigkeiten bringen.[19] Dazu gehörten drei völlig unerwartete Fragen, die ihm Senator Stuart Symington stellte. Helms betrachtete Symington als seinen Freund, und dieses Vertrauen war durchaus begründet. Aber diesmal brachte ihn die plötzliche Neugier Symingtons dazu, über ein Thema sprechen zu müssen, das normalerweise nur von den Aufsichtsgremien innerhalb der CIA behandelt wurde; und das sollte für ihn so schlimme Folgen haben, wie er es bisher noch nie erlebt hatte. Man hat vermutet, Helms und Symington hätten das Frage- und Antwortspiel vorher abgesprochen, damit Helms eine Einmischung in Chile vor einem wohlwollenden Forum offiziell bestreiten und sein Dementi aktenkundig machen könnte. Das trifft nicht zu.[20]

SENATOR SYMINGTON: Erlauben Sie mir, daß ich in diesem Zusammenhang eine Frage stelle?

SENATOR PERCY: Sehr gerne.

SENATOR SYMINGTON: Haben Sie in der Central Intelligence Agency versucht, die Regierung von Chile zu stürzen?

HELMS: Nein, Sir.

SENATOR SYMINGTON: Haben Sie den Gegnern von Allende Geld zukommen lassen?

HELMS: Nein, Sir.

SENATOR SYMINGTON: Also sind die Berichte, nach denen Sie in diesen Krieg verwickelt waren, falsch?

HELMS: Ja, Sir. Ich habe dem Senator Fulbright vor vielen Monaten gesagt, wenn sich meine Behörde wirklich hinter die anderen Kandidaten gestellt, eine Menge Geld ausgegeben hätte und so weiter, dann wären die Wahlen vielleicht anders ausgegangen.

Anschließend hat Helms den juristischen Beirat der CIA, Lawrence Houston, gebeten, seine Aussagen zu prüfen – ein normaler Vorgang. Houston hat Helms daraufhin gewarnt und ihm gesagt, seine Aussagen über Chile könnten zu einem »Problem« werden, aber Helms beschloß, dabei zu bleiben. Houston riet ihm: »Seien Sie das nächste Mal nicht so didaktisch.« Damit wollte er sagen: »Seien Sie nicht so kategorisch, schlagen Sie nicht vorzeitig die Tür zu. Lassen Sie sich beim nächsten Mal mehr Spielraum.« Aber Helms machte sich um das nächste Mal keine Sorgen. Er wußte, wenn er seine Aussage berichtigte, würde er damit nur auf den Feldzug der CIA zur Verhinderung von Allendes Wahl aufmerksam machen. Ein noch größeres Geheimnis war der erfolglose Versuch der CIA, in Chile einen Militärputsch zu veranstalten, um Allende an der Amtsübernahme zu hindern, nachdem er in den Wahlen die einfache Stimmenmehrheit gewonnen hatte. Das war im übrigen etwas, wovon Edward Korry nichts wußte. Anfang 1973 stand Korry immer noch auf der Seite der Regierung; er weigerte sich, dem Church-Ausschuß zur Überprüfung der multinationalen Konzerne etwas über die Tätigkeit der CIA in Chile zu sagen, weil Allende noch im Amt war und er die Chilenen nicht kompromittieren wollte, die guten Glaubens mit der CIA zusammengearbeitet hatten. Helms beschloß, ein persönliches Risiko einzugehen, und ließ seine Aussage unverändert stehen.

Aber er hatte sich zu weit vorgewagt, um auf die Dauer nicht doch in große Gefahr zu geraten. Die Sache wurde schon gefährlich, als der inzwischen pensionierte Ed Korry im Juni 1975 zur CIA ging, um mit William Colby zu sprechen. Wenige Wochen vorher hatte Gregory Treverton, ein Mitglied des unter dem Vorsitz von Frank Church gebildeten Sonderausschusses des Senats für die Überprüfung der Nachrichtendienste, Korry um ein Gespräch gebeten. Korry rief vor diesem Besuch einige ehemalige Kollegen aus der Regierung an, und zwar seinen Stellvertreter bei der Botschaft in Santiago, Harry Shlaudeman, seinen Militärattaché in Chile, Oberst Paul Wimert, Kissingers Chefexperten für Lateinamerika, Viron P. Vaky, seinen Nachfolger als Botschafter in Chile, Nathaniel Davis, und andere, um festzustellen, was wirklich geschehen war, bevor er mit Treverton sprach oder an einer öffentlichen Sitzung des Church-Ausschusses teilnahm. Einer der letzten Beamten auf Korrys Liste war Colby, den er bisher noch nicht kennengelernt hatte. Korry wollte Colby um die Erlaubnis bitten, Colbys Aussagen vor dem Streitkräfteausschuß des Kongresses vom April 1974 einzusehen, in denen Colby angeblich die Versuche der CIA geschildert hatte, die Regierung Allende zu »destabilisieren«.[21]

Im Juni 1975 machte Ray Warren, der Heckscher im November 1970 als Stationschef abgelöst hatte, Korry mit David Phillips bekannt, der im September und Oktober 1970 Chef der Sonderabteilung für Chile beim Planungsdirektorium gewesen war. Keiner der drei Männer – weder Warren noch Phillips oder Colby – konnte Korry etwas Konkretes über den Versuch sagen, Allende an der Amtsübernehme zu hindern, und Colby erklärte sogar, »wenn wir Alessandri nur mehr Geld zur Verfügung gestellt hätten, dann wäre Allende nicht gewählt worden«. Korry wiederholte alle seine alten Einwände gegen die Finanzierung eines Kandidaten der Reichen durch die Vereinigten Staaten, aber Colby hörte sich das an, ohne eine Miene zu verziehen, und reagierte nicht darauf. Korry konnte Colby nicht einmal dazu bringen, ihm Einblick in seine Aussagen vom April 1974 zu geben, obwohl der Church-Ausschuß diese Aussagen kannte und Korry wahrscheinlich darüber befragen würde, wenn er vor dem Ausschuß aussagen mußte. Als Korry sagte, was er über diese Episode wußte – daß nämlich keine »Destabilisierung« und kein Putsch stattgefunden hätten –, widersprach ihm Colby nicht. Er hörte ihm nur zu, ohne das Gesicht zu verziehen. Korry zog daraus den falschen Schluß, daß Colbys Pokergesicht stillschweigende

Zustimmung bedeute und Korry die Ereignisse richtig dargestellt habe. Schließlich wußte Colby, daß Korry die Absicht hatte, einen Bericht von Seymour Hersh von der *New York Times* zu dementieren. Weshalb sollte Colby ein Interesse daran haben, daß sich ein ehemaliger amerikanischer Botschafter vor der Öffentlichkeit kompromittierte, indem er die Destabilisierung bestritt, wenn er ihn mit einem bloßen Augenzwinkern hätte warnen können?

Aber Korry hatte sich getäuscht. Die eiserne Miene von Colby war seine Spezialität, und die ausdruckslosen Augen hinter den blitzenden Brillengläsern bedeuteten nichts anderes als die kategorische Weigerung, Stellung zu nehmen. Als Gregory Treverton und ein Beamter des Außenministeriums (ein ehemaliger Angehöriger der CIA) mit Namen J. J. Hitchcock Korry in seinem Haus in Briarcliff Manor, New York, am 19. Juli 1975 aufsuchten, wußte Korry immer noch nicht mehr über die chilenische Episode als vor fünf Jahren. Er ahnte nicht einmal, daß es hier noch mehr zu wissen gab.

Doch nachdem Korry Treverton gesagt hatte, die Vereinigten Staaten hätten nichts mit dem Militärputsch zu tun, der zur Ermordung des Generals Schneider geführt hatte, und auch nichts mit den Manövern der ITT, mit denen Allende daran gehindert werden sollte, sein Amt anzutreten, wendete sich Treverton an Hitchcock und sagte: »Meinen Sie nicht, daß wir es ihm sagen können?« Nun verpflichtete Treverton den ehemaligen Botschafter zum unbedingten Stillschweigen und teilte ihm mit, daß es tatsächlich einen amerikanischen Versuch gegeben habe, in Chile einen Putsch zu inszenieren, daß der von Korry zunächst gehegte und dann aufgegebene Verdacht, die CIA habe hinter seinem Rücken ein Komplott geschmiedet, vollkommen richtig gewesen und daß er – Korry – von Präsident Nixon persönlich ganz bewußt über den Putschversuch im dunklen gelassen worden sei.[22] Durch dieses Gespräch erfuhr Korry zum erstenmal etwas über die Intervention der Vereinigten Staaten in Chile.

Das ganze Manöver hatte am 15. September 1970 mit einer Sitzung im Ovalen Zimmer des Präsidenten begonnen, an der Kissinger, John Mitchell und Helms teilnahmen, und zwar einen Tag nachdem Korry angewiesen worden war, in Santiago mit Frei das Rube Goldberg-Gambit zu inszenieren. Helms hat später ausgesagt, nach seiner Ansicht sei Nixon durch Donald Kendall und Agustín Edwards zum Eingreifen veranlaßt worden, die am gleichen Vormittag mit Kissinger gefrühstückt hatten. Helms kannte Kendall recht gut und war mit ihm in Washington vielleicht vier- oder fünfmal im Jahr auf Sitzungen zusammengetroffen.[23] Er wußte auch, daß Kendall und Nixon sich gut standen und Kendall dem Präsidenten den ersten großen Mandanten vermittelt hatte, nachdem Nixon als Rechtsanwalt nach New York gegangen war. Doch nun hatten Nixon oder Kissinger Helms gebeten – er wußte nicht mehr genau, welcher von beiden es gewesen war –, in einem Washingtoner Hotel mit Kendall und Edwards zusammenzutreffen. Vor diesem Gespräch hatte Helms Broe angerufen und ihn gefragt, wer über das Unternehmen in Chile Bescheid wüßte, und Broe hatte ihm den CIA-Beamten Ken Millian geschickt, der mit Helms zu der Besprechung mit Kendall und Edwards ging. Die beiden Männer hatten Helms dringend ersucht, die CIA möge sich einschalten, um Allende an der Amtsübernahme zu hindern, und Helms war zu dem Schluß gekommen, daß sie die gleiche Bitte mit einigem Erfolg auch an Nixon gerichtet hatten.

Nixon selbst hat behauptet, er sei von anderer Seite auf das Problem Allende aufmerksam gemacht worden. Bei einem seiner Interviews, die er 1977 David Frost im Fernsehen gab, erklärte er, ein italienischer Geschäftsmann habe ihn gewarnt: »Wenn Allende die Wahlen in Chile gewinnen sollte und Sie es außerdem noch mit Castro in Cuba zu tun haben, dann werden Sie in Lateinamerika ein rotes Sandwich bekommen, und am Schluß wird ganz Lateinamerika rot sein.«[24] Aber was die Befürchtungen Nixons auch geweckt haben mochte, auf der Sitzung im Ovalen Zimmer am 15. September 1970 machte er kein Hehl daraus, daß er entschlossen war, Allende auszuschalten. Er erläuterte die Gefahren, wie er sie sah, und beteuerte, seine Regierung werde nicht nachgeben.[25] Er wies Helms an, nichts unversucht zu lassen, um die Bestätigung Allendes im Amt zu verhindern, und Helms sagte später vor dem Church-Ausschuß: »Wenn ich jemals einen Marschallstab im Tornister getragen habe, dann an jenem Tage, als ich das Ovale Zimmer verließ.«[26] Dann legte Helms ein Blatt mit handgeschriebenen Notizen vor, aus denen sich ersehen läßt, in welcher Atmosphäre diese Anweisungen gegeben worden waren:

Vielleicht nur eine Chance von eins zu zehn, aber rettet Chile!
Die Ausgabe lohnt sich.
Keine Risiken scheuen.
Keine Beteiligung der Botschaft.
10 000 000 Dollars verfügbar, wenn notwendig, mehr.
Ganztagsbeschäftigung – für den besten Mann, den wir haben.
Spielplan.
Aufruhr in der Wirtschaft erzeugen.
48-Stunden-Aktionsplan.[27]

Helms hat damals eine Gewinnchance von eins zu zehn für optimistisch gehalten, und auch später ist nichts geschehen, was diese Chance verbessert hätte. Der Chef des Planungsdirektoriums, Thomas Karamessines, und David Phillips, der aus Brasilien abgerufen wurde, um für die Dauer des Unternehmens die Leitung einer besonderen Einsatzgruppe für Chile zu übernehmen, teilten diese Ansicht. Der Stationschef in Santiago, Henry Heckscher, war noch pessimistischer und warnte Langley unaufhörlich vor den Folgen des amerikanischen Eingreifens.[28] Das irritierte seine Vorgesetzten so sehr, daß sie ihn am 7. Oktober aufforderten, seine Proteste einzustellen und nur noch zu melden, was er wirklich unternahm. Als Heckscher sich nicht beruhigen wollte, rief ihn Karamessines nach Washington zurück. In Langley angekommen sagte er einem Freund: »Nun, ich glaube, man wird mich hinauswerfen.« Er wurde zwar nicht entlassen, aber man hat versucht, ihn zum Schweigen zu bringen. Die CIA hatte einen bestimmten Auftrag; Langley mußte dafür sorgen, daß er ausgeführt wurde, und Heckscher blieb nichts anderes übrig, als die bittere Pille zu schlucken. Als er schließlich nach Santiago zurückkehrte, sagte er seinem Stellvertreter Dino Pionzio, sie hätten keine andere Wahl. Die für das Unternehmen in Chile gebildete Einsatzgruppe in Langley bemühte sich von Anfang an, die Angelegenheit zu einem erfolgreichen Abschluß zu bringen. Helms hatte seine Anweisungen an Karamessines und Broe weitergegeben, und Karamessines hatte zunächst die Einsatzgruppe für Chile in der Nähe seines Büros unterbringen wollen. Ein Mitarbeiter erklärte, daran würde sich sofort erkennen lassen, daß eine größere Operation im Gange sei. Deshalb wurde die Poststelle, die die eingehenden Funksprüche registrierte und verteilte, in ein Konferenzzimmer verlegt, und die Einsatzgruppe bezog die Räume der Postverteilungsstelle. Obwohl alle Beteiligten die Sache pessimistisch beurteilten, ging das Unternehmen weiter, denn Helms hatte von Nixon und Kissinger den klaren Auftrag. Karamessines berichtet: »Niemand konnte ins Ovale Zimmer gehen, mit der Faust auf den Tisch schlagen und sagen, wir weigern uns, das zu tun.« Die einzigen Beschränkungen, die Helms den an dem Unternehmen Beteiligten auferlegte, waren die mit Rücksicht auf die Geheimhaltung gebotenen Vorsichtsmaßnahmen. Er war durchaus bereit, einen Fehlschlag einzukalkulieren, wollte es aber nicht darauf ankommen lassen, daß ein solcher Fehlschlag bekannt wurde. Obwohl Korry befürchtete, aus dem Putschversuch könnte eine Katastrophe wie seinerzeit in der Schweinebucht werden, ist über fast 25 Jahre kein Wort davon an die Öffentlichkeit gedrungen, und die Aktion wurde dann auch nur bekannt, weil eine andere Regierungsbehörde von den Ereignissen in groben Zügen Kenntnis bekam und eine Veröffentlichung verlangte.

Aber ob das Scheitern des Unternehmens nun geheimgehalten wurde oder nicht, es war gescheitert, und Heckscher war von Anfang an gegen ein Projekt gewesen, das eine so geringe Erfolgschance hatte. Die Schwierigkeit lag nach seiner Ansicht darin, daß die CIA nichts in der Hand hatte, womit sie hätte arbeiten können. Das örtliche Büro der CIA konnte die Verbindung mit den Generälen Roberto Viaux und Camillo Valenzuela und ihren Mitverschwörern nur über den Militärattaché der Botschaft, Oberst Paul Wimert, halten, weil Korry der CIA verboten hatte, den direkten Kontakt mit den rebellierenden Offizieren aufzunehmen. Oberst Wimert hatte ausgezeichnete persönliche Beziehungen zu den chilenischen Militärs. Er war ein großer Pferdeliebhaber und hielt sich auf seiner Ranch außerhalb von Santiago eine Anzahl von Vollblütern. Dort besuchten ihn die chilenischen Offiziere oft zum Wochenende. Im Normalfall gehörte es nicht zu den Aufgaben eines Militärattachés, einen Putsch vorzubereiten, aber Wimert stellte sich in diesem Fall gern zur Verfügung und verlangte von Heckscher nur, daß die CIA seine Pferde in die Vereinigten Staaten zurückbrachte, falls das Unternehmen mißlang und ihm persönlich etwas zustieß.

Die CIA war nicht nur gezwungen, wenigstens zunächst nur indirekt mit den Verschwörern zu verkehren, sondern der

Umgang mit diesen Leuten war auch außerordentlich riskant. Besonders Viaux war ein unzuverlässiger Verbündeter. Heckscher wußte, daß der Kreis um Viaux von der chilenischen Organisation MIR unterwandert worden war, die der extremen Linken angehörte, und er meldete das auch. Außerdem zeigte es sich im Lauf der Zeit immer deutlicher, daß weder Viaux noch Valenzuela einen vernünftigen Plan für die Machtübernahme hatten. Zunächst hatten sie nur die unbestimmte Vorstellung, General Schneider zu entführen, und hofften, Frei oder das militärische Establishment in Chile würden sich in der darauf folgenden Krise zum Handeln entschließen. Aber selbst dieses Vorhaben mißlang, obwohl die CIA für die erfolgreiche Entführung von Schneider die Bezahlung von bis zu 50 000 Dollars angeboten hatte.

Helms und Karamessines unterrichteten Kissinger und seinen Stellvertreter Alexander Haig bei ihren regelmäßigen Zusammenkünften über die ungünstige Lage. Ende September beauftragte Helms Williams Broe damit, mit Edward Gerrity von der ITT zu sprechen und den Konzern zu bitten, auf die chilenische Wirtschaft Druck auszuüben; aber die ITT hatte inzwischen kalte Füße bekommen und weigerte sich, etwas zu unternehmen. Dann mußte man Viaux einen verfrühten Putschversuch ausreden, mit dem alle Chancen verspielt worden wären. Später sagte Kissinger vor dem Church-Ausschuß aus, ein sehr pessimistischer Bericht von Karamessines hätte ihn am 15. Oktober veranlaßt, das ganze Unternehmen abzublasen. Karamessines stellt die Sache allerdings etwas anders dar. Er behauptet, man habe zwar den Versuch aufgegeben, mit Viaux zusammenzuarbeiten, Kissinger habe der CIA jedoch befohlen, jede »weiche Stelle bei Allende auszunutzen – jetzt . . . und auch in Zukunft, bis ein neuer Marschbefehl ausgegeben werden kann«.[29] Nach einer anderen Quelle hat Nixon zwei Tage später Karamessines zu sich gerufen und ihm gesagt, er solle anstelle des unbrauchbaren Viaux einen anderen geeigneten Offizier finden.[30]

Am selben Tag, dem 17. Oktober, sprach ein CIA-Beamter in Santiago mit Viaux und sagte ihm, er dürfe die Sache nicht übereilen.[31] Indessen traf sich Oberst Wimert mit anderen chilenischen Verschwörern, die ihn um die Lieferung von acht bis zehn Tränengasgranaten, drei Maschinenpistolen vom Kaliber 45 und 500 Schuß Munition baten, die sie angeblich zu ihrem eigenen Schutz brauchten. Wimert besorgte die Tränengasgranaten bei der CIA und übergab sie einem Mitverschwörer von Valenzuela, der ihm noch am gleichen Tage sagte, die Vorbereitungen für den Putsch seien abgeschlossen, und das Unternehmen werde am folgenden Abend mit der Entführung von Schneider nach einem Essen in einem Offizierskasino beginnen. Das Vorhaben mißlang, als Schneider die Versammlung mit einer starken Polizeieskorte in einem Privatwagen verließ. Nun wurde Wimert davon unterrichtet, daß am folgenden Abend, den 20. Oktober, ein neuer Entführungsversuch unternommen werden würde, der ebenfalls fehlschlug. Heckscher war jetzt überzeugt, daß es für ein Gelingen des Unternehmens zu spät sei.

Aber Wimert lieferte am 22. Oktober um 2.00 Uhr morgens trotzdem noch die versprochenen Maschinenpistolen[32] an den Mitverschwörer von Valenzuela aus. Fünf Stunden später traf sich eine Gruppe von Offizieren zur Vorbereitung eines letzten Entführungsversuchs, und um 8.00 Uhr morgens überfielen sie den Wagen des Generals. Schneider versuchte Widerstand zu leisten, zog seinen Revolver und wurde bei dem nun folgenden Schußwechsel von seinen Entführern schwer verwundet. Er starb drei Tage später, einen Tag nach der Bestätigung Allendes im Präsidentenamt durch den chilenischen Kongreß.

Der Church-Ausschuß erstellte einen den Tatsachen entsprechenden Bericht über die Ermordung von Schneider. Da der General von Schüssen aus Handfeuerwaffen getroffen worden war und die Offiziere, denen Oberst Wimert die Maschinenpistolen übergeben hatte,[33] an der Besprechung vor dem fehlgeschlagenen Entführungsversuch nicht teilgenommen hatten, während General Viaux von dem chilenischen Gericht, das den Fall behandelte, für den tödlich ausgegangenen Überfall verantwortlich gemacht wurde, kam der Ausschuß zu dem Schluß, die CIA habe direkt nichts mit dem Tode des Generals Schneider zu tun. Die Schwäche dieser rein juristischen Betrachtungsweise liegt darin, daß sie drei Punkte übersieht. Erstens ließ sich zwischen den Kreisen um Viaux und Valenzuela keine klare Trennungslinie ziehen, und die chilenischen Gerichte machten auch den letzteren für den Vorfall verantwortlich, wenn auch in geringerem Ausmaß;[34] zweitens waren die fehlgeschlagenen Entführungsversuche am 19. und 20. Oktober von derselben Gruppe durchgeführt worden, die Schneider am 22. Oktober tödlich verwundet hatte, und Wimert hatte beide Versuche mit Valenzuela besprochen, eine Tatsache, die vermuten läßt, daß beide Generäle eng zusammengearbeitet haben; drittens standen Viaux und Valenzuela in direktem Kontakt zur CIA; sie wurden von den Amerikanern ermutigt, Schneider zu entführen, und man hatte ihnen für den Fall des Gelingens Geld versprochen;[35] und wahrscheinlich hätten sie nichts unternommen, wenn die Amerikaner sie nicht dazu ermutigt hätten. Wenn die CIA General Schneider auch nicht erschossen hat, so darf man doch sagen, daß er ohne Beteiligung der CIA am Leben geblieben wäre.

Am Tage vor der Abstimmung im chilenischen Kongreß über die Bestätigung des nächsten Präsidenten sprach Helms, der gerade von einer Reise nach Vietnam zurückgekehrt war, mit der von David Phillips geleiteten chilenischen Einsatzgruppe, die immer noch hoffte, daß ihr Plan gelingen werde. Ein Protokoll der CIA über diese Besprechung sagt: »Man war sich darin einig, daß man die größten Anstrengungen unternommen hätte und jetzt nur noch die Chilenen selbst einen erfolgreichen Staatsstreich durchführen könnten. Die Chilenen waren bis zu einem Punkt geführt worden, wo ihnen wenigstens noch eine militärische Lösung offenstand.«[36]

Aber es kam anders, und zwar genauso, wie Heckscher es in einem Telegramm nach Langley schon am 9. Oktober vorausgesagt hatte. Das chilenische Militär stellte sich hinter General Carlos Prats, den Nachfolger von Schneider, und obwohl General Valenzuela zum Befehlshaber der Provinz Santiago ernannt wurde, kam es zu keinem Putsch. Allende wurde am 24. Oktober in seinem Amt bestätigt.

Nixon und Kissinger waren vom Verlauf der Ereignisse im September und Oktober wenig begeistert. Sie dachten nicht daran, Helms für seinen entschlossenen Einsatz zu danken, von dem nicht ein einziges Wort zur Presse durchgesickert war, sondern gaben ihm die Schuld für den Sieg Allendes. Kissinger beauftragte persönlich den Beratungsausschuß des Präsidenten für den Auslandsnachrichtendienst, die Episode in Chile zu untersuchen, und in Washington mehrten sich die Gerüchte darüber, daß die Regierung mit der CIA unzufrieden sei. Im

Dezember 1970 stattete John McCone dem Hauptquartier der CIA in Langley einen seiner regelmäßigen Besuche ab und ging dort auch zu John Bross, der dem Ausschuß des Präsidenten den Standpunkt der CIA erläutert hatte. McCone sagte ihm, er habe mit Kissinger gesprochen. »Alle werfen Helms vor, daß er keine drastischeren Maßnahmen ergriffen hat, um die Amtseinführung von Allende zu verhindern.«

Bross fragte Helms danach, der bestätigte, daß die Regierung wirklich unzufrieden sei und glaube, er habe sie nicht rechtzeitig vor einem wahrscheinlichen Sieg Allendes gewarnt und er habe zum zweitenmal versagt, als es ihm nicht gelang, seine Bestätigung im Amt zu verhindern. Aber nach Auffassung von Helms lag die Schuld mindestens ebensosehr bei der Regierung, denn sie hatte nicht darauf gehört, als er dem Ausschuß 40 mindestens ein Jahr vor den Wahlen gesagt hatte, jetzt sei es Zeit, die CIA einzuschalten. Außerdem sei auch Ed Korry mitverantwortlich, denn er habe sich der Unterstützung des Wahlfeldzugs von Alessandri bis zum bitteren Ende widersetzt.

»Ich bin nie aufgestanden, um auf den Tisch zu schlagen und zu sagen, ›Sie müssen drastischere Maßnahmen ergreifen‹«, räumte Helms gegenüber Bross ein. »Das war, glaube ich, nicht meine Aufgabe. Deswegen werden wir doch immer wieder kritisiert – weil wir uns angeblich in die Politik einmischen.«

Helms hielt es für ungerecht, daß ausgerechnet er für das chilenische Fiasko verantwortlich gemacht werden sollte. Aber er hielt die ganze Angelegenheit doch mehr für einen Familienstreit, und wenn die Gefahr bestand, daß irgend etwas davon nach außen drang, bemühte er sich um die strikte Geheimhaltung. Im September 1970 hatte er Fulbright auf die falsche Fährte geführt, als er der Frage auswich, ob die CIA sich in die chilenische Innenpolitik eingemischt habe, und einfach behauptet, wenn die CIA sich wirklich bemüht hätte, die Wahlen zu beeinflussen, wären sie anders ausgegangen – was wahrscheinlich richtig war, aber die an ihn gestellte Frage nicht beantwortete. Dann war er der Aufforderung des Senators Charles Percy am 5. Februar 1973, eine Aussage zu machen, ausgewichen. Zwei Tage später hatte er Senator Symington in die Irre geführt. Als er aus dem Iran zurückgerufen wurde, um am 21. Mai noch einmal auszusagen, hätte er fast hundert vom Außenpolitischen Senatsausschuß vorbereitete Fragen beantworten sollen, aber dann wurde die Anhörung öffentlich abgehalten, ein Manöver, das dazu führte, daß die Senatoren und nicht die Mitarbeiter des Ausschusses, die sich eingehend mit der Episode in Chile beschäftigt hatten, die Fragen stellten. Erst im Januar 1975 wurde Helms schließlich in die Enge getrieben und gezwungen zu erklären, weshalb er diesen Fragen bisher ausgewichen sei. Helms sagte, die CIA habe den Gegnern Allendes kein Geld gegeben und nicht versucht, die Abstimmung im chilenischen Kongreß zu beeinflussen, weil eine Untersuchung gezeigt habe, daß sich das nicht machen ließ; die CIA habe nicht versucht, die chilenische Regierung zu stürzen, weil sie niemanden finden konnte, der dazu in der Lage gewesen wäre. Wenn es Erklärungen gibt, die man als »lahm« bezeichnen kann, dann handelte es sich bei den Erklärungen von Helms um Krüppel. Er hatte Symington am Abend vor seiner Vernehmung im Mai 1973 die gleichen »Erklärungen« aufgetischt, und Symington hatte sich als sein Freund damit zufriedengegeben. Aber andere fanden für die Aussagen von Helms eine härtere Bezeichnung und sagten, es seien Lügen gewesen. Und es gab eine genügend große Anzahl von Personen, die sich dieser Definition anschlossen, um das Justizministerium zur Übernahme des Falles zu veranlassen. Aber der Kern der Aussagen von Helms war zutreffend.

BOTSCHAFTER HELMS: Ich sehe ein, Sir . . . daß meine Antwort (auf eine Frage nach dem Versuch, den chilenischen Kongreß zu bestechen) knapp gewesen ist, aber ich möchte hier etwas dazu sagen. Ich bin nicht zu den Anhörungen des Ausschusses zur Überprüfung der multinationalen Konzerne gekommen (wo Frank Church den Vorsitz hatte und Helms am 6. März 1973, wenige Tage vor seiner Abreise nach Iran, über Chile ausgesagt hatte), um Sie in die Irre zu führen, sondern ich habe es als Direktor . . . mit vielen Problemen zu tun gehabt; und eines der Hauptprobleme bestand in der Frage, welchem Kongreßmitglied ich alle Einzelheiten über verdeckte Operationen anvertrauen durfte; und ich muß sagen, das hat mir im Lauf der Jahre große Schwierigkeiten bereitet . . . Wenn ich nicht sehr gesprächig gewesen bin, dann nicht deshalb, weil ich verstockt war, sondern einfach weil ich versucht habe, mich in den Grenzen zu halten, die den für den Kongreß vorgeschriebenen Richtlinien entsprechen.[37]

Deutlicher hat Helms niemals gesagt, daß die Leute, die ihn befragten, kein Recht auf eine ehrliche Antwort hatten, weil sie nicht befugt waren, solche Fragen zu stellen. Aber diesmal waren es nicht in erster Linie die Senatoren, die Helms zufriedenstellen mußte. Jetzt war es keine akademische Frage mehr, welcher Art die Aussagen waren, die Helms gemacht hatte – ob es knappe Aussagen waren, die er pflichtgemäß so knapp halten mußte, oder ob er den Fragen ausgewichen war und dabei gelogen hatte. Die Angelegenheit war dem Justizministerium übergeben worden, und der Mann, der die Untersuchungsunterlagen dem Ministerium persönlich übergeben hatte, hatte seinen Aufstieg in der CIA Helms zu verdanken. Man hätte also annehmen können, daß er sich Helms in gewisser Weise persönlich verpflichtet fühlte. Dieser Mann hieß William Colby. Helms kämpfte jetzt nicht mehr gegen die Senatoren – sie waren (vielleicht mit Ausnahme von Church) auch gar nicht darauf aus, Helms zu schaden. Helms rang mit Colby, der es sich offenbar zur Aufgabe gemacht hatte, die bösen Geheimnisse ans Tageslicht zu bringen. Das erste »böse Geheimnis« – andere sollten noch folgen – war die Behauptung, Helms hätte sich des Meineids schuldig gemacht.

14. Kapitel

Im Rückblick scheint Watergate die unwiderstehliche Dynamik eines gewaltigen Stroms gehabt zu haben. Nach dem Einbruch ins Hauptquartier der Demokratischen Partei im Juni 1972 und der darauf folgenden Untersuchung entstand ein immer tiefer und breiter werdender Graben in der Regierung Nixon. Die Flut mochte in neue Bahnen gelenkt oder vorübergehend eingedämmt werden, doch schließlich setzte sie ihren Weg unaufhaltsam fort. Nixon versuchte zwar, im Sommer und Herbst 1972 die Untersuchung aufzuhalten, denn er fürchtete Auswirkungen auf die Wahlen im November. Doch diese Verzögerungstaktik war nur eine Behinderung der Justiz. Sein Verhalten hätte ihm zwei Jahre später fast ein Amtsenthebungsverfahren beschert. Im Mittelpunkt der Recherchen standen von Anfang an die Leute, die ins Watergate Hotel eingebrochen waren. Diese sieben Männer verloren allmählich ihre Geduld und Loyalität, als sie in das Kesseltreiben der Juristen gerieten und ihre Lage immer aussichtsloser wurde. Knappe zwei Wochen nach dem Einbruch sagte John Dean dem stellvertretenden Direktor der Central Intelligence, General Vernon Walters, die Einbrecher würden schon »weich«, und sie haben sich in der Tat weder von Nixons kümmerlichen Bestechungsversuchen noch von dem Versprechen, man werde sie begnadigen, beeindrucken lassen.

Mitte September 1972 glaubte Nixon zunächst noch, er habe gesiegt. Am 15. September stellte das Geschworenengericht die sieben Männer schließlich unter Anklage, ohne die Angehörigen des Ausschusses für die Wiederwahl des Präsidenten (CREEP) zu berücksichtigen, die sie bezahlt und ihnen die Anweisungen für den Einbruch gegeben hatten. Es sah aus, als würde der Fall als eine jener »bizarren Affären« unter den Teppich gekehrt werden, als die das Weiße Haus von Anfang an versucht hatte sie hinzustellen. Am Tag der Anklageerhebung beglückwünschte Nixon John Dean dazu, daß er alle durchlässigen Stellen im Weißen Haus erfolgreich abgedichtet hatte. Nixon sagte ihm, wie man sich auch weiterhin gegen die Untersuchungen abschirmen sollte, und sprach dann zuversichtlich über mögliche Vergeltungsmaßnahmen. Er sagte: »Ich verlange eine detaillierte und umfassende Dokumentation über alle, die versucht haben, uns ein Bein zu stellen. Das mußte nicht sein . . . Sie haben das ganz bewußt getan, sie sind das Risiko eingegangen, und jetzt müssen sie die Suppe auslöffeln . . .«[1] Doch wie Dean und Haldeman erklärten, lag die Schwierigkeit bei der widerspenstigen Bürokratie. Die meisten Beamten gehörten der Demokratischen Partei an, und fast alle waren vom Präsidenten unabhängig.

Nixon erklärte, das alles werde sich ändern. Das Justizministerium, die Steuerbehörden und alle anderen Ministerien sollten es auch noch zu spüren bekommen. Nach den Wahlen werde eine Generalreinigung vorgenommen werden. Nixon hatte im stillen schon lange den Entschluß gefaßt, die Regierung in den Griff zu bekommen. 1968 hatte er Johnson nach dessen Wahlsieg beim Lunch im Weißen Haus gefragt, weshalb er alle diese Kennedy-Leute behalten habe. Unmittelbar nach Johnsons überwältigendem Sieg im Jahre 1964 wäre es Zeit für eine gründliche Säuberung gewesen. Nixon hatte genaue Vorstellungen davon, und nun, da er die Wahlen mit einer noch größeren Mehrheit gewinnen würde als sein Vorgänger – bis auf einen hatten sich alle amerikanischen Staaten für ihn entschieden –, war er fest entschlossen, sein Haus vom Keller bis zum Boden aufzuräumen.[2] Der Finanzminister George Shultz würde seine Anweisungen erhalten; die Steuerbehörden sollten sich dem Willen des Präsidenten fügen, andernfalls würden sie die Folgen zu spüren bekommen. Nixon sagte: »Hier soll sich niemand mehr an seinem Büroschemel festklammern können. Das ganze verdammte Pack soll verschwinden. Und wenn der Finanzminister nicht spurt, ist er die längste Zeit Finanzminister gewesen. Ja, so werden wir das machen. Darauf kommt es an, verstehen Sie?«[3]

Nixon wußte genau, was er wollte. Es sollte eine ganz neue und zum erstenmal uneingeschränkt vom Weißen Haus beherrschte Regierung entstehen. »Ich habe das unangenehme Gefühl, daß es bisher noch keinen konkreten Plan gibt. Ich habe mit Ehrlichman darüber gesprochen, aber er ist zu sehr mit anderen Dingen beschäftigt. Es muß ein umfassender Plan sein, nicht nur um festzustellen, wen der Präsident ernennt, sondern auch wen jeder verdammte Minister ernennt und wen jeder verdammte Bürochef ernennt. Dabei soll die ganze Bürokratie von oben bis unten durchgesiebt werden.«

Die Schwierigkeit lag nur darin, daß die Kabinettsmitglieder Gefangene ihrer Untergebenen waren, die in Wirklichkeit die Regierungsgeschäfte wahrnahmen. Vielleicht ernannte Melvin Laird die höchsten Beamten in seinem Ministerium. »Aber die Leute, die das Pentagon bisher regiert haben, regieren das verdammte Pentagon immer noch . . . und das ist das Problem. Die Sache ist die, daß man sich beeilen muß, denn . . . nach Jahresbeginn wird es zu spät sein. Man muß es unmittelbar nach den Wahlen tun. Man hat eine Woche Zeit, um alle diese Rücktrittserklärungen entgegenzunehmen und zu sagen: ›Hören Sie, Sie sind draußen, Sie sind erledigt, wir sind fertig mit Ihnen, machen Sie, daß Sie hinauskommen‹. Man muß sie alle zum Teufel jagen.«[4]

Immer wenn Nixon drohte, konnte man ihn beim Wort nehmen. Am 5. November 1972 versammelten sich die Mitarbeiter des Weißen Hauses im Roosevelt-Zimmer und rechneten zweifellos mit einer Art Siegesfeier. Aber das war ein Irrtum. Nixon kam herein und erklärte kurz, er verlange von jedem seine Rücktrittserklärung. Die Leute waren wie vom Donner gerührt. Nixon verließ das Zimmer, und Haldeman erläuterte den recht eigenartigen Wunsch des Präsidenten: Von jetzt an werde sich alles ändern. Einige würden bleiben, andere gehen. Die Entscheidung darüber würde beizeiten bekanntgegeben werden. Doch zunächst müßte jeder einzelne sein Rücktrittsgesuch schreiben, und alle diese Abschiedsgesuche hätten noch am selben Abend auf Haldemans Schreibtisch zu liegen. Am selben Tage forderte Nixon auch das Kabinett zum Rücktritt auf, und in den folgenden Tagen erging diese Aufforderung an alle Regierungsbehörden. Der Präsident erwartete, daß jeder von ihm ernannte Beamte ein Rücktrittsgesuch einreichte. Früher waren solche Rücktrittserklärungen beim Regierungswechsel eine reine Formalität gewesen; doch der schon fast pathologisch mißtrauische Nixon drohte, Ernst mit dieser Formalität zu machen.

Der CIA-Beamte Walters erklärte, er werde sich dem Willen des Präsidenten beugen. Helms riet ihm jedoch davon ab: Die Anweisung des Präsidenten gelte nur für politische Beamte, und Helms betrachtete die Leitung der CIA nicht als eine politische Aufgabe. Auch er beabsichtigte nicht, ein Rücktrittsgesuch einzureichen, und wollte auch nicht, daß Walters dies tat. Der General fügte sich dem Verlangen seines Chefs.

Helms' Entscheidung gründete sich vielleicht auf die schwache Hoffnung, Nixon werde nicht auf einer derartigen Rücktrittserklärung bestehen. Andererseits hatte er auch Grund genug anzunehmen, daß seine Leistung unumstritten sei. Am Wahltag hatte Helms Kissingers Vertreter Alexander Haig angerufen und zum Lunch eingeladen. Er wußte, daß Haig an diesem Tage frei war, und nun wollte er die Gelegenheit wahrnehmen, sich für Haigs Luncheinladungen ins Weiße Haus zu revanchieren. Während des Essens in Helms Büro fragte Haig seinen Gastgeber nach seinen Plänen. Helms tat so, als handele es sich um eine Nebensächlichkeit und sagte, vielleicht näherte sich seine Amtszeit ihrem Ende. Er sei nun mehr als sechs Jahre Direktor der Central Intelligence gewesen, länger als irgendein anderer, Allen Dulles einmal ausgenommen, und er würde gern wenigstens noch ein Jahr bleiben. Dann würde er sich wahrscheinlich selbst zum Rücktritt entschließen. Haig hielt diesen Vorschlag für recht vernünftig, zumal er Helms die Chance ließ, nach einem oder zwei Jahren selbst seinen Nachfolger zu bestimmen. Damit hatte Helms zwar nicht seinen Rücktritt angeboten, sondern nur von seiner Arbeit gesprochen, aber Haigs Reaktion überzeugte ihn davon, daß seine Stellung nicht gefährdet war. Sein Gespräch mit Haig war vielleicht ein Grund dafür, daß er jetzt beschloß, nicht freiwillig zurückzutreten.

Nixon aber hatte andere Pläne, von denen Haig nichts wußte. Unmittelbar nach den Wahlen zog sich Nixon mit Haldeman und einem kleinen Mitarbeiterstab nach Camp David zurück und machte sich daran, seine Regierungsmannschaft auszusieben. Es dauerte einige Wochen, bis alle Entlassungen ausgesprochen waren. Haldeman sprach mit dem jeweiligen Opfer, sagte dem Betreffenden, seine Zeit sei um, und ging dann mit ihm zum Präsidenten zu einem letzten persönlichen Gespräch. Helms war am 20. November an der Reihe.

Nachdem Helms zu Nixon beordert worden war, rief er Kissinger an und fragte, was man eigentlich von ihm wollte. Kissinger sagte, er wisse es nicht. Helms nahm an, es ginge vielleicht um einen Disput der CIA mit dem Verwaltungs- und Finanzierungsbüro des Weißen Hauses, in dem seine neuen Vorstellungen vom Etat für die Nachrichtendienste besprochen werden sollten. Doch damit hatte er sich gründlich getäuscht.

Bei seinem Eintreffen wurde Helms von Haldeman empfangen. Er führte Helms in den Aufenthaltsraum des Bungalows und forderte ihn auf, sich auf ein geblümtes Sofa zu setzen. Nixon saß links von Helms auf einem Polstersessel, Haldeman setzte sich am anderen Ende des Sofas auf einen Stuhl und nahm einen Notizblock zur Hand. Ein Fotograf erschien, machte eine Aufnahme von den drei Männern und ging wieder hinaus

Das Gespräch dauerte etwa eine halbe Stunde. Haldeman hörte schweigend zu, aber Nixon kam sofort zum Kern der Sache. Er erklärte, er wolle in den höchsten Regierungsstellen einige Umbesetzungen vornehmen, denn mit der Zeit machten sich die großen Strapazen, die mit solchen Posten verbunden seien, bemerkbar. Auch ermüde das Interesse und die Leistungsfähigkeit ließe nach. Er – Nixon – wolle jetzt jüngere Kräfte nachrücken lassen und auch einen neuen Mann zum Direktor der Central Intelligence ernennen. Nixon sagte das ganz unverblümt und in sachlichem Ton. Natürlich war Helms überrascht; damit hatte er nicht gerechnet. Aber er erklärte sich einverstanden und sagte, der geeignete Zeitpunkt wäre vielleicht der kommende März, denn dann hätte er mit sechzig die bei der CIA vorgeschriebene Altersgrenze erreicht. Nixon wußte nichts von dieser Bestimmung und setzte das Gespräch noch einige Minuten fort. Helms sagte, er sei während des Krieges beim OSS gewesen und habe dreißig Jahre für den Nachrichtendienst gearbeitet. Auch davon wußte Nixon nichts. Von Helms' langjähriger Arbeit als Regierungsbeamter hörte er zum ersten Mal. Bisher hatte der Präsident geglaubt, Helms sei von Johnson als dessen Parteifreund zum Direktor der CIA ernannt worden. Einer plötzlichen Eingebung folgend fragte er, ob Helms bereit sei, ein anderes Amt zu übernehmen, vielleicht als Botschafter.

Helms hatte immer in Washington gearbeitet und geglaubt, hier eine Aufgabe erfüllen zu müssen. Er war nie auf die Idee gekommen, Botschafter zu werden. Deshalb mußte er sich erst an diesen Gedanken gewöhnen. Deshalb bat er den Präsidenten um Bedenkzeit. Nixon fragte, wohin er am liebsten gehen würde. Helms sagte, er wüßte nicht, ob er überhaupt fortgehen wolle, doch wenn, wäre vielleicht der Iran ein geeigneter Bereich. Er dachte dabei nicht an die Rolle, die die CIA dort gespielt hatte. Die iranische Botschaft war ein wichtiger Posten, auf dem es viel zu tun gab. Die US-Vertretung in Teheran ließ sich nicht mit den großen europäischen Botschaften vergleichen, die von Washington aus geleitet wurden. Nixon sagte, das sei ein sehr guter Vorschlag, und er werde Helms seine Entscheidung später mitteilen. Damit war das Gespräch beendet. Als Helms zur CIA zurückkehrte, hatte er den ersten Schock noch nicht überwunden, so daß General Walters im ersten Augenblick glaubte, Helms sei entlassen worden.[5]

Einen oder zwei Tage später nahm Helms an einer Besprechung im Weißen Haus teil, Kissinger fragte ihn: »Übrigens, was hat man Ihnen in Camp David gesagt?«

Helms wußte zunächst nicht, was er antworten sollte.

»Zum Teufel«, sagte Kissinger, »wenn Sie es mir nicht sagen wollen, werde ich Haldeman anrufen und ihn fragen.«

»Ich will Ihnen nichts verheimlichen«, sagte Helms, »ich weiß nur nicht recht, wo ich anfangen soll.«

Kissingers Frage hatte Helms eins deutlich gemacht. Zuerst hatte Haig bei ihrem gemeinsamen Essen im Büro der CIA am 4. November, dem Wahltag Nixons, an Helms' Entlassung deutliches Desinteresse gezeigt. Kissinger ahnte offenbar nicht, weshalb Nixon ihn in Camp David hatte sprechen wollen. Auch einen oder zwei Tage danach wußte er nicht, daß Helms entlassen worden war. Kissinger und Haig waren sowohl Mitarbeiter des Weißen Hauses als auch der CIA. Wenn sie mit Helms' Leistung nicht unzufrieden waren, dann mußte Nixon andere Gründe für seine Entlassung haben. Helms, der die Clique um Nixon inzwischen einschätzen konnte, glaubte die Hintergründe zu kennen. Das Gespräch hatte in Gegenwart von Haldeman stattgefunden; *also handelte es sich um Watergate.* Nixon und Haldeman warfen Helms hinaus, weil er sich im Juni, als das Weiße Haus von der CIA erwartete, sie werde die Untersuchung des Watergate-Skandals verhindern, geweigert hatte, ihnen zu helfen!

Nun geriet selbst Helms in Wut. Seine alten Freunde hatten ihn noch nie in diesem Zustand erlebt, der noch schlimmer wurde, als Charles Colson vom Stab des Weißen Hauses das Gerücht verbreitete, Helms sei wegen Untüchtigkeit entlassen worden. Er habe es halt nicht verstanden, die Arbeit der Nachrichtendienste so zu koordinieren, wie der Präsident es wünschte. Das war eine typische »Brunnenvergiftung«, wie man so etwas bei der CIA nannte. Helms' Freunde wußten, daß er böse war, aber nur wenige ahnten, daß Helms seine Entlassung für einen privaten Racheakt Nixons hielt: Weil er – Helms – sich geweigert hatte, über seine Pflichten hinauszugehen und dem Präsidenten in der Watergate-Affäre beizustehen. Hätten sie nur etwas von diesen Vorgängen geahnt, warum Helms so schnell nachgab und das Angebot, als Botschafter in den Iran zu gehen, angenommen hatte.

Richard Helms hatte nicht oft Veranlassung gehabt, den Präsidenten Nixon um Hilfe zu bitten. Gewöhnlich war es eher umgekehrt; aber im März 1972 ergab sich ein Sicherheitsproblem, das die Unterstützung des Präsidenten erforderte. Victor Marchetti – ehemals CIA-Spezialist für russische Sprache und persönlicher Assistent des Direktors – hatte die CIA im Unfrieden verlassen und beschlossen, ein Buch über diese Behörde zu schreiben. Die CIA hatte auch schon früher Schwierigkeiten mit bestimmten Veröffentlichungen gehabt. 1965 hatten die beiden Washingtoner Journalisten David Wise und Thomas B. Ross ein Exposé mit dem Titel »*The Invisible Government*« verfaßt, aber der damit angerichtete Schaden lag eher auf innenpolitischem und psychologischem Gebiet. Die Arbeit war feindselig im Ton und zeigte deutlich, daß sich die Haltung der Öffentlichkeit gegenüber der CIA geändert hatte,[6] aber Sicherheitsprobleme waren dadurch nicht entstanden. Das lag allerdings auch daran, daß sich John Bross vor der Veröffentlichung die Fahnen besorgt hatte, die dann auf mögliche Sicherheitsrisiken hin überprüft wurden. Solche Stellen hatte man kaum gefunden.[7]

Bei Marchettis Buch lagen die Dinge anders. Er hatte jahrelang der CIA angehört und wußte, wovon er sprach. Am 12. März 1972 beschaffte sich ein CIA-Beamter in New York ein Exemplar des Exposés, das Marchettis Agent neun Verlagen angeboten hatte. In Langley nahm man den Inhalt mit Besorgnis zur Kenntnis, denn Marchetti hatte offenbar die Absicht, gründlich auszupacken. Der juristische Berater der CIA, Lawrence Houston, und sein Stellvertreter John Warner mußten nun herausfinden, ob es möglich sei, das Erscheinen des Buches zu verhindern. Warner schlug vor, man solle sich dabei auf den Vertrag stützen, den Marchetti bei seinem Eintritt in die CIA unterschrieben hatte und in dem er sich verpflichtete, alles was er hier erfuhr, geheim zu halten. Houston hielt diese Methode für richtig, und auch Helms war damit einverstanden. Das Justizministerium sollte den Fall vor Gericht vertreten, aber gerade um diese Zeit hatte das Ministerium viel mit anderen Problemen zu tun. John Mitchell war als Minister zurückgetreten, um den Vorsitz im Ausschuß für die Wiederwahl des Präsidenten zu übernehmen, und sein Nachfolger Richard Kleindienst wartete noch auf die Bestätigung seiner Ernennung durch den Senat.[8]

Nun beschloß Helms, sich direkt mit Nixon in Verbindung zu setzen, um sicherzustellen, daß das Justizministerium die Angelegenheit ernst nahm. Der Präsident hörte sich an, was Helms zu sagen hatte, versprach, ihm zu helfen und sagte, er werde John Ehrlichman mit der Erledigung der Sache beauftragen. Deshalb ging Helms zu Ehrlichman und erklärte, daß es sich um eine sehr wichtige Angelegenheit handelte. Marchetti könnte, wenn er wollte, eine ganze Reihe von Geheimnissen verraten. Ehrlichman fragte nach Einzelheiten. Helms nannte ihm ein Beispiel: 1965 hatte eine Gruppe von Bergsteigern im Auftrag der CIA auf dem Nanda Devi, einem der höchsten Berge im indischen Himalaya, einen Kernreaktor aufgestellt, der den Strom für ein Gerät liefern sollte, mit dem man das chinesische Fernlenkwaffen-Programm überwachen wollte. Doch im folgenden Winter war der Reaktor, der inzwischen eine respektable Menge des radioaktiven Spaltstoffes U-238 produziert hatte, in eine tiefe Schlucht gestürzt und konnte nicht mehr geborgen werden. 1972 lag er immer noch dort.[9] Wenn Marchetti etwas über diesen Vorfall berichtete, wären die Chinesen verärgert, die indische Regierung käme in eine peinliche Lage und besonders die Hindus, die den größten Teil der indischen Bevölkerung bildeten, wären empört, denn das Plutonium konnte das Quellwasser ihres heiligen Flusses Ganges verseuchen.[10] Helms sagte, dies sei nur ein Beispiel; Marchetti könnte in seinem Buch aber über viele andere ähnlich sicherheitsempfindliche Vorgänge berichten.

In diesem Fall bemühten sich Nixon und Ehrlichman nach Kräften, diese peinliche Affäre geheimzuhalten; das Justizministerium unternahm energische Schritte und zwang Marchetti schließlich, 168 Absätze aus seinem Buch zu streichen. In anderen Fällen aber mußte Helms dem Präsidenten helfen. Helms hatte Nixon mit Informationen versorgt und oft in aller Stille so weitreichend unterstützt, daß er damit hart an die Grenze seines Kompetenzbereiches geriet. Es läßt sich kaum sagen, an welchem Punkt Helms die CIA durch seine Hilfsbereitschaft in die amerikanische Innenpolitik hineingezogen hat. Das geschah, fast unmerklich, sehr bald nach Nixons Amtseinführung. Und zwar mit einer Sonderstudie der CIA über Protestbewegungen amerikanischer Studenten, die Henry Kissinger am 18. Februar 1969 vorgelegt wurde. Die Studie trug die Überschrift »Unruhige Jugend«, und in Helms' Schreiben stand: »In dem Bemühen, die Untersuchungen zu diesem Thema zu vervollständigen, haben wir uns in einem Abschnitt mit den amerikanischen Studenten beschäftigt. Das ist ein Gebiet, das nicht im Zuständigkeitsbereich dieser Behörde liegt, deshalb brauche ich nicht darauf hinzuweisen, daß dieses Papier besonders vertraulich behandelt werden muß. Sollte seine Existenz bekannt werden, würde das für alle Beteiligten sehr peinliche Folgen haben.«[11]

Die Studie »Unruhige Jugend« war nicht im Auftrag von Nixon und Kissinger entstanden, sondern eine stark korrigierte Version einer vor achtzehn Monaten, im Sommer 1967, von Präsident Johnson angeforderte Arbeit. Johnson hatte den Verdacht, daß hinter den Studentenunruhen in Newark und Detroit irgendeine Verschwörung stünde. Und er war überzeugt davon und darin auch von J. Edgar Hoover bestärkt worden, daß gewisse Gruppen, die gegen den Krieg in Vietnam protestierten, vom internationalen Kommunismus gelenkt würden. Johnson hatte Helms aufgefordert festzustellen, mit wem die Aktivisten auf Auslandsreisen zusammengekommen waren und von wem sie finanziert wurden.

Eine kleine Gruppe im Sicherheitsbüro der CIA überwachte bereits radikale Organisationen im Raum Washington, D.C.; aber im August 1967 verstärkte Helms diese Bemühungen und schuf eine neue Arbeitsgruppe für Sonderoperationen (SOG) in der Abteilung für Spionageabwehr des Planungsdirektoriums.[12] Die SOG versorgte das Büro für aktuelle Feindnachrichten mit

Material für eine Überprüfung der Friedensbewegung in den Vereinigten Staaten.

Die Studie wurde Anfang November fertiggestellt, und Helms übergab sie persönlich am 15. November 1967 Präsident Johnson. Jedenfalls erinnert sich Ramsey Clark daran, daß Helms dem Kabinett etwa um die gleiche Zeit eine Studie über Dissidenten in den Vereinigten Staaten vorgelesen hat, eine detaillierte, aber undramatische Arbeit, die zu dem Schluß kam, daß der studentische Aktivismus Ausdruck einer auf der ganzen Welt festzustellenden Tendenz sei, daß er in den Vereinigten Staaten durch die Einführung der allgemeinen Wehrpflicht und den Vietnamkrieg ausgelöst würde und es sich dabei um ein inneramerikanisches Problem handelte, bei dem sich keine besonderen ausländischen Einflüsse feststellen ließen. Als Helms seinen Bericht beendet hatte, widersprachen Johnson und Außenminister Dean Rusk energisch diesen Feststellungen. Rusk sagte, das könne ganz einfach nicht stimmen. Alles erinnere ihn an die 30er Jahre; es sei naiv zu glauben, daß die Kommunisten nicht irgendwie dahintersteckten; die CIA hätte die Angelegenheit nicht gründlich genug geprüft. Wie Clark berichtet, versuchte Helms die Studie zu verteidigen, lenkte dann aber nach erneutem Widerspruch ein und versprach dem Präsidenten, das Papier überarbeiten zu lassen. Am 22. Dezember 1967 reichte er dem Weißen Haus ein redigiertes Papier ein, dem zwei Wochen später ein weiteres folgte. Es trug die Überschrift »Studentischer Protest und seine Methoden in den Vereinigten Staaten«. Helms bezeichnete die Studie als »einen Teil unserer laufenden Überprüfung dieses allgemeinen Themas«.[13]

Das Programm der CIA für die Nachrichtenbeschaffung im Inland wurde ständig erweitert, um mit der Anti-Kriegsbewegung Schritt zu halten. Johnson verlangte aus zwei Gründen die aktive Beteiligung der CIA. Erstens waren er und seine wichtigsten Berater, insbesondere Dean Rusk und Walt Rostow, davon überzeugt, Nordvietnam, Kuba und vielleicht sogar die Sowjetunion unterstützten die Bewegung nicht nur, sondern lenkten sie auch. Die CIA berichtete, daß die Radikalen tatsächlich mit führenden ausländischen Kommunisten in Verbindung standen,[14] behauptete jedoch, es ließe sich nicht nachweisen, daß die Bewegung vom Ausland finanziert und gelenkt würde. Solange die Agenten der CIA die Beziehungen von Gruppen in den Vereinigten Staaten zu ausländischen Organisationen überwachten und dies im Ausland taten, arbeiteten sie innerhalb des Zuständigkeitsbereichs ihrer Behörde. Johnsons zweite Forderung hieß jedoch, die CIA solle die Studenten- und Protestbewegungen im Ganzen untersuchen und beurteilen. Damit verließ die CIA den ihr vom Gesetz zugewiesenen Rahmen. Theoretisch war dafür das FBI zuständig, aber Hoover hatte sich entschieden geweigert, die von ihm gesammelten Informationen auszuwerten, und behauptet, seine Organisation habe nur die Aufgabe, Tatbestände festzustellen. Zwar ließ sich dieser Standpunkt theoretisch gut begründen, in der Praxis wurde das FBI dadurch aber zu einer Gerüchteküche, die das Weiße Haus und andere Regierungsstellen mit einem Gemisch aus »Tatsachen« und Vermutungen überschüttete – eine Studentenversammlung hier, eine Demonstration dort, ein »Bericht« über Guerillastreitkräfte, die in den Bergen von Colorado aufgestellt würden usw. usw. Damit wurden Vorstellungen von möglichen Unruhen und Sabotageakten geweckt, ohne daß so bedrohliche Entwicklungen auch nur einigermaßen glaubwürdig nachgewiesen werden konnten. Tatsachen müssen in einem Zusammenhang stehen. Hoover aber, dessen Stellung sich zu gleichen Teilen auf sein Ansehen in der Öffentlichkeit und die Furcht vor Subversion in den Vereinigten Staaten stützte, weigerte sich zu sagen, was das ganze Gerede von revolutionären Umtrieben wirklich bedeutete. Die CIA versuchte auf Johnsons Verlangen, diese Lücke zu füllen. Helms war sich der Tatsache bewußt, daß er damit den Zuständigkeitsbereich der CIA verließ, aber es war ihm praktisch unmöglich – und es wäre politisch unklug gewesen –, das auch zu äußern. Helms war ein »guter Soldat« und bereit, gegen den Buchstaben des Gesetzes zu verstoßen, solange niemand dahinterkam.

Dabei begab er sich auf sehr schlüpfrigen Boden. Immer häufiger wurde er aufgefordert, Analysen zu erstellen, bis er im Sommer 1970 ebenso wie die anderen Direktoren der amerikanischen Nachrichtendienste plötzlich vom Präsidenten persönlich aufgefordert wurde, einen Plan für einen Generalangriff gegen die Radikalen und die Friedensbewegung zu entwerfen. Die Bereitwilligkeit, mit der die CIA solche Aufgaben übernahm, war inzwischen zur Selbstverständlichkeit geworden.[15]

Helms sah sich unter Druck gesetzt. Einerseits verlangte man von ihm intensivere Bemühungen bei der Beschaffung von Informationen aus dem Inland,[16] aber andere Mitarbeiter wehrten sich dagegen und behaupteten, die Operation Chaos und ähnliche Projekte gehörten nicht in den Aufgabenbereich der CIA und sollten aufgegeben werden. Obwohl sich Helms darum bemühte, den Widerstand gegen »Chaos« abzubauen – im Mai 1969 untersagte er zum Beispiel dem Leiter der SOG, Richard Ober, seine Arbeit mit James Angleton zu besprechen, obwohl Angleton bei der Spionageabwehr nominell sein Vorgesetzter war –, ließ sich die Ablehnung solcher Vorhaben innerhalb der CIA nie ganz unterdrücken. Einmal beschwerten sich zwei Mitarbeiter im Planungsdirektorium bei einem Beamten im Stab des Generalrats, der diese Beschwerde an Larry Houston weiterleitete. Houston besprach die Angelegenheit mit dem Leiter des Planungsdirektoriums, Thomas Karamessines, dem sowohl die Abteilung für Spionageabwehr als auch die SOG innerhalb dieser Abteilung unterstanden. Karamessines sprach anschließend wieder mit Houston und sagte, er habe mit den Beschwerdeführern gesprochen und ihre Zweifel zerstreut. Da jedoch der Widerstand gegen »Chaos« innerhalb der CIA nicht nachließ, müssen wir vermuten, daß diese Zweifel durch einen direkten Befehl »zerstreut« worden waren. Helms hielt es aber doch für notwendig, die Operation am 6. September 1969 in einer an alle stellvertretenden Direktoren gerichteten Schrift zu rechtfertigen. Darin verteidigte er »Chaos« und rief alle Abteilungen auf, die SOG zu unterstützen, und zwar »sowohl bei der Auswertung der schon vorhandenen als auch bei der Beschaffung neuer Erkenntnisse«.[17]

Das Weiße Haus ahnte nichts von der Rebellion innerhalb der CIA und verlangte von Helms immer wieder neue Berichte, Analysen und ein aggressiveres Vorgehen bei der Aufklärungstätigkeit in den Vereinigten Staaten. Nach mehreren Quellen hat Nixon Helms vorgeworfen, die Experten der CIA seien im Hinblick auf die Rolle der Kommunisten bei den Protestbewegungen naiv, und später hat Robert Mardian, ein Beamter im Justizministerium, der dem politisch rechten Flügel angehörte und für hartes Vorgehen eintrat, Richard Ober und die SOG im gleichen Sinne zu beeinflussen versucht. Solche Vorgänge erschwerten ein angemessenes Handeln der Beamten immens.

Damals entwickelte Tom Charles Huston ein noch kühneres Konzept für Operationen der Nachrichtendienste im Inland. Dazu wurde er durch ein Gespräch mit William Sullivan, dem Direktor des Inlandnachrichtendienstes beim FBI, angeregt, der später von Hoover fristlos entlassen wurde. Er hatte sich darüber beschwert, daß Hoover gegenüber der Neuen Linken zu nachsichtig sei. 1970 hatte Sullivan Huston erzählt, Hoover habe aus Furcht vor Indiskretionen und peinlichen Folgen die illegalen und geheimen Hausdurchsuchungen des FBI untersagt (eine Entscheidung, gegen die die Nationale Sicherheitsbehörde leidenschaftlich protestierte, weil das FBI ihr bis dahin bei Einbrüchen in Washingtoner Botschaften die Unterlagen für die Geheimschlüssel im Funkverkehr besorgt hatte). Darüber hinaus meinte Sullivan, das FBI mache zu wenig von der Möglichkeit Gebrauch, Telefonleitungen anzuzapfen und Wanzen anzubringen, und es müsse mehr Studenten unter 21 Jahren als Informanten anwerben, was allerdings Hoover verboten hatte. Noch schlimmer sei es, daß Hoover die Beziehungen zur CIA abgebrochen hätte, weil er sich im Frühjahr 1969 darüber geärgert hatte, wie die CIA einen Fall in Denver, Colorado, behandelte. Im März war der Professor an der Universität von Colorado, Thomas Riha, verschwunden. Das dortige Büro des FBI kannte seinen Aufenthaltsort, und ein Agent teilte ihn dem für Denver zuständigen Beamten der CIA mit. Hoover ägerte sich darüber und wollte wissen, wer dieser Agent sei. Helms weigerte sich, den Namen zu nennen. Hoovers Ärger steigerte sich zur Wut. Am 26. Februar 1970 schrieb Helms einen besänftigenden Brief an Hoover. Hoover schrieb an den Rand des Briefes: »Das genügt nicht. Unser Büro in Denver soll alle Kontakte zur CIA abbrechen. Außerdem wünsche ich, daß alle direkten Kontakte zur CIA hier beendet werden und künftig nur noch schriftlich mit der CIA verkehrt wird.«[18] In seinem Gespräch mit Tom Charles Huston meinte Sullivan, diese Maßnahmen könnten für die Spionageabwehr in den Vereinigten Staaten nur katastrophale Folgen haben.

Im Lauf mehrerer Monate überzeugte Sullivan Huston allmählich davon, daß Hoover alt und vorsichtig geworden sei und man dringend ein neues und wirksames Programm zur nachrichtendienstlichen Überwachung der Neuen Linken brauche. Huston seinerseits überzeugte Haldeman und durch ihn den Präsidenten davon, daß sich das Problem am besten lösen ließe, wenn man Hoovers Vorrangstellung innerhalb der Vereinigten Staaten dadurch ins Wanken brächte, daß alle Nachrichtendienste gleichberechtigt an dem Programm beteiligt würden. Dazu gab Nixon auf einer Sitzung am 5. Juni 1970 im Ovalen Zimmer des Weißen Hauses den höchsten Beamten der Nachrichtendienste seine Anweisungen: Anwesend waren Hoover, Generalleutnant Donald V. Bennett vom militärischen Nachrichtendienst, Admiral Noel Guyler von der Nationalen Sicherheitsbehörde und Richard Helms. Nixon erklärte, er verlange ein energisches Vorgehen gegen die Dissidenten in den Vereinigten Staaten, und wenige Tage später fand unter dem Vorsitz von Hoover die erste Sitzung des Interagency Committee on Intelligence (Koordinierungsausschuß für die Nachrichtendienste – ICI) statt. Huston wies ausdrücklich darauf hin, daß das ICI bei seinen Empfehlungen nicht zu vorsichtig sein dürfe. Er sagte: »Alles ist wichtig und alles ist möglich.«[19] Helms beauftragte Angleton, die CIA auf den Arbeitssitzungen des ICI zu vertreten. Rückblickend hat man den Eindruck, daß die Überlegungen des ICI zu nichts geführt haben, welche Hoffnungen Huston und Sullivan als Vertreter des FBI auch daran geknüpft haben mögen. Die anderen Ausschußmitglieder haben sich augenscheinlich nur formal an diesem Unternehmen beteiligt. Vor einer der ersten Sitzungen nahm Huston Helms beiseite und bat ihn, sich bei Hoover wegen des Falls Riha zu entschuldigen, um eine bessere Zusammenarbeit zu ermöglichen. Aber Helms sagte nur ganz kühl: »Wir kommen schon ganz gut miteinander aus.«[20] Daß Helms sich weigerte, Huston einen Einblick in die nachrichtendienstliche Arbeit in Washington zu geben, war typisch für das, was in diesem Ausschuß geschah. Aber die »Arbeit« ging trotzdem rasch voran. Das ICI empfahl in seinem Bericht vom 25. Juni eine Postzensur,[21] geheime Einbrüche in die Wohnungen Verdächtiger und die Intensivierung des Abhörens von Telefonen. Dieses Programm wurde Mitte Juli 1970 von Nixon genehmigt. Am 23. Juli teilte Huston Helms und den anderen Chefs der Nachrichtendienste mit, daß ihr Bericht die Zustimmung des Präsidenten gefunden habe.

Hier bewies Hoover, daß man ihn als Gegner nicht unterschätzen durfte. Er torpedierte bei Mitchell mit dem ihm eigenen Geschick die weit kühneren Pläne Hustons. Mitchell verlangte eine ausdrückliche und schriftliche Aufforderung des Präsidenten, obwohl er natürlich wußte, daß Nixon solche Anweisungen nicht unterschreiben konnte. Also rief er Helms am 27. Juli an, um ihm zu sagen, das ganze Unternehmen müsse eingestellt werden. Am folgenden Tag überredete Mitchell den Präsidenten, die Operation abzublasen, und Helms wurde aufgefordert, seine Ausfertigung der Denkschrift vom 23. Juli zurückzugeben, mit der das neue Programm genehmigt worden war. Aber in der Praxis waren diese Bemühungen damit nicht beendet. John Dean löste Huston als den verantwortlichen Mitarbeiter des Weißen Hauses für den Inlandsnachrichtendienst ab, und das Justizministerium bildete einen Ausschuß für die Auswertung nachrichtendienstlicher Erkenntnisse (Intelligence Evaluation Committee IEC), um die innenpolitischen Protestgruppen offiziell unter die Lupe zu nehmen, was Hoover nicht hatte tun wollen. Hoover hatte sich durch die Initiative von Huston nicht umstimmen lassen, sondern ging auch weiterhin seinen eigenen Weg. Schon bevor Nixon die Genehmigung für das Projekt von Huston zurückgenommen hatte, brach Hoover in aller Ruhe die direkten Kontakte mit den anderen Nachrichtendiensten ab (offensichtlich damit man ihm nicht vorwerfen konnte, er wende sich nur gegen die CIA), und im folgenden Jahr schloß er Sullivan buchstäblich aus seinem Büro beim FBI aus.[22]

Die CIA befand sich im Rahmen des inlandsnachrichtendienstlichen Programms von Nixon immer am Rande der Legalität und hat gelegentlich auch die Grenzen ihres Zuständigkeitsbereichs überschritten. Helms versuchte, die Arbeit der CIA auf das Sammeln von Nachrichten im Ausland zu beschränken und diese Unternehmungen als »Auslandsoperationen« zu bezeichnen, auch wenn es sich in Wirklichkeit um ein innenpolitisches Problem handelte. Aber der Unterschied ist nur ein juristischer. Die Fachleute der CIA waren wiederholt zu dem Schluß gekommen, daß die aktiven Kriegsgegner und andere Protestgruppen in den Vereinigten Staaten nicht vom Ausland gelenkt würden. Die CIA konnte sich auf den Standpunkt stellen, sie untersuche nur mögliche, von den Nachrichtendiensten fremder Mächte gelenkte Angriffe, die von politischen Gruppierungen in den Vereinigten Staaten unternommen wurden; aber in Wirklichkeit beteiligte sie sich an einem außerhalb des Gesetzes stehenden und gelegentlich sogar gesetzwidrigen Programm mit dem Ziel, eine Opposition auszuschalten, die Nixon für innenpolitisch unbequem hielt. Der Erfolg dieser Bemühungen war nur gering. Die radikale Bewegung in den Vereinigten Staaten fiel Anfang der 70er Jahre als Folge innerer Spannungen von selbst auseinander, und das geschah auch, weil man sich in der Zielsetzung nicht einig war und der Truppenabzug aus Vietnam begonnen hatte. Hier kommt es darauf an zu erkennen, daß Nixons Feldzug gegen die Radikalen unter Wahrung strengster Geheimhaltung durchgeführt wurde, weil er die Grundsätze der amerikanischen Demokratie verletzte, auch wenn dieses Vorgehen im streng juristischen Sinne nicht illegal war. Helms hat, soweit sich seine Beteiligung geheimhalten ließ, an diesem Vorhaben mitgewirkt. Die CIA hat vielleicht ganz allgemein die Aufgabe, die nationale Sicherheit zu gewährleisten, aber das ist nur eine Umschreibung der Tatsache, daß sie für den Präsidenten das am besten geeignete Instrument für die Durchsetzung seiner außenpolitischen Vorstellungen darstellt; um Helms zu zitieren, sie gehört zum »Werkzeugkasten des Präsidenten«.[23] Er kann die CIA nach Belieben als Navigationshilfe oder als Feuerwehr benutzen, und ein Direktor der Central Intelligence, der versucht, ihm zu widersprechen oder sich gegen ihn zu stellen, kann nicht lange im Amt bleiben. Helms hat diese Spielregeln bis zum Juni 1972 befolgt.

Am Samstagabend, den 17. Juni 1972, wurde Helms zu Hause vom Sicherheitschef der CIA, Howard Osborn, angerufen. Während der Amtszeit von Helms als Direktor der Central Intelligence ließ er sich jedesmal sofort davon unterrichten, wenn im Zusammenhang mit der Tätigkeit der CIA irgend etwas Ungesetzliches geschehen war, und Helms und Osborn haben diesen Anruf später als reine Routineangelegenheit bezeichnet. Doch was Osborn ihm jetzt mitzuteilen hatte, hatte mit Routine kaum etwas zu tun. Ein ehemaliger hochrangiger Sicherheitsbeamter der CIA, James McCord, war zusammen mit vier anderen Männern beim Anbringen von Abhörvorrichtungen im Hauptquartier des nationalen Ausschusses der Demokratischen Partei im Watergate Hotel um 2.00 Uhr morgens desselben Tages festgenommen worden. Osborn meldete Helms, daß außerdem ein zweiter ehemaliger CIA-Beamter, E. Howard Hunt, mit dem Einbruch etwas zu tun hatte.[24]

Die CIA war schon früher in peinliche Situationen geraten, aber deutlicher hätte sich eine solche Situation nicht ankündigen können als jetzt. Was Helms in den folgenden zwei Tagen erfuhr, machte die Sache noch unendlich viel schlimmer. Wenn der Einbruch im Watergate Hotel nicht das einzige Thema bei der Morgenbesprechung des Direktors am Montag, den 19. Juni war, dann war es doch, wie Larry Houston später berichtete, das »Thema Nummer Eins«. Während der Besprechung rief Helms aus: »Hunt! Zum Teufel, Osborn sagt mir, Hunt sei beteiligt. Wie ist das möglich? Ich habe Hunts Namen nicht in der Zeitung gesehen.« Aber Hunts Name stand in den Notizbüchern von zwei am Einbruch Beteiligten,[25] und er stand schon seit Samstagabend auf der Liste der Verdächtigen. Das komplizierte die Angelegenheit erheblich, denn Hunt arbeitete, wie Helms wußte, für das Weiße Haus.

Am Montagvormittag kam außerdem das stenographische Protokoll eines Gesprächs zwischen General Robert Cushman und John Ehrlichman zur Sprache, das die beiden vor einem Jahr geführt hatten, als Ehrlichman den stellvertretenden Direktor der Central Intelligence angerufen hatte, um die CIA zu bitten, sie möge Hunt behilflich sein.

Damit waren drei Angehörige der CIA in den Einbruch verwickelt – McCord, Hunt und ein Exilkubaner namens Eugenio Martinez. Als Teilnehmer an der Operation Mongoose arbeitete Martinez zur Zeit des Einbruchs immer noch für die CIA und bekam monatlich 100 Dollars für Berichte über die Exilkubaner in Miami. Nach seiner Festnahme im Watergate Hotel wurde Martinez sofort von der Gehaltsliste der CIA gestrichen, und am folgenden Tag, Dienstag, den 20. Juni, ergriff Helms die ersten Maßnahmen, um die CIA in den Augen der Öffentlichkeit von Watergate zu distanzieren. Auf einer Arbeitssitzung des Außenpolitischen Senatsausschusses, wo Helms zu SALT aussagte, fragte ihn Senator Percy: »Wollen Sie von sich aus irgendwelche Angaben über Mr. Jim McCord machen?«

»Ja, ich bin bereit, jede beliebige Frage zu beantworten«, sagte Helms. »Ich möchte mich nur von meinem Alumnus distanzieren.« Etwas später fügte er hinzu: »Ich habe keine – ich kann mir nicht vorstellen, worum es sich bei diesem Dummenjungenstreich gehandelt hat, ich kann es mir wirklich nicht vorstellen.«[26]

Das war soweit ganz richtig, denn man hat bis heute noch kein ganz klares Bild davon, was hinter diesem »Dummenjungenstreich« stand.[27] Aber Helms konnte sich sehr gut vorstellen, in wessen Auftrag die Einbrecher gearbeitet hatten, und er wußte daher auch, welche Dimensionen dieser Skandal annehmen konnte. Insbesondere wußte Helms eine ganze Menge über die Beziehungen zwischen Howard Hunt und dem Weißen Haus, und daraus erklärt sich auch, was er jetzt unternahm.

Helms hatte Hunt 1956 kennengelernt, als Hunt auf dem Weg nach Uruguay, wo er Chef des Außenbüros der CIA werden sollte, in Washington Station machte. In den folgenden vierzehn Jahren haben sich Helms und Hunt gelegentlich getroffen, aber Hunt betrachtete Helms als seinen Freund, bewunderte ihn offensichtlich und bat ihn mehr als einmal um Hilfe. In seinem Buch über das Unternehmen in der Schweinebucht tritt David Phillips unter dem Decknamen »Knight« auf, den Helms innerhalb der CIA führte. Phillips selbst bestätigt in seinen Memoiren, daß er der von Hunt als »Knight« bezeichnete Mann sei, und schreibt dazu: »Der Name Knight war in diesem Zusammenhang die höchste Auszeichnung, denn wer in der CIA gearbeitet hat, wird sich erinnern, daß dies der Deckname eines der höchsten Beamten in dieser Behörde war, eines Mannes, den Howard verehrte und bewunderte.«[28] Washalb Hunt Helms so bewundert hat, ist nicht leicht zu erklären. Helms und Hunt waren innerhalb der CIA die Vertreter von zwei ganz verschiedenen Richtungen, und auch politisch gingen ihre Ansichten auseinander. Hunt war ein Aktivist und stand politisch rechts; Helms dagegen ein Bürokrat, sein Spezialgebiet war der Auslandsnachrichtendienst, und in der Innenpolitik gehörte er der gemäßigten Richtung an. Sein Mißtrauen gegenüber der Sowjetunion war in der CIA eine Selbstverständlichkeit. Helms war jedoch kein Ideologe. Politische Probleme behandelte er pragmatisch. Aber Helms hatte sich bei mehreren Gelegenheiten hinter Hunt gestellt, und Hunt bewahrte ihm dafür seine Dankbarkeit.

Hunt hatte beispielsweise 1960 in Uruguay gegen alle geltenden Regeln verstoßen, als er seinen direkten Vorgesetzten, den amerikanischen Botschafter Robert Woodward, überging und sich als Chef des CIA-Büros in Montevideo unmittelbar mit dem Präsidenten von Uruguay in Verbindung zu setzen versuchte.

Seine Laufbahn in der CIA hätte normalerweise damit beendet sein müssen, er wurde aber nur nach Washington zurückberufen, um für ein paar sehr anstrengende Wochen die Aufgaben des politischen Aktionsoffiziers bei dem Unternehmen in der Schweinebucht zu übernehmen. Nach dem Mißlingen des Landeunternehmens fühlte sich Hunt überflüssig und sah sich nach einer anderen geeigneten Tätigkeit um. Helms schlug Allen Dulles vor, Hunt als Ghostwriter für seine Memoiren anzustellen. Als daraus nichts wurde, empfahl ihn Helms als stellvertretenden Leiter des CIA-Büros in Madrid. Hunt ging nur ungern auf diesen Vorschlag ein, denn er empfand diese Verwendung als Degradierung. Aber auch dieser Plan ließ sich nicht verwirklichen. Ausgerechnet Woodward hatte den Botschafterposten in Madrid übernommen und weigerte sich, mit Hunt zusammenzuarbeiten. Er ging sogar noch weiter und verlangte die Aufnahme einer Aktennotiz in die Personalakte Hunts, die ihm jede weitere Anstellung verwehrte, in der er mit dem Außenministerium hätte zusammenarbeiten müssen. Woodwards Haltung ärgerte Helms, der sich von dem Botschafter nicht herumkommandieren lassen wollte. Deshalb übertrug er Hunt eine Aufgabe in Madrid, die außerhalb des Zuständigkeitsbereichs der Botschaft lag.[29]

Noch bevor seine Dienstzeit in Spanien abgelaufen war, beantragte Hunt jedoch aus privaten Gründen seine Versetzung nach Washington. Helms genehmigte den Antrag und machte Hunt zum Chef eines Stabes für verdeckte Aktionen in der westeuropäischen Abteilung des Planungsdirektoriums. Doch auch hier hatte Hunt Schwierigkeiten. »Können Sie sich einen Rechten wie Hunt vorstellen, der versucht, mit den Sozialdemokraten in Deutschland auszukommen?« fragte ein CIA-Beamter, der glaubte, eine der Hauptschwächen von Helms bei der Organisation seiner Behörde läge darin, daß er hohe Posten mit ungeeigneten Leuten besetzte, nur um sie nicht zu kränken. Später wurde Hunt in die Abteilung für Inlandsoperationen versetzt. Im April 1970 ging Hunt zu Helms und bat ihn um seine vorzeitige Pensionierung, denn offenbar hatte er erkannt, daß es in der CIA keine Möglichkeit mehr für ihn gab, voranzukommen. Helms war einverstanden und schrieb einen Empfehlungsbrief, mit dessen Hilfe sich Hunt eine Stelle in der Washingtoner Werbefirma Robert R. Mullen and Company besorgte.[30] Soweit sich feststellen läßt, war das das letzte, was Helms bis zum Juli 1971 von Hunt hörte.

Während dieser fünfzehn Monate war Hunt jedoch nicht untätig geblieben. Die Routinearbeit in der Werbeagentur langweilte ihn. Er war enttäuscht, als die Firma an einen Außenseiter verkauft wurde, und erneuerte eine flüchtige Freundschaft mit Chuck Colson, einem ehemaligen Kommilitonen von der Brown University, der Hunt mit seinen guten Beziehungen zum Weißen Haus beeindruckte. Colson wiederum imponierte es, daß Hunt beim Unternehmen in der Schweinebucht »eine führende Rolle« gespielt hatte. Die beiden Männer kamen oft beim Lunch zusammen, stellten gemeinsame politische Auffassungen fest und glaubten, da sie die gleiche Vorliebe für Intrigen hatten, könnten sie gute Partner werden. Jetzt brauchten sie nur noch ein Projekt und das besorgte ihnen der Journalist Daniel Ellsberg.

Nachdem die *New York Times* im Juni 1971 begonnen hatte, die Akten des Verteidigungsministeriums über die Entscheidungsprozesse in Vietnam, die sogenannten Pentagon-Papiere, zu veröffentlichen, machte Colson den Vorschlag, Hunt solle im Weißen Haus einen Posten als »Berater« übernehmen, um sich an einem Projekt zu beteiligen, mit dem Ellsbergs Glaubwürdigkeit erschüttert werden könnte und das die Angelegenheit zu einem propagandistischen Triumph für Nixon werden ließ. Schließlich hatte Hunt mit ähnlichen Vorhaben im Ausland seine größten Erfolge gehabt. Vor Jahren hatte der Spezialist für psychologische Kriegführung Paul Linebarger behauptet, Hunt sei einer der beiden großen »schwarzen Geister« in der CIA. John Ehrlichman stimmte Colsons Vorschlag zu, nachdem er am 7. Juli 1971 mit Hunt gesprochen hatte. Er rief noch am gleichen Nachmittag den stellvertretenden Direktor der Central Intelligence, General Robert E. Cushman, an und bat die CIA um Hilfe. Er sagte, Hunt »könnte sich irgendwann an Sie wenden und um Unterstützung bitten. Sie sollen wissen, daß er wirklich bestimmte Aufgaben für den Präsidenten zu erledigen hat. Er ist seit längerer Zeit mit den Leuten hier bekannt. Denken Sie daran, daß er ziemlich weitgehende Vollmachten hat ...«[31]

Als Hunt im Juli 1971 für das Weiße Haus zu arbeiten begann, hat er sich augenscheinlich gleichzeitig mit drei verschiedenen Projekten beschäftigt. Er hat versucht, den Senator Edward F.

Kennedy mit neuen Informationen über den Chappaquiddick-Skandal in Mißkredit zu bringen, war an einem Plan beteiligt, den Ruf der Kennedys im allgemeinen zu schädigen (er sollte »beweisen«, daß sie bewußt an der Ermordung Diems beteiligt waren), und er übernahm den Auftrag, Daniel Ellsbergs Glaubwürdigkeit zu erschüttern. In allen drei Fällen, die Hunt im Sommer und Herbst 1971 bearbeitete, brauchte er dringend die Unterstützung der CIA. Am 22. Juli besuchte Hunt General Cushman in seinem CIA-Büro und bat um eine Sonderausrüstung für ein »delikates« Gespräch – »eine einmalige Sache – hinein und wieder heraus«.[32]

»Ich sehe nicht ein, weshalb wir Ihnen nicht helfen sollen«, sagte Cushman, und am folgenden Tag trafen sich Hunt und ein Beamter der technischen Abteilung der CIA an einem geheimen Treffpunkt. Der CIA-Beamte brachte eine Perücke, ein Gerät zur Verfremdung der Stimme und andere technische Hilfsmittel, die der Verschleierung der Identität dienten, mit. Am 28. Juli machte Hunt Colson den Vorschlag, die CIA um eine psychologische Studie über Ellsberg zu bitten, der in Washington als unzuverlässig und instabil galt. Colson gab den Vorschlag an David R. Young, einen Mitarbeiter des Weißen Hauses, weiter, der zu den sogenannten »Klempnern« gehörte, den Leuten, deren Aufgabe es war, undichte Stellen im Kommunikationssystem aufzuspüren und abzusichern. Young rief Howard Osborn bei der CIA an und trug ihm die Bitte vor. Osborn fragte Helms, ob man dem Stab des Weißen Hauses diesen Gefallen tun solle, und nach anfänglichem Zögern sagte Helms schließlich: »Na schön, wir wollen es versuchen.«[33]

Wenn sich Helms auch darum bemühte, die CIA möglichst nicht direkt an den Bemühungen des Weißen Hauses zu beteiligen, die undichten Stellen zu schließen, durch die Informationen nach außen drangen, war er doch froh, daß sich überhaupt jemand mit diesem Problem beschäftigte. Als der erste Versuch, eine Studie über Ellsberg anzufertigen, Ehrlichman und den Klempnern nicht gefiel, weil sich daraus ein zu verschwommenes Bild ergab, war Helms bereit, eine zweite Studie in Auftrag zu geben. Am folgenden Tag, dem 13. August 1971, beauftragte er entweder Egil Krogh oder David Young, eine undichte Stelle aufzuspüren, nachdem Ted Szulc in der *New York Times* in einem Bericht über

Indien behauptet hatte, ein CIA-Agent schicke Meldungen über die Regierung in Neu Delhi nach Washington.

Die Zusammenarbeit mit Hunt war eine Sache für sich. Am 22. Juli begannen sich plötzlich seine Hilfeappelle an die CIA zu häufen. Am 18. August bat er darum, ihm seine ehemalige Sekretärin zur Verfügung zu stellen, die jetzt in Paris arbeitete. Am 20. forderte er ein Tonbandgerät und Geschäftskarten mit falschem Namen an, und etwa um die gleiche Zeit – das Datum steht nicht fest – bat er auch um eine geheime Telefonnummer in New York, einen auf den gleichen Namen ausgestellten Führerschein und Kreditkarten. Am 25. holte Hunt die Geschäftskarten und das Tonbandgerät ab und forderte eine Geheimkamera, Tarnmaterial und Ausweise für Gordon Liddy an, der ihn zur CIA begleitet hatte. Am 26. August rief Hunt seinen Kontaktmann bei der technischen Abteilung der CIA an und bat ihn, am folgenden Morgen auf dem Dulles-Flughafen einen belichteten Film abzuholen, was der CIA-Mann auch tat.

Jetzt wurden sogar die CIA-Beamten der unteren Rangstufen stutzig und fragten ihre Vorgesetzten, was Hunt denn vorhabe. Die technische Abteilung hatte von Hunt gefordert, er solle das für ein angeblich einmaliges Unternehmen geliehene Material zurückgeben, aber Hunt behielt es. Cushmans Assistent Karl Wagner, er stand der technischen Abteilung vor, verlangte, daß alle weiteren Forderungen Hunts ignoriert würden. Er erkundigte sich auch, ob das Material womöglich für »geheime Inlandsoperationen«verwendet würde.[34] Cushman rief Ehrlichman an, der sich bereit erklärte, »die Sache einzustellen«.[35] Hunt bekam zwar wie versprochen seinen entwickelten Film, aber als er am 31. August wegen der geheimen Telefonnummer anrief, sagte man ihm, die CIA könne ihn nicht weiter unterstützen. Die CIA hat Hunt also nur zehn Tage aktiv geholfen, und zwar vom 18. bis zum 27. August, aber an den anderen Projekten von Hunt war die CIA auch weiterhin indirekt beteiligt.

Im Juli hatte Hunt damit begonnen, in den Akten des Außenministeriums nach Beweisen für die Beteiligung des Präsidenten Kennedy an Diems Ermordung zu suchen. Es gelang Hunt jedoch nicht, das zu finden, wonach er suchte. Deshalb machte er Colson den Vorschlag, das Weiße Haus solle sich von der CIA die Akten über den Fall Diem geben lassen. Offenbar hoffte Hunt, in den CIA-Akten die belastenden Telegramme zu finden, die dem Außenministerium nicht vorlagen, oder er glaubte, seine Dokumentation mit Hilfe dieser Unterlagen »frisieren« zu können.

Am Morgen des 22. September 1971 frühstückte Ehrlichman im Dienstgebäude der CIA mit Helms und bat ihn um die Akten über den Sturz Diems, das Attentat gegen Trujillo, die Schweinebucht und die 1958 erfolgte Landung amerikanischer Marinesoldaten im Libanon.[36] Helms reagierte höflich, aber ausweichend und sagte Ehrlichmann, er werde sich darum kümmern.

Dies war nicht das erste Mal, daß Helms um Akten der CIA gebeten wurde. Wie Haldeman berichtet,[37] hat Nixon schon unmittelbar nach seiner Amtseinführung 1969 die »Akte« über das Unternehmen in der Schweinebucht angefordert, aber irgendwie hat Helms ihm das ausgeredet. Natürlich gibt es keine geschlossene, alle Einzelheiten umfassende »Akte« über die Landeoperation in der Schweinebucht. Es gibt vielmehr Hunderte von verschiedenen Akten, die etwas mit diesem Unternehmen zu tun haben. Als Nixon an seinem Verlangen festhielt, man solle ihm *die* Akte vorlegen, meldete ihm die CIA, sie verfüge nicht über eine Ausfertigung des Taylor-Berichts von 1961. Vielleicht hoffte man, der Präsident werde sich nun mehr für die Akten des Nationalen Sicherheitsrats interessieren. Helms sagt, er wisse nicht mehr, wann Nixon die Akten zum erstenmal angefordert habe, aber Lawrence Houston meint, man habe sich Sorgen darum gemacht, daß Nixon die Akten womöglich »veröffentlichen« würde. Niemand bei der CIA wußte offenbar, was der Präsident im Sinn hatte. Als er die Vorlage der Akten im September 1971 wieder verlangte, machte man sich natürlich noch größere Sorgen, aber augenscheinlich hat Helms angenommen, die Sache würde ebenso einschlafen wie beim ersten Mal. Doch diesmal ließ der Präsident nicht locker. Am 1. Oktober kam Ehrlichman zu Helms und bat um die Herausgabe der Unterlagen. Helms fürchtete, daß auch andere Mitarbeiter des Weißen Hauses Einblick in diese Papiere nehmen würden und ihr Inhalt auf diesem Wege an die Öffentlichkeit gelangen könnte. Er sagte Ehrlichman deshalb, er wolle Nixon persönlich sprechen, bevor er die Papiere aus der Hand gab. Ehrlichman erwiderte: »Schon gut, aber ich spreche im Auftrag des Präsidenten.« Helms äußerte zwar Verständnis, bestand aber trotzdem darauf, persönlich mit Nixon zu sprechen.[38]

Eine Woche später, am 8. Oktober 1971, traf Helms Nixon und Ehrlichman im Ovalen Zimmer. Nach einem kurzen Gespräch über die Beziehungen zwischen Helms und J. Edgar Hoover erklärte Nixon, weshalb er die Akten sehen wollte. Das Wahljahr rückte näher, und er müsse »umfassend orientiert sein, um zu wissen, welchen Fragen man ausweichen muß«, wenn die Ermordung von Diem oder das Unternehmen in der Schweinebucht zur Sprache kämen. Nixon versicherte Helms, er werde dafür sorgen, daß der CIA kein Schaden daraus entstünde, und er wolle auch seine Vorgänger nicht angreifen. Helms erwiderte, es gäbe jeweils nur einen Präsidenten, und »ich arbeite nur für Sie«. Damit übergab er Nixon einen Umschlag mit drei Dokumenten, einem Bericht über das Unternehmen in der Schweinebucht von Oberst Jack Hawkins, einem Bericht von John McCone über die Ermordung von Diem und einer dritten Akte über Trujillo.[39] Nixon legte den Umschlag in die Schublade seines Schreibtisches und sagte Helms, er sollte Ehrlichman künftig so behandeln »als wäre ich es selbst«.

»Ich werde noch weiteres Material anfordern«, fügte Ehrlichman hinzu.

»Okay«, sagte Helms, »was immer Sie wollen.«

Helms, der sich immer noch darum sorgte, daß die Akten in die falschen Hände geraten könnten, fragte Ehrlichman, ob er sie ihm zurückgeben werde. Als das nicht geschah, beauftragte Helms seinen Mitarbeiter Kenneth Greer, die Papiere zurückzuholen, was jedoch nicht gelang.[40]

Es läßt sich nicht mehr feststellen, ob Hunt die Akten je zu Gesicht bekommen hat, und wir wissen auch nicht, ob Helms damals etwas von dem Versuch Hunts gewußt hat, die Kennedys zu belasten, aber von Zeit zu Zeit wurde die CIA auf die Tätigkeit von Hunt aufmerksam. Mitte Oktober 1971 unterhielt sich Thomas Karamessines beim Mittagessen mit Hunt über Verschleierungsmaßnahmen bei der Firma Mullan and Company. Als Karamessines erfahren hatte, daß die CIA Hunt im August bestimmte Hilfsmittel zur Verfügung gestellt hatte, fragte er, wer das befohlen habe. Als ihm gesagt wurde, das habe General Cushman getan, gab er sich nicht damit zufrieden, sondern verlangte eine genauere Auskunft. Nicht lange vor seinem Zusammentreffen mit Hunt zum Mittagessen hatte Karamessines die für Hunt von der technischen Abteilung der CIA entwickelten Fotos gesehen. Es waren Aufnahmen, die – wie ein anderer CIA-Beamter sagt – aussahen wie »Dokumentationsfotos«. Ob Karamessines diesen Verdacht teilte, wissen wir nicht; er interessierte sich aber dafür, was Hunt in seiner neuen Position tat, denn die Geheimnistuerei von Hunt kam ihm verdächtig vor. Er hatte ihn gefragt: »Was tun Sie dort eigentlich, Howard?«, und Hunt hatte nur ausweichend geantwortet: »Ach wissen Sie, das ist politische Arbeit.« Schließlich sagte er, er arbeite mit Chuck Colson zusammen.

Aber auch aus Miami, wo die CIA immer noch ein größeres Außenbüro unterhielt und über zahlreiche Informanten unter den Exilkubanern verfügte, kam ein Echo von der neuen Tätigkeit Hunts. Im April 1971 erneuerte Hunt seine Bekanntschaft mit Bernard Barker, einem Grundstücksmakler, der 1960 und 1961 bei dem Unternehmen in der Schweinebucht mit ihm zusammengearbeitet hatte. Im August 1971 kehrte Hunt nach Miami zurück und forderte Barker auf, sich mit ihm an einer geheimen Operation zu beteiligen; wie sich später herausstellte, war es der Einbruch in das Büro des Psychiaters von Daniel Ellsberg.[41] Zu den für dieses Unternehmen angeworbenen Kubanern gehörte auch Eugenio Martinez, der während des Unternehmens in der Schweinebucht einige hundert Mal nach Kuba gefahren war und sich später im Rahmen des Unternehmens Mongoose mit Sabotage und dem Absetzen von Agenten beschäftigt hatte. Martinez war der einzige unter den für den Einbruch beim Psychiater Ellsbergs angeworbenen Kubanern, die auch später am Einbruch im Watergate Hotel beteiligt waren, der immer noch gelegentlich von der CIA eingesetzt wurde. Er verfügte über reiche Erfahrungen als Geheimagent und wußte, daß solche Unternehmungen sogar innerhalb der CIA oft vertraulich behandelt wurden, und es gibt keinen Hinweis darauf, daß er seinem Agentenführer etwas von dem Einbruch in der Praxis von Dr. Lewis J. Fielding, dem Psychiater Ellsbergs in Los Angeles, gesagt hat. Doch im November 1971 hat Martinez davon gesprochen, daß Hunt in Miami gewesen sei, um Leute anzuwerben; und im folgenden März erwähnte er Hunt gegenüber dem Chef des CIA-Büros in Miami, Jacob Esterline, wieder und sagte, Hunt arbeite augenscheinlich für das Weiße Haus. Esterline beunruhigte diese

Mitteilung so sehr, daß er seine Vorgesetzten in Langley fragte, was das zu bedeuten habe. Am 27. März 1972 bestätigte der Assistent von Karamessines, Cord Meyer, die Meldung von Martinez und sagte, Hunt habe irgendeinen innenpolitischen Auftrag; Esterline wies er an, sich von Hunt zu distanzieren und die Angelegenheit herunterzuspielen.[42] Einen Tag nach der Festnahme von Martinez im Watergate Hotel schickte Esterline einen ausführlichen Bericht über Martinez nach Langley.

Am Ende seiner regulären Morgenbesprechung am Montag, den 19. Juni 1942, wußte Helms recht genau, was hier vorging. Soweit es sich feststellen läßt, war sich Helms über Watergate selbst, das heißt über die Bedeutung des Einbruchs im Hauptquartier des Nationalen Ausschusses der Demokratischen Partei, immer noch nicht klar. Er wußte nicht, wonach die Einbrecher gesucht hatten, wer sie bezahlt und wer ihnen ihre Anweisungen gegeben hatte. Doch eigentlich brauchte er das gar nicht zu wissen; daß Hunt für das Weiße Haus arbeitete, daß Ehrlichman sich für ihn eingesetzt hatte, daß seine Arbeit alle klassischen Kennzeichen für verdeckte Operationen aufwies und daß McCord der Sicherheitschef beim Ausschuß für die Wiederwahl des Präsidenten war, das alles sagte Helms, wer die Ungeschicklichkeit der Einbrecher würde ausbaden müssen. Hätte Helms weniger gewußt, dann hätte er sich intensiver darum bemüht, mehr zu erfahren. Er hätte nur bei McCord oder Hunt anrufen und seine Hilfsbereitschaft andeuten müssen, um genauestens über alle Einzelheiten informiert zu werden. Aber Helms verbot sofort jede Kontaktaufnahme mit den beiden Männern, weil er fürchtete, die CIA könnte in den Fall hineingezogen werden. Er zog es vor, am Rande der Ereignisse im Schatten zu bleiben, und seine Reaktion auf das Gespräch am Montag, den 19. Juni war zurückhaltend und vorsichtig; er beauftragte den Exekutivdirektor der CIA, William Colby, die Behörde bei der jetzt unvermeidlichen Untersuchung zu vertreten, und distanzierte sich so weit wie möglich.

Nach der späteren Darstellung Colbys lauteten seine Anweisungen: »Bleiben Sie kühl, machen Sie von sich aus keine Aussagen, denn jedes Wort kann gegen uns verwendet werden. Halten Sie von der ganzen verdammten Sache Abstand.«[43] Diese Haltung wurde auch in der Praxis fast sofort bestätigt, als General

Cushmans Exekutivassistent, Karl Wagner, Colby vertraulich mitteilte, daß Hunt den General im vergangenen Sommer aufgesucht hatte, was Colby noch nicht wußte. Colby ging mit Wagner zu Helms (der natürlich von dem ersten Ersuchen Hunts und dem Telefongespräch mit Ehrlichman, bei dem die Zusammenarbeit mit der CIA beendet wurde, unterrichtet war), und er sagte, das habe mit »Watergate« – das heißt mit dem Einbruch – nichts zu tun und müsse vertraulich behandelt werden. Die CIA hatte nach Auffassung von Helms weder eine juristische noch eine moralische Verpflichtung, das FBI mit allen möglichen »peripheren Informationen« (ein Ausdruck von Colby) zu versorgen. Als Howard Osborn später eine Denkschrift verfaßte, die Colby an das FBI weitergeben sollte, rief Helms ihn zu sich und sagte: »Was Karl Wagner angeht, so können Sie das vergessen. Dafür werde ich sorgen. Übernehmen Sie den Rest.«[44] Mit anderen Worten, er wollte nicht sagen, daß die CIA Hunt auf Befehl des Weißen Hauses geholfen hatte.

Man hat behauptet (unter anderen haben das Chuck Colson und H. R. Haldeman getan), daß die CIA »hinter« dem Einbruch im Watergate Hotel gestanden und während der Untersuchung passiven Widerstand geleistet habe, um ihre führende Rolle bei diesem Unternehmen zu verschleiern. Besonders hat man behauptet, die CIA habe von dem Einbruch gewußt, bevor er stattfand. Helms selbst räumt ein, die CIA sei »eine große Behörde; es ist mir unmöglich zu sagen, niemand in der CIA, wirklich niemand habe etwas davon gewußt«. Aber er behauptet, selbst nichts davon gewußt zu haben; niemand in der CIA habe je gesagt, er sei eingeweiht gewesen; Hunt sei nicht von der CIA »geführt« worden, und die CIA habe mit dem Einbruch im Watergate Hotel absolut nichts zu tun. Alle Unterlagen stützen diese Behauptung. Daß Hunt für das Weiße Haus gearbeitet hat, geht aus einer sehr großen Zahl von Einzelheiten hervor, und daher darf man kaum daran zweifeln. Außerdem weiß man zu genau, daß der Ausschuß für die Wiederwahl des Präsidenten das Programm zur Beschaffung von Informationen geleitet hat, das zu dem Einbruch führte, und deshalb darf man nicht davon sprechen, eine »unsichtbare Hand« habe dahintergestanden. Im Zusammenhang mit Watergate hat es eine Menge Lügen gegeben, der Löwenanteil kam aber aus dem Weißen Haus. Den Einbruch und seine Verschleierung haben Nixon und die Männer zu verantworten, die für ihn arbeiteten, und sie hätten sich kaum so sehr darum bemüht, ihre Beteiligung zu vertuschen, wenn sie eine Möglichkeit gesehen hätten, die Schuld anderen aufzubürden.

Im Hinblick auf die Rolle, die die CIA im Zusammenhang mit Watergate gespielt hat, müssen wir eigentlich nur noch fragen, wie weit sie die anfänglichen Verschleierungsmanöver gedeckt hat und ob sie später den Journalisten, besonders Carl Bernstein und Bob Woodward von der *Washington Post*, Hinweise gegeben hat, daß der Ausschuß für die Wiederwahl des Präsidenten und das Weiße Haus beteiligt gewesen sein könnten. Einige Leute, die sich mit der Geschichte von Watergate beschäftigt haben, vermuten, daß Robert Bennett, der die Firma Mullen and Company gekauft hatte, nachdem Hunt dort angestellt worden war, der geheimnisvolle Informant gewesen ist, den Bernstein und Woodward »Deep Throat« nennen. Bennett hat zugegeben, seinem Führungsoffizier am 10. Juli gesagt zu haben, was er über Watergate wußte. Er bestreitet auch nicht, mit Woodward gesprochen zu haben, leugnet jedoch, »Deep Throat« zu sein, wie auch Helms bestreitet, Bennett oder einem anderen die Genehmigung erteilt zu haben, mit Reportern zu sprechen, oder ihm (oder sonst jemandem) gesagt zu haben, was der Presse mitgeteilt werden dürfe. Andere Leute haben vermutet, der Chef der Spionageabwehrabteilung bei der CIA, James Angleton, sei »Deep Throat«. Auch das ist dementiert worden. Da es keine Beweise gibt, beruht dieser Vorwurf nur auf Vermutungen und läßt die innere Logik der Berichte von Bernstein und Woodward außer acht. Außerdem berücksichtigt man dabei nicht die Tatsache, daß »Deep Throat« in ihrem Buch *All the President's Men* über alle Vorgänge im Weißen Haus und im Ausschuß für die Wiederwahl des Präsidenten bestens unterrichtet war. Schließlich hätten Bernstein und Woodward wahrscheinlich den Namen genannt, wenn es sich um einen Beamten der CIA handelte, weil sie selbst in den Verdacht geraten waren, von der CIA manipuliert zu sein – was für sie sehr unangenehm werden konnte.

Dieser Punkt verdient es, besonders herausgestellt zu werden, denn Watergate ist alles andere gewesen als ein Triumph der CIA auf dem Felde der politischen Manipulationen. Es stellt vielmehr einen entschiedenen Bruch mit der Tradition dieser Behörde dar, den ersten Schritt in einem Enthüllungsprozeß, durch den der von Allen Dulles geschaffene ungeschriebene Kodex weitgehend zerstört worden ist. Watergate war der Fuß im Türspalt. Die CIA hatte schon früher gelegentlich die Aufmerksamkeit der Öffentlichkeit erregt, aber Watergate bewirkte, was nach dem Unternehmen in der Schweinebucht nicht geschehen war; es erschütterte den Konsens des Vertrauens in Washington, der für die CIA mehr bedeutet hatte als ihre rechtliche Stellung, und zum erstenmal nahmen Außenseiter Einblick in die Akten und die interne Gliederung dieser Behörde. Watergate beendete zudem die stillschweigende Billigung des besonders engen Verhältnisses zwischen der CIA und dem Präsidenten durch den Kongreß, eine Beziehung, die es dem Präsidenten erlaubte, die CIA nach seinem Gutdünken einzusetzen, solange die Aufsicht des Kongresses eine Formalität blieb. Mit anderen Worten, nach Watergate war die CIA zum Freiwild geworden.

Helms hat das offenbar von Anfang an befürchtet. Er behandelte Watergate wie eine ansteckende Krankheit und isolierte die CIA von allen, die sich damit infiziert hatten,[45] weil er hoffte, die Seuche werde seine Behörde verschonen; aber diese Hoffnung täuschte. Zunächst hatte Helms mit seiner Strategie Erfolg. Mit Ausnahme von Helms ist kein Angehöriger der CIA durch Watergate zu Schaden gekommen, wohl aber ehemalige Agenten und Beamte, die sich an dem Einbruch beteiligt hatten. Aber doch hat Watergate tiefgreifende Auswirkungen gehabt; sobald die Mitglieder der Kongreßausschüsse und in ihrem Gefolge die Journalisten in den inneren Bezirk der CIA eingedrungen waren, wurden sie neugierig, die knappen Antworten, die sie erhielten, befriedigten sie nicht, und nun wollten sie wissen, was hinter den Lebensläufen jener Leute stand, die im Verlauf der Ermittlungen überprüft wurden. Helms oder die Leute, die für ihn arbeiteten, haben, solange er Direktor der Central Intelligence war, keine Geheimnisse preisgegeben, aber als er ausschied, hätte er sagen können, »nach mir die Sintflut«, und das hat er wahrscheinlich auch gedacht.

Aber Helms hatte noch einen anderen Grund, die CIA aus dem Watergate-Skandal herauszuhalten; das Weiße Haus unternahm alles, um die Spuren zu verwischen, und beobachtete genau, wer etwas darüber sagte und zu wem. Hätte sich Helms beeilt, dem

FBI oder der Staatsanwaltschaft jeden Verdacht oder jedes mögliche Beweismittel weiterzugeben, dann hätte der Präsident es sofort erfahren und die Konsequenzen daraus gezogen. Wenn Helms je an der Beteiligung des Weißen Hauses gezweifelt haben sollte, dann wurden diese Zweifel spätestens am Freitag, den 23. Juni zerstreut, eine knappe Woche nach dem Einbruch, als Helms und sein Stellvertreter, General Vernon Walters, unvermittelt in das Büro von John Ehrlichman gebeten wurden. Vorher trafen sich Helms und Walters zum Mittagessen in der Stadt und waren sich darin einig, daß es bei der bevorstehenden Besprechung nur um Watergate gehen könnte.

Walters, ein umgänglicher Mann, hinter dessen großem Vorrat an amüsanten Anekdoten sich ein kühler Intellekt verbarg, war aufgrund seiner Sprachkenntnisse und Diskretion im Dienst hoher Beamter rasch befördert worden. Er war 1959 und 1960 bei zwei wichtigen Gelegenheiten Nixons Dolmetscher gewesen; im April 1959[46] bei einem Gespräch mit Fidel Castro und in Venezuela, wo der Präsident von einer Menschenmenge bedroht wurde. Nixon hatte Walters erst vor sechs Wochen zum stellvertretenden Direktor der Central Intelligence ernannt, und Helms behandelte ihn so, wie Präsidenten ihre Vizepräsidenten behandeln. Er war höflich, sorgte aber dafür, daß Walters keine wichtigen Entscheidungen traf. Bei dem Essen am 23. Juni wußte Walters nur, was Helms ihm auf der Arbeitssitzung am Montag gesagt hatte, daß er nämlich nicht wüßte, was die ganze Aufregung zu bedeuten habe. Kurz gesagt, Helms traute Walters nicht ganz. Bevor Walters Cushman abgelöst hatte, sorgte Helms zum Beispiel dafür, daß die Abhöranlage abgebaut wurde, mit der Cushman im vergangenen Sommer ein Gespräch mit Hunt aufgenommen hatte. Ehrlichman hatte ausdrücklich darum gebeten, daß auch Walters an dem Gespräch teilnahm, aber Helms wußte nicht weshalb.

Am Spätnachmittag des vergangenen Tages hatte der amtierende Direktor des FBI, L. Patrick Gray, Helms angerufen und ihm gesagt, einige seiner Leute, die versucht hatten, das Motiv für diesen Einbruch festzustellen, fragten sich, ob es nicht eine Operation der CIA gewesen sein könnte. Helms bestritt das und sagte, wie Gray berichtet, er habe täglich mit seinen Leuten darüber gesprochen, sie würden die Beteiligten kennen, könnten sich aber keinen Reim darauf machen, und die CIA sei nicht an der

Sache beteiligt.[47] Weniger als eine Stunde nach dem Telefonanruf sprach Gray mit Dean über die Theorie der CIA, der sie noch am gleichen Abend mit John Mitchell in dessen Büro erörterte. Bei der Erwähnung der CIA kam Mitchell auf einen Gedanken. Er schlug Dean vor, er solle feststellen, ob es nicht möglich sei, das FBI mit Hilfe der CIA auszuschalten. Mitchell sagte, John Ehrlichman oder Bob Haldeman könnten das wahrscheinlich tun.

Dean hielt das für eine gute Idee, denn das FBI hatte inzwischen festgestellt, daß ein Teil des bei den Einbrechern gefundenen Geldes von einer mexikanischen Bank kam und dort von einem Republikaner namens Kenneth Dahlberg deponiert worden war. Wenn das FBI seine Ermittlungen nicht einstellte, dann mußte bald herauskommen, daß die fraglichen Schecks über eine Gesamtsumme von 114 000 Dollars den Einbrechern nicht direkt übergeben worden waren, sondern dem Ausschuß für die Wiederwahl des Präsidenten.[48] Am Freitagvormittag, den 23. Juni 1972, um 8.15 Uhr rief Dean bei Haldeman an und sagte, das FBI stünde kurz vor der Feststellung, daß der Ausschuß für die Wiederwahl des Präsidenten mit Watergate in Verbindung gestanden habe, es gäbe aber vielleicht einen Ausweg.

Haldeman behauptet, Dean habe gesagt: »Das FBI ist überzeugt, es sei die CIA. McCord und die Kubaner sind ehemalige CIA-Leute. Praktisch hat jeder, der an dem Einbruch beteiligt war, etwas mit der CIA zu tun gehabt. Jetzt stößt das FBI auf eine mexikanische Bank, und auch das klingt ganz nach Beteiligung der CIA . . . Gray hat versucht, irgendwie aus diesem Schlamassel herauszukommen. Ich habe mit Mitchell gesprochen, und wir sind beide der Meinung, es wäre am besten, Sie würden Walters sagen, wir wüßten nicht, wohin es führen könnte, wenn die mexikanische Spur weiter verfolgt wird. Lassen Sie ihn mit Gray sprechen – und vielleicht kann die CIA das FBI da unten in Mexiko wieder von der Spur abbringen.«[49]

Die Erwähnung der Kubaner und der CIA verwunderte Haldeman und reizte seine Neugier. Vor drei Tagen, am Dienstagabend, den 20. Juni, hatte Nixon Haldeman zu sich bestellt, wie er das manchmal tat, wenn er laut nachdenken wollte. Dabei hatte er gesagt, die »kubanische Perspektive« könnte sie vielleicht noch retten. »Die Leute, die erwischt worden sind, werden Geld brauchen. Ich habe darüber nachgedacht, wie wir das machen könnten«, sagte Nixon. Er schlug vor, sein Freund B. B. Rebozo sollte einen »Anti-Castro-Fonds« organisieren. »Wir müssen die kubanische Seite der Sache so weit wie möglich propagandistisch ausschlachten. Damit schlagen wir zwei Fliegen mit einer Klappe.« Aber dann gab Nixon Haldeman einen rätselhaften Befehl: »Sagen Sie Ehrlichman, diese ganze Gruppe von Kubanern hat etwas mit der Schweinebucht zu tun.«

»Der Schweinebucht?« sagte Haldeman. »Was hat das damit zu tun?«

»Ehrlichman wird schon wissen, was ich meine«, sagte Nixon.[50]

Aber Haldeman hatte keine Ahnung. Als Dean von einer neuen »kubanischen Perspektive« sprach, beschloß Haldeman, ihn zu fragen. Am Freitagmorgen, den 23. Juni, teilte er Nixon mit, wie weit die Nachforschungen des FBI gediehen waren – sie standen einen Schritt vor dem Ausschuß für die Wiederwahl des Präsidenten – und berichtete von dem Vorschlag Deans, die CIA ins Spiel zu bringen. Nixon überlegte sich die Sache und suchte kurz nach einem Anlaß, Helms zu sich zu rufen, sagte aber dann, er müsse das eigentlich gar nicht begründen. »Wir haben Helms schon verdammt oft in Schutz genommem«, sagte er.[51] Etwas gewunden erklärte Haldeman, niemand würde es wagen, Gray zu sagen, er solle seine Ermittlungen einstellen. Das müsse glaubhaft begründet werden, und dazu böte sich die Sorge der CIA um die nationale Sicherheit an.

Je mehr Nixon über diesen Plan nachdachte, desto besser gefiel er ihm. »Sehen Sie, das Problem liegt darin, daß damit wieder die ganze Sache mit der Schweinebucht aufgerührt wird, und der Präsident meint nur, daß – na, da brauchen Sie nicht in die Einzelheiten zu gehen – belügen Sie sie nicht so sehr, daß Sie sagen, keine Einmischung; sagen Sie nur, das ist eine Verwechslungskomödie, aber gehen Sie nicht darauf ein. Der Präsident glaubt, daß damit wieder die ganze Schweinebucht-Affäre aufgerührt wird. Und, na ja, weil diese Leute nach (unverständlich) herumwühlen, und daß sie das FBI einschalten sollten und zum Besten des Landes nicht näher auf diesen Fall eingehen dürfen – Punktum!«[52]

Das Gespräch dauerte bis etwa 11.40 Uhr vormittags. Dann ging Haldeman fort, um die Besprechung mit Helms und Walters für den Nachmittag vorzubereiten, während Nixon weiter über dem Watergate-Problem grübelte. Er hoffte, die Verbindung zwischen dem Ausschuß für die Wiederwahl des Präsidenten und den Einbrechern ließe sich noch verschleiern, und er scheint überzeugt gewesen zu sein, daß die CIA das FBI an der Fortführung der Ermittlungen hindern und damit das Problem ein für allemal aus der Welt schaffen könnte. Als Haldeman gegen 13.00 Uhr, kurz vor der Besprechung mit Helms, mit einer anderen Angelegenheit zu Nixon kam, ging der Präsident noch einmal den ganzen Plan durch. »Sagen Sie ihnen, wenn es herauskommt, wird die CIA einen schlechten Eindruck machen, Hunt wird in Schwierigkeiten geraten, und wahrscheinlich wird die ganze Sache mit der Schweinebucht wieder aufgerührt werden, und das wäre, wie wir glauben, für die CIA sehr unangenehm.«[53]

Um 13.30 Uhr kamen Helms und Walters in Ehrlichmans Büro und unterhielten sich ein paar Minuten mit ihm, bis Haldeman hereinkam. Der kam sofort zur Sache; der Einbruch habe ziemlich viel Staub aufgewirbelt, und die Demokraten versuchten, Kapital daraus zu schlagen. Die Ermittlungen des FBI »führen in die Richtung auf eine Reihe wichtiger Leute, und das könnte noch schlimmer werden«;[54] hatte die CIA etwas mit dem Einbruch zu tun? Helms bestritt das. Dann sagte Haldeman, »es war der Wunsch des Präsidenten, daß Walters den amtierenden Direktor des FBI, Patrick Gray, aufsucht und ihm den Vorschlag macht, da die fünf Verdächtigen festgenommen seien, sollte das genügen, und es wäre unvorteilhaft, die Ermittlungen noch weiter voranzutreiben, besonders in Mexiko usw.«[55] Helms sagte, er habe schon gestern mit Gray über die Ermittlungen gesprochen und ihm versichert, daß die CIA nicht beteiligt sei und keiner der Verdächtigen für die CIA arbeite.

Jetzt versuchte Haldeman es mit dem von Mitchell und Dean empfohlenen Schachzug, über den auch Nixon so viel geredet hatte. »Der Präsident hat mich gebeten, Ihnen zu sagen, diese ganze Angelegenheit könnte mit der Schweinebucht in Verbindung gebracht werden, und wenn das wieder anfängt, dann könnte die Schweinebucht-Sache platzen . . .«

Helms fuhr auf; er ergriff die Armlehnen seines Stuhls, beugte sich nach vorn und schrie Haldeman an: »Das hat mit der Schweinebucht nichts zu tun! Um die Schweinebucht brauche ich mir keine Sorgen zu machen!«

Haldeman war überrascht von der Heftigkeit, mit der Helms reagierte. »Ich folge nur meinen Anweisungen, Dick«, sagte er. »Das läßt Ihnen der Präsident sagen.«

»Schon gut«, sagte Helms.[56] Aber in Wirklichkeit kann er nicht sehr ruhig gewesen sein, denn man hatte ihm eben gesagt, der Präsident könnte versuchen, der CIA die Verantwortung für Watergate zuzuschieben. Und wenn die CIA zum Sündenbock gemacht wurde, dann betraf das auch Helms persönlich, denn er war ihr Direktor. Diese Drohung machte Helms mißtrauisch. Schließlich hatte Nixon ihm gesagt, Ehrlichman spräche in seinem Namen. Jetzt sagten Ehrlichman und Haldeman, er solle beim FBI intervenieren. Bevor die Sitzung zu Ende ging, wiederholte Helms, daß die CIA nichts mit dem Einbruch zu tun habe – Haldeman wußte das ganz genau –, aber Helms hatte nichts dagegen einzuwenden, als Walters sich bereit erklärte, mit Gray zu sprechen, ihm zu sagen, er habe mit dem »Weißen Haus« gesprochen, und ihn zu bitten, das FBI möge seine Nachforschungen in Mexiko einstellen.

Helms und Walters verließen gemeinsam das Weiße Haus und sprachen neben dem wartenden Wagen einen Augenblick miteinander. Jetzt interpretierte Helms das, was Walter Gray sagen sollte, etwas anders: »Sie müssen Mr. Gray an die Vereinbarung zwischen dem FBI und der CIA erinnern, nach der sich beide Behörden darüber verständigen, wenn sie sich ins Gehege kommen oder man befürchten muß, daß ein Agent der anderen Behörde enttarnt werden könnte.«[57]

Helms fuhr zur CIA zurück, während Walters in das Hauptquartier des FBI ging, um mit Gray zu sprechen, wo er nach seinen eigenen Worten[58] Gray nicht nur an die Vereinbarung erinnerte, wie Helms es ihm aufgetragen hatte, sondern ihm auch sagte, daß eine Weiterführung der Ermittlungen des FBI in Mexiko zur Enttarnung von CIA-Agenten führen könnte. Das hatte die gewünschte Wirkung. Gray wies seine Agenten an, weder Manuel Ogario noch Kenneth Dahlberg zu befragen, die die Schecks ausgestellt hatten, mit denen die Beträge für die Einbrecher abgehoben worden waren. So wurden die Untersuchung des FBI zunächst eingestellt, und zwar kurz bevor die entscheidende Beziehung der Einbrecher zum Ausschuß für die Wiederwahl des Präsidenten ruchbar werden konnte.[59]

Noch am selben Nachmittag berichtete Haldeman dem Präsidenten von seinem Gespräch mit Helms und sagte, er habe wie befohlen die Schweinebucht zur Sprache gebracht. »An diesem Punkt begann Helms zu begreifen. Er sagte, ›wir sind gern bereit zu helfen, und wir werden alles tun, was Sie wünschen‹.«[60]

Haldeman, Ehrlichman und John Dean waren offenbar begeistert, daß es ihnen gelungen war, die CIA zur Mitarbeit zu bewegen, und deshalb beschlossen sie, diesen Vorteil auszunutzen. Helms war ihnen einen Zollbreit entgegengekommen, aber sie brauchten sein Entgegenkommen über eine ganze Meile. Am Montag, den 26. Juni, rief Dean auf Ehrlichmans Anweisung bei Walters an und bat den General zu sich ins Weiße Haus. Nachdem sich Walters bei Ehrlichman erkundigt hatte, ob Dean bevollmächtigt sei, mit ihm über die Watergate-Angelegenheit zu sprechen, traf er sich an den beiden folgenden Tagen mit ihm. Inzwischen hatte Walters von Colby erfahren, daß die CIA keine Beziehungen zu dem mexikanischen Anwalt Manuel Ogario unterhielt, daß die CIA an dem Einbruch nicht beteiligt gewesen war, und daß es keine geheimen Kommunikationen mit Mexiko über die Kanäle der CIA gab, von denen die CIA nicht unterrichtet war. Diese letzte Tatsache überzeugte ihn davon, daß das Weiße Haus keine Geheimverhandlungen führte – etwa zwischen Nixon und Castro –, die durch ein Ermittlungsverfahren gefährdet werden könnten. Kurz gesagt, am Montag wußte Walters, daß es für die CIA keine zwingenden Gründe gab, das FBI um die Einstellung der Nachforschungen zu bitten. Bei der Besprechung in Ehrlichmans Büro am vergangenen Freitag hatte er das noch nicht gewußt. Doch als er jetzt mit Dean zusammentraf, befand sich Walters in einer relativ starken Position; die CIA war an dem Einbruch nicht beteiligt; das stand fest. Außerdem mochte Walters Dean nicht besonders gern; es gefiel ihm nicht, von einem jungen Mann, der halb so alt war wie er selbst, durch die ganze Stadt gehetzt zu werden, und er war empört, als Dean von ihm verlangte, die CIA solle die Kaution für die Einbrecher bezahlen und dafür sorgen, daß sie für den Fall einer Verurteilung auch weiterhin ein Gehalt bekämen. Walters weigerte sich nicht sofort, sagte aber, ohne einen persönlichen Befehl Nixons sei so etwas nicht zu machen. Dann erklärte er, wenn man ihn zwingen wolle, werde er zurücktreten. Er sagte auch, es werde eine allgemeine Katastrophe eintreten, wenn sich die Sache so weiterentwickelte.

Auf die Besprechung am Montag folgten weitere Gespräche am 27. und 28. Juni. Bei einer dieser Begegnungen versuchte es Dean mit einer neuen Drohung und sagte, einer der Einbrecher, Bernard Barker, sei augenscheinlich auch an einem Einbruch in der chilenischen Botschaft in Washington beteiligt gewesen.[61] Walters sagte, davon wisse er nichts. Mit der neuen Forderung Deans, die CIA sollte die Kaution stellen und den Beschuldigten auch in anderer Weise helfen, verlangte das Weiße Haus praktisch von der CIA, sie müsse für das ganze Verschleierungsmanöver die Verantwortung übernehmen. Dazu waren Helms und Walters nicht bereit. Nach jedem Gespräch mit Dean erörterten sie ausführlich dessen neue Forderungen und kamen überein, bei dem an das FBI gerichteten Ersuchen zu bleiben, aber nicht weiter nachzugeben. Am 28. Juni rief Helms bei Gray im FBI an und bat ihn, Karl Wagner nicht zu befragen. Das war der CIA-Beamte, der im vergangenen Sommer darauf bestanden hatte, daß die CIA ihre Beziehungen zu Hunt abbrach. Helms hatte schon mit Howard Osborn gesprochen und ihm gesagt, er solle Wagner »vergessen«; Helms werde diese Sache selbst in die Hand nehmen. Helms wollte verhindern, daß der Einbruch ins Watergate Hotel mit der Unterstützung in Zusammenhang gebracht würde, die Hunt im August 1971 von der CIA erhalten hatte. Helms unterrichtete Gray davon, daß Hunt für Ehrlichman gearbeitet hatte. Er schlug vor, Gray solle die Angelegenheit untersuchen. In einer Aktennotiz von Helms an Walters heißt es: »Wir bleiben bei dem Ersuchen, daß sie (das FBI) sich auf die bisher festgenommenen oder verdächtigten Personen beschränken und Abstand davon nehmen, die Ermittlungen auf andere Gebiete auszudehnen, wo sie unter Umständen mit unseren Projekten kollidieren könnten.«[62]

Am selben Tag, es war der 28. Juni, reiste Helms für drei Wochen nach Australien und Neuseeland.[63] Während der Abwesenheit von Helms wurde die zwischen der CIA und dem FBI getroffene Vereinbarung gebrochen. Am 5. Juli rief Gray bei Walters an und sagte, er könne die Ermittlungen ohne ein offizielles schriftliches Ersuchen der CIA nicht mehr länger hinauszögern. Mit anderen Worten, die Beteiligung der CIA sollte aktenkundig gemacht werden. Am nächsten Tag suchte Walters Gray in dessen Büro auf und sagte ihm, ein solches schriftliches Ersuchen werde es nicht geben. Gray war nicht überrascht. Die beiden Männer kamen gut miteinander aus. Sie waren beide aktive Offiziere, bewunderten Nixon, bemühten sich darum, in ihrer gegenwärtigen Stellung gute Arbeit zu leisten und lehnten »junge Springer« wie John Dean ab, die versuchten, sie herumzukommandieren. Beide hatten außerdem das Gefühl, der Präsident sollte jeden hinauswerfen, der an Watergate beteiligt war, und der Gerechtigkeit ihren Lauf lassen.

Als Walters gegangen war, rief Gray bei Nixon in San Clemente an: »Herr Präsident, ich muß mit Ihnen darüber sprechen. Dick Walters und ich haben den Eindruck, daß gewisse Leute in Ihrem Stab versuchen, Sie damit tödlich zu treffen, daß sie die CIA und das FBI einschalten und davon sprechen, daß die CIA sich für Leute interessiert oder nicht interessiert, die das FBI befragen will.«[64]

Nixon antwortete nicht sofort, und Gray hat wahrscheinlich angenommen, er brauche eine gewisse Zeit, um diese schockierende Mitteilung zu verdauen, aber in Wirklichkeit wußte Nixon natürlich schon alles, denn er stand selbst dahinter. Wenn Nixon sich in diesem Augenblick entschlossen hätte, Gray zu sagen, daß es um die nationale Sicherheit ginge, er nicht darüber reden könnte, seine Männer aber auf seine ausdrückliche Anweisung handelten und er wünsche, daß die Ermittlungen *eingestellt* würden, hätte Gray höchstwahrscheinlich gesagt, »Jawohl, Sir«, und alles getan, was in seinen Kräften stand. Aber Nixon war zu vorsichtig und wahrscheinlich auch zu ängstlich, um einen so kühnen Kurs zu verfolgen.

»Pat«, sagte er, »führen Sie Ihre aggressive und gründliche Untersuchung nur weiter.«

Daß Gray auch Walters erwähnt hatte, zeigte Nixon, daß sich mit Hilfe der CIA nichts mehr gewinnen ließ. Den beiden Männern gefiel nicht, was hier geschah, und man durfte von ihnen nicht mehr erwarten, daß sie zwischen den Zeilen lesen und die schmutzige Arbeit tun würden. Von jetzt an wollte Nixon die CIA nicht mehr an seinen Verschleierungsmanövern beteiligen und sah sich anderswo nach dem Geld um, das er für die Abfindung der Einbrecher brauchte.

Doch bis zum Jahresende hielt Helms die Beziehungen zwischen der CIA und Hunt nach Möglichkeit geheim. De facto waren die CIA und das Weiße Haus eine Vernunftehe eingegangen. Nixon wollte die Beziehungen des Weißen Hauses zu Hunt vertuschen, denn daraus ging deutlich hervor, für wen Hunt arbeitete. Helms wollte die Beziehungen zwischen Hunt und der CIA nicht bekanntwerden lassen, weil sie gegen die Grundregeln der CIA verstießen und seine Behörde damit in den Watergate-Skandal hineingezogen werden konnte. Wenn Helms daher versuchte, die CIA aus Watergate herauszuhalten, half er Nixon, sich Hunt auf Armeslänge vom Leibe zu halten. Ihre Motive waren verschieden, denn Nixon schützte sich selbst; Helms aber wollte seine Behörde vor Unheil bewahren. Doch das Ergebnis war das gleiche. Es begann ein Kampf um die Geheimhaltung dessen, was wirklich geschehen war, wobei die Verteidiger allmählich und schrittweise zurückweichen mußten.

Helms unterrichtete Lawrence Houston vom Inhalt der Besprechung mit Haldeman und Ehrlichman am 23. Juni, aber Houston empfahl, die Staatsanwaltschaft nicht zu unterrichten, und Helms sagte bis zum folgenden Jahr nichts über das Ersuchen des Weißen Hauses. Am 7. Juli, während Helms noch in Australien war, schickte Colby dem FBI einen schriftlichen Bericht über die Dokumente und »gewisse andere praktische Hilfsmittel«, die Hunt im vergangenen Sommer »auf eine ordnungsgemäß genehmigte Anforderung außerhalb der Behörde«[65] erhalten hatte. Damit meinte er, ohne es ausdrücklich zu sagen, John Ehrlichman, einen der beiden Chefberater des Präsidenten. Als der Hauptankläger Earl Silbert Colbys Bericht las, fiel ihm dieser unklare Satz sofort auf, und er wollte wissen, wer die CIA zu was ermächtigt hatte. Er fürchtete, die Einbrecher könnten behaupten, sie seien auf Anweisung der CIA in das Watergate Hotel eingedrungen. Am 24. Oktober äußerte sich Helms präziser zu der Hunt von der CIA gewährten Hilfe und legte dem Justizminister Richard Kleindienst einige Aktennotizen der CIA und andere schriftliche Unterlagen vor, aber wieder sagte Helms nicht, daß Ehrlichman die Unterstützung von Hunt veranlaßt hatte. Einen Monat später, am 27. November, wurden Colby und der stellvertretende juristische Berater der CIA, John Warner, noch einmal von Silbert über die »außerhalb der Behörde genehmigte Anforderung«

befragt. Wie Colby berichtet, »tanzte er zehn Minuten im Zimmer herum, weil er sich nicht konkret zu dieser Frage äußern wollte«,[66] bis Silbert ihn schließlich festnagelte und er den Namen Ehrlichman nannte.

Natürlich verfolgte Dean den Verlauf des Untersuchungsverfahrens sehr aufmerksam und erfuhr bald, was Silbert herausbekommen hatte. Er unterrichtete Ehrlichman, der Helms und Colby zu sich bat und eine Erklärung verlangte. Damals war Ehrlichman noch sehr mächtig und wollte sich nicht in den Watergate-Skandal verwickeln lassen. Er äußerte sich sehr entschieden zu diesem Thema. Er behauptete, Colby habe ihn hineingezogen und müsse jetzt auch Mittel und Wege finden, ihn herauszuziehen. Helms und Colby erklärten sich bereit, alles zu tun, was in ihren Kräften stand. General Cushman wurde unmißverständlich aufgefordert, sein Gedächtnis aufzufrischen.

Die CIA zögerte, der Staatsanwaltschaft etwas von ihren Beziehungen zu Hunt und darüber zu sagen, wer diese Beziehungen angeknüpft hatte; und es fiel ihr auch schwer, zwei andere Dinge zuzugeben: daß sie von James McCord Briefe erhalten hatte, in denen dieser berichtete, die Einbrecher würden unter Druck gesetzt, und man verlange von ihnen die Erklärung, daß sie im Rahmen eines Unternehmens der CIA eingesetzt worden seien, und daß die CIA Xerox-Kopien von Fotos besaß, die Hunt aufgenommen hatte, als er den Einbruch bei Daniel Ellsbergs Psychiater Dr. Fielding vorbereitete. Diese Fotos befanden sich seit dem 27. August 1971 in den Akten der CIA, und Colby hatte ihr Vorhandensein in der für Gray bestimmten Aktennotiz verschleiert angedeutet, aber auch gesagt, das FBI stelle dazu keine Fragen. In der gleichen Aktennotiz hatte er auch das Hilfeersuchen Ehrlichmans für Hunt in verdeckter Form erwähnt. Doch im Herbst machte sich Colby Gedanken darüber, welchen Zweck die Fotos von Hunt wirklich hätten, und er bat das Sicherheitsbüro, die Angelegenheit zu überprüfen. Aus den Fotos war ersichtlich, daß sie in Los Angeles vor dem Haus eines Psychiaters mit Namen Lewis J. Fielding aufgenommen waren. Colby und alle anderen CIA-Beamten behaupten, man habe es versäumt, daraus die notwendigen Schlüsse zu ziehen, und erst im Mai 1973 sei der Einbruch in die Praxis von Fielding bekannt geworden, nachdem John Dean sich der Anklagebehörde als

Zeuge zur Verfügung gestellt hatte und das ganze Verschleierungsmanöver platzte. Nachdem Colby etwa eine Woche über dem Bericht des Sicherheitsbüros gebrütet hatte, packte er die Fotos zusammen und schickte sie dem FBI.

Dean bekam sofort Wind von dieser Entwicklung und unterrichtete Ehrlichman, der sich nun die größten Sorgen machte. Schließlich hatte *er* den Einbruch bei Dr. Fielding genehmigt. Er bat Dean, sich bei Henry Petersen vom Justizministerium zu erkundigen, ob die Fotos nicht der CIA zurückgegeben werden könnten. Petersen sagte, wenn sie in den Akten gekennzeichnet würden, so daß man sie jederzeit wiederfinden könnte, sei das natürlich möglich. Dean wartete bis zum 9. Februar, eine Woche nachdem James Schlesinger sein Amt als neuer Direktor der CIA angetreten hatte, und rief ihn dann an, um ihn zu bitten, die CIA möge das Justizministerium um die Rückgabe der Fotos ersuchen. Schlesinger fragte General Walters, was er tun sollte. Walters sagte, er hielte das nicht für richtig, denn im Justizministerium werde ein Pfeil zurückbleiben, der direkt auf die CIA gerichtet war. Die Bitte Deans wurde daher zum zweitenmal abgelehnt, und die Fotos blieben in den Akten des Justizministeriums, bis Dean schließlich alles aussagte, was er wußte. In diesem Fall entsprach die Verzögerungstaktik der CIA der Unbekümmertheit des Justizministeriums, das nichts unternahm, um festzustellen, was diese Fotos bedeuteten. Weder das Ministerium noch die CIA waren wirklich daran interessiert, das zu erfahren.

Mit den Briefen von McCord verhielt es sich ganz ähnlich. Der erste – eine unsignierte, an Helms gerichtete Aktennotiz, die einem Brief an den Anwalt von McCord beigefügt war – traf am 30. Juli 1972, sehr bald nach der Rückkehr von Helms aus Australien, bei der CIA ein. Helms bat Lawrence Houston und Howard Osborn zu sich und fragte, wie die CIA den Brief behandeln sollte. Er wollte ihn möglichst nicht der Anklagebehörde übergeben. Houston versicherte, er brauche das nicht zu tun; man wisse nicht einmal genau, ob McCord den Brief geschrieben habe. Osborn war anderer Ansicht: »Er klingt nach McCord, und ich glaube, er stammt auch von McCord«, sagte er. »Nach meiner Meinung ist es ein wichtiger Brief, und er sollte dem Justizministerium vorgelegt werden.« Aber Houston beharrte auf seiner Meinung. Er sagte, es sei ein anonymer Brief, man wisse nicht, wer ihn geschrieben habe, eine unsignierte Aktennotiz sei kein vor Gericht verwendbares Beweisstück, und deshalb sei es nicht notwendig, das Schriftstück den Justizbehörden vorzulegen.

Andere Briefe folgten, darunter einer vom 29. Dezember, in dem McCord sagte: »Ich habe Beweise dafür, daß Mitchell und andere darin verwickelt sind, und sie werden genügen, um die Geschworenen, den Kongreß und die Presse zu überzeugen.«[67] Die Briefe von McCord zeigten deutlich, was schon längst hätte klar sein sollen: Die Einbrecher schwiegen, weil sie von einer hohen Stelle unter Druck gesetzt wurden; sie hatten nicht selbständig gearbeitet; Hunt und Liddy waren nur Mittelsmänner im Rahmen des Gesamtunternehmens, und zwar auch nur auf mittlerer Ebene. Aber Helms wies Osborn an, die Briefe nicht herauszugeben und niemandem etwas davon zu sagen. Erst im Mai 1973, nachdem Schlesinger dem Generalinspekteur befohlen hatte, alles zu überprüfen, was in der Vergangenheit der CIA verdächtig erschien, hat Osborn zugegeben, im Besitz der Briefe zu sein, und erst jetzt wurden sie der Staatsanwaltschaft vorgelegt. Helms hat damals und auch später behauptet, er habe sich nur an die juristische Beurteilung von Houston gehalten, der gesagt hatte, die Briefe seien keine »Beweisstücke«; jetzt könnte er allerdings erkennen, daß er vielleicht einen Fehler gemacht habe. Aber was hätte er anderes sagen können?

Helms ist für sein Verhalten bei dem Ermittlungsverfahren im Watergate-Skandal deshalb von vielen kritisiert worden, weil er mehr getan haben könnte, es voranzubringen, und weil er das früher hätte tun sollen. Aber diese Vorwürfe gehen an der Wirklichkeit vorbei. In Wirklichkeit, und das durfte Helms weder damals noch später zugeben, wußte er offenbar ganz genau, wer das Verschleierungsmanöver organisierte und weshalb; aber er wollte die Konfrontation dem Weißen Haus und denen überlassen, die dazu bereit waren – dem Kongreß, der Presse oder dem Justizministerium, solange es nicht die CIA war. Spricht man mit den Angehörigen der CIA über die Haltung von Helms, dann weichen sie konkreten Antworten aus. Niemand aus der CIA, der etwas mit Watergate zu tun gehabt hat, hat in der Art ausgesagt wie John Dean, Jeb Magruder, Chuck Colson und ungezählte andere, und deshalb kommen alle Aussagen über die Strategie von Helms im Fall Watergate von Zeugen, die grundsätzlich auf seiner

Seite standen. Ihre Verteidigung ist zunächst rein juristisch begründet: Wir haben uns an den Buchstaben des Gesetzes gehalten. Aber dann wird diese Verteidigung doch etwas allgemeiner, und man sagt, wir haben uns bemüht, in einer schwierigen Lage das Richtige zu tun. Aber am Schluß werden die Aussagen ganz realistisch. Hier bestand die konkrete Gefahr, daß Helms seine Stelle verlor und die CIA für alle Zeiten auf die Liste der Feinde des Präsidenten gesetzt wurde, und Helms hat sich nach Kräften bemüht, beides zu vermeiden.

Die Tatsachen sprechen eine recht deutliche Sprache. Helms hoffte, die CIA aus dieser Affäre heraushalten zu können, und zwar wollte er sich nicht nur von dem Einbruch distanzieren, sondern mit seiner Behörde überhaupt aus der Schußlinie kommen. Hätte Nixon auch nur ein Wort davon erfahren, daß Helms dem Justizministerium irgendwelche Geheimnisse zuflüsterte, dann wären die CIA und der Präsident auf Kollisionskurs geraten. Helms wollte von Nixon nicht als Feind betrachtet werden. Deshalb interpretierte er Watergate so eng wie nur möglich und gab nie ein gefährliches Beweisstück preis, ohne sich vorher energisch gewehrt zu haben. Außerdem, wem sollte er schon etwas sagen? Dem überzeugten Parteigänger Nixons und Freund von John Mitchell, Richard Kleindienst? Oder Earl Silbert, der dem Richter im Verfahren gegen die Einbrecher sagen sollte, soweit er habe feststellen können, hätten Hunt, Liddy und die fünf Einbrecher auf eigene Faust gehandelt? Oder Pat Gray, der John Dean aufgefordert hatte, sich die vom FBI durchgeführten Vernehmungen mit anzuhören, und der Dean Berichte des FBI überlassen hatte, damit er den Untersuchungsbeamten immer einen Schritt voraus war?

Zu diesem Zeitpunkt war, wie man später behauptet hat, das Verschleierungsmanöver fast gelungen. Es schien, als hätten Nixons Leute ihre Ohren überall. Jedes Wort, das einem der Staatsanwälte gesagt wurde, bekam der Präsident im nächsten Augenblick am Telefon zu hören. Helms glaubte ebenso wie fast jeder in Washington, daß Nixon die ganze Sache in Szene gesetzt hatte, und er glaubte, Nixon werde ungestraft davonkommen. Und wenn ihm das gelang, dann würde er sich mit scharfem Blick nach denen umsehen, die nicht treu zu ihm gestanden und nicht mitgemacht hatten.

Als Helms dem Präsidenten sagte, er sei bereit, einen Botschafterposten zu übernehmen, und zwar am liebsten im Iran, hatte Nixon ihm diesen Wunsch erfüllt. Der bisherige Botschafter Joseph Farland wurde telegraphisch abberufen. Diese Nachricht kam ein wenig plötzlich. Farland war ein altbewährter Republikaner und schon Botschafter in Panama und der Dominikanischen Republik gewesen und fühlte sich jetzt schlecht behandelt. Aber er war nicht der einzige, der dazu etwas zu sagen hatte. Der Umstand, daß Helms die CIA so plötzlich verließ, warf Fragen auf, und sie konzentrierten sich, wie nicht anders zu erwarten, auf Watergate. Die Wahrheit – daß Nixon hinter dem Verschleierungsmanöver stand und Helms sich geweigert hatte, für das Weiße Haus einen Ausweg zu suchen, und Nixon ihn deshalb entließ – blieb noch verborgen. Die Vermutungen gingen damals in eine ganz andere Richtung; einige Beobachter schlossen aus der Tatsache, daß die CIA Beziehungen zu den Watergate-Einbrechern hatte, daß sie auch in den Einbruch verwickelt war. Helms hatte den Posten im Iran jedoch unter anderem angenommen, um den Eindruck zu vermeiden, er verließe die CIA und versuche, sich in Dunst aufzulösen. Erst viel später, im Frühjahr 1976, fand man eine neue Erklärung dafür, daß Nixon Helms diesen Posten gegeben hatte. Diese neue Theorie stammte aus einem Roman. Der Verfasser war John Ehrlichman. Er hatte Berufung gegen seine Gefängnisstrafe eingelegt und setzte sich nun hinter seine Schreibmaschine. Wahrscheinlich hat Helms sich während seiner ganzen beruflichen Laufbahn nicht so sehr geärgert wie über diesen Schlüsselroman.

Ehrlichman und Helms haben einander nie leiden können. Sie standen protokollarisch im gleichen Rang, das heißt, bei Staatsdiners kam es oft vor, daß die Frau des einen die Tischdame des anderen war. Ehrlichman verhielt sich bei der Ausführung der Anweisungen von Nixon ungewöhnlich arrogant. Er hatte versucht, Helms mit dieser Arroganz zur Auslieferung von CIA-Akten an ihn persönlich zu zwingen und sich dann in einem rücksichtslosen bürokratischen Machtkampf von Nixon den Rükken stärken lassen. Helms' Schwiegertochter, Bonnie Bottger Helms, fragte ihren Schwiegervater einmal, wie er Ehrlichman beurteile. »Ich möchte über Ehrlichman nicht sprechen«, antwortete Helms, »weder jetzt noch irgendwann sonst.« Die junge Frau hat den Namen Ehrlichman in Gegenwart ihres Schwiegervaters nie wieder erwähnt.

Unter anderem konnte Helms Ehrlichmans Umgangsformen nicht ertragen; niemand konnte das Kinn so kalt und hochmütig vorstrecken oder einen anderen mit einem verächtlichen Wort so beleidigen wie John Ehrlichman. Aber das war nicht der Hauptgrund für die Abneigung, die Helms empfand. Seine Aversion hing mit einer eher etwas komischen Geschichte zusammen, einer bissigen Anekdote, die wir in Ehrlichmans Roman *The Company* finden.[68]

Ehrlichman ist nicht gerade ein guter Romancier, aber er hat spezifische Begabungen – unter anderem ein Ohr für charakteristische Aussprüche. Nirgends werden die kleinlichen, gehässigen und von Selbstmitleid diktierten Monologe Richard Nixons besser wiedergegeben als in den Passagen von Ehrlichmans Buch, die er dem Präsidenten in *The Company* widmet. Im Vergleich dazu sind die Tonbandaufzeichnungen des Weißen Hauses für Nixon noch schmeichelhaft. Darüber hinaus hat Ehrlichman die besondere Gabe, das Wahre mit der Spekulation so zu vermengen, daß es glaubhaft klingt. Kurz gesagt, er schreibt mit einer gefährlich spitzen Feder, und in *The Company* schildert er mit großem erzählerischen Geschick eine Besprechung in Camp David, bei der ein Mann, der unzweifelhaft große Ähnlichkeit mit Richard Helms hat, einen Präsidenten, der Richard Nixon zum Verwechseln ähnlich ist, dadurch zwingt, ihm einen Botschafterposten zu geben, daß er ihm droht, die schmutzigen Details eines Skandals aufzudecken, bei dem sich ein Vergleich mit der Watergate-Affäre geradezu aufdrängt. Beim Erscheinen von *The Company* meinte einer der ersten Rezensenten, Lawrence Stern, in der *Washington Post*, vielleicht habe Ehrlichman hier versucht, »uns etwas zu sagen«.

Helms ließ sich im allgemeinen nicht leicht aus der Ruhe bringen, aber hier war selbst seine Geduld zu Ende. »Ich weiß nicht, was er versucht hat, uns zu sagen; aber was es auch gewesen sein mag, es entsprach nicht der Wahrheit. Ich habe *The Company* nicht gelesen, aber ich weiß, wie die Dinge lagen, und ich habe Nixon niemals und in keiner Form erpreßt. Ich sage das mit allem Nachdruck. Und niemand kann das Gegenteil beweisen, weil das Gegenteil nicht wahr ist. Ich arbeite für den Präsidenten der

Vereinigten Staaten. Ich wäre illoyal, wäre ein Verräter gewesen oder wie man das auch bezeichnen will, wenn ich je versucht hätte, einen solchen Trick anzuwenden, und ich habe es nicht getan ... Ich bin vielleicht ein bißchen zu scharf, wenn ich meine Stimme erhebe ... weil ich Ihnen gegenüber betonen möchte, daß ich Wert auf diese Aussage lege.«

Dennoch hat Helms den Inhalt seines Gesprächs mit Nixon in Camp David lange Zeit verschwiegen und nichts über den genauen Zeitpunkt seiner Ernennung zum Botschafter im Iran gesagt. Heißt das, daß er gelogen hat und daß Ehrlichman die Wahrheit sagt, wenn er behauptet, Helms habe den Präsidenten erpreßt, um den Posten im Iran zu bekommen? Wahrscheinlich nicht. Aber diese Frage läßt sich nicht ganz leicht beantworten. Zunächst wissen wir nicht, wen wir fragen sollen. Die drei Männer, die es wissen müßten, sind – um das mindeste zu sagen – voreingenommen, und die Geschichte hat dafür gesorgt, daß an ihrem Wort gezweifelt werden muß. Haldeman hat selbst gestanden, einen Meineid geleistet zu haben, und ist als gemeiner Verbrecher verurteilt worden. Helms hat lieber eine Geldstrafe und eine Gefängnisstrafe auf Bewährung auf sich genommen als vor Gericht zu bestreiten, er habe den Senat belogen. Und die Aussagen Nixons zu Watergate sind so durch und durch verlogen, daß man am Wahrheitsgehalt jedes Details in seinen Memoiren zweifeln muß.

Dennoch gibt es gute Gründe, Helms in dieser Sache zu glauben. Erstens sagt er, es sei keine Erpressung gewesen, und kein Eingeweihter ist bisher bereit gewesen, offen das Gegenteil zu behaupten. Zweitens, weshalb sollte er Nixon erpressen, um den Botschafterposten im Iran zu bekommen, an dem er gar nicht sonderlich interessiert war, während er verlangt haben könnte, sein bisheriges Amt zu behalten, an dem er sehr hing? Drittens, was hatte er in der Hand, um Nixon zu erpressen, ohne sich selbst ebensosehr zu schaden? Er wollte die Beziehungen der CIA zu Hunt geheimhalten und sie nicht an die Öffentlichkeit bringen. Wollte er etwa öffentlich erklären, Haldeman habe die CIA gebeten, ihm bei der Unterdrückung des Ermittlungsverfahrens zu helfen, während die Akten bewiesen, daß er wenigstens bis zum 6. Juli diesem Ersuchen nachgekommen war? Viertens, wem hätte Helms seine Geheimnisse anvertrauen sollen? Im November 1972 schien Nixon die Staatsanwaltschaft in der Tasche zu haben. Das Geschworenengericht war schon aufgelöst, und der Senatsausschuß zur Untersuchung von Watergate war noch nicht zusammengetreten. Sollte Helms eine Pressekonferenz einberufen? Fünftens hätte es für Helms keine bessere Möglichkeit gegeben, die CIA zu vernichten. Wäre es herausgekommen, daß ein Direktor der Central Intelligence versucht hatte, einen Präsidenten zu erpressen, dann hätte kein Präsident der CIA mehr vertrauen können. Wenn man die Akten genau studiert, ersieht man daraus, daß es für Helms kaum die Handhabe für eine Erpressung gegeben hat, und betrachtet man seinen Lebenslauf, ist er nicht gerade der Typ eines Erpressers.

Aber was soll man von der Geschichte Ehrlichmans halten? Hat er das aus reiner Bosheit geschrieben? Helms ist sicher dieser Ansicht, aber es gibt auch noch eine andere Deutung, die die Sache vielleicht besser erklärt. Zu dem Zeitpunkt von Helms' Entlassung war der Präsident schon seit fünf Monaten von Hunt und den anderen Watergate-Einbrechern erpreßt worden, und er hatte sich aus dieser gefährlichen Situation noch nicht befreien können. Anfang des folgenden Jahres sollte Dean die bis dahin größte Forderung stellen – er verlangte 1 Million Dollar –, und Nixon nahm diese Forderung auf, ohne mit der Wimper zu zucken. »Wir könnten das aufbringen . . . Und sie könnten es auch in bar bekommen. Ich weiß, wo man es beschaffen kann.« Nixon lebte in einer Atmosphäre, in der Erpressungen nichts Ungewöhnliches waren. Er fühlte sich von Feinden umgeben. Er traute diesen Feinden alles zu. Er hatte die Gewohnheit, seine Ängste und Befürchtungen mit Haldeman und Ehrlichman zu besprechen, und sie waren fast die einzigen, denen er vertraute.

Helms wurde in Camp David entlassen, und dort gab es keine Abhörvorrichtungen. Hier hielt sich Nixon vor den Wahlen im November 1972 mehrere Wochen auf. Was er damals mit Haldeman und Ehrlichman besprochen hat, läßt sich wahrscheinlich nicht mehr feststellen. Sicher hat er jedoch Helms' Ernennung zum Botschafter erwähnt. Etwa eine Woche nach seiner Entlassung wurde Helms von Haldeman angerufen, der ihm sagte, der Präsident habe sich alles noch einmal überlegt. »Er betrachtet die Dinge jetzt positiver und hat wirklich den Wunsch, daß Sie dorthin gehen.« Als Ehrlichman sich hinsetzte, um sein Buch zu schreiben, hat er sich vielleicht daran erinnert, was Nixon über Helms gesagt hatte: *Mein Himmel, Helms ist nie auf unserer Seite gewesen, aber wir müssen uns vor ihm in acht nehmen, richtig? Wir dürfen ihn nicht aus der Schutzzone herauslassen. Wenn er in den Iran will, dann wird es besser sein, ihn dorthin gehen zu lassen. Wenigstens haben wir ihn dann hier in Washington vom Hals.* Mit anderen Worten, Ehrlichman hat in seinem Buch nur Nixons Befürchtungen ausgeschmückt. Der Präsident fühlte sich von Helms' Wissen so bedroht, daß er dort mit einer Erpressung rechnete, wo eine Drohung noch gar nicht ausgesprochen war.

15. Kapitel

Helms' Nachfolger James Schlesinger erweckte mit seinem dichten weißen Haar, dem scharf geschnittenen Gesicht, der Tweedjacke und der Pfeife den Eindruck eines intelligenten Akademikers; im Auftreten und Temperament war cr aber alles andere als professoral. Seine Amtszeit in der CIA war stürmisch und kurz. Erstens war Schlesinger ein selbstsicher auftretender Außenseiter, der das Geschäft des Nachrichtendienstes nur theoretisch kannte und jetzt an die Stelle eines erfahrenen Fachmannes trat, um im Auftrag von Nixon das Unterste zuoberst zu kehren. Unmittelbar nach seiner Ernennung kam er nach Langley, bezog die Räume des Direktors und ließ sofort eine Wand einreißen, um sein Büro zu vergrößern.[1] Helms übernahm indessen ein kleineres Büro, wo er mit seiner Sekretärin Elizabeth Dunlevy seine Akten sichtete. Schlesinger hatte auf die Mitarbeit der Chefsekretärin verzichtet und gesagt: »Ich werde sie nicht brauchen.« Mitte Januar wurde Helms, der zunächst damit gerechnet hatte, seinen Posten am 14. Februar zu verlassen, plötzlich davon unterrichtet, daß er schon zwei Wochen früher, am 2. Februar, gehen sollte.

Diese unerwartete Terminverschiebung wurde damit begründet, daß für den 2. Februar die Vereidigung anderer neuernannter Beamter vorgesehen sei und der Präsident alle diese Posten am gleichen Tag besetzen wollte. Helms glaubte das nicht, sondern war überzeugt, daß Nixon große Eile hatte, ihn loszuwerden. Larry Houston und Jack Maury,[2] ein altgedienter CIA-Beamter, unterhielten sich mit Schlesinger und stellten fest, daß auch er mit der verfrühten Amtsübernahme nicht einverstanden war. Sie versuchten, Helms davon zu überzeugen, daß Schlesinger nicht dahinterstand, das gelang ihnen aber nicht.

Etwa um die gleiche Zeit, am 17. Januar, erhielt Helms einen Brief von Senator Mike Mansfield, in dem dieser ihm mitteilte, der Senat beabsichtige, »die Vorgänge im Wahlfeldzug« zu untersuchen – also die Watergate-Affäre –, und er möge die Unterlagen, die sich dazu in den Akten der CIA befänden, bereithalten. Helms erkannte hier zwei direkte Gefahren für die Geheimhaltung. Erstens würde sich ein Senatsausschuß in aller Öffentlichkeit mit den Vorgängen beschäftigen, von dem man annehmen mußte, er werde sein Mandat sehr großzügig auslegen; und zweitens war Schlesinger ein Gefolgsmann Nixons und deshalb gefährlich. Helms war sich schon jetzt der peinlichen Tatsache bewußt, daß Nixon ein besonderes Interesse daran hatte, in der Vergangenheit der CIA herumzustochern, denn er hoffte, den Einbruch im Watergate Hotel auf die CIA schieben zu können, um das Weiße Haus zu entlasten.[3] Außerdem war Helms überzeugt, daß Nixon ihn nur aus einem Grund entlassen hatte – weil er sich entschieden weigerte, bei der Vertuschung des Watergate-Skandals mitzuhelfen –, und er vermutete oder glaubte sogar sicher, daß Schlesinger jetzt tun sollte, was er nicht hatte tun wollen. Während der letzten zehn Tage seiner Amtszeit ergriff Helms noch zwei Maßnahmen zum Schutz der Geheimnisse der CIA. Er befahl Sidney Gottlieb, die Akten der CIA über die in den 50er und Anfang der 60er Jahre vorgenommenen Drogentests zu vernichten, und vernichtete seine eigenen Akten.

Als Direktor der Central Intelligence hatte Helms in seinem Büro über eine Abhöranlage verfügt, mit der er, wenn er wollte, alle mündlichen und fernmündlichen Gespräche auf Band nehmen konnte. Die Bänder waren regelmäßig abgeschrieben und dann gelöscht worden – wahrscheinlich einfach dadurch, daß sie wieder benutzt wurden. Die Aufzeichnungen von diesen Gesprächen waren zusammen mit anderen persönlichen Papieren in einem Safe in Helms Büro untergebracht. Insgesamt waren es etwa vier- bis fünftausend Seiten. Helms sagte Larry Houston, er habe Elizabeth Dunlevy gebeten, diese Unterlagen durchzusehen, und er wisse auch, daß Senator Mansfield verlangt hatte, alles aufzubewahren, was mit Watergate im Zusammenhang stand. Er habe die Absicht, dieser Bitte zu entsprechen. Er fragte Houston nicht, ob das zulässig sei, sondern teilte ihm nur mit, daß er es tun werde. Später hat Helms ausgesagt, seine Sekretärin habe den ganzen Aktenberg gesichtet – alle seine persönlichen Papiere aus der sechseinhalbjährigen Amtszeit als Direktor der Central Intelligence – und nichts gefunden, was mit dem Einbruch im Zusammenhang stand. Absolut nichts. Dem Senatsausschuß wurde nicht ein einziges Blatt Papier vorgelegt. Am 24. Januar 1973 war die Arbeit getan, und bis zur letzten Seite wurden alle Unterlagen vernichtet.

Am Morgen des 5. Februar 1973 um 10.00 Uhr rief Senator J. William Fulbright von Arkansas den Außenpolitischen Senatsausschuß im Zimmer 4221 des Dirksen-Gebäudes zur Ordnung. Auf der Tagesordnung stand die Bestätigung von Richard Helms als Botschafter im Iran.

VORSITZENDER: Mr. Helms, wir freuen uns, Sie heute morgen hier begrüßen zu dürfen. Würden Sie uns für das Protokoll sagen, was Sie während der letzten zehn bis fünfzehn Jahre getan haben?

HELMS: Ich habe für die Central Intelligence Agency gearbeitet, Herr Vorsitzender.

VORSITZENDER: Ich freue mich, daß das jetzt alles zur Sprache kommt. Bisher fiel es unter die Geheimhaltung. Ich glaube, Sie sagen heute zum erstenmal in einer öffentlichen Sitzung vor diesem Ausschuß aus. Ist das richtig?

HELMS: Das ist richtig, Sir.

VORSITZENDER: Zum erstenmal in all diesen Jahren.

HELMS: In all diesen Jahren.

VORSITZENDER: Halten Sie es für klug, daß wir das jetzt in einer öffentlichen Sitzung behandeln?

HELMS: Ja, Sir . . .

VORSITZENDER: Sind Sie wie alle Angehörigen der CIA eidlich dazu verpflichtet, nach dem Ausscheiden aus der Behörde über Ihre Tätigkeit dort Stillschweigen zu bewahren?

HELMS: Ja, Sir, ich fühle mich an diesen Eid gebunden.

VORSITZENDER: Auch Sie fühlen sich dadurch gebunden?

HELMS: Ich glaube, es wäre ein sehr schlechtes Beispiel, wenn der Direktor eine Ausnahme bilden würde.[4]

Wie schon oft sagte Richard Helms die Wahrheit. Wahrscheinlich hat es nur wenige höhere Regierungsbeamte gegeben, die das Vertrauen der Kongreßabgeordneten in einem solchen Maß besaßen wie er. Sein Grundsatz war immer gewesen, die Wahrheit zu sagen; nicht die ganze Wahrheit – in manchen Fällen nicht einmal den größeren Teil der Wahrheit –, aber doch nur die Wahrheit; und mit der Zeit hatten sich die Abgeordneten daran gewöhnt, die Zuverlässigkeit dessen, was er ihnen sagte, nicht zu bezweifeln.

Auch bei der Presse in Washington galt Helms als integrer Mann. Zum Lunch traf er sich häufig mit Journalisten wie den Brüdern Alsop, James Reston und C. L. Sulzberger von der *New York Times*, Hugh Sidney von *Time*, den Leitartiklern Joe Kraft und Chalmers Roberts von der *Washington Post.* Als Roberts 1970 in den Ruhestand trat, nahm sein Nachfolger Murray Marder sofort Kontakt zu Helms auf, denn er hielt ihn für einen Mann, der im Washingtoner Establishment die besten Beziehungen hatte und von dem man annehmen durfte, daß er einen nicht täuschte. Die Reporter erwarteten nicht, daß Helms jede Frage beantwortete, glaubten aber, er sage nur das, was er selbst für wahr hielt, wenn er sich überhaupt bereit fand, etwas zu sagen. In einer Rede (wir haben sie schon erwähnt) vor der Amerikanischen Gesellschaft der Zeitungsredakteure im April 1971, einer der wenigen, die er während seiner Amtszeit als Direktor der Central Intelligence öffentlich gehalten hat, sagte Helms: »Die Nation muß uns bis zu einem gewissen Grad glauben, daß auch wir ehrenwerte Männer sind und es als unsere Aufgabe betrachten, ihr zu dienen.«[5] Die Senatoren, höheren Regierungsbeamten und angesehenen Journalisten, die Helms kannten, haben bei dieser Erklärung nicht gelächelt; sie hielten ihn tatsächlich für einen ehrenwerten Mann.

Bei seinem Ausscheiden im Jahr 1973 genoß er auch innerhalb der CIA diesen Ruf. Es gab eine ganze Reihe von CIA-Beamten, die ihn für zu vorsichtig hielten, die glaubten, er lege zu großen Wert auf die bei den Nachrichtendiensten notwendige Geheimhaltung, er vertraue James Angleton zu sehr, er sei gegenüber den anderen Nachrichtendiensten und ihren Ansprüchen zu nachgiebig, er ließe sich zu viel Zeit bei der Entscheidung von Zuständigkeitsfragen innerhalb seiner eigenen Behörde und sei zu leicht bereit, zweitklassigen Leuten wie Howard Hunt eine zweite, dritte und vierte Chance zu geben.

Von den alten und erfahrenen Beamten der CIA kann man ungezählte Geschichten über die administrative Unfähigkeit von

Dulles, die Ahnungslosigkeit von Raborn, die Redseligkeit von Robert Amory, die Zwangsvorstellungen von Angleton, die Aggressivität von Bill Harvey, den Ehrgeiz von Kirkpatrick, die schillernde Brillanz von Bissell und die Vorliebe von Desmond FitzGerald für komplizierte technische Apparate hören. An die Geheimnisse kommt man nicht so leicht heran, aber die Persönlichkeiten, die in der CIA tonangebend waren, und ihr Charakter lassen sich leichter ergründen. Hätte Helms Feinde gehabt, dann hätten sie sich entsprechend geäußert. Doch augenscheinlich ist es ihm gelungen, die Arbeit eines tüchtigen, fleißigen, diskreten, etwas kühlen und distanzierten Beamten zu tun. Jeder kannte ihn, aber niemand kannte ihn gut. Eine der wenigen verbürgten Anekdoten über Helms stammt von einem Mann, der ihn nicht mochte, und er mußte es sich lange überlegen, bis ihm diese Geschichte wieder einfiel.

Dieser Mann erzählt, Helms habe vor der täglichen Direktorenbesprechung regelmäßig ein Orientierungspapier gelesen, das ihn über die Vorkommnisse unterrichtete, die seit dem vergangenen Abend bekannt geworden waren. Die Namen aller Agenten, Beamten des Nachrichtendienstes, Unternehmungen usw. wurden darin mit Decknamen bezeichnet, aber um es dem Direktor zu erleichtern, waren die richtigen Namen und Bezeichnungen mit kleinen Zetteln an die betreffenden Seiten geheftet. Eines Tages enthielt das Papier eine Mitteilung über den Chef des Außenbüros in Frankfurt, und auf dem Zettel neben dem Decknamen dieses Chefs stand »Ray Kline«.

Als Helms das sah, erschien auf seinem Gesicht ein breites Lächeln – wie der Mann, von dem diese Geschichte stammt, berichtet –, denn der Verfasser des Papiers hatte den Namen des Mannes, der früher einmal ein Konkurrent von Helms gewesen war, bis er mit dem damaligen Direktor, Admiral Raborn, einen Zusammenstoß hatte, falsch geschrieben; in Wirklichkeit hieß er »Cline«. Helms blickte auf und sagte: »Der arme Ray. Wie bald gerät man in Vergessenheit, wie bald!«

Wer keine tieferen Spuren hinterlassen hat, muß in der Tat sehr behutsam vorgegangen sein. Es gab in der CIA Leute, die Helms kritisierten, aber er genoß das Vertrauen seiner Mitarbeiter. Er war nicht beliebt, aber geachtet. Er mag ein Zauderer gewesen sein, aber man hielt ihn für ehrlich. 1960 beauftragte Helms einen seiner Beamten, eine Rede über kommunistische Spionage und Subversion für ihn zu entwerfen, die er vor pensionierten Offizieren halten wollte. Der Beamte schrieb den Text der Rede, die im Ton sehr zurückhaltend war. Darin hieß es: »Lassen Sie sich durch sowjetische Intrigen nicht beunruhigen. Haben Sie Geduld. Totalitäre Systeme sind innerlich schwach; die Demokratie wird sich am Schluß durchsetzen, weil sie sich an etwas Wesentliches im Menschen wendet.« Helms las die Rede, sah den Mann, der sie entworfen hatte, fragend an und sagte: »Glauben Sie das wirklich?«

»Ja«, sagte der Beamte.

Helms zögerte einen Augenblick, dachte nach und sagte dann: »Nun ja, ich denke, ich tue das auch.«

Richard Helms ist schwer zu durchschauen. Er scheut sich zu sagen, was er wirklich denkt. Wollte man ihm den Vorwurf machen, daß die CIA in den vergangenen dreißig Jahren die falschen Verbündeten und die falschen Feinde gehabt habe, würde er sicher sagen, es sei nicht die Aufgabe der CIA, politische Entscheidungen zu treffen. Wenn einem nicht gefiele, was die CIA getan hatte, dann müßte man mit den Leuten sprechen, die zu befehlen hatten. Helms war über die politische Weltlage gut unterrichtet, aber seine Auffassungen waren eng und sehr konkret. Er hatte ein Leben lang beobachtet, wie die Großmächte in der Weltpolitik ihren Willen durchzusetzen suchen, und dabei hatte er in seiner Einstellung zu den internationalen Beziehungen eine irgendwie mechanistische Haltung entwickelt. Es bereitete ihm keine schlaflosen Nächte, daran denken zu müssen, ob die CIA das moralische Recht habe, dieses oder jenes zu tun. Er folgte einer ganz klaren Linie. Seine Loyalität gehörte den Vereinigten Staaten. Er glaubte an die Notwendigkeit und den Nutzen der Central Intelligence Agency. Er verteidigte seine Behörde gegen die anderen, mit ihr rivalisierenden Nachrichtendienste. Er bemühte sich nach Kräften, gute Arbeit zu leisten. Als er ausschied, war er pensionsberechtigt und ein angesehener Mann; und er war überzeugt, er habe nicht mehr zu verantworten als irgendein anderer Beamter seiner Generation in Washington. Was später mit Helms geschehen ist, hat nicht er veranlaßt. Das Leben, die Politik und die Geschichte waren komplex, nicht Helms.

Das Netz der Schwierigkeiten begann sich zusammenzuziehen, als Helms am 5. Februar 1973 vor dem Außenpolitischen Senatsausschuß aussagte und zwei Tage später in öffentlicher Sitzung wieder befragt wurde. In gewissem Sinne war Helms jetzt alle Bindungen los. Er arbeitete noch für Nixon, aber er vertraute ihm nicht mehr vollkommen. Seine Loyalitätsbegriffe hatten einen anderen Akzent bekommen; jetzt war es nicht mehr so sehr der Präsident, den er zu schützen suchte, sondern vielmehr die CIA und ihr Ruf. Zum erstenmal in seinem Leben erlebte Helms am 7. Februar so etwas wie ein Kreuzverhör. Er war vereidigt worden, und auch das war bisher nur selten geschehen. Die Senatoren hatten viele Fragen; einige ließen sich leicht beantworten wie etwa die über die Ausbildung von Polizeikräften durch die CIA, bei anderen war das nicht so einfach. So fragte Fulbright zum Beispiel, wann E. Howard Hunt die CIA verlassen habe.

»Vor etwa zwei bis zweieinhalb Jahren«, sagte Helms.

»Seither hat er keine Beziehungen mehr zur CIA unterhalten?«

»Nein, Sir«, sagte Helms.

Fulbright erwartete eigentlich etwas ausführlichere Antworten. »Soweit wir wissen, trifft es zu, daß Hunt seit April 1970 nicht mehr bei der CIA angestellt war, aber hatte er wirklich *keine* Beziehungen mehr zu der Behörde?«

»Welches sind die Beziehungen von G. Gordon Liddy zur CIA?«

»Keine«, sagte Helms.

»Zu keiner Zeit?« fragte Fulbright.

»Zu keiner Zeit und unter keinen Umständen.«

»Er war also nie ... Ich verstehe«, sagte Fulbright.

»Niemals«, erklärte Helms.[6]

Keine Beziehungen? Einer der von Karl Wagner für den Bruch mit Hunt 1971 angegebenen Gründe war die Tatsache, daß Hunt Liddy zu einer Besprechung mit einem CIA-Beamten mitgebracht hatte, weil er Liddy falsche Personalpapiere besorgen wollte.

Senator Clifford Case hatte unbestimmte Gerüchte über ein nachrichtendienstliches Programm des Weißen Hauses gehört, das sich »1969 oder 1970« gegen die Anti-Kriegs-Bewegung richten sollte – Case wußte nicht genau, in welchem Jahr. Über den Plan von Tom Charles Huston hatte er noch nichts gehört und kannte weder Namen noch Einzelheiten. »Wissen Sie irgend etwas über ein Tätigwerden der CIA in diesem Zusammenhang? Ist die CIA zur Mitarbeit aufgefordert worden?«

»Ich weiß nicht mehr, ob wir aufgefordert worden sind, wir waren aber nicht beteiligt, weil das für mich eine klare Verletzung der für uns geltenden Bestimmungen gewesen wäre.«

»Wie verhalten Sie sich in einem solchen Fall?« wollte Case wissen.

»Ich würde einfach zum Präsidenten gehen und ihm erklären, ich hielte das nicht für ratsam.«

»Damit wäre die Sache erledigt?«

»Nun ja, das würde ich glauben«, sagte Helms, »im Normalfall.«

»Okay«, sagte Case.[7]

Er erinnerte sich nicht? Wenn jemand, der unter Eid steht, behauptet, er könnte sich an irgend etwas nicht erinnern, dann darf man mit ziemlicher Sicherheit annehmen, daß ihn entweder sein Gewissen oder seine Klugheit daran hindern, klar ja oder nein zu sagen. Etwa zwei Jahre später behauptete Helms, er habe geglaubt, Case spräche über ein innenpolitisches nachrichtendienstliches Vorhaben der *Armee.* Daß Case die Erklärung von Helms akzeptiert hat, ist ein Zeichen dafür, daß er entweder ungewöhnlich gutgläubig war oder eine besondere Achtung vor Helms und dessen menschlichen Qualitäten hatte.

Aber die Spielregeln hatten sich geändert. Was bisher gegolten hatte, galt nicht mehr. Helms stand nicht mehr auf sicherem Boden, und er hatte angefangen, gegen seine eigenen Spielregeln zu verstoßen, nach denen er sich und die CIA hätte verteidigen sollen. Niemand hatte ihm gesagt, daß er das tun müsse; er ließ sich jetzt nur von seinem Instinkt leiten. Früher hatte Senator Richard Russell die Beziehungen zwischen der CIA und dem Senat nach genau festgelegten Grundsätzen geregelt. Russell war Vorsitzender des Streitkräfte-Ausschusses des Senats gewesen, eines der beiden Senatsausschüsse, die als Aufsichtsgremien über der CIA standen. Außerdem gab es noch den Genehmigungsausschuß des Senats unter dem Vorsitz von Carl Hayden. Russell hatte sich mit Hayden darüber geeinigt, daß beide Ausschüsse ihre Aufgaben gemeinsam wahrnehmen sollten; damit hatte Russell sehr weitgehende Vollmachten, die er dazu einsetzte, die Sicherheit und Autonomie der CIA zu gewährleisten. Er war überzeugt, die CIA werde nichts tun, was er nicht für richtig hielt, und kümmerte sich nicht um die Einzelheiten. Houston erinnert sich, wie Russell sich während einer Besprechung an einen seiner Mitarbeiter wandte und fragte: »Was tut die Nationale Sicherheitsbehörde?« Er hielt es nicht für seine Aufgabe, die CIA zu beaufsichtigen, sondern sie zu schützen. Während Helms' Amtszeit hatte Senator William Proxmire einmal verlangt, er sollte vor dem Wirtschaftsausschuß zu einem Thema befragt werden, über das Helms nicht sprechen wollte. Er wendete sich damals an Russell, der ihm sagte, er solle Proxmire mitteilen, Russell hielte das nicht für unangebracht. Helms tat es, und damit war die Sache erledigt. Proxmire nahm Abstand von seinem Verlangen. Russell war ein mächtiger Mann, und er wußte seine Macht auch zu nutzen.

So zum Beispiel Ende 1963, als Präsident Johnson John McCone bat, eine Pressekonferenz abzuhalten, um darin bestimmte Feststellungen der CIA über wirtschaftliche Schwierigkeiten in der Sowjetunion bekanntzugeben. McCone beauftragte Ray Cline, den damaligen stellvertretenden Direktor der CIA, und Cline hielt die Pressekonferenz wie befohlen ab. Die Journalisten mißtrauten dem ganzen Unternehmen, und ihre Berichte waren durchweg kritisch.[8] Nun sprach Russell mit McCone und brachte sein Mißfallen zum Ausdruck. Er erklärte, wenn McCone so weitermachte, dann werde er der CIA seine Unterstützung versagen. Das genügte. Bis 1973, als William Colby die CIA übernahm, wurden keine Pressekonferenzen mehr abgehalten.[9]

Solange Russell lebte, wußte Helms genau, wer das Recht hatte, ihm Fragen zu stellen, und welche Fragen er beantworten durfte; und kein anderer Senator wagte, Russells Autorität anzutasten. Russell selbst vertraute Helms und hat ihn offenbar niemals gezwungen, eine wirklich harte Frage zu beantworten; einmal hat er Helms sogar gesagt, es gäbe gewisse Vorhaben der CIA, von denen er am besten nichts wüßte. Mit einer solchen Haltung beaufsichtigte er die CIA allerdings nur noch formal und ermutigte sie, nicht allzu zimperlich zu sein, aber die Zusammenarbeit gestaltete sich reibungslos. Der Kongreß hatte das Gefühl, alles sei in bester Ordnung, und die CIA glaubte, die Spielregeln zu kennen. 1966 brachte Senator Eugene McCarthy, den später eine enge Freundschaft mit Helms verband, eine Resolution zur Errichtung eines neuen Senatsausschusses für die Überprüfung der Arbeit der Nachrichtendienste ein. Mike Mansfield hatte das gleiche schon 1955 versucht, aber nachdem Allen Dulles und Eisenhower sich dagegen gewehrt hatten, schlief die Sache wieder ein. Dem Antrag von McCarthy erging es ähnlich. Russell erklärte, er sei dagegen, im Juli 1966 wurde der Antrag mit 61 zu 28 Stimmen abgelehnt. Im Senat wollte man lieber nicht so genau Bescheid wissen. Als freundliche Geste gegenüber den Unterlegenen lud Russell die Senatoren Fulbright, Mansfield und Bourke Hickenlooper zur Teilnahme an den Sitzungen seines Aufsichtsgremiums ein, brachte aber deutlich zum Ausdruck, daß dieses Zugeständnis sie nicht berechtigte, das, was sie hier erfuhren, dem Außenpolitischen Senatsausschuß mitzuteilen. Russell war mächtig genug, um sich mit seiner Forderung durchzusetzen. Fulbright erschien ein paarmal auf den Sitzungen, gab es dann aber auf. »Es hat keinen Sinn«, sagte er zu Carl Marcy, dem Chef des Arbeitsstabes des Außenpolitischen Senatsausschusses; »man erfährt dort nie etwas.«

Aber Anfang 1973 war alles anders geworden. Russell war gestorben, und die neuen Vorsitzenden des Streitkräfte-Ausschusses und des Genehmigungsausschusses, John Stennis und Allen Ellender, übernahmen zwar Russells Kompetenzen, hatten aber nicht den gleichen Einfluß wie ihr Vorgänger. Stennis war, wenn möglich, gegenüber der CIA noch freundlicher und vertraute ihr noch mehr als Russell. Ende 1971 wurde die CIA dafür kritisiert, daß sie angeblich einen »geheimen Krieg« in Laos führte, aber Stennis fand nur Lob und Anerkennung für die Behörde: »Diese Behörde wird glänzend geleitet . . . Sie haben sich entschlossen, eine nachrichtendienstliche Behörde einzurichten und sie als solche zu schützen, gelegentlich ein Auge zuzudrücken und die Folgen zu tragen.«[10]

Aber Stennis versäumte auch, regelmäßig Anhörungen über die Arbeit der CIA abzuhalten, und Symington ergriff am 7. Februar 1973 als Mitglied des Streitkräfteausschusses und des Außenpolitischen Ausschusses die Gelegenheit, ein paar Fragen zu Chile an Helms zu richten, die ihn schon seit längerer Zeit beunruhigten. Helms hätte ganz offen sagen können, Herr Senator, darüber möchte ich eigentlich nicht sprechen; oder er hätte versuchen können, sich herauszureden, aber in beiden Fällen hätte er die Katze aus dem Sack gelassen, und das wollte er nicht tun. Die anderen Senatoren waren ebenso neugierig wie Symington, und aus der Anhörung wurde eine so offene Aussprache, wie sie Helms im Senat noch nie erlebt hatte. Deshalb verschanzte er sich hinter sehr knappen, technisch zutreffenden Antworten. Er wollte auf diese Dinge nicht im einzelnen eingehen, sondern die Zusammenhänge verschleiern, möglichst wenig preisgeben und so schnell wie möglich wieder aus dem Beratungszimmer kommen.

Am Schluß der Anhörung, mit der Helms als Botschafter im Iran bestätigt wurde, sagte Fulbright: »Ich glaube, es ist sehr vernünftig, daß Sie etwas Konkretes zu Protokoll geben, besonders angesichts der Tatsache, daß Sie Ihren Posten aufgeben. Ich glaube, ich habe alles Notwendige erwähnt. Sie erinnern sich wahrscheinlich an den bekannten Fall, als wir Sullivan nicht über Laos befragt hatten; und als wir ihn später fragten, weshalb er uns nichts gesagt habe, erklärte er, wir hätten nicht danach gefragt. Gibt es noch irgendeine Frage, die ich hätte stellen und die Sie hätten beantworten sollen?«

HELMS: Sir, lassen Sie mich in dem Bemühen, diese Angelegenheit abzuschließen, diese Sache mit Watergate, erklären, Sie haben alle relevanten Fragen gestellt. Ich habe keine Angaben mehr zu machen, und ich weiß nichts darüber. Ehrlich, ich weiß nichts.

VORSITZENDER: Und Ihre Leute, außer dem einen Mann, der als Berater –

HELMS: Wir haben nichts damit zu tun gehabt, ehrlich, gar nichts.

Aber es war schon zu spät. Helms war nicht mehr in der Lage, die Geheimnisse zu wahren, und seine Nachfolger waren nicht so besorgt um ihre Integrität wie er. Watergate und Schlesinger sorgten gemeinsam dafür, daß die geheime Geschichte der CIA ans Licht kam, und William Colby hat die Tür schließlich ganz aufgestoßen. Als Schlesinger sein Amt antrat, war seine Haltung eine Mischung aus Mißtrauen und Verachtung gegenüber dem »Gentlemen's-Club«, der seit den 40er Jahren innerhalb der CIA die Macht in der Hand gehabt und sie an einzelne Personen delegiert hatte. Schlesinger hatte nach seiner Überprüfung der Nachrichtendienste vor zwei Jahren eine große Zahl von Ideen entwickelt, ihr Kern war jedoch seine Absicht, die Geheimdienste fest in den Griff zu bekommen. Auf einer Englandreise sagte Schlesinger dem Chef des Außenbüros in London, Rolfe Kingsley: »Dieses Planungsdirektorium, das ist die Prätorianergarde von Helms. Ich werde sie zerschlagen.«

Unmittelbar nach seiner Amtsübernahme als Direktor hielt Schlesinger im großen Vortragssaal von Langley, wo Helms im Dezember seine Abschiedsrede gehalten hatte, eine Besprechung für alle Angehörigen des Planungsdirektoriums ab. Helms hatte seinen Zuhörern gesagt, die CIA habe nichts mit Watergate zu tun, und wenn sie etwas damit zu tun gehabt hätte, dann hätte sie die Sache entschieden besser organisiert. Anfang Februar 1973 wollte Schlesinger nicht etwa jemanden loben, sondern etwas zu Grabe tragen. Auf seinen Befehl hatten sich auf den 500 Plätzen des Saales die jüngeren Beamten des Planungsdirektoriums versammelt, und daran zeigte sich schon, was Schlesinger mit den älteren im Sinn hatte.

Vieles von dem, was Schlesinger sagte, war verwirrend. So sprach er zum Beispiel immer wieder vom »Operationsdirektorium«. Was war das? In der CIA gab es keine solche Abteilung. Und Schlesinger sagte, künftig werde man mehr Wert darauf legen, technische Daten zu sammeln (Bissells Idee), die analytische Arbeit zu intensivieren (das hatte Ray Cline immer wieder gefordert), und natürlich gäbe es einen ständigen Bedarf an »menschlichen Quellen« (das war eine Idee von Helms). Doch was sollte das bedeuten? Auch Schlesinger würde Wanzen, Zeitungen und Spione brauchen. Wie sollte man denn sonst arbeiten? Einen Augenblick hatte man den Eindruck, Schlesinger sei einer jener Außenseiter, die beweisen wollten, daß sie den Fachjargon der Nachrichtendienste beherrschten. Doch schließlich kam er zum Kern dessen, was er an diesem Morgen sagen wollte, und seine Absichten wurden auf recht brutale Weise deutlich. Er sagte, von jetzt an werde die Laufbahn der Beamten im Nachrichtendienst nicht mehr länger als zwanzig Jahre dauern. Es sei Zeit, daß die jüngeren Leute an die Reihe kämen: Schlesinger wollte eine Generalsäuberung vornehmen.

Das war zwar ein brutales Vorgehen, aber viele Angehörige der CIA räumen ein, daß so etwas schon lange fällig gewesen sei. Eine Zeitlang sprach man in der alten Garde davon, Widerstand zu leisten und etwa ein arbeitsgerichtliches Verfahren einzuleiten, um Massenentlassungen zu verhindern. Das für die Pensionierungen in der CIA geltende Gesetz schränkte die Zahl der Leute stark ein, die alljährlich vorzeitig in den Ruhestand treten durften. Wenn Schlesinger über diese Zahl hinausging, dann würden die meisten ihre Stelle verlieren, ohne eine Pension zu bekommen oder Aussicht auf eine neue Stelle zu haben. Überall war man der Ansicht, das könnte er bei Gott nicht tun. Aber er konnte es. Schlesinger rief in Gegenwart mehrerer CIA-Beamter von seinem Büro aus den Präsidenten an und erklärte ihm, es könne zu Kämpfen kommen, die Sache könnte in der Öffentlichkeit bekannt werden, man müsse unter Umständen mit gerichtlichen Verfahren rechnen, und die Zeitungen würden darüber berichten. Er fragte Nixon: »Wie weit darf ich gehen?« Nixon erklärte, er werde sich voll und ganz hinter ihn stellen, und Schlesinger sollte eine gründliche Säuberung vornehmen. Als Schlesinger den Hörer auflegte, war es den Anwesenden klar, daß das »Massaker« sich nicht mehr aufhalten ließ.

Ebenso wie Helms hielt Schlesinger jeden Morgen in seinem Büro eine Besprechung mit den stellvertretenden Direktoren ab, und jeden Morgen wollte er Zahlen sehen. Ausflüchte ließ er nicht gelten; er wollte die Namen der Leute wissen, die entlassen wurden. Oft kritisierte er den Leiter der Nachrichtenabteilung, Ed Proctor, dafür, daß er zu behutsam vorginge. Der Direktor der Abteilung für Wissenschaft und Technik, Carl Duckett, machte seine Sache besser. Er legte jeden Tag eine Namensliste vor, und die Leute, die in seiner Abteilung arbeiteten, bezeichneten ihn ganz offen als einen Hundesohn. William Colby, der Nachfolger von Thomas Karamessines als Chef des Operationsdirektoriums[11], kam täglich mit der Beschwerde Schlesingers in sein Büro zurück, »es werden nicht genug Leute entlassen«. Er übertrug diese Aufgabe dem Personalchef des Operationsdirektoriums (DDO), Gordon Mason, wahrscheinlich weil er selbst nicht die von Schlesinger geforderten harten Entscheidungen treffen wollte. Aber auch Mason weigerte sich, Colby die Verantwortung abzunehmen. Er traf mit aller Sorgfalt die Auswahl für die zu entlassenden Beamten, brachte die Personalakten zu Colby und sagte: »Hier sind die angeforderten Unterlagen. Sie müssen nun die Entscheidung treffen.«

Schlesinger blieb nicht lange bei der CIA. Am 9. Mai 1973 löste er auf Nixons Anordnung den Verteidigungsminister Elliot Richardson ab, der das Justizministerium von Richard Kleindienst übernahm. Kleindienst war zurückgetreten, weil sein alter Freund John Mitchell wegen seiner Beteiligung am Watergate-Skandal unter Anklage gestellt worden war. Aber während seiner kurzen Amtszeit als Direktor der Central Intelligence, der kürzesten in der Geschichte dieser Behörde, entließ Schlesinger mehr als tausend CIA-Beamte, von denen mehr als hundert jahrelang dem Planungsdirektorium beziehungsweise dem Operationsdirektorium angehört hatten.

Die Entlassungen erfolgten schubweise. Wenn es Schlesinger nicht schnell genug ging, ließ er sich die Listen vorlegen und sagte: »Er ist schon zwanzig Jahre hier, das genügt; hinaus.« Auf diese Weise wurden auch viele tüchtige Beamte entlassen, aber Schlesinger ließ nicht mit sich reden. Sobald eine neue von ihm festgelegte Quote erfüllt war, setzte er eine neue fest. Einmal sagte der Personalchef der CIA, Harry Fisher: »Können wir diesmal nicht ein wenig Mitleid zeigen?«

»Reden Sie mit mir nicht von Mitleid«, antwortete Schlesinger. »Ich habe nur Mitleid mit dem amerikanischen Steuerzahler.«

Schlesinger war bei der CIA so unbeliebt, daß das Sicherheitsbüro aufgefordert wurde, zusätzliche Leibwächter für ihn bereitzustellen. Von nun an wurde der Direktor täglich auf der Fahrt zwischen seiner Wohnung und dem CIA-Gebäude von Leibwächtern begleitet, und ein Gorilla saß ständig in seinem Vorzimmer. Als Schlesingers Porträt offiziell neben denen der anderen Direktoren im Haupteingang des Erdgeschosses aufgehängt wurde, ließ man es durch eine besondere Fernsehkamera überwachen, weil man fürchtete, ein verärgerter Angestellter könnte es beschädigen. Einmal sah der Posten, der den Bildschirm beobachtete, wie eine Frau vor dem Bild stehenblieb und eine hastige Bewegung machte. Der Posten lief aus seinem Zimmer, um das Bild zu schützen, und stellte fest, daß die Frau dem Porträt nur eine lange Nase machte.

Schlesinger hatte sich als Außenseiter unbeliebt gemacht, aber William Colby wurde von vielen Angehörigen der CIA abgelehnt, weil man ihn als Verräter ansah, der das Vertrauen von Helms mißbrauchte und dem Ansehen der CIA während seiner zweieinhalbjährigen Amtszeit schweren Schaden zugefügt hatte. Colby hatte Helms fast jeden höheren Posten zu verdanken, den er in der CIA bekleidete. Helms hatte ihn 1959 als Nachfolger von Nick Natsios empfohlen, der Stationschef in Saigon gewesen war. Er ernannte ihn 1963 zum Chef der Fernostabteilung. 1968 wollte Helms ihn zum Leiter der sowjetrussischen Abteilung machen, bevor Robert Komer ihn mit Genehmigung von Lyndon Johnson für das Phoenix-Programm auslieh. Als Colby im Sommer 1971 aus Vietnam zurückkehrte, machte Helms ihn zum Exekutivdirektor und Budgetdirektor. Das war die dritthöchste Position innerhalb der CIA, jedenfalls auf dem Papier. Colby hatte eine glänzende Karriere gemacht. Er war langjähriger Angehöriger des OSS und als Beamter des OPC Anfang der 50er Jahre zur CIA gekommen. Man wußte jedoch, daß er ein Günstling William Donovans war, und zwar noch aus der Zeit, als Allen Dulles Donovan gnädig entlassen hatte. Colby hatte die Universität in Princeton besucht, es fehlten ihm aber die gesellschaftlichen Verbindungen und die weltmännische Art jener Patrizier aus der Efeu-Liga, die in den Anfangszeiten der CIA den Ton angaben. Darüber hinaus war Colby in der nachrichtendienstlichen Arbeit das genaue Gegenteil von Helms. Seinem Temperament entsprachen verdeckte politische Unternehmungen, und er hielt nichts von der Vorsicht und Sorgfalt, die der Tradition aller nachrichtendienstlichen Behörden entsprechen.[12] Die Anwerbung von Agenten, bei der es darauf ankommt, im Verlauf längerer Zeit praktisch verwertbare Informationen zu sammeln – das heißt umfangreiche Akten mit genauen biographischen Angaben über potentielle Kandidaten –, hielt er für zu mühsam und zu umständlich. Insbesondere lehnte er die strengen Sicherheitsbestimmungen bei der Spionageabwehr ab und teilte nicht die Skepsis von Angleton und seinen Leuten, wenn es mit großer Mühe oder durch einen glücklichen Zufall gelungen war, einen russischen Agenten anzuwerben. Aber Helms hatte Colby trotzdem befördert, zum Teil wegen seiner hohen Intelligenz und Tüchtigkeit, vor allem aber – wie man glaubt – wegen einer Eigenschaft, die sie beide besaßen. Sie wankten keine Minute in ihrer Überzeugung, daß die CIA dem Präsidenten dienen solle. Colby hat sich bei allem, was er tat oder zu tun beabsichtigte, darum bemüht, die Wünsche des Präsidenten zu erfüllen.

Colby hatte jedoch kein Verständnis für einen Nachrichtendienst, der nach Helms' Vorstellungen organisiert war. Das zeigte sich sofort, als Helms sein Ausscheiden bekanntgab. Während der folgenden sechs Wochen gewann Colby Schlesingers Vertrauen und wurde dessen wichtigster Mitarbeiter. Oft unterrichtete er Schlesinger in dessen Büro bei der Atomenergiekommission über die Lage, überzeugte ihn, daß es richtig sei, die Stelle des Exekutivdirektors und Budgetdirektors zu streichen, und ließ sich selbst zum Nachfolger von Karamessines ernennen. In seinen Memoiren schreibt Colby, er habe Schlesinger gesagt: »Wissen Sie, die größten Schwierigkeiten werden Sie mit den Leuten vom Geheimdienst im unteren Stockwerk haben. Ich bin einer von ihnen. Ich bin dort großgeworden. Lassen Sie mich dort hinuntergehen und diese Sache für Sie in Ordnung bringen.«[13]

In den drei letzten Jahren, die Colby für die CIA arbeitete, hatte er viele entschiedene Gegner, die seine Haltung gegenüber Schlesinger schlicht, aber deutlich als Speichelleckerei bezeichneten, als das Verhalten eines ehrgeizigen, aber zynischen Mannes, der nur Karriere machen will. Dieses Urteil wird den Bemühungen Colbys nicht gerecht. Er wollte das Operationsdirektorium straffen; es sollte seine Arbeit mehr auf die Beschaffung konkreter Nachrichten konzentrieren und sich von dem nach seiner Meinung zu melodramatischen Geschäft der Spionage lösen. Colby vertrat damit ähnliche Grundsätze wie Richard Bissell, auch wenn sie als Persönlichkeiten nicht miteinander zu vergleichen waren. So kam es wieder zu einem heftigen und erbitterten Konflikt zwischen dem geheimen Nachrichtendienst und den Verfechtern verdeckter politischer Aktionen.

Die persönlichen Gegensätze zwischen Colby und James Angleton waren innerhalb der CIA kein Geheimnis. Angleton hatte Colby dafür kritisiert, daß er Ende der 50er Jahre die Öffnung der italienischen Christdemokraten nach links unterstützt hatte. Angleton hatte während des Krieges in Italien für das OSS gearbeitet, sein Vater lebte dort, und er war in diesem Land fast wie zu Hause. Er erklärte, wenn die Sozialisten an der Regierung beteiligt würden, dann wären die Kommunisten auch bald an der Macht. Er hatte sogar den Verdacht, daß sich die Sozialisten insgeheim mit der KPI geeinigt hätten, und hielt die Gutgläubigkeit Colbys gegenüber den Sozialisten für naiv. Auch in Saigon wurde Colby noch von Angleton kritisiert, der zum Beispiel behauptete, er habe nichts über das Zusammentreffen mit einem Franzosen gemeldet, der im Verdacht stand, ein sowjetischer Agent zu sein. Er warf Colby damals und auch später sogar vor, er sei für die amerikanischen Verluste in Vietnam mitverantwortlich, weil er die Spionageabwehr vernachlässigt habe. Als sich später herausstellte, daß die Nationale Befreiungsfront und Hanoi beim südvietnamesischen Militär und in der Regierung 40 000 Agenten hatte, eine geradezu phänomenale Zahl, und zwar vom Postboten und Gefreiten bei den Versorgungstruppen bis in die höchsten Stellen, behauptete Angleton, das läge daran, daß Colby Anfang der 60er Jahre die Spionageabwehr nicht ernstgenommen habe. Wie viele amerikanische Soldaten waren gefallen, weil die andere Seite von Spionen in Saigon über bevorstehende militärische Operationen unterrichtet worden war? Angleton behauptete, Colby sei für den Tod dieser Menschen verantwortlich.

So war es fast selbstverständlich, daß Colby Schlesinger nach dessen Amtsantritt empfahl, Angleton zu entlassen. Für einen Außenstehenden ist es fast unmöglich zu sagen, wie weit die Gegensätze zwischen Colby und Angleton durch persönliche Antipathie und wie weit sie durch sachliche Meinungsverschiedenheiten begründet waren. Aus verständlichen Gründen will keiner von beiden über diese Differenzen sprechen, und das Gewicht der Beschuldigungen und Gegenbeschuldigungen läßt sich nicht mehr ermessen. Es steht jedoch fest, daß es sehr ernste Differenzen waren. Colby glaubte, das Mißtrauen von Angleton gründe sich auf Wahnvorstellungen. Angletons Freunde (und auch andere Angehörige der CIA) haben später gegenüber Journalisten behauptet, Colbys »destruktive« Maßnahmen als Direktor der Central Intelligence seien praktisch von denen eines russischen Agenten in ihrer Wirkung nicht zu unterscheiden gewesen. Diese mit zahlreichen Tatsachen begründete Auffassung zeigt, mit welcher Erbitterung hier gestritten wurde. Für einen Außenseiter sind die gegen Colby erhobenen Vorwürfe geradezu haarsträubend und zeigen mit erschütternder Deutlichkeit den Verfall der amerikanischen Nachrichtendienste, nachdem man sie gezwungen hatte, ihre Tätigkeit vor der Öffentlichkeit zu rechtfertigen.

Es gibt jedoch keinen Zweifel an der Intelligenz, Erfahrenheit und der gründlichen Kenntnis Angletons im Hinblick auf die Arbeitsweise kommunistischer Nachrichtendienste. Auch bei der Überprüfung der Vertrauenswürdigkeit von Überläufern hätte niemand sorgfältiger vorgehen können als er.[14] Doch mit den Jahren hatte Angleton bei den sowjetischen Operationen in der ganzen Welt eine erschreckend ähnliche Tendenz beobachtet, die Umrisse eines sorgfältig ausgeklügelten Plans mit dem Ziel, die westlichen Nachrichtendienste gezielt mit Agenten zu unterwandern und die bereits eingeschleusten für die Bestätigung der Glaubwürdigkeit neuer Agenten einzusetzen. Als es beim französischen Nachrichtendienst Anfang der 60er Jahre wegen eines solchen Falles zu einem großen Skandal kam,[15] war Angleton überzeugt, der KGB arbeite an einem umfassenden Projekt und wolle dabei sowohl die Regierungen als auch die Nachrichtendienste unterwandern, um auf diese Weise ganze Regierungen und Länder mit einem dichten Netz von Agenten zu überziehen, die einander unterstützten. Fraglos haben die russischen Geheimdienste sehr erfolgreich gearbeitet. Sowohl in Großbritannien als auch in der Bundesrepublik Deutschland sind die Chefs von Spionageabwehrabteilungen zu verschiedenen Zeiten Agenten des KGB gewesen, und es ist den Sowjets gelungen, ihre Leute in jeden größeren Nachrichtendienst einzuschleusen – vielleicht auch in unseren. Aber Angleton hielt die russischen Geheimdienste für bedeutend tüchtiger als die meisten seiner Kollegen. Er war überzeugt, daß es in der Tat eine »weltweite kommunistische Verschwörung« gäbe.

In der CIA hielt man Angletons ungewöhnliche Skepsis für seine hervorstechendste Charaktereigenschaft. Als ein Kollege einmal behauptete, man dürfe einem bestimmten befreundeten Nachrichtendienst eine gewisse Information nicht vorenthalten, antwortete Angleton: »Es gibt keine befreundeten Nachrichtendienste.« Sein Mißtrauen schien keine Grenzen zu kennen. Er war dafür verantwortlich gewesen, daß ein erstes Angebot des russischen Spions Oleg Penkowskij im August 1960 abgelehnt wurde, und nachdem Penkowskij längst von den Briten angeworben worden war und für Briten und Amerikaner arbeitete, behauptete Angleton immer noch, er sei ein Provokateur. Man kann sich nicht vorstellen, wie unsinnig das der Abteilung für

Sowjetrußland unter Jack Maury vorgekommen ist. Penkowskij gilt als der wichtigste Spion, den die Vereinigten Staaten je gegen die Sowjetunion eingesetzt haben. CIA-Beamte, die die von Penkowskij gelieferten 5000 Mikrofilmaufnahmen gesehen haben, waren überwältigt von der Qualität dieser Informationen. In der Regel muß ein Provokateur 95 Prozent zutreffende Nachrichten liefern, wenn man ihm vertrauen und glauben soll. Jeder CIA-Beamte hält es für verrückt zu glauben, daß Penkowskij ein von den Russen eingeschleuster Agent gewesen sein könnte. Denn es war undenkbar, daß die Sowjets so viele zutreffende Informationen geliefert hätten. Einen Angehörigen des Planungsdirektoriums, der sich mit Angleton über diesen Punkt nicht einigen konnte, hat Angleton schließlich kaltgestellt. »Gewisse Quellen sind ab sofort für Sie nicht mehr zugänglich«, sagte Angleton geheimnisvoll und weigerte sich, seine Entscheidung näher zu begründen.

Ebenso typisch wie sein Mißtrauen war die Hartnäckigkeit, mit der er bei einer vorgefaßten Meinung blieb. So hielt er den Konflikt zwischen Stalin und Tito lediglich für eine Scharade mit dem Ziel, den Westen in Sicherheit zu wiegen, und angeblich glaubt er auch heute noch, daß die sowjetisch-chinesische Konfrontation ein Täuschungsmanöver sei. Wegen seiner hohen Intelligenz und weil Angleton seine Auffassungen mit ungezählten Details hervorragend zu begründen verstand, haben die Direktoren der CIA nicht den notwendigen Schluß gezogen und gesagt, der Mann ist unzuverlässig. Offenbar haben sie gedacht, vielleicht . . . vielleicht könnte er doch recht haben.

Wenn man sich mit jemandem über Fakten streitet, der davon überzeugt ist, er habe eine Verschwörung aufgedeckt, dann führt das in ausweglose Situationen.[16] Man darf die Fakten jedoch nicht ignorieren, denn das wäre leichtfertig und verantwortungslos; es kommt darauf an herauszufinden, ob der Mann recht hat – *und er könnte recht haben.* Angleton war ein solcher Mann; er war überzeugt, die Russen verstünden es, ihren Einfluß zu tarnen, und er war ein genialer Diskussionsredner, der seine Gegner immer wieder zu dem Versuch zwang, das Gegenteil von dem zu beweisen, was er behauptet hatte. Zwar hielten viele Leute bei der CIA Angleton einfach für einen Verrückten, und ließen es dabei bewenden, viele nahmen ihn aber auch nicht ernst. So glaubte er zum

Beispiel, der KGB habe die Palästinensische Befreiungsorganisation PLO völlig unter Kontrolle. Dabei meinte er nicht, die PLO werde vom KGB »beeinflußt«, oder der KGB habe die Organisation »unterwandert«. Er behauptete, der KGB habe die Organisation erst geschaffen, und seine Argumente waren überzeugend genug, um von vielen Mitarbeitern der CIA akzeptiert zu werden.

Die Direktoren der Central Intelligence – von Dulles bis Helms – haben sich hinter Angleton gestellt, weil niemand es wagte, sein Fachwissen zu bezweifeln, weil diese Männer gegenüber der Sowjetunion selbst höchst mißtrauisch waren, auch wenn sie nicht, wie Angleton, daran glaubten, daß die Sowjets so teuflische Kriegslisten anwendeten, und weil sie glaubten, vielleicht habe er doch recht. Es gelang Angleton sogar, Schlesinger auf seine Seite zu ziehen. Colby meint, der entscheidende Faktor sei dabei der allen gemeinsame Antikommunismus; wahrscheinlich war es jedoch mehr die Fähigkeit Angletons, seinen Gesprächspartner mit den geheimen Methoden des Nachrichtendienstes zu faszinieren und ihn mit solcher Plötzlichkeit in das kalte Wasser des Spionagegeschäfts zu stürzen, daß ihm dabei der Atem stockte. Er sollte die Orientierung verlieren und die Überzeugung gewinnen, man müsse jedem, der es in diesem frostigen Klima aushielt, vertrauen – ja man müsse es ihm überlassen, diese schwierige Aufgabe zu meistern. Colby war der erste Direktor der Central Intelligence, der wirklich praktische Erfahrungen in der Nachrichtenbeschaffung hatte, und doch glaubte er, daß Angletons Ideen, die Agenten des KGB hätten die freie Welt in einer Schlinge, die sie allmählich zuzogen, falsch sei, und Angleton habe sein Urteilsvermögen verloren.

Die Spionageabwehr ist im Nachrichtendienst das, was die Erkenntnistheorie in der Philosophie ist. Beide gehen auf die fundamentale Frage zurück, wie wir Erkenntnis gewinnen; beide bezweifeln das, was wir für gegeben ansehen, und beide bieten denen, die der Welt der Erscheinungen mißtrauen, einen Vorteil in der Debatte. Man könnte sagen, Angleton sei der Bischof Berkeley des Nachrichtendienstes gewesen, denn er stellte sich auf den Standpunkt, wir könnten unseren Sinnen nicht trauen, und die Dinge entsprächen in ihrem Wesen nicht der äußeren Erscheinung. Er arbeitete nach der gleichen Methode wie der Textkritiker: durch Textvergleiche. Er war überzeugt, wenn alle Tatsachen bekannt seien, dann entsprächen nur diejenigen der Wirklichkeit, die sich in jedem einzelnen Fall als zutreffend erweisen. Wenn also ein russischer Überläufer behauptete, der Leuchtturm, den er als Knabe aus dem Fenster seines Schulzimmers sehen konnte, habe links gestanden, während er in Wirklichkeit rechts stand, dann konnte mit diesem Mann nicht alles in Ordnung sein. Angleton ging so vor, daß er *alles* berücksichtigte, was der Mann sagte, und diese Aussagen *Satz für Satz* mit dem verglich, was man wußte. Wenn er eine Unstimmigkeit feststellte – und das geschah sehr oft –, dann suchte er nach einem Motiv, und zwar solange, bis er eines fand. Das Motiv war sehr oft der Wunsch, den Gesprächspartner zu täuschen.

Das extremste Beispiel dafür waren die drei Jahre dauernden Vernehmungen des russischen Überläufers Juri Nosenko, der Ende 1963 in den Westen kam und behauptete, er wisse, daß Oswald nicht für den KGB gearbeitet habe. Nosenkos Aussagen waren so lückenhaft, daß Helms dem Obersten Bundesrichter Earl Warren 1964 in einem persönlichen Gespräch sagte, die CIA könne ihn nicht als vertrauenswürdig ansehen. Nosenko wurde bis 1967 rund um die Uhr bewacht und in einer schalldichten Zelle im Keller festgehalten, während die Vernehmungsbeamten der CIA versuchten, sich darüber schlüssig zu werden, ob man ihm glauben könnte oder nicht. Schließlich wurde das Problem durch den einfachen Umstand gelöst, daß man Nosenko nicht für alle Zeiten und unter Mißachtung aller gesetzlichen Bestimmungen einsperren konnte. In diesem Fall hat sich Angleton augenscheinlich nicht entscheiden können, ob er dem Überläufer glauben sollte oder nicht, aber das Untersuchungsverfahren war typisch für ihn. CIA-Beamte in Frankfurt, wo die Überläufer zunächst festgehalten und vernommen wurden, schildern andere Fälle, in denen Angleton sie von Washington aus mit einem solchen Schwall von Detailfragen überschüttete, daß sie halb wahnsinnig dabei wurden. Angletons Methode entsprach seiner Charakterveranlagung. Er züchtete Orchideen, eine Beschäftigung, bei der Jahre vergehen können, bis eine neue Variation entstanden ist. Außerdem war er ein geduldiger Fliegenfischer; er band seine Fliegen selbst, und das ist eine sehr kniffelige Arbeit mit einem feinen Schraubstock und feinen Pinzetten. Er schliff Edelsteine und stellte selbst Schmuckstücke daraus her. Als er an Tuberkulose erkrankte und ein Jahr in einem Sanatorium zubringen mußte, beschäftigte er sich mit Lederarbeiten. Er war ein starker Esser, blieb aber schlank dabei; er rauchte stark und ging abends spät zu Bett.[17] In den 30er Jahren hatte er sich als Student in Yale leidenschaftlich für Lyrik interessiert, und nun tat er seine Arbeit in der Spionageabwehr mit einer gewissen spirituellen Intensität. Dabei war er nicht so gleichgültig wie etwa jemand, der Obst sortiert und die schon angefaulten Äpfel fortwirft. Er hatte das Gefühl, zwischen Licht und Dunkel einen Krieg führen zu müssen. Seine Aufgabe war es, Wahrheit und Lüge auseinanderzuhalten, und das Rätselhafte an der Persönlichkeit von James Angleton liegt darin, daß es ein Geheimnis bleiben wird, was er wirklich für die Wahrheit gehalten hat.

Colby war für so etwas viel zu ungeduldig. Sein Temperament erlaubte ihm nicht, mit Angleton ein Streitgespräch zu führen. Für ihn hatte das keinen Sinn, und er verhielt sich hier ganz ähnlich wie Samuel Johnson, der mit der Fußspitze einen Stein fortschleuderte und sagte: »So widerlege ich Berkeley!« Kurz gesagt, William Colby wollte die Spionageabwehr auflösen.[18]

Aber er ließ sich Zeit dabei. Sofort nach seiner Ernennung zum Leiter des Operationsdirektoriums setzte er einen Sonderausschuß für die Umgliederung dieser Abteilung unter dem Vorsitz seines Stellvertreters Cord Meyer ein, der in der CIA zwar ein angesehener Mann war, den aber niemand für einen Fachmann auf diesem Gebiet hielt. Als Chef der Internationalen Organisationsabteilung hatte Meyer zum Beispiel ein so stark verzweigtes Netz von Finanzierungsgruppen geschaffen, daß eine einzige Indiskretion – die Feststellung, daß die CIA 1967 die National Student Association finanziert hatte – innerhalb weniger Tage das ganze äußerst komplexe Gewebe bekanntwerden ließ. Die Presse nannte namentlich ungezählte Tarnorganisationen und die von ihnen finanziell unterstützten Gruppen. Das hätte bei einer genauen Beachtung der Geheimhaltungsvorschriften nicht geschehen dürfen. Später war Meyer Stationschef in London gewesen, eine Aufgabe, die administrative Begabung und gesellschaftliche Gewandtheit verlangte. Hier kam es in erster Linie auf die guten Beziehungen zum britischen Nachrichtendienst, weniger aber auf die geschickte Durchführung geheimer Operationen an. Zu dem Ausschuß Meyers gehörte auch Charles Whitehurst, der empört behauptete, die Umgliederung des Operationsdirektoriums durch Colby ließe ein »Frankensteinsches Ungeheuer« entstehen. Aber Colby setzte sich mit seinen Vorstellungen durch, löste die alten Stäbe auf, die zu jeder Unterabteilung gehörten, und sorgte dafür, daß die Spionageabwehr nur noch eine unbedeutende Nebenrolle spielte. Schlesinger wollte eine Entlassung von Angleton nicht genehmigen, aber Colby nahm ihm die Zuständigkeit für die Zusammenarbeit mit dem FBI und das Unternehmen Chaos, bis es vollständig aufgegeben wurde, verringerte die Zahl seiner Mitarbeiter und hoffte, er werde erkennen, was das zu bedeuten hatte, und seinen Abschied nehmen.

Wenige Monate nach dem Ausscheiden von Helms aus der CIA war der von ihm mit solcher Mühe aufgebaute Geheimdienst vollständig umgegliedert worden, und die meisten seiner alten Freunde und Kollegen waren entweder schon gegangen oder standen kurz vor dem Ausscheiden. Es bedurfte jedoch entscheidender Entwicklungen im Fall Watergate, um vieles von dem, was bisher geheimgehalten worden war, an die Öffentlichkeit zu bringen. Am 15. April 1973 sagte John Dean vor der Bundesanwaltschaft über den von Hunt organisierten Einbruch in die Praxis von Dr. Lewis Fielding in Los Angeles aus, und am folgenden Tag bestätigte Hunt diese Aussage vor dem Geschworenengericht. Die Angelegenheit konnte noch fast zwei Wochen geheimgehalten werden. Am 18. April sagte Nixon zu dem Oberstaatsanwalt Henry Petersen, er dürfe die Aussage von Hunt über den Einbruch bei Fielding nicht weiter verfolgen. Hier ginge es um die »nationale Sicherheit«. Petersen stimmte zu, aber schon nach wenigen Tagen überlegte er sich, ob das Justizministerium nicht die Verpflichtung habe, dem Richter in dem Verfahren gegen Daniel Ellsberg mitzuteilen, daß der Einbruch stattgefunden hatte. Am 25. April ging Petersen zum Justizminister Kleindienst und sagte ihm, die Untersuchung des Einbruchs könnte unter Umständen entlastendes Material zutage fördern, das dem Richter zugänglich gemacht werden müsse. Kleindienst stimmte zu und sprach mit dem Präsidenten, der »sehr aufgebracht . . . sehr erregt darüber« war.[19] Nixon sah sich jetzt in die Ecke gedrängt; er wagte es nicht, seinem Justizminister das Gegenteil zu befehlen, und am 26. April wurde Richter Matthew Byrne *in camera* über den Einbruch unterrichtet.

Wahrscheinlich hat Petersen um die gleiche Zeit auch Larry Houston bei der CIA angerufen und ihm geraten, zum Justizministerium zu gehen. Er sagte: »Jetzt wird die Hölle losbrechen.« Houston meldete Schlesinger, wohin er gehen werde und aus welchem Grund. Schlesinger erwiderte: »Wie steht es mit der Charakterstudie; fragen Sie danach.« Jetzt hörte Houston zum ersten Mal etwas von den beiden psychologischen Gutachten, die die CIA von Daniel Ellsberg hatte anfertigen lassen. Beim Justizministerium erläuterte der sehr erregte Petersen den Einbruch und seinen Zweck. Hunt hatte nach Material für die zweite Analyse der Motive Ellsbergs bei der Veröffentlichung der Pentagon-Papiere gesucht. Houston erinnert sich, daß Petersen mit der Faust gegen die Wand geschlagen und gesagt hatte: »Ich kann es nicht glauben; wie haben sie uns das nur antun können?« Als Houston wieder zur CIA zurückkam, meldete er sich bei Schlesinger und Colby, Colby sagte: »Wenigstens wissen wir jetzt, worauf Hunt hinauswollte.«[20] Schlesinger war außer sich. Colby und Vernon Walters hatten ihm beide versichert, er wisse alles, was man über die Beteiligung der CIA an Watergate wissen könnte, obwohl man jetzt nicht mehr behaupten dürfte, es handele sich dabei allein um den Einbruch im Watergate Hotel, sondern sagen müßte, dazu gehöre auch alles, was Hunt und seine Kollegen für den Präsidenten getan hatten. Jetzt mußte Schlesinger feststellen, daß Hunt mit der materiellen Unterstützung der CIA einen Einbruch begangen hatte. Er sagte zu Colby, er werde in der CIA das Unterste zuoberst kehren und, »wenn notwendig, alle Beteiligten hinauswerfen«.[21] Jetzt wolle er alles erfahren, was die CIA getan habe, um künftig nicht mehr im dunklen zu tappen. Keine Überraschungen mehr!

Colby hatte zur Lösung dieses Problems einen Plan. Er schlug vor, Schlesinger sollte allen Angehörigen der CIA eine Direktive zugehen lassen, mit der jeder einzelne aufgefordert wurde, *alles* zu melden, was die CIA unter Mißachtung der für sie geltenden Bestimmungen getan haben könnte. Schlesinger hielt das für richtig. Colby entwarf die Direktive, Schlesinger unterzeichnete sie, und am 9. Mai[22] wurde sie innerhalb der CIA verteilt – am gleichen Tage, an dem Nixon Schlesinger zum Verteidigungsminister und Colby zum neuen Direktor der Central Intelligence ernannte. Am folgenden Tag befahl Schlesinger Vernon Walters, einen ausführlichen Bericht über seine Gespräche mit Haldeman, Ehrlichman und Dean im Juni 1973 vorzulegen, und wenige Tage darauf erfuhr Schlesinger von den Briefen, die McCord im vergangenen Jahr an die CIA geschrieben hatte. Sie waren der letzte Kontakt der CIA mit den an Watergate beteiligten Personen, der nun bekannt wurde, nachdem Helms sie als irrelevant beiseitegelegt hatte. Diese Feststellungen genügten jedoch, die Dringlichkeit des von Schlesinger am 9. Mai erlassenen Befehls zu unterstreichen, und jetzt häuften sich auch die dadurch veranlaßten Berichte. Offiziell waren die Berichte an den Generalinspekteur William Broe gerichtet, der den Schlußbericht unterzeichnete, aber in Wirklichkeit landeten sie zunächst auf dem Schreibtisch von Colby.

Am 21. Mai hatte Broe eine 26 Seiten starke vorläufige Zusammenfassung der Meldungen fertiggestellt und legte sie mit der Überschrift »Potentielle Fehlentscheidungen« Colby vor. Um solche Unternehmungen handelte es sich auch tatsächlich. Der vollständige, etwas später fertiggestellte Bericht umfaßte 693 Seiten und erhielt den bezeichnenden Tarnnamen »Der Familienschmuck«. Hier war fast jeder ernste Vorwurf enthalten, der je gegen die CIA erhoben worden war. Unter anderem enthielt der Bericht Angaben über die Operation Chaos, eine skizzenhafte Darstellung der Drogentests (die Details waren verschwunden, als Helms vor seinem Ausscheiden aus der CIA die Vernichtung seiner Akten angeordnet hatte), die Rolle der CIA im Rahmen des von Tom Charles Huston entworfenen Plans für einen Nachrichtendienst auf dem Territorium der Vereinigten Staaten, die Ausbildungsprogramme für örtliche Polizeibehörden, ein Programm für die Anwerbung von Spionageabwehragenten für das Büro für Narkotika und gefährliche Drogen, das Programm für die Briefzensur, das Abhören amerikanischer Journalisten, von denen man glaubte, sie hätten Informanten innerhalb der CIA, einen Einbruch in Fairfax, Virginia und die Kontakte mit den Einbrechern im Watergate Hotel. Am gefährlichsten war ein besonderer Anhang, der den Inhalt des Berichts des Generalinspekteurs aus dem Jahr 1967 über die Beteiligung der CIA an Attentatsplänen gegen Trujillo, Diem und Castro enthielt.[23]

Bis zu diesem Augenblick hatte Colby noch nie etwas von dem Bericht des Generalinspekteurs gehört, obwohl er bereits das unbestimmte Gefühl hatte, die Attentate seien ein schwacher Punkt in der Geschichte der CIA, ein Gegenstand, der am besten nicht näher untersucht wurde. Im Herbst 1971 hatte Colby in der Sonntagszeitung *Parade* einen Bericht gelesen, in dem behauptet wurde, die CIA sei die »einzige« amerikanische Behörde, die »ermächtigt« sei, Attentate durchzuführen.[24] Noch im Juni hatte der Außenpolitische Senatsausschuß Colby wegen des Phoenix-Programms scharf ins Kreuzverhör genommen, und er hatte den Vorwurf bestritten, in Vietnam eine Art zentrales Attentatsbüro eingerichtet zu haben. Nun entschloß sich Colby, einen Brief an *Parade* zu schreiben, mit dem er die dort aufgestellten Behauptungen bestritt, damit sein Schweigen nicht als Bestätigung aufgefaßt werden könnte. Doch zuvor zog er in aller Stille Erkundigungen ein und stellte fest, daß er das geplante Dementi nicht in der zunächst beabsichtigten kategorischen Form abgeben dürfte. Er mußte erfahren, daß die CIA tatsächlich in Afrika und in der Karibik in Attentatspläne verwickelt gewesen war. Genaue Einzelheiten konnte er nicht in Erfahrung bringen und bemühte sich auch nicht darum. Er begnügte sich nun mit einem milden Protestbrief an *Parade* und entwarf dann eine Anweisung, mit der jede Beteiligung an einem Attentat streng untersagt wurde. Helms unterzeichnete dieses Schriftstück, das am 6. März 1972 an die stellvertretenden Direktoren der CIA weitergegeben wurde.[25]

Die Reaktion von Colby darauf, daß er im »Familienschmuck« solide Beweise für die Beteiligung der CIA an Attentatsplänen gefunden hatte, zeigt, daß sein Bewußtsein irgendwie gespalten war. Zuerst erklärte er sich bereit, den Vorsitzenden der vier Kongreß- und Senatsausschüsse, deren Aufgabe es war, die CIA zu beaufsichtigen, im Juni 1973 zu sagen, was er wußte, aber zugleich erklärte er, »Exzesse« seien strengstens verboten, und man sollte die Vergangenheit ruhen lassen. Drei der vier Vorsitzenden waren bereit, die Angelegenheit zu vergessen, aber der letzte, der Abgeordnete Lucien Nedzi, der Vorsitzende des Bewilligungsausschusses, wollte den ganzen 693 Seiten starken Bericht lesen. Mit knapper Mühe gelang es Colby, Nedzi davon zu überzeugen, die CIA werde so etwas nie wieder tun; er habe jetzt eine umfassende Säuberung vorgenommen, und es werde für die CIA eine Katastrophe bedeuten, wenn 1973 in der Atmosphäre des Watergate-Skandals der gesamte Inhalt des »Familienschmucks« veröffentlicht würde. Nach einer langen Debatte gab Nedzi widerwillig nach.

Doch inzwischen hatte sich eine gewisse Eigendynamik entwikkelt, und eine Veröffentlichung ließ sich nicht mehr verhindern. Als bekannt wurde, daß die CIA am Rande etwas mit Watergate zu tun gehabt hatte, eine Tatsache, die Helms fast ein Jahr hatte geheim halten können, gewann man den Eindruck, es könnte viel mehr dahinterstecken. Watergate hatte die Autorität der Regierung untergraben, und die am 9. Mai von Schlesinger erlassene Direktive erschütterte die Disziplin der Geheimhaltung innerhalb der CIA. Jetzt war es an der Zeit, die Wahrheit zu sagen. Außerdem ist es eine bekannte Erscheinung, daß Geheimnisse, die sich in größerer Zahl ansammeln, am Schluß eine eigene Dynamik entwickeln, bis ein kritischer Punkt erreicht wird, an dem sie nach außen drängen. Helms hat als Direktor der Central Intelligence nicht nur die Geheimnisse gewahrt; er hat außerdem dafür gesorgt, daß sie sich nicht an einer einzigen Stelle ansammelten. Als nun Colby glaubte, er könnte die CIA damit reinwaschen, daß er innerhalb der Behörde eine Generalbeichte veranstaltete, kamen alle Geheimnisse auf den 693 Seiten des »Familienschmucks« in einem einzigen Schriftstück zusammen. Zwar haben die Nachrichtendienste Colby später vorgeworfen, er habe die Geheimnisse absichtlich preisgegeben, aber das hat er in Wirklichkeit nicht getan. Er hatte versucht, eine Generalreinigung durchzuführen und die belastenden Geheimnisse aus dem Wege zu räumen. Damit wollte er der CIA die Möglichkeit geben, ihre Probleme intern zu lösen, wie das bisher immer geschehen war. Das Gefährliche dabei war der Umstand, daß jetzt zu viele Leute in die Geheimnisse eingeweiht waren, und zwar auch außerhalb der Büros des Direktors und des Generalinspekteurs, wo der Inhalt des Berichts ausgewertet wurde, denn nun waren auch die Vorsitzenden der Kongreß- und Senatsausschüsse von Colby unterrichtet worden. Noch gefährlicher war es, daß Beamte, die die von ihnen als illegal angesehenen Aktivitäten gemeldet hatten, die Geheimhaltung, wie sie bisher die Regel gewesen war, nicht mehr so ernst nahmen. Viele dieser Beamten sahen in den Berichten nicht den letzten, sondern den ersten Schritt auf dem Wege zu einer Revolte, und nachdem sie die Mißbräuche gemeldet hatten, erwarteten sie natürlich, daß etwas dagegen unternommen wurde. Die bloße Existenz des »Familienschmucks« sorgte dafür, daß sich der Kreis der Mitwisser stark ausweitete, und das hatte unvermeidliche Folgen.

Der Umstand, daß die CIA beim Watergate-Skandal eine Rolle gespielt hatte, veranlaßte zahlreiche Journalisten, sich jetzt stärker für die Behörde zu interessieren. Zu irgendeinem Zeitpunkt zwischen dem Mai 1973 und dem Dezember 1974 bekam Seymour Hersh von der *New York Times* Wind von der Operation Chaos, wenn auch nicht unter dieser Bezeichnung. Am 20. Dezember 1974 sprach er mit William Colby, der ihm sagte, Chaos sei nicht eigentlich illegal gewesen, denn das Unternehmen habe sich gegen die Auslandsverbindungen amerikanischer Dissidenten gerichtet, der Präsident habe es genehmigt, und im übrigen sei das ganze Programm beendet. Kurz gesagt, Colby bestätigte alles, was Hersh festgestellt hatte.

Doch andere Quellen behaupten, Colby habe noch mehr getan; er habe zugegeben, die CIA sei auch an illegalen Unternehmungen beteiligt gewesen. Dazu gehörte zum Beispiel die über einen Zeitraum von zwanzig Jahren durchgeführte Briefzensur in New York, ein Programm, das jetzt ebenso wie die anderen eingestellt worden sei, das jedoch von der Spionageabwehr geleitet worden war. Nicht lange vor seinem Gespräch mit Colby hatte Hersh zum erstenmal von dem ehemaligen Mitarbeiter Colbys Tom McCoy den Namen James Angleton gehört. McCoy hatte Hersh erzählt, daß Angleton innerhalb der CIA als Spezialist für Intrigen galt und in gewisser Weise als Paranoiker angesehen wurde. McCoy behauptete, Colby im Mai 1973, zur Zeit seiner Ernennung, gesagt zu haben, seine erste Amtshandlung müsse die Entlassung von Angleton sein. Colby hatte sich geweigert, das zu tun, weil er nicht den Eindruck erwecken wollte, er werde die von Schlesinger begonnene Säuberung fortführen, und weil er eventuelle Gegenmaßnahmen Angletons fürchtete. Wie Colby in seinen Erinnerungen schreibt, hatte er Angleton mit größter Vorsicht behandelt.

In den folgenden achtzehn Monaten verschlechterten sich die Beziehungen zwischen beiden Männern zusehends. Colby war nicht damit einverstanden, wie Angleton mit den Israelis umging (einerseits mißtraute Angleton den Motiven der Araber und tat auf der anderen Seite so, als sei Golda Meir nicht vertrauenswürdig). Außerdem gefielen Colby nicht die Verdächtigungen innerhalb der Spionageabwehrabteilung, die, wie Colby feststellte, so weit gingen, daß Angleton dem Chef des belgischen Nachrichtendienstes sagte, der Stationschef der CIA in Brüssel sei ein russischer Agent, eine Behauptung, für die es keine schlüssigen Beweise, ja nicht einmal glaubhafte Anhaltspunkte gab. Am 17. Dezember 1974 bat Colby Angleton zu sich und sagte ihm, er müsse die Zuständigkeit für die Beziehungen zu Israel und die Spionageabwehr abgeben, könne aber als Berater bei der CIA bleiben. Colby hoffte offenbar, Angleton werde diesen Wink verstehen und seinen Abschied nehmen, doch Angleton protestierte energisch, und außerdem verfügte er über die notwendige Rückendeckung in der Bürokratie. Aus diesem Grund erwähnte Colby in seinem Gespräch mit Hersh die Briefzensur, für die sich Angleton im Lauf der Jahre immer wieder eingesetzt hatte, und sagte, dafür sei die Spionageabwehr verantwortlich gewesen. Hersh folgerte daraus, daß Angleton dahintergestanden habe. Als Angleton noch vor Jahresende nach der Veröffentlichung des Berichts von Hersh aus der CIA ausschied, vermutete die Presse, Angleton sei auch für die Operation Chaos verantwortlich gewesen und deshalb entlassen worden. Dieses Mißverständnis wurde schließlich aufgeklärt, aber Angleton kam bis dahin zu dem finsteren Schluß, daß Colby bewußt alles so arrangiert habe, um Angleton unter Voraussetzungen zum Ausscheiden zu zwingen, die es ihm nicht erlaubten, sich zu wehren. Jedenfalls mußte Angleton gehen, und eine seiner letzten Amtshandlungen in der CIA war die Anfertigung eines für ihn typischen düsteren Berichts über Operationen kommunistischer Nachrichtendienste, die er als »die Bedrohung« bezeichnete.[26]

Zwei Tage nach dem Gespräch zwischen Hersh und Colby druckte die *Times* Hershs Bericht unter einer dreispaltigen Schlagzeile auf der Titelseite ab. Nun wurde aus dem tropfenweisen Durchsickern der Geheimnisse der CIA eine wahre Flut. Das Weiße Haus erwartete von Colby ein klares Dementi, doch das war ihm unmöglich. Colby hatte das Weiße Haus nicht von der Existenz des »Familienschmucks« unterrichtet und hat später behauptet, das sei ein Versehen gewesen. Aber Angehörige der CIA sagen, Colby habe den Bericht zurückgehalten, weil er Nixon Mitte 1973 nicht mit einem ganzen Arsenal von Geheimnissen versorgen wollte. Als daher der Artikel von Hersh am 22. Dezember 1974 in der *Times* erschien, wußte Präsident Ford nicht, wie weit er auf Tatsachen beruhte. Noch am gleichen Tage teilte Colby Gerald Ford mit, Hersh habe die Tatsachen verzerrt dargestellt, die »Exzesse« der CIA hätten (nach dem Ausscheiden von Helms) 1973 aufgehört, und er werde schriftlich und detailliert zu dem Artikel in der *Times* Stellung nehmen. Diese Stellungnahme umfaßte sechs Seiten mit neun Anhängen im Umfang von weiteren 58 Seiten, die Colby ins Weiße Haus brachte und Kissinger vorlegte. Er hatte auch den »Familienschmuck« mitgebracht, und der Außenminister blätterte die 693 Seiten, auf denen die Missetaten der CIA aufgelistet waren, rasch durch, bis er auf die Attentate stieß. Hier fing er an, sorgfältig zu lesen. Wie Colby berichtet, sagte er: »Nun ja, Bill, nach dem Erscheinen des Artikels von Hersh habe ich zunächst gedacht, Sie hätten seinen Inhalt als vollkommen falsch glatt dementieren sollen, aber jetzt sehe ich, weshalb Sie das nicht tun konnten.«[27]

Nun ging Kissinger mit Colbys Bericht, nicht aber mit dem vollständigen »Familienschmuck«, nach Vail und unterrichtete Ford. Colby war inzwischen zu der Überzeugung gelangt, daß es besser sei, alles auf einmal einzugestehen (außer den Attentatsplänen), und er hatte seinen Brief an den Präsidenten so abgefaßt, daß er mit seinen 58 Seiten Anhang ein Dokument darstellte, das in dieser Form der Presse übergeben werden konnte. Colby glaubte, die Missetaten der CIA gehörten in eine Kategorie »böser Geheimnisse«, die die Behörde solange verfolgen würden, bis sich herausgestellt hatte, daß es in Wirklichkeit nur jene relativ geringfügigen Regelwidrigkeiten gewesen waren, für die er selbst sie hielt. Wenn man die »bösen Geheimnisse« preisgab, dann schützte man nach seiner Auffassung die »guten Geheimnisse« – die Namen von Agenten, die Methoden der Nachrichtenbeschaffung usw. Ford und Kissinger waren ganz anderer Meinung. Am 3. Januar 1975 bestellte der Präsident Colby ins Weiße Haus, um sich von ihm über alle Einzelheiten unterrichten zu lassen.

Ford war zwar kein Unschuldslamm, aber was Colby ihm über die Attentate berichtete, schockierte ihn zutiefst, und das Geheimnis erwies sich als zu gewichtig für ihn. Er hatte beschlossen, einen Ausschuß unter dem Vorsitz des Vizepräsidenten Nelson Rockefeller einzusetzen, der einen Bericht über die im

Artikel von Hersh gemachten Angaben vorlegen sollte, und er konnte sich auf die Diskretion der Angehörigen dieses Ausschusses verlassen. Ford und Kissinger wollten die Sache herunterspielen und keine weiteren Geheimnisse aus dem »Familienschmuck« preisgeben. Doch Ford selbst, den der Gedanke an das, was Colby ihm erzählt hatte, nicht mehr losließ, war schließlich dafür verantwortlich, daß das bestgehütete Geheimnis bekannt wurde. Am 16. Januar 1975 lud der Präsident den Herausgeber der *New York Times*, Arthur Ochs Sulzberger und einige seiner wichtigsten Redakteure, unter ihnen auch den Chefredakteur A. M. Rosenthal, zum Lunch ins Weiße Haus ein.

Nach einem etwa einstündigen Gespräch über allgemeine Themen wandte sich Rosenthal an Ford und fragte ihn, wieso er erwarten könne, daß die Öffentlichkeit dem Rockefeller-Ausschuß vertraute, da ihm so konservative Männer angehörten, die eine harte politische Linie vertraten und so starke Sympathien für das Militär hätten. Ford erklärte mit für ihn ungewöhnlichem Freimut, der Ausschuß habe nur den Auftrag, die Aktivitäten der CIA innerhalb der Vereinigten Staaten zu untersuchen, und er habe niemanden daran beteiligen wollen, der von diesen Richtlinien abweichen und in der Geschichte der CIA herumschnüffeln würde. Wenn das geschehe, dann könne man auf Dinge stoßen, die das Ansehen der Vereinigten Staaten und jedes Präsidenten seit Truman schwer schädigen würden.

»Was könnte das sein?« fragte Rosenthal.

»Zum Beispiel Attentate!« platzte Ford heraus. Doch dann begriff er plötzlich, was er gesagt hatte und zu wem. Deshalb fügte er rasch hinzu: »Das ist selbstverständlich vertraulich!«[28]

Bei der CIA kann man diesen Ausrutscher Fords bis heute nicht verstehen. Einige CIA-Beamte haben sogar den Verdacht, der Präsident habe diese Äußerung absichtlich getan und seine persönlichen Gründe dafür gehabt, die Attentatspläne bekannt werden zu lassen. Welches diese Gründe gewesen sein könnten, läßt sich nur schwer sagen; der Republikaner Eisenhower war in diese Dinge wenn möglich noch mehr verwickelt als der Demokrat Kennedy. Aber wie soll man sonst die Tatsache erklären, daß ein Präsident einem *Journalisten* das schwärzeste Geheimnis enthüllt hat?

Nach einer gründlichen Gewissensprüfung kam die Redaktion

der *Times* zu dem Schluß, sie habe die moralische Verpflichtung, diesen Tatbestand für sich zu behalten, aber sie ging dabei nicht sehr sorgfältig vor. Es dauerte nicht lange, bis der Inhalt des Gesprächs gerüchtweise bekannt wurde, und Anfang Februar erfuhr der Fernsehkorrespondent Daniel Schorr von CBS davon. Zunächst ließ er sich jedoch durch die Studie des Rockefeller-Ausschusses über die Aktivitäten der CIA in den Vereinigten Staaten irreführen. Er glaubte, die Attentate, von denen Ford gesprochen hatte, seien in den Vereinigten Staaten begangen worden. Drei Wochen dauernde, in aller Stille vorgenommene Nachforschungen förderten nichts zutage, und Schorr wollte die Sache schon aufgeben, als eine Routineanfrage bei Colby am 27. Februar positiv beantwortet wurde und zu einem persönlichen Gespräch führte.

Nachdem beide Männer das ihnen wohlbekannte Thema Watergate ausführlich behandelt hatten, erwähnte Schorr nebenbei, er habe erfahren, Ford mache sich Sorgen darum, daß sich die CIA an Attentaten beteiligt habe. Colby schwieg zu dieser Behauptung, denn er konnte nicht verstehen, weshalb Ford etwas zu diesem Thema gesagt hatte, und er wußte auch nicht genau, wie weit der Präsident gegangen war.

»Hat die CIA jemals irgend jemanden in diesem Lande getötet?« fragte Schorr.

»Nicht in diesem Lande«, sagte Colby so sanft und unverbindlich wie möglich; aber seine knappe Antwort erwies sich als unbedacht.

»Nicht in diesem Land!« rief Schorr aus.[29]

Jetzt sagte Colby nur noch, daß 1973 ein allgemeines und offizielles Attentatsverbot erlassen worden sei. Weshalb erklärte er nicht einfach, die CIA habe niemanden getötet? Die Kritiker Colbys in der CIA haben den Verdacht, er habe in Wirklichkeit kein Interesse daran gehabt, diese Berichte zu unterdrücken, sondern habe sie vielmehr an die Öffentlichkeit bringen wollen. Richtiger ist wahrscheinlich, daß Colby nichts sagen wollte, von dem er nicht wußte, daß es wahr sei. Schließlich waren sowohl Trujillo als auch Lumumba ermordet worden, und Anfang 1975 wußte Colby wahrscheinlich nicht genau, welche Rolle die CIA bei ihrem Tod gespielt hatte.

Aus den sehr knappen Aussagen Colbys schloß Schorr wahrscheinlich, die »Attentate«, um die sich Ford Sorgen machte, seien wirklich verübt worden, aber im Ausland und nicht in den Vereinigten Staaten. Zunächst wußte Schorr nicht recht, was er damit anfangen sollte. Dann dachte er jedoch, daß die Sorgen des Präsidenten an sich schon eine Nachricht wert seien, und am folgenden Tag, den 28. Februar 1975, brachte Schorr in den Siebenuhrnachrichten des Senders CBS den bisher sensationellsten Bericht über die CIA:

»Wie gemeldet, hat Präsident Ford seine Mitarbeiter gewarnt und gesagt, wenn die laufenden Untersuchungsverfahren zu weit gingen, könnte dabei festgestellt werden, daß es mehrere Attentate gegen ausländische Politiker gegeben hat, an denen die CIA beteiligt war ...«

Helms, der sich zu dieser Zeit in Teheran befand, war wütend. Er hatte den Eindruck, die Behörde, für die er sein Leben lang gearbeitet hatte, bräche auseinander, und die Männer, die sie schützen sollten, rückten ängstlich von ihr ab, um selbst nicht in den Strudel hineingezogen zu werden. Helms glaubte, Präsident Ford habe nicht nur die verfassungsmäßige, sondern auch die moralische Verpflichtung, die CIA als Exekutivbehörde gegen Angriffe von außen zu schützen. Aber Ford ließ sich nirgends sehen. Er hatte die CIA dem Rockefeller-Ausschuß übergeben und wusch die eigenen Hände in Unschuld. Helms war auch empört über das Verhalten von Colby. Helms korrespondierte regelmäßig mit James Angleton, der ihm Zeitungsausschnitte oder Bandaufnahmen von Radiosendungen schickte, um ihn über die Entwicklung in den Vereinigten Staaten auf dem laufenden zu halten. Helms kannte die äußeren Umstände von Angletons Ausscheiden und hielt die Art, wie er behandelt worden war, für ungerecht. Er wußte von der Existenz des »Familienschmucks« und hielt ihn für das Werk Colbys und darüber hinaus für einen schweren Fehler, denn hier waren CIA-Beamte aller Rangstufen aufgefordert worden, ihre eigenen Vorgesetzten zu denunzieren. Wie konnte ein Nachrichtendienst in einer solchen Atmosphäre noch funktionieren? Colby hatte nicht nur die Geheimnisse an einer Stelle gesammelt – ein fundamentaler Fehler! – sondern er hatte gegen Helms persönlich gerichtete Vorwürfe dem Justizministerium übergeben, ohne irgendein anderes Regierungsmitglied zu konsultieren. Nach Helms' Auffassung schadete Colby der

CIA, weil er einen Streit innerhalb der Behörde schürte. Hershs Bericht führte direkt zur Einrichtung des Rockefeller-Ausschusses und des Sonderausschusses des Senats unter Frank Church, und noch bevor die Untersuchungen dieser Ausschüsse richtig begonnen hatten, war das gefährlichste Geheimnis – die Attentatspläne – schon an die Öffentlichkeit gedrungen. Helms war auch wütend auf Daniel Schorr. Im Januar, als Helms in die Vereinigten Staaten zurückgekehrt war, um in der Eröffnungssitzung des Rockefeller-Ausschusses auszusagen, hatte Schorr den ganzen Vormittag mit einem Kamerateam vor seiner Tür gewartet. Helms hielt das für einen billigen Trick. Nun wurde er im April 1975 wieder nach Washington gerufen, um vor dem Rockefeller-Ausschuß über die Attentate auszusagen, von denen Helms so viel wußte, aber so wenig sagen wollte, und Daniel Schorr war der Mann, der das veranlaßt hatte.

Inzwischen hatte Helms eine Technik entwickelt, um mit dem Zeitunterschied fertigzuwerden, der nach einem siebzehn- oder achtzehnstündigen Flug vom Iran nach Washington entstand. Er stieg in London um, legte dort aber keine Ruhepause ein; er hielt es für besser, direkt weiterzufliegen. Nach seiner Ankunft in Washington am Nachmittag ging er in die Wohnung eines Freundes, aß etwas früher als sonst zu Abend, ging um 8.00 oder 9.00 Uhr zu Bett und blieb bis zum folgenden Morgen liegen. Da Helms noch nach dem Zeitrhythmus von Teheran lebte, konnte er nicht durchschlafen, aber er stand trotzdem nicht auf. Er schaltete kein Licht ein, versuchte nicht zu lesen und ging auch nicht im dunklen Zimmer auf und ab. Er lag still im Bett, während es im Haus und auf der Straße ganz ruhig war, entspannte sich und dachte nach.

Nach einem solchen Flug erschien Helms am 26. April 1975 als Zeuge vor dem Stab des Rockefeller-Ausschusses. Am folgenden Tag ging die Befragung weiter, und am übernächsten Tag, den 28. April, mußte er vor dem vollbesetzten Ausschuß erscheinen, der ihn im Büro des Vizepräsidenten vier Stunden lang befragte. Als Helms endlich herauskam, traf er auf Daniel Schorr, der mit drei oder vier anderen Reportern draußen gewartet hatte. Schorr kam auf ihn zu, streckte ihm die Hand entgegen und sagte: »Willkommen zu Hause.« In diesem Augenblick verlor Helms die für ihn sonst so charakteristische Selbstbeherrschung.

Lyman Kirkpatrick und Thomas Karamessines – ein enttäuschter Rivale und ein loyaler Untergebener – haben Helms' instinktive Zurückhaltung mit fast den gleichen Worten beschrieben. Beide sagten, er habe niemals jemandem leidenschaftlich widersprochen. »Sie werden nicht feststellen können, ob Helms das jemals getan hat«, sagte Kirkpatrick, »wenn er es Ihnen nicht selbst sagt, denn so etwas tut er nicht in Gegenwart anderer Leute.« Bei einem Gespräch über Chile sagte Karamessines das gleiche. »Wenn Helms jemals einem Präsidenten widersprochen hat, dann hat er es ganz privat getan, und lassen Sie mich das ausdrücklich betonen; kein Dritter wird je etwas davon erfahren.«

Aber am 28. April 1975 bekam er einen Wutanfall, und zwar nicht bei einem Gespräch unter vier Augen, sondern auf dem Flur vor dem Büro des Vizepräsidenten und in Gegenwart von drei oder vier anderen Reportern. Helms hätte mit seiner Explosion kaum mehr Aufsehen erregen können, wenn die Fernsehkameras dabeigewesen wären.

»Sie Hundesohn!« schrie er Daniel Schorr mit vor Wut verzerrtem Gesicht an. »Sie Mörder! Sie Arschkriecher! Mörder Schorr – so sollte man Sie bezeichnen.«

Schorr war wie vom Donner gerührt. Während Helms ins Pressezimmer ging, beschimpfte er den ihm folgenden Schorr weiter und beruhigte sich erst, als er vor den Kameras stand. »Ich muß sagen, Mr. Schorr, was Sie in einigen Ihrer Sendungen zu diesem Thema gesagt haben, gefällt mir gar nicht; ich halte das nicht für fair, und ich halte es nicht für richtig. Soweit ich weiß, ist die CIA niemals für die Ermordung eines ausländischen Politikers verantwortlich gewesen.«

Ein anderer Reporter fragte: »Hat es Gespräche über mögliche Attentate gegeben?«

»Ich weiß nicht, ob ich aufgehört habe, meine Frau zu schlagen«, fuhr Helms ihn an, »oder ob Sie aufgehört haben, Ihre Frau zu schlagen – aber wenn wir von Gesprächen der Regierung reden, dann gibt es Gespräche über jedes beliebige Thema.«

»Auch über Attentate?«

»Über jedes beliebige Thema.«

»Aber Sie haben meine Frage nicht beantwortet«, beschwerte sich der Reporter. Sein Insistieren wurde jedoch auf überraschende Weise abgeschmettert:

»Nun, ich versuche nicht, Ihre Fragen zu beantworten«, sagte Helms, beendete die Pressekonferenz und ging aus dem Zimmer.

Schorr verfolgte Helms über den Gang und erklärte, nicht er, sondern Präsident Ford habe öffentlich über Attentate gesprochen. In seinem Bericht über dieses Gespräch behauptet Schorr, daß Helms sich schließlich beruhigt und bei ihm entschuldigt habe! Er habe gesagt, die Sendung von Schorr sei nach seiner Auffassung stinkend schlecht gewesen und habe die Ehre und das Ansehen von Angehörigen der CIA verletzt, die sich nie an einem Attentat beteiligt hätten. Auch heute glaubt Helms, es sei eine stinkende Sendung gewesen, schlecht und unfair. Gentlemen entschuldigen sich vielleicht, aber Helms war überzeugt, er habe keinen Grund für eine Entschuldigung. Er hat sich sicher nicht entschuldigt.

Soweit wir wissen, hatte Helms recht. Die CIA hat niemals einen ausländischen Politiker aus eigenem Antrieb mit ihren Agenten, mit ihren Waffen und zur Erreichung ihrer eigenen Ziele ermordet. Nach der Veröffentlichung des Attentatsberichts durch den Church-Ausschuß am 20. November 1975 hat Daniel Schorr das in einer seiner Sendungen bestätigt. »Wie Helms schon gesagt hat, ist kein führender ausländischer Politiker direkt von der CIA ermordet worden. Das liegt aber nicht daran, daß man es nicht versucht hat.«[30]

16. Kapitel

In den vier Jahren, die er als Botschafter in Iran zubrachte, hat Helms sechzehn Reisen nach Washington unternommen. Bei dreizehn Besuchen in der amerikanischen Hauptstadt hat er vor den verschiedensten offiziellen Untersuchungsgremien ausgesagt, und zwar zunächst vor dem Watergate-Ausschuß und zuletzt vor dem Senatsausschuß zur Überprüfung der Nachrichtendienste. Im ganzen ist er bei mehr als dreißig Gelegenheiten und länger als hundert Stunden befragt worden. Die Personen, die ihm die Fragen stellten, hatten Zugang zu einer erstaunlich großen Zahl von Akten der CIA. Die CIA wurde hier überprüft wie sonst nur der Nachrichtendienst einer im Kriege besiegten Nation. Zeitweilig hatte man den Eindruck, der Church-Ausschuß habe es besonders auf Helms abgesehen, denn die schriftlichen Unterlagen über fast alle Vorhaben der CIA, für die sich der Ausschuß interessierte, enthielten auch seinen Namen. Als eine Versuchsperson bei einem der ersten Drogentestprogramme der CIA in New York Selbstmord begangen hatte, war Helms wesentlich an der offiziellen Entscheidung beteiligt, den Vorgang zu vertuschen.[1] Als man beschloß, den Briefverkehr mit der Sowjetunion zu überwachen, begleitete Helms seinen damaligen Chef Allen Dulles zum Postminister, um dieses Projekt zu ermöglichen. Helms kannte den Plan, Lumumba zu töten, und sagte nichts dazu, und er war offiziell für einen späteren, gegen Castro gerichteten Attentatsversuch mit Hilfe der Mafia verantwortlich.[2] Als Johnson und Nixon verlangten, daß die CIA sich an den gegen die Anti-Kriegsbewegung gerichteten Untersuchungen beteiligte, war Helms einverstanden gewesen, obwohl es interne Widerstände gegen dieses Programm mit der Begründung gab, daß es außerhalb des Zuständigkeitsbereichs der Behörde lag. Helms bemühte sich nach Kräften, Allende an der Übernahme des chilenischen

Präsidentenamtes zu hindern, obwohl er selbst davon überzeugt war, das sei nicht möglich, und er fügte sich den Wünschen des Weißen Hauses, als Howard Hunt um die materielle Unterstützung durch die CIA bat. Wahrscheinlich wird niemand häufiger in den Berichten des Church-Ausschusses erwähnt als Richard Helms.

Doch trotz der ausführlichen Befragungen hat Helms kein einziges Geheimnis preisgegeben. Zwar ist ein großer Teil seiner Aussagen noch nicht veröffentlicht worden, aber in den zahlreichen Auszügen klingen seine Worte oft wie die eines Menschen, der sein Gedächtnis verloren hat. Wenn er bei den Befragungen durch ein Dokument festgenagelt wurde, sagte er das, was sich nicht vermeiden ließ. Alles übrige hatte er vergessen. Man sagt, das menschliche Bewußtsein sei am Anfang des Lebens eine *tabula rasa.* Bei Helms hat man den Eindruck, es sei am Schluß so gewesen. Das machte seine Befrager – die Berater der CIA ebenso wie die Senatoren – manchmal ungeduldig. Aber im Lauf der Zeit konnte er eigenartigerweise ihr Vertrauen gewinnen. Der Chefberater des Ausschusses, F. A. O. Schwarz jr., sagte, er habe nie recht gewußt, was er von den Aussagen von Helms halten sollte, habe ihn aber doch achten gelernt.

Viele vom Church-Ausschuß vernommene Zeugen haben gelogen oder Gedächtnisschwäche vorgetäuscht; einige haben versucht, den Ausschuß in die Irre zu führen. Alle haben sich an den Inhalt der vorliegenden Dokumente gehalten. Colby beauftragte eine Gruppe von CIA-Beamten unter der Leitung von Seymour Bolton, dem Church-Ausschuß die von ihm benötigten Akten zur Verfügung zu stellen. Zu diesen Leuten gehörte auch Walt Elder, der während der Amtszeit von McCone als Direktor der Central Intelligence dessen Exekutivassistent gewesen war. Mehrere Beteiligte, darunter auch ein Mitglied des Church-Ausschusses, berichten, Elder habe McCone jedesmal mitgeteilt, welche Dokumente dem Ausschuß überlassen worden waren und was sie enthielten, und so habe McCone seine Aussagen in den Grenzen dessen halten können, was dem Ausschuß schriftlich vorlag. Einige Ausschußmitglieder und Angehörige der CIA erklären, der Umstand, daß McCone im voraus gewußt habe, dem Ausschuß würden nur unvollständige Unterlagen vorgelegt werden, habe es ihm erlaubt zu bestreiten, etwas von den gegen Castro gerichteten Attentatsplänen während seiner Amtszeit als Direktor der Central Intelligence gewußt zu haben. Aber die gleichen Personen sagen auch, Elders Versuche, seinen alten Chef zu schützen, seien noch weiter gegangen. Er erklärte vor dem Ausschuß, er habe Helms davon unterrichtet, daß sich McCone im Sommer 1962 gegen das Attentat ausgesprochen hätte, nachdem Robert McNamara auf einer Sitzung der Special Group Augmented die Beseitigung Castros vorgeschlagen habe. Helms wiederum sagte aus, er könne sich an das von Elder erwähnte Gespräch nicht erinnern, und fügte hinzu: »Lassen Sie mich sagen, da ich mich an dieses Gespräch nicht erinnern kann, bezweifle ich auch stark, daß es überhaupt stattgefunden hat.«[3] Angesichts all dieser Ausweichmanöver, Erinnerungslücken, Andeutungen und Vermutungen kamen der Ausschuß und sein Mitarbeiterstab zu dem Schluß, daß die Zeugen und auch Helms mehr wüßten als sie sagen wollten. Weshalb haben viele von ihnen Helms trotzdem vertraut? Aus dem einfachen Grund, weil er nie versucht hat, sie davon zu überzeugen, daß sie alles wüßten, was es zu wissen gab.

Helms hat die Männer, die von ihm Aufklärung über die Vergangenheit verlangten, nicht herausgefordert; er hat ihnen nicht gesagt, er sei eidlich zum Stillschweigen verpflichtet und werde die Geheimnisse weder ihnen noch sonst jemandem verraten. Schwarz und die anderen haben Helms nicht das Recht zugestanden, die Aussage zu verweigern. Aber mit der Zeit entwickelten sie Verständnis für Helms' Haltung. Er war überzeugt, richtig gehandelt zu haben, und er war bereit, das zu erläutern, was der Ausschuß ohnehin in Erfahrung gebracht hatte; er war jedoch nicht bereit, die noch nicht bekannt gewordenen Geheimnisse mit irgend jemandem zu teilen.

Weshalb hat Helms die Geheimnisse gewahrt? Dafür hat er wahrscheinlich drei Gründe gehabt. Erstens stand er in den meisten Fällen im Mittelpunkt des Geschehens. Während des Untersuchungsverfahrens des Church-Ausschusses sprach man schon von der Möglichkeit eines gegen die Beteiligten anzustrengenden Gerichtsverfahrens. Helms wurde darüber befragt, welche Rolle er selbst bei Mordplänen, Einbrüchen, beim Anbringen von Abhöranlagen, bei geheimen medizinischen Versuchen und anderen angeblich illegalen Aktionen gespielt habe. Wenn Helms nichts dazu aussagte, schützte er sich selbst.

Zweitens konnte die Enthüllung der Geheimnisse das Vertrauen zur Integrität und Sachlichkeit der CIA erschüttern, ohne das die Behörde ihre Handlungsfreiheit verloren hätte. Die Arbeit der CIA war von der Öffentlichkeit in den Vereinigten Staaten unterstützt worden, solange man glaubte, sie handele auf Befehl des Präsidenten, der Präsident sei mit dieser Arbeit zufrieden, und die Angehörigen der CIA seien anders zu beurteilen als der normale Bürger. Kurz gesagt, die Öffentlichkeit ließ sich mit naiven Vorstellungen vom Weltgeschehen abspeisen. Als sie nun erfuhr, was die Behörde wirklich getan hatte, und feststellen mußte, daß dies keine Ausnahmeerscheinungen waren, war es mit ihrem stillschweigenden Einverständnis vorüber. Helms glaubte, man dürfe auf die CIA nicht verzichten; er glaubte aber nicht, die Öffentlichkeit sei aufgeklärt genug, um damit einverstanden zu sein, was die CIA wirklich tat. Helms war überzeugt, mit dem Untersuchungsverfahren des Church-Ausschusses würden nicht Reformen eingeleitet, sondern es werde nur zu Heuchelei und Scheinheiligkeit führen. Wenn der Ausschuß sich schockiert zeigte, dann hielt Helms das für unaufrichtig; die Ausschußmitglieder waren nicht daran interessiert, die CIA zu reformieren und leistungsfähiger zu machen. Sie spielten eine moralische Komödie; dabei fügte sich der CIA schweren Schaden zu, und er wollte sich nicht an der Zerstörung dessen beteiligen, was er selbst aufgebaut hatte. Wenn Helms die Geheimnisse nicht preisgab, dann schützte er die CIA.

Der dritte Grund läßt sich etwas schwerer verstehen; er ist sowohl sachlich als auch im höchsten Grade emotional. Während der vergangenen dreißig Jahre bestand die Arbeit der CIA zur Hälfte in der Beantwortung von Fragen. Manchmal waren die Antworten richtig, manchmal nicht. Aber die andere Hälfte bestand aus Aktionen. Bei dem, was die CIA tat, handelte es sich durchaus nicht nur um Dinge wie Bestechung, Erpressung, Mord usw., es waren aber Dinge, die nicht gelingen können, wenn sie nicht geheimgehalten werden. Wie wichtig die Geheimhaltung ist, erkennt man daran, daß man mit dem Unerwarteten die größten Wirkungen erzielen kann. Ein technisches Gerät, mit dem man menschliche Stimmen über die Vibration von Fensterscheiben abhören oder Telefongespräche von Politbüromitgliedern aufnehmen kann, während sie in ihren geschlossenen Limousinen durch Moskau fahren, ist nur solange etwas wert, wie derjenige, gegen den es eingesetzt wird, nichts von seiner Existenz weiß. So etwas könnte man als Geheimnis der Methode bezeichnen.

Es gibt aber auch Geheimnisse einer anderen Kategorie, und wir könnten sie als substantielle Geheimnisse bezeichnen. Um wirksam zu werden, mußten die Initiativen der CIA geheimgehalten werden, damit ihre Wirkung echt und spontan zu sein schien und niemand den Eindruck hatte, sie sei manipuliert. Wenn man weiß, daß ein ausländischer Politiker von der CIA bezahlt wird, dann verliert er seine führende Position und wird unglaubwürdig. Wer ließe sich schon vom Antikommunismus einer Zeitung beeindrucken, die nur erscheinen kann, weil sie von der CIA finanziert wird? Wenn die CIA für den Sturz von Arbenz verantwortlich war, dann konnte er nicht von den Guatemalteken gestürzt worden sein. Wer waren die leidenschaftlichsten Gegner der Kommunisten in Italien – die Italiener oder die CIA?

Die Geschichte der CIA ist die geheime Geschichte des Kalten Krieges. Angehörige der CIA sind meist Zyniker, aber ihr Glaube an den Wert der Geheimhaltung hat eine geradezu metaphysische Komponente. Im tiefsten Inneren glauben sie die Antwort auf jenes uralte Paradox der Erkenntnistheorie zu kennen: Wenn ein Baum im Walde umstürzt, ohne daß es dafür einen Zeugen gibt, verursacht er dabei ein Geräusch? Die CIA würde diese Frage mit »nein« beantworten. Sie würde dem Historiker David Hackett Fisher zustimmen, der sagt, Geschichte sei nicht das, was geschehen ist, sondern das, was sich nach den uns überlieferten Zeugnissen zugetragen hat. Wenn man die Zeugnisse verschwinden läßt und die Geheimnisse wahrt, dann kann man Geschichte schreiben. Wenn niemand weiß, daß wir versucht haben, Castro zu ermorden, dann haben wir es auch nicht getan. Wenn niemand erfährt, welche Rolle ITT in Chile gespielt hat, dann haben wirtschaftliche Motive nichts mit der Affäre Allende zu tun gehabt. Wenn die Beteiligung der CIA am Sturz von Mossadegh nicht bekannt wird, dann haben es die Perser ganz allein getan. Wenn die Aktion Chaos geheim bleibt, dann hat sich die CIA niemals mit dem FBI zusammengetan, um die amerikanischen Freiheiten zu bedrohen. Wenn niemand erfährt, daß die CIA die Briefpost zensiert hat, dann war das Postgeheimnis in den Vereinigten Staaten sakrosankt. Wenn niemand erfährt, wie viele führende Politiker in der freien Welt bestochen werden mußten, dann sind wir so rein und unbefleckt wie ein neugeborenes Kind.

Wenn sich Helms darum bemüht hat, die Geheimnisse zu wahren, dann schützte er sich nicht nur selbst und die CIA. Es ging um die Stabilität eines Vierteljahrhunderts politischen Wirkens, des Begriffs der freien Welt, einer »Geschichte« der Reaktion Amerikas auf die »Aggression«, des scharfen Kontrasts zwischen amerikanischer »Moral« und kommunistischer »Selbstsucht«, einer Illusion von der amerikanischen Rechtschaffenheit, ungetrübt durch die rauhe Wirklichkeit. Die wahre Geschichte ist nicht die Antithese der für Kinder aufbereiteten Geschichte; sie besteht nicht nur aus Verbrechen, Habsucht und Machtstreben. Aber die wirkliche Geschichte hat nichts mit dem zu tun, was wir uns am 4. Juli vorgaukeln.

Die Vereinigten Staaten, die CIA und Helms haben vieles getan, was sich öffentlich kaum rechtfertigen läßt. Ohne Zweifel ist Helms davon überzeugt, daß sich das alles irgendwie erklären läßt. Es ist auch nicht seine Absicht gewesen, Illusionen zu verbreiten. Vielleicht hat er sich gesagt, wenn niemand weiß, was wir getan haben, dann sind wir nicht ein solches Land, dann ist die CIA nicht eine solche geheime Institution, und dann bin auch ich nicht ein solcher Mensch.

Wenn die Geschichte des Watergate-Skandals ein in der Politik und Rechtsprechung geltendes allgemeines Prinzip illustriert hat, dann zeigte sie, daß sich politische Vorwürfe meist in einem engen Rahmen halten. So wurde Nixon beschuldigt, die Rechtsprechung behindert zu haben – wenn man bedenkt, in welchem Ausmaß er Amtsmißbrauch getrieben hat, ein billiger Winkeladvokatentrick –, und Richard Helms wurde vorgeworfen, gelogen zu haben. Niemand hat verlangt, er solle dafür unter Anklage gestellt werden, daß er sich an einer Verschwörung zur Ermordung Castros beteiligt, das Postgeheimnis verletzt, an einem Einbruch mitgewirkt[4] oder die Gerichte behindert hatte, weil er bestimmte Beweismittel im Fall Watergate zurückhielt, und es wurden ihm auch die anderen zweifelhaften Projekte nicht vorgeworfen, an denen so viele Leute außerhalb der CIA ebenso beteiligt waren wie er, und zwar nicht nur die Mitarbeiter des Weißen Hauses, die die Befehle erteilt oder weitergegeben hatten, sondern auch die Kongreßabgeordneten, die sich an solchen Vorhaben beteiligt oder sie stillschweigend geduldet hatten. Man hätte feststellen können, daß im Rahmen solcher Unternehmungen Verbrechen verübt worden waren, damit wäre aber das Watergate-Prinzip verletzt worden. Deshalb wurde Helms nicht für das, was er getan hatte, unter Anklage gestellt, sondern nur dafür, daß er in diesem Zusammenhang gelogen hatte. Der Mann, den er für diese letzte Episode in seiner Laufbahn als Staatsbeamter verantwortlich machte, war William Colby.

Zu den »bösen Geheimnissen«, die Colby und dem Generalinspekteur William Broe im Mai 1973 gemeldet wurden, gehörte die Behauptung, Helms habe den Kongreß im Hinblick auf Chile belogen. Zunächst versuchte Colby, wie er in seinen Memoiren behauptet, die Sache unter den Tisch fallen zu lassen, aber schon bald gelangte er zu der Überzeugung, daß eine interne Überprüfung der Angelegenheit notwendig sei, um sich nicht selbst dem Vorwurf auszusetzen, er verschleiere ein Verbrechen. Mit Genehmigung von Colby ernannte Broe eine aus drei Männern bestehende Gruppe zur Überprüfung der Aussagen von Helms vor dem Außenpolitischen Senatsausschuß und dem Church-Ausschuß über die multinationalen Konzerne im Licht der vorliegenden Dokumente. Die drei Männer kamen zu dem Schluß, daß die CIA an den innenpolitischen Vorgängen in Chile erheblich beteiligt gewesen war, und stellten damit eine auffallende Unstimmigkeit fest. In ihrem schriftlichen Bericht ging die Gruppe noch einen Schritt weiter und bezeichnete die Aussagen von Helms als Meineid, vor allem auf das Verlangen des Analytikers Tom Lawlor, der sich als Vertreter des Büros für aktuelle Nachrichten an der Überprüfung beteiligt hatte. Wieder versuchte Colby, den Bericht in den Akten verschwinden zu lassen, entschloß sich dann aber doch, ihn dem amtierenden Justizminister Lawrence Silberman vorzulegen. Larry Houston, der kurz vor seinem Ausscheiden als juristischer Berater der CIA stand, und John Warner, der seine Stelle einnehmen sollte, erklärten, weder Lawlor noch die beiden anderen zu der Gruppe gehörenden Männer[5] seien Juristen, »Meineid« sei ein streng juristischer Begriff, und seine Verwendung setze einen Tatbestand voraus, der hier nicht gegeben sei; deshalb sollte dieses Wort aus dem Bericht gestrichen werden, bevor er dem Justizministerium vorgelegt wurde. Als Juristen argumentierten sie auch wie

Juristen, aber ihr wirkliches Motiv sind wahrscheinlich die freundschaftlichen Gefühle gewesen, die sie Helms entgegenbrachten, und außerdem hielten sie es sicherlich für falsch, daß die CIA sich selbst denunzierte. Aber Lawlor beharrte auf seinem Standpunkt und wollte sich nicht überzeugen lassen. Er behauptete, Helms habe sich des Meineids schuldig gemacht, und dieses Wort müsse in dem Bericht stehen bleiben. Colby konnte sich nicht entschließen, ein Machtwort zu sprechen, und der Bericht wurde dem Justizministerium in der ersten Fassung vom Dezember 1974 vorgelegt. Dort wurde er zum Hauptgegenstand eines außergewöhnlichen, drei Jahre dauernden Untersuchungsverfahrens.

Von Anfang an setzten sich zahlreiche Freunde von Helms in Washington beim Justizminister mit Argumenten und Beschwichtigungsversuchen für ihn ein. Sie drängten das Ministerium, das Verfahren gegen Helms aus zwei Gründen einzustellen. Erstens sei es ein Gebot der Fairneß. Wenn Helms gelogen hatte (und das wollten seine Freunde nicht zugeben), dann hatte er es nicht in seinem eigenen Interesse getan, und er hatte es nicht gegenüber Personen getan, die das anerkannte Recht hatten, ihn über geheime Operationen in Chile zu befragen. Helms war hier in einen Verfassungsstreit zwischen dem Kongreß und dem Weißen Haus geraten, und es wäre nicht fair, ihn für etwas unter Anklage zu stellen, was er für seine Pflicht als Direktor der Central Intelligence ansah.

Das war aber noch nicht alles; es gäbe vielmehr noch einen zweiten zwingenden Grund für die Einstellung des Verfahrens. Bei den Verhandlungen würde die ganze Angelegenheit mit allen Details vor Gericht zur Sprache kommen; Helms würde sich energisch verteidigen, alle an der Affäre Allende Beteiligten würden als Zeugen aussagen müssen, und die Regierung würde durch den daraus entstehenden Skandal, die Schärfe der Auseinandersetzungen und die Enthüllungen mehr verlieren als sie je durch die Verurteilung eines Meineidigen gewinnen konnte.[6] Wie seine Freunde sagten, befand sich Helms hier in der Lage eines Mannes, der sich in die amerikanische Flagge eingewickelt hatte, während aus jeder Falte eine Pistolenmündung drohte. Augenscheinlich hielt das Justizministerium diese beiden Argumente für überzeugend. Mehr als ein Jahr, nachdem Colby die Akten der

CIA über diesen Fall vorgelegt hatte, geschah nichts. Der Anwalt von Helms, Edward Bennett Williams, wurde nicht einmal eines Telefonanrufs aus dem Ministerium gewürdigt. Es hatte den Anschein, als wollte man die Anklage wegen Meineids ebenso fallen lassen wie alle anderen Anklagepunkte, die sich aus den 693 Seiten des »Familienschmucks« ergaben.

Aber nachdem ein neuer Mann das Justizministerium übernommen hatte, sah er sich veranlaßt, in eine ernsthafte Untersuchung einzutreten. 1975 schöpfte Edward Korry den Verdacht, der Church-Ausschuß übersähe bewußt jeden Aspekt der Affäre Allende mit Ausnahme der Beteiligung von Nixon, der CIA und von Korry selbst. Die massiven Bemühungen von Kennedy und Johnson, die chilenischen Wahlen im Jahr 1964 zu beeinflussen, wurden, wie Korry glaubte, ebenso übersehen wie die Einmischung von ITT und anderen multinationalen Konzernen, um das Ansehen der beteiligten demokratischen Politiker zu schützen und sicherzustellen, daß ITT von der amerikanischen Regierung im Dezember 1974 eine Ausgleichszahlung in Höhe von 94 Millionen Dollars für die in Chile beschlagnahmten Vermögenswerte dieses Konzerns erhielt. Korry glaubte, diese Zahlungen seien durch Betrugsmanöver erschlichen worden, weil ITT die Rolle verschleiert hatte, die die Firma bei dem Versuch, Allende an der Amtsübernahme zu hindern, gespielt hatte, und weil ITT versucht hatte, ihn nach den Wahlen zu bestechen.

Im März 1976 beschloß Korry, der überzeugt war, der Church-Ausschuß werde ihm keine Gelegenheit geben, seinen Fall angemessen vorzutragen, eine Zivilklage wegen Schädigung seines persönlichen Ansehens anzustrengen. Um eine juristische Basis zu schaffen, schrieb er zunächst einen Brief an den Justizminister Edward Levi und fügte eine ausführliche Darstellung der Einmischung der Vereinigten Staaten in die chilenische Innenpolitik bei. Später sagte ihm Levi, dieser Brief habe genau das Material enthalten, das er gebraucht habe, um das Untersuchungsverfahren wieder aufzunehmen. Korry hatte nicht die Absicht, Helms ins Gefängnis zu bringen; er schätzte Helms persönlich und wäre bereit gewesen, als Leumundszeuge für ihn auszusagen – doch zugleich wollte er, daß die ganze Wahrheit ans Licht kam, und dazu gehörte auch das, was Helms in seinen Aussagen vor dem Senat 1973 verschwiegen hatte, sowie die

Hintergrundinformationen, die der Sonderausschuß des Senats für die Überprüfung der Nachrichtendienste nach Korrys Auffassung in seinem Bericht über verdeckte Aktionen vernachlässigt hatte.

Korrys Brief enthielt auch Einzelheiten über eine von ITT geleistete Zahlung in Höhe von 350 000 Dollars an den konservativen Kandidaten bei den chilenischen Wahlen von 1970, Jorge Alessandri, die die CIA vermittelt hatte. Das Justizministerium, das den Fall nach dem Bericht von Colby im Dezember 1974 verschleppt hatte, wurde nun durch Korrys Brief veranlaßt, seine Untersuchungen wieder aufzunehmen, und im Sommer 1976, während Helms noch Botschafter im Iran war, begann ein Geschworenengericht mit der Einvernahme von Zeugen. Im Mittelpunkt des Verfahrens stand zunächst der ehemalige Reporter der *Miami News*, Harold Hendrix, der 1967 zu ITT gegangen war und nach einer Kehlkopfoperation bei seinen Bekannten den Spitznamen »der flüsternde Hal« hatte. 1970 hatte Hendrix als Vertreter von ITT in Chile gearbeitet und sich vor allem damit beschäftigt, die Wahl von Allende zu verhindern. Die Aussagen von CIA-Beamten vor dem Geschworenengericht sowie Telegramme und interne Aktennotizen, die das Gericht unter Strafandrohung von der CIA angefordert hatte, erbrachten angeblich den Nachweis, daß nicht nur ITT einen Feldzug gegen Allende geführt hatte, sondern auch, daß 1972 und Anfang 1973 Pläne bestanden hatten, die wahren Umstände zu verschleiern, nachdem bekanntgeworden war, daß der Church-Ausschuß zur Überprüfung der multinationalen Konzerne Anhörungen über die Episode in Chile durchführen wollte. Angeblich fürchtete Hendrix, bei diesen Anhörungen werde die Zusammenarbeit zwischen ITT und der CIA zur Sprache kommen, und deshalb fragte er die CIA, wie er sich dabei verhalten sollte.

Im Spätherbst 1976 glaubte das Justizministerium beweisen zu können, daß Hendrix den Church-Unterausschuß belogen und seine Freunde bei der CIA ihm geholfen hatten, seine Aussage zu formulieren. Offenbar hatte sich auch Hendrix von den Beweismitteln überzeugen lassen, daß ein Leugnen keinen Sinn mehr habe. Am 5. November bekannte er sich vor einem Bundesgericht in Miami schuldig, dem Kongreß »Informationen vorenthalten« zu haben, und Ende des Monats wurde er zu einer Geldstrafe in

Höhe von 100 Dollars und drei Monaten Gefängnis mit Bewährung verurteilt. Angesichts dieses milden Urteils wurde Hendrix zu einem potentiellen Zeugen der Anklage in den noch zu erwartenden Verfahren.

Nun ging das gerichtliche Untersuchungsverfahren in eine andere Richtung. Neue Zeugen wurden vernommen, darunter John McCone als Aufsichtsratsmitglied von ITT; der ehemalige Chef der Abteilung für die westliche Hemisphäre und Leiter der Aktionsgruppe für Chile im Jahr 1970, David Phillips; der ehemalige Direktor der Planungsabteilung, Thomas Karamessines, und die persönliche Sekretärin von Helms, Elizabeth Dunlevy. Mitte Oktober bot Helms in Teheran Präsident Ford seinen Rücktritt als Botschafter an. Nachdem Jimmy Carter im November die Wahlen gewonnen hatte, gab Ford bekannt, daß Helms seinen Posten am 1. Januar 1977 verlassen werde. Kurz vor der Amtseinführung Carters am 20. Januar 1977, wahrscheinlich in der ersten Januarwoche, setzte das Justizministerium Helms offiziell davon in Kenntnis, daß er vor ein Geschworenengericht gestellt werden würde. Das geschah, damit sich das Verfahren nicht als Folge des Regierungswechsels verzögerte.

Was die Wahrheitsfindung betraf, bereitete das Verfahren gegen Helms keine besonderen Schwierigkeiten. Helms hatte immer behauptet, was er im Februar und März 1973 über Chile ausgesagt habe, sei wortwörtlich wahr, die CIA habe den Kandidaten nicht selbst Gelder zur Verfügung gestellt, die Behörde habe nicht versucht, die chilenische Regierung zu stürzen (sie hatte nur versucht, die Bestätigung Allendes im Amt zu verhindern) usw. Aber die Dementis von Helms klangen so, als habe er sie nur pro forma abgegeben, nicht aber mit besonderem Nachdruck. Wenn seine Aussagen bei diesen beiden Gelegenheiten zutreffend waren, dann ist es schwer zu sagen, was das Wort »Lüge« eigentlich bedeutet. Es wäre dem Justizministerium nicht schwergefallen zu beweisen, daß die Aussagen von Helms den Tatsachen widersprachen, und wahrscheinlich hätte es die Geschworenen davon überzeugen können, daß Helms zur Zeit seiner angeblichen Falschaussage die Tatsachen kannte und sich daran erinnerte. Das Justizministerium hatte aber noch Zweifel anderer Art; es war sich keineswegs klar darüber, daß die Geschworenen die Behauptung von Helms zurückweisen würden, er sei durch seinen Eid als Direktor der Central Intelligence verpflichtet, die Geheimnisse zu wahren, und es gab auch Meinungsverschiedenheiten darüber, ob in diesem Fall eine Strafverfolgung gerecht oder zweckmäßig sei.

Carters Justizminister Griffin Bell hat später gesagt, der Fall Helms sei einer der drei schwierigsten gewesen, mit denen er es während des ersten Jahres seiner Amtszeit zu tun gehabt habe.[7] Einige Freunde von Helms versuchten ihn davon zu überzeugen, die Regierung sollte das Verfahren einstellen; auch wenn es zur Verurteilung von Helms führen sollte, würde es dabei zu sehr peinlichen Vorwürfen und Gegenvorwürfen kommen. Bell war zunächst geneigt, sich dieser Auffassung anzuschließen. Niemand in Washington machte Helms wirklich ernste Vorwürfe. Vielleicht bildete Frank Church eine Ausnahme, aber nicht einmal die Senatoren, die er angeblich belogen hatte, verlangten seine Strafverfolgung. Wenn Bell die Möglichkeit gehabt hätte, das Verfahren ohne viel Aufsehen einzustellen, dann hätte er es wahrscheinlich getan.

Drei Umstände haben ihn davon abgehalten. Erstens waren es die Beweismittel, die die vom Justizministerium mit der Untersuchung der Anklage beauftragten Juristen George A. Carver[8] und Robert G. Andary zutage förderten. Carver und Andary waren überzeugt, daß hier ein Verbrechen begangen worden war und sie es beweisen könnten.[9] Bell konnte die Empfehlungen der von ihm eingesetzten Strafverfolgungsbeamten nicht ohne weiteres ignorieren, ohne sich selbst dem Vorwurf auszusetzen, er beteilige sich an einem Verschleierungsmanöver. Das zweite Problem war das ausdrückliche Wahlversprechen von Präsident Carter, das wahrscheinlich von der Begnadigung Nixons durch Ford ausgelöst wurde, es werde in seiner Regierung bei der Rechtsprechung keine doppelte Moral geben. Eine letzte Schwierigkeit ergab sich aus der Position des Vizepräsidenten Walter F. Mondale, der dem Sonderausschuß des Senats angehört hatte, der die Nachrichtendienste überprüfte. Mondale kannte die Risiken, die mit einem Gerichtsverfahren verbunden waren, glaubte jedoch, daß es hier um einen wesentlichen Grundsatz ginge; kein CIA-Beamter habe das Recht, einen Senatsausschuß aus Gründen zu belügen, die er sich selbst zurechtgelegt hatte. Mondale meinte, wenn Helms außer Strafverfolgung gesetzt würde, dann werde das eine

Signalwirkung haben und bedeuten, die Regierung meine nicht, was sie sage, wenn sie erklärte, jetzt sei es Zeit, daß sich die Dinge grundsätzlich änderten.

Dieser Konflikt der Standpunkte, der schon beim Amtsantritt von Carter begonnen hatte, dauerte noch weitere neun Monate, bis alles endgültig entschieden war. Am 25. Juli 1977 wurde die Angelegenheit recht ausführlich in Carters Büro von Bell, dem Chef der Kriminalabteilung des Justizministeriums, Benjamin R. Civiletti, einem Assistenten von Civiletti, Robert Kreuch, Mondale, dem Präsidenten und dem Sicherheitsberater des Präsidenten, Zbigniew Brzezinski, besprochen. Das von Carter gebilligte Ergebnis dieser Besprechung war ein Bruch mit der bei Strafverfolgungen bisher üblichen Praxis. Bell sollte sich mit Edward Bennett Williams in Verbindung setzen und einen Kompromißvorschlag machen.

Anfang September gingen Williams und ein Assistent zum Justizministerium und begründeten ausführlich, weshalb das Verfahren gegen Helms eingestellt werden sollte. Sie brachten die schon bekannten Argumente vor; eine Strafverfolgung sei weder fair noch nützlich. Helms und seine Anwälte versichern, es seien damals oder später keine Drohungen ausgesprochen worden, aber jeder, der in die Angelegenheit verwickelt war, wußte, daß der Regierung peinlichste Enthüllungen bevorstanden. Noch im Januar hatte George Carver versprochen, das Justizministerium werde mit Williams zusammentreffen, sobald die Untersuchung abgeschlossen sei, und am 20. September wurde dieses Versprechen bei einem zweiten Treffen eingelöst. Carver, Civiletti, Andary und Kreuch definierten einen von den acht Anklagepunkten des Justizministeriums in allen Einzelheiten. Bei seiner Aussage vor dem Unterausschuß des Senators Church über die multinationalen Konzerne hatte Helms jeden Kontakt der CIA mit dem chilenischen Militär im September 1970 bestritten. Die Juristen des Justizministeriums legten ihre Beweismittel dafür vor, daß Helms gelogen hatte. Bei diesem Treffen war niemand bereit gewesen, die Beweismittel im einzelnen zu erläutern, aber es war ausreichend belegt, daß die CIA mit dem chilenischen Militär zusammengearbeitet hatte. Zweifellos hatte die Staatsanwaltschaft ausreichende Gründe, Anklage zu erheben. Aber noch wichtiger war ein weiterer Punkt; das Justizministerium hatte jetzt nicht mehr die Absicht, das Verfahren einzustellen; damit würde das Problem nicht gelöst.

Nun wurden Williams und sein Assistent ins obere Stockwerk zu Bell gebeten. Er war versöhnlicher Stimmung. Er sagte, der Fall Helms bereite ihm schon seit Monaten Kopfzerbrechen; hier ergäbe sich eines von vielen verzwickten Problemen, für die sich keine zufriedenstellende Lösung finden ließe; er habe diese Fälle von seinem Vorgänger übernommen. Jetzt wollte er das Problem lösen und einen Vorschlag machen. Wenn Helms gegen zwei Anklagepunkte wegen geringfügiger Übertretungen keinen Einspruch erheben würde, verspräche er einen »zahnlosen« Urteilsspruch – weder Gefängnis noch Geldstrafe. Williams wollte sich allerdings noch nicht festlegen, und damit endete das Gespräch.

Am gleichen Tag rief Williams bei Helms an, erläuterte ihm die gegen ihn erhobene Anklage und den von Bell gemachten Vorschlag. Schon nach wenigen Tagen kam Helms in die Praxis von Williams und besprach mit ihm alle vorhandenen Alternativen. Jetzt brachte er einen Punkt zur Sprache, an den Bell nicht gedacht hatte; wie stand es mit seiner Pension? Helms fürchtete, ein Schuldbekenntnis könnte dazu führen, daß er sie verlor. Das war aber nicht sein einziger Einwand. Während des ganzen, sich über Frühjahr und Sommer hinziehenden Untersuchungsverfahrens hatte er sich augenscheinlich davon überzeugt, daß er den Prozeß gewinnen werde, und jetzt lehnte er ein öffentliches Schuldbekenntnis ab, auch wenn das Urteil noch so milde ausfallen sollte. Er war entschlossen, den Kampf aufzunehmen. Etwa um die gleiche Zeit hatte Helms einem alten Kollegen aus der CIA gesagt, er habe seine Meinung geändert. Er fürchtete das Verfahren nicht mehr und glaubte, er könnte den Prozeß gewinnen – und er wollte sich rechtfertigen. Nach einer so langen Ungewißheit begrüßte er, daß es endlich zu einem Verfahren kam und er die Gelegenheit hatte, sich zu verteidigen.

Aber diese Stimmung verflog wieder. Williams sagte Helms nicht, was er tun sollte, erklärte ihm jedoch, das Justizministerium werde sich nicht bluffen lassen. Bell hatte vielleicht eine gewisse Abneigung gegen dieses Verfahren, er würde es aber durchführen, und das bedeutete erhebliche Spannungen über einen Zeitraum von etwa zwei Jahren. Nun fing Helms an, die Sache zu überdenken. Er fürchtete das Trauma, das ein Gerichtsverfahren hinterlassen mußte, glaubte, daß wichtige nationale Geheimnisse preisgegeben werden würden, und seine schon jetzt immer deutlicher fühlbar werdende Isolation beunruhigte ihn. Er wollte wieder ein normales Leben führen, freimütig über die Öffentlichkeit interessierende Fragen sprechen und einen Beruf ergreifen können. So gab er schließlich die Hoffnung auf, sich rechtfertigen zu können, und bevollmächtigte Williams, mit dem Justizministerium über einen Gegenvorschlag zu verhandeln. Helms würde sich schuldig bekennen, wenn Bell ihm die Weiterzahlung seiner Pension garantierte. Am 28. Oktober wurden die letzten Einzelheiten dieses Kompromisses von Williams, Bell und Civiletti abgesprochen.

Neben den Bedingungen, über die man sich schon vorher geeinigt hatte, erreichte Williams noch ein weiteres Zugeständnis; das Justizministerium würde in die Anklageschrift einen Abschnitt aufnehmen, der die Position von Helms erläuterte und in der öffentlichen Gerichtsverhandlung verlesen werden sollte. Helms seinerseits sollte sich wegen zweier geringfügiger Vergehen schuldig bekennen, und zwar der Verletzung einer Verordnung, nach der es ein Vergehen war, vor dem Kongreß nicht »ausführlich und vollständig« auszusagen. Außerdem verlangte das Justizministerium, daß in der Anklageschrift der Vorwurf gegen Helms enthalten sein müsse, er habe »die ihm (von Stuart Symington am 7. Februar 1973) gestellten Fragen nicht ausführlich, vollständig und genau beantwortet, wie das Gesetz es vorschreibt«.[10] Das Wort »genau« war in der herangezogenen Verfügung nicht enthalten. Deshalb widersetzte sich Williams der Aufnahme dieses Begriffs in den Text der Anklageschrift. Aber das Justizministerium bestand darauf, denn der eigentliche Vorwurf gegen Helms war der, daß er gelogen hatte. Dieses Vergehen in milderer Form zu umschreiben, konnte nur eine scharfe Reaktion der Öffentlichkeit auslösen.

Die Beteiligten glaubten, jetzt sei alles geregelt, und am 30. Oktober wurde Präsident Carter von den endgültigen Vereinbarungen unterrichtet. Es war nur noch eine Formalität zu erledigen; der Richter, der den Fall übernehmen sollte, mußte am folgenden Vormittag bestimmt werden. Das Bundesbezirksgericht hatte nach dem Ausscheiden von John Sirica als Chefrichter ein Lotteriesystem eingeführt. Sirica hatte die anderen Richter dadurch irritiert, daß er selbst alle wichtigen Watergate-Fälle übernahm, und nun wollten seine Kollegen dafür sorgen, daß sich das nicht wiederholte. Am Montag, den 31. Oktober, zog Richter Barrington D. Parker das Los, und nun sah es aus, als würden alle Vereinbarungen über den Haufen geworfen werden. Der als unbestechlicher, harter Mann bekannte Parker lehnte die getroffenen Vereinbarungen ab und weigerte sich zunächst, schon im voraus zu sagen, er werde den Beschuldigten weder zu einer Geldstrafe noch zu Gefängnis verurteilen. Im Lauf des Vormittags führte Civiletti drei Gespräche mit Williams und Richter Parker, um die Vereinbarungen zu retten. Williams drohte, sich seinerseits nicht mehr an die Absprache halten zu wollen. Civiletti warnte ihn und sagte, wenn er das täte, sei die Anklagebehörde bereit, Helms wegen Meineids in acht Fällen unter Anklage zu stellen. Das waren trübe Aussichten. Schließlich beschlossen Helms und Williams, in das Verfahren einzutreten, dem Glück zu vertrauen und zu hoffen, das Justizministerium werde Nachsicht walten lassen. Das Verfahren wurde schließlich am Montagnachmittag um 3.00 Uhr eröffnet. Carter wurde von den Schlußvereinbarungen unterrichtet, während Civiletti der Verhandlung im Gerichtssaal beiwohnte. Bell sagte später, wenn der Präsident etwas dagegen eingewendet hätte, dann wäre Civiletti unter Umständen auch mitten im Satz von der Verhandlung ausgeschlossen worden.

Civiletti begann mit der Verlesung der Anklageschrift des Justizministeriums, in der die Vergehen von Helms aufgeführt waren, und erklärte, weshalb das Ministerium bereit gewesen sei, sich mit einem Schuldbekenntnis für ein geringeres Vergehen einverstanden zu erklären, anstatt ein Verfahren zu riskieren, bei dem »nationale Geheimnisse preisgegeben werden könnten«.

Dann erläuterte Helms seinen Standpunkt. »Ich befand mich in einer Konfliktsituation«, sagte er. »Ich hatte mich eidlich verpflichtet, gewisse Geheimnisse zu wahren. Ich habe nicht lügen wollen. Ich habe den Senat nicht täuschen wollen. Ich habe nur versucht, einen Weg aus einer sehr schwierigen Situation zu finden, in der ich mich befand.« Er fügte hinzu, soweit er wisse, »wird es keine Gefängnisstrafe geben, und ich werde auch weiterhin meine Pension von der Regierung der Vereinigten Staaten beziehen.«

»Dieses Gericht sieht sich durch eine solche Vereinbarung nicht gebunden«, sagte Parker. Er forderte Williams auf, einen Hintergrundbericht über Helms zu verfassen, und setzte die Urteilsverkündung auf Freitag, den 4. November, an. Als Helms an jenem Tag vor dem Gericht erschien – diesmal von Reportern umgeben, die sahen, wie er die Zähne aufeinanderbiß und sich mit bösem und enttäuschtem Gesicht am Pult festhielt –, las Parker ihm streng die Leviten:

»Sie halten sich für verpflichtet, die Behörde zu schützen, deren Angelegenheiten Sie verwaltet haben, und dabei Ihren feierlich geleisteten Eid, die Wahrheit zu sagen, zu verletzen . . .
Wenn Staatsbeamte sich bewußt dazu entschließen, aus irgendeiner irregeleiteten und falsch verstandenen Vorstellung und weil sie glauben, früheren Verpflichtungen und Überlegungen gehorchen zu müssen, gegen die Gesetze unseres Landes zu verstoßen und sie zu mißachten, dann ist die Zukunft unseres Landes in Gefahr.

Es gibt Personen, die bei den Nachrichtendiensten dieses Landes beschäftigt sind . . . die glauben, sie hätten einen Freibrief dafür, außerhalb der Gebote des Gesetzes zu handeln und ihr Verhalten so einzurichten, wie sie es für richtig halten. Staatsbeamte auf jeder Stufe, welches ihre Stellung auch sein mag, müssen wie jede andere Person die Verfassung und die Gesetze der Vereinigten Staaten achten und ihre Vorschriften befolgen.«

Parker war nicht bereit, den Anspruch von Helms anzuerkennen, er habe sich durch eine höhere Verpflichtung gebunden gefühlt. »Jetzt stehen Sie vor diesem Gericht entehrt und in Schande«, sagte er. Dann sprach er das Urteil; eine Geldstrafe in Höhe von 2000 Dollars – die Höchststrafe – und zwei Jahre Gefängnis auf Bewährung.

Außerhalb des Gerichtssaales verteidigte Williams seinen Mandanten energisch vor den Reportern und Fernsehkameras. »Er stand unter Eid, die Dinge nicht preiszugeben, deren Preisgabe der Ausschuß von ihm verlangt hat. Hätte er es getan, dann hätte er das Leben von Amerikanern geopfert, er hätte unsere Freunde in Chile geopfert und er hätte seinen Eid gebrochen.«[11] Dann fügte Williams hinzu, Helms werde »seine Strafe tragen wie einen Verdienstorden«.

Ein Reporter fragte Helms, ob er das bestätigen könnte. »Das tue ich in der Tat«, sagte Helms. »Ich fühle mich nicht entehrt. Ich glaube, wenn ich anders gehandelt hätte, dann hätte ich mich entehrt.«

Nachdem Helms vor dem Gerichtsgebäude kurz mit den Reportern gesprochen hatte, fuhr er nach Bethesda, Maryland, wo er im Kenwood Country Club mit vierhundert pensionierten CIA-Beamten an einem Lunch teilnahm. Als er hereinkam, standen alle Anwesenden auf und applaudierten. Dann wurden zwei Papierkörbe auf ein Klavier gestellt, in denen man Geldscheine und Schecks zur Bezahlung der Geldstrafe von 2 000 Dollars sammelte. Am folgenden Tag erschien das Bild von Richard Helms wahrscheinlich zum letztenmal auf den Titelseiten der Zeitungen. Bald darauf gründete er eine Ein-Mann-Beraterfirma mit dem Namen Safeer Company – *safeer* ist das persische Wort für Botschafter –, mit der er Iranern helfen wollte, Geschäftsbeziehungen in den Vereinigten Staaten anzuknüpfen, und damit begann wieder sein altes Washingtoner Leben zwischen Lunch und Telefon.[12]

Die Zeitungen beschäftigten sich eingehend mit der Frage, ob das Gerichtsurteil gegen Helms gerecht gewesen sei oder nicht. Es gab Journalisten, die es für ungerecht hielten, die die Vorstellung ablehnten, Helms habe sich in einem »Dilemma« befunden, und die erklärten, die Vereinbarung mit dem Justizministerium sei ein weiteres Kapitel in der alten Geschichte von der allzu großen Nachsicht gegenüber hohen Beamten, so einwandfrei sich ihre Verbrechen auch nachweisen ließen. Andere sagten, die Geldstrafe in Höhe von 2 000 Dollars und die zwei Jahre Gefängnis mit Bewährung seien als rechtskräftige Verurteilung Strafe genug dafür, daß Helms in einem unglücklichen Augenblick, in dem die Machenschaften der Vergangenheit ans Tageslicht gekommen waren, versucht habe, die Geheimnisse zu schützen.

Die etwa eine Woche oder zehn Tage dauernde Diskussion in der Presse konzentrierte sich natürlich auf Helms persönlich, aber dahinter war auch eine wichtigere Frage sichtbar geworden. Es kam nicht so sehr darauf an, ob Helms jetzt bekommen hatte, was er verdiente (außer für ihn selbst), sondern es fragte sich jetzt, ob die amerikanischen Nachrichtendienste die Zeichen der Zeit verstanden hatten. Die alten Freiheiten sollte es jetzt nicht mehr geben. Der Kongreß würde nicht mehr die Augen vor dem verschließen, was die CIA im Namen des Volkes mit dem Geld des

Volkes tat. Wohl mochte der Präsident der CIA auch weiterhin seine Befehle geben, aber der Senatsausschuß zur Beaufsichtigung der Nachrichtendienste sollte in die Geheimnisse eingeweiht werden.

Im Grunde ging es bei dem von Helms verübten Verbrechen nicht um die Ehre, sondern um die Verfassung. Fast dreißig Jahre hatte der Kongreß dem Präsidenten bei der Verwendung der Nachrichtendienste völlig freie Hand gelassen, und so war die CIA zum Hauptinstrument des Präsidenten für die Durchsetzung einer praktisch geheimen Außenpolitik geworden. Die Vereinigten Staaten hatten mindestens zwei Kriege geführt – in Kuba und in Indochina –, ohne daß der Senat wirklich etwas darüber wußte, geschweige denn um Rat oder Zustimmung gebeten wurde. Das entsprach nicht der Verfassung, und das Argument, ein internationaler Notstand (der Kampf gegen den Kommunismus) rechtfertige das *ad hoc* Vorgehen des Präsidenten, konnte Mitte 1976, als der Sonderausschuß des Senats für die Überprüfung der Nachrichtendienste seine Arbeit beendet hatte, nicht mehr aufrecht erhalten werden.

Das wichtigste Ergebnis der Arbeit des Sonderausschusses ist bisher gewesen, daß über jüngste geschichtliche Vorgänge Klarheit geschaffen wurde. An die Stelle kindlicher historischer Vorstellungen ist ein Bild getreten, das der Wahrheit etwas näher kommt, und es ist eine Aufsichtsbehörde mit eigenen Mitarbeitern und Akten entstanden, eine Institution, gegen deren Errichtung sich die Nachrichtendienste jahrelang gewehrt hatten. Oberflächlich betrachtet sind damit nur die Forderungen der Verfassung erfüllt worden; der Regierungsapparat wurde den verfassungsmäßigen Bestimmungen entsprechend umgegliedert, aber hinter diesem Bruch des Senats mit der Vergangenheit stand mehr als der durchaus verständliche Wunsch, daß dieser Regierungsapparat besser funktionieren sollte. Nachdem sich der Senat ein Jahr intensiv mit der wirklichen Geschichte des Kalten Krieges beschäftigt hatte, wurde er von einem Gefühl der Scham ergriffen. Es waren nicht die Ziele und nicht einmal die Fehler der amerikanischen Politik, die diese Stimmung erzeugten; es war auch nicht der alte Vorwurf, die amerikanische Außenpolitik beschäftige sich ausschließlich damit, den amerikanischen Geschäftsinteressen in der Welt zu dienen (obwohl das sicherlich eins ihrer Ziele gewesen ist und auch eine ihrer Wirkungen). Es waren sogar nicht die »Exzesse« der CIA, die sich eifrig darum bemüht hatte, die Wünsche des Präsidenten zu erfüllen, die die Senatoren veranlaßten, mit der Vergangenheit zu brechen, sondern vielmehr die betrübliche Entdeckung, daß die amerikanische Politik so oft kaltblütig, rücksichtslos und leichtfertig gewesen war. Typisch dafür war die Art, mit der Präsident Nixon impulsiv versucht hatte, die chilenische Verfassung zu zerstören, damit Lateinamerika nicht zu einem »roten Sandwich« wurde, oder die Art und Weise, wie Kissinger versucht hatte, in Angola einen Bürgerkrieg zu schüren und weiterführen zu lassen, nur um die Russen davon zu überzeugen, daß der amerikanische Tiger noch Zähne hatte. Die CIA war nicht für das billige und unklare strategische Denken verantwortlich, das hinter diesen und ähnlichen Abenteuern stand; sie hat allerdings durch ihre Lagebeurteilung wesentlich dazu beigetragen; sie war jedoch, was die für sie bis dahin geltenden Bestimmungen und ihr Wesen betraf, ein gefügiges Werkzeug der Gewalt, das es den amerikanischen Präsidenten erlaubte, in grober Form zu intervenieren und sogar Kriege zu führen, ohne dabei in der von der Verfassung vorgesehenen Form kontrolliert zu werden. Die Ausübung amerikanischer Macht war – nicht immer, aber zu oft – so sehr in den Schleier des Geheimnisses gehüllt gewesen, daß die Präsidenten sich ermutigt gefühlt hatten zu intervenieren und Methoden billigten, die sie selbst gegenüber ihren engsten Freunden nicht beim Namen zu nennen wagten. Die CIA mochte ihre Unschuld so sehr beteuern wie sie wollte und behaupten, sie habe sich an Morden nicht beteiligt; es blieb ein entschieden peinlicher Nachgeschmack angesichts der Herstellung von Gewehren, aus denen Giftpfeile verschossen werden konnten, des Anlegens eines großen Vorrats von tödlichen Giften, der medizinischen Versuche an ahnungslosen Opfern, des Vorhabens, Castro und Lumumba mit Krankheitserregern zu infizieren, der Finanzierung und technischen Unterstützung von Polizeiorganisationen, die ihre innenpolitischen Gegner folterten und umbrachten, der Unterstützung von Außenseitergruppen bei im Untergrund geführten Kriegen (die dann im Stich gelassen wurden) und der Bereitstellung hoher Summen zur Korrumpierung politischer Systeme in anderen Ländern. Die CIA und ihre Verteidiger könnten sagen, die anderen täten es auch, sie hätten es zuerst getan und sie täten noch viel Schlimmeres, aber das sind Ausflüchte und keine Argumente.

Nach der Veröffentlichung des mehrbändigen Berichts des Sonderausschusses des Senats ist es nicht zu öffentlichen Reuebekenntnissen gekommen, aber aus den Schlußfolgerungen des Ausschusses ging klar hervor, daß seine Mitglieder alle zu der Überzeugung gelangt waren, hier habe es ganz erhebliche Fehlleistungen gegeben. Die jetzt erkennbar gewordenen Tatsachen waren nicht das Werk von Kräften, auf welche die Menschheit ihre Zukunftshoffnungen gründen sollte. Als der Senat den Ausschuß zur Überprüfung der Nachrichtendienste einsetzte, bestätigte er damit nicht nur die ihm von der Verfassung zugewiesene Aufgabe, sondern bewirkte noch mehr: Amerikanische Präsidenten würden in Zukunft nicht mehr überall in der Welt kaltblütig und rücksichtslos mit dem geheimen Instrument der CIA intervenieren dürfen. Die neue Haltung kam sehr deutlich zum Ausdruck, als der Ausschuß neue gesetzliche Bestimmungen für die Nachrichtendienste entwarf. Der Kern der neuen Vorschriften war eine Liste mit strikten und spezifischen Verboten, die man mit den Verhaltensregeln in einem Pfadfinderlager vergleichen könnte.

Ob sich die Verhältnisse wirklich geändert haben, ist jedoch fraglich. Die Gewohnheiten der Mächtigen lassen sich nicht leicht ändern. Die gröbsten Fehler und verabscheuungswürdigsten Exzesse der Vergangenheit ereigneten sich im allgemeinen nur dann, wenn jedermann in Washington an die gleiche Bedrohung glaubte und davon überzeugt war, daß etwas geschehen müsse, um ihr zu begegnen. Der Senatsausschuß zur Beaufsichtigung der Nachrichtendienste könnte nach einem oder zwei Jahren der Skepsis in einen erweiterten inneren Kreis von Persönlichkeiten aufgenommen werden, die die politische Linie bestimmen und entscheiden, welche Rolle die Vereinigten Staaten in der Welt spielen sollen. Dann werden sie die Geheimnisse der Zukunft ebenso hüten wie es ihre Vorgänger mit den Geheimnissen der Vergangenheit getan haben. Die Weigerung der Regierung Carter, das Verfahren gegen Richard Helms einzustellen, war in gewisser Weise ein Zeichen dafür, daß sie es ernst meinte, wenn sie erklärte, einen anderen Weg gehen zu wollen; aber sie hat sich auch davor gescheut, neue Geheimnisse zu enthüllen. Das läßt sich schwer bewerten. Der entscheidende Faktor ist vielleicht das Bemühen gewesen, gegenüber Helms fair zu bleiben, der für die Ereignisse, über die er nichts aussagen wollte, nicht verantwortlich war. Vielleicht war es aber auch Vorsicht, und man wollte kein Verfahren beginnen, bei dem die Regierung vor Gericht der Verlierer sein könnte. Vielleicht hat man aber auch befürchtet, die Central Intelligence auf diese Weise zu demoralisieren. Carter wäre nicht der erste Regierungschef, der feststellt, daß ein geheimes Machtinstrument, sobald man es in der Hand hat, sehr wichtig sein kann. Kein Regierungsmitglied und nur wenige Personen außerhalb der Regierung haben den Vorschlag gemacht, man sollte ganz auf die CIA verzichten. Präsident Kennedy mag gedroht haben, die CIA in alle Winde zu zerstreuen, aber das bedeutete nur, daß er die Aufgaben der CIA einer anderen Behörde übertragen wollte, einer Behörde mit einem neuen Namen an der Spitze einer Organisation, die ebenfalls eine andere Bezeichnung tragen sollte. Nachrichtendienste sind ebenso wie Armeen, das Telefon und die Post oder das Steuersystem ein unverzichtbarer Bestandteil des modernen Staatswesens. Außenseiter mögen bereit sein, das Leben zu riskieren, ohne über einen Auslandsnachrichtendienst zu verfügen, wie wir das vor dem Zweiten Weltkrieg getan haben, aber niemand, der die Verantwortung für politische Entscheidungen trägt, wird sich heute damit einverstanden erklären. Diese Frage ist ein für allemal beantwortet.

Jetzt fragt sich nur noch, welches die spezifischen Aufgaben der CIA neben dem Sammeln und dem Schutz von Erkenntnissen sein sollen, und in welchem Geist man diese Erkenntnisse verwenden wird. Das ist kein Gegenstand der Gesetzgebung, und wahrscheinlich werden wir so bald keine Antwort auf diese Frage erhalten. Es hat fast dreißig Jahre gedauert, bis wir erfahren haben, wie diese Dinge bisher getan worden sind, und jetzt werden vielleicht wieder dreißig Jahre vergehen. Die Beantwortung solcher Fragen liegt in der Zukunft. Die Geschichte von Helms gehört der Vergangenheit an.

Anmerkungen

Einführung

[1] Bei der CIA als »human sources« (menschliche Quellen) bezeichnet. Die Erkenntnisse, die sie bringen, bezeichnet man als »HUMINT« (human intelligence). Aus anderen Quellen stammende Nachrichten sind ELINT (electronic intelligence), COMINT (communications intelligence), SIGINT (signals intelligence) usw. HUMINT, also durch Personen beschaffte Nachrichten, sind im allgemeinen die spärlichsten, am schwersten zu beschaffen, aber potentiell am wertvollsten. Über den Wert von HUMINT hat es in der CIA immer wieder Meinungsverschiedenheiten gegeben. Helms hat sich während seiner ganzen Amtszeit energisch dafür eingesetzt. Andere CIA-Beamte – Richard Bissell, der Vorgänger von Helms als Leiter des Planungsdirektoriums, oder Herbert Scoville, der in der ersten Zeit das Direktorium für Wissenschaft und Technik leitete – hielten nicht so viel davon und glaubten, diese Erkenntnisse hätten kaum mehr Wert als Gerüchte. Die Verfechter von HUMINT geben das zwar zu, behaupten aber, daß es verschiedene Gerüchte gäbe und ein Spion eines Tages im entscheidenden Augenblick eine wichtige Tatsache melden kann. Sie erklären, eines sei gewiß: Wenn nicht Spione angeworben werden, dann kommt man auch niemals an leistungsfähige Spione.

[2] Manchmal sind es auch mehrere. Im nationalsozialistischen Deutschland gab es eine Reihe miteinander konkurrierender Nachrichtendienste, deren wichtigstes Ziel es war, die jeweils anderen zu übertrumpfen. In den Vereinigten Staaten steht die CIA auch nicht allein, sie ist aber der wichtigste Nachrichtendienst. Die Sitzungen des Nationalen Sicherheitsrats beginnen seit jeher mit einer Lagebeurteilung durch die CIA. Die militärischen Nachrichtendienste oder das Außenministerium können den Schlußfolgerungen eines Berichts der CIA auf den Sitzungen des United States Intelligence Board (USIB) zwar widersprechen, sie schwimmen dabei aber gegen den Strom.

[3] Welchen Einfluß örtliche CIA-Beamte auf den Philippinen und in der Dominikanischen Republik gehabt haben, erkennen wir aus den Büchern *Portrait of a Cold Warrior*, 1976, von Joseph Burckholder Smith, und *The Night Watch*, 1977, von David Atlee Phillips.

[4] Ein klassisches Beispiel für das Versagen eines Nachrichtendienstes findet sich im Bericht eines britischen Parlamentsausschusses aus dem Jahr 1855, in dem es heißt, daß »das Leiden der Armee hauptsächlich auf die Umstände zurückzuführen war, unter denen die Expedition auf der Krim begonnen und durchgeführt wurde. Die Regierung, die diese Expedition angeordnet hat, besaß keine ausreichenden Informationen über die Bewaffnung der Streitkräfte auf der Krim.

Sie wußte nichts über die Stärke der Festungen, die angegriffen werden sollten, oder die Hilfsquellen des Landes, in das einmarschiert wurde. Sie hoffte und erwartete, die Expedition werde den sofortigen Erfolg bringen, und da sie nicht mit länger dauernden Kämpfen gerechnet hatte, wurde die Armee nicht für einen Winterfeldzug ausgerüstet ...« Zitat aus *Victorian People*, Chicago 1972, von Asa Briggs, S. 80.

[5] Die drei Männer waren James Schlesinger, Sherman Kent, ein ehemaliger Vorsitzender der Behörde für Nationale Schätzungen, und Walter Pforzheimer, der in nachrichtendienstlichen Kreisen dafür bekannt ist, daß er eine umfangreiche Sammlung von Büchern und Dokumenten über die Geschichte der Spionage besitzt.

[6] Insgesamt zehn oder zwölf Stunden. Die Niederschrift unserer Gespräche umfaßt etwa 300 Seiten. Ich habe nur die Gespräche mit ihm schriftlich festgehalten. Helms dachte damals daran, eine Autobiographie zu schreiben, und vielleicht hat er diesen Gedanken immer noch.

1. Kapitel

[1] Die Untersuchungsverfahren wurden durchgeführt von dem Sonderausschuß des Senats zur Überprüfung der Vorgänge im Wahlkampf (Watergate), vom Rockefeller-Ausschuß, den Präsident Ford eingesetzt hatte, und dem Sonderausschuß des Senats zur Untersuchung von Operationen der Regierung im Zusammenhang mit Aktivitäten der Nachrichtendienste unter Frank Church.

[2] Nixon hatte die Herausgabe von Akten über die Schweinebucht, den Putsch, der 1963 zum Sturz von Ngo Dinh Diem führte, und die Ermordung von Trujillo im Jahr 1961 verlangt. Zu diesem Verlangen von Nixon siehe 14. Kapitel.

[3] Walter Pincus, »The Duping of Richard Helms«, *New Republic*, 15. Februar 1975.

[4] Anhörungen vor dem Außenpolitischen Senatsausschuß über die Ernennung von Richard Helms zum Botschafter im Iran und die Aktivitäten der CIA im Ausland und in den Vereinigten Staaten (1974), S. 47.

[5] Anders als Helms unterbrach Colby seine Tätigkeit für die Nachrichtendienste einige Jahre, ging auf eine juristische Akademie und trat anschließend wieder in die CIA ein.

[6] Der Attentatsbericht des Church-Ausschusses (1975), S. 105.

2. Kapitel

[1] Aaron Latham, »My Interview with Hitler«, *More*, Dezember 1976.

[2] Gardner wurde später Minister für Gesundheit, Erziehung und Wohlfahrt. 1967 wurde er Mitglied eines von Johnson ernannten und aus drei Männern bestehenden Ausschusses zur Überprüfung der Beziehungen der CIA zu Privatschulen, Gewerkschaften, Zeitungen und Zeitschriften, Stiftungen usw.

[3] Siehe R. Harris Smith, *OSS: The Secret History of America's First Central Intelligence Agency*, 1972.

[4] Tom Braden, »The Birth of the CIA«, *American Heritage*, Februar 1977.

[5] Der Marineminister und spätere Verteidigungsminister Forrestal war ein empfindsamer, aber humorloser Mann mit traurigen Augen und einem schmalen Mund; seine Besorgnis wegen der Aggressivität der Sowjetunion entwickelte sich später zu regelrechten Wahnvorstellungen. Weniger als eine Woche nach seinem Ausscheiden aus dem Amt des Verteidigungsministers im März 1949 erlitt Forrestal einen Nervenzusammenbruch und sagte einem Freund: »Sie sind hinter mir her.« Man erzählt sich sogar, er sei laut schreiend durch die Straßen gelaufen: »Die Russen kommen, die Russen kommen! Gleich sind sie da. Ich habe russische Soldaten gesehen.« (Daniel Yergin, *Shattered Peace*, 1977, S. 208.) Im Mai versuchte sich Forrestal im Bethesda Marinelazarett bei Washington mit seinem Morgenmantel am Fensterkreuz seines Krankenzimmers zu erhängen, rutschte dabei aus und stürzte sechs Stockwerke tief zu Tode.

[6] Ebenda, S. 214.

[7] Er schied am 10. Juni 1946 aus, nachdem er weniger als sechs Monate Direktor der Central Intelligence (DCI) gewesen war, kam jedoch ein Jahr später nach Washington zurück und übernahm den Posten des Exekutivsekretärs beim Nationalen Sicherheitsrat unter Truman, den er bis 1950 innehatte.

[8] Buch IV, *Final Report* (Schlußbericht) des Church-Ausschusses, 1976, S. 14. Buch IV ist die offizielle Geschichte der CIA von Anne Karalekas.

[9] In der neueren Geschichte der Geheimdienste hat das Wort »spezial« fast die gleiche Bedeutung wie das Wort »geheim«. Die Abteilung des OSS für »besondere« Operationen, die entsprechende Gruppe in der CIA in Vietnam, die Gruppe für Spezialaufgaben, die 1948 bei den italienischen Wahlen tätig wurde, die Sondergruppe, die die Operationen der CIA von 1959 bis 1964 überprüfte, die für die Operation Mongoose verantwortliche erweiterte Sonderabteilung, die Sondereinheit des IRS, die auf Befehl Nixons Radikale in den Vereinigten Staaten aufspüren sollte, Nixons besondere Untersuchungsgruppe (bekannt unter der Bezeichnung »Klempner«), die britische Sonderexekutive für Operationen im Zweiten Weltkrieg, der von den Briten für geheime Operationen verwendete Ausdruck »besondere politische Aktionen«, das Büro für Sonderdienste der New Yorker Polizei, die sogenannte »Red Squad« usw. verwenden diesen Ausdruck im gleichen Sinn. Jede offizielle »besondere« Institution sollte mit Argwohn angesehen werden.

[10] Yergin, a. a. O., S. 255.

[11] Es handelt sich hier um sogenannte »verdeckte« Operationen, über deren Bezeichnung man sich in der CIA zunächst nicht einig war.

[12] Pound wurde bei Kriegsende von den Amerikanern festgenommen, weil er angeblich in Italien achsenfreundliche und antisemitische Rundfunksendungen gemacht hatte. Augenscheinlich waren es seine Beziehungen zu Pound, die einige Professoren in Yale aus den 1930er Jahren davon überzeugten, auch Angleton sei antisemitisch eingestellt. In Wirklichkeit hat er jedoch nach dem Kriege sehr freundschaftliche Beziehungen zu dem jüdischen Untergrund in Italien unterhalten, und bis zu seinem durch William Colby erzwungenen Rücktritt im Dezember 1974 unterstand ihm auch die israelische Abteilung in der CIA. Bei einigen CIA-Angehörigen galt Angleton als fanatisch pro-israelisch. Wenn Angleton gegenüber Juden eine gewisse Vorsicht an den Tag legte, dann tat er das aus dem gleichen Grund wie viele CIA-Beamte, die damit rechneten, daß sich Juden unter Umständen dem israelischen Staat verpflichtet fühlen könnten. Kein Jude hat

jemals beim DDI oder DDP in der israelischen Abteilung gearbeitet.

[13] Ray Cline, *Secrets, Spies and Scholars*, 1976, S. 102.

[14] Während der Regierungszeit von Salvador Allende unterhielten die Vereinigten Staaten ein ähnliches Militärhilfeprogramm für Chile.

[15] Siehe Arthur Koestler, *The Age of Longing*, 1951; in diesem Buch kommt das Gefühl zahlreicher Intellektueller aus der Nachkriegszeit zum Ausdruck, die glaubten, sie lebten an einem Abgrund.

[16] Kim Philby, *My Silent War*, 1968, S. 167.

3. Kapitel

[1] Beide Nachrichtenmagazine brachten das Bild von Helms auf der Umschlagseite, *Time* am 24. Februar 1967, *Newsweek* am 22. November 1971. Beide Artikel waren freundlich im Ton, aber spärlich in der Aussage.

[2] C. L. Sulzberger, *Postscript with a Chinese Accent*, 1974, S. 69–70. Helms und Sulzberger haben sich offenbar gut verstanden. E. Howard Hunt berichtet, Sulzberger habe am 13. September 1967 in der *New York Times* einen Leitartikel mit der Überschrift »Where the Spies Are« (Wo die Spione sind) veröffentlicht, der zum größten Teil von Hunt nach Informationen des Sicherheitsdirektors Howard Osborn verfaßt worden sei. Wie Hunt behauptet, war dieser Leitartikel fast vollständig von einem Aufsatz abgeschrieben, den er auf Anordnung von Helms verfaßt hatte und in dem eine Reihe sowjetischer Diplomaten namentlich aufgeführt waren, die als Spione arbeiteten. Siehe *More*, Oktober 1977.

[3] Das ist eine Behauptung des russischen Überläufers Alexander Orlow, *Handbook of Intelligence and Guerilla Warfare*, 1972. Das Buch von Orlow ist eine gute Einführung in die russischen Methoden bei der Spionage, die hier als »tradecraft« bezeichnet werden. Auch bei der CIA war das ein häufig angewendetes Wort. Es bezeichnet die handwerkliche Geschicklichkeit, die demjenigen, der diese Kunst beherrscht, das gleiche intellektuelle Vergnügen bereitet wie etwa das Schachspiel. Siehe Harry Rositzke, *The CIA's Secret Operations*, 1977; »Christopher Felix« ist das Pseudonym eines Mannes, der Anfang der 1950er Jahre in der Osteuropaabteilung des OPC gearbeitet hat, *A Short Course in the Secret War*, 1963; J. C. Masterman, *The Double-Cross System*, 1972. Weniger freundliche Darstellungen sind der 1933 erschienene Roman von Compton Mackenzie, *Water on the Brain* und die Memoiren von Malcolm Muggeridge, *The Infernal Grove*, 1974.

[4] Das ist ein schwerer Vorwurf, der einer gewissen Richtigstellung bedarf. Ich behaupte nicht, daß den Außenbeamten der CIA das Schicksal der Menschen gleichgültig gewesen sei, mit denen sie zusammengearbeitet haben. Sehr oft war das Gegenteil richtig. Diese Beamten mußten oft von der Zentrale zur Ordnung gerufen werden. Im Normalfall arbeiteten sie diszipliniert. Der Außenbeamte der CIA wußte, daß er den Meos, den Montagnards oder irgendwelchen anderen Gruppen half, weil Washington das für richtig hielt. Er wußte, daß Washington seine Meinung ändern konnte. Er war grundsätzlich bereit, Befehle zu befolgen. So ermutigte er isolierte politische Gruppen zu riskanten Unternehmungen, wußte aber, daß er und sein Land jeden Augenblick diese Hilfe abziehen konnten. Das ist moralisch nicht vertretbar. Auch ein schlechtes Gewissen entschuldigt ein solches

Verhalten nicht.

[5] Der ehemalige Armeeoffizier Critchfield ging nach dem Krieg zur CIA. Er blieb 1955 in Pullach und übernahm Ende 1956 in Washington die Osteuropäische Abteilung beim Planungsdirektorium. Es folgte eine längere Tätigkeit als Chef der Nahostabteilung. In dieser Stellung erwarb Critchfield hohes Ansehen innerhalb der CIA.

[6] Nach dem Aufstand in Ungarn 1956 wurde Radio Liberation (Radio Befreiung) in Radio Liberty (Radio Freiheit) umbenannt, weil man der CIA den Vorwurf machte, sie habe Ungarn zu diesem Aufstand ermutigt und amerikanische Unterstützung zugesagt, die die Vereinigten Staaten nicht gewähren konnten oder wollten. Freiheit war, wie man glaubte, ein weniger provozierender Begriff als Befreiung.

[7] Dieser Krieg wurde von allen, nur nicht von den Experten der CIA im Büro für Nationale Schätzungen erwartet, die einen Kriegsausbruch in der unmittelbar bevorstehenden Zeit für »höchst unwahrscheinlich« hielten. Das Büro bestritt jedoch nicht die Richtigkeit der verbreiteten Auffassung, die Sowjetunion habe feindliche Absichten. William Wright, eines der ersten Mitglieder dieses Büros, sagte: »Nun, wissen Sie, kurz gesagt, behaupten wir, es wird im nächsten Jahr noch keinen Krieg geben, aber wir sagen das in sehr besorgtem Ton.« Für die Militärs war die Frage nicht, ob es zu einem Krieg kommen werde, sondern wann. DeForrest Van Slyck, der ebenfalls schon sehr früh dem BNE angehört hat, sagt: »Mein Gott! Wenn die Russen hätten hören können, was einige dieser Luftwaffengeneräle gesagt haben!« Ende der 1940er Jahre arbeitete Van Slyck an einer Studie über die Kriegsgefahr in Westeuropa mit der Bezeichnung ORE 91 (Office of Research and Estimates, der Vorgänger von BNE). Die Militärs waren der Auffassung, die Wirtschaftskapazität Westeuropas stelle eine unwiderstehliche Versuchung dar. Nach monatelangen Studien kam Van Slyck zu dem Schluß, daß Moskau die Lage anders beurteilte. Die Sowjets glaubten, die industrielle Basis in Europa werde durch einen Krieg vernichtet werden, Widerstandsgruppen würden den Einsatz starker Besatzungstruppen erforderlich machen, und die Russen würden auch im Falle eines Sieges nichts gewinnen. Wie Van Slyck berichtet, widersprachen die Militärs seinen Auffassungen, als ORE 91 im Rahmen der National Intelligence Authority (der Vorgängerin des United States Intelligence Board) erörtert wurde. Der damalige Chef des Nachrichtendienstes der Luftstreitkräfte und spätere Stellvertretende Direktor der Central Intelligence, General Charles Peare Cabell, erklärte, wie Slyck berichtet: »Wir können dieses Papier nicht akzeptieren. Damit werden wir den Etat nicht durchbekommen.«

[8] Siehe K. V. Tauras, *Guerilla Warfare on the Amber Coast*, 1962, ein Bericht über den Krieg gegen Sowjetrußland in Litauen. Das Buch ist von der CIA finanziert worden, stellt aber trotzdem einen interessanten Bericht dar. Andere skizzenhafte Berichte über diese Operation finden sich in Heinz Höhne und Herman Zolling, *The General was a Spy*, 1972; E. H. Cookridge, *Gehlen: Spy of the Century*, 1971, und Harry Rositzke, *The CIA's Secret Operations*, 1977.

[9] Burke war später Präsident der New York Yankees und der Sportarena im Madison Square Garden.

[10] Smith erhielt einen neuen Posten als Unterstaatssekretär für Politische Angelegenheiten.

[11] Rositzke a. a. O., S. 37.

[12] Anne Karalekas nennt diese Zahlen in ihrer Geschichte der CIA, die als Buch IV im *Final Report* des Church-Ausschusses veröffentlicht wurde. John Bross bezweifelt ihre Richtigkeit. Er erinnert sich an ein Gespräch mit dem Leiter des Planungsdirektoriums Frank Wisner und dem Chef der Osteuropaabteilung Lindsay Anfang der 1950er Jahre, als Lindsay allein für seine Abteilung einen Etat von $ 80 Millionen vorschlug. Darauf erwiderte Wisner: »Weshalb runden wir das nicht auf $ 100 Millionen auf?«, was dann auch geschah.

[13] *Group's Interim Report No. 2* vom 13. Mai 1948 in den Akten des Center for National Security Studies, Washington, D.C.

[14] Buch IV, *Final Report* des Church-Ausschusses, 1976, S. 38.

[15] Der Beamte, der das Planungsdirektorium leitete, hatte die Bezeichnung Deputy Director for Plans (Stellvertretender Direktor für Planungen) oder DDP. Dieselbe Abkürzung wurde auch für das Direktorium selbst verwendet. DDP kann daher entweder das Direktorium oder dessen Leiter bezeichnen. Ähnlich war es mit dem DDI (Deputy Director for Intelligence, Directorate of Intelligence), dem DDS&T (Deputy Director for Science and Technology) und dem DDS (Deputy Director for Support).

4. Kapitel

[1] Die Handlung des klassischen Romans von Le Carré, in dem der Held als letzter erfährt, was wirklich gespielt wird, übertreibt nicht die Bedeutung der Täuschungsmanöver im Nachrichtendienst. Ein Beispiel dafür ist auch die Geschichte von Noel Field, eines für die 1930er Jahre typischen amerikanischen Mitläufers. Als Vertreter einer Quäkerorganisation hatte Field während des Krieges in der Schweiz mit Allen Dulles zusammengearbeitet und ihm geholfen, Flüchtlinge zu repatriieren, die sich dann als Mitglieder kommunistischer Parteien entpuppten, die mit russischer Unterstützung in ihren Ländern an die Macht kamen. 1949 gingen Field und seine Frau nach Polen, in der Absicht, sich in Osteuropa niederzulassen. Field wurde jedoch als Spion verhaftet, ins Gefängnis gesperrt und Anfang der 1950er Jahre in vielen osteuropäischen Säuberungsprozessen als Verbindungsmann zwischen den Beschuldigten und der CIA bezeichnet, die damals von Dulles vertreten wurde. Zu den Hintergründen dieser unheimlichen Episode siehe Flora Lewis, *The Red Pawn*, 1965. Stewart Steven gibt in *Operation Splinter Factor*, 1974, der Geschichte einen noch düstereren Anstrich. Die Unterlagen für dieses Buch stammen augenscheinlich von einem Angehörigen des britischen geheimen Nachrichtendienstes SIS, der Dulles nicht leiden konnte. Steven behauptet, Dulles habe den Verdacht der Sowjets durch einen CIA-Agenten im polnischen Geheimdienst, Joseph Swiatlo, der später im Dezember 1953 in Berlin in den Westen übergelaufen ist, auf Field lenken lassen. Damit hat Dulles, wie Steven behauptet, innerhalb der osteuropäischen kommunistischen Parteien das Mißtrauen säen wollen, das dort auch wirklich entstanden ist, weil er glaubte, damit den Widerstand nationalistischer Kräfte in der Sowjetunion anregen zu können. Gerade das hat Dulles damals zu bewirken versucht. Fields zahlreiche Kontakte zu osteuropäischen Kommunisten und seine Beziehungen zu Dulles während des Krieges ließen ihn für einen solchen Plan als das geeignete Werkzeug erscheinen.

Ich weiß nicht, wie ich Stevens Buch beurteilen soll. Zwar hätte Dulles einen solchen Plan durchaus fassen können, aber Stalin brauchte für seine Säuberungsaktionen keine besondere Ermutigung, und die sowjetische Geheimpolizei hat sich die einzigartige Position von Field vielleicht in der gleichen zynischen Weise zunutze gemacht, wie es nach Auffassung von Steven angeblich Dulles getan hat.

Das Interessante an solchen rätselhaften Vorgängen liegt darin, daß sie für die Arbeit der Nachrichtendienste typisch sind und zeigen, daß ein einziger kleiner Umstand das Bild völlig verändern kann. Der Text einer einzigen an Swiatlo gerichteten Anweisung könnte, wenn er bekannt würde, eine ganz neue Bedeutung für einen wesentlichen Teil der Nachkriegsgeschichte ergeben. Der Umstand, daß Steven einen solchen Text nicht vorlegen kann, ist noch kein Beweis dafür, daß er nicht doch noch irgendwo in den Akten ruht. Vielleicht haben nur Dulles und eine Handvoll anderer etwas von diesem Plan gewußt, und sie alle werden das Geheimnis mit ins Grab nehmen, wie Dulles das sicher auch mit vielen anderen Geheimnissen getan hat. Beamte des Nachrichtendienstes, die sich mit geheimen Operationen beschäftigen, betrachten die Dinge je nach ihrem Tätigkeitsbereich in ganz spezifischer Weise. Wenn ein Beamter die Aufgabe hat, Nachrichten zu analysieren, dann könnte er nach der Lektüre von Stevens Buch sagen, seine These sei aus den folgenden sieben plausiblen Gründen unhaltbar. Ein Außendienstbeamter würde die Sache wahrscheinlich vorsichtiger beurteilen; auch wenn er kein belastendes Material fände, würde er nicht ausschließen, daß sich solches Material doch noch irgendwo finden ließe. Diese Leute halten nichts für so unwahrscheinlich, daß es unmöglich ist. Wir wissen zum Beispiel von James Angleton, daß er glaubte, irgendwo im Kreml gäbe es den streng geheimen Text eines sowjetisch-chinesischen Plans, den Westen durch eine vorgetäuschte Feindschaft in Sicherheit zu wiegen. Nach meiner Auffassung ist Angleton hier dem grundsätzlichen Irrtum erlegen, Regierungen hätten die Fähigkeit, in so extremer Form zu intrigieren wie die Nachrichtendienste. Allerdings fassen sie gelegentlich die komplexesten und verwirrendsten Pläne; aber wenn Angleton in der Frage des Gegensatzes zwischen China und der Sowjetunion auch zu weit gehen mag, muß man doch einräumen, daß die Nachrichtendienste überall nach geheimen Verbindungen und getarnten Identitäten suchen und sie gelegentlich auch finden.

[2] Wisners Sekretärin, die wußte, daß ihr Chef sich überlegte, ob er sich ein neues Auto kaufen sollte, bewahrte in den 1950er Jahren seine Gehaltsschecks ein Jahr lang auf und übergab sie ihm dann mit den Worten: »Mr. Wisner, hier ist Ihr neuer Wagen.« Wisner hatte bis dahin gar nicht gemerkt, daß ihm das Geld fehlte.

[3] 1965 ergab sich eine Ausnahmesituation, als David Phillips von der Dominikanischen Republik nach Washington zurückkehrte, nachdem er als Stationschef die delikate Aufgabe hatte erfüllen müssen, mit dem FBI zusammenzuarbeiten. Lyndon Johnson hatte das FBI angewiesen, sich an Sicherheitsmaßnahmen und dem Sammeln von Erkenntnissen zu beteiligen (wahrscheinlich um zu zeigen, daß er keine Mühe gescheut habe), und Hoover war bekannt dafür, daß er der CIA mißtraute. Zufällig traf Phillips in der Sportanlage mit Helms zusammen, wo dieser sich zu trimmen pflegte. Helms fragte, wie er mit dem FBI auskäme. Phillips sagte, es ginge ausgezeichnet. Phillips, *The Night Watch,* 1977, S. 171.

[4] Bei der CIA gab es erst einige Jahre später ein Programm für vorzeitige Pensionierungen für solche Fälle, als John McCone 1964 versuchte, eine entsprechende Verordnung durch den Kongreß zu bringen. Lyman Kirkpatrick,

The Real CIA, 1968, 271–272.

[5] Während ich mich darum bemühte, das Material für dieses Buch zusammenzutragen, stellte ich fest, daß fast jeder, mit dem ich sprach, schon vor meinem ersten Gespräch mit ihm alles über mich wußte. Dreimal wurde ein Gespräch, das ich mit der betreffenden Person führte, durch einen Telefonanruf unterbrochen, bei dem ich etwa folgendes hörte: »Oh, hallo, ja, er ist gerade hier . . .« Wohin ich auch ging, überall hin folgten mir Briefe oder Telefonanrufe, und ein paarmal habe ich es erlebt, daß ein Interview nach einer anfänglichen Weigerung schließlich doch zustande kam. Einmal erklärte Colby: »Ich habe mir die Sache überlegt, und ich denke, ich sollte doch mit Ihnen sprechen!« Mit erstaunlicher Regelmäßigkeit gelang es mir, eine Antwort zu bekommen, wenn ich den Namen eines anderen CIA-Beamten nannte. »Übrigens habe ich neulich mit Kim zu Abend gegessen . . .« oder »Colby und ich haben am Silvesterabend in seinem Haus darüber gesprochen . . .« Dann wieder sagte man mir, »ich habe gehört, Sie werden morgen mit Johnny zum Lunch gehen«, oder »wie kommen Sie mit Frank in Boston aus?« Das liegt zum Teil vielleicht an der Insellage von Washington, das immer wieder als »diese Stadt« bezeichnet wird (zum Beispiel, »Sie müssen wissen, was diese Stadt betrifft . . .« usw. usw.). Aber vor allem liegt es daran, daß alle Angehörigen der CIA in besonders enger Verbindung zueinander stehen. Innerhalb dieser Behörde herrscht eine Loyalität und ein Zusammenhalt, den es sonst nur unter ehemaligen Mitschülern und Freunden aus der Kindheit gibt.

[6] Wenn in der CIA die Haltung des Gentleman vorherrschte, dann folgte man damit der britischen Tradition. Der britische geheime Nachrichtendienst SIS besitzt keine rechtliche Grundlage; er ist nicht aufgrund eines Parlamentsbeschlusses entstanden, und das Budget des Geheimdienstes wird nicht offiziell bewilligt; der geheime Nachrichtendienst ist einfach da. Daß ein außerhalb der Gesetze stehender Geheimdienst sich mit den bürgerlichen Freiheiten vereinbaren läßt, ist nur möglich, weil dieser geheime Nachrichtendienst von vertrauenswürdigen Leuten, also von Gentlemen, geleitet wird. Niemand hat jemals behauptet, der russische Geheimdienst – der zaristische oder der stalinistische – werde von Gentlemen geleitet, und in Amerika vertritt man im allgemeinen die Auffassung, Angehörige einer politischen Polizei gehörten zu einer niedrigen Kategorie von Menschen. Darin zeigt sich, wie ich glaube, ein gesunder Instinkt. Wenn Geheimpolizisten nicht von Natur aus einen unangenehmen Charakter haben, dann werden sie durch ihre Tätigkeit doch negativ beeinflußt.

[7] In Stewart Alsop, *The Center,* 1968, 8. Kapitel, werden die typischen Beziehungen der CIA zur Oberschicht, der wohlhabenden sogenannten »Efeu-Liga«, sehr anschaulich geschildert. Den Beamten niedriger Rangstufen gefiel das nicht. Siehe Thomas Bell Smith, *The Essential CIA,* 1975. Das Buch von Smith, auf das ich in der Kongreßbibliothek gestoßen bin, ist im Privatdruck erschienen und enthält zahlreiche Druckfehler. Das macht es etwas problematisch. Es ist gegenüber der CIA positiv eingestellt, und Smith, dessen Namen ich sonst nirgends gefunden habe, erklärt, er habe sein Manuskript zur Sicherheitsüberprüfung der CIA vorgelegt, um es erst dann seinem Drucker zu schicken, der offenbar irgendwo in einem Keller gearbeitet hat. Aber das Buch klingt authentisch und wird in vielen Einzelheiten von anderen Quellen bestätigt. Es enthält einen der besten Berichte über die ersten gegen die Sowjetunion gerichteten Operationen.

Smith bezeichnet sich selbst etwas verbittert als »Plebejer«, gibt aber zu, daß die gesellschaftlich höher gestellten Personen an der Spitze meist ernstzunehmende Fachleute waren. Er fügt hinzu: »Aber nur sehr wenige dieser Leute haben jemals die Mätresse eines Politikers in einer Bar angeworben oder einen Agentenring in einem Lande geführt, wo man jeden Amerikaner auf einen Kilometer erkennt und wo Amerikaner nicht besonders beliebt sind. Keiner von ihnen hat mit irgendwelchen undurchsichtigen Typen Schnaps trinken müssen, bevor er in einen schwarzen Fallschirmspringer-Anzug schlüpfte, um den Flug in die Ewigkeit anzutreten. Die Angehörigen der Efeu-Liga werden sich niemals weit vom Hauptquartier der CIA entfernen, denn es kann politisch unklug sein, wenn ein ehrgeiziger Beamter sich länger als zwei Jahre vom Machtzentrum isoliert an einem Außenposten aufhält.« (S. 9) Auch Helms ist während seiner ganzen Laufbahn meist in der Nähe des Hauptquartiers geblieben.

[8] Das Geld wurde von Miles Copeland übergeben, der die Episode in *The Game of Nations,* 1969, S. 175 ff., beschreibt. Nasser hat damit den sogenannten Turm von Kairo bauen lassen. Copeland berichtet, die Ägypter beim Stabe Nassers hätten dieses Bauwerk als *el wa'ef rusfel* (»Roosevelts Erektion«) bezeichnet. Damit meinten sie Kermit Roosevelt von der CIA.

[9] Zu dem Krieg der Nachrichtendienste um sowjetische Fernlenkwaffen, Sihanoukville, den Aufmarsch des Vietcong und einigen anderen Themen siehe 11. und 12. Kapitel.

[10] Siehe R. Harris Smith, *OSS: The Secret History of America's First Central Intelligence Agency,* 1972.

[11] Harry Rositzke, *The CIA's Secret Operations,* 1977, S. 13.

[12] *Washington Post,* 26. Juni 1977.

[13] David Phillips, *The Night Watch,* 1977.

[14] Howard Hunt, *Give Us This Day,* S. 83.

[15] Siehe *Ramparts,* Februar 1967. Hier findet sich der erste Bericht über die Beziehungen zwischen CIA und NSA. Zu den zahlreichen »privaten Institutionen«, die von der CIA unterstützt wurden, finden sich in den folgenden Wochen täglich Berichte in der *New York Times* und der *Washington Post.* S. a. Tom Braden, »I'm Glad the CIA Is Immoral«, *Saturday Evening Post,* 20. Mai 1967.

[16] Frank Snap beschreibt das Debakel in *Decent Interval,* 1977.

[17] C. L. Sulzberger, *A Long Row of Candles,* 1969, S. 347.

[18] Nach seinem Ausscheiden aus der CIA arbeitete Offie für AFL/CIO in Europa. 1972 kam er bei einem Flugzeugabsturz auf dem Londoner Flughafen ums Leben.

[19] Das klingt vielleicht unglaubhaft, aber Geschichten über unmögliche FBI-Berichte zum Verhalten von Verdächtigen sind nichts Außergewöhnliches. Man kann nicht deutlich genug sagen, daß in den noch nicht ausgewerteten Berichten zum Teil unglaublicher Unsinn enthalten war. Diese Berichte wurden auf ausdrücklichen Befehl von Hoover nicht ausgewertet, der sagte, das FBI sei nur eine Untersuchungsbehörde und habe nicht die Aufgabe, Analysen durchzuführen. Ein Mitarbeiter Donovans im Zweiten Weltkrieg hat mir gesagt, das FBI habe einen akademischen Japanexperten zum Verdächtigen erklärt, weil berichtet worden war, daß der Mann in seinem Zimmer eine Karte von Japan an der Wand hatte. Das war richtig. Es war eine Karte aus der Zeitschrift *National Geographic.* Schließlich wurde er von Donovan gegen den Rat des FBI als Japanexperte angestellt.

In einer ähnlichen Episode wurde dem bekannten Gelehrten Thomas Emerson, einem Fachmann für den ersten Zusatzartikel der amerikanischen Verfassung an der Yale Law School, von Justizminister Francis Biddle seine unausgewertete FBI-Akte vorgelegt. Sie enthielt unter anderem einen Bericht von Emersons Putzfrau, in dem sie behauptete, neben seinem Lehnstuhl lägen Bücher über die russische Revolution. Auch hier blieb der negative Bericht des FBI unbeachtet. Wenn aber vom FBI verdächtigte Personen nicht das Glück haben, bei den Gerichten über einen Freund zu verfügen, bedarf es eines erheblichen Drucks von oben, um das FBI zu veranlassen, seine Verdächtigungen zu präzisieren. Über Hoovers Neigungen in dieser Richtung siehe Sanford J. Ungar, *FBI*, 1975 und Band 6 von *Hearings Before the Senate Select Committee on Intelligence Activities*, 1976. Siehe auch 14. Kapitel über den sogenannten Tom Charles Huston-Plan für nachrichtendienstliche Tätigkeit im Inland, eine Initiative Nixons nach der Weigerung Hoovers, seine Berichte durch Agenten des FBI analysieren zu lassen.

Die Gründe Hoovers für diese Haltung sind recht durchsichtig; sie steigerte seine persönliche Macht. Ein fleißiger Untersuchungsbeamter kann über jede beliebige Person irgend etwas finden. Wenn sich Hoover weigerte, solche Berichte zu beurteilen, konnte er schaden, wem er wollte. Außerdem hat er grundsätzlich jedem mißtraut, der neben seinem Lehnstuhl Bücher über die russische Revolution liegen hatte oder von der gleichen Plattform aus sprach wie Harlow Shapley.

[20] Harris Smith, a. a. O., S. 372–375.

[21] Sein jüngerer Bruder war McGeorge Bundy, Sonderberater für Angelegenheiten der Nationalen Sicherheit unter Kennedy und Johnson und später Präsident der Ford-Stiftung.

[22] Acheson, a. a. O., S. 360.

[23] *Beacon Press*, 1958.

[24] Es besteht keine Möglichkeit, die unbeantworteten Fragen im Hinblick auf solche Episoden endgültig zu klären, aber *The Care of Devils* ist es wert, wegen seines Stils und der darin zum Ausdruck kommenden Atmosphäre gelesen zu werden. Die Vernehmung von Miß Press erinnert an Arthur Koestler, *Darkness at Noon*, einen romanhaften Bericht über die Vernehmung eines alten Kommunisten im Moskauer Gefängnis Ljubljanka in den 1930er Jahren. In beiden Büchern werden aus ähnlichen Gründen ähnliche Fragen von ähnlichen Männern gestellt. Der Unterschied besteht nur darin, daß Miß Press nicht im Gefängnis eingesperrt ist; sie geht jeden Tag nach der Vernehmung nach Hause und wird zum Schluß entlassen, anstatt mit einem Genickschuß zu enden. Im Mai 1966 veröffentlichte Malcolm Muggeridge einen Artikel über ihr Buch in der Zeitschrift *Esquire* und brachte darin die Meinung zum Ausdruck, die CIA habe etwas damit zu tun, daß das Buch zunächst so wenig beachtet wurde, denn vielleicht habe die CIA die Auflage aufgekauft. Auf den Artikel von Muggeridge hin erschien bei Bantam eine neue Auflage als Paperback. Auch sie wurde von der Presse totgeschwiegen.

[25] Eine gute Darstellung des Einsatzes von Spionen durch die Briten während des Krieges findet sich bei J. C. Masterman, *The Double-Cross System*, 1972. Das ist ein sehr verständlich geschriebenes, detailliertes und interessantes Buch. Nebenher wird erwähnt, daß eine Reihe gefangener deutscher Agenten erschossen wurden. Ein Grund dafür war, daß sie sich weigerten, mit den Briten zusammenzuarbeiten – verständlich. Es waren schließlich Spione, und es war Krieg. Aber ein zweiter Grund war der, daß die Briten fürchteten, die Deutschen könnten auf den

Gedanken kommen, irgend etwas stimmte nicht, wenn nicht das Normale geschah und keiner ihrer Agenten gefaßt und hingerichtet würde. So wurden also einige Agenten erschossen, um die Deutschen davon zu überzeugen, daß die anderen Agenten vertrauenswürdig seien. Masterman sagt das zwar nicht direkt, aber wenn man seinen Bericht aufmerksam liest, dann ergibt sich das von selbst.

[26] Im 3. Kapitel wird geschildert, wie die Russen WIN in Polen manipuliert haben. Über einen Russen, der erst 1959 in die Vereinigten Staaten übergelaufen ist, für den militärischen Nachrichtendienst gearbeitet hat und im Dezember 1975 in Wien verschwand, siehe Robert G. Kaiser in der *Washington Post* vom 14., 15. und 17. Juli 1977. Der russische Name des Überläufers war Nikolaij Artamonow; beim militärischen Nachrichtendienst war sein Deckname Nikolas Shadrin. Zunächst war die Vertrauenswürdigkeit von Artamonow-Shadrin fraglich, aber schließlich wurde er doch mit geheimen Aufträgen versehen. 1966 machte das FBI einen Doppelagenten aus ihm, nachdem das KGB in Washington an ihn herangetreten war. Er verschwand auf einer Reise zu einem Treffen mit seinem russischen Führungsoffizier. Die Frau von Artamonow-Shadrin glaubt, er sei vom KGB entführt worden, nachdem die Sowjets festgestellt hatten, daß er in Wirklichkeit für die Amerikaner arbeitete und nicht für sie. Aber einige Beamte des amerikanischen Nachrichtendienstes glauben, er habe in Wirklichkeit für die Russen gearbeitet, die ihn wieder »umgedreht« hatten, und sei nach getaner Arbeit in die Heimat zurückgekehrt. Nach der Veröffentlichung des Berichts von Kaiser druckte die russische Presse eine Geschichte ab, nach der Artamonow-Shadrin von der CIA ermordet worden war, angeblich nachdem der amerikanische Geheimdienst entdeckt hatte, daß er in Wirklichkeit für das KGB arbeitete.

[27] Masterman, a.a.O., bedauert, daß die Briten nicht schon früher erkannt hätten, wieviel die Deutschen schon durch die Fragen preisgaben, die sie ihren Agenten stellten.

[28] Ein ähnlicher Fall war Heinz Felfe, der Chef der Spionageabwehr im deutschen Bundesnachrichtendienst unter Reinhard Gehlen, der 1961 als russischer Agent entlarvt wurde. Siehe E. H. Coockridge, *Gehlen: Spy of the Century*, 1971, S. 320 ff.

[29] Ein ehemaliger Beamter der Spionageabwehr, der Berichtsanalysen ausgefertigt hatte, hat mir erzählt, er habe sich einmal längere Zeit mit einer ausführlichen Studie über etwa zwanzig verschiedene Operationen mit Doppelagenten beschäftigt. Ich fragte ihn, ob es von uns eingesetzte Agenten gewesen seien oder ob sie gegen uns gearbeitet hätten. Ebensogut hätte ich einen Theologen fragen können, weshalb es das Böse in der Welt gibt. »Nun, woher soll man das wissen?« sagte er mit einem etwas traurigen und nachdenklichen Lächeln. »Deswegen haben wir ja die Studie gemacht.«

[30] Ich habe einen CIA-Beamten gefragt, ob die Versammlung der Freunde von FitzGerald bei seiner Beerdigung ein Sicherheitsproblem dargestellt habe; er verneinte das. Die Russen wüßten ohnedies, wer seine Freunde waren.

[31] Nach Auskunft höchster Stellen sprechen Fachleute der Spionageabwehr niemals von »Tripelagenten«.

[32] Ein ehemaliger Beamter bei der israelischen Abteilung des Direktoriums für Nachrichten erklärte nebenbei, Juden seien immer bis zu einem gewissen Grade verdächtig, wo es um Israel ginge. Das interessierte mich; ich stellte ein paar Fragen, um dieses Problem zu klären, aber mein Gesprächspartner wich mir aus.

Weshalb wollte ich das wissen? Mehr habe ich dazu nicht erfahren können. Es war die zweite Natur dieses Mannes, sich über die Motive Gedanken zu machen, die hinter jeder Frage stehen, und meine Antwort, ich fände das Thema einfach interessant, genügte ihm nicht. Auch andere Angehörige der CIA haben dazu etwas gesagt. Ein ehemaliger Angehöriger des Büros für Nationale Schätzungen BNE sagte von Harold Linder, einem Juden, der in den 1950er Jahren für dieses Büro gearbeitet hatte: »Das war ein sehr intelligenter Bursche. Aber wir haben uns immer Sorgen um seine Objektivität gemacht, wenn es um einen schriftlichen Bericht über Israel ging.«

[33] Smith sagte in einem Zivilprozeß als Entlastungszeuge für Senator William Benton aus, der sich gegen eine Verleumdungsklage von McCarthy verteidigen mußte. Die hier zitierte Bemerkung von Smith war die Antwort auf eine Frage des Anwalts von McCarthy. Harris Smith, a.a.O., S. 369.

[34] Über die Geschichte von Philby siehe seinen eigenen Bericht, *The Silent War,* und Patrick Seale und Maureen McConville *Philby: The Long Road to Moscow,* 1973.

[35] Stonehill, 1975.

[36] Siehe Joseph Burckholder Smith, *Portrait of a Cold Warrior,* 1976, S. 11 ff.

5. Kapitel

[1] Kirkpatrick hatte in einer für John McCone 1961 angefertigten Studie die Schaffung der Position empfohlen und trat dann die Nachfolge von John Bross an, der diese Stellung kurze Zeit innegehabt hatte.

[2] Die beiden Direktiven waren NSC 5412/1 vom März und NSC 5412/2 vom November 1955. Der Ausschuß 5412 bestand aus vom Präsidenten, dem Außenministerium und dem Verteidigungsministerium ernannten Persönlichkeiten. Der Vertreter des Präsidenten war im allgemeinen sein Sicherheitsberater. Das waren in dieser Reihenfolge: Gordon Gray, McGeorge Bundy, Walt Rostow, Henry Kissinger und Zbigniew Brzezinski. Der Vertreter des Außenministeriums war gewöhnlich der Unterstaatssekretär für politische Angelegenheiten; diesen Posten hatte General Walter Bedell Smith inne, nachdem Allen Dulles im Januar 1953 seine Nachfolge als DCI angetreten hatte. Ihm folgten Chester Bowles und U. Alexis Johnson. Wegen der entschiedenen Abneigung gegen verdeckte Operationen von Bowles wurde er zeitweilig von Johnson abgelöst. Der Sekretär des Ausschusses 5412 und der Nachfolgegremien war jeweils ein vom DCI ernannter CIA-Beamter. Damit bestimmte die CIA praktisch die Tagesordnung des Ausschusses, führte das Protokoll und verfaßte die Direktiven. Die Entscheidungen des Ausschusses wurden zur Genehmigung dem Präsidenten vorgelegt, der sie zustimmend oder ablehnend abzeichnete. Damit wurde jedes geheime Unternehmen der CIA schriftlich vom Präsidenten genehmigt, eine Tatsache, die der Sonderausschuß des Senats zur Überwachung der Tätigkeit der Nachrichtendienste zu klären unterlassen hatte.

[3] Als Meister in der Kunst der Propaganda bewunderte Linebarger besonders den General Edward G. Lansdale und E. Howard Hunt. Er meinte, sie hätten diese Begabung »im Hinterkopf«. Eine gute Charakterisierung von Linebarger findet sich in Joseph B. Smith, *Portrait of a Cold Warrior,* 1976, S. 86–89 und *passim.* Das

ist eines der etwa sechs Bücher von ehemaligen CIA-Beamten, die um die Jahreswende 1976/77 herausgekommen sind. Diese Veröffentlichungen sind nicht besonders beachtet worden, aber keines der Bücher wurde so entschieden abgelehnt wie das von Smith. Das ist eigenartig. Es ist das einzige aus dieser Reihe von Memoiren, das vor seinem Erscheinen nicht von der CIA überprüft worden ist (eine Tatsache, die viele Angehörige der CIA, mit denen ich gesprochen habe, geärgert hat; einer sagte mir, er hätte es gern gelesen, wolle Smith aber nichts zu verdienen geben und werde es daher nicht kaufen). Das Buch enthält interessante Details. Ich nehme an, es wird sehr bald vergriffen sein.

[4] Miles Copeland, *The Game of Nations,* 1969, S. 184.

[5] Über diese Episode gibt es interessante Meinungsverschiedenheiten. Ray Cline berichtet, die Rede sei zu einem »sehr anständigen Preis« erworben worden, und bestätigt indirekt die Rolle Israels durch die Erwähnung der Beteiligung von Angleton an dem Erwerb. Angleton leitete damals die Israel-Abteilung beim Planungsdirektorium. Das war eine organisatorische Besonderheit und lag wahrscheinlich an seinen Beziehungen zu jüdischen Nachrichtenleuten in Italien in den 1940er Jahren, als sehr viele jüdische Flüchtlinge über Italien nach Palästina geschmuggelt wurden. Nach der Veröffentlichung von Clines Memoiren erklärte Angleton einem Reporter der *New York Times,* die Rede sei nicht »gekauft« worden. Aber ein anderer Angehöriger der CIA behauptet, das sei – indirekt – doch der Fall gewesen. Die CIA erklärte sich bereit, dem israelischen Nachrichtendienst großzügige finanzielle Hilfe zu gewähren, und damit erschloß sich für die CIA eine wichtige Informationsquelle über den Nahen Osten. Siehe Ray Cline, *Secrets, Spies and Scholars,* 1977, S. 162 ff. und *New York Times,* 30. November 1976. Eine davon unabhängige Bestätigung der Rolle Israels findet sich bei David B. Tinin und Dag Christensen, *The Hit Team,* 1976, S. 51–52. Aber E. H. Coockridge sagt in seiner Biographie von Reinhard Gehlen, Gehlen habe die Rede in Jugoslawien als Gegenleistung für die Abwehr stalinistischer Mordanschläge gegen Tito erhalten. *Gehlen: Spy of the Century,* 1971, S. 303. Mehrere Angehörige der CIA haben mir gesagt, sie »glaubten«, sich daran erinnern zu können, daß die Rede von den Israelis gekommen sei.

[6] Viel später – in dem *Times*-Artikel, der in der vorigen Fußnote erwähnt wird – behauptete Angleton, die CIA habe osteuropäische Emigrantenarmeen für Befreiungskriege ausgebildet, und die Rede hätte, richtig eingesetzt, als auslösender Faktor wirken können. Sie war in der Tat der auslösende Faktor für die Aufstände in Polen und Ungarn, die jedoch zu früh kamen; die Emigranten waren noch nicht so weit. Andere Angehörige der CIA sagen, es habe einen solchen »Plan« niemals gegeben; die von Angleton erwähnten Emigrantenarmeen seien nicht mehr gewesen als Namenslisten von osteuropäischen Führern, die von der CIA ausgebildet worden seien und sich bereit erklärt hätten, sich im Falle eines allgemeinen Krieges Widerstandsbewegungen anzuschließen. Einer dieser Leute sagte: »In Wirklichkeit hat er (Angleton) verdammt nichts damit zu tun gehabt.«

[7] Es ist auch bezeichnend, daß Cline den Kompromiß nicht erwähnt und damit versucht, ein klassisches CIA-Unternehmen der »Desinformation« geheimzuhalten.

[8] Veröffentlicht am 4. Juni 1956.

[9] Eine mit den Operationen der CIA in Italien vertraute Persönlichkeit sagt, Dulles habe einem der zahlreichen Mitbesitzer der Zeitung, Langdon Thorne,

ermöglicht, die englisch-sprachige römische Zeitung *Daily American* mit einem »Kredit« zu kaufen, den ihm Dulles aus einem ihm persönlich zur Verfügung stehenden Fonds gewährte. Ich habe von September 1965 bis Juni 1967 als Reporter und Redakteur für den *Daily American* gearbeitet, und es fällt mir noch heute schwer zu sehen, welche Vorteile die CIA oder die Vereinigten Staaten von diesen extrem rechten Leitartikeln und oberflächlich redigierten Lokalnachrichten gehabt haben könnten. Wir Mitarbeiter haben immer geglaubt, die Zeitung sei das Hobby irgendwelcher reicher Amerikaner, die ebenso wie wir Rom liebten und hier die Gelegenheit hatten, Steuergelder unterzubringen. Ich kann nicht sagen, wie hoch ihre Verluste gewesen sind, ich weiß allerdings, daß die Zeitung, als sie behauptete, eine Auflage von etwa 32 000 zu haben, in Wirklichkeit nur zehn Prozent dieser Auflage druckte. Der *Daily American* hat in den letzten Jahren mehrfach den Besitzer gewechselt und hat sein Erscheinen im August 1977 eingestellt. Doch bald darauf nahm das Blatt sein Erscheinen unter einem neuen Besitzer wieder auf. Ein CIA-Beamter hat mir gesagt, die Zuschüsse der CIA – etwa 40 Prozent der Verluste – seien gestrichen worden, nachdem William Colby 1973 Direktor der Central Intelligence geworden war.

[10] Siehe *New York Times*, 25., 26. und 27. Dezember 1977. Drei Abschnitte aus dem Bericht vom 26. beschäftigen sich mit meinem Vater, Joshua B. Powers, der in den 1920er Jahren das Büro der United Press in Buenos Aires geleitet hat. Später gründete er zwei Firmen, Joshua B. Powers Inc. und Editors Press Service, die in ganz Lateinamerika tätig wurden. Die erste Firma war eine Anzeigenagentur und die zweite verkaufte amerikanische Rundfunksendungen – Walter Lippmann, Zeichentrickfilme und anderes. Mein Vater war damals mit Oberst J. C. King bekannt, der in den 1920er Jahren in leitender Stellung für Johnson & Johnson in Argentinien arbeitete. Die Freundschaft blieb erhalten, nachdem King 1952 die Abteilung für die westliche Hemisphäre beim Planungsdirektorium der CIA übernommen hatte. Wenn King oder ein anderer CIA-Beamter ihn etwas fragte, wie das gelegentlich vorkam, dann versuchte er, die richtige Antwort zu geben. Er glaubte und glaubt auch heute noch, für einen Amerikaner sei das selbstverständlich. Die *Times* behauptet, Angehörige der CIA hätten gesagt, Editors Press Service sei ein Propagandainstrument der CIA in Lateinamerika gewesen. Mein Vater bestreitet das.

[11] Smith, *Portrait of a Cold Warrior*, S. 242.

[12] Ebenda, S. 118.

[13] Amory schied bald nach der Amtsübernahme von McCone als Direktor der Central Intelligence 1961 aus. In der CIA erzählte man sich, er habe über seine Sprechanlage McCone erreichen wollen, sei aber falsch verbunden worden und habe statt seiner einen Mitarbeiter von McCone gesprochen. Er wurde als DPI von Ray Cline abgelöst.

[14] Zu ihnen gehörten Sidney Souers, der erste Direktor der Central Intelligence; General Omar Bradley; Admiral Richard Connolly; General John E. Hull; der New Yorker Anwalt Morris Hadley; der ehemalige amerikanische Botschafter in Großbritannien, David Bruce; der ehemalige Marineminister William B. Francke; der ehemalige Präsident der Brown University und Präsident des Council of Foreign Relations, Henry Wriston; Donald Russell, der schon einem anderen Ausschuß zur Überprüfung der CIA angehört hatte, und General James Doolittle. Buch IV, *Final Report* des Church-Ausschusses, 1976, S. 62.

[15] Ebenda.

[16] Smith, *Portrait of an Cold Warrior,* S. 203–204. Die Festnahme fand in der Wohnung einer CIA-Sekretärin in der Botschaft statt, die sich die beiden Fachleute zu diesem Zweck geliehen hatten. Die Durchführung einer solchen Operation an einem solchen Ort verstieß gegen alle Sicherheitsbestimmungen. Frank Wisner, der damals noch Stationschef in London war, kritisierte Desmond FitzGerald für dieses Debakel in einem sehr scharfen Telegramm.

[17] Copeland, a. a. O., S. 202.

[18] Man behauptete, wenn sich die Sowjets in Guatemala festsetzten, werde das wegen der Nähe des Panamakanals und weil hier ein Landestreifen für sowjetische Bomber eingerichtet werden könnte, besonders gefährlich sein. Ende der 1940er und Anfang der 1950er Jahre gab es zwischen der CIA und dem Militär ständig Meinungsverschiedenheiten über die nachrichtendienstliche Auswertung der vorhandenen Erkenntnis im Hinblick auf eine militärische Bedrohung durch die Sowjets. Damals verfügte die Sowjetunion über Bombenflugzeuge, die die Vereinigten Staaten erreichen, aber nicht zurückkehren konnten. Die CIA erklärte, das bedeute keine starke Bedrohung; die Militärs erwiderten, Rußland könnte bereit sein, bei selbstmörderischen Angriffen gegen die Vereinigten Staaten diese Bombenflugzeuge zu opfern, und sie stellten daher eine Bedrohung dar. Ein Flugplatz in Guatemala könnte für diese Maschinen als Stützpunkt verwendet werden.

[19] Im Bericht von David Phillips über die Operation in Guatemala wird das Projekt »Director« als »Brad« bezeichnet. Der Mann, den Phillips »Peter« nennt, war Henry Heckscher, ein ehemaliger Stationschef in Berlin. Andere Berichte über die Unternehmung in Guatemala finden sich bei Ernst Halperin, »The National Liberation Movement in Latin America« (ein nicht veröffentlichter Aufsatz für MIT's Center for International Studies, eine akademische Gruppe, die häufig für die CIA gearbeitet hat), David Wise und Thomas B. Ross, *The Invisible Government,* 1964, S. 165 ff., und *Guatemala,* ein großformatiger Paperback-Band, den der Nordamerikanische Kongreß über Lateinamerika (NACLA) 1974 herausgegeben hat. Das ist eine sehr detaillierte Studie aus marxistischer Perspektive. Der Sturz von Arbenz wird darin ganz einfach als ein Unternehmen des Wirtschaftsimperialismus dargestellt. Dabei spielen besonders die Beziehungen der Brüder Dulles, anderer Beamter in der Regierung Eisenhower und der Anwaltsfirma von Dulles, Sullivan und Cromwell zu amerikanischen Interessengruppen in Guatemala, besonders der United Fruit Company, eine Rolle. Zwar zeigt die Studie des NACLA die verschiedenen Einflüsse sehr deutlich auf, es ist aber nicht leicht zu erkennen, wo das Mißtrauen der Brüder Dulles gegenüber dem Kommunismus endet und wo die Empörung über die Enteignung des Grund und Bodens der United Fruit Company beginnt. In den 1950er Jahren war es gewissermaßen ein Glaubensartikel, daß alle kommunistischen Parteien von Moskau geleitet wurden und die Beteiligung von Kommunisten an einer Regierung deren Übernahme durch die Kommunisten zur Folge haben müsse. In der Tschechoslowakei war der kritische Punkt bei 30 Prozent erreicht worden.

Aber der vielleicht interessanteste Bericht über die Operation in Guatemala ist ein Aufsatz von Richard und Gladys Harkness, »The Mysterious Doings of CIA«, *Saturday Evening Post,* 30. Oktober, 6. November und 13. November 1954. Danach hat die CIA an Bord des schwedischen Frachters *Alfhem,* der am 15. Mai

1954 in Guatemala landete, eine Ladung tschechischer Waffen entdeckt. Angeblich hatten die Vereinigten Staaten bis zu diesem Augenblick nicht eingreifen wollen. Doch das stimmte nicht. Phillips hatte schon im März mit seinem Unternehmen begonnen. Dies war einer der ersten Aufsätze über die CIA, und er ist typisch für die damalige Zeit. Richard und Gladys Harkness behaupten, sie hätten die Aufgabe gehabt, »über die Central Intelligence Agency aus jeder Perspektive zu berichten, die die nationale Sicherheit und das öffentliche Interesse zuließen«. Ein großer Teil dieser Arbeit beschäftigt sich mit den Bemühungen der CIA, eingeschleuste kommunistische Agenten zu entdecken. Ein eigenartiger und etwas unklarer Abschnitt, den man ein paarmal lesen muß, um ihn zu verstehen, erklärt, es sei am besten für die CIA, wenn sie es mit überzeugten Kommunisten zu tun habe, das heißt mit Agenten im Sowjetblock oder mit ausländischen kommunistischen Parteien, weil die CIA einen »Ausschnitt« brauche, eine Art Vermittler zwischen dem Führungsoffizier und seinem Agenten. Das Ganze ist eine allgemeine Übersicht über die Methoden des kalten Krieges.

[20] Eisenhower hat diese Szene am 10. Juni 1963 in einer Rede in Washington beschrieben, die er auf der Jahresversammlung der Vereinigung amerikanischer Buchhändler gehalten hat. Damals begleitete ihn auch Allen Dulles, dessen Buch *The Craft of Intelligence,* 1963, im selben Jahr erschienen war. Der Grund für Eisenhowers Auftreten und für seinen ungewöhnlich freimütigen Bericht über die Operation in Guatemala war das Erscheinen des ersten Bandes seiner Memoiren.

[21] Phillips schildert ein Treffen der begeisterten höchsten Beamten der CIA mit Eisenhower nach Abschluß der Operation. Phillips, *The Night Watch,* 1977, S. 49–51.

[22] Der Staatsstreich ist für Guatemala von sehr fragwürdigem Nutzen gewesen, denn seither herrschen dort Gewalt und anarchistische Zustände. Castillo Armas, dessen Regierung in höchstem Maße korrupt war, wurde 1957 ermordet, ebenso auch zwei Guatemalteken, die bei der Stimme der Befreiung eng mit Phillips zusammengearbeitet hatten. Die United Fruit Company erhielt ihren Grund und Boden zurück, aber die revolutionäre Agitation in den Städten und der Krieg auf dem flachen Land in Guatemala gingen weiter, wobei die reaktionären Elemente in Guatemala immer wieder Mordanschläge verübt haben. Eine Reihe von Amerikanern wurden von den Revolutionären entführt oder ermordet. Zu ihnen gehörte auch der 1968 erschossene amerikanische Botschafter Gordon Mein. Er hatte 1957 bis 1958 im Außenministerium das für Indonesien zuständige Büro geleitet, als der Putschversuch gegen Sukarno scheiterte. Arbenz ging ins Exil, lebte viele Jahre auf Kuba und starb 1971 in Mexiko. Unter anderen floh auch Che Guevara in die in dem Gedicht von Betty Jane Peurifoy erwähnte mexikanische Botschaft. Es gelang ihm erst nach einem Monat, das Land zu verlassen. Phillips befand sich in Guatemala, wo er Dokumente sichtete, die den Amerikanern in die Hände gefallen waren. Er legte eine CIA-Akte über Che Guevara an. Außerdem sammelte er Dokumente über kommunistische Infiltrationen, von denen eine Auswahl verschiedenen Kongreßausschüssen vorgelegt wurde; sie befindet sich jetzt in der Kongreßbibliothek. Siehe Herbert S. Dinerstein, *The Making of a Missile Crisis, October 1962,* 1976, S. 6 ff. und S. 272 fn. Die hier beteiligten CIA-Beamten wurden mit Ausnahme von zwei Männern befördert. Einer verlangte, gleich um zwei Rangstufen befördert zu werden, wurde dann aber gar nicht befördert. Der zweite war der Projektleiter, der sich den Unwillen von Wisner

zuzog; er blieb bei der CIA, erhielt aber, wie ein anderer Beamter, der sich an der Operation beteiligt hatte, berichtet, »nie wieder einen so dramatischen Auftrag«.

[23] Die oben angeführten Harkness-Artikel waren das Ergebnis dieses Feldzuges.

[24] Cornell University Press, 1952.

[25] Smith, *Portrait of a Cold Warrior,* S. 221.

[26] Zu den wichtigsten Außenposten der CIA gehörten Griechenland, Miami und Saigon. Dort konnten sich CIA-Beamte bewähren.

[27] Smith, *Portrait of a Cold Warrior,* S. 205.

[28] Allison beschreibt in seinen Memoiren sehr ausführlich die Schwierigkeiten mit der CIA; *Ambassador from the Prairie, or Allison Wonderland,* 1973, S. 293 ff. Es ist ungewöhnlich, daß er hier überhaupt von diesen Dingen spricht. Aber sein Freimut hält sich in Grenzen; er behauptet, die amerikanische Politik, der er sich erfolglos widersetzt habe, sei zum größten Teil »militaristisch und geheim« gewesen (S. 336). In Joseph Burckholder Smith' *Portrait of a Cold Warrior* findet sich eine gute Darstellung über die ersten Kontakte mit den Rebellen auf Sumatra und die Art und Weise, wie die CIA über ihre Tätigkeit berichtet hat, um sich bei ihrer Verwendung der Unterstützung der amerikanischen Regierung zu versichern.

[29] Pope sprang unverletzt mit dem Fallschirm ab, wurde von den Indonesiern gefangengenommen und verbrachte die folgenden vier Jahre im Gefängnis. Robert F. Kennedy erwirkte im Juli 1962 seine Freilassung.

6. Kapitel

[1] Nachdem Helms die Leitung des Planungsdirektoriums übernommen hatte, ernannte er Karamessines im Herbst 1962 zu seinem Operationschef, ein Amt, das dieser auch noch unter FitzGerald innehatte. Als FitzGerald 1967 starb, ernannte Helms Karamessines zum Leiter des Planungsdirektoriums. Er schied 1973 nach der Ernennung von Schlesinger zum Direktor der Central Intelligence aus der CIA aus und starb im September 1977.

[2] Natürlich fragte ich, was Bissell darüber dachte; waren die Geheimschlüssel zu entziffern? Glaubten die Analytiker, das Ergebnis werde die Kosten rechtfertigen? Mein Gesprächspartner sagte nur, »das ist eine schwierige Frage«, wich aber einer klaren Antwort aus. Es gibt hier bestimmte Spielregeln. Einige CIA-Beamte sagen, wenn man sie etwas fragt, das sie nicht beantworten wollen, wie William Colby ganz einfach, »darüber werde ich nicht sprechen«. Schluß. Auch wenn man mit einer solchen Antwort gerechnet hat, klingt sie doch ein wenig beunruhigend. In den meisten Fällen entschuldigen sich diese Leute aber mit ihrem schlechten Gedächtnis. Zum Beispiel: Wer war Stationschef in Chile während des »Track II«? »Nun, ich kann mich nicht erinnern. Eigenartig. Ich habe jahrelang mit ihm zusammengearbeitet. Wer kann das nur gewesen sein?« usw. usw. Im allgemeinen nennen CIA-Beamte nicht die Namen von CIA-Programmen oder Beamten, die bis dahin in der Öffentlichkeit nicht erwähnt worden sind, und sprechen auch nicht über ihre Quellen oder Methoden. Die meisten Leute, mit denen ich gesprochen habe, wußten erstaunlich gut, was in der Öffentlichkeit bekannt war und was nicht. Da es eine große Zahl von Veröffentlichungen gibt – Dutzende von Büchern, offiziellen Berichten, Hunderte von Artikeln in Zeitschriften, Tausende von

Zeitungsartikeln –, kann es nicht leicht gewesen sein, das alles richtig einzuordnen. Aber von Zeit zu Zeit gab es einen Ausrutscher, und irgend jemand nannte den Namen eines CIA-Beamten, der bis dahin noch nie erwähnt worden war. Ich nehme an, man hat es meinem erstaunten Gesicht angesehen, denn im allgemeinen versuchten sich meine Gewährsleute nach einem solchen Ausrutscher zu korrigieren. Namen von Agenten sind in diesem Zusammenhang niemals gefallen. Auch wenn ein Agent in der Zeitung erwähnt worden war – wie etwa Rolando Cubela, der bei den Attentatsversuchen gegen Castro eine wichtige Rolle gespielt hat – benutzten die CIA-Beamten gewöhnlich nur seinen Decknamen. Ich selbst konnte ihn nennen wie ich wollte, aber diese Beamten verletzten auf keinen Fall die bei der CIA geltende Regel und gaben seine Identität nicht preis.

Der Umstand, daß die Angehörigen der CIA dazu neigen, nur über das zu sprechen, was an die Öffentlichkeit gedrungen ist, führt dazu, daß man über die Katastrophen, die zu groß waren, um nicht von der Öffentlichkeit bemerkt zu werden, sehr viel erfuhr, während man im Hinblick auf andere Vorgänge aus der gleichen Zeit im dunkeln gelassen wurde. Dabei ist es oft schwer zu sagen, welchen Wert solche Informationen gehabt hätten.

[3] Die Luftstreitkräfte hatten sich mit einem Preis von $ 22 Millionen für 19 Flugzeuge einverstanden erklärt. Andere Schätzungen gingen bis zu $ 26 Millionen. Der juristische Berater der CIA, Lawrenz Houston, handelte mit Lockheed einen Vertrag über $ 22 Millionen aus, und zwar mit der Maßgabe, daß weitere Geldmittel bereitgestellt werden würden, wenn sich die Notwendigkeit dafür ergäbe, nachdem das Projekt zur Hälfte durchgezogen sei. Man einigte sich über eine gleitende Gewinnspanne – je geringer die Gesamtkosten, desto höher der Gewinn von Lockheed. Zunächst vereinbarte Bissell eine bestimmte Leistung für diese Maschinen, ohne auf technische Einzelheiten einzugehen. Kelly Johnson meinte, so ließe sich viel Geld sparen. Schließlich betrugen die Entwicklungskosten für die U-2 $ 19 Millionen.

Der damals abgeschossene U-2-Pilot war Francis Gary Powers (nicht mit dem Verfasser verwandt). Er wurde schließlich im Februar 1962 gegen den russischen Spion Oberst Rudolph Abel ausgetauscht. Nach Powers Rückkehr setzte John McCone ein aus drei Mann bestehendes Team unter dem Vorsitz von Richter E. Barrett Prettyman jr. ein, das gegen Powers eine Anklage vorbereiten sollte, weil er vor dem Aussteigen mit dem Fallschirm nicht die Automatik eingeschaltet hatte, mit der die Maschine hätte zerstört werden sollen, und weil er den Russen nach seiner Gefangennahme mehr gesagt hatte als notwendig. Man hat damals und auch später behauptet, Powers habe befürchtet, dieser Mechanismus werde nicht nur das Flugzeug zerstören, sondern auch ihn selbst. Das war einigen nationalchinesischen Piloten so gegangen, die von Taiwan aus mit Maschinen vom Typ U-2 Erkundungsflüge über dem chinesischen Festland unternommen hatten. (Außerdem führte Powers in einer Dollarmünze verstecktes Gift mit, das er aber nicht benutzte.) Die Entwicklung des Toxins aus Schalentieren hatte $ 3 Millionen gekostet, und bei den Anhörungen des Church-Ausschusses ist viel davon die Rede gewesen. Einige Angehörige der CIA waren der Auffassung, Powers habe ein ungeschriebenes Gesetz verletzt, als er sich nicht das Leben nahm, aber sein Überleben und der Freimut von Eisenhower, der selbst die Verantwortung für diese Flüge übernahm, haben viel dazu beigetragen, die Spionage zu entmythologisieren und sie für die Öffentlichkeit akzeptabel zu machen.

Powers behauptete, ein sowjetisches Geschoß habe seinen rechten Stabilisator getroffen und abgerissen, und dadurch sei die U-2 ins Trudeln geraten. Als der Ausstoßmechanismus versagte, mußte er das Verdeck über dem Cockpit während des Absturzes mit der Hand abnehmen. Als er endlich springen konnte, habe er den Schaltknopf für die Selbstzerstörung der Maschine nicht mehr erreichen können und sei daher einfach abgesprungen. Das NSA, das seine Informationen aus abgehörten sowjetischen Funksprüchen hatte, behauptete, so könne das nicht gewesen sein. Beim Aussteigen von Powers habe es eine Flamme gegeben, und nichts hätte ihn daran gehindert, die Maschine und die verräterischen Kameras zu zerstören. Dann hätten die Vereinigten Staaten an ihrer Version festhalten können, es habe sich nur um ein verirrtes Wetterbeobachtungsflugzeug gehandelt. Doch die von McCone ernannte Gruppe zur Untersuchung des Falles schickte Kelly Johnson von der Firma Lockheed nach Moskau, der sich dort die Trümmer der Maschine ansah, die von den Russen ausgestellt worden waren, und Johnson kam dabei zu der Überzeugung, daß sich die Maschine so verhalten haben könnte, wie Powers es beschrieb.

Diese Untersuchungskommission, der auch ein Armeegeneral und John Bross als Vertreter der CIA angehörten, empfahl, Powers nicht unter Anklage zu stellen. Das NSA widersprach und behauptete, seine Version sei richtig, und Bross wurde aufgefordert, die Untersuchungsergebnisse der Kommission mit McCone zu besprechen. Ohne daß er es wußte, nahm McCone das Gespräch auf Band, bei dem Bross auch einige wenig schmeichelhafte Bemerkungen über das NSA gemacht hatte, und schickte die Niederschrift dem NSA zur Stellungnahme, eine unglückliche Entscheidung, durch die Bross später mit dem NSA in Schwierigkeiten geriet, als er die Abteilung für die Auswertung von nachrichtendienstlichen Programmen leitete.

Während der Diskussion über Powers fragte Prettyman Bross, ob McCone Jurist sei. Bross verneinte das. McCone war Ingenieur. Prettyman sagte, er habe sich das schon gedacht, und erklärte, die vom NSA gegen Powers vorgelegten Beweismittel stellten sich ähnlich wie die Behauptungen über sein Verhalten in der Sowjetunion als unhaltbar heraus. Prettyman hätte sie als Beweismittel vor Gericht nicht zugelassen. McCone akzeptierte dieses Argument, und Powers wurde rehabilitiert. Später arbeitete er als Hubschrauberpilot für eine Fernsehstation in Los Angeles, wo er im August 1977 bei einem Flugzeugabsturz ums Leben kam.

[5] Siehe Ray Cline, *Secrets, Spies and Scholars,* 1976, S. 157. Das war natürlich ein zweischneidiges Schwert. Die Sowjets wissen wahrscheinlich ebensoviel über uns wie wir über sie, wie auch beide Seiten wissen, was man gegen Luftaufklärung unternehmen kann, wenn das erforderlich ist. Während der Ausbildung für das Kommandounternehmen der amerikanischen Armee gegen ein nordvietnamesisches Gefangenenlager bei Son Tay im November 1970 wurde zum Beispiel die Modellanlage des Gefangenenlagers auf der Eglin Air Force Base in Florida am Tage abgebaut, damit ein sowjetischer Cosmos-Satellit, der Eglin zweimal täglich in einer Höhe von etwa 112 Kilometern überflog, keine Aufnahmen davon machen konnte. Sogar die Löcher im Boden, in denen die Eckpfosten für die Gebäude steckten, wurden zugedeckt, damit der Grundriß des Lagers sich nicht erkennen ließ. Siehe Benjamin F. Schemmer, *The Raid.* 1976, S. 92. (Das ist im übrigen ein hervorragend belegtes Buch, das nur deshalb so wenig Beachtung gefunden hat, weil derartige militärische Husarenstücke während der Amtszeit von Nixon nicht

besonders populär waren. Es enthält die beste Schilderung von den sorgfältigen Planungen, der Ausbildung und der Verwendung nachrichtendienstlicher Erkenntnisse für eine erfolgreiche, verdeckte paramilitärische Operation, die ich gesehen habe. Im übrigen waren die Gefangenen, als das Kommandounternehmen durchgeführt wurde, längst nicht mehr in dem Lager, aber Schemmer wird wahrscheinlich jeden Leser ebenso überzeugen wie mich, daß das Unternehmen alles andere als ein Propagandatrick, sondern vielmehr ein vernünftiger und ehrenhafter Versuch zur Befreiung der Kriegsgefangenen gewesen ist.)

[6] Joseph Burckholder Smith, *Portrait of a Cold Warrior,* 1976, S. 204.

[7] David Phillips, *The Night Watch,* 1977, S. 37.

[8] Der damalige Chef der Abteilung für Osteuropa, John Bross, beauftragte Tweedy gegen den entschiedenen Widerspruch von Tracy Barnes damit, der die Aufgabe einem Angehörigen des OPC übertragen wollte.

[9] Penkowskij wurde kurz vor Beginn der Kuba-Krise festgenommen, später vor Gericht gestellt und hingerichtet. Zur Ausbildung von Führungsoffizieren der CIA gehört jetzt auch eine 90 Minuten dauernde Vorlesung von dem zweisprachigen Führungsoffizier, der für Penkowskij verantwortlich gewesen ist. Zu den Informationen, die Penkowskij über die auf Kuba installierten Fernlenkwaffen geliefert hat, gehörten nicht nur ihre Reichweite und die Maßnahmen, die vor ihrem Einsatz getroffen werden sollten, sondern auch ihre Feuergeschwindigkeit. Solche Erkenntnisse waren besonders wichtig bei den Beratungen des Exekutivausschusses des Nationalen Sicherheitsrats über einen Vorschlag, die Stellungen zu bombardieren. Der Ausschuß wollte für den Fall, daß die Bombenflugzeuge nicht alle Stellungen beim ersten Anflug zerstören könnten, wissen, wie lange die Russen brauchen würden, um die verbliebenen Stellungen für einen zweiten Feuerüberfall bereitzumachen. Da jedes Fernlenkgeschoß eine amerikanische Großstadt hätte zerstören können, war das keine unwesentliche Frage. Die Antwort war »mehrere Stunden«.

[10] Phillips, a. a. O., S. 87.

7. Kapitel

[1] Desmond FitzGerald war der erste Leiter des Planungsdirektoriums, der versucht hat, den Einfluß dieser »Barone« zu brechen, ein Bemühen, das erst mit den Massenentlassungen von James Schlesinger 1973 und von Stansfield Turner 1977 beendet wurde.

[2] »Reclama« ist ein archaischer schottischer juristischer Begriff und bedeutet Einspruch. In der amerikanischen Regierung bedeutet er jede schriftliche Stellungnahme oder den Einspruch gegen einen offiziellen, dem Repräsentantenhaus vorgelegten Bericht. Es ist praktisch eine Gegendarstellung.

[3] In David Phillips *The Night Watch,* 1977 wird Hawkins als »Colonel Alcott« bezeichnet, und Jacob Esterline heißt »Cliff«. E. Howard Hunt nennt sie in seinem Buch *Give Us This Day,* 1973 »Huskins« und »Jake«. Auch Hunt nennt Phillips »Knight«; das war der Deckname von Richard Helms bei der CIA.

[4] Victor Marchetti schildert ein Gespräch mit Oberst Lawrence K. »Red« White, dem damaligen Exekutivdirektor und Budgetdirektor der CIA, bei dem White seinen Westpoint-Ring am Finger drehte und sagte: »Ist es Ihnen klar, daß es in

dieser ganzen Behörde kein Schriftstück über die Schweinebucht gibt, das die Unterschrift von Helms trägt?« Marchetti blickte ihn erstaunt an und sagte: »Das verstehe ich nicht.« »Das werden Sie noch verstehen.« Obwohl das nicht wörtlich zu nehmen war, zeigt es doch deutlich, daß einige Beamte der CIA Helms für viel zu vorsichtig hielten. In diesem Fall hatte Bissell dafür gesorgt, daß Helms nicht in die Angelegenheit hineingezogen wurde.

[5] Jede für ein bestimmtes Gebiet zuständige Abteilung im Planungsdirektorium war in Unterabteilungen aufgeteilt. Kuba gehörte ursprünglich zum karibischen Zweig der Abteilung für die westliche Hemisphäre. Außerdem hatte jede Abteilung ihren eigenen Mitarbeiterstab, die eigene Versorgung, unternahm ihre verdeckten Operationen, hatte ihre besonderen Planungen und Maßnahmen zur Spionageabwehr.

[6] Ein damaliger Beamter des Planungsdirektoriums sagt, in den oberen Rängen dieser Behörde seien solche Proteste so offen zum Ausdruck gekommen, daß sich Dulles darüber geärgert habe und es nun die unangenehme Aufgabe von Helms gewesen sei, diese Beamten zur Ordnung zu rufen. Helms sagt, er erinnere sich nicht daran, eine solche Aufgabe übernommen zu haben.

[7] Helms erinnert sich nicht daran, mit solchen Absichten zu Hilsman gegangen zu sein; er könnte aber die Invasion im Rahmen der üblichen Routine mit ihm besprochen haben.

[8] Helms sagt jedoch, zwei Jahre später hätten ihm Freunde wiederholt gesagt: »Ich höre, Sie gehen nach Rom.« Nach einiger Zeit sei er zu McCone gegangen und habe ihm gesagt: »Überall muß ich hören, daß ich nach Rom gehen werde. Hat das irgend etwas zu bedeuten?« McCone erwiderte: »Rom? Ich habe nie daran gedacht, Sie nach Rom zu schicken. Wer glaubt das?« Helms sagte, er wisse es nicht, und damit war das Thema erledigt. Der Mann, der dann wirklich nach Rom ging, war William Harvey. Auch John Bross erinnert sich an Gerüchte, Helms sollte nach Rom versetzt werden, sagt jedoch, das sei schon vor dem Unternehmen gegen die Schweinebucht gewesen.

Über die Versetzung nach London sagt Helms: »Vielleicht war Bissell beleidigt – ich weiß es nicht und bin mir dessen nicht bewußt gewesen –, aber Dulles hat nicht mit mir gesprochen, und auch Bissell hat nicht mit mir gesprochen. Offenbar qualifiziere ich jetzt alles, was ich sage, aber das entspricht meiner Erinnerung, und wenn Bissell das Gegenteil behauptet, werde ich mich gern mit ihm darüber unterhalten, denn ich bin nicht böse auf Bissell, und soweit ich weiß, ist auch Bissell heute nicht böse auf mich.«

[9] Die CIA kam schließlich zu der Überzeugung, daß die Aktentasche von einem gewöhnlichen Dieb aus dem Kurierwagen in Mexiko City gestohlen wurde und ihr Inhalt Castro niemals erreicht hat. Der Kurier wurde entlassen, und Hunt wurde heftig kritisiert. Hunt, a.a.O., S. 66 und Phillips, a.a.O., S. 92.

[10] Auf Verlangen des Außenministeriums wurde das Ausbildungslager später nach Guatemala verlegt, um die Vereinigten Staaten noch mehr von der ganzen Operation zu distanzieren.

[11] Arthur Schlesinger jr. sagt, Bissell habe ein ungewöhnliches Talent für klare Analysen und schlüssige Darstellungen gehabt. *A Thousand Days,* 1965, S. 240. Bissell besitzt in der Tat die Fähigkeit, einen zu überzeugen. Bevor ich mit ihm gesprochen hatte, habe ich den Plan der CIA für die Invasion Kubas immer für verrückt gehalten. Bissell hat mich davon überzeugt, daß er durchführbar war.

Nachdem ich mich noch intensiver damit beschäftigt habe, halte ich ihn für halb verrückt – aber auch für halb vernünftig. *Vielleicht* hätte er gelingen können. Damit stellt sich im Hinblick auf die Schweinebucht aber eine ganz andere Frage, und zwar nicht die nach der Durchführbarkeit, sondern die nach dem Nutzen des Unternehmens. Je mehr ich über die CIA erfahren habe, desto mehr habe ich den Eindruck gewonnen, die CIA sei oft nur für den Fehlschlag bestimmter Unternehmen verantwortlich gemacht worden, während das eigentliche Problem darin lag, ob diese Unternehmen überhaupt hätten durchgeführt werden sollen. Deshalb glaube ich, daß die CIA unsere Aufmerksamkeit nicht deshalb verdient, weil sie bestimmte Ziele mit ungeeigneten Mitteln zu erreichen versucht hat, sondern weil wir wissen sollten, daß ihre Aktionen Ausdruck einer bestimmten Politik sind.

[12] Hunt, a. a. O., S. 88.

[13] Die Joint Chiefs of Staff schickten Ende Februar ein Team nach Guatemala, das berichtete, die Invasionsstreitkräfte seien ihrer Aufgabe gewachsen. Später erklärten die Joint Chiefs of Staff, sie hätten die Operation nur beurteilen sollen, könnten jedoch nicht für Erfolg oder Fehlschlag verantwortlich gemacht werden. Admiral Rufus Taylor, der von 1966 bis 1969 unter Helms stellvertretender Direktor der Central Intelligence war, hat John Bross einmal gesagt, die Joint Chiefs of Staff meinten, im Hinblick auf das Unternehmen in der Schweinebucht in die falsche Position gerückt worden zu sein. Das sei eine Operation der CIA und nicht des Pentagon gewesen. Besonders wollte es den Joint Chiefs of Staff nicht gefallen, daß ihnen durch Oberst Hawkins eine so zweifelhafte Rolle zugeteilt worden war; Taylor sagte Bross, daß Hawkins der CIA zur Verfügung gestellt worden sei, wäre so gewesen, als hätte man jemandem für eine Party eine Köchin zur Verfügung gestellt. Wenn die Party nicht gelang, dann durfte man dafür nicht denjenigen verantwortlich machen, der seine Köchin dafür ausgeliehen habe.

[14] Im März 1961 wurde das FRD wegen der Intervention Kennedys von einem neuen kubanischen Revolutionsrat abgelöst, dem zum erstenmal Manuel Ray angehörte. Ray war bis November 1959 Angehöriger der Regierung Castro gewesen, und viele Exilkubaner lehnten ihn als Linken, Opportunisten und unzuverlässigen Renegaten ab. Aber Ray hatte gute Beziehungen zu Mitgliedern der Regierung Kennedy, und sie verlangte, daß er in den Revolutionsrat aufgenommen wurde, um der Behauptung zu begegnen, die Exilkubaner seien nur getarnte *Batisteros*. Daß Hunt dieser Vorwurf nicht gefiel, kostete ihn seine Stellung als politischer Aktionsoffizier für die Operation. Anders als Bissell und Barnes identifizierte sich Hunt mit den Kubanern, die sich gegen die Revolution Castros stellten, weil es eine *Revolution* war. Die Haltung der Regierung Kennedy, die Bissell teilte, war, daß Castro die Revolution dadurch verraten habe, daß er auf Kuba eine kommunistische Diktatur errichtet hatte, obwohl er, während er noch in den Bergen kämpfte, sehr stark von traditionellen Liberalen und demokratischen Kräften unterstützt worden war. Hunt behauptet, Bissell habe von den gegen Castro eingestellten Personen in der Regierung Eisenhower gesagt: »Sie wissen es nicht, aber wir sind die echten Revolutionäre.« Hunt, a. a. O., S. 83.

[15] Kennedy hat es erfahren. Zwei Tage vor dem Putsch von 1963 gegen Diem in Saigon sagte er Botschafter Henry Cabot Lodge, er behalte sich das Recht vor, im letzten Augenblick seine Meinung zu ändern. »Ich weiß aus Erfahrung, daß ein Fehlschlag verhängnisvoller ist als der Eindruck der Unentschlossenheit.« *Alleged*

Assasination Plots Involving Foreign Leaders (U.S. Government Printing Office 1975), S. 219.

[16] Hunt a.a.O., S. 195 ff. Andere Berichte über diese Episode finden sich bei Charles Murphy, »Cuba: The Record Set Straight«, *Fortune,* September 1961; David Wise und Thomas B. Ross, *The Invisible Government,* 1964, S. 21; Lyman Kirkpatrick, *The Real CIA,* 1968, S. 184 ff.; Schlesinger, *A Thousand Days,* S. 272 ff. und Phillips, *The Night Watch,* S. 107. Phillips hatte als einziger den Bericht von Hunt gelesen, erwähnt das aber nicht.

[17] Dulles glaubte, die Absage seiner schon lange angekündigten Rede könnte Castro auf den Gedanken bringen, daß die Invasion kurz bevorstünde, und deshalb hielt er den Termin ein.

[18] Schlesinger, a.a.O., S. 276.

[19] Kennedys Ausspruch gehört zur mündlich überlieferten Geschichte der CIA. Wenigstens ein halbes Dutzend hoher Beamter haben ihn mir gegenüber mehr oder weniger wörtlich zitiert, es ist aber nicht ganz klar, gegenüber wem und wann Kennedy den Ausspruch getan hat. Bissell behauptet, der Präsident habe es ihm gesagt; andere meinten, die Äußerung sei gegenüber Dulles gefallen.

[20] In *Give Up This Day,* S. 216, bemüht sich Hunt entschieden zu leugnen, daß Dulles die Quelle von Murphy für seinen gut informierten Artikel gewesen sei. Er sagt, er habe den Rohabzug des Artikels, den ihm Dulles Anfang September gegeben hätte, gelesen und sei damals zu dem Schluß gekommen, Murphys Informant sei ein Beamter des Weißen Hauses, dessen Namen er jedoch nicht nennen wollte. Das ist nicht wahr. Dulles ist nach Aussagen einer Frau bei der CIA, die Dulles bei der Abfassung seines später unter dem Titel *The Craft of Intelligence* 1963 erschienenen Buches in jenem Sommer geholfen hat, der wichtigste Informant von Murphy gewesen. Hunt arbeitete auch kurze Zeit an dem Buch von Dulles mit – er war ihm von Helms empfohlen worden –, aber der melodramatische Stil, den er für seine Romane entwickelt hatte, paßte Dulles nicht, und Hunt mußte die Mitarbeit wieder aufgeben. Vielleicht wollte Hunt seinem alten Chef einen letzten Gefallen tun, als er leugnete, Dulles habe mit Murphy Gespräche dieses Inhalts geführt.

[21] Dulles, a.a.O., S. 169.

[22] Dies sind etwa die Worte eines ehemaligen Vorsitzenden des Büros für Nationale Schätzungen, mit denen die Antwort dieses Büros an Barnes formuliert wurde. Die vorsichtige Einschränkung, »wir haben keine Beweise«, ist für nachrichtendienstliche Analysen charakteristisch.

[23] Kirkpatrick hat noch eine andere Erklärung dafür, daß er direkt zu McCone gegangen ist. Er berichtet, innerhalb des Planungsdirektoriums habe man sich erzählt, der Bericht werde der Versuch einer Reinwaschung sein. Schließlich war Dulles eine legendäre Figur, der große weiße Führungsoffizier, die Vaterfigur innerhalb der CIA, und das Unternehmen in der Schweinebucht war ebensosehr seine wie Bissells Sache gewesen. Kirkpatrick war entschlossen, einen so gewaltigen Fehlschlag eines CIA-Unternehmens, bei dem die Behörde selbst hätte vernichtet werden können, auf keinen Fall zu entschuldigen. Er hat es nicht getan, mußte aber einen Preis dafür bezahlen. Eine der ersten Maßnahmen von McCone als Direktor der Central Intelligence war die Ablösung von Kirkpatrick von seinem Posten als Generaldirektor.

Man hätte annehmen können, daß Nixon sich den Bericht des Generalinspekteurs über das Unternehmen in der Schweinebucht hätte vorlegen lassen, als er John Ehrlichman zu Richard Helms schickte, um von ihm im September 1971 die Herausgabe einer Anzahl von CIA-Akten zu verlangen. Er hat es aber nicht getan. Augenscheinlich wußte Nixon nichts von der Existenz dieser Dokumente. Er verlangte nur *einen* Bericht über die Schweinebucht. Helms gab ihm den schriftlichen Bericht von Oberst Hawkins, der die Planungen für die Operation geleitet hatte. Ich kenne nicht den Inhalt des Berichts von Hawkins, aber wahrscheinlich hat er sich mehr mit der Entscheidung für eine neue Landungsstelle und mit dem Verzicht auf Luftangriffe beschäftigt als die Studie von Kirkpatrick. Jedenfalls machte sich Helms Sorgen darum, wer den Bericht, den er Nixon gab, lesen würde, und er hätte kaum freiwillig eine detaillierte Operationsstudie aus der Hand gegeben, wie sie im Normalfall vom Generalinspekteur angefertigt wurde. Das Sicherheitsrisiko wäre zu groß gewesen.

8. Kapitel

[1] Ein ehemaliger CIA-Beamter, mit dem ich sprach, machte ein entsetztes Gesicht, als ich ihn fragte, ob Helms Lyndon Johnson belogen haben könnte. Er sagte: »Ich kann mir nicht vorstellen, daß er einen Präsidenten absichtlich belügen würde. Das ist einfach unvorstellbar.« Dieser Beamte versuchte nicht, Helms zu schützen; er kannte ihn gut, mochte ihn aber nicht besonders. Aber er wollte mir klarmachen, daß der Direktor der Central Intelligence den Präsidenten nie belügen würde; wenn ich das nicht begriff, dann würde ich niemals verstehen, was die CIA in Wirklichkeit war.

[2] Es läßt sich nicht feststellen, ob Pearson Warren die Namen des Anwalts und seines Mandanten genannt hat oder nicht. Jack Anderson, der 1967 mit Pearson zusammengearbeitet hatte, veröffentlichte die Namen am 9. September in seiner Spalte und nannte als eine weitere Quelle auch den CIA-Beamten William Harvey, der als Alkoholiker erhebliche Probleme hatte, was zum Ausscheiden aus der CIA beitrug und ihn zu einem Sicherheitsrisiko machte. Siehe auch Buch V, *Final Report* des Church-Ausschusses, U.S. Government Printing Office 1976, S. 78 ff.

[3] Ein ehemaliger CIA-Beamter mit Namen Charles McCarry hat sich in seinem Roman *The Tears of Autumn*, 1974, mit dieser Möglichkeit beschäftigt. McCarry war der begabteste Verfasser von Spionageromanen unter den ehemaligen CIA-Beamten und hatte eine Trilogie über einen fiktiven CIA-Beamten namens Paul Christopher geschrieben; die beiden anderen Bücher sind *The Miernik Dossier*, 1973, und *The Secret Lovers*, 1977. McCarry sagt, er habe zehn Jahre als »Einzelgänger« für die CIA gearbeitet, und zwar außerhalb der üblichen Grenzen einer Außenstation der CIA, meist in Europa und Afrika. In seinen Büchern gibt er die Atmosphäre der Außendienstarbeit im Nachrichtendienst sehr lebendig wieder. Die politische Intrige spielt dabei eine wichtige Rolle, aber die Arbeit ist durchaus nicht melodramatisch.

[4] Diese Beziehung zur National Students Association wurde durch einen Artikel in der Märzausgabe 1967 der Zeitschrift *Ramparts* bekannt. Nachdem der Bericht am 13. Februar an die Öffentlichkeit gedrungen war, beauftragte Johnson Katzenbach, Helms und John Gardner, die während des Krieges in einem Büro des OSS in Washington zusammengearbeitet hatten, ihn über die Beziehungen der

CIA zu öffentlichen Einrichtungen zu unterrichten. Katzenbach sagte vor dem Church-Ausschuß aus, in Wirklichkeit habe Johnson diesen Ausschuß ernannt, um einer umfassenden Untersuchung durch den Kongreß zuvorzukommen. Eine Aufstellung der von der CIA unterstützten Organisationen findet sich bei David Wise und Thomas B. Ross, *The Espionage Establishment,* 1967, S. 155 fn. Tom Braden, der die Abteilung für Internationale Organisationen geleitet hatte, hat diese geheimen Verbindungen in einem Artikel der *Saturday Evening Post* im Mai 1967 mit der Überschrift »I'm Glad the CIA is Immoral« gerechtfertigt. Der Bericht, über den Johnson am 22. Mai 1967 mit Helms gesprochen hat, wurde offiziell am 29. März freigegeben.

Ein Programm, über das Helms in seinem Bericht an den Präsidenten nichts sagt, war MK/ULTRA, die Beteiligung der CIA an der Erforschung der möglichen geheimen Verwendung von LSD und anderen bewußtseinsverändernden Drogen. Helms hatte seinen Exekutiv- und Budgetdirektor Oberst Lawrence K. White beauftragt, die CIA bei diesen Forschungen zu vertreten und die Verbindung zu öffentlichen Organisationen aufzunehmen. White gab den Auftrag an einen Beamten seines Stabes weiter. Wie Victor Marchetti behauptet, erhielt dieser Beamte den ausdrücklichen Befehl, keine Drogenforschungsprogramme einzubeziehen, die etwas mit Universitäten zu tun hatten.

Das Interessante an dieser Episode ist, daß sie zeigt, wie Helms reagierte, wenn er über ein bestimmtes Thema berichten sollte, in diesem Fall über die Beziehungen der CIA zu öffentlichen Institutionen, wobei man damit rechnen mußte, daß das Thema B ebenfalls zur Sprache käme, in diesem Fall die Drogenforschungsprogramme der CIA, die zum größten Teil von Forschern an Universitäten durchgeführt wurden. Anstatt die Angelegenheit mit Präsident Johnson, Katzenbach oder John Gardner zu besprechen, befahl Helms den Beauftragten der CIA, in ihrem Bericht alles fortzulassen, was mit dem Drogenforschungsprojekt zusammenhing. Als weitere Vorsichtsmaßnahme ordnete er an, daß nur ein Exemplar des internen Berichts der CIA zu den Akten genommen werden sollte.

Es ist auch interessant, daß die Regierung versucht hat, den Abdruck der betreffenden Abschnitte im Buch von Marchetti zu verhindern, und daß es ihr gelungen ist, sechzehn Zeilen in zwei verschiedenen Abschnitten streichen zu lassen, die auf Drogenprojekte Bezug nahmen. Offenbar ist es ihr nicht gelungen, den oben erwähnten Abschnitt streichen zu lassen, in dem die Anordnung von Helms erwähnt wird, alles aus dem Bericht fortzulassen, was Drogenprojekte betrifft, denn die CIA wollte dem Richter, der diesen Fall behandelte, nicht sagen, weshalb sie eine Veröffentlichung scheute. Siehe Victor Marchetti und John Marks, *The CIA and the Cult of Intelligence,* 1974, S. 223 ff.

Hat Helms nun den Präsidenten belogen, als er nichts über die Drogenprogramme sagte? Eigentlich nicht, jedenfalls nicht direkt. Er wußte, daß der Katzenbach-Ausschuß nur aus politischen Gründen eingesetzt worden war und nicht den Auftrag hatte, bestimmte Vorhaben der CIA bloßzustellen oder zu beenden, sondern soviel wie möglich davon zu retten. Helms glaubte, der Präsident verlangte von der CIA ein aktives und aggressives Vorgehen und sei weit davon entfernt gewesen, sie zu »säubern«. Kurz gesagt, es war seine Aufgabe, Vorhandenes zu bewahren und zu schützen, und dazu gehörte das Programm MK/ULTRA.

[5] Anthony Mockler, *The Mercenaries,* 1969, S. 176.

[6] Siehe 12. Kapitel.

[7] Oberst Galloway war durch den damaligen Direktor der Central Intelligence, General Hoyt Vandenberg (1946/47) in die CIA gekommen. Der stellvertretende Direktor für besondere Operationen (ADSO) leitete alle verdeckten Operationen der CIA, bis 1948 das Office of Policy Coordination (Koordinierungsbüro) geschaffen wurde.

[8] Siehe zum Beispiel David B. Tinnin und Dag Christensen, *The Hit Team,* 1976; das ist ein detaillierter Bericht über ein israelisches Attentatsprojekt, in dessen Rahmen zwölf Mitglieder der Organisation Schwarzer September ermordet wurden, um die Ermordung von elf israelischen Olympiateilnehmern in München 1972 zu rächen. Das Projekt wurde aufgegeben, als die Israelis 1973 in Norwegen versehentlich einen Unschuldigen ermordeten. Siehe auch Colin Smith, *Carlos: Portrait of a Terrorist,* 1977. Hier beschreibt Smith die Ermordung eines PLO-Mitglieds mit Namen Mahmoud Hamchari durch die Israelis, die einen Sprengsatz mit seinem Telefon verbunden hatten, der detonierte, als er den Hörer abnahm.

[9] Siehe Sanche de Gramont, *The Secret War,* 1962, S. 359 ff.; John Barron, *KGB,* 1974, 13. Kapitel, und Richard Deacon, *A History of the Russian Secret Service,* 1972, 23. und 25. Kapitel und *passim.* In Barrons Buch finden wir viel interessantes Material, aber man sagt mir, manches sei frei erfunden. Dort geht es zum Beispiel um einen russischen Versuch, einen Gegner mit Barium zu vergiften; das ist augenscheinlich nie geschehen.

[10] Chuyen hat für die Fünfte Special Forces Group, die in Nha Trang stationiert war, als Dolmetscher gearbeitet. Diese Gruppe schickte Aufklärungskommandos über die südvietnamesische Grenze nach Kambodscha. Im Mai 1969 brachte eine Kampfgruppe eine Fotografie von Chuyen, auf der er sich mit einem Offizier der Nordvietnamesischen Volksarmee unterhielt, nach einem Kommandounternehmen gegen ein nordvietnamesisches Lager in Kambodscha mit. Genauere Untersuchungen schienen zu bestätigen, daß Chuyen ein Doppelagent war, und die Special Forces, denen mehrere Offiziere später vorgeworfen haben, sie hätten Chuyen ermordet, fragten ihren Verbindungsmann von der CIA in Nha Trang, was sie tun sollten. Der CIA-Beamte sagte ihnen, wie die gleichen Offiziere der Special Forces berichten, das Problem werde gelöst werden, wenn der Agent getötet werde – nach der damaligen Sprachregelung war das eine »Beendigung des Unternehmens unter extremen Vorbehalten«. Schließlich sei, wie der CIA-Beamte sagte, der Stationschef der CIA in Saigon, Ted Shackley, »für zweihundertfünfzig politische Morde in Laos verantwortlich, und auf einen mehr oder weniger kommt es jetzt auch nicht mehr an«. (Henry B. Rothblatt, »Why the Army Tried to Railroad the Green Berets«, *True,* März 1970. Hier verteidigt Rothblatt die Offiziere, denen die Ermordung von Chuyen vorgeworfen wird.)

Im Juni 1969 haben die Offiziere der Special Forces Chuyen getötet, seine Leiche mit Ketten beschwert und in die Bucht von Nha Trang geworfen. Im August wurden sie wegen Mordes von der Armee offiziell unter Anklage gestellt. Anfang September 1969 sagte Richard Helms einem Reporter von *Newsweek,* was nach Auffassung der CIA geschehen sei, und behauptete, der CIA-Beamte in Nha Trang habe den Offizieren der Special Forces geraten, Chuyen den Südvietnamesen zu übergeben. Sehr bald nach seinem Gespräch mit Helms erklärte Rothblatt in Saigon, er wolle Helms in diesem Fall als Zeugen benennen. Zwei Tage später stellte der Verteidigungsminister das Verfahren ein. Hauptmann Robert Marasco hat später zugegeben, Chuyen erschossen zu haben. Siehe *Newsweek,* 8. September 1969 und *New York Times,* 4. April 1971. Hier ist das Geständnis von Marasco abgedruckt.

Ein romanhafter Bericht über eine ähnliche Episode findet sich in *Easy Victories,* 1974, von »James Trowbridge« (ein Pseudonym). Das ist ein sehr aussagekräftiges Buch, das zu Unrecht wenig Beachtung gefunden hat; es ist der beste Bericht, den ich über die »häßliche Seite« der nachrichtendienstlichen Arbeit kenne.

[11] Kirkpatrick hat 1952 auf seiner Reise nach Bangkok von diesem Mord erfahren, wo er einen Streit zwischen OSO und OPC wegen der Anwerbung eines thailändischen Regierungsbeamten schlichten wollte. Es fiel ihm damals schwer, Allen Dulles davon zu überzeugen, daß die Angelegenheit dem Justizminister übergeben werden müßte, aber es ist ihm schließlich doch gelungen. Zwar ist Kirkpatrick davon überzeugt, der Mord dürfe der CIA nicht zur Last gelegt werden, aber die Schuldigen sind bis heute nicht ermittelt worden.

[12] Man war nicht leicht zu diesem Schluß gekommen, sondern hatte gelernt, skeptisch zu sein. Noch vor wenigen Jahren hätten die Angehörigen der CIA mit gleicher Leidenschaft bestritten, daß die CIA jemals versucht habe, Castro zu töten. CIA-Beamte waren augenscheinlich der Auffassung, »Exzesse« dieser Art seien keine »Politik«, und es käme nur unter »außergewöhnlichen« Umständen dazu; deshalb sei eigentlich nicht damit zu rechnen. So war auch ich zunächst geneigt, der allgemeinen Vorstellung zu folgen, daß die CIA wie andere Nachrichtendienste gelegentlich Menschen tötet, wenn sie erhebliche Schwierigkeiten bereiten und der Mord im geheimen ausgeführt werden kann. Als ich das in einer früheren Version dieses Manuskripts zum Ausdruck brachte, reagierten die Angehörigen der CIA mit solcher Heftigkeit darauf, daß ich die Angelegenheit noch einmal überdenken mußte. Schließlich akzeptierte ich die Behauptung, daß kleine Agenten nicht getötet würden, aus zwei Gründen. Erstens gelang es mir nicht, auch nur einen einzigen derartigen Fall zu finden, und es erschien mir nicht gerechtfertigt, der CIA vorzuwerfen, Mord gehöre bei ihr zur Routine, ohne daß irgendwelche Beweise dafür vorlagen. Zweitens glaubte ich, meinen Standpunkt revidieren zu müssen. War ich gegenüber der CIA wirklich so feindlich eingestellt, daß ich das Schlimmste annehmen mußte? Selbstverständlich lehnte ich Gewaltanwendung ab; die Angehörigen der CIA erklärten, sie täten es auch. Weshalb sollte ich nicht zugeben, daß wir in diesem Punkt übereinstimmten? Aber wie gesagt, ich bin nicht leicht zu meiner Schlußfolgerung gekommen. Es würde mich nicht überraschen zu erfahren, daß Agenten wirklich ermordet worden sind; auch wäre ich nicht erstaunt zu hören, daß CIA-Beamte behaupten, Mord sei bei ihrer Behörde nicht die Regel gewesen, sondern es wäre nur unter »außergewöhnlichen« Umständen dazu gekommen, und deshalb brauchte man diesen Gesichtspunkt nicht zu berücksichtigen.

[13] Der westdeutsche General war auch ein Gegner von Reinhard Gehlen und meinte, die CIA sollte ihn nicht unterstützen. Ein Beamter, der an dieser Besprechung teilgenommen hatte, berichtet, Helms habe gesagt: »Herr General, wir stehen nicht hinter Gehlen, sondern wir stehen hinter einem westdeutschen Nachrichtendienst. Wenn Ihnen Gehlen nicht gefällt, dann beauftragen Sie einen anderen.«

[14] Miles Copeland, *The Game of Nations,* 1969, S. 202. Wie John Marks behauptet, der sich dabei auf die Aussage eines ehemaligen CIA-Beamten stützt, hat Allen Dulles seinen Bruder während einer ähnlichen Besprechung im Außenministerium gefragt, ob die CIA irgend etwas im Hinblick auf Nasser unternehmen könnte. Marks sagt, John Foster Dulles habe geantwortet, die CIA solle »das Problem eliminieren«. Darauf schickte die CIA drei Teams nach Ägypten, um Nasser ermorden zu lassen, was jedoch nicht gelang. Marks behauptet auch, der Church-Ausschuß habe die CIA gefragt, ob jemals der Versuch unternommen worden sei, Nasser zu töten. Die Antwort lautete: »Diese Behörde besitzt keine Unterlagen, nach denen irgendwelche Teams oder Einzelpersonen nach Ägypten geschickt worden sind, um einen Attentatsversuch gegen Nasser zu unternehmen.« *Washington Post,* 12. Februar 1976.

F. A. O. Schwarz jr. hat bestätigt, daß der Church-Ausschuß mögliche Attentatsversuche der CIA gegen Nasser überprüft habe, es aber nie gelungen sei, definitiv festzustellen, ob solche Versuche unternommen worden sind oder nicht.

[15] Vor dem Church-Ausschuß wurden auch die Diskussionen des Beratungsausschusses des Präsidenten für den Auslandsnachrichtendienst erörtert, bei denen es um die Möglichkeit eines Attentats gegen Ho Chi Minh ging. Man beschloß jedoch, diesen Umstand im Abschlußbericht nicht zu erwähnen, weil die CIA niemals konkrete Schritte in dieser Richtung unternommen hatte. Dieser Beratungsausschuß des Präsidenten wird manchmal als Aufsichtsgremium bezeichnet, das dafür sorgen sollte, daß in der CIA alles mit rechten Dingen zuging. Augenscheinlich hat der Ausschuß seine Aufgabe etwas anders gesehen und die CIA ständig gedrängt, eher mehr als weniger zu unternehmen.

[16] Protokoll der Sitzung der Spezial Group, zitiert in *Alleged Assassination Plots Involving Foreign Leaders,* 1975, S. 99 des Church-Ausschusses. General Cabell war zu der Zeit, als er Merchant den Plan übermittelte, schon über die gegen Castro gerichteten Attentatspläne unterrichtet. Siehe 9. Kapitel.

[17] Und zweifellos auch Allen Dulles, denn mehrere Senatoren haben ihm lautstark vorgeworfen, daß er vorher nichts von dem Putsch gesagt habe. Sein Vorgänger, General Walter Bedell Smith, hatte sich während des Präsidentschaftswahlkampfes im Jahr 1948 von Dewey ähnliche Vorwürfe machen lassen müssen, weil er die Unruhen in Bogotá, Columbien, das sogenannte *Bogotazo,* nicht vorausgesagt habe. Eine der Standardinstruktionen von Helms für seine Stationschefs während seiner Amtszeit als Leiter des Planungsdirektoriums und Direktor der Central Intelligence bestand darin, sie sollten »Alarm läuten« – ihn vor einem möglichen Staatsstreich warnen –, weil so viele Beamte in Washington glaubten, die CIA schliefe, wenn sie von so elementaren Vorgängen wie einem Putsch nichts merkte.

[18] Parrott sagte dem Church-Ausschuß, eine solche Vorstellung sei so abwegig und so rasch erledigt, daß sie nicht ins Protokoll gehörte. Auch das war eine der allgemein anerkannten Spielregeln.

[19] Diese Episode wird sehr eingehend in *Alleged Assassination Plots,* S. 105 und 161 ff., behandelt. Auch George Crile und Taylor Branch berichten darüber in »The Kennedy Vendetta«, *Harpers,* Juli 1975.

[20] In dem Bericht nicht erwähnt.

[21] In dem Bericht nicht erwähnt.

9. Kapitel

[1] Aus dem Bericht des Church-Ausschusses über Attentate geht hervor, daß sich der Ausschuß stark auf den Bericht des Generalinspekteurs von 1967 stützt. Der Ausschuß konnte zu fast allen Punkten, besonders dort, wo es um die Verantwortung für Putschversuche ging, nicht viel weiter kommen als der Generalinspekteur; dabei half ihm nicht einmal die Autorität des Senats, die Möglichkeit, Aussagen unter Strafandrohung zu erzwingen oder Zeugen wegen Mißachtung des Gerichts unter Anklage zu stellen.

[2] Der Bericht des Church-Ausschusses über *Alleged Assassination Plots Involving Foreign Leaders*, 1975, beschäftigt sich ausführlich mit der Ermordung oder der versuchten Ermordung von fünf Persönlichkeiten – Patrice Lumumba, Rafael Trujillo, Fidel Castro, Ngo Dinh Diem und dem chilenischen General René Schneider. Das Attentat gegen Abdul Kassem im Irak wird nebenher erwähnt. Der Ausschuß kam zu dem Schluß, die CIA sei nicht direkt für den Tod eines dieser sechs Männer verantwortlich, obwohl sie mit Sicherheit versucht habe, Lumumba und Castro zu töten, mit den dominikanischen Mördern in Verbindung gestanden hatte, die Trujillo getötet hatten, und vielleicht sogar die Mordwaffe von der CIA geliefert worden war. Außerdem kannte die CIA alle Pläne zum Sturz von Diem und hatte mit den Chilenen konspiriert, die die Entführung von Schneider geplant und ihn bei dem Entführungsversuch getötet hatten.

Außerdem gibt es Hinweise darauf, daß die CIA wenigstens in Beziehung zu Gruppen gestanden hatte, die die Ermordung von Sukarno und Nasser planten. Anfang der 1960er Jahre wurde die CIA von französischen Regierungsbeamten anonym beschuldigt, sie stünde mit Mitgliedern der geheimen militärischen Organisation OAS in Verbindung, die wiederholt versucht hatte, Charles de Gaulle zu ermorden; diese Verbindungen seien wahrscheinlich sogar recht eng gewesen. Diese Vorwürfe, die die CIA bestritt und die sich nie haben beweisen lassen, waren wahrscheinlich das Ergebnis der Verärgerung von de Gaulle wegen der Kontakte der CIA zur algerischen FLN, was immer wieder zu diplomatischen Protesten geführt hatte.

Ende 1961 ermöglichte es die CIA zum Beispiel dem Verfasser des Buches *The Wretched of the Earth*, Franz Fanon, der sich außerdem theoretisch mit der FLN beschäftigt hatte, zur Behandlung seiner Krebserkrankung im letzten Stadium nach Washington zu gehen. Nach dem Tode von Fanon am 6. Dezember begleitete der CIA-Beamte Oliver Iselin die Leiche von Fanon zurück nach Tunis, wo die FLN sie zur Beisetzung über die Grenze nach Algerien brachte. Iselin wurde von einem zweiten CIA-Beamten, der von Genf nach Tunis kam, begleitet und nahm nach Aussagen eines Beamten des Außenministeriums an der Beisetzung teil. Solche Dinge ärgerten de Gaulle. Siehe Peter Geismar, *Fanon*, 1971, S. 182 ff.

[3] Das offizielle Datum des Ausscheidens von Bissell war der 19. Februar 1962, aber der Übergang begann schon erheblich früher.

[4] Es gab bei der CIA auch zahlreiche Frauen – Sekretärinnen, Stenotypistinnen, Analytikerinnen, Kräfte zur Auswertung von Fotos und sogar Agentenführer. Offenbar hat eine Frau aber nie eine führende Stellung eingenommen und ist daher auch niemals von ihren Landsleuten bewundert oder abgelehnt worden.

[5] Lansdale bat einen CIA-Beamten in der Kuba-Abteilung um einen geeigneten Decknamen für eine Gruppe, die im Büro des Verteidigungsministers die

kubanischen Angelegenheiten bearbeitete. Der Beamte bat die Angehörigen des Chiffrierbüros um eine Liste nicht verwendeter Decknamen aus dem Fernen Osten und glaubte, die Sache auf diese Weise besser tarnen zu können. Die beiden ersten Buchstaben des Kryptonyms bezeichnet man als Diagraph, denn aus ihnen ist das Gebiet ersichtlich, zu dem der Deckname gehört. Die großen Buchstaben MO waren das alte Diagraph für Thailand. Die CIA entschied sich für das auf der Liste der nicht verwendeten Decknamen befindliche Wort MONGOOSE und gab es an Lansdale weiter. Innerhalb der CIA ist dieser Deckname niemals benutzt worden.

[6] Arthur Schlesinger jr., *A Thousand Days,* S. 288.

[7] Ebenda, S. 839.

[8] Das ist vielleicht General Arthur Gilbert Trudeau gewesen, im Juni 1954 Chef des militärischen Nachrichtendienstes (G2), der sich den Zorn von Allen Dulles zuzog, als er den deutschen Bundeskanzler Konrad Adenauer warnte und ihm sagte, in der Organisation Gehlen könnte es kommunistische Agenten geben. Dulles ging zu Eisenhower und verlangte die Versetzung des Generals Trudeau. Im September 1955 entsprach Eisenhower diesem Wunsch. Später wurde festgestellt, daß Gehlens Chef der Spionageabwehr, Hans Felfe, ein kommunistischer Agent war. Siehe Paul W. Blackstock, *The Strategy of Subversion,* 1964, S. 107.

[9] Kennedy hat aus seinen Fehlern gelernt. Wie sein Bruder in *Thirteen Days,* 1969, S. 33, berichtet, verzichtete er bewußt auf die Teilnahme an den Sitzungen des Exekutivausschusses des Nationalen Sicherheitsrats während der Kubakrise, damit sich seine Berater freimütig äußern konnten.

[10] Die Mitglieder waren zunächst McGeorge Bundy als Vertreter des Weißen Hauses, Robert Kennedy als eine Art Minister ohne Portefeuille, Allan Dulles und später John McCone für die CIA, der Vorsitzende der Joint Chiefs of Staff, Gerneral Lyman Lemnitzer, der stellvertretende Verteidigungsminister Roswell Gilpatrick, Edward R. Murrow von USIA und der stellvertretende Unterstaatssekretär für politische Angelegenheiten, U. Alexis Johnson.

[11] Der Tunnel in Berlin, eines der größten nachrichtendienstlichen Vorhaben der CIA vor Entwicklung der U-2, verlief unterhalb der Grenzlinie zwischen dem amerikanischen und dem sowjetischen Sektor in Berlin und endete an einem großen Telefonkabel, das von Ende 1955 bis zum 22. April 1956 angezapft wurde. An diesem Tage »entdeckten« die Russen den Tunnel und gaben diese Entdeckung öffentlich bekannt. Wie Harry Rositzke in *The CIA's Secret Operations,* 1977, berichtet, haben die Russen von diesem Tunnel schon während der Planungen von einem Agenten beim britischen Geheimdienst, George Blake, erfahren, entschlossen sich jedoch, das Unternehmen weitergehen zu lassen, um Blake zu schützen. Ein interessanter Bericht über den Tunnel findet sich bei Heinz Höhne und Herman Zolling, *The General Was a Spy,* 1972, S. 306–313.

[12] *Alleged Assassination Plots Involving Foreign Leaders,* 1975, S. 141. Im folgenden *Assassination Report.* Nach diesem Bericht »ist es wahrscheinlich, daß auch der Leiter des Planungsdirektoriums, Helms, an der Sitzung teilgenommen hat«, S. 141 fn.

[13] Der erste Agent, der im September 1962 ein russisches Fernlenkgeschoß auf Kuba gesehen hat, war von einem der Teams von Harvey angeworben worden.

[14] In einer Studie über den Terrorismus hat die CIA 1977 den internationalen Terrorismus wie folgt definiert: »Einzelaktionen, die von Einzelpersonen oder Gruppen im Auftrag eines souveränen Staates ausgeführt werden.« Das trifft

durchaus auf die Operation MONGOOSE zu. Die Zeiten ändern sich. Siehe *New York Times,* 13. November 1977.

[15] Das war die von dem ehemaligen stellvertretenden Direktor für den Nachrichtendienst, Ray Cline, in »The CIA's Secret Army«, *CBS Reports,* 10. Juni 1977, angegebene Zahl. Andere Schätzungen nennen eine etwas niedrigere Zahl.

[16] *Assassination Report,* S. 142 fn. Elder wird in dem Bericht nicht genannt. Solche Ideen – in Wirklichkeit nur übermütige Streiche – waren offenbar typisch für Lansdale. 1954, bald nach Abschluß der Genfer Vereinbarungen, mit denen der erste Indochinakrieg beendet wurde, füllte ein Team von Lansdale in Hanoi Zucker in die Bezintanks nordvietnamesischer Omnibusse. Aber trotz aller scheinbar das Gegenteil beweisenden Anzeichen war Lansdale ein ernstzunehmender Mann, und seine Arbeit auf den Philippinen war eine vorbildliche politische Aktion.

[17] Aktennotiz von Harvey an McCone vom 10. April 1962. *Assassination Report,* S. 145.

[18] Ebenda, S. 150.

[19] Kennedys Terminkalender zeigt, daß er Anfang 1962 drei Wochenenden in Palm Beach zugebracht hat: 25.–28. Januar, 15.–18. März und 27.–28. April. Zu der Begegnung mit Harvey ist es wahrscheinlich an einem dieser Wochenenden gekommen. Siehe Arthur Schlesinger jr., *Robert Kennedy and His Times,* 1978, S. 544 fn.

[20] Martinez ist an Hunderten von Operationen gegen Kuba beteiligt gewesen und wurde später im Bürotrakt des Watergate Hotels festgenommen, nachdem ihn der Kuba-Veteran der CIA, E. Howard Hunt, für »eine nachrichtendienstliche Operation« angeworben hatte.

[21] Als Präsident Kennedy gemeldet wurde, eine U-2 sei während einer der letzten Phasen der Kubakrise in den sowjetischen Luftraum geraten (27. Oktober 1962), sagte er: »Es gibt immer wieder irgend jemanden, der nicht Bescheid weiß.« Schlesinger, *A. Thousand Days,* S. 827. Auch Harvey wußte nicht Bescheid.

[22] Harvey geriet wegen Trunksucht in Rom in große Schwierigkeiten. Zu den Wochenenden unternahm er oft sentimentale Reisen nach Deutschland, wo er die für ihn schönste Zeit erlebt hatte. In Rom hatte er persönliche Schwierigkeiten mit einem seiner Untergebenen, dem er das Leben schwermachte. Einmal sagte dieser Beamte ihm: »Wenn Sie nicht vom Alkohol loskommen, dann werden Sie daran sterben.« Harvey antwortete: »Ich werde am Leben bleiben und noch auf Ihr Grab pissen; das werde ich bestimmt tun.« Schließlich schickte Harvey den Beamten mit Schimpf und Schande nach Hause, aber ein Freund des Mannes gab ihm einen persönlichen Brief an Helms mit, in dem er die Situation zu klären versuchte. Als Helms den Brief gelesen hatte, war er angeblich wütend und sagte: »Wenn Harvey jetzt hier wäre, dann würde ich ihn mit dem Kopf durch die Wand rammen.« Harvey wurde nach Washington zurückgerufen und erhielt zuletzt noch den Auftrag, über die Abwehrsicherheit der CIA-Außenstationen eine Studie anzufertigen. Dann wurde er aus Gesundheitsgründen entlassen. Als er aus Rom abreiste, gab ihm das Außenbüro im Hotel Flora eine Party. Am Schluß ging Harvey hinüber zur amerikanischen Botschaft zur Via Veneto und pißte an das Gebäude. Nach seiner Entlassung zog er nach Indianapolis und sagte sehr ausführlich vor dem Church-Ausschuß aus. Im Frühjahr 1976 starb er. Harvey ist ein gutes Beispiel dafür, wie die lange Zugehörigkeit zum Nachrichtendienst das Leben

eines Menschen zerstören kann. Das ist ein Hauptthema in den Romanen von John le Carré und einer der Gründe, weshalb Helms dessen Bücher nicht gefielen.

23 Er wurde von William Colby abgelöst.

24 Am Vormittag des 22. November 1963 sagten John McCone und Lyman Kirkpatrick vor dem Beratungsausschuß des Präsidenten für den Auslandsnachrichtendienst aus. McCone wollte Washington noch am gleichen Nachmittag verlassen, um an die Westküste zu gehen, und bat Kirkpatrick, vor seiner Abreise die anderen hohen Beamten der CIA zu einem Lunch zu versammeln. Außer McCone und Kirkpatrick waren noch Helms, Sherman Kent und mehrere andere im französischen Zimmer anwesend – einer Art privatem Speisezimmer neben dem damaligen Büro des Direktors – als der Assistent von McCone, Walter Elder, mit einem Zettel in der Hand hereinkam und sagte: »Der Präsident ist erschossen worden.« McCone hinterließ die Anweisung, er wolle auf dem laufenden gehalten werden, und fuhr in das in der Nähe gelegene Haus von Robert Kennedy.

25 Joseph Burckholder Smith, *Portrait of a Cold Warrior*, 1976, S. 384.

26 Im *Assassination Report* hat O'Donnell den Decknamen Michael Mulroney.

27 Ebenda, S. 118, 121.

28 Ebenda, S. 149.

29 Ebenda, S. 150.

30 Ebenda, S. 151.

31 Ebenda, S. 152.

32 Ebenda, S. 151.

33 Ebenda, S. 152.

34 Ebenda, S. 158.

35 Ebenda.

36 Ebenda, S. 150.

37 Später wurde Gottlieb zum Chef der technischen Abteilung im Planungsdirektorium befördert. Während des Tauziehens um die Schaffung eines stellvertretenden Direktoriums für Wissenschaft und Technik entwickelte sich ein Streit um die Abteilung für technische Dienste (TSD). Das neue Direktorium DDS&T verlangte, daß die TSD ihr unterstellt werden sollte; das Planungsdirektorium wollte die TSD dort lassen, wo sie war, und zwar in der Nähe der Leute, die ihre Einrichtungen benutzten. Ich nehme an, ein Grund dafür, daß Helms und die anderen die TSD behalten wollten, war der, daß sie wußten, was in den Akten dieser Abteilung lag – die Unterlagen für eine Reihe häßlicher Operationen, und zwar tatsächlich durchgeführter und nur geplanter. Eine Unterstellung der TSD mit den Akten unter die neue Abteilung DDS&T hätte die geltenden Grundsätze für die Geheimhaltung verletzt. Die DDS&T brauchte über solche Dinge nichts zu wissen.

38 Der biologische Wirkstoff wird im *Assassination Report* nicht näher bezeichnet, aber Gottlieb hat ausgesagt, daß er ihn in Fort Detrick, Maryland, aus einer Liste des Army Chemical Corps aus Stoffen ausgesucht habe, die *tularemia* (Kaninchenfieber), *brucellosis* (Wechselfieber), Tuberkulose, *anthrax*, Pocken und Schlafkrankheit verursachen konnten. Siehe *Assassination Report*, S. 21.

39 Im *Assassination Report* als Victor Hedgman identifiziert.

40 Ebenda, S. 39.

41 Das war das Ergebnis einer auf Veranlassung der Vereinten Nationen durchgeführten Untersuchung. Unmittelbar darauf wurde der Vorwurf erhoben,

die CIA sei an der Ermordung von Lumumba beteiligt. 1968, als Andrew Cordier amtierender Präsident der Columbia University wurde, organisierten die »Studenten für eine demokratische Gesellschaft« einen Protestfeldzug, in dem er beschuldigt wurde, der CIA bei der Ermordung von Lumumba geholfen zu haben, als er im Kongo Beamter der Vereinten Nationen gewesen war. In seinem Buch über die CIA erzählt der Chef der angolanischen Kampfgruppe der CIA aus dem Jahr 1945, John Stockwell, mehrere Anekdoten, aus denen hervorgeht, daß er von der Unschuld der CIA hinsichtlich der Ermordung von Lumumba nicht überzeugt ist. Ein nicht genannter CIA-Beamter hat ihm zum Beispiel geschildert, wie er in Lubumbashi mit der Leiche Lumumbas im Kofferraum seines Autos herumgefahren sei und nicht gewußt habe, was er damit anfangen sollte. Stockwell sagt, er nähme an, Larry Devlin wisse mehr über die Ermordung von Lumumba, als aus den Akten der CIA ersichtlich sei oder er in seiner Aussage zugäbe. Siehe John Stockwell, *In Search of Enemies*, 1978.

[42] Dearborn unterstützte Pläne der Dissidenten in einem ungewöhnlich freimütigen Brief vom 27. Oktober 1960: »Ein weiterer Hinweis, den ich wahrscheinlich nicht geben sollte. Vom rein praktischen Standpunkt wird es am besten für uns, für das OAS und für die Dominikanische Republik sein, wenn die Dominikaner mit Trujillo ein Ende machen, bevor er die Insel verläßt. Wenn er seine Millionen und seine Handlungsfreiheit hat, wird er sein Leben im Exil damit zubringen, die Errichtung einer stabilen Regierung in der Dominikanischen Republik zu verhindern, demokratische Regierungen zu stürzen, Diktaturen in der Karibik zu errichten und seine Feinde ermorden zu lassen. Wenn ich Dominikaner wäre, was ich Gott sei Dank nicht bin, dann würde ich mich dafür einsetzen, daß als erster Schritt für die Rettung meines Landes Trujillo beseitigt wird, und ich würde das sogar für meine Christenpflicht halten. Wenn Sie sich an Dracula erinnern, dann war es notwendig, ihm einen Pfahl durch das Herz zu stoßen, um ihn an weiteren Verbrechen zu hindern. Ich glaube, ein plötzlicher Tod wäre humaner als die Lösung des Nuntius, der mir einmal gesagt hat, er werde dafür beten, daß Trujillo von einer langen, schweren Krankheit befallen würde.« *Assassination Report*, S. 195. Das Außenministerium war durch den Brief von Dearborn schwer beunruhigt und forderte ihn auf, solche Stellungnahmen künftig über die CIA zu leiten. Seine diplomatischen Depeschen wurden gewöhnlich an neunzehn verschiedene Büros verteilt. Im übrigen hatte Dearborn wahrscheinlich recht; die Feinde Trujillos hatten viele Gründe, ihn zu töten. Aber solche Entscheidungen muß jedes Land selbst treffen. Die Vereinigten Staaten hatten gewiß nicht die gleiche Berechtigung, Castro oder Lumumba umzubringen, die uns nur unbequem waren, auch wenn sie sich gegenüber ihren Landsleuten schwerer Verbrechen schuldig gemacht hatten. Das absolute Attentatsverbot ist vernünftig, weil man nicht davon ausgehen darf, daß Regierungen in solchen Angelegenheiten vernünftige Entscheidungen treffen, besonders wenn sie glauben, niemand werde sie dafür zur Rechenschaft ziehen. Man hat – im allgemeinen in privaten Kreisen – behauptet, solche Verbote seien töricht, weil ein Attentat eines Tages notwendig werden könnte. Ich halte das nicht für richtig. Wenn es je dazu käme, dann könnte die Behörde, die mit einer solchen Aufgabe betraut wird, gegen die Regeln verstoßen, wie es auch die CIA getan hat, wenn es um ungeschriebene Regeln ging.

[43] E. Howard Hunt, *Give Us This Day*, 1973, S. 38.

[44] David Wise hat ihn als James O'Connell identifiziert. *The American Police*

State, 1976, S. 215. Der *Assassination Report* bezeichnet ihn nur als den Chef der Operational Support Division des Sicherheitsbüros der CIA (S. 74).

[45] Unter anderem hatte Maheu für die CIA einmal einen pornographischen Film unter Mitwirkung eines Schauspielers gedreht, der Sukarno aus Indonesien ähnlich sah. Die CIA wußte, daß Sukarno auf einer Moskaureise mit einer blonden Schönheit bekannt gemacht worden war, wahrscheinlich durch das KGB. Später tauchte die Blondine in Djakarta auf. Mit dem Film sollte den Indonesiern »bewiesen« werden, daß Sukarno mit den Russen »im Bett läge«. Da sich echte Beweismittel nicht beschaffen ließen, beschloß man, sie zu fälschen. Der Film selbst sollte nicht gezeigt werden, denn »wir hatten niemanden, der so etwas hätte tun können«, sagte mir ein CIA-Beamter. Man glaubte jedoch, daß auch Standaufnahmen überzeugend genug sein würden. Siehe *Assassination Report*, S. 74 fn., und Joseph Burckholder Smith, a. a. O., S. 240. Maheu war es außerdem gelungen, einen Vertrag mit Aristoteles Onassis für die Lieferung von saudiarabischem Öl zu einem beschleunigten Abschluß zu bringen.

[46] Bissell und Sheffield Edwards unterrichteten Allen Dulles im September 1960 und General Cabell über die Operation, und vielleicht hat auch Dulles am 25. November in einem zehn Minuten dauernden Privatgespräch Eisenhower darüber informiert. *Assassination Report*, S. 112 fn. Es ist interessant, daß Bissell im Herbst 1965 nicht nur versucht hat, die Ermordung Castros zu organisieren, sondern auch Justin O'Donnell dazu drängte, Lumumba ermorden zu lassen. Während der gleichen Zeit erklärte der stellvertretende Direktor der Central Intelligence, General Cabell, auf einer Sitzung der Special Group am 3. November, nachdem er im September über das Vorhaben Maheu-Rosselli unterrichtet worden war, Livingston Merchant die Grundauffassungen der CIA und erläuterte, weshalb die Behörde Attentate für töricht, undurchführbar und politisch unklug hielt. Die Sitzung wird im 8. Kapitel beschrieben. Attentatspläne wurden innerhalb der CIA nur in einem sehr kleinen Kreis erörtert. Nach dem *Assassination Report*, in dem der Bericht des Generalinspekteurs aus dem Jahr 1967 zitiert wird, wußten nur dreizehn Personen über die gegen Castro gerichteten Mordpläne während der Anfangsphase dieses Vorhabens Bescheid. Das ist in der Tat ein sehr kleiner Kreis. 1971 fragte William Colby Howard Osborn, wie viele Menschen etwas davon wüßten, daß Helms eine Überwachung von Jack Anderson angeordnet hatte; es waren fünfzig. Attentate mußten unbedingt geheimgehalten werden.

[47] *The Espionage Establishment*, S. 148.

[48] *Assassination Report*, S. 80.

[49] *Assassination Report*, S. 141. Daraus geht einigermaßen deutlich hervor, daß die Kennedys glaubten, die CIA *könne* Castro loswerden, ohne daß die Vereinigten Staaten offiziell eingriffen.

[50] Allen Dulles, *The Craft of Intelligence*, 1963, S. 88. Irgendwie unverständlich ist es, daß Beamte des Nachrichtendienstes sehr oft das, was sie selbst tun, bei anderen als kriminell ansehen. Allen Dulles hat einmal gesagt: »Der Nachrichtendienst geht einem irgendwie ins Blut.« Sanche de Gramont, *The Secret War*, 1962, S. 132. Ihm ist er mit Sicherheit ins Blut gegangen; man kann beobachten, wie er ständig seine Spuren zu verwischen suchte. An anderer Stelle in *The Craft of Intelligence* widerspricht er zum Beispiel Henry Stimson und sagt: »Wenn das Schicksal einer Nation und das Leben ihrer Soldaten auf dem Spiel stehen, dann lesen auch Gentlemen fremde Briefe – wenn sie die Gelegenheit dazu haben.«

S. 71. Doch dann fügte er hinzu, als hätte es ihn erschreckt, die Katze aus dem Sack gelassen zu haben: »Natürlich spreche ich hier nicht von gewöhnlichen Briefen . . .« Aber die CIA las natürlich gewöhnliche Briefe; allein in New York sind insgesamt etwa 200 000 Briefe von der CIA überprüft worden. In seinem ganzen Buch bemüht sich Dulles darum, die Bedeutung politischer Aktionen bei der nachrichtendienstlichen Arbeit herunterzuspielen. Er tut so, als handele es sich dabei nur um Spionage, während die CIA in Wirklichkeit nie so sehr damit beschäftigt gewesen ist, sich in die Politik einzumischen wie zu seiner Amtszeit als Direktor der Central Intelligence. Er versucht, seinen Lesern eine verharmloste Version der Weltgeschichte aufzutischen.

[51] Hoover hat die CIA seit jeher abgelehnt und keine Gelegenheit verstreichen lassen, sie in Mißkredit zu bringen. Der *Assassination Report* ist voll von Aktennotizen des FBI, in denen versucht wird, Unternehmungen der CIA zu kritisieren. Am 18. Oktober 1960, keine zwei Wochen vor der Entdeckung der Abhörvorrichtung in Las Vegas, schickte Hoover zum Beispiel eine Aktennotiz an Bissell, in der er ihm mitteilte, Giancana habe irgendwelchen Freunden gesagt, er sei an einem Mordkomplott gegen Castro beteiligt. *Assassination Report,* S. 79. Das hätte Bissell zur Vorsicht mahnen sollen, aber er verfolgte das Projekt weiter und zeigte damit, wie wichtig es ihm erschien, »Castro loszuwerden«.

[52] In den Akten der TDS gab es eine Menge kompromittierenden Materials dieser Art. Man fragt sich, was mit diesen Akten geschehen ist, als TSD und DDS&T nach dem Ausscheiden von Helms zusammengelegt wurden.

[53] Cubela hatte ursprünglich desertieren wollen, aber die CIA bewog ihn, als Agent auf Kuba zu bleiben.

[54] George Crile III, »The Riddle of AM/LASH«, *Washington Post,* 2. Mai 1976.

[55] FitzGerald sagte dem Generalinspekteur, und Helms sagte vor dem Church-Ausschuß aus, daß Robert Kennedy nicht unterrichtet worden sei.

[56] Nach dem *Assassination Report,* S. 59, hat FitzGerald am 22. November an der Sitzung in Paris teilgenommen, aber ein CIA-Beamter behauptete in seiner Aussage vor dem Ausschuß, in Wirklichkeit habe FitzGerald an diesem Tage in Washington einen Lunch für Beamte ausländischer Nachrichtendienste gegeben. Buch V, *Final Report* des Church-Ausschusses, das später veröffentlicht wurde, spricht nur von »Agentenführern der CIA«, die am 22. November an der Sitzung mit Cubela teilgenommen hätten (S. 67 ff.).

[57] *Assassination Report,* S. 89. Bei der Untersuchung des Attentats gegen Kennedy haben manche auch an die Möglichkeit gedacht, daß Cubela die Rolle eines *agent provocateur* gespielt haben könnte. Dabei erwähnen sie unter anderem die öffentliche Warnung von Castro am 7. September 1963, in der er gesagt hat: »Die Führer in den Vereinigten Staaten sollten bedenken, wenn sie Terroristen bei dem Vorhaben unterstützen, kubanische Führer zu beseitigen, werden sie selbst nicht mehr sicher sein.« Crile, a. a. O. Man darf kaum daran zweifeln, daß Castro sich der Versuche der CIA bewußt gewesen ist, ihn umbringen zu lassen. Das war unter den Exilkubanern in Miami ein offenes Geheimnis, und in dieser Gruppe gab es eine ganze Reihe von Agenten Castros. Ein an dem Cubela-Komplott beteiligter CIA-Beamter berichtet, Cubela habe den vergifteten Federhalter am Schluß der Sitzung vom 22. November nicht mitgenommen; ein *agent provocateur* hätte das getan, denn das wäre ein ausgezeichnetes Beweisstück gewesen.

[58] *Assassination Report,* S. 89.

[59] Sehr bald nachdem ich die Arbeit an diesem Buch begonnen hatte, empfahl mir der ehemalige Analytiker der CIA, Sam Adams, eine Zeittafel aufzustellen, um eine bessere Übersicht über die Dinge zu bekommen. Ich brauchte Monate dafür, und das Resultat war ein Tausende von Eintragungen enthaltendes Dokument. Dadurch wurden bisher verwirrende Zusammenhänge geklärt. So wurden einem bestimmte Tendenzen erst klar, wenn man die Enttäuschung Kennedys über den schleppenden Fortgang des Unternehmens Mongoose, die Vorwürfe gegen Richard Bissell dafür, daß es ihm nicht gelang, Castro zu beseitigen (im Frühherbst 1961), die Aktennotiz 100 des Nationalen Sicherheitsrats über das Attentat gegen Castro (5. Oktober), die Bemerkung des Präsidenten Kennedy gegenüber Ted Szulc, dem er am 9. November sagte, man dränge ihn, der Ermordung Castros zuzustimmen, die Rede des Präsidenten, in der er sagte, die Vereinigten Staaten würden niemals Attentate unternehmen (16. November), Bissells Gespräch mit Harvey über das Komplott der Mafia zur Ermordung Castros (am selben Tage) und die Genehmigung Kennedys für die Intensivierung von Mongoose am 30. November miteinander in Verbindung brachte. Eine Zeittafel ist ein sehr nützliches Werkzeug. James Angleton glaubte, die Berichte des Church-Ausschusses müßten für den amerikanischen Nachrichtendienst katastrophale Folgen haben. Auf die Frage nach dem Grund sagte er: »Die preisgegebenen Einzelheiten würden es der anderen Seite ermöglichen, Dreiecksverbindungen herzustellen und eine sehr aufschlußreiche Zeittafel zu erarbeiten.«

[60] Harvey hatte am 21. April Rosselli Giftpillen aus Botulinum übergeben.

[61] *Assassination Report*, S. 154 fn.

[62] Ebenda, S. 184. Der Church-Ausschuß erfuhr von dem Gespräch zwischen Harvey und Bissell über diesen Punkt aus Notizen, die sich Harvey damals gemacht hatte und die in dem Bericht des Generalinspekteurs aus dem Jahr 1967 zitiert wurden. Diese Notizen sind später vernichtet worden. Der Bericht des Ausschusses sagt nicht, wann, weshalb und durch wen das geschehen ist.

[63] Eine Ausnahme war Thomas Karamessines, der Nachfolger von Desmond FitzGerald als Leiter des Planungsdirektoriums unter Helms, der sagte, er sei »recht unglücklich« darüber, was geschehen sei, und das klang so, als meinte er es ehrlich. Ende der 1960er Jahre fragte ihn ein Student, der einer Gruppe von College-Zeitungsredakteuren angehörte, die die CIA besuchte: »Sagen Sie mir, wie viele Präsidenten, Premierminister und Könige haben Sie in der vergangenen Woche ermordet?« Karamessines sagt, er sei selten so böse gewesen. »Ob Sie mir nun glauben oder nicht, aber wir haben niemals irgend jemanden ermordet, und wenn wir so etwas täten, dann würde ich hier nicht arbeiten und auch nicht hier auf diesem Stuhl sitzen.« Über diese Episode in der Geschichte der CIA hatte er nichts Gutes zu sagen, fügte aber dann hinzu: »Während der Amtszeit von Helms ist das nicht geschehen.« Es war aber doch zu dieser Zeit geschehen.

[64] Hier bildet Richard Bissell eine Ausnahme; er war in seiner Art ein ungewöhnlich ehrlicher Mensch. Der Church-Ausschuß stellt fest, daß es schwierig war, mit ihm umzugehen, und man ihm kaum ein Zugeständnis entlocken konnte, besonders zu den gegen Lumumba gerichteten Mordplänen, die in dem Bericht des Generalinspekteurs nicht erwähnt werden. Aber auf seine Weise ist er auch ein umgänglicher Mann. Das zutreffendste Bild der Ereignisse ergibt sich wahrscheinlich aus seiner Aussage, wenn man die Worte »vielleicht« oder »wahrscheinlich«, die er so gern verwendet, fortläßt und alles, was nach seiner Aussage »geschehen

sein könnte oder müßte«, als harte Tatsachen betrachtet. Wenn man die Aussagen von Bissell auf diese Weise liest, dann hat Dulles die Genehmigung Eisenhowers für die erste Phase des Mafia-Komplotts gehabt, und er hat nach der Amtseinführung von Kennedy dem neuen Präsidenten davon berichtet und von ihm die Anweisung erhalten weiterzumachen. Bissell unternimmt nicht den Versuch zu leugnen, was er getan hat. Die Vereinigten Staaten befanden sich praktisch im Kriegszustand mit Kuba; unter diesen Umständen wäre es vernünftig gewesen, Castro zu töten, und das hatte er versucht. Augenscheinlich bedauert er nicht, daß es ihm mißlungen ist, aber er entschuldigt sich auch nicht für den Versuch.

[65] Streß läßt sich nicht immer leicht interpretieren, aber hier scheint die Ursache klar erkennbar zu sein. Vielleicht werden zwei Beispiele das erläutern können. Ein sehr umgänglicher ehemaliger CIA-Beamter, der sich während eines vier- bis fünfstündigen Gesprächs sehr gelassen und freundlich zeigte, nahm plötzlich eine ganz andere Haltung ein, als er gefragt wurde, wer Bissell denn nun die Erlaubnis gegeben habe, es zu tun. Er verschränkte die Arme vor der Brust, hob die Füße ein wenig vom Boden, neigte den Kopf zurück, blickte an die Decke, schloß dann die Augen und sagte: »Ich kann Ihnen nicht sagen, wann sie sich das haben genehmigen lassen.« Er sagte nicht, er wisse es nicht; er sagte, »ich kann es Ihnen nicht sagen«. Seine Körperhaltung war so eigenartig und unerwartet, so verkrampft und verzweifelt, daß ich vor Schreck nicht mehr wußte, was ich sagen sollte.

Eine ähnliche Episode erlebte ich während eines Gesprächs mit einem Mann, der sein ganzes Leben bei der CIA zugebracht hatte, der glaubte, die meisten Memoiren ehemaliger CIA-Angehöriger seien wertlose Selbstbespiegelungen, und der schon daran gedacht hatte, selbst seine Memoiren zu schreiben, aber glaubte, die Ehre und alte Freundschaften ließen das nicht zu. Eines Nachmittags sprach er über Bronson Tweedy, den Chef der afrikanischen Abteilung beim Planungsdirektorium zu der Zeit, als der Mordanschlag gegen Lumumba geplant wurde. Tweedy hatte dem Church-Ausschuß und seinen alten Freunden bei der CIA gesagt, wenn sein Gedächtnis nicht durch belastende Dokumente aufgefrischt würde, dann hätte er die Episode vollständig vergessen. Ich hielt das für unglaubwürdig. Der CIA-Beamte stimmte mir zu. Helms, Bissell, Tweedy – »der Ausschuß ist gegenüber diesen drei Männern im Hinblick auf ihre Vergeßlichkeit sehr nachsichtig gewesen«, sagte er. »Aber ich stimme Ihnen zu, es ist unmöglich.«

Er war an der Episode Lumumba nicht beteiligt gewesen, hatte sich aber mit einem Aspekt des Komplotts gegen Castro sehr intensiv beschäftigt, und auch er hatte wiederholt erstaunliche Gedächtnislücken gezeigt. Natürlich fragte ich ihn auch nach seinem eigenen Fall. Das war kein Manöver von mir, sondern die Frage ergab sich ganz einfach aus unserem Gespräch über Tweedy. Seine Reaktion setzte schlagartig ein. Plötzlich wurde er kurzatmig – so viele Jahre seien vergangen, wenigstens eine Sitzung wöchentlich, vier oder fünf verschiedene Themen, er könnte sich nicht mehr an jedes kleine Gespräch erinnern, das er vor fünfzehn Jahren geführt habe. Der Atem ging stoßweise; sein Gesicht rötete sich und wurde dann blaß; er fuhr sich mit der Hand über die Stirn und bedeckte die Augen; dann fing er an zu stöhnen. Er zeigte die akuten Symptome, die einem Herzanfall vorausgehen. Ganz unvermittelt sagte er: »Entschuldigen Sie mich bitte. Ich muß mir ein Glas Wasser holen.« Er verließ das Zimmer, und es dauerte mehrere Minuten, bis er wieder hereinkam.

Diese beiden Ereignisse haben einiges gemeinsam. Es gibt gute Gründe für die Annahme, daß beide Männer wußten, wann der Befehl, Castro zu töten, gegeben worden ist. Beide hielten es für ungerecht, der CIA die ganze Schuld dafür zu geben. Beide wollten mich davon überzeugen, die CIA hätte nie ein Attentat unternommen, ohne einen klaren Befehl dafür erhalten zu haben. Und doch glaubten beide, die Ehre (und natürlich auch die praktischen Konsequenzen) ließen es nicht zu, daß sie mir sagten, was sie wußten. Das Ergebnis war ein akuter innerer Konflikt, der sich in der Form von Symptomen äußerte, wie sie von einem dramatischen psychischen Streß ausgelöst werden. So etwas wird vor Gericht natürlich nicht als Beweismittel zugelassen, aber mich hat es sichtlich beeindruckt. Deshalb darf ich hier meiner Überzeugung Ausdruck geben, daß besonders zwei Männer genau wissen, wann der Befehl gegeben wurde – und das sind Richard Helms und Richard Bissell. Die anderen, von denen ich gesprochen habe, wissen es höchstwahrscheinlich auch, aber Helms und Bissell haben diesen Befehl wahrscheinlich persönlich entgegengenommen.

[66] *Assassination Report,* S. 123–124.

[67] Ebenda, S. 157.

[68] Ebenda, S. 133.

[69] Der für Kuba zuständige Beamte hat diese Sitzung viel später Thomas Karamessines geschildert. Karamessines hat mir gesagt, er glaube, damals habe Bissell den Auftrag bekommen, Castro zu töten. Auch der Church-Ausschuß hat von dieser Sitzung erfahren, ihr Verlauf ist hier jedoch nicht so detailliert geschildert worden. Bissell sagte vor dem Ausschuß aus, er könne sich an diese Sitzung nicht mehr erinnern, gab jedoch zu, die Kennedys hätten ihm gesagt, er sollte sich gefälligst intensiver um Kuba bemühen. Dabei hätten sie ihm allerdings nicht ausdrücklich befohlen, Castro zu töten; er hätte es nicht ohne »offizielle und ausdrückliche Genehmigung« getan, und im übrigen habe man die Bemühungen darum nicht mehr fortgesetzt, nachdem er das Planungsdirektorium im Februar 1962 abgegeben habe. Ebenda, S. 141.

[70] Ebenda, S. 138–139. Aus den Gesprächen mit Smathers und Szulc sieht man, daß sich Kennedy wegen dieser Sache ernste Sorgen gemacht hat; wenn er sich aber darüber klar gewesen ist, daß es falsch war, dann hätte er wahrscheinlich kaum die Stellungnahme von zwei gut informierten, aber uninteressierten Außenseitern erbeten. Daß Kennedy in beiden Fällen behauptet hat, er sei dagegen, darf nicht wörtlich genommen werden. Vielleicht war er dagegen, aber selbst wenn er dafür gewesen wäre, hätte er wahrscheinlich nicht versucht, Smathers und Szulc von der Richtigkeit des Vorhabens zu überzeugen. Als McCone im Oktober 1963 Saigon telegrafisch mitteilte, er wünsche nicht, daß die Vereinigten Staaten einen Attentatsversuch gegen Diem unterstützten, antwortete Henry Cabot Lodge, er sei ganz der gleichen Meinung. Ebenda, S. 221. Als sich Justin O'Donnell in einem Gespräch mit Helms gegen den Befehl, Lumumba zu töten, aussprach, meinte Helms, nach seiner Meinung habe O'Donnell vollkomen recht. Ebenda, S. 39. Das verlief alles nach dem gleichen Muster.

[71] Diese Episode wird in drei verschiedenen Abschnitten des *Assassination Report* beschrieben: S. 77–79, S. 303–304 und S. 125–134. Kurz gesagt, es geschah das folgende: Ein Mann, der im Oktober 1960 von Robert Maheu angeworben wurde, um in einer Wohnung in Las Vegas eine Abhörvorrichtung anzubringen, wurde von der örtlichen Polizei festgenommen. Maheu sagte dem FBI, die Wanze

sei im Zusammenhang mit einem Unternehmen der CIA angebracht worden, und Sheffield Edwards bestätigte diese Erklärung am 3. Mai 1961. Doch einige Monate später stellte das FBI fest, daß eine Freundin von Giancana, Judith Exner, Präsident Kennedy vom Privattelefon Giancanas angerufen hatte. Der Präsident wurde auf diesen Umstand aufmerksam gemacht, und die Beziehung wurde abgebrochen. Aber das FBI interessierte sich jetzt wieder für die in Las Vegas angebrachte Abhörvorrichtung, denn auch Giancana war in diesen Fall verwickelt; die Abhörvorrichtung befand sich am Telefon einer anderen Freundin von Giancana, Phyllis McGuire. Nun wollte Hoover wissen, weshalb die CIA sich einer Strafverfolgung widersetzte. Houston und Sheffield Edwards haben den Justizminister am 7. Mai 1962 über das Komplott vor dem Unternehmen in der Schweinebucht unterrichtet.

72 Houston behauptet außerdem, die Befürchtungen Kennedys seien unbegründet gewesen, weil Rosselli Houston gesagt hatte, er werde nicht aus der Schule plaudern, um eine Strafverfolgung zu verhindern. »Zum Teufel, nein, nur wenn man versuchen sollte, mich auszuliefern, würde ich etwas über das Vorhaben der CIA sagen, Castro umzubringen.« Genau das geschah. Als Rosselli seinen Anwalt 1967 über das Komplott unterrichtete, war gegen ihn die Ausweisung beantragt worden, und das Verfahren schwebte noch zur Zeit der Ermordung von Rosselli.

73 Kennedy wurde nicht davon unterrichtet, daß eine zweite Phase des Komplotts begonnen hatte – Rosselli hatte im April eine zweite Lieferung Giftpillen bekommen. Houston sagt, der Leiter des Stabes D im Planungsdirektorium habe Edwards mitgeteilt, das Komplott sei abgeblasen worden, und Edwards habe ihm das gleiche gesagt. Deshalb sei, so behauptet er, am 14. Mai 1962 dem Justizminister in einer für ihn bestimmten Denkschrift von der Fortführung des Komplotts nichts gesagt worden. Aber sowohl Harvey als auch Helms hatten die Denkschrift gelesen, und sie waren für die zweite Phase des Anschlags mit Giftpillen verantwortlich. Weshalb sie dem Justizminister bewußt eine unvollständige Mitteilung geschickt haben, bleibt ein Geheimnis. Der Church-Ausschuß erklärte in seinem Bericht (S. 131), im Terminkalender Kennedys stünde am 7. Mai (dem Tag des Gesprächs mit Houston und Edwards um 4.00 Uhr nachmittags): »1.00 Uhr – Richard Helms.« Der Ausschuß fragte Helms, ob er sich an diesem Tage im geheimen mit Kennedy getroffen habe, um ihn in allen Einzelheiten in die Sache einzuweihen, bevor Houston und Edwards mit ihrer »offiziellen«, aber unvollständigen Version zu ihm kamen. Helms sagte, er habe das nicht getan, und wenn er es getan hätte, würde er sich daran erinnern, weil »ich damit einer strafbaren Handlung Vorschub geleistet hätte, und ich kann mich nicht erinnern, jemals etwas Derartiges getan zu haben«.

74 Hier muß noch gesagt werden, daß Hoover dem Justizminister am 29. Oktober 1962 eine Denkschrift über einen Informanten des FBI aus der Unterwelt geschickt hat, der zugesichert hatte, er werde die Ermordung Castros arrangieren. Hoover und Kennedy hatten um die Zeit des Gesprächs mit Houston und Edwards wiederholt über das CIA-Komplott gesprochen; sie waren übereingekommen, das Einschalten der Mafia bei einem solchen Unternehmen wäre, um das Mindeste zu sagen, töricht; das Attentat als solches hatten sie jedoch nicht abgelehnt. Da Hoover wußte, wie Kennedy darüber dachte, zögerte er nicht, die Dienste des FBI für den Fall anzubieten, daß die CIA versagte. Die an Kennedy gerichtete Denkschrift von Hoover schloß mit den Worten: »Wir haben dem Informanten

mitgeteilt, sein Angebot läge außerhalb unseres Zuständigkeitsbereichs, was er zur Kenntnis genommen hat. Wir haben uns ihm gegenüber nicht festgelegt. Gegenwärtig haben wir nicht vor, die Angelegenheit weiter zu verfolgen. Unsere Beziehungen zu ihm sind sorgfältig abgeschirmt worden, und wir würden uns verpflichtet fühlen, jeden neuen Kontakt mit ihm in dieser Angelegenheit aufzunehmen, wenn das gewünscht wird.« *Final Report,* Buch V, S. 10 fn.

[75] Leo Janis, »The Last Days of the President«, *Atlantic,* Juli 1973. Johnson machte 1971 gegenüber Janis diese Bemerkung.

[76] *New York Times,* 25. Juni 1976.

[77] *Assassination Report,* S. 179.

10. Kapitel

[1] Die größte Befürchtung in Regierungskreisen und in der Öffentlichkeit besteht darin, daß die CIA anfangen könnte, selbständig zu handeln. Das ist in größerem Umfang nie geschehen. Selbst im Falle von Laos in den Jahren 1957 und 1961, der gelegentlich als Beispiel für das selbständige Handeln der CIA bezeichnet wird, war die Unterstützung einer rechten Regierung durch die CIA im Gegensatz zur Unterstützung eines neutralistischen Regimes durch das Außenministerium erster Ausdruck eines Gegensatzes zwischen Washington und den Praktikern im Ausland und zweitens einer von vielen Fällen, in denen sich der Präsident entschlossen hatte, die CIA einzusetzen, ohne dem Außenministerium genau zu sagen, was er beabsichtigte. Siehe David Wise und Thomas B. Ross, *The Invisible Government,* 1964, 9. Kapitel, und Arthur Schlesinger jr., *A Thousand Days,* 1965, S. 325 ff. Hier müssen wir uns daran erinnern, daß kein Direktor der Central Intelligence so unabhängig gewesen ist wie J. Edgar Hoover. Fast alle Direktoren haben das Vertrauen ihrer Präsidenten verloren, wurden entlassen oder abgelöst: Hillenkoetter von Truman, Walter Bedell Smith von Eisenhower, Dulles von Kennedy, McCone und Raborn von Johnson, Helms von Nixon, Colby von Ford und George Bush von Carter. Präsidenten haben auf das, was die CIA tut und sagt, einen viel größeren Einfluß als umgekehrt.

[2] Elie Abel, *The Missile Crisis,* 1966, S. 17.

[3] Eine nachrichtendienstliche Lagebeurteilung zeigte, daß von zweihundert Agentenberichten über Stellungen von Fernlenkwaffen nur sechs zutreffend waren; bei den anderen Aufklärungsergebnissen handelte es sich um Raketen des Typs SAM und andere Waffensysteme. Herbert Scoville von DDS&T schloß daraus, daß der Wert von Agenten erheblich überschätzt wurde und wissenschaftliche Aufklärungsmethoden – in diesem Fall die U-2 – die besten Ergebnisse brächten.

[4] Abel, a. a. O., S. 24.

[5] Kennedy schickte mehrere CIA-Beamte mit Abzügen der U-2-Fotos in verbündete Länder, um sie davon zu überzeugen, daß es sich um eine ernste Bedrohung handelte. Sherman Kent begleitete zum Beispiel Dean Acheson zu de Gaulle. R. Jack Smith, ein späterer stellvertretender Direktor des Nachrichtendienstes, reiste nach Bonn zu Konrad Adenauer. Als »Mr. Smith« dem Bundeskanzler vorgestellt wurde, seufzte der alte Herr, schüttelte den Kopf und sagte: »Immer Schmidt!«

[6] Während der EXCOM-Sitzungen war McCone besonders beeindruckt von den Fähigkeiten von Theodore Sorensen; als Carter Sorensen für den Posten des Direktors der CIA namhaft machte, war McCone einer der wenigen alten CIA-Beamten, die ihn für diese Aufgabe empfahlen.

[7] R. Harris Smith, *OSS*, 1972, S. 375–376.

[8] Später hat einer der Generäle, die sich aktiv an dem Putsch beteiligt hatten, in Washingten ein Restaurant aufgemacht. Im Frühjahr 1978 führte mich ein Freund in dieses Lokal und stellte mich General Tran Van Don vor. Wir unterhielten uns ein paar Minuten. Dann erwähnte mein Freund den Namen von Lucien Conein, und der General zeigte auf einen von einer Kerze beleuchteten Tisch am anderen Ende des Raumes. Dort saß Conein beim Abendessen, ein klobiger Mann mit schneeweißem Haar, der verträumt vor sich hinstarrte.

[9] Hilsman scheint allgemein unbeliebt gewesen zu sein, aber wenn man seine Memoiren aus den Kennedy-Jahren, *To Move a Nation*, 1967 liest, dann wird man schmerzlich berührt angesichts des blinden, arroganten Optimismus zahlreicher offizieller Studien in den *Pentagon Papers*. Hilsman wußte, wovon er sprach. Ich glaube, auch Hilsman hätte mit seinen Methoden keinen Erfolg gehabt, er ist aber offenbar nicht so sehr von den amerikanischen Möglichkeiten fasziniert gewesen wie Dean Rusk, Robert McNamara und die amerikanischen Militärs. Rusk hat einmal gesagt, wenn eine Großmacht wie die Vereinigten Staaten sich entschlösse, einen Vorstoß zu unternehmen, dann müßte die andere Seite zurückweichen. Helms hat gesagt: »Schließlich ist Stärke auf dieser Welt nicht das, was sie wirklich ist; sie ist das, was der Gegner von ihr denkt.« Vielleicht trifft das auch auf Fernlenkwaffen zu, aber in Vietnam bestand die Stärke von Hanoi darin, daß sie wirklich vorhanden war und daß Hanoi dort, wo es darauf ankam, uns überlegen war.

[10] Berichte über den Putsch finden sich bei John Mecklin, *Mission in Torment,* 1965; Hilsman, a. a. O.; *Gravel Edition of the Pentagon Papers,* 1971 und *Assassination* Report des Church-Ausschusses, S. 217–223.

[11] In Wirklichkeit hat William Colby das im Namen von McCone abgeschickte Telegramm entworfen.

[12] *Assassination Report,* S. 221.

[13] General Maxwell Taylor, *Swords and Plowshares,* 1972, S. 201.

[14] Wir können nicht mehr genau feststellen, wie Kennedy auf die Ermordung von Diem reagiert hat. Aber es lohnt sich, darüber nachzudenken. Auf den ersten Blick könnte man an der Aufrichtigkeit Kennedys zweifeln. Mit an Sicherheit grenzender Wahrscheinlichkeit hat er einen Attentatsversuch gegen Castro gebilligt (wie Eisenhower das vor ihm getan hat); weshalb hat er aber so heftig reagiert, als mit Diem das gleiche geschah? Wahrscheinlich war der Grund, daß Diem als Verbündeter der Vereinigten Staaten einen ganz anderen Status hatte. Einen Feind zu töten ist eine Selbstverständlichkeit, aber einen unbequemen Freund umzubringen ist etwas ganz anderes. Wenn die Vereinigten Staaten mit ihrer Bündnistreue gegenüber Südvietnam ihr Ansehen überall in der Welt festigen wollten, dann konnte die Ermordung von Diem nur schaden.

Ich glaube, Helms hat recht gehabt; Kennedy hat nicht begriffen, was er tat. Zunächst schien er zu sehr darauf zu vertrauen, daß der Sturz von Diem ohne Schwierigkeiten zu arrangieren sei, und hat sich nicht überlegt, mit welchen Gewalttätigkeiten ein solcher Staatsstreich verbunden sein könnte. Aber das war ein relativ unbedeutendes Mißverständnis; viel weiter reichende Folgen hatte der Umstand, daß er nicht begreifen konnte, welche emotionalen Konsequenzen die Ermordung eines nationalen Führers haben mußte. Die CIA war ebenso blind, und die in diese Sache verwickelten Beamten scheinen bis heute nicht begriffen zu haben, weshalb Attentate grundsätzlich abzulehnen sind. Wir sind heute angesichts der Ermordung von Kennedy eher in der Lage, das zu beurteilen. Das ganze Land ist damals von einem vorher nicht vorauszusehenden Schock ergriffen worden. Noch jetzt, nachdem fünfzehn Jahre darüber vergangen sind, ist die Wunde, die uns dieses Attentat geschlagen hat, nicht verheilt. Ein nationaler Führer ist nicht irgend jemand, er ist nicht ein Mensch wie jeder andere. In gewisser Weise verkörpert er sein ganzes Land, und seine Ermordung bedeutet die tiefste und schmerzlichste psychische Verletzung. Deshalb ist ein Attentat ein besonderer Tatbestand, ein mit nichts zu vergleichender Begriff, und deshalb ist es abzulehnen. Alles deutet darauf hin, daß Kennedy in seiner Unwissenheit versucht hat, Kuba das anzutun, was seine Ermordung uns angetan hat, und ich kann den Gedanken nicht loswerden, daß in dem Verlauf der Ereignisse irgendwie eine unerbittlich harte Gerechtigkeit sichtbar geworden ist. Es ist hart, das zu sagen, aber ich meine, vielleicht hätte Kennedy selbst mir zugestimmt. Wenn man sagt, daß wer das Schwert ergreift, durch das Schwert umkommen wird, heißt es nicht nur, daß er auf einen tüchtigeren Schwertkämpfer treffen wird. Es heißt, daß er sich für den Weg der Gewalt entschieden hat und sich nicht beklagen darf, wenn er selbst auf Gewalt trifft.

[15] Lyndon Johnson, *The Vantage Point,* 1971, S. 119.

[16] Das scheint die wichtigste offizielle Schlußfolgerung aus den amerikanischen Fehlern in Vietnam gewesen zu sein, eine Tatsache, die uns künftig noch Schwierigkeiten bereiten wird. Es ist unwahrscheinlich, daß man die Strategie der »abgestuften Vergeltung« McNamaras wieder anwenden wird. Das nächste Mal heißt es auf der Hut sein.

[17] *Gravel Edition of the Pentagon Papers,* Bd. III, S. 352–353.

[18] Johnson, a.a.O., S. 140, zitiert augenscheinlich aus einer persönlichen Aktennotiz McCones vom 28. April 1965, dem Tage, an dem McCone aus seinem Amt ausgeschieden ist.

[19] »Einmal wöchentlich aßen wir bei Harvey zu Mittag, und dabei zeigte sich, daß die Arbeitswut nicht sein einziges Laster war. Ich kenne keinen Menschen, der so mager war wie er und soviel essen konnte. Der glückliche Jim! . . . Wir standen uns persönlich sehr gut . . . aber wir hatten verschiedene Motive . . . Ich könnte nicht sagen, wer aus diesem komplexen Spiel mehr gewonnen hat. Aber ich hatte einen großen Vorteil. Ich wußte, was er für die CIA tat, und er wußte, was ich für den britischen Geheimdienst SIS tat. Wofür ich mich aber wirklich interessierte, ahnte er nicht.« Kim Philby, *My Silent War,* 1967, S. 164–165. Philbys kurze Schilderungen von Frank Wisner, William Harvey (den er William G. Howard nennt und von dem er schreibt, er sei einmal nach dem Essen eingeschlafen, weil er zu viel getrunken hatte) und anderen CIA-Beamten sind sehr bissig. Diese Persönlichkeiten stehen einem sehr lebendig vor Augen, aber die Darstellung der Ereignisse ist unzuverlässig. So sagt Philby zum Beispiel, die CIA könnte für die Ermordung des Ukrainers Stepan Bandura verantwortlich sein, obwohl er gewußt haben muß, daß der russische Überläufer Bogdan Staschinskij 1961 den Mord an Bandura gestanden hat. Vielleicht darf er Staschinskij nicht völlig diskreditieren,

aber hier wäre mindestens ein Zweifel angebracht gewesen . . . die Welt des Nachrichtendienstes ist ein Buch mit sieben Siegeln. Feindliche Nachrichtendienste lassen einander immer wieder kleine Botschaften zukommen, die ein Außenseiter kaum entziffern kann. So hat zum Beispiel irgend jemand William R. Corson gesagt, der israelische Nachrichtendienst habe gewußt, was Burgess, Maclean und Philby taten, und die CIA und der britische Geheimdienst seien deshalb in der Lage gewesen, sie gegen das KGB einzusetzen, das heißt, das KGB durch diese Agenten mit falschen Nachrichten zu füttern. Man kann jedoch höchstens sagen, das sei nicht unmöglich gewesen. Maclean hat eine Zeitlang in Kairo gearbeitet, wo auch die Israelis aktiv waren und vielleicht feststellen konnten, auf welcher Seite er stand. Es ist jedoch wahrscheinlicher, daß Corson dazu benutzt worden ist, Philby gewissermaßen ein Geschenk der CIA zum Valentinstag zu machen. (Siehe Corson, *The Armies of Ignorance,* 1977, S. 328.) Miles Copeland hat eine ähnliche Botschaft abgeschickt und gesagt, Philby könnte, wenn er wollte, wieder nach Großbritannien zurückkommen; das wird ihm das Leben in der Sowjetunion nicht erleichtert haben. *Without Cloak or Dagger,* 1974, S. 183.

[20] Ray Cline, *Secrets, Spies and Scholars*, 1976, S. 212.

[21] James Angleton blieb bis zuletzt bei seiner Meinung, aber noch 1967 fragte der Chef der sowjetischen Abteilung im Planungsdirektorium einen jungen Beamten, weshalb er so überzeugt davon sei, daß die Feindschaft zwischen China und der Sowjetunion echt wäre.

[22] Diese Neutralität ist eine schwierige Angelegenheit. Alle Direktoren der Central Intelligence haben sich bis zu einem gewissen Punkt daran gehalten, wenn auch nur, weil die Präsidenten, ihre Außenminister und ihre Verteidigungsminister darauf bestanden haben, die politische Linie zu bestimmen. Aber im Hinblick auf die großen Fragen der Politik, zum Beispiel den Antikommunismus, haben sie alle ihren eigenen Standpunkt vertreten. Der Direktor der Central Intelligence sitzt mit den anderen am gleichen Tisch, und seine Neutralität beschränkt sich auf die Auswahl der Mittel und Wege. Die großen Katastrophen in der amerikanischen Außenpolitik nach dem Kriege, besonders auf Kuba und in Vietnam, waren nicht die Folge mechanischen Versagens, sondern des Umstandes, daß man sich an der Spitze auf die falsche Politik geeinigt hatte. Darauf können die jüngsten Reformen bei den Nachrichtendiensten kaum einen Einfluß haben. Das ausdrückliche Verbot von Attentaten und subversiven Aktionen gegen demokratisch gewählte Regierungen ist ein Schritt in der richtigen Richtung, doch bestenfalls lassen sich damit übermäßige Exzesse vermeiden, wenn die politische Führung in enger Übereinstimmung mit der Central Intelligence einen falschen politischen Kurs einschlägt.

[23] Cline, a. a. O., S. 213.

[24] Offiziell arbeitete Cline hier als Sonderberater für die amerikanische Botschaft. Als Stationschef in Taipeh war er Direktor des Kommunikationszentrums der amerikanischen Flotte gewesen. Siehe *Who's Who in America,* 39. Aufl., 1976–1977. In *Who's Who* finden sich zahlreiche Namen von Angehörigen der CIA, zum Beispiel William Colby, Drexel Godfrey, David Phillips, John Maury, Robert W. Komer, Al Ulmer, Nick Natsios, General Richard G. Stilwell, Russell Jack Smith, John Bross und Lewis Lapham. Ich weiß nicht, weshalb einige dieser Leute genannt sind und andere nicht. Die Chefs von Außenstationen tarnen sich oft mit anderen Dienstbezeichnungen, sie sind aber nicht alle aufgeführt.

11. Kapitel

[1] Das Direktorium für den Nachrichtendienst ist in dieser Beziehung angeblich besonders empfindlich gewesen, weil es fürchtete, die Operationen des Planungsdirektoriums mit besonderen Lagebeurteilungen und ähnlichem unterstützen zu müssen.

[2] Buch IV, *Final Report* des Church-Ausschusses 1976, S. 66.

[3] *Gravel Edition of the Pentagon Papers,* 1971.

[4] *Pentagon Papers,* Band IV, S. 65.

[5] Ebenda, S. 71.

[6] Schon 1960 und 1961 haben nordvietnamesische Regierungsbeamte ausländische Besucher gefragt, wie viele Jahre die Amerikaner Krieg führen wollten; zehn oder zwanzig Jahre? Das könnten sie haben. Siehe Bernard B. Fall, *The Two Vietnams,* 2. revidierte Auflage 1967, und Jean Lacouture, *Between Two Truces,* 1966. Die richtige Zeit, die Entschlossenheit Nordvietnams auf die Probe zu stellen, wäre schon vor dem Beginn der Bombenangriffe gewesen.

[7] Helms an McNamara, 1. Juni 1967, *Pentagon Papers,* Band IV, S. 12.

[8] Ebenda, S. 168.

[9] Ebenda, S. 180.

[10] Ebenda, S. 188.

[11] »... der Beamte des Nachrichtendienstes wird immer dazu neigen, unbedachte Ratschläge zu geben«, Sir Kenneth Strong, *Men of Intelligence,* 1970, S. 22.

[12] Roger Morris, *Uncertain Greatness,* 1977, S 12.

[13] Ein CIA-Beamter, der von 1962 bis 1966 mit den Meos zusammengearbeitet hatte, hat mir gesagt, er habe Vang Pao im Lauf dieser Zeit schätzen und achten gelernt und ihn oft davor gewarnt, daß die Amerikaner nach drei Jahren nach Hause gehen könnten. Der Krieg habe Vang Pao aber einfach zu stark in Anspruch genommen. Der CIA-Beamte, der als junger Mann nach Abschluß seiner Studien in Princeton zu der Behörde gekommen war, schied nach seinem Aufenthalt in Laos wieder aus und sagte, er habe sich immer wieder über das Schicksal der Menschen Gedanken gemacht, denen er zu helfen versucht hatte. »Was ein ehrenhaftes und sympathisches Volk hier erleben mußte ... das ist recht grausam.« Als er im Februar 1966 aus Laos zurückkam, sagte ihm William Colby, vier Jahre lang immer wieder aus Flugzeugen abspringen zu müssen sei genug; jetzt sollte er Schluß machen. Das überzeugte ihn. Anschließend sprach er eine Stunde mit Helms, den die Eindrücke, die er aus Laos mitbrachte, sehr interessierten. »Was wird geschehen, wenn Vang Pao stirbt? Das möchte ich wissen.« Vang Pao verließ Südostasien vor dem allgemeinen Zusammenbruch im April 1975 und lebte im Frühjahr 1978 in Missoula, Montana.

[14] Ben Schemmer, *The Raid,* 1976, S. 40.

[15] Der Terror war keine amerikanische , wohl aber eine Methode des Vietcong. Wenn es hier um eine moralische Frage geht, und das ist der Fall, dann nicht darum, ob man Feuer mit Feuer bekämpfen soll, wobei das amerikanische Feuer den vietnamesischen Flächenbrand nur noch verstärkt hätte. Hier handelte es sich um von Amerikanern organisierte, finanzierte und geleitete Projekte. Die Vietnamesen mußten zu jedem neuen Schritt gedrängt werden, und das war typisch für diesen ganzen Krieg. Ohne die Amerikaner wäre es 1954 nicht zur Teilung des

Landes gekommen, es hätte keine amerikanischen Klienten in Saigon, keine Zwischenfälle im Golf von Tongking, keine vietnamesische Armee, keine Anti-Terror-Teams, kein Phoenix-Programm, keine Bombenangriffe und keinen Krieg gegeben. Die CIA war für diese jahrelangen Schrecken nicht verantwortlich zu machen; sie war nur einer der Ärzte in dem Team, das heroische Maßnahmen erdachte, um einen zum Tode Verdammten am Leben zu erhalten.

[16] Stewart Alsop, *The Center,* 1968, S. 145.

[17] Die elektronische Barriere wird im einzelnen beschrieben in Paul Dickson, *The Electronic Battlefield,* 1976, 2. Kapitel, und in *Pentagon Papers,* Band IV, S. 112 ff.

[18] Frank Snepp schildert die intensive Vernehmung des nordvietnamesischen Geheimagenten Nguyen Van Thai, der im Dezember 1970 in Saigon festgenommen wurde. Unter stärkstem psychischen Druck gelang es der CIA und den Südvietnamesen, allmählich herauszubekommen, wer er war. Im April 1975, kurz vor dem Zusammenbruch in Saigon, wurde Thai auf Vorschlag eines höheren CIA-Beamten auf das Südchinesische Meer hinausgeflogen und in 3000 Meter Höhe aus dem Flugzeug gestoßen. *Decent Interval,* S. 31 ff.

[19] Evan J. Parker jr., 1967 – 1969; John H. Mason, 1969–1970; John S. Tilton, 1971–1972.

[20] Sein Vorgänger war Nicholas Natsios, der bis zum Eintreffen von Colby seit 1956 Stationschef in Saigon war. Natsios, der schon 1948 bis 1956 in Griechenland für die CIA gearbeitet hatte, war 1962–1965 Stationschef in Korea, 1965–1969 in Argentinien, 1969 – 1972 in den Niederlanden und hatte unter Helms im Iran gearbeitet.

[21] Siehe Schemmer, a. a. O., und Snepp, a. a. O., *passim.*

[22] 14.3 war die Codenummer für die jährliche Lagebeurteilung der CIA über Vietnam; 67 zeigt das Jahr an, für das diese Beurteilung abgegeben wurde.

[23] Eine Woche vorher, am 23. Januar, hatte Helms vor dem Außenpolitischen Senatsausschuß seine jährliche Lagebeurteilung vorgetragen, eine Art Übersicht über die gesamte Weltlage. Als Carl Marcy vom Mitarbeiterstab des Ausschusses, der an der Sitzung teilgenommen hatte, in der Morgenzeitung die Nachricht von der Tet-Offensive las, erinnerte er sich an den Vortrag von Helms vor einer Woche und wunderte sich darüber, daß Helms nichts davon erwähnt hatte. Da es der CIA nicht gelungen war, die Tet-Offensive vorauszusagen, wurde eine Besprechnung abgehalten, um festzustellen, wo der Fehler lag. Helms hatte Richard Lehman damit beauftragt, die Lage in Vietnam zu beurteilen, und er hatte noch vier Stunden nach Beginn der Offensive gemeldet, es gäbe nichts Wichtiges zu berichten.

[24] »The Outlook in Vietnam«, 26. Februar 1968 sagte schwere Verluste für beide Seiten, aber keine wesentliche Veränderung der militärischen Gesamtlage voraus; *Communist Alternatives in Vietnam,* vom 29. Februar, sprach von ständig wachsendem Druck oder einer Unternehmung mit stärkeren Kräften; auf die Anfrage von Clifford wurden am 1. März mehrere Antworten gegeben, die zu dem Schluß kamen, »nach unserer Schätzung . . . wird die Gesamtlage günstigenfalls ein Unentschieden sein«. Siehe *Pentagon Papers,* Band IV, S. 550 ff. In einem der Papiere von Helms wurde »ein hochrangiger Überläufer aus jüngster Zeit« zitiert, der gesagt habe, Moskau werde Hanoi auch weiterhin unterstützen, und es werde um den Zugang nach Haiphong kämpfen. Helms sagte, dieser Bericht »steht in

scharfem Widerspruch zur gegenwärtigen Lagebeurteilung durch die Nachrichtendienste und wird sorgfältig überprüft«. Aber der amerikanische Botschafter in der Sowjetunion, Llewellyn Thompson, meldete das gleiche. Ebenda, S. 242.

[25] Die »weisen alten Männer« waren Dean Acheson, George Ball, General Omar Bradley, McGeorge Bundy, Arthur Dean, Douglas Dillon, Henry Cabot Lodge, Robert Murphy , General Matthew Ridgway, General Maxwell Taylor und Cyrus Vance.

[26] Sam Adams, »Vietnam Cover-up: Playing War with Numbers«, *Harper's*, Mai 1975. Eben schreibt Adams ein Buch über seine Jahre bei der CIA, und das verspricht des beste Buch zu werden, das je über die Arbeit der Nachrichtendienste verfaßt worden ist. Es geht sehr stark ins Detail, aber Adams hat sich bereit erklärt, es der CIA aus Sicherheitsgründen zur Überprüfung vorzulegen. Deshalb frage ich mich, ob es in der ursprünglichen Form vollständig wird veröffentlicht werden können. Dieser Bericht über seinen Krieg mit Zahlen gründet sich auf den Artikel in *Harper's*, mein Gespräch mit Adams und mit einer Reihe anderer CIA-Beamter.

12. Kapitel

[1] George Christian, *The President Steps Down*, 1970, S. 104.

[2] *New York Times*, 27. Juni 1973.

[3] Nixon hoffte, sich mit diesem Vorwurf bei der Watergate-Affäre verteidigen zu können, wenn er sagte, auch andere Regierungen hätten sich aus innenpolitischen Gründen solcher Abhörvorrichtungen bedient. Siehe J. Anthony Lukas, *Nightmare: The Underside of the Nixon Years*, 1976, S. 383 ff.

[4] Haldeman erreichte nichts. Er sagt, einige kritische Papiere seien von Leslie Gelb fortgeschafft worden, als er aus dem Verteidigungsministerium ausschied und zur Brookings Institution ging.

[5] David Atlee Phillips, *The Night Watch*, 1977, S. 223.

[6] Das am besten gehütete Geheimnis beim Nachrichtendienst ist der Umstand, daß er in den meisten Fällen nichts weiß. Manchmal ist das ein technischer Fehler wie im Falle der Tschechoslowakei, als die CIA im Spätsommer 1968 plötzlich bestimmte russische Truppenverbände in Polen »vermißte«. Als diese Verbände in der Tschechoslowakei auftauchten, war es der CIA sehr peinlich. Im Oktober 1968 zitierte der Beratungsausschuß des Präsidenten für den Auslandsnachrichtendienst Helms zu sich und verlangte eine Erklärung von ihm. Er sagte dem PFIA, er sei während jener Wochen nicht glücklich gewesen, aber die CIA hätte mehr leisten können, »wenn Westdeutschland und nicht die Tschechoslowakei das Ziel gewesen wäre«. (*Report of the House Select Committee on Intelligence, Village Voice*, 16. Februar 1976, S. 77.) Aber sehr oft liegen solche Fehlschläge nicht daran, daß es schwierig ist festzustellen, was irgend jemand tun wird, der es bis zur letzten Minute vielleicht selbst nicht weiß, und wenn man keinen Spion an Ort und Stelle hat, der etwas darüber berichten könnte. Die Hauptarbeit bei der Analyse von Nachrichten besteht darin, herauszubekommen, was die Nachrichtendienste nicht ermitteln konnten.

[7] Die CIA kam schließlich zu der Überzeugung, daß die Quelle von Anderson Navy Yeoman Charles E. Radford war, der auch an die Joint Chiefs of Staff

Dokumente des Nationalen Sicherheitsrats weitergab. Der Streitkräfteausschuß des Senats hat diesen Fall sehr gründlich untersucht. Siehe *Transmittal of Documents to the Chairman of the Joint Chiefs of Staff,* Teil 1, 2 und 3 (Government Printing Office 1974).

[8] »Für jeden, der es nicht unmittelbar mit dem geheimen Konflikt zwischen rivalisierenden Nachrichtendiensten zu tun gehabt hat, ist es schwierig – wenn nicht unmöglich – zu glauben, wie erbittert solche Kämpfe geführt werden und welche extremen Formen sie annehmen können ... In Ankara in der Türkei war die Rivalität zwischen den beiden konkurrierenden nationalsozialistischen Geheimdiensten während des Zweiten Weltkriegs so erbittert, daß jeder von ihnen die Agenten des anderen der türkischen Polizei auslieferte oder bei ihr denunzierte ... Dieses Beispiel mag dem Uneingeweihten als Extremfall erscheinen, aber wer auf diesem Gebiet einige Erfahrungen hat, weiß, daß es typisch ist. Wer glaubt, daß die Rivalität zwischen zivilen und militärischen Nachrichtendiensten heute weniger intensiv ist als etwa zwischen den vergleichbaren Behörden bei den Nazis, ist entweder erstaunlich naiv oder hat ein sehr behütetes Beamtendasein geführt.« Paul W. Blackstock, *The Strategy of Subversion,* S. 106–107. Dieses Buch enthält die beste allgemeine Darstellung vom Wesen verdeckter politischer Intervention. Sie ist freimütig, bezieht ihre Beispiele aus der Praxis und verzichtet auf jede Scheinheiligkeit.

[9] *New York,* 16. August 1976.

[10] Helms behauptet, keine solchen Anweisungen erhalten zu haben; das Thema ergab sich einfach im Verlauf des Gesprächs. In seinen Erinnerungen sagt Haldeman, die Russen hätten nicht nur geplant, gegen China loszuschlagen, sondern auch die Vereinigten Staaten gebeten, sie dabei zu unterstützen. Obwohl sich Haldeman in gewissen Details irrt – so glaubt er zum Beispiel, Luftaufnahmen einer taktischen Fernlenkwaffe mit der Bezeichnung »Scaleboard« zeigten ein Lager von Kernwaffen –, vermute ich, daß er recht hat. Siehe H. R. Haldeman, *The Ends of Power,* 1978, S. 89 ff. Auch John Barron spricht in *KGB,* 1974, S. 3, von einem solchen russischen Vorfühlen.

[11] Nach dem Kommandounternehmen hat man behauptet, daß die Verlegung der Gefangenen nicht festgestellt worden sei, wäre ein Fehler der CIA gewesen. Helms wehrte sich gegen diesen Vorwurf und sagte Fulbright, das träfe nicht zu. Die Operation habe von Anfang bis Ende unter der Leitung des Militärs gestanden (und das war richtig), und Fulbright verteidigte anschließend die CIA gegen diese Vorwürfe. Damals gab es jedoch zwischen der CIA und dem Militär Spannungen wegen der Agenten der CIA und deren Operationen im gleichen Gebiet. Einen sehr guten Bericht über dieses Unternehmen finden wir bei Ben Schemmer, *The Raid,* 1976.

[12] Das Gleichgewicht des Schreckens liegt bei der von McNamara so bezeichneten gesicherten gegenseitigen Vernichtung (mutual assured destruction – MAD). Dabei hat man die Vorstellung, daß ein Krieg mit allen verfügbaren Vernichtungswaffen höchst unwahrscheinlich ist, solange beide Seiten wissen, daß sie dabei vernichtet werden. Der Friede hängt daher von der beiderseitigen Unsicherheit ab, und alles, was der einen Seite Schutz gewährt, zum Beispiel ABM-Systeme, läßt den Krieg wahrscheinlicher werden.

[13] Das ganze Thema ist interessant und komplex. Ein guter Bericht über die erste Phase der Gespräche, in dem auch die SS9-Kontroverse zur Sprache kommt, findet

sich bei John Newhouse, *Cold Dawn: The Story of SALT,* 1973.

[14] »Wir glauben, daß die Sowjets die enormen Schwierigkeiten jedes Versuchs, eine solche strategische Überlegenheit zu erreichen, daß sie das strategische Gleichgewicht wesentlich verändert, genau kennen. Deshalb halten wir es für höchst unwahrscheinlich, daß sie in der Zeit, für die unsere Lagebeurteilung gilt, versuchen werden, die Kapazität des ersten Schlages zu erreichen, das heißt die Fähigkeit, gegen die Vereinigten Staaten einen Überraschungsangriff zu führen, bei dem sie sicher sein können, daß die UdSSR in einem für sie selbst nicht akzeptablen Ausmaß getroffen werden würde. Erstens würden die Sowjets sicherlich glauben, der Preis für ein solches Unternehmen zusammen mit allen anderen militärischen Konsequenzen sei viel zu hoch. Was aber noch wichtiger ist, sie würden es mit an Sicherheit grenzender Wahrscheinlichkeit für unmöglich halten, die Kombination von Offensiv- und Defensivkräften zu entwickeln und einzusetzen, die notwendig wären, um die verschiedenen Elemente der amerikanischen strategischen Angriffskräfte erfolgreich abzuwehren. Schließlich würden die Sowjets, selbst wenn ein solches Vorhaben wirtschaftlich und technisch möglich wäre, höchstwahrscheinlich damit rechnen, daß die Vereinigten Staaten ihre Absichten erkennen und ihre Angriffsvorbereitungen mit gleich starken oder überlegenen Kräften ausgleichen würden.« *Foreign and Military Intelligence,* Buch I des *Final Report* des Church-Ausschusses 1976, S. 78. Dieser Abschnitt wurde vom Vertreter des Außenministeriums bei einer Sitzung des United States Intelligence Board seiner Lagebeurteilung als Fußnote hinzugefügt. Als Helms vor dem Church-Ausschuß über diese Episode aussagte, erklärte er, die Kontroverse sei ein Sturm im Wasserglas gewesen, und sagte, er sei bereit, die Frage der Motive zu diesem Punkt Laird zur Beantwortung zu überlassen; er fügte hinzu, daß das USIB-Papier in jedem Fall ein Papier des Direktors der Central Intelligence sei; er hatte es unterzeichnet, und er konnte, wenn er das für richtig hielt, darin auch Streichungen vornehmen. Ein Mann, der Helms gut kannte, hat gesagt, das dürfe niemanden überraschen; niemand könnte als Beamter in eine hohe Stellung aufrücken, ohne zu wissen, wann es Zeit ist, seine Meinung zu sagen; dies war ein solcher Augenblick. Helms hielt an seiner Charakteristik der SS9 fest, gab aber in der natürlich viel schwieriger zu beantwortenden Frage nach, welches die Absichten der Sowjets seien; und an dieser Frage waren Kissinger und Laird von Anfang an am meisten interessiert. Schließlich bekam Kissinger seine ABM – mit einer Stimme Mehrheit im Senat –, und die direkte Folge war eine SALT-Vereinbarung über die Begrenzung der ABM. Wir leben in einer komplexen Welt.

[15] Daß die CIA die Offensive Hanois nicht voraussagen konnte, war nicht ihr einziger Irrtum. Das Interessanteste, was ich über die CIA feststellen konnte, ist vielleicht die Wahrscheinlichkeit, daß sie unter Umständen sogar einen Angriff gegen die Vereinigten Staaten mit starken Kräften nicht wird voraussagen können, wenn sich irgendein anderes Land dazu entschließen sollte. Das ist eine bemerkenswerte Schwäche bei einem Nachrichtendienst, der in erster Linie eingerichtet worden ist, weil Amerika durch den japanischen Angriff auf Pearl Harbor überrascht wurde, nicht aber, wie manche glauben, um für den kalten Krieg gerüstet zu sein. Nehmen wir einmal an, die Sowjetunion hat sich entschlossen, während einer Krise und in dem Augenblick, den wir alle fürchten, einen Angriff zu beginnen. Ich setze voraus, daß die CIA über keinen Spion verfügt, der uns positiv und definitiv sagen kann, daß die Sowjets diesen Entschluß gefaßt haben.

Nicht einmal Oleg Penkowskij, der beste Agent, den die CIA jemals in der Sowjetunion angeworben hat, ist in der Lage gewesen, uns mitzuteilen, daß Chruschtschow beschlossen hatte, im Sommer und Frühherbst 1962 Fernlenkwaffen auf Kuba zu stationieren. Das gleiche gilt für Abhörvorrichtungen und Einrichtungen zum Entschlüsseln von Funksprüchen. Angehörige der CIA mögen geheimnisvoll lächeln, wenn man sie danach fragt, ob wir Agenten im Kreml haben, aber Geheimnistuerei gehört bei den Nachrichtendiensten zum Geschäft. In Wirklichkeit hat die CIA keine Agenten, die uns im Falle eines beabsichtigten sowjetischen Angriffs gegen die Vereinigten Staaten warnen würden.

Diese Frage müßte daher von den Fachleuten beantwortet werden, deren Aufgabe es ist, die Lage zu analysieren, wo es uns an positivem Wissen mangelt. Sie haben vor allem zwei Möglichkeiten festzustellen, was irgend jemand tun wird; sie müssen fragen, ob es einen Präzedenzfall gibt und ob ein solches Verhalten des Gegners für ihn sinnvoll wäre. Das sind ganz vernünftige Fragen. Wenn man vor dem Problem steht festzustellen, was jemand tun wird, dann wird man natürlich fragen, ob der Betreffende schon einmal etwas Ähnliches getan hat, in diesem Fall einen Angriff gegen die Vereinigten Staaten; ebenso natürlich ist es zu fragen, ob er erwarten darf, davon einen Nutzen zu haben. In unserem Fall müssen beide Fragen verneint werden. Die Russen haben bisher noch keinen Angriff mit Kernwaffen gegen die Vereinigten Staaten geführt, haben auch noch nie kurz davorgestanden, und sie haben sich bisher davor gehütet, einen Krieg zu beginnen. Wäre es nun erfolgversprechend, wenn sie es jetzt täten? Natürlich nicht. Sie würden durch einen Gegenschlag selbst vernichtet werden. Was könnten sie bei einem solchen Angriff gewinnen? Ihre Verluste wären unerträglich hoch, und deshalb würden die Analytiker einen solchen Angriff niemals voraussagen.

Das ist eine vertretbare Auffassung, und es gibt viele Tatsachen, die sie stützen. Im Verlauf der Jahre haben sich die Analytiker in Situationen bewährt, wo Nationen in der gewohnten Weise und zur Erreichung vernünftiger Ziele handeln. Aber die CIA hat bei mindestens vier Gelegenheiten militärische Offensiven nicht vorausgesagt, weil es dafür keine Präzedenzfälle gab und weil sie eigentlich sinnlos waren. Diese Fälle waren die Kuba-Krise im Jahr 1962 (als Sherman Kent und das BNE zweimal voraussagten, es würden auf Kuba keine Fernlenkwaffen installiert werden, weil Chruschtschow bisher noch nie so provokativ gehandelt habe und der Gewinn das Risiko nicht rechtfertige); die Tet-Offensive 1968 wurde nicht vorausgesagt, denn sie begann in einer so ruhigen Zeit, daß die CIA nicht einmal auf den Gedanken kam, danach zu fragen; auch mit dem Einmarsch der Nordvietnamesen nach Südvietnam im März 1972 hat die CIA nicht gerechnet; schließlich wurde auch der arabisch-israelische Krieg im Oktober 1973 nicht vorausgesagt (die Analytiker erklärten ausdrücklich, die Araber hätten bisher noch nie auf diese Weise angegriffen, und ein solcher Angriff sei nicht zu erwarten, weil sie nicht damit rechnen könnten, den Krieg zu gewinnen). In allen vier Fällen ist die Lage ähnlich gewesen. Wir verfügten über keine Spione, es gab keine Präzedenzfälle, und der Angreifer konnte nicht mit einem Sieg rechnen – aber die Frage nach Krieg oder Frieden wurde falsch beantwortet. Wir müssen deshalb zu dem Schluß kommen, daß man mit einem Überraschungsangriff rechnen muß, wenn ein solcher Überraschungsangriff dem Angreifer Vorteile verspricht.

[16] C. L. Sulzberger, *Diary with a Chinese Postscript,* 1974, S. 69–70.

[17] Das Ringen um Sihanoukville zeigt sehr deutlich, welche Kluft zwischen der

Welt der Eingeweihten und der Außenseiter bestand. Eine Zeitlang dachten die Nachrichtendienste fast an nichts anderes mehr als an Sihanoukville, während die Presse kaum etwas darüber verlauten ließ.

[18] Eines der ersten positiven Anzeichen dafür, daß Hanoi im Süden einen Krieg führen wollte, entdeckte die CIA, als festgestellt wurde, daß die Transportgruppe 559 im Mai 1959 wieder den Ho-Chi-Minh-Pfad benutzte. Damals fiel es der CIA schwer, die öffentliche Debatte ernst zu nehmen, bei der man sich darum stritt, ob der Krieg nur ein örtlicher Aufstand im Süden sei, weil sie definitiv wußte, daß Hanoi ebenso einen Krieg führte wie die Vereinigten Staaten.

[19] Das Office of National Estimates war der Hilfsstab des Board of National Estimates, bis William Colby beide Behörden auflöste und ein neues System einrichtete, in dessen Rahmen Beamte des Nachrichtendienstes für die Beurteilung der Lage in allen Regionen der Welt verantwortlich waren.

[20] *Foreign and Military Intelligence,* S. 80. Interessant ist hier der sprachliche Stil. Helms beauftragte Smith, die verschiedenen analytischen Komponenten der CIA so zusammenzufassen, daß sie zu einer klaren Schlußfolgerung führten. Er sollte dabei jedoch nichts verbessern, wie das so oft bei Lagebeurteilungen geschieht. Kurz gesagt, alle Vermutungen sollten auf ein Mindestmaß beschränkt werden.

[21] Das war die Beurteilung der CIA im Hinblick auf fast alle amerikanischen Initiativen während des Krieges: Alles funktioniert, aber nichts funktioniert gut genug.

[22] *Foreign and Military Intelligence,* S. 80. Der 1. Juni 1970 war der Tag, an dem Nixon öffentlich versprach, alle amerikanischen Streitkräfte aus Kambodscha abzuziehen.

[23] William Watt gehörte zu den Mitgliedern des Stabes des Nationalen Sicherheitsrats, die aus Protest gegen den Einmarsch in Kambodscha zurücktraten. Als er hohe Regierungsbeamte anrief, mit denen er zusammengearbeitet hatte, um sich von ihnen zu verabschieden, fiel es ihm schwer, sie persönlich zu erreichen; nur Helms lud ihn zum Lunch ein. Watt hielt das für den Ausdruck der besonderen Zuvorkommenheit von Helms. Viele Menschen haben mit Helms ähnliche Erfahrungen gemacht; nur wenige kannten ihn wirklich gut, aber er war allgemein beliebt.

13. Kapitel

[1] Es gab vier solche Ausschüsse, und zwar jeweils bei den Streitkräfte- und Bewilligungsausschüssen des Repräsentantenhauses und des Senats. Die Sitzungen fanden nicht regelmäßig statt, die Unterausschüsse hatten keine eigenen Akten, keine eigenen Mitarbeiterstäbe und arbeiteten entweder aggressiv oder skeptisch. Sie haben ihre Aufgabe augenscheinlich alle darin gesehen, die CIA zu schützen und zu verteidigen. Oft lehnten sie es ausdrücklich ab, über »empfindliche« Operationen oder Projekte unterrichtet zu werden, und alle Direktoren der Central Intelligence haben dazu geneigt, ihnen abenteuerliche Geschichten zu erzählen. Das waren Vorführungen ausgefallener technischer Tricks, übertriebene Darstellungen von sowjetischen Fernlenkwaffen mit dem Vermerk »streng geheim«, abenteuerliche Spionagegeschichten und ähnliches. Die wirklich wichtigen Kontakte zwischen CIA und dem Kongreß beschränkten sich auf einzelne

Kongreßmitglieder, und dabei ging es weniger um die Beaufsichtigung der CIA als um die unauffällige Zusammenarbeit.

[2] Diese Dokumente hatten eine eigenartige Geschichte. Sie wurden Fulbright beim Außenpolitischen Senatsausschuß am 24. September 1970 von Warren Unna, einem Washingtoner Journalisten, übergeben. Fulbright setzte sich mit Helms in Verbindung und fragte ihn, was geschehen sei, unternahm aber sonst nichts. Die gleichen Dokumente wurden auch dem Nachrichtenmagazin *Time* übergeben, das sie ebenfalls unbeachtet ließ. Der Leitartikler Charles Bartlett wertete sie aus, um sie für einen Angriff gegen Allende zu benutzen. Helms glaubt, es seien die gleichen Dokumente gewesen, die dem Unterausschuß von Church über die multinationalen Konzerne die Munition für die Anhörungen lieferten, bei denen Helms am 6. März 1973 ausgesagt hat. Siehe *Washington Post,* 13. November 1977, und Victor Marchetti und John Marks, *The CIA and the Cult of Intelligence,* S. 330–331.

[3] Das ist augenscheinlich charakteristisch für Operationen der CIA im Ausland, zum Teil weil sich beim Stab der sowjetischen Botschaft am ehesten Agenten anwerben lassen, vor allem aber, weil der sowjetisch-amerikanische Machtkampf die Politik der Vereinigten Staaten beherrscht und das Haupttätigkeitsfeld der CIA darstellt. Während der Anhörungen des Church-Ausschusses fragte Senator Philip Hart den ehemaligen Chef der Abteilung für die westliche Hemisphäre im Planungsdirektorium, David Pillips: »Kümmern wir uns besonders um die kleinen Länder?« Phillips antwortete: »Herr Senator, nach meiner Erfahrung gibt es in dieser ganzen Zeit nur ein Land, das kein kleines Land ist, und die meisten verdeckten Operationen, seien sie direkt oder indirekt, richten sich, auch wenn sie in einem dritten Land stattfinden, gegen die Sowjetunion und gehören in den Rahmen unseres Konflikts mit den Russen.« (Band VII des Protokolls der Anhörungen des Church-Ausschusses, *Covert Action,* S. 90.) Als man der CIA vorwarf, sie habe den Staatsstreich von 1967 in Libyen nicht vorausgesagt, beschuldigten einige Beamte der CIA James Angleton, weil alle CIA-Beamten in Tripolis nichts anderes zu tun hatten, als in der Spionageabwehr gegen die Russen zu arbeiten.

[4] Einer von ihnen war später an dem »Green Beret«-Mordfall in Vietnam beteiligt. Siehe 8. Kapitel, Fn. 10. Die Akte der CIA über Guevara, die David Phillips 1954 nach dem Sturz von Arbenz in Guatemala angelegt hatte, war 1967 sehr umfangreich geworden, aber der größte Teil dessen, was neu hinzugekommen war, bestand aus Gerüchten und Vermutungen. Nachdem Guevara im Frühjahr 1965 aus Kuba verschwunden war, glaubten einige, Castro habe ihn ermordet. Gerüchte, nach denen er sich im Kongo aufhielt, wurden erst nach seiner Abreise von dort bestätigt, und anschließend soll er an den verschiedensten Orten aufgetaucht sein, unter anderem auch in New York. Als Thomas Karamessines im späten Frühjahr 1967 berichtete, Guevara sei in Bolivien, war Helms skeptisch. »Ist das wirklich wahr? Wie läßt sich das bestätigen?« Aber noch im selben Sommer wurde diese Nachricht durch Dokumente und andere Beweismittel belegt, und ein kubanischer Kommunikationsspezialist, der für die CIA arbeitete, Julio Gabriel Garcia, gehörte zu der Gruppe, die Guevara gefangennahm und tötete. Damals wurde gemeldet, die CIA sei daran beteiligt und für Guevaras Tod verantwortlich gewesen. Alle Quellen stimmen jedoch darin überein, daß Garcia, der Stationschef der CIA in La Paz, und Langley sich entschieden gegen die

Ermordung von Guevara ausgesprochen haben. Schließlich erklärte der bolivianische Präsident René Barrientos, ein toter Guevara werde weniger Schwierigkeiten machen als ein lebendiger, für dessen Begnadigung ein weltweiter Propagandafeldzug zu erwarten sei. Garcia schickte der CIA einen ausführlichen Bericht über das Ende von Guevara, in dem er dessen Haltung bewunderte. Eine Zusammenfassung finden wir bei Marchetti und Marks, a.a.O., S. 138 ff.

[5] Der bisher so bezeichnete Sonderausschuß wurde nach der Veröffentlichung von Wise-Ross, *The Invisible Government*, 1965, geändert und erhielt schließlich im Februar 1970 den Namen Ausschuß 40. Trotz der häufigen Veränderung seines Namens hat der Ausschuß im wesentlichen immer aus denselben Mitgliedern bestanden und die gleichen Methoden angewendet.

[6] Der ehemalige Reporter aus Miami, Hendricks, der 1963 für seinen Bericht über die Kubakrise mit dem Pulitzerpreis ausgezeichnet wurde, erklärt, er habe sich dabei sehr stark auf Informationen gestützt, die ihm die CIA zur Verfügung gestellt hätte (das ist auch bei meinem Buch der Fall). Er war ein Public-Relations-Mann bei ITT. Er hat sich jedoch nicht routinemäßig damit beschäftigt, für die Presse freigegebene Informationen auszuwerten, sondern war so etwas wie ein Geheimagent für ITT.

[7] Roger Morris, *Uncertain Greatness,* 1977, S. 241. Nach Auffassung von Kissinger waren die Chilenen »verantwortungslos«, weil sich die Mitte und die Rechte weigerten, ihre Differenzen beizulegen und einen gemeinsamen Kandidaten gegen Allende aufzustellen. Damit werden natürlich amerikanische Gesichtspunkte den chilenischen vorangestellt. Korry ist nie müde geworden zu sagen, daß sechzig Prozent der chilenischen Wähler, das heißt die Anhänger von Allende und Radomiro Tomic, des christlich-demokratischen Kandidaten, Gegner der Rechten waren. Mit einem Bündnis von Tomic und Alessandri zu rechnen, wäre eine falsche Beurteilung der Lage in Chile gewesen; deshalb war Korry bereit, sich Allende entgegenzustellen, weigerte sich jedoch, Alessandri zu unterstützen. Kissingers Ausspruch stammt aus dem stark zensierten Bericht von Victor Marchetti und John Marks über die chilenische Episode in *The CIA and the Cult of Intelligence,* S. 38 ff. Weitere siebzig Zeilen zum gleichen Thema finden sich in anderen Abschnitten des Buches. Diese Passagen nehmen den Kernpunkt der Geschichte vorweg, die schließlich zwei Jahre später vom Church-Ausschuß teilweise ans Licht gebracht wurde.

[8] Es ist natürlich durchaus möglich, daß Helms Kissinger davon unterrichtet hat, was die CIA tat, und daß Kissinger sich damit einverstanden erklärte, weil er auf diese Weise das Außenministerium ohne lange Debatten umgehen konnte. Da jedoch Kissinger und McCone Helms für das Mißlingen des gegen Allende gerichteten Feldzuges verantwortlich machten, läßt es sich heute nur noch schwer feststellen, was geschehen ist und für wen Helms wirklich gearbeitet hat. Angesichts der Tatsache, daß sich Nixon immer wieder in den Schleier des Geheimnisses gehüllt hat, ist es möglich, daß Helms nicht Bescheid wußte. Wie bei so vielen anderen Gelegenheiten wollte auch hier jeder, daß *irgend etwas* geschah, aber irgend jemand anderer sollte es tun.

[9] Helms hat später behauptet, er habe sie rechtzeitig gewarnt, um noch größere Anstrengungen unternehmen zu können, und diese Behauptung wird durch die schriftlichen Unterlagen bestätigt. Helms behauptet aber auch, Nixon und Kissinger gesagt zu haben, nach seiner Meinung werde Allende gewinnen. Ich habe

jedoch das bestimmte Gefühl, daß sich die CIA mit der Lage abgefunden hat und nach einer Umfrage überzeugt gewesen ist, Alessandri werde gewinnen.

[10] Edward Korry, »The Sellout of Chile and the American Taxpayer«, *Penthouse*, März 1978.

[11] Korry glaubte, dafür gäbe es eine gute Chance. Was er gegen das Untersuchungsverfahren des Church-Ausschusses einzuwenden hatte, war, daß er eine selektive, parteiliche und gegen Nixon gerichtete »moralische Fabel« präsentierte, nach der amerikanische Beamte als nazi-ähnliche Mordbuben dargestellt wurden, die anständige Sozialdemokraten terrorisierten. *Covert Action*, S. 33. In den Lagebeurteilungen der CIA ist das Regime von Allende im allgemeinen sehr nüchtern beurteilt worden – viel ruhiger als die von der CIA verbreitete, sehr einseitige Propaganda –, während Kissinger am 16. September 1970 bei einer Lagebesprechung behauptete, Allende bedeute den Untergang der chilenischen Demokratie. Die Auffassungen in Chile selbst waren geteilt. Ultralinke, durch deren provokative Programme Allende in einer ständigen politischen Krise gehalten wurde, hielten ihn für zu zaghaft. Das tat auch Castro, der Allende drängte, seine Revolution mit einem blutigen Aufstand zu besiegeln. Die Christdemokraten waren besorgt, rechneten aber damit, die nächsten Wahlen zu gewinnen. Die Rechte glaubte, das Ende stünde unmittelbar bevor. In einer Lage, in der die öffentliche Meinung so gespalten war, erscheint es anmaßend, wenn die Vereinigten Staaten den Verlauf der Ereignisse bestimmen wollten. Jedenfalls hat das Regime, das Allende stürzte, alles getan, was man von ihm befürchtete, und noch mehr.

[12] *Assassination Report*, S. 230.

[13] Ebenda. Hat Helms den Namen Rube-Goldberg-Gambit erfunden? Es ist eine kleine Ironie, daß Helms an einem zu Ehren des siebenundachtzigjährigen Karikaturisten gegebenen Essen teilgenommen hat, das nach einer Ausstellung seiner Arbeiten im Washingtoner Museum für Geschichte und Technik am 24. November 1970, einen Monat nach der Bestätigung Allendes im Amt, stattfand.

[14] Nicht Korry hat mir den Namen von Heckscher genannt. Er hat das sogar abgelehnt und gesagt, er hielte so etwas nicht für fair. Schließlich bin ich selbst durch Überlegungen darauf gekommen, die ich hier im einzelnen nicht ausführen kann. Aber als ich schließlich bei einem Gespräch mit einem CIA-Beamten darauf kam, rief ich instinktiv aus: »Dann war es Henry Heckscher!« Das war diesem Mann sehr peinlich, denn nun fürchtete er, Heckscher werde ihm die Schuld geben. Die Feststellung solcher Einzelheiten kann sehr große Mühe kosten.

[15] Die CIA hatte ohne Wissen von Korry in der letzten Septemberwoche die Verbindung zu General Marshall aufgenommen, war aber zu dem Schluß gekommen, er sei selbst zu leidenschaftlich engagiert, um als Verbündeter nützlich zu sein. Als Heckscher Korry sagte, wer hinter den Bombenanschlägen in Santiago stünde, sagte er nichts von den Kontakten der CIA zu diesem Mann. Korry gab die Information dann an die Regierung Frei weiter, ohne Heckscher davon zu unterrichten. So führten die Kontakte von Marshall mit der CIA Ende September 1970 direkt zu seiner Festnahme am 17. Oktober 1970. Der Verrat spielt in der Welt der Nachrichtendienste eine entscheidende Rolle.

[16] Das ist nicht die erste Erwähnung einer solchen Möglichkeit. Korry sagt, ein westeuropäischer Botschafter in Chile habe ihn direkt gefragt, ob die CIA ein Attentat gegen Allende arrangieren könnte. Der Church-Ausschuß hat mehrere

Attentatsversuche gegen Allende untersucht, ohne eine Beteiligung der Vereinigten Staaten feststellen zu können. Thomas Karamessines, der direkt an dem Komplott in Washington beteiligt gewesen ist, erklärt, weder Kissinger noch Nixon hätten jemals von einer solchen Möglichkeit gesprochen.

[17] *Washington Post,* 10. Januar 1977.

[18] Helms befand sich mit George Carver auf einer Reise nach Vietnam, Thailand, Laos und Japan. Seine Abwesenheit dauerte vom 7. bis zum 21. Oktober.

[19] Besonders eine Frage von Senator Clifford Case, der von dem sogenannten Huston-Plan erfahren hatte – Case kannte ihn nicht unter dieser Bezeichnung – und nun von Helms wissen wollte, ob die CIA dabei eine Rolle gespielt habe. Helms antwortete nur ganz kurz mit »nein« und erklärte später, damit habe er bestreiten wollen, daß die CIA an der Inlandsspionage der Armee beteiligt sei. Die Frage findet sich auf S. 43 des Protokolls der Anhörung des Senats und der späteren »Klarstellung« von Helms bei einer Anhörung am 22. Januar 1975, *CIA Foreign and Domestic Activities* (U.S. Government Printing Office, 1975), S. 18.

[20] Helms versuchte immer noch, nichts nach außen dringen zu lassen, aber lange hatten diese Bemühungen keinen Erfolg mehr. Der Unterausschuß von Church für die Überprüfung multinationaler Konzerne sollte sehr bald feststellen, wie weit sich die CIA in Chile eingemischt und Störaktionen gegen Allende unterstützt hatte. Nachdem das bekannt geworden war, wurde Helms nach Washington zurückgerufen, um vor dem Außenpolitischen Senatsausschuß seine früher abgegebenen Dementis zu erläutern. Unmittelbar nach seiner Ankunft am Sonntag, den 20. Mai 1973 suchte er Symington auf, um ihm genau zu erklären, weshalb er auf eine Frage von Symington »nein« und nicht »ja« gesagt hatte, aber ...

Am nächsten Tag sollte Helms vor dem Außenpolitischen Senatsausschuß aussagen. Symington war nicht böse auf ihn und schlug vor, Helms sollte beantragen, daß die Sitzung öffentlich abgehalten würde, damit Helms von sich aus etwas sagen konnte, ohne sich um die Version der Senatoren über seine Aussagen kümmern zu müssen. Doch Helms wollte das nicht riskieren; bei einer Anhörung konnten die Senatoren alles fragen, was ihnen einfiel. Deshalb schlug Symington vor, Senator Henry Jackson zu Hause aufzusuchen, der mit Symington dem Ausschuß zur Beaufsichtigung der CIA angehörte, und ihn um Rat zu fragen. Jackson war der gleichen Auffassung wie Symington; es werde besser sein, die Sitzung öffentlich abzuhalten und sich den Fragen der Senatoren zu stellen, als den Mitarbeitern des Auswärtigen Ausschusses antworten zu müssen, die sich wahrscheinlich vorher genau informieren würden. Schließlich erklärte sich Helms einverstanden, rief Fulbright an und bat ihn, die öffentliche Sitzung anzuberaumen. Symington hatte anschließend noch eine Verabredung, und Helms blieb zum Essen bei Jackson.

Drei Jahre später, als sich Jackson 1976 um die Kandidatur bei den Präsidentschaftswahlen bewarb, wurde das Zusammentreffen von Jackson, Symington und Helms bekannt, und man glaubte, die drei Männer hätten gemeinsam abgesprochen, was Helms aussagen sollte. Jackson gefiel das nicht. Er rief Helms an und fragte ihn, was zum Teufel geschehen sei. Helms erklärte, diese Geschichte stamme nicht von ihm. (Das war verständlich, denn inzwischen mußte Helms mit einer Strafverfolgung wegen seiner Antworten auf drei Fragen von

Symington rechnen.) »Oh«, sagte Jackson, »ich nehme an, es ist Stuart.« Sowohl Helms als auch Symington bestreiten jeden Versuch, sich über die Aussage von Helms über Chile am 7. Februar 1973 geeinigt zu haben; Helms hatte am Sonntag, den 20. Mai 1973 um das Gespräch gebeten, um sich bei Symington dafür zu entschuldigen, daß er ihn auf die falsche Fährte geführt habe.

Einige Freunde von Helms haben später behauptet, die beiden Männer hätten sich in gewisser Weise geeinigt, Helms aus seinen rechtlichen Schwierigkeiten herauszuhelfen, und sie haben behauptet, er hätte Symington gar nicht »belügen« können, weil Symington die Wahrheit kannte. Man hat auch behauptet, Kissinger habe Helms ausdrücklich instruiert, was er sagen dürfe. Diese hilfreichen Kommentare wurden zu einer Zeit abgegeben, als das Justizministerium sich überlegte, ob es Helms wegen Meineids vor Gericht stellen sollte. Mann wollte das Justizministerium damit darauf aufmerksam machen, welche peinlichen Folgen eine Anklage gegen Helms zeitigen würde, was auch wirklich geschehen ist. Ich glaube, die Sache ist in Wirklichkeit viel einfacher gewesen. Helms brauchte keine Erlaubnis und mußte nicht dazu gedrängt werden, die Antworten zu geben, die viele andere als Lügen bezeichnen würden. Solchen Fragen auszuweichen gehörte zu seinem Geschäft.

21 Auch der Kongreßabgeordnete Michael Harrington, ein Kritiker der CIA, der damit ein oft vernachlässigtes Recht des Kongreßmitgliedes wahrnahm, die vor irgendwelchen Kongreßausschüssen gemachten Aussagen einzusehen, hatte sich das Protokoll der Vernehmung von Colby geben lassen. Helms hatte sich vor so etwas geschützt und den offiziellen Stenographen gebeten, seine Aussagen über geheime Operationen nicht niederzuschreiben. Colby hatte das versäumt, aber Harrington mußte, bevor ihm das Protokoll der Aussage Colbys ausgehändigt wurde, unterschreiben, daß der Inhaalt als geheim zu betrachten sei. Später teilte er dem Vorsitzenden des Auswärtigen Kongreßausschusses, Thomas Morgan, den Inhalt von Colbys Auslassungen mit, und von ihm erfuhr Seymour Hersh von der *New York Times* davon, die am 8. September 1974 eine Inhaltsangabe abdruckte. Colby hat damals und auch später bestritten, das Wort »Destabilisierung« verwendet zu haben, und behauptet, die Bemühungen der CIA seien darauf gerichtet gewesen, die Gegner Allendes bis zu den Wahlen 1976 zu unterstützen. Siehe David Atlee Phillips, *The Night Watch*, S. 252 ff.

22 Ein Grund für seinen Ausschluß war die freimütige Behauptung der CIA, man habe Korry nicht zur Mitarbeit bewegen können; daraufhin hatte Nixon verlangt, man sollte ihm nichts sagen. Das war zwar ungewöhnlich, kam aber hin und wieder vor. Operationen der CIA waren auch vor dem Botschafter in Burma (1952) unter Truman und dem Botschafter in Indonesien (1958) unter Eisenhower geheimgehalten worden.

23 Kendall war ein Mitglied des Business Council – der nicht mit dem Business Council on Latin America verwechselt werden darf –, den Averall Harriman geschaffen hatte und der sich im Verlauf des Jahres in regelmäßigen Abständen mit Washingtoner Beamten zusammensetzte, zu denen auch Helms gehörte.

24 *New York Times*, 26. Mai 1977. Das war eine recht dünne Scheibe Brot für ein dickes Sandwich. Nixon gab dem Sonderausschuß des Senats eine etwas andere Antwort: »1964 und 1970 haben die südamerikanischen Nachbarländer ihrer ernsten Besorgnis Ausdruck verliehen und erklärt, wenn Herr Allende zum Präsidenten gewählt würde, werde Chile sehr bald eine Zuflucht für kommunisti-

sche Agenten werden, die von dort aus die unabhängigen Regierungen in ganz Südamerika unterwandern und aushöhlen könnten.« *New York Times,* 12. März 1976.

[25] Morris, a. a. O., S. 242.

[26] *Assassination Report,* S. 228.

[27] *Covert Action,* S. 92.

[28] Telegramm vom 23. September 1970: »Denken Sie daran, daß der Handlungsspielraum sehr eng ist und die Optionen begrenzt und relativ einfach sind.« Telegramm vom 1. Oktober: »Halte es für notwendig, vor falschem Optimismus zu warnen. Es ist wichtig, daß wir nicht zu Opfern unserer eigenen Propaganda werden.« Telegramm vom 7. Oktober: »Empfehle Ihnen dringend, nicht den Eindruck zu erwecken, daß die Station eine sichere Methode hat, Staatsstreichs zu verhindern oder auszulösen.« *Assassination Report,* S. 239.

[29] Ebenda, S. 242.

[30] Karamessines hat diese Sitzung dem Church-Ausschuß geschildert, aber gesagt, er wisse nicht mehr genau, wann sie stattgefunden habe. Es müßte jedoch zwischen dem 10. und dem 22. Oktober gewesen sein, als Helms nicht in Washington war. Man hat geglaubt, die Behauptung von Nixon und Kissinger, sie hätten am 15. Oktober die Einstellung befohlen, sei nur der Versuch gewesen, die Verantwortung für die Ermordung von Schneider am 22. Oktober von sich abzuwälzen, es gibt aber Umstände, die ihre Behauptung stützen: 1. Korry hat am 13. Oktober mit Nixon und am 14. Oktober mit dem Ausschuß 40 gesprochen; 2. Nixon hat Karamessines am 15. Oktober befohlen, Viaux fallenzulassen; 3. C. L. Sulzberger wurde gesagt, Korry habe den geplanten Staatsstreich in Chile persönlich verhindert. Was Nixon und Kissinger vielleicht nicht erkannt haben, war die Tatsache, daß es leichter ist, die CIA zum Eingreifen zu veranlassen, als ein von ihr begonnenes Unternehmen einzustellen. Hier wirkt ein gewisses Trägheitsgesetz, und die Dinge gehen stetig weiter voran, nachdem die Politiker ihre Aufmerksamkeit anderen Dingen zugewendet haben.

[31] Das war einer von vier Beamten, die Anfang Oktober als »fremde Staatsangehörige« getarnt nach Chile geschickt worden waren; mit anderen Worten als Staatsangehörige anderer Länder als Chile und die Vereinigten Staaten. Sie sollten die Lage an Ort und Stelle stabilisieren, die Kontakte zu Viaux von Oberst Wimert übernehmen und die Geheimhaltung der ganzen Operation dadurch sicherstellen, daß sie selbst »sauber« waren – das heißt, daß weder die örtlichen Sicherheitsbehörden noch die Beteiligten sie kannten. Die in Chile eingesetzten Beamten der CIA waren zu dieser Zeit »schmutzig« – jeder wußte, wer sie waren.

[32] Sie waren am 19. Oktober als Diplomatengepäck an die Außenstation in Santiago geschickt worden.

[33] Nach der Ermordung von Schneider wurden die Maschinengewehre an die CIA zurückgegeben.

[34] Valenzuela wurde im Juni 1972 verurteilt und für drei Jahre des Landes verwiesen.

[35] Viaux wurden $ 20000 in bar und eine Lebensversicherung in Höhe von $ 250 000 zugesagt; Valenzuela versprach man die Zahlung von $ 50 000.

[36] *Assassination Report,* S. 246.

[37] *CIA Foreign and Domestic Activities,* S. 13.

14. Kapitel

[1] *The White House Transcripts,* 1974, S. 63.

[2] »Ja, Sie haben gewonnen – wie war das? Mit 61 oder 62 Prozent? Da wäre es Zeit gewesen, einen Hausputz vorzunehmen.« Lady Bird Johnson, *A White House Diary,* 1970, S. 734.

[3] H. R. Haldeman, *The Ends of Power,* 1978, S. 171 ff. Haldeman zitiert aus Abschriften von Tonbändern, die Nixon nicht herausgegeben hat.

[4] Ebenda.

[5] Es war nicht leicht, die Einzelheiten über die Entlassung und anschließende Ernennung von Helms zum Botschafter im Iran durch Nixon festzustellen. Helms hat sich entschieden geweigert, über diese Angelegenheit zu sprechen, und zwar mit der Begründung, das seien ganz vertrauliche Gespräche mit dem Präsidenten gewesen. Bei einer Anhörung vor dem Außenpolitischen Senatsausschuß am 21. Mai 1963, nachdem Helms aus dem Iran zurückgerufen worden war, kam es zu dem folgenden typischen Wortwechsel über dieses Thema:

SENATOR PERCY: Möchten Sie etwas dazu sagen, weshalb Sie die CIA so plötzlich nach so vielen erfolgreichen Dienstjahren verlassen haben? Haben Sie um einen Posten als Botschafter gebeten, oder hatten Sie den Wunsch, die CIA zu verlassen?

MR. HELMS: Ich weiß nicht, wie ich diese Frage beantworten soll, ohne das ganze Gespräch zu wiederholen, das ich mit dem Präsidenten geführt habe.

SENATOR PERCY: Ich denke, wir sollten das als ein vertrauliches Gespräch betrachten. (*Nomination of Richard Helms to Be Ambassador to Iran and CIA International and Domestic Activities,* 1974, S. 74.)

Bei einem Interview mit David Frost am 22. Mai 1978 fügte Helms hinzu, Nixon habe ihm bei dem Gespräch in Camp David irgendeinen Posten als Botschafter angeboten, und er – Helms – habe den Iran vorgeschlagen, dabei jedoch gesagt, er wollte sich die Sache noch überlegen. Ich habe auch ausführlich mit Helms und einigen seiner Freunde darüber gesprochen. Weder Haldeman noch Nixon erwähnen die Angelegenheit in ihren Memoiren. Colby hat mir gesagt, niemand bei der CIA habe gewußt, weshalb Helms nach Camp David gerufen worden sei, und man habe angenommen, er wollte den Etat der CIA mit dem Präsidenten besprechen. General Vernon Walters schildert in seinen Memoiren den Gesichtsausdruck von Helms nach der Rückkehr aus Camp David. *Silent Missions,* 1978, S. 604.

[6] Das letzte von einem Außenseiter in freundlichem Ton geschriebene Buch ist vielleicht Sanche de Gramont, *The Secret War,* 1962 gewesen, das von einer »Bedrohung« spricht – das heißt von der Tätigkeit feindlicher Nachrichtendienste im Sowjetblock. Seither haben wir Amerikaner uns mehr damit beschäftigt, was wir gegen sie unternehmen, als damit, was sie gegen uns unternehmen.

[7] Das Buch von Wise-Ross ist innerhalb der CIA von Sherman Kent in einer Besprechung lächerlich gemacht worden, die in dem von der CIA herausgegebenen Magazin *Studies in Intelligence* veröffentlicht wurde. Hier fragt Kent, wer die sogenannte unsichtbare Regierung sei. Es zeigt sich, daß es weder Fu Manchu noch Professor Moriarti war, sondern der Unterstaatssekretär für politische Angelegenheiten, der stellvertretende Verteidigungsminister, der stellvertretende Direktor der Central Intelligence und der Sicherheitsberater des Präsidenten. Diese Männer

gehörten der Special Group an, aber die CIA hat das Buch ernstgenommen und den Bürochef des Nachrichtenmagazins *Time* in Washington bewogen, seinen Plan, eine ausführliche Besprechung darüber zu bringen, aufzugeben.

[8] Normalerweise wäre das eine Routineangelegenheit gewesen, aber Kleindienst mußte sich fragen lassen, ob der Präsident ihn unter Druck gesetzt habe, ein Anti-Trust-Verfahren gegen ITT einzustellen.

[9] Er liegt immer noch dort.

[10] Ein guter Bericht über dieses Abenteuer, der sich auf Interviews mit den Bergsteigern stützt, findet sich in einem Artikel von Howard Kohn, »The Nanda Devi Caper«, *Outside,* Mai 1978.

[11] *Report of the Rockefeller Commission,* S. 134.

[12] Colby glaubt, Helms habe diese Gruppe aus Sicherheitsgründen dort untergebracht. Die Gruppe im Sicherheitsbüro wurde Ende 1968 aufgelöst, nachdem die Stadtpolizei in Washington ihre eigene Abteilung für innere Sicherheit eingerichtet hatte, aber die Special Operations Group (SOG) wuchs ständig und hatte schließlich 52 Mitarbeiter, die Dossiers über 7200 amerikanische Bürger und 6000 politische Organisationen anlegten; schließlich enthielten die 13 000 Dossiers 300 000 Namen. Im Oktober 1969 begann die SOG Agenten für Operationen im Ausland anzuwerben; im Lauf ihrer Ausbildung berichteten drei von ihnen über militante Gruppen der Neuen Linken und politische Organisationen von Schwarzen in den Vereinigten Staaten. Die Operation wurde im März 1974 unter William Colby beendet. Siehe *Report of the Rockefeller Commission,* passim, und J. Anthony Lukas, *Nightmare: The Underside of the Nixon Years,* S. 38–40. Die Special Operations Group wurde von Richard Ober geleitet. Das war der CIA-Beamte, der von Helms den Auftrag erhalten hatte, die internen Untersuchungen bei der CIA zu leiten, die im Februar 1967 durchgeführt wurden, als die National Student Association solches Aufsehen erregte. Im Verlauf dieser Tätigkeit sammelte er seine Erfahrungen über inneramerikanische radikale Bewegungen.

[13] *Report of the Rockefeller Commission,* S. 133.

[14] So reisten zum Beispiel Vertreter der Organisation Students for a Democratic Society (SDS) 1935 nach Hanoi, trafen sich im Sommer 1968 in Bratislava in der Tschechoslowakei mit nordvietnamesischen Regierungsbeamten und im Sommer 1970 mit Kubanern und Nordvietnamesen in Havanna. Ein Mann wie Hoover konnte daraus nur die finstersten Schlüsse ziehen. Die Erklärung des SDS klang nicht finster, sondern sehr einfach: Natürlich treffen wir uns mit den Nordvietnamesen; wir stehen auf ihrer Seite.

[15] Huston, ein Bewunderer von Thomas Jefferson und Alexander Hamilton, rechtfertigte sein nachrichtendienstliches Programm im Inland als klugen Versuch, einer viel ernsteren Reaktion zuvorkommen. Schon im Juni 1969 arbeitete er im Inlandsnachrichtendienst für das Weiße Haus, und damals ließ er von der CIA eine Studie über Dissidenten anfertigen, diesmal mit dem Titel »Foreign Communists Support to Revolutionary Protest Movements in the United States«. Ebenso wie in allen bisherigen Studien zu diesem Thema hieß es auch hier, es gäbe keine Dissidenten.

[16] Diese Vorschläge kamen ursprünglich vom Sicherheitsbüro, das einen Plan mit der Bezeichnung »Project 1« aufstellte, um inländische Gruppen zu unterwandern. Helms lehnte diesen Plan im März 1968 ab und ersetzte ihn durch

»Project 2« für die Ausbildung von Agenten im Inland, die dann im Ausland eingesetzt werden sollten.

[17] *Report of the Rockefeller Commission,* S. 136. Aber die Zweifel blieben bestehen. 1970 kritisierte die aus 14 mittleren CIA-Beamten zusammengesetzte Management Advisory Group das Unternehmen Chaos, aber Helms beruhigte diese Leute und erklärte ihnen, Chaos sei von zuständiger Stelle genehmigt. Am 5. Dezember 1972 verteilte Helms eine weitere Denkschrift zur Rechtfertigung des Programms; das geschah zwei Wochen nach seiner Entlassung durch Nixon, nachdem William Colby, der damalige Exekutiv- und Budgetdirektor der CIA, Chaos kritisiert hatte.

[18] David Wise, *The American Police State,* 1976, S. 265. Wise berichtet hier auf S. 258–273 sehr anschaulich über das, was über die Affäre Riha bekannt war.

[19] *Report of the Rockefeller Commission,* S. 123.

[20] Wise, a. a. O., S. 271.

[21] Die CIA hatte schon seit 1952 die Post zwischen der Sowjetunion und den Vereinigten Staaten überprüft und später auch geöffnet. 1958 erfuhr das FBI davon, als es sich selbst an die Postbehörde wendete, weil es diese Post ebenfalls zensieren wollte; später beteiligte sich das FBI an dem Programm der CIA und wertete die dabei gewonnenen Erkenntnisse mit aus. Es gibt keinen Beweis dafür, daß die Präsidenten Truman, Eisenhower oder Kennedy von dieser Briefzensur unterrichtet worden sind, obwohl Dulles und Helms 1954 und 1961 die jeweiligen Postminister darüber informiert haben. Helms sagt, er habe am 10. Mai 1967 auch Präsident Johnson darüber berichtet, als er ihm die Ergebnisse der Untersuchungen des Generalinspekteurs der CIA über die Attentatsversuche der CIA mitteilte. Wie Helms sagt, hat Johnson ihn gewarnt und ihm geraten, sich nicht erwischen zu lassen. Das geschah auch nicht, bis William Colby im Dezember 1974 Seymour Hersh von der *New York Times* von dem Programm unterrichtete, angeblich um Angletons Entlassung zu bewirken. Nixon hat augenscheinlich zur Zeit, als der Bericht von Huston verfaßt wurde, nichts von dieser Briefzensur gewußt. Hätte ihn Nixon danach gefragt, dann hätte Helms es ihm wahrscheinlich erzählt, aber irgendeinem Mitarbeiter des Weißen Hauses wie Tom Charles Huston wollte er so etwas nicht anvertrauen. Später im Juni 1971 hat Helms mit dem Justizminister John Mitchell über die Angelegenheit gesprochen. Die Präsidenten sollten daraus eine Lehre ziehen. Wenn sie wissen wollen, was ihre Nachrichtendienste tun, dann müssen sie einen mit weitgehenden Vollmachten ausgestatteten Mann zu den Nachrichtendiensten schicken oder, was noch besser wäre, die Angelegenheit selbst in die Hand nehmen.

Weniger als zwei Wochen nach dem Ausscheiden von Helms aus der CIA im Februar 1973 hat der neue Direktor, James Schlesinger, die Briefzensur aufgegeben, und zwar gegen den Widerstand von Angleton, aber wahrscheinlich mit Zustimmung von William Colby, der sehr bald Karamessines als Leiter des Operationsdirektoriums ablösen sollte – nachdem das Planungsdirektorium von Schlesinger umbenannt worden war. Siehe *Report of the Rockefeller Commission,* S. 101–115 und Edward J. Epstein, *Legend: The Secret World of Lee Harvey Oswald,* 1978, S. 272. Im übrigen ist das Buch von Epstein die beste Veröffentlichung über die Spionageabwehrtätigkeit der CIA.

[22] Der IEC-Stab ist in der Zeit vom 29. Januar 1971 bis zum 4. Mai 1973 zu insgesamt 117 Sitzungen zusammengetreten. Die Gruppe wurde im Juli 1973 vom

stellvertretenden Justizminister Henry Petersen offiziell aufgelöst. Siehe *Report of the Rockefeller Commission,* S. 116–129. Am 9. November 1977 kam Sullivan bei einem Jagdunfall in der Nähe seines Hauses in Sugar Hill, New Hampshire, ums Leben: Man hat geglaubt, der Tod von Sullivan sei kein reiner Zufall gewesen. Es gibt einen sehr guten Bericht von Jeff Goldberg und Harvey Yazijian, »The Death of ›Crazy Billy‹ Sullivan«, *New York Times,* 24. Juli 1978. Aus diesem Bericht geht nach meiner Ansicht klar hervor, daß der Tod von Sullivan ein echter Unfall gewesen ist.

[23] Das Interview von Helms mit David Frost am 22. Mai 1978, S. 112 der Niederschrift.

[24] Man hat sich gefragt, ob der Bericht von Helms darüber zutrifft, wie er von dem Einbruch im Hotel Watergate erfahren hat. Der freie Schriftsteller Andrew St. George, der persönliche Beziehungen zu den Nachrichtendiensten hatte, behauptet, Helms sei von einem »Wachoffizier« der CIA und nicht von Howard Osborn unterrichtet worden, und das Gespräch habe den folgenden Verlauf genommen:

HELMS: Nun ja, jetzt ist es passiert.

WACHOFFIZIER: Es ist schade um McCord und einige dieser Burschen.

HELMS: Richtig. Auch um den Präsidenten tut es mir leid, und jetzt ist der Ofen aus. Das Traurige ist, wie wir alle glauben, daß dies das Ende ist – und es könnte auch der Anfang von etwas noch Schlimmerem sein. Wenn das Weiße Haus versucht, mich über die Zentrale zu erreichen, stellen Sie das Gespräch nicht durch. Sagen Sie ihnen nur, Sie hätten mir die Festnahme von McCord gemeldet, und ich sei *sehr* überrascht gewesen. (Lukas, a. a. O., S. 285.)

Das klingt recht unwahrscheinlich. Beim Nachrichtendienst gilt die Regel, das Wissen über bestimmte Dinge auf einen jeweils möglichst kleinen Kreis zu beschränken; je größer das Geheimnis ist, desto kleiner ist der Kreis der Eingeweihten. Der Letzte, der davon erfahren würde, wäre ein gewöhnlicher »Wachoffizier«, und doch meint St. George, Helms hätte mit einem solchen Mann ein so großes Geheimnis besprechen können. Außerdem stimmt der Ton nicht. Der Wachoffizier meldete den Fehlschlag einer Operation, bei der eine Beteiligung der CIA erkennbar war. Die Tatsache, daß McCord, Martinez und Hunt irgendwie an dem Watergate-Einbruch beteiligt waren, hat der CIA im allgemeinen und Helms persönlich endlose Schwierigkeiten bereitet. Helms scheint diese Schwierigkeiten vorausgesehen zu haben. Das war eine Katastrophe erster Ordnung, aber nach der Darstellung von St. George klingt Helms so, als habe er das Ganze für eine Bagatelle gehalten. Schließlich hat sich das Weiße Haus erst am Freitag, dem 23. Juni 1972, sechs Tage nach den Festnahmen, mit Helms wegen des Einbruchs in Verbindung gesetzt, und die Gründe dafür sind in allen Einzelheiten bekannt.

Einen zweiten Bericht darüber, wie Helms von dem Watergate-Einbruch erfahren hat, gibt Carl Rowan in einem Zeitungsartikel in der *Washington Star-News* vom 11. Mai 1973. Rowan sagt, er habe Helms und seine Frau Cynthia zwei Tage nach dem Einbruch bei einer Filmvorführung getroffen, und sie hätten nebenher über den Fall gesprochen. Dabei habe Helms gesagt: »Cynthia und ich waren spät zu Bett gegangen und gerade eingeschlafen, als man mich anrief, um mir zu sagen, daß diese Burschen im Watergate festgenommen worden seien.« Nach Rowan bedeutete das, daß Helms am Freitag, den 16. Juni, lange aufgeblieben war und in den frühen Morgenstunden des Samstags, am 17. Juni, angerufen wurde, das heißt eine oder zwei Stunden nach den Festnahmen. Danach hätte die CIA aus einer anderen Quelle von den Festnahmen erfahren als das FBI oder die Polizei in Washington. Hunt war allerdings nach den Festnahmen an jenem Samstagmorgen noch auf freiem Fuß und hätte irgend jemanden bei der CIA anrufen *können*. Helms ist während der Watergate-Untersuchungen mehrmals zu diesem Punkt befragt worden; er und Howard Osborn, der Mann, der ihn anrief, haben wiederholt ausgesagt, der Anruf sei am Samstag, den 17. Juni gegen 9.30 oder 10.00 Uhr abend erfolgt, etwa 18 Stunden nach den Festnahmen. Weder Hunt noch irgend jemand in der CIA hat etwas anderes ausgesagt, deshalb müssen wir es dabei bewenden lassen.

[25] Hunts Name fand sich auf einem Barscheck über $ 6,36 für den Country Club von Rockville, Maryland. Er hatte diesen Scheck unbedachterweise am Abend des Einbruchs dort ausgestellt.

[26] Senator Percy hat diese Aussagen in das Protokoll der öffentlichen Vernehmung von Helms vor dem Außenpolitischen Senatsausschuß am 21. Mai 1973 aufnehmen lassen. Da die CIA die Protokolle von allen Sitzungen der Kongreßausschüsse aufbewahrt, muß Percy die CIA um das Protokoll für den 20. Juni 1972 gebeten haben, um festzustellen, was Helms wirklich gesagt hatte.

[27] Was haben die Einbrecher im einzelnen dort gesucht? Fast jeder Beobachter kann schwer begreifen, weshalb das Telefon von Larry O'Brien beim DNC in einem Büro angezapft wurde, das er nur selten benutzte. Manche glauben, man habe erfahren wollen, was O'Brien über die Beziehungen von Nixon zu Howard Hughes wußte, und besonders ob ihm bekannt war, daß Hughes Nixon durch Bebe Rebozo $ 100 000 zur Verfügung gestellt hatte, der das Geld in seinem Privatsafe aufbewahrte. Haldeman meint, Nixon habe Colson gebeten, das festzustellen, und Colson habe diesen Auftrag an Hunt und Liddy weitergegeben. Colson bestreitet das. Diese Angelegenheit mit Hughes macht die ganze Sache noch geheimnisvoller. Der Einbruch wurde selbstverständlich in der Absicht unternommen, bestimmte Informationen für die Republikanische Partei zu beschaffen, und es war die Unzufriedenheit mit den Ergebnissen eines vorangegangenen Abhörversuchs, die den Einbruch am 17. Juni veranlaßt hat. Das Unternehmen bekommt einen Sinn, wenn man voraussetzt, Hunt und Liddy hätten geglaubt, beim DNC lägen die Geheimnisse oder wenigstens genügend Geheimnisse, um John Mitchell zu befriedigen.

[28] David Atlee Phillips, *The Night Watch*, 1977, S. 88.

[29] Die Außenstationen der CIA beschäftigten zwei Kategorien von Amerikanern. Das sind einmal die als Angestellte des Außenministeriums getarnten Angehörigen der Botschaften mit sogenannten »innerbetrieblichen« Aufgaben, die mehr oder weniger offen mit den örtlichen Nachrichtendiensten zusammenarbeiten. Zur zweiten Kategorie gehören Leute, die im Außendienst beschäftigt sind, als Geschäftsleute oder in anderen Privatberufen arbeiten und keine offizielle Beziehung zur amerikanischen Regierung haben. Sie können den örtlichen Nachrichtendiensten bekannt sein oder nicht. Diese Außenbeamten unterstehen nominell dem jeweiligen Botschafter, wahren aber einen gewissen Abstand von der Botschaft.

[30] Mullen hat einmal behauptet, Helms und die CIA hätten ihn unter Druck gesetzt, Hunt anzuwerben. Später hat er sich korrigiert und behauptet, das sei

niemals geschehen. Es gibt keine Beweise für die Richtigkeit der ersten Behauptung; aber Mullen & Company unterhielten lockere Beziehungen zur CIA und sorgten für die Tarnung von Agenten im Ausland, besonders in Skandinavien. Hunt wurde nach seinem Ausscheiden aus der CIA ermächtigt, in Abwesenheit von Mullen solche Tarnmaßnahmen zu treffen. Er scheint das aber nur bei zwei Gelegenheiten getan zu haben. Helms sagt, er habe Mullen nicht persönlich gekannt und habe auch nicht einmal gewußt, daß Mullen & Company für solche Tarnmanöver eingesetzt worden sei, sondern davon erst nach dem Einbruch erfahren, als die Beziehungen von Hunt zu dieser Firma bekannt wurden und deshalb abgebrochen werden mußten. Siehe *Report of the Rockefeller Commission,* S. 173 ff.

[31] Lukas, a. a. O., S. 109. Was Ehrlichman gesagt hatte, wurde von der Sekretärin Cushmans mitgeschrieben, die das Gespräch mithören konnte. Die Büros von Helms und Cushman waren mit Abhörvorrichtungen ausgestattet, die jeder von ihnen einschalten konnte, wenn er ein in seinem Büro geführtes Gespräch oder ein Telefongespräch aufzeichnen wollte. Seit Februar 1971 waren auch das Büro und das Telefon des Präsidenten an eine Abhörvorrichtung angeschlossen, aber im Falle von Nixon wurden automatisch alle Gespräche aufgezeichnet. Die Niederschrift eines Gesprächs von Cushman mit Hunt am 22. Juli 1971 wurde im Januar 1973 vernichtet, als Helms noch glaubte, er habe mit Watergate nichts zu tun, das heißt mit dem Einbruch als solchem. Später fand sich doch noch eine Kopie der Niederschrift. Soweit ich weiß, sind Aufzeichnungen von Nixon aus der Zeit vor dem Einbruch nicht veröffentlicht worden – mit Ausnahme von Fragmenten aus einem Gespräch zwischen Helms und Nixon im Oktober 1971, von dem wir weiter unten noch berichten werden. Wenn diese Aufzeichnungen noch freigegeben werden sollten, dann werden sie wahrscheinlich zeigen, wie aufmerksam Nixon die Arbeit seiner »Klempner« beobachtet hat und ob er gewußt hat, daß sie nach Anfang 1972 dazu übergegangen sind, Informationen für CREEP zu sammeln. Die im Büro von Helms entstandenen Bandaufzeichnungen sind jedoch zum größten Teil für immer verloren.

[32] Lukas, a. a. O., S. 110.

[33] Ebenda, S. 124.

[34] *Report of the Rockefeller Commission,* S. 180.

[35] Ebenda.

[36] Weshalb die Libanon-Akte dazugenommen wurde, wissen wir nicht, denn die Landung erfolgte vor der Amtsübernahme durch Kennedy. Vielleicht hatte man sie in die Liste aufgenommen, um die gegen Kennedy gerichtete Tendenz der Anforderung zu tarnen. Ehrlichman sagt, er habe alle Akten durchgesehen, aber die Libanon-Akte habe ihn am meisten fasziniert, weil Eisenhower sich so sehr darum bemüht habe, die Dinge mit Großbritannien und Frankreich im voraus zu klären. Er hat die Landungen mit Nixon besprochen, der plötzlich anfing, in Erinnerungen zu schwelgen, und die Sitzungen des Nationalen Sicherheitsrats zu dieser Episode ausführlich beschrieb. An die anderen Akten kann sich Ehrlichman wahrscheinlich nicht mehr so genau erinnern. Helms erinnert sich nicht mehr an eine Libanon-Akte.

[37] Haldeman, a. a. O., S. 25–26.

[38] *Report of the Rockefeller Commission,* S. 190 ff. sagt, das Weiße Haus habe Helms zu dem Gespräch aufgefordert, aber sowohl Helms als auch Ehrlichman

erklären, Helms habe eine Aussprache verlangt. Der *Report* behauptet auch, Helms habe Ehrlichman am 1. Oktober einige Akten übergeben, sich aber geweigert, die Akte über Diem aus der Hand zu geben. Helms behauptet, er habe alle Akten bis zu seinem Gespräch mit Nixon bei sich behalten. Ehrlichman kann sich nicht mehr erinnern, ob Helms am 1. Oktober irgendwelche Akten übergeben hat oder nicht. Helms hat dem Rockefeller-Ausschuß gesagt, es müßte ein Tonband mit seinem Gespräch mit Nixon am 8. Oktober geben, denn es war offenbar von Walter Pincus in einem Artikel in *New Republic* zitiert worden, der die Überschrift trug »The Duping of Richard Helms«. Der Artikel wurde am 15. Februar 1975 abgedruckt. Aus verständlichen Gründen hat der Ausschuß sich nicht um das Tonband gekümmert – er war von Nixons Nachfolger Gerald Ford eingesetzt worden – und hat sich statt dessen mit einer von Helms verfaßten Aktennotiz der CIA zu diesem Gespräch beschäftigt. Der Ausschuß kritisierte Helms dafür, daß er die Akten übergeben hatte, und empfahl, künftige Direktoren der Central Intelligence sollten Persönlichkeiten außerhalb der Regierung sein, die über eine solche Autorität verfügten, daß sie sich weigern könnten, solchen Forderungen nachzukommen. Helms widerspricht dieser Auffassung und erklärt, sie sei völlig unfair. Er fragte, wie ein Direktor der Central Intelligence sich weigern könnte, einem Präsidenten Akten vorzulegen, die eigentlich seine eigenen seien.

[39] Nixon hat weder den von Lyman Kirkpatrick verfaßten Bericht des Generalinspekteurs über das Unternehmen in der Schweinebucht noch den Bericht des Generalinspekteurs von 1967 über die Attentate angefordert. Helms sagt, Nixon habe von der Existenz beider Dokumente nichts gewußt.

[40] Die drei Dokumente sowie die Libanon-Akte, an die sich Ehrlichman so genau erinnern konnte, befinden sich wahrscheinlich immer noch unter den bei Nixon beschlagnahmten Papieren.

[41] Das gehörte zu den Bemühungen von Hunt, Ellsberg zu diskreditieren. Nachdem die erste psychologische Studie der CIA über Ellsberg für die Zwecke von Hunt zu wenig auszusagen schien, machte er den Vorschlag, das FBI oder der Geheimdienst sollten die Unterlagen über Ellsberg bei dessen Psychiater, Dr. Lewis J. Fielding, stehlen, die dieser dem FBI nicht zur Verfügung stellen wollte. Liddy sagte Hunt, das käme nicht in Frage. Hoover hatte 1966 solche ungesetzlichen Unternehmungen verboten. Deshalb schlug Hunt vor, man sollte ehemalige Mitarbeiter der CIA in Miami anwerben und sie für den Einbruch einsetzen. Egil Krogh entwarf einen Plan, Ehrlichman genehmigte ihn, und am 3. September 1971 brachen Hunt, Gordon Liddy und drei Kubaner in die Praxis von Fielding ein, haben aber augenscheinlich nicht gefunden, was sie suchten.

[42] Wise, a. a. O., S. 236.

[43] William Colby, *Honorable Men,* S. 321.

[44] Wise, a. a. O., S. 249.

[45] Zum erstenmal ist man wahrscheinlich am Montag, den 19. Juni 1972 von dieser Linie abgewichen, an dem Tage, an dem Helms und seine wichtigsten Stellvertreter und Mitarbeiter zum erstenmal zusammenkamen, um den Fall Watergate zu besprechen. Am selben Tage kam ein Mitarbeiter der CIA mit Namen Lee R. Pennington jr., der für seine Arbeit $ 250 monatlich von Howard Osborn bezog, in das Haus von McCord und half dessen Frau, die Akten von McCord zu verbrennen. Wie Pennington erklärt, hat er anschließend Osborn

angerufen und ihm mitgeteilt, was er getan hatte, aber die CIA und Pennington haben später behauptet, er habe selbständig gehandelt; er war mit McCord befreundet, und Pennington habe ihm nur helfen wollen. Ich weiß nicht, ob das zutrifft. Die CIA hat auf jeden Fall versucht, ihre Beziehungen zu Pennington geheimzuhalten. Als das FBI Osborn im August 1972 um einen Bericht über »Pennington« bat, erhielt das FBI schließlich die Personenbeschreibung eines gewissen *Cecil* Pennington. Die Beziehungen der CIA zu dem richtigen Pennington wurden erst im Januar 1974 bekannt, als ein Beamter aus dem Büro des Generalinspekteurs der CIA im Sicherheitsbüro die Akten durchsah. Osborn wollte Penningtons Akte verschwinden lassen, bevor der Generalinspekteur sie zu Gesicht bekam, aber zwei Mitarbeiter von Osborn verlangten, daß die Akte in dem Büro blieb. Siehe Wise, a.a.O., S. 255–256. Das ist der einzige Kontakt, den die CIA nach dem Einbruch zu einem der Watergate-Einbrecher gehabt hat, und es läßt sich nur nachweisen, daß der Kontakt erst aufgenommen wurde, nachdem sich Pennington abgesetzt hatte. Selbst wenn Osborn oder Osborn und Helms die Angelegenheit genehmigt haben, ändert sich dadurch nicht unsere Auffassung zu dem, was später geschehen ist. Helms und die CIA auf seine Veranlassung haben versucht, aus der Schußlinie zu kommen.

[46] Nach dem Interview sagte Nixon, die Vereinigten Staaten könnten das Regime von Castro nicht tolerieren. Aus irgendwelchen Gründen erwähnt General Walters dieses Interview nicht in seinen Memoiren *Silent Missions.*

[47] Lukas, a.a.O., S. 312.

[48] Das wäre natürlich eine Katastrophe gewesen. Es war schon schwierig genug, die Öffentlichkeit davon zu überzeugen, daß fünf Männer im Hauptquartier des nationalen Ausschusses der Demokratischen Partei, unter ihnen der Sicherheitschef für CREEP, nichts mit CREEP zu tun gehabt hätten. Nachdem es gelungen war, die Spuren des Geldes der Einbrecher bis zu CREEP zurückzuverfolgen, hätte der Ausschuß etwas noch Unglaublicheres behaupten müssen – daß nämlich CREEP den Einbrechern $ 100 000 oder sogar noch mehr gegeben habe, ohne zu wissen, wofür das Geld bezahlt wurde. Ein erstaunlicher Aspekt der ganzen Episode liegt darin, daß CREEP seine Schutzbehauptungen so lange aufrecht erhalten konnte. John Dean hat die Glückwünsche Nixons im September 1972 wirklich verdient, als feststand, daß nur sieben Männer unter Anklage gestellt werden würden – die fünf Einbrecher, Hunt und Liddy.

[49] Haldeman, a.a.O., S. 31.

[50] Ebenda, S. 24–25. Zu einem so frühen Zeitpunkt hätte Nixon von der »Schweinebucht-Beziehung« – Howard Hunt – nur aus einer Quelle etwas erfahren können: Chuck Colson, der Hunt als »Klempner« angeworben hatte.

[51] Die Niederschrift des Gesprächs vom 23. Juni 1972 wurde am 5. August 1974, vier Tage vor dem Rücktritt von Nixon, freigegeben. Nixon hat später behauptet (im März 1976), er habe daran gedacht, welche juristische Unterstützung die Regierung der CIA bei ihren Bemühungen, die Veröffentlichung des Buchs von Marchetti zu verhindern, gewährt habe. Helms sagt, er wisse nicht, woran der Präsident dabei dächte; die einzige Freundlichkeit, die Nixon ihm angeboten habe, sei eine Einladung zum Wochenende nach Camp David gewesen, die Helms jedoch abgelehnt habe.

[52] Lukas, a.a.O., S. 313–314. Der Ausdruck »zum Besten des Landes« wird von Haldeman überliefert, a.a.O., S. 33.

[53] Ebenda.

[54] Walters hat die Sitzung in einer privaten Aktennotiz vom 28. Juni 1972 nach drei aufeinanderfolgenden Sitzungen mit John Dean am 26., 27. und 28. Juni geschildert. Damals war es schon deutlich zu erkennen, daß diese Episode ein potentielles Minenfeld war. Helms selbst hat keine Notizen über das Gespräch aufbewahrt. Haldemans Version findet sich in *The Ends of Power,* S. 37–38. Siehe auch Lukas, a.a.O., S. 314.

[55] Walters' Aktennotiz, zitiert bei Lukas, ebenda, S. 314.

[56] Haldeman, a.a.O., S. 38. Helms hat David Frost gesagt, er habe nicht geschrien. Normalerweise spricht Helms mit ruhiger Stimme, aber gelegentlich wird er auch laut, und ich glaube, das ist bei dieser Gelegenheit geschehen. Die Aktennotiz von Walters sagt nichts über die Bemerkung von Haldeman zur Schweinebucht, aber Helms hat sie am 21. Mai 1973 in seiner Aussage vor dem Außenpolitischen Senatsausschuß erwähnt. »Mr. Haldeman machte eine aus dem Rahmen fallende Bemerkung über die Untersuchung des Schweinebucht-Unternehmens, und ich habe gesagt, die Schweinebucht interessiere mich nicht; das sei schon Jahre her, und ich hätte jetzt kein weiteres Interesse dafür.« (*Nomination of Richard Helms. . . .*, S. 85.) Nach Haldemans Darstellung hat er das, was Nixon damals über die Schweinebucht sagte, nicht verstanden und behauptet, es auch heute noch nicht zu verstehen. In seinen Memoiren spekuliert er, daß »Nixon Helms vielleicht an die Attentatsversuche der CIA gegen Castro habe erinnern wollen«, die die CIA gegenüber dem Warren-Ausschuß nie zugegeben hat, und die *vielleicht* das erfolgreiche Attentat Castros gegen Kennedy ausgelöst haben. Haldeman sagt, es sei möglich, daß Nixon durch William Sullivan vom FBI (a.a.O., S. 39–40) von dem Vorhaben der CIA erfahren hat. Das erscheint mir weit hergeholt. Offenbar kannte Nixon die Rolle von Hunt beim Unternehmen in der Schweinebucht; wahrscheinlich ist er von Chuck Colson unterrichtet worden, aber es gibt keine Beweise dafür, daß Nixon etwas von den Attentatsvorhaben gewußt hat, und aus dem Buch von Hunt über die Schweinebucht, *Give Us This Day,* geht hervor, daß auch er nichts davon wußte. Helms hat mir ausdrücklich gesagt, Nixon habe von der Untersuchung des Generalinspekteurs im Jahr 1967 nichts gewußt. Ich halte es für wahrscheinlicher, daß die ganze Schweinebuchtaffäre von Nixon als plumpe Drohung gedacht war, die zunächst ihre Wirkung hatte, aber dann auf ihn selbst zurückschlug.

[57] Lukas, a.a.O., S. 314–315. In seiner Aussage am 21. Mai 1973 erinnerte sich Helms an einen etwas anderen Wortlaut: »Ich habe ihm gesagt, ich glaubte, er sollte sich gegenüber Direktor Gray darauf beschränken zu sagen, wenn irgendwelche Untersuchungen in Mexiko auf Operationen der CIA stießen, müßte er uns im Rahmen der Vereinbarungen zwischen CIA und FBI davon unterrichten.« (*Nomination of Richard Helms . . .*, S. 85.) Nixon wollte, daß Walters Gray sagte, er sollte die Untersuchung einstellen. Walters erklärte sich dazu bereit und hat es dann auch getan. Helms wollte, daß er wie von Nixon gewünscht mit Gray sprach, er sollte ihn jedoch nicht direkt auffordern, die Untersuchung einzustellen. So konnte die CIA den Befehl des Präsidenten befolgen, ohne die Verantwortung für die Einstellung der Untersuchung zu übernehmen. Helms lancierte dabei auf einem sehr schmalen Grat. Er wußte sehr genau, weshalb Nixon die Weiterführung der Untersuchung verhindern wollte – vielleicht nicht in allen Einzelheiten, aber doch in großen Zügen. Ihm ging es nicht in erster Linie darum, ob Nixon Erfolg

hatte, sondern er wollte dafür sorgen, daß die CIA nicht die schmutzige Arbeit tun mußte.

[58] Walters, a.a.O., S. 589.

[59] Wahrscheinlich hat Haldeman recht gehabt, wenn er glaubte, Gray habe versucht, sich »nützlich zu machen«. Manuel Ogario war Mexikaner, doch wie hätte ein Gespräch mit Kenneth Dahlberg die CIA kompromittieren können; Dahlberg war ein Geschäftsmann aus dem Mittleren Westen, aber Gray hat das Interview mit ihm trotzdem zu verhindern gesucht.

[60] Leon Jaworski, *The Right and the Power,* 1976, S. 258.

[61] Dieser Vorwurf ist niemals befriedigend geklärt worden.

[62] Lukas, a.a.O., S. 317. Es läßt sich deutlich erkennen, daß diese Aktennotiz in Wirklichkeit eine Schutzbehauptung war. Helms wollte sich nicht soweit exponieren, daß er sagte, das FBI *würde* sich mit einer solchen Untersuchung in den Zuständigkeitsbereich der CIA begeben, sondern nur, daß dies der Fall sein *könnte.*

[63] Helms sagt, die Reise sei schon lange geplant und eine reine Routineangelegenheit gewesen; bis dahin war noch nie ein Direktor der Central Intelligence in diesem Teil der Welt gewesen.

[64] In San Clemente gab es keine Abhörvorrichtungen, und deshalb ist dieser Anruf nicht auf Band genommen worden. Gray hat den Inhalt des Gesprächs aus dem Gedächtnis wiedergegeben. Lukas, a.a.O., S. 318.

[65] Wise, a.a.O., S. 249.

[66] Ebenda, S. 250.

[67] Wise, a.a.O., S. 225, und Lukas a.a.O., S. 361. McCord schickte die Briefe zu seinem alten Freund im Sicherheitsbüro, Paul F. Gaynor.

[68] Simon & Schuster, 1976.

15. Kapitel

[1] Schlesinger nahm für sich noch ein privates Konferenzzimmer in Anspruch, das sogenannte französische Zimmer, das bisher zwischen dem Büro des Direktors der Central Intelligence und dem seines Stellvertreters gelegen hatte.

[2] Maury war Anfang der 1960er Jahre Chef der sowjetischen Abteilung gewesen und dann als Stationschef nach Athen gegangen, wo er bis nach dem Staatsstreich der Obersten im April 1967 blieb. Ein ausgezeichneter Bericht über seine Amtszeit in Griechenland und die Arbeit der CIA dort findet sich bei Lawrence Stern, *The Wrong Horse,* 1977.

[3] Während der zwei Wochen, die unmittelbar auf den Einbruch folgten, hatten Nixons Leute, Haldeman, Ehrlichman und Dean, mit einigem Erfolg versucht, die CIA in ihre Verschleierungsmanöver hineinzuziehen. Der Umstand, daß Durchschriften der Briefe von McCord an die CIA weitergegeben wurden, zeigte an, daß diese Versuche weitergingen. Die Rolle, die die CIA bei Watergate gespielt hat, wird immer umstritten bleiben, zum Teil weil Nixon und gewisse Mitarbeiter des Weißen Hauses immer noch behaupten, Watergate sei irgendwie das Werk der CIA gewesen. Als Haldemans Memoiren Anfang 1978 erschienen, rief der ehemalige Mitarbeiter von Nixon, Herb Klein, Helms an und sagte ihm, er wollte das Buch für seine alte Zeitung, die *San Diego Union,* besprechen. Dabei fragte er

Helms, ob an den Andeutungen Haldemans, die CIA habe bei dem Einbruch eine Rolle gespielt, etwas Wahres sei. Helms bestritt das natürlich, und Klein sagte, er habe diesen Vorwurf ohnedies nicht ernstgenommen. Er war mehrere Monate nach dem Einbruch im Weißen Haus gewesen und konnte sich nicht erinnern, daß Haldeman, Ehrlichman oder Colson je von einer Beteiligung der CIA gesprochen hatten. Das ist offenbar eine spätere Erfindung. Ich habe den Eindruck, dieser Vorwurf sollte aus drei Gründen zurückgewiesen werden: 1. Diese Behauptungen entsprechen den Bemühungen von Nixon im Juni 1972, die CIA in irgendeiner Weise in seine Verschleierungsmanöver einzubeziehen. Damals brauchte das Weiße Haus praktische Hilfe bei der Ausschaltung des FBI und für die Beschaffung von Geld für die Einbrecher. Jetzt geht man noch weiter und will die CIA direkt für den Einbruch verantwortlich machen. 2. Alle für die Beteiligung der CIA angeführten Beweise sind lediglich Indizien und stehen auf sehr schwachen Füßen. Man könnte höchstens sagen, die CIA habe mehr über die Aktivitäten von Hunt gewußt, als sie zugeben wollte. Aber von diesen Aktivitäten etwas zu wissen ist etwas ganz anderes, als sie zu dirigieren. 3. Daß das Weiße Haus und CREEP für den Einbruch verantwortlich sind, läßt sich einwandfrei belegen. Viele Beteiligte haben Geständnisse abgelegt, und Nixons Beteiligung an dem Verschleierungsmanöver wird durch die Tonbänder aus dem Weißen Haus einwandfrei bewiesen. Daß man bei den Vernehmungen zur Vorbereitung des Amtsenthebungsverfahrens so große Mühe darauf verwendet hat, eine »rauchende Pistole« zu finden, zeigt deutlich, wie unumstößlich die Beweise sein mußten, bevor das Repräsentantenhaus etwas unternahm. Die ausführlichsten Berichte über die Rolle der CIA im Fall Watergate finden sich bei J. Anthony Lukas, *Nightmare: The Underside of the Nixon Years,* 1976 passim und David Wise, *The American Police State,* 1976, 7. Kapitel. Beide Verfasser vermuten, die CIA könnte mehr gewußt haben, als sie zugab. Eine solche Vermutung dürfte dort, wo es um die CIA geht, nie ganz falsch sein. Aber trotz aller noch so großen Sorgfalt haben sie nicht mehr feststellen können, als daß die CIA nur am Rande beteiligt gewesen ist und versucht hat, die Unterstützung von Hunt durch die CIA zu verschleiern. Für Watergate war Nixon verantwortlich.

[4] *Nomination of Richard Helms to Be Ambassador to Iran and CIA International and Domestic Activities,* 1974, S. 1–2.

[5] In derselben am 14. April gehaltenen Rede sagte Helms: »Und ich darf an dieser Stelle ausdrücklich darauf hinweisen, daß das Statut (der National Security Act von 1947) es verbietet, der CIA politische, gerichtliche oder polizeiliche Vollmachten zu geben, und ihr keine Sicherheitsfunktionen im Inland zuweist . . . Wir haben keine solchen Vollmachten und Funktionen; wir haben niemals danach gestrebt, und wir üben sie nicht aus. Kurz gesagt, unsere Tätigkeit richtet sich nicht gegen amerikanische Bürger.« Den Wortlaut der Rede von Helms mit der Überschrift »Global Intelligence« finden wir in *Vital Speeches,* 15. Mai 1971.

[6] *Nomination of Richard Helms . . .,* S. 26.

[7] Ebenda, S. 43.

[8] Ray Cline schildert die Pressekonferenz, spricht aber nicht von den Einwänden Russells; *Secrets, Spies and Scholars,* 1976, S. 204 ff.

[9] Colby hat eine ähnliche Pressekonferenz abgehalten; dabei geschah das gleiche, und auch er gab diese Praxis auf.

[10] Victor Marchetti und John Marks, *The CIA and the Cult of Intelligence,* 1974,

S. 328–329.

[11] Karamessines hat seinen Rücktritt am 22. Dezember 1972 bekanntgegeben, am selben Tage, an dem auch Helms sein Ausscheiden aus der CIA bekanntgab. Karamessines ist am 1. März 1973 ausgeschieden, wenige Tage nachdem das Planungsdirektorium offiziell in Operationsdirektorium umbenannt worden war. Deshalb war er der letzte Leiter des Planungsdirektoriums und der erste des Operationsdirektoriums. Er starb 1978.

[12] Bei solchen Vorgängen gibt man sich besonders große Mühe mit der Geheimhaltung. So ist die Anwerbung russischer Spione für die CIA eine sehr wichtige Sache und wird von Langley aus streng überwacht. Wenn eine solche Anwerbung gelungen ist, wird das Ergebnis telegrafisch nach Langley gemeldet. Der Inhalt dieser Telegramme ist fast immer der gleiche: Es ist uns nicht gelungen. Später wird ein zweites Telegramm über geheime Kanäle abgeschickt, das die Vorgänge im einzelnen schildert. Colby soll diese Vorsichtsmaßnahmen als übertrieben und überflüssig bezeichnet haben.

[13] William Colby, *Honorable Men*, 1978, S. 332.

[14] Die Gegenspionage ist eine anstrengende Arbeit. Sie verlangt ein sehr gutes Gedächtnis, Geduld, psychologisches Einfühlungsvermögen und die Fähigkeit, ständig im Ungewissen zu leben. Den besten Bericht über einen Fall der Gegenspionage finden wir in dem Buch von Jay Epstein über Lee Harvey Oswald, *Legend*, 1978. Epstein war fasziniert davon, welche Schwierigkeiten die CIA dabei hatte festzustellen, ob Juri Nosenko ein echter Überläufer war oder nicht. Epstein bleibt bei seiner Skepsis, vielleicht weil seine Informanten alle auf der Seite von Angleton standen und weil er Nosenko ebenso wenig traute wie den Männern, die ihn später als echten Überläufer angesehen haben. Das Problem wird aber sehr einleuchtend dargestellt, und wir erkennen, wie schwierig eine Entscheidung in solchen Fällen ist. Ein romanhaftes Porträt von Angleton findet sich bei Aaron Latham, *Orchids for Mother*, 1977. Hier werden die Verhörmethoden von Angleton ausgezeichnet dargestellt.

[15] Leon Uris hat diese Episode in seinem Roman *Topaz* beschrieben. Einen nicht zuverlässig belegten, aber interessanten Bericht finden wir bei P. L. Thyraud de Vosjoli, *Lamia*, 1970. De Vosjoli war Anfang der 1960er Jahre Verbindungsmann der französischen SEDECE, und einige Angehörige der CIA sagen, er habe während der Kubakrise sehr wertvolle Erkenntnisse geliefert. Andere bestreiten das. Er erwähnt den Namen von Angleton nicht, aber angeblich haben beide Männer eng zusammengearbeitet.

[16] Samuel Johnson hat in einem Gespräch mit Boswell einmal erläutert, wie leicht es sei, eine skeptische Haltung einzunehmen. »Wenn jemand jetzt leugnen wollte, daß Salz auf diesem Tisch steht, dann könnte man ihm die Absurdität seiner Behauptung nicht nachweisen. Ich leugne, daß wir Kanada in Besitz genommen haben, und ich kann meine Behauptung auf recht gute Argumente stützen. Die Franzosen sind ein viel größeres Volk als wir, und sie würden wahrscheinlich nicht zulassen, daß wir das Land in Besitz nehmen. – ›Aber das Ministerium behauptet das.‹ – Richtig. Aber das Ministerium hat von uns ungeheure Ausgaben verlangt, und deshalb liegt es in seinem Interesse, uns davon zu überzeugen, daß wir etwas für unser Geld bekommen haben. – ›Aber Tausende von Menschen behaupten das, die dabeigewesen sind.‹ – Ja, aber diese Leute haben ein noch größeres Interesse daran, uns zu täuschen. Sie wollen nicht zugeben, daß sie selbst ins Bockshorn

gejagt worden sind, und sie wollen nicht, daß man den Eindruck gewinnt, die Franzosen hätten sie besiegt, sondern man soll glauben, sie hätten die Franzosen geschlagen. Nehmen wir nun an, Sie gehen hin, um festzustellen, ob das so ist. Das würde nur Sie selbst befriedigen, denn wenn Sie zurückkämen, würden wir Ihnen nicht glauben. Wir würden sagen, Sie seien bestochen worden. – Doch trotz all dieser plausiblen Einwände glauben wir, Kanada gehöre wirklich uns. Solches Gewicht hat die Meinung der Allgemeinheit.« *Boswell's London Journal,* 1950, S. 301–302.

[17] Ich bin einmal an einem Frühlingstag kurz vor der Mittagszeit zu Angleton gekommen, um ihn zu interviewen, und eines seiner Kinder sagte mir, er schliefe noch, denn er sei die ganze Nacht mit seinen Goldschmiedearbeiten beschäftigt gewesen.

[18] Henry Knoche, der stellvertretende Direktor der Central Intelligence nach dem Ausscheiden von Angleton und Colby unter Stansfield Turner hat gegenüber Freunden die Äußerung getan: »Wir haben jetzt keine Spionageabwehr mehr.« Für viele Angehörige der CIA war das so, als müßten sie barfuß durch eine Schlangenfarm gehen.

[19] Lukas, a.a.O., S. 449.

[20] Es gibt hier eine chronologische Diskrepanz, die ich nicht erklären kann. In seinen Memoiren behauptet Colby, er habe vom Einbruch durch einen Zeitungsbericht erfahren, den er Anfang Mai 1973 in Bangkok gelesen habe; a.a.O., S. 337. Vernon Walters befand sich zu jener Zeit auch auf einer Reise in den Fernen Osten; er sagt, er sei von Schlesinger telegrafisch zurückgerufen worden, und dieses Telegramm sei am 8. oder 9. Mai in Taipeh eingetroffen (*Silent Missions,* 1978, S. 605). Helms behauptet, er habe durch einen Artikel in *International Herald Tribune* davon erfahren, den er am 13. Mai 1973 auf einer Reise nach Schiras im Iran gelesen hätte. (*Nomination of Richard Helms . . .,* S. 64.) Der Einbruch in der Praxis von Dr. Fielding wurde am 27. April 1973 während eines Gerichtsverfahrens von Richter Byrne bekanntgegeben. Houston scheint zu glauben, Colby habe von dem Einbruch an dem Tag erfahren, an dem Houston mit Henry Petersen gesprochen hat.

[21] Colby, a.a.O., S. 338.

[22] Colby behauptet in seinen Memoiren, das sei Schlesingers Idee gewesen, und in gewissem Sinne trifft das auch zu; ohne seine Unterschrift wäre es nichts wert gewesen. Aber zwei Mitarbeiter von Colby aus jener Zeit haben mir recht deutlich gesagt, es sei seine Idee gewesen, der Befehl sei von ihm geschrieben worden, und er habe verlangt, die Ergebnisse selbst in die Hand nehmen zu dürfen. Es käme nicht so sehr darauf an, wenn nicht viele ehemalige Angehörige der CIA sagen würden, die Verantwortlichkeit von Colby für die Direktive vom 9. Mai sei einer von zwei Punkten, die den Vorwurf rechtfertigten, Colby habe die Vernichtung der CIA verschuldet. Später hat Colby behauptet, nicht die »bösen Geheimnisse« hätten der CIA geschadet, sondern ihre schrittweise Aufdeckung und das Mißtrauen, das dadurch entstand, daß man glaubte, es werde im Laufe der Zeit noch viel Schrecklicheres ans Licht kommen. Zur Zeit des Untersuchungsverfahrens des Church-Ausschusses im Jahr 1975 sagte Colby, es sei alles schon viel zu weit gediehen, als daß man die Sache durch den Versuch eines Großreinemachens wieder in Ordnung bringen könnte.

[23] Der Attentatsversuch gegen Lumumba war 1967 von der CIA nicht

untersucht worden, augenscheinlich weil Johnson nicht daran gedacht hatte, auch ihn zu benennen, als er Helms um einen Bericht bat. Was Castro, Diem und Trujillo betraf, so hatte der Church-Ausschuß es relativ leicht, nachdem F. A. O. Schwarz jr. erfahren hatte, daß Colby sich auf eine CIA-Studie bezog und ein Exemplar dieser Studie verlangte. Bei Lumumba war es schwieriger; wie Angehörige des Mitarbeiterstabes des Church-Ausschusses berichten, mußte um jedes einzelne Dokument gekämpft werden.

[24] Colby, a.a.O., S. 311.

[25] »Es ist kürzlich in der Presse wieder davon die Rede gewesen, daß die CIA Attentate verübt. Wie Sie sehr wohl wissen, ist das nicht der Fall, und die Haltung der Behörde ist in diesem Punkt seit langer Zeit schon ganz klar. Um das jedoch noch einmal zu unterstreichen, befehle ich, daß die Angehörigen unserer Behörde sich an solchen Aktivitäten oder Operationen nicht beteiligen, sie nicht unterstützen und sie nicht empfehlen dürfen . . .« *Assassination Report,* S. 282. Colby hat am 29. August 1973 einen ähnlichen Befehl unterschrieben.

[26] David Atlee Phillips beschreibt diese Szene in seinen Memoiren *The Night Watch,* 1977, S. 264–266. Ein Einwand von Angleton gegenüber *Report of the Rockefeller Commission* bestand darin, daß hier die »Beurteilung einer Bedrohung« auf einen einzigen Abschnitt zusammengestrichen war.

[27] Colby, a.a.O., S. 394–395.

[28] Daniel Schorr, *Clearing the Air,* 1977, S. 143–144.

[29] Ebenda, S. 144. Auch Colby beschreibt die Begegnung, wenn auch knapper; a.a.O., S. 409–410.

[30] Schorr, a.a.O., S. 160. Der Bericht von Schorr über seine Begegnung mit Helms findet sich auf S. 147–148.

16. Kapitel

[1] Niemand in der CIA scheint an eine andere Reaktion gedacht zu haben. Larry Houston berichtet, er habe die im schärfsten Ton abgefaßte Denkschrift seiner ganzen Dienstlaufbahn geschrieben, nachdem er erfahren hatte, was geschehen war. Aber als das ausgestanden war, sorgte er im geheimen dafür, daß die Witwe von Dr. Frank Olson, der sich das Leben genommen hatte, eine Pension bekam. Houston hat, wenn es in der CIA zu einer Katastrophe gekommen war, immer wieder die Scherben aufsammeln müssen. Auch als während des Unternehmens in der Schweinebucht einige von der CIA angeworbene Piloten ums Leben kamen, mußte er sich um die Angelegenheit kümmern und war angenehm überrascht, als sich diese Sache vertraulich abwickeln ließ. Seine Aufgabe war es, der CIA Unannehmlichkeiten zu ersparen oder, wenn sie in eine schwierige Lage geraten war, die Sache wieder zu bereinigen. Als Houston Angleton fragte, weshalb man ihn wegen der Briefzensur niemals um Rat gefragt habe, erwiderte Angleton: »Wir sind nur zu Ihnen gekommen, wenn wir Probleme hatten, und hier gab es keine Probleme.«

[2] Das heißt, Helms hat einige seiner Mitarbeiter damit beauftragt, es zu versuchen, und niemand hat nachweisen können, daß irgendein Vorgesetzter von Helms ihm die Erlaubnis gegeben hat. Der damalige Direktor John McCone erklärt, nichts davon gewußt zu haben, und Helms hat ihm nicht widersprochen. Er

hat auch niemals behauptet, einer der Kennedys habe es ihm befohlen.

[3] *Assassination Report,* 1975, S. 106 fn.

[4] Am 19. Februar 1971 ist die CIA mit Unterstützung der örtlichen Polizei, die die ganze Aktion überwachte, in Fairfax, Virginia, in ein Fotoatelier eingebrochen, um einen Angestellten der CIA zu überprüfen, der im Verdacht stand, Dokumente gestohlen zu haben.

[5] In den beiden anderen Fällen handelte es sich um potentielle Anklagen gegen FBI-Agenten wegen des illegalen Anbringens von Abhörvorrichtungen und Einbruchs und um eine Untersuchung von südkoreanischen Bestechungsversuchen in Washington.

[6] Er ist nicht verwandt mit dem CIA-Beamten gleichen Namens.

[7] Das Verbrechen war Meineid. In einigen Zeitungsartikeln aus dieser Zeit (von Joe Trento in dem in Wilmington, Delaware, erscheinenden *Sunday News Journal* vom 19. Dezember 1976 und von Seymour Hersh in der *New York Times* vom 23. Dezember 1976) ist davon die Rede gewesen, das Justizministerium sammle auch Beweismittel für eine Anklage wegen einer Verabredung zum Meineid. Um welche Beweise es sich dabei handelte, ist niemals gesagt worden. Helms erklärt, er wisse nichts darüber, und man habe ihm nie gesagt, er werde auch wegen einer Verabredung zum Meineid unter Anklage gestellt werden.

[8] Die Erklärung warf Helms auch vor, er habe die Fragen des Church-Ausschusses zur Überprüfung multinationaler Konzerne am 6. März 1973 nicht »vollständig und ausführlich beantwortet«. Dabei wurde das Wort »genau« fortgelassen. Augenscheinlich hat sich das Justizministerium in diesem Fall nicht so sicher gefühlt.

[9] Das sind reine Vermutungen, die sich auf keine Tatsachen stützen können. Helms selbst hat das nie behauptet, er hat jedoch gesagt, er wolle nur ungern über die Operationen der CIA gegen Allende sprechen, solange Allende im Amt sei. Williams ist offenbar von der Stimmung des Augenblicks mitgerissen worden. Helms hätte es natürlich ohne weiteres vermeiden können, den Senat zu belügen, ohne damit das Leben irgendeines Menschen zu gefährden. Was Helms schützen wollte, waren nicht Menschenleben, sondern das Geheimnis der amerikanischen Intervention in Chile.

[10] Doch ein Jahr später ging das Geschäft von Helms wegen der Revolution im Iran, die ihn völlig überraschte, nur noch sehr schleppend.

Literaturverzeichnis

Es gibt eine sehr umfangreiche Literatur über Spionage, und ein sehr großer Teil dieser Bücher ist wertlos. Die hier aufgeführten Titel behandeln das Thema keineswegs erschöpfend. Die Liste enthält aber alle in neuerer Zeit erschienenen Memoiren ehemaliger CIA-Beamter und andere Berichte, die ich für besonders wertvoll halte.

Elie Abel, *The Missile Crisis*, 1966.
Dean Acheson, *Present at the Creation*, 1969.
Philip Agee, *Inside the Company: CIA Diary*, 1975.
John M. Allison, *Ambassador from the Prairie*, 1973.
Stewart Alsop, *The Center*, 1968.
John Barron, *KGB*, 1974.
Louise Bernikow, *Abel*, 1970.
Paul W. Blackstock, *The Strategy of Subversion*, 1964.
Douglas Blaufarb, *The Counter-Insurgency Era*, 1977.
Ben C. Bradlee, *Conversations with Kennedy*, 1975.
Clyde W. Burleson, The Jennifer Project, 1977.
George Christian, *The President Steps Down*, 1970.
Ray Cline, *Secrets, Spies and Scholars*, 1976.
William Colby, *Honorable Men*, 1978.
E. H. Cookridge, *Gehlen: Spy of the Century*, 1971.
Miles Copeland, *The Game of Nations*, 1969.
Without Cloak or Dagger, 1974.
William R. Corson, *The Armies of Ignorance*, 1977.
Richard Deacon, *A History of the Russian Secret Service*, 1972.
Sanche de Gramont, *The Secret War*, 1962.
Peer de Silva, *Sub Rosa: The CIA and the Uses of Intelligence*, 1978.
Paul Dickson, *The Electronic Battlefield*, 1976.
Herbert S. Dinnerstein, *The Making of a Missile Crisis*, 1976.
Allen Welsh Dulles, *The Craft of Intelligence*, 1963.
Francis Dvornik, *Origins of Intelligence Services*, 1974.
Edward Hay Epstein, *Legend: The Secret World of Lee Harvey Oswald*, 1978.
Rowland Evans und Robert Novak, *Nixon in the White House*, 1971.
»Christopher Felix«, *A Short Course in the Secret War*, 1963.
Thomas M. Franck und Edward Weisband, Hrsg., *Secrecy and Foreign Policy*, 1974.

Peter Geismar, *Fanon,* 1971.
Gravel Edition of the Pentagon Papers, 1971.
H. R. Haldeman, *The Ends of Power,* 1978.
Roger Hilsman, *To Move a Nation,* 1967.
Heinz Höhne und Herman Zolling, *The General Was a Spy,* 1972.
E. Howard Hunt, *Give Us This Day,* 1973.
Undercover, 1974.
Leon Jaworski, *The Right and the Power,* 1977.
Haynes Johnson, *The Bay of Pigs,* 1962.
Lady Bird Johnson, *A White House Diary,* 1970.
Lyndon Baines Johnson, *The Vantage Point,* 1971.
Bernard Kalb und Marvin Kalb, *Kissinger,* 1974.
Robert F. Kennedy, *Thirteen Days,* 1969.
Lyman B. Kirkpatrick, *The Real CIA,* 1968.
Generalmajor Edward G. Lansdale, *In the Midst of Wars,* 1972.
Flora Lewis, *The Red Pawn,* 1965.
J. Anthony Lukas, *Nightmare: The Underside of the Nixon Years,* 1976.
Victor Marchetti und John D. Marks, *The CIA and the Cult of Intelligence,* 1974.
J. C. Masterman, *The Double Cross System,* 1972.
Patrick J. McGarvey, CIA: *The Myth and the Madness,* 1972.
John Mecklin, *Mission in Torment,* 1965.
Anthony Mockler, *The Mercenaries,* 1969.
Roger Morris, *Uncertain Greatness,* 1977.
Robert Moss, *Chile's Marxist Experiment,* 1973.
John Newhouse, *Cold Dawn: The Story of SALT,* 1973.
North American Congress on Latin America, *Guatemala,* 1974.
Bruce Page, David Leitch und Philip Knightly, *The Philby Conspiracy,* 1968.
Kim Philby, *My Silent War,* 1968.
David Atlee Phillips, *The Night Watch,* 1976.
Sylvia Press, *The Care of Devils,* 1958.
L. Fletcher Prouty, *The Secret Team,* 1973.
Harry Howe Ransom, *The Intelligence Establishment,* 1970.
Harry Rositzke, *The CIA's Secret Operations,* 1977.
Ben Schemmer, *The Raid,* 1976.
Arthur Schlesinger jr., *Robert Kennedy and His Times,* 1978.
A Thousand Days, 1965.
Daniel Schorr, *Clearing the Air,* 1977.
Peter Dale Scott, Paul L. Hoch und Russell Stetler, Hrsg., *The Assassination,* 1976.
Patrick Seale und Maureen McConville, *Philby: The Long Road to Moscow,* 1973.
Senate Foreign Relations Committeee, *Hearing on CIA Foreign and Domestic Activities,* U.S. Government Printing Office, 1975.
Hearing on the Nomination of Richard Helms as Ambassador to Iran, U.S. Government Printing Office, 1976.
Senate Select Committee on Government Operations with Respect to Intelligence Activities, *Alleged Assassination Plots Involving Foreign Leaders,* U.S. Government Printing Office, 1975.
Covert Action Report, U.S. Government Printing Office, 1975.
Hearings and Final Report, U.S. Government Printing Office, 1976.

Colin Smith, *Carlos: Portrait of a Terrorist,* 1976.
Harris Smith, *OSS,* 1972.
Joseph Burckholder Smith, *Portrait of a Cold Warrior,* 1976.
Thomas Bell Smith, *The Essential CIA* (Privatdruck), 1975.
Frank Snepp, *Decent Interval,* 1977.
Lawrence Stern, *The Wrong Horse,* 1977.
Stewart Steven, *Operation Splinter Factor,* 1974.
John Stockwell, *In Search of Enemies,* 1978.
Generalmajor Sir Kenneth Strong, *Men of Intelligence,* 1970.
K. V. Tauras, *Guerilla Warfare on the Amber Coast,* 1962.
Maxwell Taylor, *Swords and Plowshares,* 1972.
P. L. Thyraud de Vosjoli, *Lamia,* 1970.
David B. Tinnin und Dag Christensen, *The Hit Team,* 1976.
Transmittal of Documents from the National Security Council to the Chairman of the Joint Chiefs of Staff, Teil 1, 2 und 3, U.S. Government Printing Office 1974.
Vernon Walters, *Silent Missions,* 1978.
David Wise, *The American Police State,* 1976.
The Politics of Lying, 1973.
und Thomas B. Ross, *The Espionage Establishment,* 1967.
The Invisible Government, 1964.
The White House Transcripts, 1974.
Daniel Yergin, *Shattered Peace,* 1977.